Ulrich Wilckens · Der Brief an die Römer

EKK
Evangelisch-Katholischer Kommentar zum Neuen Testament

Herausgegeben von
Josef Blank, Rudolf Schnackenburg,
Eduard Schweizer und Ulrich Wilckens

in Verbindung mit
Otto Böcher, François Bovon, Norbert Brox, Gerhard Dautzenberg,
Joachim Gnilka, Erich Gräßer, Ferdinand Hahn, Martin Hengel,
Paul Hoffmann, Traugott Holtz, Günter Klein, Gerhard Lohfink,
Ulrich Luck, Ulrich Luz, Rudolf Pesch, Wilhelm Pesch, Wolfgang Schrage,
Peter Stuhlmacher, Wolfgang Trilling und Anton Vögtle

Band VI/1
Ulrich Wilckens
Der Brief an die Römer
1. Teilband

Benziger Verlag
Neukirchener Verlag

Ulrich Wilckens

Der Brief an die Römer

1. Teilband
Röm 1–5

Benziger Verlag
Neukirchener Verlag

© 1978

Benziger Verlag, Zürich, Einsiedeln, Köln und Neukirchener Verlag des Erziehungs-
vereins GmbH, Neukirchen-Vluyn
Alle Rechte, auch die des auszugsweisen Nachdrucks, der fotografischen und akustome-
chanischen Wiedergabe und der Übersetzung, vorbehalten
Umschlaggestaltung: Atelier Blumenstein + Plancherel, Zürich
Gesamtherstellung: Breklumer Druckerei Manfred Siegel
Printed in Germany
ISBN 3-545-23103-8 (Benziger Verlag)
ISBN 3-7887-0514-0 (Neukirchener Verlag)

CIP-Kurztitelaufnahme der Deutschen Bibliothek

EKK: evang.-kath. Kommentar zum Neuen Testa-
ment/hrsg. von Josef Blank . . . in Verbindung
mit Otto Böcher . . . – Zürich, Einsiedeln, Köln:
Benziger; Neukirchen-Vluyn: Neukirchener Verlag.
NE: Blank, Josef [Hrsg.]; Evangelisch-
Katholischer Kommentar zum Neuen Testament
Bd. VI-Wilckens, Ulrich: Der Brief an die
Römer

Wilckens, Ulrich
Der Brief an die Römer. – Zürich, Einsiedeln,
Köln: Benziger; Neukirchen-Vluyn: Neukirchener
Verlag.
Teilbd. 1. Röm 1–5. – 1. Aufl. – 1978.
  (EKK; Bd. VI)
  ISBN 3-545-23103-8 (Benziger)
  ISBN 3-7887-0514-0 (Neukirchener Verl.)

Vorwort

Martin Luther hat zwei Tage vor seinem Tod auf einen Zettel geschrieben: »Niemand meine zu wissen, er habe die heiligen Schriften hinreichend gekostet, es sei denn, er habe hundert Jahre lang zusammen mit den Propheten die Kirchen geleitet. Darum: Ungeheuerlich ist das Wunder 1. Johannes des Täufers, 2. Christi, 3. der Apostel. In dieser göttlichen Äneis versuche du dich nicht, sondern nur ihre Spuren bete tief gebückt an. Wir sind Bettler. Das ist wahr.« Ehrfurcht dieser Art (›pronus‹!) mag heute unzeitgemäß scheinen. Ich muß ehrlicherweise gestehen, daß ich ähnliches immer nachhaltiger empfinde, seit mich in meinem Studium der Römerbrief in seinen Bann gezogen hat. Nirgend anders habe ich lebhafter erfahren, daß die Kunst historisch-kritischer Exegese jenes betroffen machende Staunen, statt es abzutöten, vielmehr nur immer konkreter werden lassen kann, je näher sie uns an dieses ›ingens miraculum‹ selbst heranführt und seine Sprache gleichsam mit urchristlichen und mit jüdischen Ohren zu hören lehrt. Der Abstand von unserer Gegenwart, den historische Exegese schafft, wird um so produktiver, je weniger der in die Vergangenheit des Apostels Zurückgeführte dort sich selbst vergißt und je stärker er, was jener zu sagen wußte, dort zu sich selbst gesagt hört und ihm nachdenkt. Vielleicht bedürfen wir Heutigen, geschichts- und autoritätslos geworden, wie wir sind, eben solchen Abstands, um uns der unvergleichlich starken Autorität dessen konkret bewußt zu werden, was Paulus das Evangelium nennt – und wovon doch auch heute alles sich christlich nennende Sinnvertrauen lebt, wenn es denn lebt.

Wo es auf diese Weise gelingt, etwas von dieser Autorität zu erfahren, die dem Grunde unseres recht erbärmlichen Christentums doch tatsächlich innewohnt, wird man einerseits zu dem großen Maß an Aufmerksamkeit und Fleiß bereit sein, das ein historisches Verstehen dieses Briefes nun eben einfach erfordert, und die nicht eben geringen Mühen notwendiger philologisch-historischer Detailarbeit nicht scheuen. Andererseits wird man eben bei diesem Geschäft auch nicht Geist und Verstand zu Hause lassen dürfen; denn was Paulus hier geschrieben hat, ist der allererste Versuch, das verkündigte und geglaubte Evangelium nun auch streng zu denken. Der Römerbrief steckt nicht nur voller historischer Rätsel, sondern er ist auch eines der schwierigsten Denkwerke der Weltliteratur; zumal es hier um das Erlernen eines Denkens geht, dem eine so ungewöhnliche Struktur eigen ist, wie das Evangelium, dem es nachzudenken hat, von der Welt verschieden ist. Den Römerbrief mitzudenken, heißt darum

auf Schritt und Tritt so etwas wie ein Umdenken zu lernen. Dessen Kraft wird
um so eindrücklicher und erstaunlicher erfahren, als der Inhalt des Evangeliums sich unserem Nach-Denken erschließt: Versöhnung als Aufhebung aller
Entfremdung durch Gottes Kraft im Kreuz Christi. Von daher ist christliches,
an Paulus geschultes Denken selbst in seiner Struktur geprägt; es denkt Gott
als die Kraft der Auferstehung von den Toten und das Heil als Rechtfertigung
des Gottlosen und wird darum selbst nur im Nachvollzug dieser Struktur der
Negation aller Negation vollzogen werden können. Wer im Durchgang durch
den Römerbrief gewahr wird, wie alle Gedankenlinien des Paulus auf das ›ingens miraculum‹ dieses Geschehens in Tod und Auferstehung Christi zulaufen
und so die begriffliche Struktur seiner ganzen Denkbewegung ein Umdenken
in dieser Richtung fordert und ermöglicht, der wird mitten in solchem Nach-
denken immer wieder ins Beten, in die Anbetung fallen.
Es liegt an der Eigenart des Römerbriefs als eines außerordentlich reflektierten
Textes, daß der Kommentar inmitten seines historischen Horizonts strenge
dogmatische Arbeit vollziehen muß. Und es liegt an der Wirkungsgeschichte
des Römerbriefs, daß diese theologische Denkanstrengung nahezu durchweg
mit den tiefgreifenden dissensus zu tun bekommt, die in der Geschichte kirchlicher Aneignung seiner Rechtfertigungslehre zwischen den Konfessionen auf-
gebrochen sind. Der wirkungsgeschichtliche Schwerpunkt des Evangelisch-Ka-
tholischen Kommentarwerks kann hier unmöglich in einem auslegungsgeschichtlichen Schlußteil zur Geltung kommen, sondern wird die Exegese auf
Schritt und Tritt begleiten und belasten müssen. Mir will scheinen, daß der
Römerbrief, über dem vor allem unsere Kirchen auseinandergebrochen sind,
konsequent historisch-kritisch ausgelegt, auch die wirkungsgeschichtlich-kri-
tische Kraft gewinnt, sie am entscheidenden Punkt heute wieder in die Einheit
zurückzurufen, die der historische Römerbrief zu seiner Zeit bewirken wollte.
Diese These meines Kommentars wird hart diskutiert werden müssen; und ich
erhoffe mir nicht nur exegetische Fachkollegen, sondern auch Kirchenhistori-
ker und Dogmatiker und nicht zuletzt viele Pfarrer als Teilnehmer an dieser
Diskussion.
Durch die jährlichen Zusammenkünfte im Mitarbeiterkreis, die durch die
Großmut der beiden Verlage ermöglicht werden, habe ich wichtige Anregun-
gen, meine Thesen zu überdenken und zu präzisieren, und durch die gemeinsamen Gottesdienste Ermutigung erfahren, das Erarbeitete nun auch kirchlich
zu verantworten. Ich danke allen Kollegen dieser Gruppe, vor allem den Pro-
fessoren Blank und Schnackenburg, die den Vorentwurf gelesen und begutach-
tet haben. Ich danke ebenso allen Kollegen der Hamburger neutstamentlichen
Sozietät sowie den Mitgliedern des nordwestdeutschen Neutestamentlertref-
fens. Ich danke auch meinen hiesigen Studenten, mit denen zusammen ich die
Fragen der paulinischen Rechtfertigungslehre vielfach diskutiert habe. Meinem kirchengeschichtlichen Kollegen Professor Dr. Martin Elze und meinem
katholischen Kollegen Professor Dr. Otto-Hermann Pesch sage ich für vielfältigen fachkundigen und freundschaftlichen Rat sowie Frau Ingeborg Görig und

Frau Helga Paulsen für unentbehrliche, treue Hilfe meinen herzlichen Dank. Ein zweiter Teilband wird die Kapitel 6 bis 11 und ein dritter den Schluß des Briefes behandeln. Ich hoffe, daß der zweite Teilband in zwei Jahren folgen kann.

Hamburg, 1. August 1977   Ulrich Wilckens

Inhalt

Abkürzungen und Literatur

1. Abkürzungen

Für die biblischen Bücher: Loccumer Richtlinien.
Für antike Literatur: ThWNT bzw., falls dort nicht verzeichnet: RGG.
Für Kommentarreihen, Zeitschriften, Sammelwerke usw.: *S. Schwertner*, Internationales Abkürzungsverzeichnis für Theologie und Grenzgebiete (IATG), Berlin 1974.

2. Kommentare

Abälard, P., Commentarii super S. Pauli epistolam ad Romanos (PL 178, 783–978)
Acacius, Fragmente bei Staab 53–56
Alford, H., Greek Testament, Cambridge 1886 ([1]1849–61), Bd. II, 311–472
Althaus; P., Der Brief an die Römer [11]1970 [[1]1935] (NTD 6)
Ambrosiaster, Ambrosiastri qui dicitur commentarius in epistulas Paulinas (hrsg. H. J. Vogels) 1966–1969 (CSEL 81)
Apollinarius, Fragmente bei Staab 57–82
Asmussen, H., Der Römerbrief, Stuttgart 1952
Augustinus, Expositio quarumdam propositionum ex epistola ad Romanos (PL 35, 2063–2088)
– Epistolae ad Romanos inchoata expositio (PL 35, 2087–2106)
Barclay, W., The Letter to the Romans, Edinburgh [2]1957 [[1]1955] (Dayly Study Bible)
Bardenhewer, O., Der Römerbrief des heiligen Paulus, Freiburg/Br. 1926 (kurzgefaßte Erklärung)
Barmby, J., Romans: Exposition, London 1890 (Pulpit Commentary)
Barrett, C. K., A Commentary on the Epistle to the Romans, 1957 (BNTC)
Barth, K., Der Römerbrief, Zürich [11]1976 [[1]1919 – danach wird, wenn nicht anders angegeben, zitiert]
– Kurze Erklärung des Römerbriefes, München [3]1964
Baulès, R., L'Evangile Puissance de Dieu, 1968 (LeDiv 53)
Beck, J. T., Erklärung des Briefes an die Römer I–II, Gütersloh 1884
Beet, J. A., A Commentary on St. Paul's Epistle to the Romans, London [10]1902 [[1]1877]
Bengel, J. A., Gnomon Novi Testamenti, Tübingen 1742
Best, E., The Letter of Paul to the Romans, 1967 (CNEB)
Beza, T., Annotationes maiores in Novum Dn. Nostri Jesu Christi Testamentum, o. Ort 1594 [[1]1556], Teil II, 3–152
Bisping, A., Erklärung des Briefes an die Römer, Münster 1870 (Exegetisches Handbuch)

Black, M., Romans, 1973 (NCeB)

Boylan, P., St. Paul's Epistle to the Romans, Dublin 1934

Bruce, F. F., The Epistle to the Romans, London 1963

Brunner, E., Der Römerbrief, 1956 [¹1938] (Bibelhilfe)

Bugenhagen, J., In epistolam Pauli ad Romanos interpretatio, ipso in schola interpretante, a doctore Ambrosio Maiobano, ut licuit, exepta, Hagenau 1527

Bucer, M., Metaphrases et enarrationes in epistulam ad Romanos (VIII), Straßburg 1536

Calvin, J., In omnes Pauli apostoli epistolas commentarii 1892 (CR 77); deutsche Übersetzung: Auslegung der Heiligen Schrift, NR, hrsg. O. Weber, Bd. 16, Neukirchen 1960

Chrysostomus, J., ῾Ερμηνεία εἰς τὴν πρὸς ῾Ρωμαίους ἐπιστολήν (PG 60, 391–682)

Cornely, R., Commentarius in St. Pauli Apostoli epistolas I, Paris 1896

Cramer, J. A., Catenae Graecorum Patrum in Novum Testamentum, Hildesheim 1967 [¹1838–1844]

Cranfield, C. E. B., A Commentary on Romans 12–13, Edinburgh 1965

ders., The Epistle to the Romans I, ⁶1975 [Rewritten] (ICC)

Cyrill von Alexandria, ῾Ερμηνεία εἰς τὴν πρὸς ῾Ρωμαίους ἐπιστολήν (PG 74, 773–856)

Delitzsch, F., Paulus des Apostels Brief an die Römer, in das Hebräische übersetzt und aus Talmud und Midrasch erläutert, Leipzig 1870

Denney, J., in: The Expositor's Greek Testament II, London ³1904 [¹1900] 555–725

Didymus von Alexandria, Fragmente bei Staab 1–45

Diodorus von Tarsus, Fragmente bei Staab 83–112

Dodd, C. H., The Epistle of Paul to the Romans, 1959 (FB)

Erasmus, D., In Novum Testamentum Annotationes, Basel 1527 [¹1516] 318–392

Euthymius Zigabenus, Commentarius in XIV epistolas S. Pauli et VII catholicas I, hrsg. N. Calogeras, Athen 1887, 5–185

Fritzsche, C. F. A., Pauli ad Romanos Epistola I–III, Halle 1836–1843

Fuchs, E., Die Freiheit des Glaubens: Römer 5–8 ausgelegt, 1949 (BEvTh 14)

Gaugler, E., Der Römerbrief, I 1958 [¹1945], II 1952 (Proph.)

Gennadius, Fragmente bei Cramer

Gifford, E. H., The Epistel of St. Paul to the Romans, London 1886

Godet, F., Commentaire sur l'épitre aux Romains, Paris 1879

Gore, C., The Epistle to the Romans, London 1907

Grotius, H., Annotationes in Novum Testamentum II, Erlangen 1756

Gutjahr, F. S., Die Briefe des hl. Apostels Paulus III, Graz 1923

Haldane, R., Exposition of the Epistle to the Romans, London 1958 [¹1819]

Hammond, H., A Paraphrase and Annotations upon all the books of the New Testament, briefly explaining all the difficult places thereof, London ⁵1681 [¹1653] 437–509

Hodge, C., A Commentary on the Epistle to the Romans, Grand Rapids ²1950 [¹1864]

Huby, J. – Lyonnet, S., Saint Paul: Épître aux Romains, ²1957 [¹1940] (VSal 10)

Hunter, A. M., The Epistle to the Romans, 1954 (TBC)

Johannes Damascenus, ᾽Εκ τῆς καθόλου ἑρμηνείας ᾽Ιωάννου τοῦ Χρυσοστόμου ἐκλογαὶ ἐκλεγεῖσαι (PG 95,441–570)

Jowett, B., The Epistles of St. Paul to the Thessalonians, Galatians and Romans, London 1855

Jülicher, A., in: SNT II ³1917 [¹1907], 223–335

Käsemann, E., An die Römer, ³1974 [¹1973] (HNT 8a)

Kelly, W., Notes on the Epistle to the Romans, London 1873

Kirk, K. E., The Epistle to the Romans, 1937 (ClBib)

Knox, J., in: IntB 9, 1954, 335ff

Kühl, E., Der Brief des Paulus an die Römer, Leipzig 1913

Kuss, O., Der Römerbrief, Regensburg, Lfg. I 1957, II 1959

Kutter, H., Gerechtigkeit (Röm 1–8), Berlin 1905

Lagrange, M. J., Saint Paul: Epître aux Romains, 1950 [¹1916] (ETB)

Lapide, C. (van den Steen), Commentaria in omnes d. Pauli Epistolas, Antwerpen 1614

Laurentius Valla, Opera omnia, Basel 1543

Leenhardt, F. J., L'Epitre de Saint Paul aux Romains 1957; Complément 1969 (CNT[N] 6)

Liddon, H. P., Explanatory Analysis of St. Paul's Epistle to the Romans, London 1893

Lietzmann, H., An die Römer, ⁴1933 [¹1906] (HNT 8)

Lightfoot, J. B., Notes on the Epistles of St. Paul, London 1895, 237–305

Lipsius, R. A., in: HC II/2, ²1892

Loane, M. L., The Hope of the Glory: An Exposition of the eighth chapter in the Epistle to the Romans, London 1968

Luther, M., Vorlesung über den Römerbrief von 1515/16, Lateinisch-Deutsche Ausgabe I–II, Darmstadt 1960

Manson, T. W., in: PCB, 1962, 940–953

Marsilius Ficinus, Opera I, Paris 1641, 415–461

Melanchthon, Ph., Dispositio orationis in Epistolam Pauli ad Romanos, 1529 (CR 15, 441–492)

– Commentarii in Epistolam Pauli ad Romanos 1540 [¹1532] (CR 15, 493–796)

– Epistolae Pauli scriptae ad Romanos Enarratio, 1556 (CR 15, 797–1052 = Melanchthons Werke V, hrsg. R. Schäfer, Gütersloh 1965, danach zitiert)

Melville, A., Commentarius in divinam Pauli Epistolam ad Romanos, Edinburgh 1850 [¹1601]

Meyer, H. A. W., Der Brief an die Römer ⁵1872 [¹1836] (KEK 4)

Michel, O., Der Brief an die Römer, ¹⁴1976 [¹⁰1955] (KEK 4)

Moule, H. C. G., The Epistle of Paul the Apostle to the Romans, 1879 (CBSC)

– The Epistle of St. Paul to the Romans, 1894 (ExpB)

Murray, J., The Epistle to the Romans, I ³1967 [¹1960]; II 1965 (NIC)

O'Neill, J. C., The Epistle to the Romans, London 1975 (Penguin Books)

Nygren, A., Der Römerbrief, Göttingen ⁴1965 [Orig.: Pauli Brev till Romarna 1944]

Oecumenius, Παύλου ἐπιστολὴ πρὸς Ῥωμαίους (PG 118,323–636)

Olshausen, H., Der Brief des Apostels Paulus an die Römer, Königsberg ²1840 [¹1835]

Oltramare, H., Commentaire sur l'épître aux Romains I–II, Genf 1881–1882

Origenes, Commentaria in epistolam b. Pauli ad Romanos [Lat. Übers. des Rufinus] (PG 14,837–1292); Original-Fragmente bei A. Rambsbotham, The Commentary of Origen on the Epistle to the Romans, JTS 13 (1911–12) 209–224; 357–368; 14 (1912–13) 10–22, sowie besonders bei J. Scherer, Le Commentaire d'Origène sur Rom 3,5–5,7, Cairo 1957

Pallis, A., To the Romans. A Commentary, Liverpool 1920

Pareus (Waengler), *D.,* Commentarius in Epistolam ad Romanos, Frankfurt 1608

Parry, R. St. J., The Epistle of Paul the Apostle to the Romans, 1912 (CGTC)

Pelagius, Expositio in Romanos, in: A. Souter, Pelagius' Expositions of Thirteen Epistles of St. Paul II, 1926 (TaS 9.2), 6–126

Petrus Lombardus, Collectanea in omnes divi Pauli epistolas (PL 191,1301–1534 [Magna glossatura])

Photius von Konstantinopel, Fragmente bei Staab 470–652

Poole, M., in: Synopsis Criticorum aliorumque S. Scripturae Interpretum IV pars 2, London 1676, 1–330

Pseudo-Primasius, in: PL 68,415–506

Sanday, W. und *Headlam, A. C.*, A Critical and Exegetical Commentary on the Epistle to the Romans, [5]1902 [[1]1895] (ICC)

Schlatter, A., Gottes Gerechtigkeit. Ein Kommentar zum Römerbrief, Stuttgart [5]1975 [[1]1935]

Schlier, H., Der Römerbrief, 1977 (HThK VI)

Schmidt, H. W., Der Brief des Paulus an die Römer, [3]1972 [[1]1962] (ThHK 6)

Sedulius Scotus, in: PL 103,9–128

Severianus von Gabala, Fragmente bei Staab 213–351

Sickenberger, J., Die beiden Briefe des heiligen Paulus an die Korinther und sein Brief an die Römer, [4]1932 (HSNT)

Staab, K., Pauluskommentare aus der griechischen Kirche, aus Katenenhandschriften gesammelt und hrsg., 1933 (NTA 15)

Strack, H. und *Billerbeck, P.*, Kommentar zum Neuen Testament aus Talmud und Midrasch III, München [5]1969 (zitiert: Bill.)

Stuart, M., A Commentary on the Epistle to the Romans, Andover, N. H., 1832

Schlichting, J., Commentaria posthuma in plerosque Novi Testamenti libros, Amsterdam 1665(?)–1668, 155–325

Taylor, V., The Epistle to the Romans, London 1956 (Epworth Preacher's Commentaries)

Theodor von Mopsvestia, Fragmente bei Staab 113–212

Theodoret, Ἑρμηνεία τῆς πρὸς Ῥωμαίους ἐπιστολῆς (PG 82,43–226)

Theophylact, Τῆς τοῦ ἁγίου Παύλου πρὸς Ῥωμαίους ἐπιστολῆς ἐξήγησις (PG 124,335–560)

Tholuck, F. A. G., Commentar zum Brief an die Römer, Halle [5]1856 [[1]1824]

Thomas von Aquin, Super epistolas S. Pauli lectura I, hrsg. R. Cai, Turin [8]1953, 5–230 [zitiert nach §§]

Vaughan, C. J., Paul's Epistle to the Romans, London [5]1880 [[1]1857]

Weiss, B., Der Brief an die Römer, [9]1899 [[6]1881] (KEK 4)

Wette, W. M. L. de, in: Kurzgefaßtes exegetisches Handbuch zum Neuen Testament, I–III, Leipzig 1836–48

Wettstein, J. J., ῾Η ΚΑΙΝΗ ΔΙΑΘΗΚΗ. Novum Testamentum Graecum editionis receptae cum lectionibus variantibus codicum MSS., editionum aliarum, versionum et patrum nec non commentario pleniore ex scriptoribus veteribus Hebraeis, Graecis et Latinis historiam et vim verborum illustrante 2, Amsterdam 1752, 16–100

Zahn, T., Der Brief des Paulus an die Römer, [3]1925 [[1]1910] (KNT)

Zwingli, H., Opera, hrsg. Schuler und Schulthess, VI, 2,76–133

3. Übrige Literatur

Hier werden nur solche wichtigen Werke aufgeführt, die den Römerbrief als ganzen betreffen oder im Kommentar mehrfach zitiert werden; sie werden dort in der Regel abgekürzt angeführt. Dagegen werden Werke, die jeweils nur eine einzelne Perikope oder Stelle betreffen, in den Literaturverzeichnissen zu Beginn der Einzelabschnitte bibliographisch vollständig zitiert.

Barrett, C. K., From First Adam to Last. A Study of Pauline Theology, New York 1962

Barth, M., Rechtfertigung: Versuch einer Auslegung paulinischer Texte im Rahmen des Alten und Neuen Testaments. Ein Vortrag, 1969 (ThSt[B] 90)

Bartsch, H. W., Paulus und die Juden. Zur Auslegung des Römerbriefs, KiZ 20 (1965) 310–316

– Die antisemitischen Gegner des Paulus im Römerbrief, in: Antijudaismus im NT?, hrsg. W. P. Eckert / N. P. Levinson./ M. Stöhr, München 1967, 27–43

– Die historische Situation des Römerbriefs, in: StEv IV (= TU 102), 1968, 282–291

– Die Empfänger des Römerbriefs, StTh 25 (1971) 81–89

Baur, F. C., Über Zweck und Veranlassung des Römerbriefes und der damit zusammenhängenden Verhältnisse der römischen Gemeinde, TZTh (1836) 59–178, abgedr. in: F. C. Baur, Ausgewählte Werke in Einzelausgaben Bd. 1: Historisch-kritische Untersuchungen zum NT (mit einer Einführung von E. Käsemann), Stuttgart 1963, 147–266

– Paulus, der Apostel Jesu Christi. Sein Leben und Wirken, seine Briefe und seine Lehre, I/II, Leipzig ²1866–67

Becker, J., Das Heil Gottes. Heils- und Sündenbegriffe in den Qumrantexten und im NT, 1964 (StUNT 3)

Berger, K., Abraham in den paulinischen Hauptbriefen, MThZ 17 (1966) 47–89

– Die Gesetzesauslegung Jesu. Ihr historischer Hintergrund im Judentum und im AT, Teil I: Mk und Parallelen, 1972 (WMANT 40)

– Apostelbrief und apostolische Rede. Zum Formular frühchristlicher Briefe, ZNW 65 (1974) 190–231

– ›Gnade‹ im frühen Christentum. Eine traditinsgeschichtliche und literatursoziologische Fragestellung, NedThT 27 (1973) 1–25

– Almosen für Israel: Zum historischen Kontext der paulinischen Kollekte, NTS 23 (1977) 180–204

– Neues Material zur ›Gerechtigkeit Gottes‹, ZNW 68 (1977)

Bjerkelund, C. J., Parakalo. Form, Funktion und Sinn der parakalo-Sätze in den paulinischen Briefen, Lund 1967

Blank, J., Paulus und Jesus. Eine theologische Grundlegung, 1968 (StANT 18)

– Warum sagt Paulus: ›Aus Werken des Gesetzes wird niemand gerecht‹?, EKK V 1 (1969) 79–107

Blass, F., Debrunner, A., Rehkopf, F., Grammatik des neutestamentlichen Griechisch, Göttingen ¹⁴1976

Bornkamm, G., Paulus, ²1970 (UB 119)

– Das Ende des Gesetzes. Paulusstudien. Gesammelte Aufsätze Bd. I, ⁵1966 (BEvTh 16), darin:
Die Offenbarung des Zornes Gottes (Röm 1–3): S. 9–33
Taufe und neues Leben (Röm 6): S. 34–50
Sünde, Gesetz und Tod (Röm 7): S. 51–69
Der Lobpreis Gottes (Röm 11,33–36): S. 70–75

– Studien zu Antike und Urchristentum. Gesammelte Aufsätze Bd. II, ³1970 (BEvTh 28), darin:

Gesetz und Natur (Röm 2,14–16): S. 93–118

Glaube und Vernunft bei Paulus: S. 119–137

– Geschichte und Glaube, 2. Teil = Gesammelte Aufsätze Bd. IV, 1971 (BEvTh 53), darin:

Der Römerbrief als Testament des Paulus: S. 120–139

Theologie als Teufelskunst (Röm 3,1–9): S. 140–147

Borse, U., Die geschichtliche und theologische Einordnung des Römerbriefs, BZ 16 (1972) 70–83

Brandenburger, E., Adam und Christus. Exegetische und religionsgeschichtliche Untersuchungen zu Röm 5,12–21 (1Kor 15), 1962 (WMANT 7)

– Fleisch und Geist. Paulus und die dualistische Weisheit, 1968 (WMANT 29)

Braun, H., Gerichtsgedanke und Rechtfertigungslehre bei Paulus, 1930 (UNT 19)

– Gesammelte Studien zum Neuen Testament und seiner Umwelt, Tübingen ³1971

– Qumran und das Neue Testament, Bd. 1 und 2, Tübingen 1966

Bring, R., Die Erfüllung des Gesetzes durch Christus. Eine Studie zur Theologie des Paulus, KuD 5 (1959) 1–22

– Das Gesetz und die Gerechtigkeit Gottes. Eine Studie zur Frage nach der Bedeutung des Ausdrucks τέλος νόμου in Röm 10,4, StTh 20 (1966) 1–36

Bultmann, R., Theologie des Neuen Testaments, Tübingen ⁷1976

– Glauben und Verstehen. Gesammelte Aufsätze

   Bd. 1, Tübingen ⁷1972

   Bd. 2, Tübingen ⁵1968

   Bd. 3, Tübingen ³1965

   Bd. 4, Tübingen ³1975

– Exegetica. Aufsätze zur Erfoschung des Neuen Testaments, ausgewählt, eingeleitet und hrsg. v. E. Dinkler, Tübingen 1967, darin:

Das Problem der Ethik bei Paulus: S. 36–54

Römer 7 und die Anthropologie des Paulus: S. 198–209

Glossen im Römerbrief: S. 278–284

Adam und Christus nach Römer 5: S. 424–444

ΔΙΚΑΙΟΣΥΝΗ ΘΕΟΥ: S. 470–475

– Der Stil der paulinischen Predigt und die kynisch-stoische Diatribe, 1910 (FRLANT 13)

Bussmann, C., Themen der paulinischen Missionspredigt auf dem Hintergrund der spätjüdisch-hellenistischen Missionsliteratur, 1971 (EHS T 23,3)

Cambier, J., L'Evangile de Dieu selont l'Epître aux Romains I, Bruges 1967

Cerfaux, L., Le Christ dans la théologie de St. Paul, ²1954 (LeDiv 6)

– Le Chrétien dans la théologie des St. Paul, 1962 (LeDiv 33)

Conzelmann, H., Grundriß der Theologie des Neuen Testaments, München ³1976

– Theologie als Schriftauslegung. Aufsätze zum Neuen Testament, München 1974, darin:

Was glaubte die frühe Christenheit, S. 106–119

Die Rechtfertigungslehre des Paulus: Theologie oder Anthropologie?, S. 191–206

Rechtfertigung durch den Glauben, S. 215–228

Corssen, P., Zur Überlieferungsgeschichte des Römerbriefs, ZNW 10 (1909) 1–45.57–102

Cremer, H., Die paulinische Rechtfertigungslehre im Zusammenhang ihrer geschichtlichen Voraussetzungen, Leipzig ²1909

Cullmann, O., Christus und die Zeit. Die urchristliche Zeit- und Geschichtsauffassung, Zollikon-Zürich ³1962

– Die Christologie des Neuen Testaments, Tübingen ⁵1975

– Heil als Geschichte. Heilsgeschichtliche Existenz im Neuen Testament, Tübingen 1965

Dahl, N. A., Two Notes on Romans V, StTh 5 (1951) 37–48

Dantine, W., Rechtfertigung und Gottesgerechtigkeit, VF 11 (1966) 68–100

Davies, W. D., Paul and Rabbinic Judaism. Some Rabbinic Elements in Pauline Theology, London ²1955

Deißmann, A., Bibelstudien, Marburg 1895

– Licht vom Osten. Das Neue Testament und die neuentdeckten Texte der hellenistisch-römischen Welt, Tübingen ⁴1923

Delling, G., Der Tod Jesu und die Verkündigung des Paulus, in: Apophoreta (FS E. Haenchen), Göttingen 1954, 85–96

Denzinger, H., Enchiridion Symbolorum, Definitionum et Declarationum de rebus fidei et morum, hrsg. K. Rahner, Freiburg/Brg. ³¹1957 (zitiert: Denz.)

Dibelius, M., Vier Worte des Römerbriefs, SyBU 3 (1944) 3–17

– Paulus (hrsg. und zu Ende geführt von W. G. Kümmel), ³1964 (SG 1160)

Dietzfelbinger, Ch., Paulus und das AT, 1961 (TEH 95)

– Heilsgeschichte bei Paulus? 1965 (TEH 126)

Dinkler, E., Signum Crucis. Aufsätze zum Neuen Testament und zur christlichen Archäologie, Tübingen 1967, darin: Prädestination bei Paulus – exegetische Bemerkungen zum Römerbrief: S. 241–269

Donfried, K. P., Justification and Last Jugdment in Paul, ZNW 67 (1976) 90–110

– False Presuppositions in the Study of Romans, CBQ 36 (1974) 332–358

von Dülmen, A., Die Theologie des Gesetzes bei Paulus, 1968 (SBM 5)

Dupont, J., Gnosis. La connaissance religieuse dans les Epitres de St. Paul, Louvain-Paris 1949

– La réconciliation dans la théologie de St. Paul, 1953 (ALBO II 32)

– Le problème de la structure littéraire de l'épitre aux Romains, RB 62 (1955) 365–397)

Eichholz, G., Die Theologie des Paulus im Umriß, Neukirchen-Vluyn ²1977

– Tradition und Interpretation. Studien zum Neuen Testament und zur Hermeneutik, 1969 (ThB 29)

Ellis, E. E., Paul's Use of the OT, London 1957

Feuillet, A., Le plan salvifique de Dieu après l'épitre aux Romains, RB 57 (1950) 336–387 489–529

– La citation d'Habakuk II,4 et les huit chapîtres aux Romains, NTS 6 (1959/60) 52–80

Fitzer, G., Der Ort der Versöhnung bei Paulus. Zu der Frage des ›Sühnopfers Jesu‹, ThZ 22 (1966) 161–183

Foit et salut selon St. Paul. Colloque oecuménique à l'Abbaye de St. Paul hors les murs, hrsg. M. Barth u. A., Rome 1970

Friedrich, G., Artikel Römerbrief, RGG V (³1961) 1137–1143

Fuchs, E., Die Freiheit des Glaubens. Röm 5–8 ausgelegt, 1949 (BEvTh 14)

Gäumann, N., Taufe und Ethik. Studien zu Röm 6, 1967 (BEvTh 47)

Georgi, D., Die Geschichte der Kollekte des Paulus für Jerusalem, 1965 (ThF 38)

Goppelt, L., Christologie und Ethik. Aufsätze zum Neuen Testament, Göttingen 1968, darin:
Versöhnung durch Christus, S. 147–164

Israel und die Kirche, heute und bei Paulus, S. 165–189

Paulus und die Heilsgeschichte. Schlußfolgerungen aus Röm 4 und 1Kor 10,1–13, S. 220–233

Apokalyptik und Typologie bei Paulus, S. 234–267

– Theologie des Neuen Testaments, hrsg. J. Roloff, II. Bd., Göttingen 1976

Grundmann, W., Der Begriff der Kraft im NT, 1932 (BWANT)

– Der Lehrer der Gerechtigkeit von Qumran und die Frage nach der Glaubensgerechtigkeit in der Theologie des Apostels Paulus, RdQ 2 (1959/60) 237–259

– Paulus, aus dem Volke Israel, Apostel der Völker, NT 4 (1960) 267–291

Güttgemanns, M., Studia Linguistica Neotestamentica, ²1973 (BEvTh 60)

Hahn, F., Christologische Hoheitstitel. Ihre Geschichte im frühen Christentum, ⁴1974 (FRLANT 83)

– Das Verständnis der Mission im Neuen Testament, 1963 (WMANT 13)

– Das Gesetzesverständnis im Römer- und Galaterbrief, ZNW 67 (1976) 29–63

Harder, G., Der konkrete Anlaß des Römerbriefs, ThViat 6 (1954–58) 13–24

Haufe, G., Die sittliche Rechtfertigungslehre bei Paulus, Halle 1957

Heidland, H. W., Die Anrechnung des Glaubens zur Gerechtigkeit, 1936 (BWANT IV,18)

Holtzmann, H. J., Lehrbuch der neutestamentlichen Theologie I–II, Tübingen ²1911

Jeremias, G., Der Lehrer der Gerechtigkeit, 1963 (StUNT 2)

Jeremias, J., Abba. Studien zur neutestamentlichen Theologie und Zeitgeschichte, Göttingen 1966, darin:

Zur Gedankenführung in den paulinischen Briefen: S. 269–276

Chiasmus in den Paulusbriefen: S. 276–290

Zu Röm 1,22–32: S. 290–292

Jervell, J., Imago Dei. Gen 1,26f im Spätjudentum, in der Gnosis und in den paulinischen Briefen, 1960 (FRLANT 76)

– Der Brief nach Jerusalem. Über Veranlassung und Adresse des Römerbriefs, StTh 25 (1971) 61–73

Joest, W., Gesetz und Freiheit. Das Problem des tertius usus legis bei Luther und in der neutestamentlichen Paränese ⁴1968

– Paulus und das Luther'sche Simul Justus et Peccator, KuD 1 (1955) 269–320

Jüngel, E., Paulus und Jesus. Eine Untersuchung zur Präzisierung der Frage nach dem Ursprung der Christologie, ⁴1972 (HUTh 2)

– Unterwegs zur Sache. Theologische Bemerkungen, München 1972

Käsemann, E., Exegetische Versuche und Besinnungen I–II, Göttingen ⁶1975, darin:

Zum Verständnis von Röm 3,24–26: I 96–100

Sätze heiligen Rechtes im NT: II 69–81

Zum Thema der urchristlichen Apokalyptik: II 105–130

Gottesgerechtigkeit bei Paulus: II 181–193

Paulus und Israel: II 194–197

Gottesdienst im Alltag der Welt: II 198–203

Grundsätzliches zur Interpretation von Römer 13: II 204–222

– Erwägungen zum Stichwort ›Versöhnungslehre‹ im Neuen Testament, in: Zeit und Geschichte (FS R. Bultmann), Tübingen 1964, 47–59

– Paulinische Perspektiven, Tübingen ²1972

Kamlah, E., Die Form der katalogischen Paränese im Neuen Testament, 1964 (WUNT 7)

Karris, R. J., Romans 14,1–15,13 and the Occasion of Romans, CBQ 25 (1973) 155–178

Kasting, H., Die Anfänge der urchristlichen Mission, 1969 (BEvTh 55)

Kertelge, K., Rechtfertigung bei Paulus. Studien zur Struktur und zum Bedeutungsgehalt des paulinischen Rechtfertigungsbegriffs, ²1966 (NtA NF 3)

Kinoshita, J., Romans – Two Writings Combined, NT 7 (1965) 258–277

Klein, G., Rekonstruktion und Interpretation. Gesammelte Aufsätze zum Neuen Testament, 1969 (BEvTh), darin:
Der Abfassungszweck des Römerbriefes: S. 129–144
Römer 4 und die Idee der Heilsgeschichte: S. 145–169
Exegetische Probleme in Röm 3,21–4,25. Antwort an Ulrich Wilckens: S. 170–177 (Nachtrag: 177–179)
Gottes Gerechtigkeit als Thema der neuesten Paulusforschung: S. 225–236

Knox, J., Life in Christ Jesus. Reflexions in Romans V–VIII, 1962

Knox, W. L., St. Paul and the Church of the Gentiles, Cambridge/Mass. 1961

Koch, K., SDQ im AT. Eine traditionsgeschichtliche Untersuchung, Diss. Heidelberg 1953
– Die israelitische Sühneanschauung und ihre historischen Wandlungen, HabilS Erlangen 1956
– Gibt es ein Vergeltungsdogma im AT?, ZThK 52 (1955) 1–44
– Sühne und Sündenvergebung um die Wende von der exilischen zur nachexilischen Zeit, EvTh 26 (1966) 217–239
– Die drei Gerechtigkeiten. Die Umformung einer hebräischen Idee im aramäischen Denken nach dem Jesajatargum, in: Rechtfertigung (FS E. Käsemann), Tübingen 1976, 245–267

Kramer, W., Christos, Kyrios, Gottessohn. Untersuchungen zu Gebrauch und Bedeutung der christologischen Bezeichnungen bei Paulus und in den vorpaulinischen Gemeinden, 1963 (AThANT 44)

Kümmel, W. G., Einleitung in das Neue Testament, Heidelberg ¹⁸1973
– Die Theologie des Neuen Testaments nach seinen Hauptzeugen, ³1976 (NTD Erg.reihe 3)
– Heilsgeschehen und Geschichte. Gesammelte Aufsätze 1933–1964, 1965 (MThSt 3), darin:
πάρεσις und ἔνδειξις. Ein Beitrag zum Verständnis der paulinischen Rechtfertigungslehre, S. 260–270
– Römer 7 und die Bekehrung des Paulus (1929), in: Römer 7 und das Bild des Menschen im Neuen Testament, 1974 (TB 53)

Kuss, O., Auslegung und Verkündigung I: Aufsätze zur Exegese des Neuen Testaments, Regensburg 1963
II. Biblische Vorträge und Meditationen, ebd. 1967
III. Paulus. Die Rolle des Apostels in der theologischen Entwicklung der Urkirche, ebd. ²1976

Langerbeck, H., Paulus und das Griechentum. Zum Problem des Verhältnisses der christlichen Botschaft zum antiken Erkenntnisideal, in: Aufsätze zur Gnosis, 1967 (AAWG III 69), 83–145

Leon, H., The Jews of the Ancient Rome, Philadelphia 1960

Lietzmann, H., Zwei Notizen zu Paulus, in: Kleine Schriften II, Berlin 1958, 284–291

Ljungmann, H., Pistis. A Study of its Presuppositions and its Meaning in Pauline Use, Lund 1964

Lohmeyer, E., Grundlagen paulinischer Theologie, 1929 (BHTh 1)

– Probleme paulinischer Theologie, Stuttgart o. J.

Lohse, E., Märtyrer und Gottesknecht. Untersuchungen zur urchristlichen Verkündigung vom Sühnetod Jesu Christi, ²1963 (FRLANT 64)

– Die Einheit des Neuen Testaments. Exegetische Studien zur Theologie des Neuen Testaments, Göttingen 1973

– Grundriß der neutestamentlichen Theologie, 1974 (ThW 5)

Lührmann, D., Das Offenbarungsverständnis bei Paulus und in den paulinischen Gemeinden, 1965 (WMANT 16)

– Rechtfertigung und Versöhnung. Zur Geschichte der paulinischen Tradition, ZThK 67 (1970) 437–452

– Glaube im frühen Christentum, Gütersloh 1976

Lütgert, W., Der Römerbrief als historisches Problem, 1913 (BFChTh 17)

Luz, U., Das Geschichtsverständnis des Paulus, 1968 (BEvTh 49)

– Zum Aufbau von Röm 1–8, ThZ 25 (1969) 161–181

Lyonnet, S., De iustitia Dei in epistula ad Romanos, VD 25 (1947) 23.34.118–121. 129–144.193–203.257–263

– Note sur le plan de l'Epitre aux Romains, RSR 39 (1951/52) 301–316

– Justification, jugement, redemption, principalement dans l'Epitre aux Romains, RB 5 (1960) 166–184

– Exegesis Epistolae ad Romanos I.II, Rom ²1962

– De notione ›iustitia Dei‹ apud St. Paulum, VD 42 (1964) 121–154

– Les étapes du mystère du Salut selon l'Epître aux Romains, Rom 1969

–, *Sabourin, L.*, Sin, Redemption and Sacrifice. A Biblical and Patristical Study, 1970 (AnBib 48)

Mangold, W., Der Römerbrief und die Anfänge der römischen Gemeinde, 1866

– Der Römerbrief und seine geschichtlichen Voraussetzungen, 1884

Manson, T. W., Studies in the Gospels and Epistles, hrsg. M. Black, Manchester 1962

Manson, W., Notes on the Argument of Romans (ch. 1–8), in: New Testament Essays (FS T. W. Manson, hrsg. A. J. B. Higgins), Manchester 1959, 150–164

Marxsen, W., Einleitung in das Neue Testament. Eine Einführung in seine Probleme, Gütersloh ³1964

Mattern, L., Das Verständnis des Gerichts bei Paulus, 1966 (AThANT 47)

Michaelis, W., Einleitung in das Neue Testament, Bern ²1954

Michel, O., Paulus und seine Bibel, 1929 (BFChThM 18)

Minear, P., The Obediance of Faith. The Purpuses of Paul in the Epistle to the Romans, 1971 (SBT II,19)

van der Minde, H. J., Schrift und Tradition bei Paulus. Ihre Bedeutung und Funktion im Römerbrief, 1976 (Paderborner Theologische Studien 3)

Morris, L., The Cross in the New Testament, London 1965

– The Theme of Romans; in: Apostolic History and the Gospel (FS E. F. Bruce), Exeter/Devon 1970, 249–263

Müller, Ch., Gottes Gerechtigkeit und Gottes Volk. Eine Untersuchung zu Römer 9–11, 1964 (FRLANT 86)

Müller, H., Der rabbinische Qal-Wachomer-Schluß in paulinischer Typologie, ZNW 58 (1967) 73–92

Munck, J., Paulus und die Heilsgeschichte, 1954 (AJut XXVI,1. T 6)

– Christus und Israel. Eine Auslegung von Römer 9–11, 1956 (AJut XXVIII,3)

Mundle, W., Der Glaubensbegriff des Paulus. Eine Untersuchung zur Dogmengeschichte des ältesten Christentums, Leipzig 1932

Neugebauer, F., In Christus. Eine Untersuchung zum Paulinischen Glaubensverständnis, Göttingen 1961

Noack, B., Current and Backwater in the Epistle to the Romans, StTh 19 (1965) 155–166

Oepke, A., Διχαιοσύνη θεοῦ bei Paulus in neuer Beleuchtung, ThLZ 78 (1953) 257–264

Peters, A., Glaube und Werke. Luthers Rechtfertigungslehre im Lichte der Heiligen Schrift, Berlin 1962

Pfleiderer, D., Über Adresse, Zweck und Gliederung des Briefes Pauli an die Römer, Jahrbuch für protestantische Theologie 8 (1882) 486–537

Pierce, C. A., Conscience in the New Testament, London 1955

Pluta, A., Gottes Bundestreue. Ein Schlüsselbegriff in Röm 3,25a, 1964 (SBS 34)

Plutta-Messerschmidt, E., Gerechtigkeit Gottes bei Paulus, 1973 (HUTH 14)

Pohlenz, M., Paulus und die Stoa, ZNW 42 (1949) 69–104

Popkes, W., Christus traditus. Eine Untersuchung zum Begriff der Dahingabe im Neuen Testament, 1967 (AThANT 49)

Preisker, H., Das historische Problem des Römerbriefs, WZ[J] 2 (1952/53) 25–30

Prümm, K., Zur Struktur des Römerbriefs. Begriffsreihen als Einheitsband, ZKTh 72 (1950) 333–349

Rengstorf, K. H., Paulus und die älteste römische Christenheit, in: StEv II (= TU 87), 1964, 447–464

Reumann, J., The Gospel of the Rightiousness of God, Interp. 20 (1966) 432–452

Reventlow, H. Graf, Rechtfertigung im Horizont des Alten Testaments, München 1971

Richards, J. R., Romans and First Corinthians: Their Chronological Relationship and Comparative Dates, NTS 13 (1966/67) 14–30

Ridderbos, H., Paulus. Ein Entwurf seiner Theologie, Wuppertal 1970

Rigaux, B., Paulus und seine Briefe, München 1964

Ritschl, A., Die christliche Lehre von der Rechtfertigung und Versöhnung, Bd. II: Der biblische Stoff der Lehre, Bonn ⁴1900

Rössler, D., Gesetz und Geschichte. Untersuchungen zur Theologie der jüdischen Apokalyptik und der pharisäischen Orthodoxie, ²1962 (WMANT 3)

Rolland, Ph., ›Il est notre justice, notre vie, notre salut‹. L'ordonnance des thèmes majeures de l'Epître aux Romains, Bib 56 (1975) 394–404

Roosen, A., Le genre littéraire de l'Epître aux Romains, in: StEv II (= TU 87), 1964, 465–471

Schelkle, K. H., Paulus der Lehrer der Väter. Die altkirchliche Auslegung von Römer 1–11, Düsseldorf ²1959

– Römische Kirche im Römerbrief, ZKTh 81 (1959) 393–404

Schenke, H. M., Aporien im Römerbrief, ThLZ 92 (1967) 881–888

Schlatter, A., Der Glaube im Neuen Testament, Darmstadt ⁵1963

Schlier, H., Die Zeit der Kirche. Exegetische Aufsätze und Vorträge, Freiburg/Brg. ⁵1972

– Besinnung auf das Neue Testament, Freiburg/Brg. 1964

Schmid, H. H., Gerechtigkeit als Weltordnung, Tübingen 1968

– Rechtfertigung als Schöpfungsgeschehen. Notizen zur alttestamentlichen Vorgeschichte eines neutestamentlichen Themas, in: Rechtfertigung (FS E. Käsemann) 403–414

Schmithals, W., Der Römerbrief als historisches Problem, 1975 (StNT 9)

Schmitz, O., Abraham im Spätjudentum und im Urchristentum, in: Schrift und Geschichte (FS A. Schlatter), Stuttgart 1922, 99–123

Schoeps, P., Paulus. Die Theologie des Apostels im Lichte der jüdischen Religionsgeschichte, Tübingen 1959

Schottroff, L., Der Glaubende und die feindliche Welt. Beobachtungen zum gnostischen Dualismus und seine Bedeutung für Paulus und das Johannesevangelium, 1970 (WMANT 37)

Schrage, W., Röm 3,21–26 und die Bedeutung des Todes Christi bei Paulus, in: Das Kreuz Christi, hrsg. P. Rieger, 1969 (Forum 12)

Schrenk, G., Studien zu Paulus, Zürich 1954

Schubert, P., Form and Function of the Pauline Thanksgivings, 1939 (BZNW 20)

Schulz, S., Zur Rechtfertigung aus Gnaden in Qumran und bei Paulus, ZThK 56 (1959) 155–185

Schweitzer, A., Die Mystik des Apostels Paulus, Tübingen ²1954

Schweizer, E., Erniedrigung und Erhöhung bei Jesus und seinen Nachfolgern, ²1962 (ATHANT 28)

– Neotestamentica. Deutsche und englische Aufsätze 1951–1963, Zürich 1963

– Beiträge zur Theologie des Neuen Testaments. Neutestamentliche Aufsätze (1955–1970), Zürich 1970

Scroggs, R., Paul as Rhetorician. Two Homilies in Romans 1–11, in: Jews, Greeks and Christian Religious Cultures in Late Antiquity (FS W. D. Davies), Leiden 1976, 271–298

Spitta, F., Zur Geschichte und Literatur des Urchristentums III,1. Untersuchungen über den Brief des Paulus an die Römer, Leipzig 1901

Stendahl, K., Rechtfertigung und Endgericht, LR 11 (1961) 3–10

Strecker, G., Befreiung und Rechtfertigung, in: Rechtfertigung (FS E. Käsemann), Tübingen 1976, 479–508

Studiorum Paulinorum Congressus Internationalis Catholicus I und II, 1963 (AnBib 17–18)

Stuhlmacher, P., Gerechtigkeit Gottes bei Paulus, ²1966 (FRLANT 87)

– Das paulinische Evangelium I. Vorgeschichte, 1968 (FRLANT 95)

– Das Ende des Gesetzes. Über Ursprung und Ansatz der paulinischen Theologie, ZThK 67 (1970) 14–39

– Schriftauslegung auf dem Wege zur biblischen Theologie, Göttingen 1975

– Achtzehn Thesen zur paulinischen Kreuzestheologie, in: Rechtfertigung (FS E. Käsemann), Tübingen 1976, 509–525

Suggs, M. J., ›The Word is Near to you‹, in: Christian History and Interpretation (FS J. Knox), Cambridge 1967, 289–312

Suhl, A., Der konkrete Anlaß des Römerbriefs, Kairos 13 (1971) 119–130

– Paulus und seine Briefe. Ein Beitrag zur paulinischen Chronologie, 1975 (StNT 11)

Tachau, P., ›Einst‹ und ›jetzt‹ im Neuen Testament, 1972 (FRLANT 105)

Taylor, V., Forgiveness and Reconciliation, London 1956

Thyen, H., Studien zur Sündenvergebung im Neuen Testament und seinen alttestamentlichen und jüdischen Voraussetzungen, 1970 (FRLANT 96)

Trocmé, E., L'Epitre aux Romains et la méthode missionnaire de l'apôtre Paul, NTS 7 (1960/61) 148–153

Vielhauer, Ph., Aufsätze zum Neuen Testament, München 1965

– Geschichte der urchristlichen Literatur. Einleitung in das Neue Testament, die Apokryphen und die Apostolischen Väter, Berlin 1975

Wegenast, K., Das Verständnis der Tradition bei Paulus und in den Deuteropaulinen, 1962 (WMANT 8)

Wendland, H. D., Die Mitte der paulinischen Botschaft. Die Rechtfertigungslehre des Apostels Paulus im Zusammenhang seiner Theologie, Göttingen 1935

– Ethik des Neuen Testaments, [2]1975 (NTD Erg.reihe 4)

Wengst, K., Christologische Formeln und Lieder des Urchristentums, 1972 (StNT 7)

Weiß, J., Beiträge zur paulinischen Rhetorik, in: FS B. Weiß, Leipzig 1897, 165–247

– Das Urchristentum, Göttingen 1917

Wibbing, S., Die Tugend- und Lasterkataloge im Neuen Testament und ihre Traditionsgeschichte unter besonderer Berücksichtigung der Qumrantexte, 1959 (BZNW 25)

Wiefel, W., Die jüdische Gemeinschaft im antiken Rom und die Anfänge des römischen Christentums, Jud 26 (1970) 65–88

Wikenhauser, A., Schmid, J., Einleitung in das Neue Testament, Freiburg/Brg. [6]1973

Wilckens, U., Rechtfertigung als Freiheit. Paulusstudien, Neukirchen-Vluyn 1974

– Christologie und Anthropologie im Zusammenhang der paulinischen Rechtfertigungslehre, ZNW 67 (1976) 64–82

Windisch, H., Paulus und Christus. Ein biblisch-religionsgeschichtlicher Vergleich, 1934 (UNT 24)

Wood, J., The Purpose of Romans, EvQ 40 (1968) 2111–19

Wrede, W., Paulus, [2]1907 (RV I,5–6)

Zeller, D., Juden und Heiden in der Mission des Paulus. Studien zum Römerbrief, 1973 (Forschung zur Bibel 1)

Ziesler, J. A., The Meaning of Righteousness in Paul, Cambridge 1972

Einleitung

I. Literarkritische Probleme

1. Disposition[1]

Der Römerbrief unterscheidet sich von allen übrigen Paulusbriefen darin, daß der Apostel am Ende des Briefeingangs (1,14–17) ein Thema markiert, das er im folgenden durch das ganze Briefkorpus hindurch (1,18–11,36) in mehreren Gedankenschritten traktathaft abhandelt. Zwar finden sich ähnliche thematische Abschnitte auch in den andern Briefen[2]; doch schon quantitativ stehen diese Röm 1–11 nach, sind ungleich weniger streng disponiert und beherrschen vor allem nicht derart einheitlich das gesamte Briefkorpus. Von daher ist Melanchthons berühmte Charakterisierung des Römerbriefs als »doctrinae Christianae compendium«[3] nicht ganz unberechtigt. Denn es ist in der Tat nichts weniger als das »Evangelium« (1,16 vgl. 1,2–4), dessen zentralen Inhalt Paulus den römischen Christen darzulegen sucht: als »die Gerechtigkeit Gottes für jeden, der glaubt«.

Dazu stimmt auch, daß Paulus im Zusammenhang seiner Ausführungen nicht – wie sonst immer – auf Fragen oder aktuelle Probleme der Adressaten eingeht, ja diese selbst nur selten direkt anredet[4]. Nach 1,10–13 kündigt er seinen seit langem geplanten Besuch an. Sein Brief soll offenbar die Verkündigung des Evangeliums in Rom zusammenfassend vorwegnehmen, die er demnächst »bei ihnen wie bei den übrigen Heiden« (1,13) fortzuführen gedenkt. Von daher läßt sich der Unterschied des Römerbriefs zu allen sonstigen Briefen des Apostels erklären: Es ist eine noch unbekannte Gemeinde, zu der er zum ersten Mal Kontakt aufnimmt. Sein Brief ist eine Art Selbstvorstellung.

Das zeigt sich schon im Präskript (1,1–7), in dem die Absenderangabe durch eine gedrängte Zusammenfassung des Evangeliums erweitert ist (1,2–6). Im

---

[1] Vgl. dazu besonders Dahl, Two Notes; Dupont, problème; Feuillet, plan; ders., citation; ders., Les étapes; Lyonnet, Note sur le plan; Luz, Aufbau; Manson, W., Notes; Morris, Theme of Romans; Noack, Current and Backwater; Paulsen, H., Überlieferung und Auslegung in Römer 8, 1974 (WMANT 43); Prümm, Struktur; Roosen, genre littéraire; Schmithals, Römerbrief 11–22; Scroggs, Paul as Rhetorician (dort 372 Anm. 7 weitere Literatur); Wilckens, Abfassungszweck; Wood, J., Purpose.

[2] Vgl. besonders 2Kor 2,14–6,10; Gal 2,15–4,7; auch 1Kor 1,18–3,23; 12,1–14,40; 15,1–58.

[3] Loci communes von 1521, Werke in Auswahl (hrsg. R. Stupperich) II,1 (hrsg. H. Engelland), Gütersloh 1952, 7.

[4] Lediglich die Anrede »Brüder« findet sich in 1,13; 7,1.4; 8,12; 10,1; 11,25.

Prooemium (1,8–17) sind der Dank und die Fürbitte des Apostels (1,8–10) knapp und allgemein gehalten; und die persönlichen Mitteilungen beschränken sich ganz auf die Ankündigung seines Besuchs (1,11–13). Von V 14 an steuert Paulus dann sein Thema an (1,14–17), das er im folgenden entfaltet.

Was die Gliederung des Briefkorpus (1,18–11,36) angeht, so stellt sich ein erster Teil in 1,18–5,21 heraus. Darin spricht Paulus zunächst von der Voraussetzung der Offenbarung der Gerechtigkeit Gottes: der Offenbarung seines Zornes über alle Menschen (1,18–3,20). Der These 1,17 tritt also sogleich eine Antithese gegenüber (1,18). Sie wird so entfaltet, daß der Sünde der Heiden, wie der Jude sie sieht und verurteilt (1,19–32), die Sünde der Juden (2,1–29) zur Seite gestellt wird, so daß das Ergebnis ist: »alle sind unter der Sünde« (3,9). Dies bekräftigt Paulus durch eine Reihe aneinandergefügter Schriftzitate (3,10–18), die sich wie ein unmittelbar aus göttlichem Mund ausgesprochenes Gerichtsurteil anhören. Dieses gilt als Wort der Schrift gerade den Juden, die »im Gesetz sind« (3,19), so daß wirklich die ganze Welt schuldig vor Gott dasteht und »aufgrund von Gesetzeswerken kein Fleisch vor ihm gerecht wird« (3,20).

Paulus zielt also in diesem Abschnitt darauf, daß die Offenbarung des Zornes Gottes eben nicht etwa allein den Heiden, sondern ebenso auch den Juden, also »den Menschen« schlechthin (1,18) widerfährt, weil die Sünde, die Gottes Zorngericht ohne Ansehen der Person ahndet (2,1–11), im Tun besteht, im Tun aber die Juden sich von den Heiden nicht unterscheiden (2,12–16). Dagegen verschlägt ihr Verweis auf die Gabe von Tora und Beschneidung nichts. Denn das Gesetz, dessen sich der Jude rühmt, den Paulus 2,17ff direkt anspricht, verurteilt ihn, weil er nicht tut, was er lehrt (2,17–24); und die Beschneidung »nützt« ihm ebenfalls nur, wenn er das Gesetz tut (2,25–29).

Von daher erklärt sich der Abschnitt 3,1–8, in dem Paulus an dem Bestand der Erwählung Gottes als solcher mit Nachdruck festhält, aber mit der Treue Gottes den Treubruch jedes Menschen kontrastiert und sich gegen die blasphemische Verleumdung zur Wehr setzt, eben damit ermuntere er zum Tun des Bösen, »damit das Gute komme« (3,8). Erscheint 3,1–8 im engeren Kontext als Digression, so zeigt sich im folgenden (Kap. 6–8 und 9–11), daß es sich um zwei gravierende Einwände handelt, denen gegenüber Paulus seine ganze Darlegung des Evangeliums zu verteidigen sich genötigt sieht.

Der Universalität der Sünde (1,18–3,20) tritt nun in einem zweiten Abschnitt die Universalität der Rechtfertigung des Gottlosen gegenüber (3,21-5,21), weil im Tode Christi die Offenbarung des Zornes Gottes über alle Menschen (1,18) durch die Offenbarung seiner Gerechtigkeit für jeden Glaubenden (1,17) aufgehoben ist. Dies wird in 3,21–26 in thetisch-gedrängter Zusammenfassung ausgesprochen und sogleich in 3,27–31 gegenüber dem Rühmen des Juden (2,17–24) und gegenüber dem Vorwurf der Toraaufhebung (3,1–8) zur Geltung gebracht. Dem letzteren gilt sodann in 4,1–25 der exegetische Nachweis, daß es gerade die Tora ist, die die Offenbarung der Gerechtigkeit Gottes für jeden Glaubenden bezeugt (3,21b). Denn Abraham ist nicht aufgrund von Werken, sondern allein aufgrund des Glaubens als Gottloser gerechtfertigt worden (4,1–8); und die Beschneidung empfing er erst danach, so daß er als Glaubender zum Vater aller Glaubenden, der Unbeschnittenen wie der Beschnittenen, wurde (4,9–12). Ebenso ist auch die Samen-Verheißung nicht an das Gesetz, sondern an die Glaubensgerechtigkeit gebunden (4,13–16). So entspricht der Glaube Abrahams an Gott als den Schöpfer und Totenauferwecker, der seine Verheißung an der νέϰρωσις seines Leibes und des Mutterschoßes seiner Frau Sara erfüllen wird, dem Glauben der Christen an Gott als den, der Jesus von den Toten auferweckt hat (4,17–25).

5,1ff ist Paulus im Begriff, die Summe zu ziehen: Aus der Rechtfertigung aus Glauben folgt für die Christen, daß sie sich – im Unterschied zu den Juden 2,17ff – als Hoffende Gottes rühmen dürfen (5,2). Die kurze Explikation dieser These in 5,3–5 mündet aber in der Liebe Gottes aus (V 6), die Gott den Sündern im Tod Christi erwiesen hat (5,8), so daß es die so Versöhnten sind, die dem Endheil als Teilhabe am Leben des auferstandenen Gekreuzigten entgegensehen (5,6–10). Christliches ϰαυχᾶσθαι basiert also allein auf dem Sühnetod Christi als dem göttlichen Versöhnungsgeschehen (5,11). Der Abschnitt 5,1–11 ist also in sich nicht einlinig. Paulus zielt zunächst in VV 1–5 deutlich auf einen Übergang von der iustificatio ex fide zur eschatologischen Hoffnung mitten in den Bedrängnissen der gegenwärtigen Welt, einer Hoffnung, die der Geist verbürgt. Das heißt, er zielt auf Aussagen, wie er sie dann in Kapitel 8 darlegen wird. Doch er biegt diesen Skopos sogleich von V 6 an um zu einer vertieften Wiederholung der christologischen Grundaussage von 3,24–26, um die eschatologische Orientierung betont im Versöhnungsgeschehen im Tode Christi zu fundieren.

Sind so auch diejenigen Exegeten, nach denen mit 5,1–11 ein neuer, zweiter Teil einsetzt, der bis Kapitel 8 reicht[5], im Blick auf 5,1–5 durchaus im Recht, so werden sie mit dieser Gliederung doch jener Umbiegung des Skopos zur Rückkehr zu 3,24–26 in 5,6–11 nicht gerecht. 5,1–11 als ganzes gehört von daher zweifellos noch zum Voranstehenden. Daß Paulus aber bei dieser, von 5,6 an eingeschlagenen Richtung des Gedankens bleibt, zeigt 5,12–21. Denn hier führt er das Stichwort »Versöhnung« durch die Gegenüberstellung von Adam und Christus aus, in der er den gesamten bisher zurückgelegten Weg von 1,18–3,20 zu 3,21–5,11 zusammenfaßt. Man darf also nicht schon nach 5,11[6], sondern man muß nach 5,21 die entscheidende Zäsur setzen[7]. Zwar ist es richtig, daß mit der Rede von »der« Sünde mit der Antithese: Sünde/Gesetz – Gnade, und mit der Antithese: Tod – Leben, Themen genannt werden, die in Kapitel 6–8 ihr Gewicht bekommen. Doch spricht die Antithese Adam – Christus, die die Struktur des Abschnitts 5,12–21 als ganzen beherrscht, entscheidend für eine Zuordnung zum Voranstehenden, eben weil in der Gestalt Adams das Thema von 1,18–3,20 komprimiert wird: die Universalität der Sünde aller

---

[5] Vgl. dazu besonders Dahl, Two Notes 37–42; Dupont, plan 372–382; zuletzt Schlier 13.137f.

[6] Vgl. vor allem Feuillet, plan; ders., citation.

[7] Vgl. die Begründung unten S.181f. 286–288.307.

Menschen, und entsprechend in der Gestalt Christi das Thema von 3,21–5,11: die universale Wirkung des Kreuzesgeschehens als iustificatio impiorum.

Für diese Gliederung spricht auch die Beobachtung, daß Paulus sich im folgenden (6,1–8,11) mit den Einwänden von 3,1–8 und 3,31 ausführlich auseinandersetzt (vgl. 6,1.14; 7,7.13), die er dort nur thetisch abgewehrt hatte. Hier wird der Gedankengang nicht durch Behandlung neuer Themen fortgeführt[8], sondern die mit 5,21 vorläufig abgeschlossene Darlegung des Rechtfertigungs-Evangeliums apologetisch abgesichert[9].

Paulus hatte in 2,1–3,8 einen intensiven Dialog mit einem jüdischen Partner geführt, den er besonders durch die schroffe Anklage in 2,17ff so provoziert hatte, daß dieser in 3,1ff zum Gegenangriff übergegangen war, der wiederum Paulus spürbar in die Enge getrieben hatte. Er konnte darauf nur durch bloße Bestreitung erwidern. Auf der Basis seiner radikalen These von der Sünde aller war es ihm in der Tat unmöglich, zu begründen, warum Gottes Erwählung gleichwohl Bestand behält (3,1–4) und der Unterschied zwischen Gerechtigkeit und Ungerechtigkeit nicht in sich zusammenfällt (3,5–8). Dies wird allererst möglich von der Basis der iustificatio impiorum aus, die Paulus in 3,21–5,21 gelegt hat. Dabei war der Dialog mit dem Juden explizit (3,27–31) wie implizit (Kapitel 4) weiterhin wirksam. Aber erst jetzt wird die Abwehr jener beiden Einwände thematisch: der von 3,5–8 in Kapitel 6, der von 3,31 (vgl. 3,1–4) in 7,1–8,11[10].

Kapitel 6 verläuft in zwei parallelen Absätzen. In 6,1–14 wird durch die Teilhabe der Glaubenden am Sühnetod Christi begründet, warum die gerechtfertigten Sünder zum Tun der Gerechtigkeit verpflichtet sind, gerade *weil* sie »nicht unter dem Gesetz, sondern unter der Gnade sind« (6,14). Und in 6,15–23 werden daraufhin die Adressaten aufgerufen, der Gerechtigkeit als ihrem neuen Herrn zu dienen, gerade *weil* sie vom Todes›ziel‹ der Sünde befreit und dem Lebens›ziel‹ der Gerechtigkeit zugeordnet worden sind. In 7,1–8,11 wird sodann diese Freiheit von der Sünde als Freiheit vom Gesetz zur Erfüllung des Gesetzes herausgestellt. 7,1–6 markiert die These, deren beide Teile in 7,7–25 und 8,1–11 ausgeführt werden. Dabei geht es in 7,7–25 um die Widerlegung des Vorwurfs der abrogatio legis. In zwei parallelen Gedankenreihen legt Paulus dar, daß das Gesetz zwar faktisch in seinem Wirken auf die Sünde fixiert, nicht aber mit ihr identisch ist (7,7–12). Denn das Gesetz selbst ist geistlich, der Sünder aber fleischlich, so daß der Unterschied zwischen Gesetz und Sünde sich im Innern des Sünders selbst als Gegensatz zwischen seinem Wollen und seinem faktischen Tun auswirkt (7,13–25)[11]. Aus dem rettungslo-

---

[8] Das wird in der häufig vorgeschlagenen Gliederung, nach der Paulus in Kap. 5–8 die Freiheit des Christen vom Zorn (Kap. 5), von der Sünde (Kap. 6), vom Gesetz (Kap. 7) und vom Tod (Kap. 8) darlege, nicht berücksichtigt; vgl. z. B. Nygren 30; Marxsen, Einleitung 98; Bornkamm, Paulus 108; ähnlich zuletzt Cranfield 28f.

[9] Vgl. besonders Dupont, problème 383–393; Luz, Aufbau 180.

[10] Vgl. Jeremias, Gedankenführung 270, der jedoch übersieht, daß 8,1–11 zum Voranstehenden gehört.

[11] Schmithals, Römerbrief 18f läßt mit 7,17 einen »dogmatischen Schlußabschnitt« beginnen, der bis 8,39 reiche, und zerreißt damit

sen Elend solcher Entfremdung hat ihn aber Christus befreit, weil im Sühnetod Christi ebenjenes »Gesetz des Geistes« durch die Auferstehungskraft Gottes das »Gesetz der Sünde« in ihrer Todes-»Schwäche« aufgehoben hat, so daß die Christen der Existenz κατὰ σάρκα entronnen und in die neue Existenz κατὰ πνεῦμα integriert worden sind (8,1–11)[12].

Die Existenz κατὰ πνεῦμα wird im folgenden Abschnitt (8,12–30) entfaltet, wobei nun hier – ebenso wie in Kapitel 5 – der Dialog mit dem jüdischen Partner erledigt ist und der Apostel sich ganz seinen christlichen Adressaten zuwendet. In 8,12–16 spricht er von der Verpflichtung der Christen zum Leben »nach dem Geist« (parallel zu 6,15ff); denn der Geist bezeugt ihnen ihre göttliche Adoption. Und in 8,17–30 führt Paulus die These in 8,17 aus, indem er von der Hoffnung spricht, die sich gerade in der gegenwärtigen allgemeinen Leidenssituation als Setzen auf die künftige Enderlösung durch Gott bewährt (8,18–25), und vom Geist, der den Widerspruch zwischen Gegenwart und Zukunft überbrückt (8,26f), so daß sich nun eine Zusammenschau alles göttlichen Handelns in Vergangenheit, Gegenwart und Zukunft vom Aspekt der Zukunft aus ergibt (8,28–30). Der hymnische Schlußabschnitt (8,31–39) faßt die ganze Erörterung von 3,21 an zusammen[13].

Kapitel 9–11 sind keineswegs ein angehängter Exkurs mit selbständigem, neuem Thema[14]. Der Bezug zum Voranstehenden zeigt sich sogleich an der Wiederaufnahme der Frage von 3,1–4 in 9,6[15]: Paulus setzt nun zur ausführlichen Antwort an, und zwar – anders als in der bisherigen Diskussion – im Blick auf die Situation des gegenwärtigen Israel, das sich einerseits mit der Verwerfung des Evangeliums vom Heil ausschließt, dem aber doch andererseits die Erwählung Gottes gilt (9,4f), deren Wort nicht hinfällig geworden ist (9,6). Im übrigen wiederholt Paulus in 9,14 die provozierende Frage von 3,5, ob Gott denn etwa ungerecht sei. Sieht man, wie Paulus seit 6,1 damit beschäftigt ist, auf die seit 3,1–8 im Raum stehenden Einwände von seiten des jüdischen Partners einzugehen, so ordnen sich die Kapitel 9–11 völlig deutlich als eine zweite Antwort der in Kapitel 6–8 gegebenen ersten zu. Der Abschnitt Kapitel 9–11 steht also dem in Kapitel 6–8 parallel.

Der Abschnitt ist klar gegliedert. Auf die persönlich-engagierte Einleitung (9,1–5) folgt ein erster Teil (9,6–29), der die Berufung der Christen aus Juden und Heiden aus der Freiheit des Erwählungshandelns Gottes begründet. Nur so

---

sowohl den engeren Kontext 7,13–25 wie auch den übergreifenden Kontext 7,1–8,11.

[12] Viele Exegeten lassen mit 8,1 einen zu Kap. 5, 6 und 7 parallelen Schlußabschnitt beginnen, so zuletzt Cranfield 370f; Schlier 14.236. Damit wird aber der Zusammenhang zwischen 7,1–6 und 8,1–11 zerrissen. Käsemann 176 bewahrt zwar diesen Zusammenhang, indem er Kap. 7 und 8 zu einem Abschnitt zusammenfaßt, bringt darin aber auch 8,12–30 und 8,31–39 unter, welche Abschnitte jedoch wiederum eine eigene, gegenüber dem Voranstehenden neue Thematik

(vgl. 5,3–5!) entfalten.

[13] Nicht nur den von Kap. 5–8 (so Käsemann 235) oder gar bloß den von 7,17–8,30 (so Schmithals 19f). Richtig Cranfield 434.

[14] So – besonders scharf pointiert – Dodd 148–150: »The epistle could be read without any sense of gap, if these chapters were omitted« (149).

[15] Vgl. auch 9,3 ἀνάθεμα . . . ἀπὸ τοῦ Χριστοῦ mit 8,35 τίς ἡμᾶς χωρίσει ἀπὸ τῆς ἀγάπης τοῦ Χριστοῦ; Luz, Geschichtsverständnis 21 mit Anm. 8.

ist die These 9,6a wahr! Schon am Anfang der Erwählungsgeschichte war es so
(9,6–13): Von den zwei Söhnen Isaaks galt Jakob Gottes Liebe, Esau sein Haß.
Daran wird beispielhaft deutlich, daß »nicht die Kinder des Fleisches Gottes
Kinder sind, sondern die Kinder der Verheißung dem Samen hinzugerechnet
werden« (9,8). Danach (9,14–23) geht Paulus am Beispiel Pharaos auf den
Einwand der Ungerechtigkeit Gottes ein, dem er die Freiheit Gottes entgegen-
hält, sich dessen zu erbarmen und den zu verstocken, wessen er sich erbarmen
und wen er verstocken will. So läuft die Erörterung in 9,22f auf ein grundsätzliches Nebeneinander von Zorn und Herrlichkeit Gottes hinaus. Sie bricht jedoch als Anakoluth ab. Paulus wendet die Protasis VV 22f nicht auf das Gegenüber zwischen verstocktem Israel und erwählter Kirche an, sondern allein auf
die Christen aus Juden und Heiden, und er begründet dies mit drei Schriftzitaten (9,24–29).

Das Thema des Evangelium-feindlichen Israel wird mit neuem Einsatz (9,30) in
einem eigenständigen zweiten Teil (9,30–10,21) behandelt. 9,30–33 steht als
These voran: Die Heiden haben die Gerechtigkeit erlangt, ohne ihr nachzuja-
gen: als Glaubensgerechtigkeit. Israel dagegen hat das Gesetz, dem es nachjagt,
nicht erreicht, weil es Gerechtigkeit aus Werken statt aus Glauben zu erlangen
sucht und so an Christus, dem »Stein des Anstoßes«, zu Fall gekommen ist.
Dies wird im folgenden in drei Schritten entfaltet. Nochmals mit einer persönlichen Bemerkung (10,1) einleitend, erläutert Paulus zunächst, woran Israel
gescheitert ist: daran, daß die Juden, statt die Gerechtigkeit Gottes (1,17;
3,21–26) anzuerkennen, vielmehr die »eigene« Gerechtigkeit suchen, während doch Christus das Ende des Gesetzes ist (10,1–4). Dies begründet er zweitens aus der Schrift (10,5–13), die ja selbst dem Gesetz, das Werke fordert, das
»nahe Wort« der Heilsverkündigung entgegenstellt, das im Glauben anzunehmen ist. Das wendet Paulus drittens auf Israel an (10,14–21): Es hat den
Glauben verweigert, obwohl es die Verkündigung sehr wohl gehört hat.

Ist so einerseits das Recht der freien Erwählung Gottes konstatiert, andererseits
die durchaus selbstverantwortliche Entscheidung Israels gegen das Evangelium
von Gottes Gerechtigkeit festgestellt, so folgt daraus die entscheidende Frage,
ob Gott also sein Volk verstoßen habe (11,1). Darauf antwortet der dritte Teil
(11,1–36), den Paulus nochmals mit einer persönlichen Bemerkung (11,1b)
einleitet. Zunächst ergibt sich aus der Schrift am Beispiel Elias, daß Gott nicht
ganz Israel verstoßen, sondern einen Rest übriggelassen, die übrigen freilich
der Verstockung anheimgegeben hat (11,2–10, wo nun 9,22f zum Tragen
kommt). Daraus erhebt sich (analog zu 9,14) die Frage, ob der Fall Israels also
göttlicher Absicht entspreche (11,11). Paulus antwortet: Nein, die göttliche
Absicht zielt vielmehr darauf, daß durch den Fall Israels den Heiden das Heil
zuteil werde, um Israel zur Eifersucht zu reizen (11,11 vgl. das Zitat in 10,19).
Und er warnt im Blick darauf die heidenchristlichen Adressaten, sich nicht Israel gegenüber zu brüsten, sondern aus Israels Geschick zu lernen, daß Gott
sehr wohl, wie er den Zweig aus dem Ölbaum ausgehauen und den Zweig aus
dem wilden Ölbaum eingepfropft hat, auch umgekehrt verfahren kann

(11,11–24). Darauf folgt eine letzte Antwort (11,25–32) in Gestalt der Mitteilung eines göttlichen »Geheimnisses«. Die Verstockung Israels ist zeitlich begrenzt bis zum Eingang der Vollzahl der Heiden ins Heil; und ebenso (οὕτως V26) wie im Falle der Heiden, werde dann am Ende ganz Israel gerettet werden, wie es verheißen ist. So ergibt sich eine paradoxe ›Logik‹ der Heilsgeschichte, genau entsprechend derjenigen der Rechtfertigung des Gottlosen.

Wie in 8,31–39 schließt Paulus auch diesen Abschnitt durch einen Lobpreis ab (11,33–36), der zugleich die ganze Darlegung des Evangeliums von 1,16 an und damit das Briefkorpus insgesamt abschließt.

Paulus geht nun zu einem paränetischen zweiten Briefteil über (12,1–15,13), der erst gegen Ende zur Thematik des Briefkorpus zurücklenkt (15,7–13). Er beginnt mit einer grundsätzlichen Einleitung (12,1f) und läßt dann eine Reihe allgemeiner Mahnungen folgen (12,3–21), die zunächst dem Konkurrenzverhalten der Charismatiker wehren (12,3–8) und sodann positiv zur Bruder- und Feindesliebe ermutigen (12,9–21). 13,1–7 folgt eine Mahnung zur Unterordnung unter die politischen Gewalten, die zwar in sich selbständig, aber durch zentrale Stichworte sowohl mit den voranstehenden Mahnungen wie auch mit der 13,8–10 folgenden Verpflichtung zur Nächstenliebe verbunden ist[16]. Daran schließt sich 13,11–14 eine Begründung im eschatologischen Charakter christlicher Existenz.

Stehen all diese Mahnungen relativ unverbunden nebeneinander, wie es der Form solcher Paränesen entspricht, so läßt Paulus in 14,1–15,13 eine konkret auf die römischen Adressaten gezielte Mahnung folgen, deren Gedankenführung thematisch geschlossen ist. Er sucht eine Gruppe von »Starken« in der Gemeinde dazu zu bewegen, trotz des theologischen Rechtes ihrer Position auf die Skrupel der »Schwachen« Rücksicht zu nehmen. Der Hauptteil (14,1–15,6) ist so sehr aus einem Guß, daß eine Unterteilung kaum möglich und sinnvoll ist. Man könnte nur einen ersten Absatz (14,1–12), in dem Paulus die Mahnung an die Starken grundsätzlich christologisch begründet, von einem zweiten spezielleren Absatz (14,13–23) unterscheiden, in dem er näher auf das in Rom umstrittene Thema eingeht, um sodann in 15,1–6 erneut eine christologische Motivierung zu geben. Nach dem abschließenden Gebetswunsch 15,5f wiederholt Paulus als Ergebnis alles Voranstehenden (διό 15,7) in 15,7–13 seine anfängliche Mahnung, einander anzunehmen (14,1), und gibt ihr von der Thematik des Briefkorpus her sowie durch eine kleine Katene von Schriftzitaten besonderes Gewicht. Die Segensformel 15,13 schließt den Teil endgültig ab.

15,14 setzt Paulus dann zum Briefschluß an. Er stellt sich als Heidenapostel im Blick auf sein bisheriges Missionswerk im Osten vor (15,14–21) und lenkt so zu seinen weiteren Missionsplänen im Westen über, zu deren Durchführung er die Unterstützung der römischen Gemeinde erbittet (15,22–24). Er berichtet

---

[16] Vgl. dazu meinen Aufsatz: Römer 13,1–7,
in: Rechtfertigung als Freiheit 203–245, hier
205–216.

ferner über seine bevorstehende Reise nach Jerusalem zur Überbringung der in Mazedonien und Achaja gesammelten Kollekte und bittet die Römer um deren Unterstützung durch ihre Fürbitte (15,25–32). Eine Segensformel (15,33) schließt (wie 15,13) diese persönlichen Bemerkungen ab. Nun empfiehlt Paulus eine Diakonisse namens Phöbe (16,1f) – vielleicht als Überbringerin des Briefes – und trägt in einer langen Liste persönliche Grüße an einzelne, ihm vertraute Christen in Rom auf, die mit der üblichen Aufforderung an alle, den »heiligen Kuß« auszutauschen, und mit einem pauschalen Gruß von »allen Kirchen Christi« an die Christen in Rom abschließt (16,3–16).

In einer unerwartet heftigen Wendung mahnt er warnend zur Wachsamkeit vor Irrlehrern (16,17–20), woran sich die übliche Briefabschlußformel (16,20b) anschließt. Erst danach folgen noch persönliche Grüße seiner Mitarbeiter nach Rom (16,21–23). In einem Teil der handschriftlichen Überlieferung findet sich 16,25–27 eine Schlußdoxologie, die jedoch in anderen Handschriften an anderen Stellen im voranstehenden Text plaziert ist, in einigen auch fehlt.

2. *Das Problem der Zugehörigkeit von Kapitel 16 zum Römerbrief*

a) Die Schlußdoxologie 16,25–27

Aus der eben erwähnten verschiedenen Stellung der Schlußdoxologie (16,25–27) sind in der Forschung weitergehende literarkritische Schlüsse gezogen worden. Wir müssen darum hier zunächst kurz auf dieses schwierige Einzelproblem eingehen[17]. Der Textbestand läßt sich am übersichtlichsten in der folgenden Tabelle überblicken[18]:

1. *1,1–16,23 (24) + Doxologie:* P61 B C D 81 al it vg sy[p] bo sa aeth Cl Or Ambst
2. *1,1–14,23 + Doxologie + 15,1–16,23 (24):* Koine, L 104 sy[h] Crys Theod
3. *1,1–14,23 + Doxologie + 15,1–16,23 (24) + Doxologie:* A P 5 33
4. *1,1–16,23 (24):* F G D* g Ambrosianus E 26 inf. aus Monza: Hier in Ep ad Eph 3,5
5. *1,1–15,33 + Doxologie + 16,1–23:* P 46
6. *1,1–14,23:* Marcion nach Origenes, Röm (Rufinus 1290); vgl. Tertullian adv Marc 5,14

---

[17] Vgl. dazu die Einleitungen und Kommentare sowie besonders: de Bruyne, D., les deux derniers chapîtres de la lettre aux Romains, RBen 15 (1908) 423–430; Corssen, P., Zur Überlieferungsgeschichte des Römerbriefs, ZNW 10 (1909) 1–45.97–102; Schumacher, R., Die beiden letzten Kapitel des Römerbriefs, 1929 (NTA 14) 125; Friedrich, Art. Römerbrief, RGG³ V 1137–1143, hier 1138; Kamlah, E., Traditionsgeschichtliche Untersuchungen zur Schlußdoxologie des Römerbriefes, Diss. Tübingen 1955; Schmithals, Römerbrief 108–124; Aland, K., Glosse, Interpretation, Redaktion und Komposition in der Sicht der neutestamentlichen Textkritik, in: Studien zur Überlieferung des Neuen Testaments und seines Textes, 1967 (ANTT 2) 35–57, hier 46–49.
[18] Vgl. Schmithals, Römerbrief 108 sowie Cranfield 6.

7. *1,1–14,23 + Doxologie:* vg-MSS 1648 1792 2089; ferner der vg-Codex Amiatinus, in dessen Kapitelverzeichnis die Doxologie als Nr. 51 nach 14,13–33 (= Nr. 50) aufgeführt wird; ähnlich der vg-Codex Fuldensis[19]. Hierher gehören vielleicht auch Iren Tert Cypr, da bei ihnen die Kapitel 15f nicht bezeugt sind[20].

Klar ist zunächst, daß Form 3 eine Kombination aus den Formen 1 und 2 ist. Form 2 kann keineswegs ursprünglich sein; sie ist offenbar durch Kombination aus den Formen 7 und 4 entstanden. Schließlich kann die Form 7 nur als sekundäre Erweiterung der Form 6[21], diese aber wiederum nur als frühe »Verstümmelung« der ursprünglichen Form 4 erklärt werden. Die Auskunft des Origenes, daß Form 6 von Marcion durch bewußte Eliminierung der allzu jüdischen Aussage über Christus als »Diener der Beschneidung« zustande gekommen sei[22], ist nicht sehr glaubhaft. Sehr viel wahrscheinlicher ist die Annahme, »daß ein Abschreiber der ursprünglichen Fassung . . . den Text bei 14,23 abbrechen mußte, weil der Kodex zu Ende ging«[23]. Die weitere Textgeschichte wird dann so erklärbar, daß der Marcion-Text, durch die Doxologie erweitert, in der Kirche Verbreitung fand und in verschiedener Weise mit dem originalen Paulustext ausgeglichen worden ist[24].

Doch in dieses Stemma paßt der Text des Papyrus 46 (Form 5) nicht hinein, in dem die Doxologie nach 15,33 steht. So wird neuerdings häufig vermutet, diese Textform sei ebenso original-paulinisch wie diejenige von Röm 1–16: Paulus habe Röm 1–15 mit dem Schlußsegen 15,33 nach Rom und eine Kopie davon, um Kapitel 16 erweitert, nach Ephesus gesandt[25]. In der Tat läßt sich der P 46-Text nur durch die Annahme erklären, daß zuvor eine Textform bestanden haben muß, nach der der Römerbrief mit der Schlußdoxologie hinter 15,33 endete und die dann ebenso sekundär durch Kapitel 16 ergänzt worden ist wie Textform 2 durch Kapitel 15f[26]. Damit ist aber nur die bloße Möglichkeit für

---

19 Vgl. de Bruyne, D., Les deux derniers chapitres, a.a.O. (Anm. 17); Manson, T. W., St. Paul's Letter to the Romans 222f.

20 Vgl. Lietzmann 131.

21 Kaum umgekehrt, wie Schmithals, Römerbrief 124, annimmt. Häufig wird vermutet, Marcion selbst habe die Doxologie hinzugefügt. Doch das ist nicht zwingend, da ihre Sprache und ihre Motive mit den Deuteropaulinen nahe verwandt sind, wie Kamlah, Traditionsgeschichtliche Untersuchungen, a.a.O. (Anm. 17), gezeigt hat, so daß sie in kirchlich-paulinischen Kreisen zumindest ebenso gut entstanden sein kann. Jedenfalls ist das Bedürfnis nach einem literarischen Abschluß bei der gottesdienstlichen Verlesung des Briefs das Motiv für die Anfügung gewesen; vgl. Lietzmann 131.

22 Diese Auskunft ist durch F. C. Baur umgekehrt worden: Form 6 sei ursprünglich und Kap. 15f ein sekundärer Anhang. Über Vor-

gänger im 18. Jahrhundert berichtet Schmithals, Römerbrief 109f Anm. 11; über die Ablehnung der Baur'schen These bereits in seiner eigenen Schule, ebd. 111 Anm. 14.

23 Schmithals, Römerbrief 124.

24 So zuletzt Cranfield 11.

25 So Manson, T. W., St. Pauls Letter to the Romans 236–241, dessen Hypothese von zahlreichen Exegeten übernommen worden ist; vgl. z. B. Munck, Paulus 191f; zuletzt Vielhauer, Geschichte der urchristlichen Literatur 188–190. Kye, B. N., ›To the Romans and Others‹ Revisited, NT 18 (1976) 37–77, hier 37–46 kehrt Mansons These um: Röm 1–16 sei der echte Römerbrief, Rom 1–15, bezeugt von P 46, eine Kopie zum Verbleib in Korinth.

26 So z. B. Friedrich, Römerbrief, a.a.O. (Anm. 17). Kümmel, Einleitung 277f, der das energisch bstreitet, vermag keine andere Erklärung für das Zustandekommen der Textform von P 46 zu geben.

die Hypothese einer Urform des Römerbriefs in Gestalt von Röm 1–15 gegeben. Eine andere, näherliegende Möglichkeit, die Entstehung der Textform des
P 46 zu erklären, ist die, die allgemein im Blick auf die Entstehung der Textformen 6 und 7 angenommen wird: Es handelt sich um eine »Verstümmelung«, d. h. konkret, die Papyruslage des Kopisten war am Ende von Röm 15
erschöpft, so daß ihm nur noch Raum für die Schlußdoxologie blieb[27]. Damit
eröffnet sich nun freilich die Möglichkeit eines Stemmas, das mit der Textform
1 beginnt[28] und dessen vielerlei Varianten auf zwei verschiedene sekundäre
Textverkürzungen zurückzuführen sind, einerseits Form 5, andererseits Form
6. Doch so läßt sich wiederum das Fehlen der Doxologie in den Textformen 4
und 6 nicht schlüssig erklären. Denn die Annahme, daß sie aus liturgischen Be-
dürfnissen hinzugewachsen ist, ist zugleich überzeugender als die umgekehrte,
sie sei von zwei Kopisten unabhängig voneinander gestrichen worden. Dann
aber ist zu vermuten, daß die Doxologie in denjenigen kirchlichen Kreisen zuerst hinzugefügt wurde, die den marcionitischen Kurztext übernahmen, und
von dort aus im Lauf der Zeit überall Eingang in den Text gefunden hat.
Verhält es sich aber so, dann muß die Schlußdoxologie dem ursprünglichen
Paulustext abgesprochen werden. Daß sie nicht original-paulinisch ist, legt sich
auch aus exegetischen Gründen nahe und wird darum von der großen Mehrheit
der Exegeten vertreten[29]. Einerseits nämlich stehen das Vokabular und vor allem der Motivzusammenhang in deutlicher Nähe zum nachpaulinischen
Schrifttum[30]. Andererseits finden sich Doxologien in den übrigen echten Paulusbriefen nirgendwo als Briefschluß[31]. Formgeschichtlich läßt sich die Doxologie nicht als *Brief*schluß, sondern nur als Abschluß des Römerbriefs als *got-
tesdienstlicher Lesung* erklären.

b) Röm 16,1–23

Seit langem wird das Urteil vertreten, auch Röm 16,1–23 (bzw. 16,3–23)[32] gehöre nicht zum ursprünglichen Römerbrief. Textkritisch lassen sich die

---

[27] So Schmithals, Römerbrief 124, der ebd.
Anm. 66 die Ansicht von Käsemann 402 als
»methodisch abwegig« bestreitet, die Textform
von P 46 sei die »elegante Lösung« einer Aporie.
[28] So Schmithals, ebd. 122–124, der in dieser
Urform freilich nicht das paulinische Original
sieht, sondern die Textform der ältesten
Sammlung von sieben Paulusbriefen, in der
der Römerbrief den Schluß gebildet habe, so
daß sich von daher die Doxologie als redaktioneller Abschluß dieser Sammlung erklären
läßt.
[29] Als paulinisch verteidigt wird Röm
16,25–27 in der Gegenwart z. B. von Leenhardt 16–18 und H. W. Schmidt 266; vgl. fer-

ner die bei Kümmel, Einleitung 276 Anm. 37
Genannten.
[30] Das hat vor allem Kamlah, Traditionsgeschichtliche Untersuchungen, a.a.O. (Anm.
17), gezeigt. Seinem Urteil schließt sich auch
Schmithals, Römerbrief 121 an, obwohl er ebd.
120f mit Recht darauf hinweist, daß an sich
nichts in Röm 16,25–27 »nachweislich unpaulinisch« ist.
[31] Darauf weist Schmithals, Römerbrief 118
hin. Aus diesem Grund stellen (P) 33 pc sy^P den
üblichen Schlußsegen Röm 16,24 hinter die
Doxologie.
[32] So die bei Schmithals, Römerbrief 134
Anm. 31 Genannten.

Gründe dafür nicht halten. Das gilt, wie wir sahen[33], auch von der in neuerer Zeit öfter vertretenen Hypothese, Kapitel 16 sei ein Anhang an eine Kopie von Röm 1–15, die Paulus in dieser Form an die Gemeinde von Ephesus gesandt habe. Es gibt aber andere Gründe, die seit langem[34] bis in die Gegenwart von vielen Exegeten zur Stützung der Hypothese angeführt werden, Kapitel 16 sei ursprünglich ein nach Ephesus gerichteter Paulusbrief, der von redaktioneller Hand an den Schluß des Römerbriefs (15,33) angefügt worden sei. Die Gründe sind die folgenden:

1. Paulus pflege sonst in Gemeindebriefen nicht einzelne Christen zu grüßen[35]. – Das ist richtig und gilt auch für Kol 4,15, wo Paulus die Hausgemeinde einer gewissen Nymphe grüßen läßt, die wohl in der Nachbargemeinde von Laodizea zu suchen ist. Doch ist der Römerbrief ein Sonderfall, weil Paulus hier an eine ihm unbekannte Gemeinde schreibt und so allen Grund hatte, die wenigen ihm persönlich bekannten Christen ausdrücklich zu grüßen[36].

2. Eine so große Zahl persönlicher Bekannter könne Paulus in Rom noch gar nicht gehabt haben. – In der Tat weisen eine Reihe von Namen nach Ephesus[37]. Aber Priska und Aquila (16,3–5) sind römische Judenchristen, mit denen zusammen Paulus die Gemeinde in Korinth aufgebaut hat (vgl. Apg 18,2; 1Kor 16,19) und über die er den persönlichen Kontakt mit mehreren anderen aus Rom vertriebenen Christen gewonnen haben dürfte. Dazu gehören wahrscheinlich Maria, Andronikus und Junias, Ampliatus, Stachys, Rufus und seine Mutter. Priska und Aquila sind zwar nach Apg 18,18f.26 (vgl. 2Tim 4,19 mit 1,15–18) nach Ephesus gegangen. Doch nichts spricht dagegen, daß sie nach Aufhebung des Vertreibungsedikts zusammen mit den anderen Vertriebenen nach Rom zurückgekehrt sind. Dies ist wahrscheinlich eben der Grund, warum Paulus zur Zeit des Römerbriefs eine so große Zahl von Christen in Rom grüßt: Er kennt sie aus der Zeit gemeinsamer Arbeit im Osten. Im übrigen wäre es in einem Brief nach Ephesus deplaziert, Epänetus als »Erstling von Asien für Christus« (16,5) hervorzuheben. Und daß Maria »viel für euch geleistet« hat (16,6), bezieht sich eben auf ihre frühere Missionsarbeit in Rom, von der Paulus im Osten erfahren hat.

3. Der Gruß in Röm 16,16b sei eine Dublette zu den konkreten Grüßen in

---

[33] S. o. S. 23f.

[34] Seit Schulz, D., Anzeige der Einleitungen von Eichhorn und de Wette in ThStKr 2 (1829) 563–636, hier 609ff.

[35] Das hält Schmithals, Römerbrief 143–147 »für das durchschlagendste und unwiderlegbare Argument gegen die mit Röm 1,1–7 identische Adresse des Kap. 16« (145).

[36] Das ist weder »unfein« noch »unklug« (gegen Schmithals, ebd. 144). Denn weder sollen natürlich die Gegrüßten den Nichtgegrüßten gegenüber vorgezogen werden noch wendet sich Paulus ostentativ an eine Gruppe von ›Paulinern‹ in Rom. Im Gegenteil, die lange

Grußliste hat insofern »werbenden« Charakter (Althaus 126), als dadurch ein Klima bereits bestehender persönlicher Vertrautheit entsteht: »Die Neigung, seine bereits vorhandenen persönlichen Beziehungen zu Rom zu betonen, erklärt ganz natürlich die Fülle der Grüße« (Lietzmann 129 – gegen Schmithals ebd. 145). Im übrigen gilt die Aufforderung zum heiligen Kuß 16,16a allen Adressaten und zeigt der Gruß in 16,16b die Tendenz, die römische Gemeinde in den Kreis »aller Gemeinden Christi« betont einzubeziehen.

[37] Vgl. Schmithals, Römerbrief 142f.

16,21–23[38]. Aber der pauschale Gruß in 16,16b hat eine andere Funktion als die nachgetragenen persönlichen Grüße in 16,21–23[39].

4.   Die scharfe Warnung in 16,17–20, die die beiden Grußlisten in 16,3–16 und in 16,21–23 voneinander trennt, sei sowohl literarisch an dieser Stelle deplaziert wie auch in ihrer Adressierung an die doch unbekannte Gemeinde in Rom befremdlich. – Nun zeigt die in der Tat ungewöhnliche Stellung des kleinen Abschnitts, daß die Warnung nicht allgemein prophylaktisch, sondern aktuell und konkret gezielt gemeint ist[40]. Welcherart Gegner Paulus hier im Blick hat, läßt sich jedoch aus dem Text nicht hinreichend sicher entnehmen[41]. Daß sie nur in Ephesus zu suchen wären, ist darum schwerlich beweisbar. Die Nähe zu Phil 3,19 kann dies ebenfalls nicht beweisen.

5.   In Röm 15,33 und 16,20b lägen zwei Briefabschluß-Formeln vor, die nicht zum selben Brief gehören könnten. – Doch eine Briefabschluß-Formel ist nur 16,20b. 15,33 dagegen ist eine der verschiedenen Fürbitte-Formeln, die sich einerseits in der Funktion, einen Abschnitt abzuschließen, auch inmitten eines Paulusbriefes finden, z.B. in 1Thess 3,11–13 und Phil 4,9[42], andererseits bevorzugt am Briefende vor der Briefabschluß-Formel stehen (vgl. Gal 6,16 mit 6,18; Phil 4,9 vor 4,23; 1Thess 5,23 vor 5,28; 2Thess 3,16 vor 3,18 und so auch Röm 15,33 vor 16,20b, vgl. vorher 15,5f und 15,13).

6.   Auffällig ist, daß die Grüße 16,21–23 nach dem Schlußsegen 16,20b stehen. Das läßt sich nur als Nachtrag nach Abschluß des Briefes erklären – wie denn so auch der Gruß des Stenographen Tertius (16,22) verständlich wird. Jedenfalls besteht kein Anlaß für literarkritische Manipulationen[43].

Gegen die Abtrennung von Kapitel 16 wird nun häufig eingewandt, ein solcher »weitgehend aus Grüßen bestehender Brief« sei »literarisch unmöglich«[44]. Doch dieses Argument als solches läßt sich durch entsprechende Analogien aus der hellenistischen Umwelt entkräften. In den Papyri gibt es sowohl kurze Empfehlungsschreiben ohne sonstige persönliche Bemerkungen als auch vor allem Briefe, die in ähnlicher Weise überwiegend aus Grüßen bestehen[45]. Aber warum ein solcher Kurzbrief nach Ephesus an den Römerbrief angehängt worden sein soll – zu einer Zeit, als das Interesse an der Überlieferung der Apostelbriefe, ausweislich der sekundär angefügten Doxologie Röm 16,25–27, das der

---

[38]   Schmithals ebd. 125, der freilich zu Unrecht in 16,3–16 und 16,21–23 Dubletten sieht. – D G it lassen 16,16 aus und fügen in 16,21 einen entsprechenden Passus hinzu.

[39]   Vgl. oben Anm. 36.

[40]   So mit Recht Schmithals, Römerbrief 149 gegen H. W. Schmidt 256f.

[41]   Nach Schmithals, Römerbrief 148–150 (vgl. ders., Die Irrlehrer von Röm 16,17–20, in: Paulus und die Gnostiker, 1965 [ThF 35], 159–173) handelt es sich um Gnostiker; nach Schenke, Aporien 882 Anm. 1 (Lit.) um Judaisten, wofür die Parallele in Phil 3,19 spricht. Nach Donfried, K. P., A Short Note on Romans 16, JBL 89 (1970) 448f bezieht Paulus

sich auf 14,1–3.20f zurück, könnte dann aber nicht die Starken bekämpfen, sondern höchstens Leute, die diese in gefährlicher Weise provozieren.

[42]   Gegen Schmithals ebd. 125f, der an diesen beiden Stellen ursprüngliche Briefabschlüsse vermutet, vgl. Kümmel, Einleitung 279.

[43]   Vgl. unten Anm. 46.

[44]   Kümmel, Einleitung 279; vorher besonders Lietzmann 129, zuletzt Cranfield 11.

[45]   Vgl. Schmithals, Römerbrief 128–135, der Röm 16,1–20 für einen solchen Kurzbrief hält; vorher besonders McDonald, J. J. H., Was Romans 16 a Separate Letter?, NTS 16 (1969/70) 369–372.

gottesdienstlichen Verlesung war –, das hat noch kein Vertreter der Hypothese, Röm 16 sei ein selbständiger Paulusbrief, zu erklären vermocht. Und daß Röm 1–15 ohne jegliche Grüße und ohne den üblichen Briefschluß-Segen nach Rom abgegangen sein soll, ist ebenfalls höchst unwahrscheinlich[46].

So spricht alles dafür, daß Röm 16,1–23 den Abschluß des originalen Römerbriefs bildet[47].

3. Andere literarkritische Hypothesen

Weder die Abtrennung von Kapitel 15f[48] noch diejenige von Kapitel 9–11[49] oder Kapitel 12,1–15,6 (7)[50] noch auch schließlich die Unechtheitshypothesen einiger Außenseiter[51] verdienen heute noch einer Widerlegung. Mit Recht gilt der Römerbrief allgemein als durchaus integrer Paulusbrief, abgesehen einzig von Kapitel 16. Lediglich einzelne Sätze werden z. T. als Glosen beurteilt[52].

In neuester Zeit gibt es freilich zwei Vorstöße, die gegen diesen common sense zu den literarkritischen Problemstellungen und Hypothesen der Forschung des 19. Jahrhunderts zurücklenken.

H. M. Schenke[53] scheidet nicht nur Röm 16,3–20 aus, so daß 16,21–23 an 16,1f anschließen, sondern ordnet auch 16,3–20 dem Abschnitt 14,1–15,13 zu und scheidet beide Partien aus dem Römerbrief aus: als ursprünglichen Epheserbrief des Paulus. Der Grund: Dies sei »das einzige Stück innerhalb von Röm 1–15, das überraschend und deutlich Vertrautheit mit den Gemeindeverhältnissen der Adressaten verrät . . . Die anderen Teile des Römerbriefs machen hingegen den Eindruck, daß Paulus die römische Gemeinde gar nicht näher kennt. Röm 14,1–15,13 mit Röm 16,3-20 zusammenzunehmen heißt im Grunde nur eins und eins zusammenzuzählen!«[54] Schenke macht damit scharf auf ein Problem aufmerksam, das in der Tat besteht: Wie läßt sich Röm 14,1–15,13 nach den so wenig auf die konkreten Adressaten bezogenen Ausführungen des Briefkorpus und der so allgemeinen Paränese Kapitel 12f erklären? Dieses Problem jedoch mit der literarkritischen Schere lösen zu wollen ist reine Willkür. Schenke beachtet vor allem exegetisch weder, wie 14,1ff in 12,1ff sachlich vorbereitet noch, wie in 15,7ff der Bogen zur Thematik des Briefkorpus zurückgeschlagen wird.

---

[46] Deswegen stellt Schmithals, Römerbrief 127 die Grüße 16,21–23 vor 15,33 um, was völlig willkürlich ist; vgl. vorher Georgi, D., Die Geschichte der Kollekte des Paulus für Jerusalem, 1965 (ThF 38), 81.

[47] Warum Käsemann 400 es »unerträglich« findet, daß der in Kap. 1–15 so wohldisponierte Brief in Kap. 16 so ungeordnet geschlossen habe, so daß sein »subjektives Urteil« die Abtrennung fordere, ist mir methodisch unbegreiflich.

[48] Vgl. oben Anm. 34.

[49] So Weiße, C. H., Beiträge zur Kritik der paulinischen Briefe, 1867, 46ff.

[50] So z. B. Schultz, H., Die Adresse der letzten Kapitel des Briefes an die Römer, JDTh 21 (1876) 104–130; Spitta, F., Untersuchungen über den Brief des Paulus an die Römer; vgl. Schmithals, Römerbrief 152–154.

[51] Dazu vgl. Schmithals, Römerbrief 51f.

[52] Bultmann, Glossen; vgl. dagegen Aland, K., Glosse, a.a.O. (Anm. 17).

[53] Aporien im Römerbrief 881–884.

[54] Ebd. 884.

Weitergehend und ungleich sorgfältiger begründet ist die Hypothese von W. Schmithals[55]. Danach ist der vorliegende Römerbrief eine redaktionelle Kompilation zweier verschiedener Paulusbriefe (A: 1,1–4,25 + 5,12–11,36 + 15,8–13, und B: 12,1–21 + 13,8–10 + 14,1–15,4a.7.5f + 15,14–32 + 16,21–23 + 15,33) sowie eines Empfehlungsschreibens für Phöbe an das Haus des Onesimus in Ephesus (16,1–20). Der kirchliche Redaktor – derselbe, der das früheste Corpus Paulinum zusammenstellte (?) – habe als dessen Abschluß die Doxologie 16,25–27 angefügt sowie die Sätze 15,4b und 5,1 (»zur Kaschierung von Nahtstellen«) hinzugesetzt. Nicht zur Korrespondenz mit Rom gehören auch Röm 5,2–11 und Röm 13,11–14 – beide Stücke rechnet Schmithals der Korrespondenz mit Thessalonich zu – sowie Röm 13,1–7 als »ein aus der Synagoge stammendes Traditionsstück«[56]. Was das Urteil über die zuletzt genannten drei Stücke angeht, so wird ihre Unhaltbarkeit in der Exegese zu erweisen sein[57]. Aber auch die Hauptthese überzeugt nicht. Ausgehend von den »Dubletten« in 15,5 und 15,13[58], will Schmithals zeigen, daß zwischen 15,7 und 15,8–13 eine Naht sei, weil nur 15,7, nicht aber 15,8–13 auf die voranstehende Paränese 14,1ff bezogen seien. Da jedoch 15,7 nach dem Abschluß in 15,6 deplaziert sei, stellt Schmithals den Vers kurzerhand zwischen 15,4a und 15,5f um, wobei 15,4b als redaktionelle Einfügung beurteilt wird[59]. Dadurch wird der Weg frei, um 15,8–13 an 11,36 anzuschließen[60], obwohl 11,33–36 ein solenner Schluß ist. Mit dieser durchaus willkürlichen Operation, durch die der Kontext der entscheidenden Schlußpassage 15,7–13 zerschnitten wird, erreicht Schmithals dasselbe Ziel, das auch Schenke anstrebt: Er erhält eine völlige Entflechtung zwischen Briefkorpus und Paränese. Diese erscheint nun als in sich zusammenhängendes Korpus eines anderen, selbständigen Briefes; und Röm 1–11 erhält in 15,8–13 ein zugehöriges Eschatokoll. Wie Schenke auf diese Weise das Problem einer exegetischen Erhellung des vorliegenden Textes – und das heißt sachlich: des Zusammenhangs zwischen Rechtfertigungsverkündigung und konkreter innerkirchlicher Handlungsanweisung – loswird, so entschlägt sich Schmithals darüber hinaus des Problems, wie das Thema der Universalität des Evangeliums mit der gesamten Paränese sachlich zusammenhängt: ein aktuelles Lehrstück zum Thema des Mißbrauchs literarkritischer Methode.

Als zweites Argument von Gewicht für seine Gesamthypothese verweist Schmithals[61] darauf, daß in 1,11–13 eine andere Situation vorauszusetzen sei als in 15,15–24. Erstens sei Paulus dort gegenwärtig noch verhindert, nach

[55] Vgl. die Zusammenfassung in: Römerbrief 210f.
[56] Schmithals, Römerbrief 210f. Röm 13,1–7 wird auch von Pallis 141, von Barnikol, E., Römer 13. Der nichtpaulinische Ursprung der absoluten Obrigkeitsbejahung von Röm 13,1–7, in: Studien zum NT und zur Patristik (FS E. Klostermann), 1961 (TU 77) 65–133, sowie von Kallas, J., Romans 13,1–7: An Interpolation, NTS 11 (1964/65) 365–374 für interpoliert erklärt.
[57] Zu Röm 5,2–11 vgl. Anm. 943; zu Röm 13,1–7 vgl. meinen Aufsatz: Römer 13,1–17, in: Rechtfertigung und Freiheit 203–245.
[58] Schmithals, Römerbrief 154–156.
[59] Ebd. 159f.
[60] Ebd. 160f.
[61] Ebd. 166–171.

Rom zu kommen (1,13), hier sei die Verhinderung vergangen (15,22). In der Tat spricht Paulus in 1,11–13 von seiner Besuchsabsicht und in 15,22–24 von seinem tatsächlichen Aufbruch. Doch entspricht 15,23 1,11; und daß nach 1,13ff der Brief das verhinderte Kommen einstweilen ersetzen solle, ist eingelesen. – Zweitens wolle Paulus nach 1,13–15 in Rom selbst Mission treiben, nach 15,24 sich lediglich in Rom zur Mission in Spanien unterstützen lassen. Aber muß die erste Absicht die zweite ausschließen? Gilt doch nach der ganzen Anlage des Briefkorpus die Evangeliumsverkündigung in Rom (1,15) den römischen Christen selbst, ihrer Gewinnung für sein Evangelium, und zugleich nach 15,7ff der Lösung ihrer innergemeindlichen Probleme! Wenn man dieses Ziel des Gesamtbriefs erkennt, entfällt jeder Grund, sich darüber zu wundern, warum Paulus erst am Schluß seines Briefes von seinem Spanienplan spricht: Dies gehört eben tatsächlich zu den persönlichen Schlußbemerkungen, die sich im übrigen in 15,25ff fortsetzen und zweifellos erst in 15,30–32 ihr brisantes Ziel erreichen (s. u.). – Drittens ziele Paulus nach 1,13ff darauf, die (von ihm nicht gegründete) Gemeinde für seine Sache zu gewinnen; in 15,20 dagegen »beansprucht Paulus Rom gerade als *sein* Arbeitsgebiet«[62]. In der Tat trifft die Regel 15,20 auf Rom nicht zu. Wie bisher im Osten (15,20 bezieht sich auf 15,19 zurück: οὕτως!), so ist nun auch im Westen sein von der Schrift vorgezeichnetes Ziel (15,21) die Verkündigung an die, die noch nichts von ihr gehört haben. Aber eben darum hat Paulus im Briefeingang keinerlei Anlaß, die Regel von 15,20 als ein Problem zu sehen, das er diplomatisch zu kaschieren suchen müßte[63]. Wenn der Hauptzweck seines Briefes darin besteht, die »unter den Heiden« schon bestehende Gemeinde (1,6) für sein Evangelium zu gewinnen, so ist es nur logisch, daß er sie am Schluß des Briefes um ihre Unterstützung für seine Mission im Westen bittet. Schmithals' richtige Erklärung von 15,20 im dortigen Kontext schließt gerade jede Notwendigkeit für seine Hypothese aus, Proömium und Briefschluß müßten zwei verschiedenen Römerbriefen zugehören. – Viertens schließlich macht Schmithals mit Recht darauf aufmerksam, daß in Röm 15,15 ἐπαναμιμνῄσκων nur als »wieder erinnern an« zu übersetzen ist. Nichts aber spricht für seine Erklärung, Röm 12–15 sei damit also als ein (gegenüber Röm 1–11) zweiter Brief gekennzeichnet[64]. Vielmehr betrifft das ἐπαναμιμνῄσκειν nach dem Kontext (15,15f) ja doch das Gnadenwerk (vgl. 1,5!) der Paulus befohlenen Heidenmission, von dem er hier voraussetzt, daß sie *darüber* natürlich längst im Bilde sind, so daß sein Brief – gerade unter Voraussetzung von Kapitel 1–11 – von daher nichts anderes ist als eine gezielte »Wiedererinnerung«. – Auch vom Briefeingang und vom Briefschluß her ergibt sich also keinerlei Notwendigkeit, Kapitel 1–11 und Kapitel 12–15 für verschiedene Paulusbriefe zu halten.

---

[62] Ebd. 170.
[63] So Klein, Abfassungszweck, dessen Arguments sich Schmithals 54 zu Unrecht bedient.
[64] Schmithals, Römerbrief 166.

4. Form- und traditionsgeschichtliche Aspekte

Die strenge Disposition und einheitliche Thematik von Röm 1–11 reizen gerade
wegen der offenkundigen paulinischen Konzeption zu der Frage, ob und wieweit diese durch traditionell vorgegebene Schemata bedingt ist. So zahlreich
und vielfältig Studien zur rein literarischen Struktur vorliegen[65], so wenig Ansätze gibt es, nach deren form- und traditionsgeschichtlichen Voraussetzungen
zu fragen. Im allgemeinen liegen dazu lediglich für Einzelabschnitte Hypothesen vor, nicht zum Ganzen.
Was das letztere betrifft, so ist häufig vermutet worden, Röm 1–11 spiegele die
übliche Missionspredigt des Paulus[66]. In der Tat leitet Paulus den Brief so ein;
er will »auch euch in Rom das Evangelium verkündigen« (1,14). So gilt: »Röm
ist das – aus einer konkreten Notwendigkeit seiner Missionsarbeit entstandene
– theologische Selbstbekenntnis des Paulus«[67]; »die Gemeinde soll wissen, was
und wie er predigt«[68]. Geht man dem näher nach, so erklärt sich von daher
nicht nur die Zweiteilung in Evangelium (Röm 1–11) und Paränese (Röm
12–15), die als solche eine entsprechende Zweiteilung der Missionspredigt wi-
derspiegelt[69], sondern auch der Gedankengang in Röm 1–8. Die zentralen Inhalte der heidenchristlichen Missionspredigt faßt Paulus in 1Thess 1,9f so zusammen: 1. Bekehrung von den Götzen zu dem einen, wahren Gott (vgl. Gal
4,8–10); 2. Verkündigung der Auferstehung Jesu als des Retters der an ihn
Glaubenden vor dem nahen Zorngericht Gottes[70]. Dieser Aufriß entspricht
dem der jüdischen Bekehrungspredigt[71]: 1. Bekehrung von den Götzen zu dem
einen, wahren Gott; 2. Verpflichtung auf die Tora als der einzigen Rettungs-
möglichkeit im nahen Endgericht. Entsprechend beginnt Paulus in Röm
1,18–3,20 die Entfaltung des Evangeliums (1,16) mit dem Thema des göttlichen Zorngerichts über alle Menschen (vgl. Apg 17,31), führt dann aber 2. aus,
daß es eine Rechtfertigung der Sünder nicht durch das Gesetz, sondern nur
aufgrund des Glaubens an Christus gibt (3,21–5,21), durch dessen Tod und
Auferstehung den Glaubenden die endzeitliche Rettung offensteht (5,1–4;
8,18ff). Der jüdische Topos der Bekehrung zu Gott wird hier also durch den
Glauben an Christus präzisiert und die Rettungskraft der Auferstehung Christi
(1Thess 1,10) in der Versöhnung durch Christi Tod fundiert, in der die Rettung
der Sünder vor dem Zorngericht bereits verwirklicht und so die endzeitliche
Rettung auf die Erlangung des Lebens konzentriert wird (vgl. besonders Röm
5,9f).
Diese Veränderung gegenüber dem Schema von 1Thess 1,9f bedarf nun einer

---

[65] S. o. Anm. 1.
[66] Vgl. dazu Norden, Agnostos Theos, besonders 125–140; Schrenk, Römerbrief; Roosen, genre littéraire; Trocmé, L'épître aux
Romains.
[67] Kümmel, Einleitung 273.
[68] Wendland, P., Die urchristlichen Litera-
turformen 350.
[69] Vgl. z.B. Dibelius, Geschichte der ur-

christlichen Literatur 96.144.
[70] Dazu und zu den Teilparallelen Hebr 6,1f;
Apg 14,15–17; 17,22–31; Barn 1,6 vgl. Wilckens, U., Die Missionsreden der Apostelgeschichte, ³1974 (WMANT 5), 81–91; Stuhlmacher, Das paulinische Evangelium I
258–266.
[71] Vgl. dazu Stuhlmacher, ebd. 260f.

Erklärung. Denn es ist offensichtlich, daß Röm 1–8 nicht einfach eine Ausführung des dort skizzierten traditionellen Predigtrahmens ist[72]. Nun läßt sich auch für den so veränderten Aufriß eine traditionsgeschichtliche Voraussetzung namhaft machen. Der Begriff Evangelium (1,16) ist nicht nur die Überschrift des Missionskerygmas (1Thess 1,5), sondern auch die der Erstüberlieferung, die Paulus in 1Kor 15,3–5 zitiert. Dort stehen der Sühnetod Christi »für unsere Sünden« und die Auferweckung Christi im Mittelpunkt, deren Heilsbedeutung ebenfalls als Befreiung von den Sünden herausgestellt wird (1Kor 15,17). Diese Paradosis hat ihren Sitz im Leben zweifellos ebenfalls in der Bekehrungssituation (vgl. 1Kor 15,1f), setzt jedoch die Missionspredigt voraus und bezeichnet das Heilsfundament der Bekehrten. Sie läßt sich darum allgemein als »katechetische« Überlieferung kennzeichnen[73]. Sie setzt die Tradition des Passionsberichts voraus, der nach 1Kor 11,23 der Hintergrund der Abendmahlshandlung ist. Da nun in der Evangelium-Tradition 1Kor 15,3–5 vom Sühnetod Christi die Rede ist, der auch in der Abendmahlsformel im Zentrum steht, ist die Abendmahlstradition als Bezugspunkt der Evangelium-Tradition von 1Kor 15 zu vermuten. Nun ist aber im Römerbrief der Sühnetod Christi, wie in der Exegese zu zeigen sein wird, die Basis der paulinischen Auslegung des Evangeliums in Röm 1–5. Paulus rekurriert an der entscheidenden Stelle (Röm 3,25) sehr wahrscheinlich auf eine traditionelle liturgische Formel, die ihrerseits ihren Sitz im Leben in der Abendmahlsparadosis gehabt haben könnte[74]; und er interpretiert in Röm 4,25 die Auferweckungsaussage des Kerygmas (Röm 4,24 vgl. 10,9f) im Horizont der Sühne als Befreiung von den Sünden. Entscheidend ist, daß er die Sühne in Tod und Auferstehung Christi als Heilstat der Gerechtigkeit *Gottes* begreift (Röm 3,25; 5,8; 11,32), so daß der Glaube an Christus der Sache nach Glaube an Gott, »der den Gottlosen rechtfertigt« (Röm 4,5), ist. Das heißt: Paulus sieht die πίστις ἐπὶ θεόν (Hebr 6,1; 1Thess 1,9f), die im Missionskerygma als Glaube an Gott, der Jesus von den Toten auferweckt hat, verkündigt und vom Bekehrten in der Homologie angenommen wird, mit der πίστις Χριστοῦ als dem Glauben an Gott, der im Tode Christi Sühne für die Sünden geschaffen hat, inseins zusammen. Mit anderen Worten, er integriert das übliche Schema der Missionspredigt in den Aussagezusammenhang der katechetisch-eucharistischen Evangelium-Tradition[75]. Diese, nicht jene bestimmt so den Rahmen der Gedankenführung des Römerbriefs; aber durch die Aufnahme der Motive des Kerygmas (Bekehrung und Rettung vor dem Zorngericht) wird zugleich die Auslegung der Evangelium-Tradition präzisiert.

---

[72] Ich korrigiere damit eine These, die ich in dem Aufsatz: Über die Bedeutung jüdischer Überlieferung in der Geschichte des hellenistischen Urchristentums, ThViat 8 (1961/62) 285–298, hier 287 skizziert habe.
[73] So z. B. Stuhlmacher, Das paulinische Evangelium I 274–276.
[74] So z. B. Käsemann, Zum Verständnis von

Röm 3,25, in: Exegetische Versuche und Besinnungen I 96–100, hier 99f.
[75] Daß eine solche theologische Integration im Urchristentum allgemein so noch nicht vollzogen worden ist, zeigt das unverbundene Nebeneinander von 1Petr 1,3–5.21 und 3,18 (2,24). Auch im Kerygma der Apostelgeschichte ist vom Tod Jesu durchweg ohne den

Unter diesem Aspekt ist nun aber die Gedankenführung von Röm 1–11 immer noch nicht als ganze zureichend erklärt. Vor allem fallen aus dem so traditionell vorgegebenen Rahmen die Abschnitte Röm 6,1–8,11 und Röm 9–11 heraus. Hier sucht Paulus, wie wir sahen, auf zwei gravierende jüdische Einwände zu antworten, die sich gegen seine Evangelium-Verkündigung richten. Der Dialog mit dem jüdischen Partner durchzieht aber den Gedankengang von Anfang an (vgl. 1,16b). Das Briefkorpus als ganzes ist ein »dialogus cum Iudaeo«, eine Interpretation des Evangeliums in Auseinandersetzung mit der Synagoge. Zweifellos hatte Paulus während seiner Mission im Osten ständig Auseinandersetzungen mit den Juden der Ortssynagogen zu führen. Von daher ist zu erwägen, ob von da aus nicht mancherlei bereits vorher ausgearbeitete Argumentationen im Römerbrief Eingang gefunden haben[76]. Das läßt sich z. B. im Blick auf Röm 4 durch den Vergleich mit Gal 3 (und Jak 2!) wahrscheinlich machen. Hier liegt zwar kein literarisch fixierter Abraham-Midrasch zugrunde[77], wohl aber zeigt die im einzelnen verschieden zielgerichtete Auslegung derselben Grundstelle Gen 15,6 in Gal 3 und Röm 4, daß die Berufung auf Abraham immer schon auf heftigen Widerspruch von seiten der Synagoge stoßen mußte, die Abraham als Vater der Proselyten pries. Wie in Röm 4, so haben aber auch sonst die im Römerbrief besonders zahlreichen Schriftzitate und -exegesen durchweg ihre Funktion und ihr Ziel im christlich-jüdischen Dialog. Dieser Skopos ist es, unter dem Paulus das traditionelle κατὰ τὰς γραφάς-Motiv der Evangelium-Tradition von 1Kor 15,3f in seinem Brief an die römischen Christen so extensiv ausgearbeitet hat. Keineswegs freilich läßt sich die Hypothese halten, im Römerbrief lasse sich eine in sich zusammenhängende Homilie des Paulus ad Judaeos erkennen, in der er Midrasch-artig eine neue, christliche Konzeption der Heilsgeschichte unter Zugrundelegung der Geschichtsbücher des Alten Testaments von der Genesis bis zu den Königsbüchern dargelegt habe (Röm 1–4.9–11)[78]. Ebensowenig ist die Annahme überzeugend, es lasse sich aus dem Text des Römerbriefs ein vorgefertigtes »Manual of Instruction on the Jewish problems« herauslösen[79].

Das Ergebnis ist: Paulus hat bei der Konzeption des Römerbriefs erstens die zentralen Motive des Missionskerygmas in die katechetisch-eucharistische εὐαγγέλιον-Tradition integriert und so zweitens eine Darlegung des Evangeliums erarbeitet, das die Rechtfertigung der Sünder durch den Sühnetod Chri-

---

Sühnegedanken die Rede, selbst dort, wo eine Nähe zu 1Kor 15,3–5 unverkennbar ist (Apg 10,37–43).

[76] Dieser Aspekt kommt vor allem im Kommentar von Michel zum Tragen.

[77] So zuletzt van der Minde, Schrift und Tradition 68–106, besonders 78–83.

[78] So Scroggs, Paul as Rhetorician 275–281, der in Röm 9,4f die Fortsetzung von Röm 3,1f (πρῶτον μέν) und in Röm 9,7ff die Fortsetzung des Abraham-Midrasch von Röm 4 (ebd. 277) und lediglich in Röm 3,21–26 ein von

Paulus aktuell eingearbeitetes Stück sehen will (ebd. 276 Anm. 16). Entsprechend vermutet Scroggs auch hinter Röm 5–8 eine bereits vorformulierte, andersartige Homilie (ebd. 281–289).

[79] So Kinoshita, Romans, nach dem Röm 2,1–5.17–29; 3,1–20; 3,27–4,25; 5,12–7,25; 9,1–11,36; 14,1–15,3 jenes »Dialog-Handbuch« gebildet haben soll, das Paulus im übrigen mit dem Postscriptum 15,4–13 vor der Einarbeitung in den Römerbrief bereits an die Gemeinde in Ephesus geschickt habe.

sti als der zentralen Heilstat Gottes verkündigt; und er hat drittens diese Konzeption durchweg in einem Dialogus cum Judaeo durchgeführt, wofür er frühere Argumentationen mit den Ortssynagogen aufgenommen hat.

II. Die historische Situation des Römerbriefs

1. Die Situation der römischen Christen

a) Das Problem

Über die christliche Gemeinde in Rom erfahren wir aus dem Römerbrief, abgesehen von 14,1–15,13, nahezu nichts. Das hängt natürlich damit zusammen, daß Paulus diese Gemeinde als ganze nicht kannte. Mit seinem Brief nahm er den ersten Kontakt mit ihr auf. Das unterscheidet den Römerbrief von allen übrigen Briefen des Apostels. Überall sonst haben seine Briefe die Funktion, die von ihm gegründeten Gemeinden in seiner bleibenden Führungsautorität als ihres Vaters (1Kor 4,14f) aus der Ferne konkret zu begleiten, sie zu ermutigen und zu ermahnen, aktuelle Fragen zu beantworten, Mißstände und Fehlentwicklungen zu rügen und sich mit Gegnern auseinanderzusetzen. Seine Briefe ersetzen also seine Gegenwart. Mit dem Römerbrief steht es umgekehrt: Die Gemeinde in Rom ist nicht von ihm oder einem seiner Mitarbeiter gegründet worden und lebte bislang ohne direkte Beziehung zu ihm. Doch hatte er von Anfang seiner eigenen Mission an indirekt Kontakt mit Rom durch die Zusammenarbeit mit Priska und Aquila, mit denen zusammen er die Gemeinde in Korinth aufgebaut (Apg 18,1ff vgl. 1Kor 16,19) und danach in Ephesus missioniert hatte (vgl. Apg 18,18f.26) und die nun mit ihrer Hausgemeinde wieder in Rom sind (Röm 16,3–5). Es spricht, wie wir sahen, vieles dafür, daß unter den in Röm 16 Gegrüßten noch weitere römische Christen sind, mit denen Paulus während der letzten Jahre im Osten zusammengearbeitet hatte. In ihnen weiß er nun in Rom eine Gruppe persönlicher Vertrauter, die ihm seine Einführung in Rom erleichtern werden. Durch sie ist er auch zweifellos über die römische Gemeinde informiert; das zeigt sich deutlich in Röm 14,1–15,13. Ein völlig Unbekannter ist auch umgekehrt Paulus nicht für die römische Gemeinde. Zumindest durch seine persönlichen Bekannten haben die römischen Christen von ihm gehört, aber zweifellos auch durch vielerlei andere Nachrichten.
Seit langem hatte Paulus vor, nach Rom zu kommen (1,10.13; 15,22f)[80]. Der Radius seines Missionsauftrags an die »Völker« bezieht auch den Westen des Römischen Reiches ein; und für die Arbeit im Westen ist Rom der gegebene

[80] Die konkrete Angabe in Röm 15,23 »seit geraumen Jahren« gibt Anlaß zu der Vermutung, Paulus habe bereits während der ersten Mission in Mazedonien und Achaja sogleich auf der Via Egnatiana nach Rom kommen wollen; denn nur so wird die konkrete Angabe in Röm 15,19 »bis nach Illyrien« verständlich. Vgl. dazu Suhl, Paulus 93f, der darüber hinaus vermutet, Paulus habe damals die Reise nach Rom abgebrochen, weil er vom Claudius-Edikt erfahren habe; vgl. ders., Der konkrete Anlaß des Römerbriefs 129.

Mittelpunkt. Die Gemeinde lebt ja »unter den Heiden« (1,6), so daß er »unter ihnen wie unter den übrigen Heiden Frucht erhalten« will (1,13). So bittet er die Gemeinde, ihn für die Mission in Spanien auszurüsten (15,24). Doch ist dies, wie wir gesehen haben, nicht der Zweck seines Briefes. Dieser besteht vielmehr darin, ihnen das Evangelium darzulegen, zu dessen Verkündigung er als »Heidenapostel« (11,13) berufen ist. Warum? Gewiß nicht einfach zu ihrer Information, damit sie wissen, mit wem sie es zu tun haben. Daß er ihnen einen so ausführlichen und wohldurchdachten Traktat schickt, muß einen spezielleren Grund haben. Dieser muß damit zusammenhängen, daß er seine Darlegung, wie wir sahen, als Dialog mit der Synagoge ausarbeitet. Von daher ist die entscheidende Frage: Wieso führt Paulus sich durch einen solchen Dialogus cum Judaeo in der christlichen Gemeinde in Rom ein, um sie für seine Heidenmission im Westen zu gewinnen?

Hängt das mit dem Charakter der römischen Gemeinde zusammen? Seit langem wird die Römerbrief-Forschung durch diese Frage in Atem gehalten. F. C. Baur meinte, die Erörterung in Kapitel 1–11 setze Judenchristen als Adressaten voraus; denn nur dann lasse sich der Skopos des Briefkorpus historisch verstehen, wenn diese antijüdische Darlegung des Evamgeliums in seiner universalen Geltung für Juden wie Heiden an jüdisch denkende und urteilende Christen gerichtet sei, an ›Judaisten‹. Doch das ist eindeutig falsch. Wo immer in Röm 1–11 die Adressaten angesprochen werden, erscheinen sie eindeutig als Heidenchristen. Das ist zwar direkt nur an einer Stelle (Röm 11,17) der Fall. Aber Briefeingang und Briefschluß lassen, wie wir sahen, keinen Zweifel daran, daß Paulus die Gemeinde als ganze als christlichen Vorort der ἔθνη im Westen und also als wichtigen künftigen Mittelpunkt seiner Heidenmission in dieser Region im Blick hat. Im übrigen ist vor allem der Abschnitt Röm 9–11 durchweg so formuliert, daß deutlich zu Nichtjuden *über* Israel und die Juden gesprochen wird (vgl. besonders 9,3–5; 10,1–3; 11,25–32).

Unzutreffend ist aber auch das entgegengesetzte Urteil, die römische Gemeinde habe nur aus Heidenchristen bestanden[81]. Denn erstens finden sich in der Grußliste 16,3ff eine Reihe von zweifellos jüdischen Namen. Zweitens spricht Paulus in 4,1 von »Abraham, unserem Vorvater nach dem Fleisch«, worin er sich mit jüdischen Christen zusammenfaßt[82]. Vor allem aber entbehrte drittens der Skopos der durchlaufenden Auseinandersetzung des Paulus mit der Synagoge: daß das Evangelium Juden wie Heiden (1,17; 3,29f; 4,9ff) ohne Unterschied (2,11; 3,22ff) gilt, jeder konkreten Bedeutung, wenn die Gemeinde der römischen Christen selbst nicht eben aus Juden und Heiden bestünde[83]. In dem »Wir« in 9,24 sagt er es zudem ausdrücklich. Hinzu kommt viertens, daß der innergemeindliche Konflikt zwischen Starken und Schwa-

[81] Gegen Munck, Das Manifest des Glaubens, in: Paulus und die Heilsgeschichte 190–203, hier 194–203.
[82] Zwar läßt sich von 3,27–31 her 4,1 auch an den jüdischen Dialogpartner adressiert verstehen (so Kümmel, Einleitung 270); doch zeigt der folgende Kontext, daß Paulus mit ἡμῶν die christlichen Adressaten in Rom meint (vgl. besonders 4,23f). 4,1–25 entfaltet im übrigen 3,21b.
[83] So mit Recht Kümmel, Einleitung 271.

chen 14,1–15,13 nur als ein solcher zwischen gesetzesfreien und gesetzestreuen Christen zu erklären ist, wie wir noch sehen werden.

Von diesem Abschnitt ausgehend, ließe sich dann die Situation der Adressaten
so auffassen, daß in der römischen Gemeinde Juden- und Heidenchristen miteinander in Streit geraten sind; und von daher ergäbe sich als der Zweck des
ganzen Briefes, zum Frieden unter den Streitenden zu wirken. Gerade das
Thema des Briefkorpus könnte unter diesem Aspekt in seiner aktuellen Bedeutung erhellt werden[84]. Nun ist freilich deutlich, daß Paulus sich hier an die
Starken wendet und sie zur Rücksicht auf die Schwachen zu gewinnen sucht –
nicht umgekehrt[85]. Das heißt aber, er müßte dann für die Judenchristen gegen
die Heidenchristen Partei ergriffen haben. So aber würde es zum Rätsel,
warum er gleichwohl im Briefkorpus den Heidenchristen so ausführlich den
Gegensatz zwischen Glaubens- und Gesetzesgerechtigkeit darlegen muß, auf
den sie sich doch gerade den »schwachen« Judenchristen gegenüber berufen
haben müßten, und warum er sie hier so nachdrücklich warnt, sich über die Juden erhaben zu fühlen (11,17ff)[86]. So eindeutig es also ist, daß die römische
Gemeinde faktisch aus Juden und Heidenchristen bestanden hat, so verwirrend
ist es, in 14,1–15,13 den Schlüssel für die Interpretation des Römerbriefs in
dem Sinne zu sehen, daß Paulus darin zu einem akuten Konflikt zwischen Ju-
den- und Heidenchristen Stellung nehme[87].

b) Die Entstehung der römischen Gemeinde

Einen festen Ausgangspunkt gewinnen wir mit der Frage nach der Entstehungsgeschichte des römischen Christentums. Es spricht zunächst alles dafür,
daß es seinen Ursprung im Umkreis des römischen Judentums gehabt hat.
Denn anders ist der Anlaß der Judenvertreibung durch den Kaiser Claudius im
Jahre 49 n.Chr. nicht zu erklären. Darüber berichtet Sueton, Vita Claudii 25:
»Die Juden vertrieb er aus Rom, weil sie, von Chrestus aufgehetzt, fortwährend Unruhe stifteten.«[88] Mit dem hier genannten Chrestus ist von Sueton
zwar zweifellos ein römischer Jude dieses Namens gemeint, den er bzw. seine
Quelle für den Anstifter jener Unruhen hielt. Das beruht jedoch mit größter
Wahrscheinlichkeit auf einem Mißverständnis. Es kann sich nur um einen heftigen Konflikt innerhalb der römischen Judenschaft mit den dortigen Christen
gehandelt haben. Der Name Chrestus für Christus ist mehrfach bezeugt[89].

---

[84] So z. B. Preisker, Das historische Problem des Römerbriefs; Harder, Der konkrete Anlaß des Römerbriefs; Marxsen, Einleitung 88–97; Bartsch, Das historische Problem des Römer-briefs; Minear, The Obedience of Faith 36 und pass; Donfried, False Presuppositions.

[85] Gegen Harder, Der konkrete Anlaß des Römerbriefs. Richtig Bartsch, Die antinomisti-schen Gegner.

[86] Darin hat Harder ebd. gegen Bartsch ebd. recht.

[87] Dies ist vor allem gegen Marxsen, Einlei-tung 88–97, besonders 90, einzuwenden.

[88] »Iudaeos assidue tumultuantes impulsore Chresto Roma expulit.« Vgl. die Literatur bei Wiefel, Die jüdische Gemeinschaft 75 Anm. 78 sowie bei Kaye, B. N., ›To the Romans and Others‹ Revisited, NT 18 (1976) 37–77, hier 38 Anm. 6.

[89] Vgl. z. B. Tac Ann XV 44,2 (»Crestianos«) mit ebd. 4 (»Christus«). Zum Nachweis vgl. Blass, F., Hermes 30 (1893) 465–470.

Demnach dürfte die Situation in Rom ähnlich gewesen sein wie diejenige in Jerusalem (Apg 6–8): Dort hatte der engagierte Versuch von Mitgliedern einer ›hellenistischen‹ Synagoge, ihre Synagogenbrüder zu dem Glauben an Jesus zu gewinnen, den sie angenommen hatten, heftige Reaktionen der Synagogenmehrheit gegen die christlichen Apostaten hervorgerufen. Ähnlich berichtet die Apostelgeschichte – im Kern sicherlich zutreffend – von vielerlei entsprechenden Konflikten zwischen Paulus und den Ortssynagogen seiner Missionsorte[90]. In solchem Zusammenhang wird einmal von einem regulären Prozeß vor dem römischen Statthalter berichtet (Apg 18,12ff). Es wäre denkbar, daß Claudius mit dem Edikt gegen die römischen Juden ein ähnliches Prozeßbegehren beantwortete. Dem Bericht des Sueton entsprechen aber eher Tumultsituationen wie die in Apg 19,23ff bzw. 21,27ff.

Überall waren es judenchristliche Missionare, deren Agitation für den Glauben an Jesus so heftige Gegenwehr auslöste. Nur sie hatten ja Zutritt zu den Synagogen. Antinomistische Heidenchristen hätten dort nie eine Chance gehabt. Nur so ist es auch verständlich, daß Claudius die Tumulte in Rom als jüdische Unruhen beurteilte und mit der pauschalen Ausweisung der Juden schlechthin beantwortete, so daß auch alle jüdischen Christen wie Aquila und Priska davon betroffen wurden. Nicht jedoch die nichtjüdischen Christen! Sie konnten in Rom bleiben, sofern sie sich deutlich von den Synagogalgemeinschaften distanzierten und in eigenen collegia organisierten. Nur so konnte das Christentum in den Jahren nach 49 n.Chr. in Rom verbleiben und die für das Judentum zunächst katastrophale Folge des Claudius-Edikts überleben. Als nach dessen Aufhebung nach dem Regierungsantritt Neros im Jahre 54 n.Chr. die Judenchristen nach Rom zurückkehrten, fanden sie eine ›heidenchristlich‹ organisierte Gemeinde vor, die wahrscheinlich in der Zwischenzeit stark angewachsen war. Von daher erklärt sich gut, daß Paulus die Gemeinde als ganze als heidenchristliche anspricht. Zugleich aber sind nun natürlich auch die vertriebenen Juden nach Rom zurückgeströmt, so daß sich die Spannungen aus dem Jahr 49 n.Chr. erneuert haben müssen. Jetzt jedoch war es eine eigene, in sich geschlossene Gemeinschaft von Christen, denen die restituierten Synagogalgemeinschaften gegenüberstanden.

c) Die römischen Heidenchristen

Bei dieser Rekonstruktion[91] ist vorausgesetzt, daß es eine frühe Heidenmission der römischen Judenchristen gegeben hat. Ohne dies wäre es ganz unerklär-

---

[90] Vgl. 1Thess 2,16; Apg 13,45.50f; 14,2ff.19; 17,5.13; 18,6.12ff; 19,9; 20,3; 21,27ff; 28,24. Es handelt sich zwar um einen Topos der Apostelgeschichte, der deren heilsgeschichtlichem Konzept der urchristlichen Missionsgeschichte entspricht (vgl. Apg 13, 46f; 18,6; 28,25–28). Doch es ist unrichtig, daraus den Schluß zu ziehen, Paulus habe in Wirklichkeit von vornherein nicht in den Synagogen selbst missioniert, sondern nur an deren Rand unter den sog. Gottesfürchtigen.

[91] Vgl. dazu besonders Wiefel, Die jüdische Glaubensgemeinschaft.

lich, daß Aquila und Priska nach der ersten Begegnung mit Paulus in Korinth so vorbehaltlos bei der Heidenmission mitgearbeitet haben. Eine judenchristliche Heidenmission gab es aber schon in Antiochia (Apg 11,20) und wahrscheinlich überall in der Diaspora, seit das sogenannte Apostelkonzil die Verkündigung an Heiden grundsätzlich legitimiert hatte (Gal 2,7–9). Die Tradition läßt auch Petrus als Heidenmissionar hervortreten, sogar als deren Initiator (Apg 10,1ff). Eine von Judenchristen betriebene Heidenmission in Rom ist also gar nichts Außergewöhnliches.

Die Intention zur Heidenmission ist in den Kreisen der sog. ›Hellenisten‹ entstanden, in deren ursprünglichem Jerusalemer Führungskreis der Sieben bereits ein Heide war, der antiochenische Proselyt Nikolaus (Apg 6,7). Proselyten waren Nichtjuden, die durch Annahme der Beschneidung und der vollen Tora-Observanz Juden geworden waren[92]. In jener hellenistischen Synagoge, aus der die ersten ›hellenistischen‹ Christen hervorgegangen sind, dürfte es nicht wenige solcher Proselyten gegeben haben; denn Übertritte von Heiden waren zu der Zeit in der Diaspora keine Seltenheit. Es gab dort seit langem eine intensiv betriebene jüdische Propaganda zur Gewinnung von Heiden für den jüdischen Glauben[93]. Die Heidenmission der christlichen ›Hellenisten‹ aber hängt mit ihrer Überzeugung zusammen, daß durch den Sühnetod Christi das Kultgesetz samt dem Tempel außer Kraft gesetzt worden sei (vgl. Apg 6,13), weswegen der Glaube an Christus als solcher vollen Zugang zum Heil gewähre, ohne Observanz der (Kult)-Tora. Also war so auch der Zugang für die Heiden eröffnet, und zwar ohne deren Verpflichtung auf das Gesetz.

Damit aber war hier eine Unterscheidung aufgegeben worden, die im Judentum grundsätzliche Bedeutung hatte: die Unterscheidung zwischen Proselyten und ›Gottesfürchtigen‹. ›Gottesfürchtige‹ (φοβοῦντες τὸν θεόν = ירא שמים) nannte man Heiden, die lediglich den Glauben an den einen, wahren Gott annahmen, die sittlichen sowie einzelne rituelle Gebote der Tora hielten, den Sabbat feierten und die Tempelsteuer zahlten[94]. Sie galten im strengen Sinne nicht als Juden[95] und wurden nur ausnahmsweise als solche angesehen[96]. Der soteriologisch relevante Unterschied zwischen Beschnittenen und Unbeschnittenen, Juden und »Sündern aus den Heiden« (Gal 2,15) ist jedoch als solcher nie aufgegeben worden. Ebendies aber ist in der urchristlichen Heidenmission faktisch geschehen. Die ἔθνη in den urchristlichen Gemeinden der Diaspora

---

[92] Vgl. dazu Kuhn, K. G., Art. προσήλυτος in ThWNT VI 727–745.

[93] Belege und Literatur bei Schmithals, Römerbrief 70f Anm. 199.

[94] Dazu vgl. Bill. I 924–931; II 715–721; Kuhn, K. G., ThWNT VI 727–745 (Lit.); Jeremias, J., Jerusalem zur Zeit Jesu, Göttingen ³1962, 354–370.

[95] Tanch 92a bei Bill. III 489f: »Nimmermehr kann ein Mensch Tora lernen, wenn er sich nicht (vorher) beschneiden läßt.« Vgl. die bei Kuhn, ThWNT VI 733 zitierte Katakomben-Inschrift aus Rom (CIJ I 28 S. CXXX

Frey), nach der Gottesfürchtige schlicht als Heiden galten.

[96] R. Jehoschua beruft sich z. B. auf eine Lehrmeinung der Alten, nach der ein Mensch, der die Tora erfüllt, auch ohne Beschneidung als Proselyt gelte (Jeb 46a Bar bei Bill. I 106). Die Variante bei R. Meir: »Ein Goj, der die Tora hält, ist vor Gott sogar so viel wert wie der Hohepriester selbst« (SLev 18,5 bei Kuhn, ThWNT VI 741), treibt den Satz bewußt auf die Spitze (vgl. Röm 2,13!) und darf darum nicht auf die Goldwaage gelegt werden.

dürften weitgehend solche ›Gottesfürchtige‹ gewesen sein. Sie waren von den
christlichen Missionaren deswegen so rasch und in so großer Zahl für den
Glauben an Christus zu gewinnen, weil sie durch ihn allein bereits, also im Status als bloße Gottesfürchtige, am Heil des Gottes Israels vollen Anteil erhiel-
ten, ohne den für Nichtjuden damals »beschwerlichen« (Apg 15,10.19) Schritt
zur Beschneidung und vollen Tora-Observanz auf sich nehmen zu müssen[97].
Dies mußten die jüdischen Ortssynagogen natürlich als Affront empfinden.
Denn nicht nur wurden sie auf diese Weise mit einem Schlage um die Frucht ihrer Bemühungen um heidnischen Anhang und zugleich um wertvolle finan-
zielle Unterstützung und gesellschaftliche Reputation gebracht; sondern indem die christlichen Missionare zusammen mit den Gottesfürchtigen auch Juden zur Bekehrung zu diesem neuen Glauben an den Messias Jesus riefen[98],
wurden hier ja gesetzestreue Gerechte mit »Sündern aus den Heiden« (Gal
2,15) faktisch auf die gleiche Stufe gestellt.
Von daher werden die schweren Unruhen innerhalb der römischen Judenschaft
»impulsore Chresto« gut verständlich.
Es spricht nun vieles dafür, daß die ersten Christen in Rom Mitglieder jener
›Hellenisten‹-Gruppe um Stephanus gewesen waren. Zu der Jerusalemer Synagoge, aus der sie stammten, gehörten nach Apg 6,9 nämlich auch »libertini«,
d.h. Nachkommen jener Juden, die Pompejus als Gefangene nach Rom ver-
bracht hatte[99] und die sich dann nach ihrer Freilassung am linken Tiberufer an-
gesiedelt hatten[100]. Daß sie, nach dem Martyrium des Stephanus aus Jerusalem vertrieben, zu den Ihrigen nach Rom gegangen waren, und dort – genauso
wie die anderen Flüchtlinge ihrer Jerusalemer Gruppe an anderen Orten der
Diaspora – die in Jerusalem gescheiterte Verkündigung alsbald fortsetzten, ist
plausibel. Ebenso, daß die Reaktion in diesen Kreisen der römischen ›libertini‹
ähnlich ausfiel wie die in Jerusalem, zumal sie – wiederum ähnlich wie ihre
Brüder in Antiochien und anderswo – nunmehr vor allem eine große Zahl von
Gottesfürchtigen für die christliche Sache gewannen. Da die römische Judenschaft in einer großen Zahl verschiedener, kleiner Synagogalgemeinschaften
organisiert war[101], werden sich die Konflikte zunächst einige Zeit nur auf der
Ebene dieser einzelnen Synagogalgemeinschaften abgespielt und erst allmählich die römische Judenschaft als ganze alarmiert haben. Insofern darf man annehmen, daß es Christen in Rom bereits lange vor 49 n. Chr. gegeben hat.
Die Vertreibung der Juden hatte dann für einige Jahre die Folge, daß einerseits
die in Rom verbliebenen Gottesfürchtigen von den Synagogen isoliert und andererseits die allein übriggebliebenen Heidenchristen zu selbständiger Weiter-

---

[97] Diese generell seit langem vertretene Hypothese hat jüngst Schmithals, Römerbrief
69–82 mit überzeugenden Gründen wahrscheinlich gemacht.
[98] Vgl. die in dieser Hinsicht paradigmatische
Anrede Apg 13,26: ἄνδρες Ἰσραηλῖται καὶ οἱ
φοβούμενοι τὸν θεόν.
[99] Jos Ant 14,4f; Bell I 7,7.
[100] Vgl. Strathmann, H., ThWNT IV 269;

Conzelmann, H., Die Apostelgeschichte ²1972
(HNT 7) 45; gegen Haenchen, E., Die Apostelgeschichte ¹⁶1976 (KEK III), 223 Anm. 3, der
der Konjektur von M. Dibelius, Aufsätze zur
Apostelgeschichte, Göttingen ⁵1968, 82, zustimmt: Λιβύων für Λιβερτίνων.
[101] Vgl. dazu Wiefel, Die jüdische Gemein-
schaͤt 71–75.

existenz genötigt waren. Darin lag zunächst die Chance, daß viele von jenen Gottesfürchtigen für den Gauben an Christus gewonnen wurden und sich den heidenchristlichen Gruppen anschlossen. Der Respekt, den Paulus Röm 1,8 der römischen Gemeinde zollt, dürfte insofern nicht nur eine captatio sein, als sich die römische Christenheit durch ihr rasches Anwachsen in jenen Jahren tatsächlich in den Gemeinden des Ostens großes Ansehen verschafft haben wird. Vor allem im Umkreis des Paulus dürfte man, durch die vertriebenen Judenchristen ständig über die Lage in Rom informiert, große Erwartungen in die dortige Gemeinde als Zentrum der seit langem geplanten Mission im Westen gesetzt haben.

Doch läßt sich zugleich durch den zahlreichen Anschluß isolierter Gottesfürchtiger an die christliche Gemeinde auch erklären, daß nun gewisse Probleme in den Vordergrund des innergemeindlichen Lebens getreten sind, die durch verschiedene Meinungen über den Umfang der christlich relevant bleibenden Gesetzesobservanz erwuchsen. Einig war man sich nur darüber, daß die Beschneidung für Heidenchristen nicht notwendig war. Aber wie stand es mit den Geboten und Lebensgewohnheiten, die man als Gottesfürchtige schon im Umkreis der Synagoge eingehalten hatte? Daß die einen diese bewahren wollten, während andere dies als Rückständigkeit beurteilten, und daß es so – unter den römischen *Heiden*christen – zu jenen Konflikten zwischen ›Starken‹ und ›Schwachen‹ gekommen ist, auf die Paulus in Röm 14,1–15,13 eingeht, ist von daher gut verständlich.

d) Die Spannungen zwischen Starken und Schwachen in Rom

Vielfach wird angenommen, es habe sich um einen Konflikt zwischen Juden- und Heidenchristen in Rom gehandelt, der nach der Rückkehr der letzteren aus dem Exil ausgebrochen sei. Diese hätten eine weitgehend gesetzesfreie Praxis in der Gemeinde vorgefunden, die ihnen als Judenchristen zu weit gegangen und theologisch ärgerlich gewesen sei[102]. Doch dies ist nicht sehr wahrscheinlich. Jedenfalls Aquila und Priska, die in der paulinischen Heidenmission mitgearbeitet hatten, dürften als römische Judenchristen den paulinischen Standpunkt vertreten, d.h. aber zumindest eher den ›Starken‹ in Rom als den ›Schwachen‹ zugeneigt haben. Und es ist sehr zu fragen, ob es nicht eine größere Zahl von römischen Judenchristen gegeben hat, die ähnlich dachten. Der Konflikt ist sehr viel wahrscheinlicher als ein solcher zwischen zwei verschiedenen Richtungen innerhalb der heidenchristlichen Gemeinde selbst zu begreifen[103], der in den Jahren zwischen 49 und 54 n.Chr. entstanden war und in den die zurückkehrenden Judenchristen auf dieser oder jener Seite mithineingezo-

---

[102] So z.B. Appel, H., Einleitung in das NT, Leipzig 1922, 45; in der Gegenwart vor allem Bartsch, Das historische Problem des Römerbriefs; ders., Die antisemitischen Gegner; Marxsen, Einleitung 91–93; zuletzt Käsemann 387; Cranfield 18–21; Suhl, Paulus 277.
[103] So vor allem jetzt Schmithals, Römerbrief 86f.

gen worden sind. Die Fronten sind also nicht durch den einerseits juden- und den andererseits heidenchristlichen Mitgliederbestand der römischen Gemeinde bedingt, sondern durch eine verschiedene Beurteilung der notwendigen oder nicht notwendigen Gesetzesobservanz der Heidenchristen in der Gemeinde als ganzer, wahrscheinlich quer durch ihren ethnischen Bestand hindurch.

In diesem Zusammenhang ist eine allgemeine Bemerkung über die Bedeutung der urchristlichen Bezeichnung ἔθνη angebracht. Bis in die Gegenwart hinein wird sie wie selbstverständlich in rein ethnischem Sinn aufgefaßt. Dabei wird übersehen, daß überhaupt im Judentum, so wichtig der ethnische Gesichtspunkt der geburtsmäßigen Zugehörigkeit zum Volk Israel war, das Judentum doch entscheidend als eine Lebensform begriffen wurde, die durch die Tora-Observanz bestimmt ist. ›Jude‹ ist man, sofern man »im Gesetz« lebt, ›Heide‹, sofern man »ohne Gesetz« lebt (vgl. Röm 2,12). Darum kann bei Paulus das Begriffspaar ›Juden – Heiden‹ mit dem Begriffspaar ›Beschnittene – Unbeschnittene‹ wechseln[104]. Demzufolge bedeutet auch die Adressierung des Römerbriefs an die dortige heidenchristliche Gemeinde nicht, daß diese ganz oder überwiegend aus gebürtigen Nichtjuden besteht, sondern daß sie als ganze nicht jüdisch, d. h. »im Gesetz«, sondern heidnisch, d. h. außerhalb der vollen Tora-Observanz lebt (vgl. die Terminologie in Gal 2,14).

Was nun den Konflikt zwischen Starken und Schwachen in Rom betrifft, so ist freilich bis in die Gegenwart hinein umstritten, ob es sich dabei überhaupt um Gesetzesfragen gehandelt habe. Faßt man Röm 14,2 im Sinne eines reinen Vegetarismus auf, so gibt es dafür Analogien fast ausschließlich in der hellenistischen Umwelt. Die Schwachen wären dann Heidenchristen, die derlei Gewohnheiten aus ihrem vorchristlichen Leben als Christen nicht aufgeben konnten und wollten[105]. Doch mit dieser Deutung sind die weitergehenden Angaben in Röm 14,20f nicht gedeckt. Vor allem der Reinheitsgesichtspunkt weist eindeutig auf den spezifisch jüdischen Leitaspekt des Ritualgesetzes. Von daher kann der Verzicht der Schwachen auf den Genuß von Fleisch und Wein (14,21) eigentlich nur durch die Furcht vor Verunreinigung durch Götzenopferfleisch und Libationswein begründet gewesen sein[106]. Überdies nennt Paulus außerdem noch die »Unterscheidung von Tagen« (14,5), womit entweder die Sabbatobservanz (vgl. Kol 2,16) oder die der jüdischen Fastentage (vgl. Did 8) oder die Beachtung der Festzeiten, jedenfalls aber jüdische Rücksichten gemeint sind.

Die Problemstellung in Rom ist also im Ansatz die gleiche wie die in Korinth

---

[104] Vgl. dazu Berger, Almosen für Israel 198 mit Anm. 73.
[105] Bezeugt ist prinzipieller Vegetarismus für die Pythagoräer und einige späte Stoiker. Zeitweilige Enthaltung von Fleisch und Wein war in der hellenistischen Welt und in bestimmten jüdischen und altkirchlichen Kreisen verbreiteter. Vgl. die Belege bei Schmithals,

Römerbrief 98f sowie R. Arbesmann in RAC VII 447–471; J. Haußleiter ebd. 1106–1108. Hellenistische Vegetarier in diesem Sinn sehen in den ›Schwachen‹ in Rom z. B. Kümmel, Einleitung 271 und Käsemann 351–353.
[106] So völlig überzeugend Bill. III 307 und danach zuletzt Schmithals, Römerbrief 301–303.

(vgl. 1Kor 8,1–13; 10,23–11,1)[107]. An beiden Orten argumentierten die Schwachen mit Gesichtspunkten des jüdischen Ritualgesetzes, die sie intentional rigoros praktizierten, um der überall lauernden Gefahr einer Verunreinigung durch die heidnische Umgebung zu entgehen. Demgegenüber vertraten die Starken in Rom ein ähnliches Urteil wie die in Korinth: Lautete die Devise der letzteren: »Alles steht mir frei« (1Kor 10,23), so die der römischen Starken: »Alles ist rein« (Röm 14,20). Beide beriefen sich dafür auf den Glauben, dessen Erkenntnis die Christen von jeglicher Gebundenheit an die Götzen frei mache (1Kor 10,29 vgl. 8,4–6; Röm 14,22b), so daß für sie jede Speise rein sei, weil sie durch Christus die Kraft zur Verunreinigung verloren habe (Röm 14,14 vgl. 1Kor 10,26). Der Standpunkt der Starken war also der einer radikalen ›Profanierung‹ der Welt durch Christus und entsprechend radikaler Abrogation des Ritualgesetzes für die Christen.

Daraus ergibt sich das Bild eines Grundsatzstreits innerhalb der urchristlichen Missionsgemeinden. Es ging darum, ob und wieweit der Glaube an Christus im konkreten Alltag ein ›gesetzloses‹ Leben legitimiere. Über der gleichen Frage war es bereits in Antiochien zum Streit innerhalb der dortigen Führungsgruppe gekommen (Gal 2,11ff). Man hatte sich von der Demarche der Jerusalemer gegen die Tischgemeinschaft zwischen Juden- und Heidenchristen davon überzeugen lassen, daß die Heiden auf die Verpflichtung der Juden gegenüber dem Gesetz Rücksicht zu nehmen hätten. Paulus blieb damals mit seiner entgegengesetzten Meinung allein. Er hat sie dann in seinen eigenen Gemeinden voll zur Geltung gebracht. Aber auch außerhalb des paulinischen Bereichs gab es sowohl ähnlich radikale Lösungen (vgl. Apg 10,9ff; Mk 7,15) als auch Kompromißregelungen wie das sogenannte Aposteldekret (Apg 15,20), nach dem die Heidenchristen nur die sogenannten noachitischen Gebote der Tora (Lev 17f) zu erfüllen haben, die die Synagoge den Gottesfürchtigen auferlegte, damit sie für die Gesetzestreuen kommunikabel waren. Die Positionen der Starken und Schwachen in Rom entsprachen also jeweils verbreiteten Tendenzen innerhalb des Urchristentums.

e) Die Darlegung des Evangeliums im Briefkorpus

Haben wir so von Röm 14f her Einblick in die aktuelle Situation der römischen Gemeinde gewonnen, so stellt sich nun die Frage, ob und wie auch die ausführliche Darlegung des Evangeliums im Briefkorpus – das Hauptthema des Briefes – konkret auf die römischen Adressaten zielt.

Eines ist zunächst klar: Gegen eine judaistische Front wie in Galatien kämpft Paulus im Römerbrief nicht. Nach Röm 14f sind nur Fragen des Ritualgesetzes, nicht aber die der Beschneidung zwischen Starken und Schwachen kontrovers; das letztere kann man aus dem Briefkorpus nicht entnehmen[108]. Paulus entfal-

---

[107] Vgl. Lütgert, Römerbrief 94f; Michel 334; Schmidt 226; Bornkamm, Römerbrief 133.

[108] Gegen Marxsen, Einleitung 95.

tet hier vielmehr das Evangelium der Gottesgerechtigkeit in seiner gleichen Heilskraft für Juden wie Heiden im Dialog mit der *Synagoge*.

Warum tut er das in seinem Brief an die christliche Gemeinde, in deren Mitte *innergemeindliche* Gesetzesprobleme akut waren? Die in letzter Zeit zahlreich vertretene Meinung, daß Röm 1–11 von Röm 14f her zu interpretieren sei, scheitert daran, daß es dort um ein völlig verschiedenes Thema und auch um eine andere Adressierung geht als hier. Dafür daß Paulus den römischen Christen als Hauptthema seines Briefes eine auf weite Strecken als Dialog mit der Synagoge angelegte Darlegung seines Evangeliums vorträgt, muß es Gründe geben, die mit dem Streit zwischen Starken und Schwachen – jedenfalls direkt – nichts zu tun haben. Und so muß auch das Gewicht umgekehrt verteilt werden: Vom Hauptgewicht der eigenständigen Thematik des Briefkorpus her gewinnt die konkrete Paränese in Röm 14f ihre Bedeutung, wie deren Schluß in 15,8ff zeigt, wo Paulus diese einmünden läßt in die Thematik des Evangeliums. Begründet aber wird die Mahnung an die Starken, Rücksicht auf das Gewissen der Schwachen zu nehmen, in der voranstehenden allgemeinen Paränese Röm 12f, die die christliche Gesetzesbewahrung auf die Nächstenliebe konzentriert.

Von daher gibt es zwar keine direkte, wohl aber eine indirekte Beziehung zwischen Röm 14f und Röm 1–11. Sie zeigt sich besonders in 11,17ff. Dort warnt Paulus die Heidenchristen davor, die gegenwärtige Situation ihrer Erwählung und des Abfalls Israels als heilsgeschichtlich definitiv anzusehen und sich daraufhin gegenüber der Synagoge des eigenen Heilsbesitzes zu rühmen, wie er es zuvor dieser in 2,17ff und 3,27ff bestritten hat. Da die Frage 11,1, die die ganze Erörterung in Röm 9–11 von Anfang an bestimmt, von 3,1ff her vom jüdischen Gesprächspartner gestellt und als Einwand gegen das Evangelium gemeint ist, fällt die Wendung gegen die Heidenchristen in 11,17ff aus dieser Zielrichtung der Argumentation heraus: Hier sind es heilsstolze ›Heiden‹, die die negativ gestellte Frage des Juden, ins Positive gewendet, aufnehmen. Es ist sehr wahrscheinlich, daß Paulus *hier* bereits jene Starken ins Visier nimmt, die ihren schwachen Brüdern das Recht bestreiten, sich als Christen zur Observanz der Ritualgebote verpflichtet zu fühlen und so die letzten Bande zwischen Kirche und Synagoge faktisch zerschneiden. Da Paulus, wie wir sahen, den Abschnitt Röm 9–11 im ganzen nicht im direkten Dialog mit dem jüdischen Partner, sondern als Erörterung *über* Israel formuliert, dürften seine Adressaten hier von vornherein bereits die christlichen Starken sein. Das heißt, Paulus beantwortet den Einwand der Synagoge so, daß er ihn als zentrales *christliches* Problem aufnimmt und durchdenkt, so daß seine Antwort zugleich eine grundsätzliche Stellungnahme zu dem Konflikt innerhalb der römischen Gemeinde wird.

2. Die Situation des Paulus bei der Abfassung des Römerbriefs

a) Die aktuelle Bedeutung der Kollekte der paulinischen Gemeinden

Um die Ausführungen des Briefkorpus in ihrem Skopos historisch-konkret zu verstehen, ist es nun notwendig, nicht nur die Situation der römischen Adressaten, sondern auch die des Paulus selbst in den Blick zu fassen. Nach Röm 15,23f will er von Rom aus in Spanien missionieren und erbittet von den Adressaten die dazu nötige Hilfestellung. Dies freilich spricht er erst am Schluß des Briefes kurz aus, so daß man darin unmöglich den eigentlichen Zweck seines Briefes erkennen darf[109]. Nach 1,14ff ist es vielmehr seine Absicht, den Römern das Evangelium unter der Thematik der Gottesgerechtigkeit darzulegen. Warum?

Bei der Hinführung zu diesem Thema im Proömium fällt nun eine gewisse Unsicherheit des Paulus auf. Er will einerseits als Pneumatiker nach Rom kommen, um in Geben und Nehmen geistlichen Austausch mit den dortigen Pneumatikern zu pflegen (1,11f). Andererseits will er ihnen das Evangelium verkündigen und »Frucht«, d. h. Missionserfolg »unter ihnen wie unter den übrigen Heiden« haben (1,13–15). Das läßt sich kaum anders deuten, als daß er Befürchtungen in Rom zu zerstreuen sucht, mit denen man dort seinem Kommen entgegensehen könnte. Ist es sein Apostelanspruch, den er aus diesem Grunde im Präskript so ausführlich begründet (1,1–5) und dann im Proömium so herunterspielt, daß seine Evangeliumsverkündigung als die Gabe eines pneumatischen Besuchers erscheint und nicht als autoritative Selbsteinführung des Heidenapostels mißdeutet werden soll? Neuerdings ist vermutet worden, Paulus rechne mit dem Einwand, mit seiner Verkündigungsabsicht verstoße er gegen den Grundsatz, nur dort zu missionieren, »wo Christus noch nicht genannt ist« (Röm 15,20 vgl. 2Kor 10,15f); zwar wolle er die schon bestehende Gemeinde nicht missionieren, aber doch in der Tat der von keinem Apostel gegründeten Gemeinde durch seine apostolische Verkündigung allererst den Charakter als Kirche geben[110]. Davon steht jedoch nichts im Römerbrief. Die Hypothese läßt sich auch aus dem Fehlen des Kirchenbegriffs im Präskript wie überhaupt im ganzen Brief nicht überzeugend begründen[111].

---

[109] Gegen Noack, Current and Backwater.

[110] So Klein, Abfassungszweck 138–144. Dagegen Bornkamm, Römerbrief 128f; Kuss, Paulus 196–199; Wilckens, Abfassungszweck 114–116; Schmithals, Römerbrief 173f, der jedoch Kleins These modifiziert, Paulus wolle »die römische Christenheit . . . zu einer paulinischen Gemeinde machen« (ebd. 55), was aber zumindest übertrieben ist.

[111] Vgl. dagegen die Argumente bei Wilckens, Abfassungszweck 116. Schmithals, Römerbrief 67–69 vermutet in κλητοὶ ἅγιοι eine alte judenchristliche Formel, mit der sich die Christen als »synagogale Sondergruppe« bezeichnet hätten, und die dort »durch den Begriff ἐκκλησία abgelöst« worden sei, wo die Christen sich bewußt im Gegensatz zur Synagoge verstanden und organisiert hätten. (Vgl. zum letzteren Schrage, W., ›Eklesia‹ und ›Synagoge‹, ZThK 60 (1963) 178–202.) In Rom habe es noch keine feste Gemeindeorganisation gegeben, sondern nur »einzelne Christen bzw. einzelne Hausgemeinden aus unterschiedlichen christlichen Gruppen« (ebd. 69). Das letztere ist sehr erwägenswert und wird durch die Ausführungen von Wiefel, Die jüdische Glaubensgemeinschaft 71–75 zur Organisation der jüdischen Synagogalgemeinschaften gestützt. Doch dürfte das Verhältnis zum römischen Judentum nach 49 n.Chr. durchaus gespannt ge-

Eine andere Erklärung liegt nahe: Es war die *Person* des Paulus und *seine* radikale gesetzesfreie Verkündigung des Evangeliums, der gegenüber es unter den römischen Christen Reserven bzw. Befürchtungen gab oder die Paulus dort zu vermuten Anlaß hatte. Man muß ja die Situation vor Augen haben, in der er sich bei der Abfassung des Briefes im Osten befand. Sowohl in Korinth als auch besonders in Galatien hatte er kurz zuvor heftige Auseinandersetzungen mit judenchristlichen Missionaren durchfechten müssen, die sich in Korinth gegen seine Apostelautorität und in Galatien gegen den gesetzesfreien Status seiner heidenchristlichen Gemeinden richteten. In Galatien forderten die Gegner die Beschneidung und volle Gesetzesobservanz der Heidenchristen; das heißt, sie sahen in diesen bloße Gottesfürchtige, die der Apostat Paulus daran hindere, den Status von Proselyten zu erwerben, ohne den sie auch als Christen nicht voll am Heil teilhaben könnten (vgl. auch Apg 15,5; 21,20f). Gegen die in Galatien offenbar erfolgreiche Agitation dieser Leute hat Paulus sich zur Wehr gesetzt. In bislang so noch nicht vertretener Schroffheit stellte er seinerseits ein Entweder–Oder zwischen christlicher Rechtfertigung aus Glauben und jüdischer Gesetzesgerechtigkeit heraus und warnte seine Heidenchristen vor dem Gesetzesweg als Abfall vom Evangelium (Gal 1,6–9; 5,3f).

Nun fallen diese Auseinandersetzungen in die Zeit unmittelbar vor Abfassung des Römerbriefs. Nach Röm 15,25ff ist Paulus dabei, von Korinth nach Jerusalem aufzubrechen, um zusammen mit den Gesandten seiner Gemeinden die Geldsammlung für die Armen in Jerusalem zu überbringen[112]. Demnach ist der Brief am Ende des letzten Korinth-Aufenthalts (vgl. Apg 20,2f) oder bereits während der Reise geschrieben. Von Jerusalem aus will er dann sogleich nach Rom kommen (Röm 15,32). Was liegt in dieser Situation näher als die Besorgnis, die judenchristlichen Gegner könnten ihm auch in Rom in die Quere kommen oder zumindest durch gezielte Nachrichten dort vor ihm warnen?

Eine weitere Beobachtung kommt hinzu. In Röm 15,30f bittet Paulus die römischen Christen nachdrücklich, mit ihm zusammen zu kämpfen in der Fürbitte zu Gott, daß er gerettet werde vor den Ungläubigen in Judäa und daß die Kollekte von den Heiligen in Jerusalem angenommen werde. Wie kann er dies beides in einem Satz zusammennennen? Die einzig überzeugende Erklärung für diese höchst auffallende Formulierung ist die, daß es zwischen seiner persönlichen Gefährdung durch die Juden und der für möglich gehaltenen Abweisung der Kollekte durch die Judenchristen einen aktuellen Zusammenhang gab. Die Verfolgung von seiten der Juden hat ihn seit seiner Bekehrung überall während seiner Mission begleitet. Der Wechsel vom engagierten Christenverfolger zum engagierten Führer einer gesetzesfreien christlichen Mission[113] wurde als Ab-

---

wesen sein; das Fehlen des Kirchenbegriffs kann also damit nicht erklärt werden.

[112] Von den in Röm 16,21–23 Aufgeführten werden in Apg 20,4 Timotheus, Sosipater und vielleicht Luzius sowie in Apg 19,22 auch Erastus als Begleiter des Paulus auf der Reise nach Jerusalem genannt.

[113] Vgl. dazu Wilckens, Die Bekehrung des Paulus als religionsgeschichtliches Problem, in: Rechtfertigung als Freiheit 11–32; Dupont, J., The Conversion of Paul and its Influence on his Understanding of Salvation by Faith, in:

fall und Wirken eines Apostaten beurteilt, dem man den Garaus zu machen habe. Auch den Judenchristen in Judäa war dieser plötzliche Umschwung nicht ohne verdächtige Momente (Gal 1,23). Vor allem aber die judaistischen Gegner haben diese Reserven gegen den Christenverfolger, der sich nun anmaße, der Apostel der Heiden zu sein, kräftig geschürt (vgl. 1Kor 15,8–10; Gal 1,13ff). Ihr Urteil gegen seine selbständige Heidenmission und die Gründung gesetzesfreier Gemeinden traf sich mit dem des Judentums gegen ihn; auch ihnen galt Paulus als Apostat in christlichem Apostelgewand. Zwar hatte die Übereinkunft des Apostelkonzils (Gal 2,7–9) die Heidenmission der Antiochener legitimiert. Doch seit dem Konflikt über die Tischgemeinschaft zwischen Juden und Heiden in Antiochien (Gal 2,11ff) war Paulus ihrer Meinung nach aus den Grenzen dieser Übereinkunft ausgebrochen. Seitdem galt ihr Kampf dem Ziel der Integration der von ihm missionierten Heiden in die christliche Heilsgemeinde des erneuerten Israel und darum der Zerstörung seiner Autorität in seinen Gemeinden. Ihre Agitation gegen ihn in seinen heidenchristlichen Gemeinden war eine regelrechte, mit allen Mitteln betriebene Gegenmission im wohlverstandenen Interesse der von diesem Pseudo-Apostel verführten gottesfürchtigen Brüder.

Paulus bekämpfte diese Gegner nicht nur auch seinerseits mit allen Kräften, sondern er setzte zugleich auch alles daran, seine Gemeinden in ihrem gesetzesfreien Status nicht in einen Bruch mit der Jerusalemer Urgemeinde geraten zu lassen. Darum hat er sich im Galaterbrief mit Nachdruck auf die volle Legitimation seiner Heidenmission durch die Jerusalemer Autoritäten berufen (Gal 2,1–10). Schon vor Beginn der Kontroversen mit den Gegnern hatte er in seinen Gemeinden eine großangelegte Geldsammlung für die Jerusalemer in Gang gesetzt, mit der er den entsprechenden Beschluß des Apostelkonzils (Gal 2,10) von seiten seiner Gemeinden zu erfüllen suchte. Nun, in der Kampfsituation, gewann diese Kollekte eine geradezu politische Bedeutung: Sie sollte zu einem unübersehbaren Erweis jener Einheit von Juden und Heiden unter dem Evangelium werden, wie er sie in seinen Gemeinden verkündigte und praktizierte[114].

Wenn Paulus in Röm 15,31 die Sorge äußert, die Jerusalemer könnten diese Kollekte nunmehr abweisen, so bedeutet das nichts anderes als die ihm vor Augen stehende Möglichkeit, daß sich die Jerusalemer Führer auf die Seite seiner judaistischen Gegner stellen könnten. Denn diese mußten einen Erfolg dieser großangelegten Aktion des Paulus in Jerusalem, die ihnen in ihrer brisanten Bedeutung natürlich bewußt war, unter allen Umständen zu verhindern suchen. Unter diesem Aspekt fällt auf, daß Paulus in seinem Bericht über die abgeschlossene Kollekte in Röm 15,26 nur Achaja und Mazedonien nennt, nicht aber Galatien, dessen vorbildlichen Eifer er zwei Jahre früher den Korinthern gegenüber lobend vor Augen gehalten hatte (1Kor 16,1). Noch im Galaterbrief bekräftigt er seinen Einsatz für die Erfüllung des Jerusalemer Kollektenbe-

Apostolic History and the Gospel (FS F. F. Bruce), Exeter/Devon 1970, 176–194.

[114] Vgl. jetzt besonders Berger, Almosen für Israel 195–204.

schlusses (Gal 2,10), womit er die Galater zweifellos auf die Aktion in ihren eigenen Gemeinden verweist. So scheint es, als ob die Galater nach dem Auftreten der Judaisten ihre Beteiligung versagt haben – als Zeichen ihres Einschwenkens auf deren Linie. Wenn es diesen tatsächlich gelungen sein sollte, die Galater aus der Einheitsfront der paulinischen Gemeinden herauszubrechen[115], so hätte dieser Erfolg ihre Stellung in Jerusalem gegen Paulus erheblich gestärkt. Aus Apg 21,20f erfahren wir aus nichtpaulinischer Quelle, daß es zu der Zeit eine zahlenmäßig starke judaistisch-antipaulinische Gruppe innerhalb der Jerusalemer Urgemeinde gegeben hat; und Lukas gibt sich große Mühe, Jakobus als erfolgreichen Vermittler herauszustellen. Daß die Apostelgeschichte aber nichts von der Überbringung der Kollekte verlauten läßt, obgleich sie sie in anderem Zusammenhang erwähnt (Apg 24,17), spricht sehr dafür, daß dieses Thema auch noch lange Zeit danach brisant war und von dem irenischen Verfasser tunlichst umgangen worden ist[116].

Dies alles trägt nun dazu bei, die in Röm 15,31 angedeutete Situation aufzuhellen und die Sorge des Paulus zu erklären. Mit der Überbringung der Kollekte sah er eine grundsätzliche Auseinandersetzung mit der Jerusalemer Führung um die Anerkennung seiner gesetzesfreien Heidenmission und damit um den Bestand der Einheit von Juden- und Heidenchristen in der Gesamtkirche auf sich zukommen, deren Ausgang ihm durchaus offen schien. Daß er sich der ›kämpferischen‹ Unterstützung durch die Fürbitte der Römer zu versichern sucht (Röm 15,30), ist von daher sehr verständlich. Vor allem aber wird nun klar, warum er seine Darlegung des von ihm verkündigten und gegenwärtig so umstrittenen Evangeliums in Röm 1–11 unter das Thema der Einheit von Juden und Heiden stellt und so apologetisch als Dialog mit der Synagoge ausarbeitet: Der *jüdische* Partner, den er die zentralen Einwände der Synagoge gegen das Evangelium der Offenbarung der Gottesgerechtigkeit ohne Gesetz vertreten läßt, repräsentiert zugleich die Position seiner *judenchristlichen* Gegner in der bevorstehenden Auseinandersetzung in Jerusalem. Paulus bemüht sich in seinem Brief an die *heidenchristliche* Gemeinde in Rom darum so sehr, den *dialogus cum Judaeo* zu führen – bis hin zu Röm 11 und bis hin zu der Hervorhebung Jerusalems in Röm 15,27 –, weil mit dieser Themastellung die Argumente gegen seine heidenchristliche Mission entkräftet werden können und sollen, die sowohl alsbald in Jerusalem gegen ihn vorgetragen werden als auch vermutlich in Rom zu Reserven gegen ihn geführt haben. Beiderorts sind Gefahren für sein bisheriges und künftiges Missionswerk zu befürchten. So gestaltet sich ihm wie von selbst der *Römerbrief* zugleich als Vorbereitung seiner Verteidigungsrede in *Jerusalem*[117].

---

[115] Vgl. dazu Wilckens, Abfassungszweck 135f. Daß in Apg 20,4 zwei Asiaten, Tychikus und Trophimus, unter den Reisebegleitern des Paulus genannt werden, spricht nicht dagegen. Denn diese müssen ja nicht Vertreter speziell der galatischen Gemeinden, sie können auch solche etwa der Gemeinde in Ephesus gewesen

sein, wofür Apg 21,29 (vgl. Eph 6,21; 2Tim 4,12) spricht und was die Handschrift D mit ihrem Zusatz Ἐφέσιοι auch so interpretiert.

[116] »Man sieht, daß Lk mehr wußte, als er sagt« (Conzelmann, H., Die Apostelgeschichte 1963 (HNT 7), 133).

[117] Damit ist der Römerbrief freilich keines-

b) Der Römerbrief als ›Testament‹ des Paulus

Von daher ist es nun zu verstehen, daß Paulus im Römerbrief eine Fülle von
Themen seiner vorangehenden Briefe behandelt, so daß sein Brief aus aktuel-
lem Anlaß den Charakter einer zusammenfassenden Wiederholung, einer Art
Testaments bekommt[118].

Die Beziehungen zum Ersten Korintherbrief betreffen außer Einzelheiten[119]
vor allem die Abschnitte Röm 14,1–15,13 und 1Kor 8,1–13; 10,23–11,1; ferner Röm 5,12–21 und 1Kor 15,21.45–49[120] sowie Röm 12,3–8 und 1Kor
12,4–31[121]. Erwähnenswert ist außerdem die Parallelität zwischen 1Kor
1,18–22 und Röm 1,18–3,20 (besonders 1Kor 1,21 und Röm 1,19–22); zwischen 1Kor 3,21–23 und Röm 8,38f sowie zwischen 1Kor 15,56f und Röm
7,7–25[122]. Aus dem Zweiten Korintherbrief sind zu nennen 2Kor 3,6 (vgl.
Röm 2,29; 7,6); 2Kor 5,21 (vgl. Röm 3,24f; 5,8); 2Kor 5,18f (vgl. Röm 5,10f);
2Kor 10,15f (vgl. Röm 15,20)[123].

Vor allem aber zum Galaterbrief besteht eine so große Nähe, daß hier das Urteil
zwingend ist, daß der Römerbrief kurz nach dem Galaterbrief verfaßt sein
muß[124]. Nur in diesen beiden Briefen findet sich die ausgeführte Rechtfertigungslehre mit der grundlegenden Antithese »aus Glauben, nicht aus Gesetzeswerken«, deren christologisch-traditioneller Ansatz vorher in 2Kor 5,21
(vgl. Gal 3,13; Röm 5,8; 8,3f) sichtbar geworden und deren Zuordnung von
Sünde und Gesetz thetisch-kurz in 1Kor 15,56 präludiert worden ist. Aus dem
Galaterbrief ist deutlich zu sehen, wie die ausgeführte Rechtfertigungslehre in
ihrer zentralen Bedeutung allererst im konkreten Kampf mit den judaistischen

wegs ein »Brief nach Jerusalem«, wie Jervell
übertreibend meint. Richtig Bornkamm, Römerbrief 138: »Beides fällt ineins zusammen:
die Botschaft, die er in Rom predigen will und
in Jerusalem verteidigen muß.«
[118] So Bornkamm, Römerbrief 130–135.
[119] Z. B. steht κλητὸς ἀπόστολος nur in
Röm 1,1 und 1Kor 1,1; ebenso κλητοὶ ἅγιοι
Röm 1,7 und 1Kor 1,2 sowie überhaupt die Bezeichnung der Christen als ἅγιοι Röm 1,6;
8,28; 1Kor 1,24. Vgl. Richards, Romans and
First Corinthians 19.
[120] Dazu vgl. Wilckens, Christus, der letzte
Adam, und der Menschensohn. Theologische
Überlegungen zum überlieferungsgeschichtlichen Problem der paulinischen Adam-Christus-Antithese, in: Jesus und der Menschensohn (FS A. Vögtle), Freiburg 1975, 387–403.
[121] Zu beachten ist, daß beidemal der Gedanke auf die Nächstenliebe zuläuft: vgl. Röm
12,9ff mit 1Kor 13 (Bornkamm, Römerbrief
133). Richards, Romans and First Corinthians
21–25 will zeigen, daß Röm 12,4ff vor 1Kor 12
geschrieben sein müsse, weil der Gedanke, daß
die Kirche der Leib Christi ist (1Kor 12,27 vgl.
12,12), aus dem Gedanken, daß sie ein Leib in

Christus ist (Röm 12,5), entwickelt sei. Aber
der letztere bildet die Mitte auch in 1Kor 12
(nämlich in VV 14–26) und taucht auch Gal
3,28 auf; diese Wendung des Gedankens zielt
auf das Verhältnis der Charismatiker zueinander, worauf sowohl 1Kor 12 (vgl. VV 28–31)
als auch Röm 12,3–8 hinauslaufen. Auch die
übrigen Argumente, die Richards für seine
These anführt, Röm sei in der Situation von
Apg 19,21, 1Kor dagegen nach der von Apg
19,22 geschrieben (ebd. 25f mit der sehr
phantasievollen politischen Begründung ebd.
26–30), vermögen nicht zu überzeugen. Vgl.
dagegen auch Kümmel, Einleitung 472.
[122] Vgl. Bornkamm, Römerbrief 132.
[123] Jedoch ist der Nachweis, den Kaye, J. N.,
›To the Romans and Others‹ Revisited, NT 18
(1976) 37–77, besonders 50–73 zu führen
sucht, Röm weise weitaus mehr Bezüge zu
2Kor auf als zu Gal, nicht überzeugend.
[124] Die Gründe für diese Datierung des Galaterbriefs habe ich zusammengestellt in dem
Aufsatz: Was heißt bei Paulus: ›Aus Werken
des Gesetzes wird kein Mensch gerecht‹?, in:
Rechtfertigung als Freiheit 77–109, hier 84f
Anm. 16.

Gegnern von Paulus konzipiert worden ist[125]. Im Römerbrief wiederholt Paulus sie, jedoch nunmehr, wie oben gezeigt, zur Verantwortung seines Evangeliums unter dem – gegenüber dem Galaterbrief neuen – Thema der Einheit von Juden und Heiden.

Daß der Römerbrief in dieser Weise eine Reproduktion des Galaterbriefs ist, zeigt sich vor allem an der Parallelität im Aufbau:

Gal 2,15–21 entspricht	Röm 3,19–28;
Gal 3,6–29	Röm 4,1–25;
Gal 3,26–28	Röm 6,3–5;
Gal 4,1–7	Röm 7,1–8,16;
Gal 4,21–31	Röm 9,6–13;
Gal 5,13–15	Röm 13,8–10;
Gal 5,16–26	Röm 8,12f.

Die Gedankenführung im Römerbrief ist also deutlich in der des Galaterbriefs präformiert. Sie ist jedoch im Römerbrief nicht nur im Skopos verändert, sondern auch durch neue Argumentationen erweitert bzw. ausgebaut worden. Zeigt sich der Gedankengang des Galaterbriefs vor allem in Röm 3,19–4,25 und in Röm 8, so sind sowohl Röm 1,18–3,18 als auch Röm 5–7 und Röm 9–11 thematisch hinzugekommen – d. h. ebendie Abschnitte, in denen Paulus auf die entscheidenden jüdischen Einwände antwortet. Aus der Polemik des Galaterbriefs ist im Römerbrief eine umfassende Apologie geworden, die über die örtlich-situationsbedingte Bedeutung des galatischen Konflikts hinaus eine gesamtkirchlich-allgemeine Bedeutung gewonnen hat.

III.   Die Bedeutung des Römerbriefs

1.   Aus der voranstehenden historischen Analyse wird zunächst sichtbar, welche Bedeutung dem Römerbrief *in der Geschichte des Paulus* zukommt. Die besondere Situation, in der er ihn schrieb, erforderte eine umfassende Darlegung seiner Evangeliumsverkündigung unter dem Ziel, sein umstrittenes Verständnis der Mitte christlicher Religion ohne jeden sachlichen Kompromiß so zu verantworten, daß es nicht allein als Basis seiner eigenen Heidenmission von den anderen Partes der Urkirche toleriert, sondern als gemeinsame Grundlage der werdenden Kirche aus Juden und Heiden erkannt und akzeptiert werden konnte. Nie zuvor war Paulus in die Lage gekommen, in solcher Weise ein ›ökumenisch‹ verantwortetes Gesamtkonzept des Christentums in seinem Verhältnis zum Judentum auszuarbeiten.

Was Paulus früher beim Apostelkonzil gesagt hatte, wissen wir im einzelnen nicht. Der Römerbrief ist aber zweifellos eine vertiefte Wiederholung seiner

---

[125] Vgl. dazu Wilckens, Christologie und Anthropologie 67–72. Wenn Phil 3,2ff aus dem vorliegenden Brief auszuscheiden ist, so stammt diese Polemik aus der gleichen Zeit wie die des Galaterbriefs. Andernfalls ist sie ein Zeugnis dafür, daß es später auch noch einmal von Rom aus notwenig war, gegen judaistische Agitation im Osten einzuschreiten.

damaligen Ausführungen, präzisiert durch die unmittelbar vorangehende Kontroverse mit den judaistischen Gegnern in Galatien. Aus der schroffen und z. T. gefährlich einseitigen, überspitzten Polemik des Galaterbriefs ist im Römerbrief so etwas wie eine gesamtkirchliche Position geworden. Bedenkt man, daß es dabei konkret um den Bestand und die Fortsetzung seines ganzen Missionswerks ging, so kann der Römerbrief mit Fug und Recht dessen theologische Summe genannt werden; und da Paulus nicht als Missionar, sondern als Gefangener nach Rom gekommen und bald darauf als Märtyrer gestorben ist, zugleich das ›Testament‹ des Apostels für die Gesamtkirche.

2.   Daraus geht zugleich die Bedeutung des Römerbriefs *in der Geschichte des Urchristentums* hervor. Wir wissen weder genau, wie die Gedanken, die Paulus hier im Vorblick auf die bevorstehende Verantwortung in Jerusalem konzipiert hat, im dortigen Führungskreis aufgenommen worden sind, noch, welches Echo der Römerbrief selbst im Kreise seiner Adressaten gefunden hat. Klar ist nur, daß es in Jerusalem nicht zum Bruch mit den dortigen Führern gekommen ist. Es hat symbolische Bedeutung, daß Paulus und Petrus in Rom als Märtyrer gestorben sind. Und die Verehrung, die man dort beiden Aposteln bewahrt hat[126], zeigt deutlich, daß die Gesamtkirche Person, Werk und Verkündigung dieses ihres umstrittenen Apostels vollauf angenommen hat. Bei der Rezeption der Paulusbriefe in der Entstehung des neutestamentlichen Kanons ist dem Römerbrief überall eine zentrale Rolle zuerkannt worden. Das zeigt seine Stellung am Schluß[127] bzw. am Anfang[128] des kanonischen Briefteils. Das heißt: Man hat im Römerbrief schon früh jenen Charakter als Summe paulinischer Verkündigung erkannt und ihm von daher den Rang als Summe apostolischer Verkündigung überhaupt gegeben[129].

3.   So hat der Römerbrief *in der Geschichte der Kirche* eine hervorragende Bedeutung gewonnen. Daß die Paulusbriefe allgemein – und wahrscheinlich der Römerbrief insbesondere – bei ihrer gottesdienstlichen Verlesung als »schwierig« (2Petr 3,16) empfunden worden sind, ist sehr verständlich und gilt so weithin bis zum heutigen Tag. Es verwundert darum nicht, daß gerade die Rechtfertigungslehre des Paulus in der Entstehungsgeschichte altkirchlicher Theologie, aufs Ganze gesehen, zunächst keine wesentliche Bedeutung bekommen hat[130]. Die große – und gefährliche – Ausnahme im 2. Jahrhundert war Marcion, dessen zentraler Orientierung des Kanons an Paulus die paulinischen Briefe vielleicht sogar ihre Stellung im kirchlichen Kanon verdanken[131].

---

[126]   Das älteste Zeugnis dafür ist 1Cl 5,3–7.

[127]   So besonders im Canon Muratori sowie nach dem Zeugnis Tertullians, Marc IV 5; Praescr haer 36. Vgl. dazu Schmithals, Zur Abfassung und ältesten Sammlung der paulinischen Hauptbriefe, in: Paulus und die Gnostiker 175–200, besonders 185–189.

[128]   So in P 46 sowie im Verzeichnis des Codex Claromontanus (Preuschen, E., ˋAnalcta II, ²1910, 40ff); seit dem 3. Jh. durchweg.

[129]   Die Streichung der römischen Adresse in Röm 1,7.15 in der Handschrift G ist sicher in dem Interesse motiviert, den Brief in der gottesdienstlichen Schriftlesung als an Christen aller Orte gerichtet erscheinen zu lassen.

[130]   Vgl. dazu Aleith, E., Das Paulusverständnis in der Alten Kirche, 1937, BZNW 18.

[131]   Vgl. dazu von Campenhausen, H., Die Entstehung der christlichen Bibel, 1968 (BHTh 39), 174.

Eine zentrale Bedeutung hat Paulus – und wiederum an erster Stelle der Römerbrief – erst seit dem 3. Jahrhundert in der altkirchlichen Schultheologie gewonnen, und zwar in der Form der Exegese, in der seit Origenes die theologische Bemühung um die Aneignung der paulinischen Theologie im Kontext griechischen Denkens die ihr gemäße Methode in der damaligen wissenschaftlichen Philologie und die ihr entsprechende Gestalt in fortlaufenden Textkommentaren gefunden hat. Aktuelle Relevanz bekam die Rechtfertigungslehre freilich erst im 4. und 5. Jahrhundert im Westen. Dort bildete sich eine ganz neuartige Paulusexegese heraus (Ambrosiaster, Pelagius), aus der heraus Augustinus im Zusammenhang seiner Auseinandersetzung mit Pelagius und seinen Anhängern auf der Basis der paulinischen Rechtfertigungslehre eine neuartige theologische Gesamtkonzeption geschaffen und im Westen kirchlich durchgesetzt hat. Diese ist als Gnadenlehre in die theologische Tradition eingegangen und hat diese insgesamt zentral bestimmt. Damit hat die paulinische Theologie auch das christliche Leben wesentlich zu prägen begonnen, vor allem in Gestalt von Predigt und Meditation über paulinische Texte. Die mittelalterliche Theologie hat dieses augustinische Erbe zugleich mit der Rezeption der gesammelten exegetischen Tradition des Ostens übernommen[132]. Aus der Konzeption der Summa Theologiae des Thomas von Aquin ist die augustinisch vermittelte paulinische Theologie nicht wegzudenken.

Eine nochmals neue Phase der Paulus-Rezeption ist dann durch die Reformatoren initiiert worden. So sehr auch hier die traditionell augustinische Vermittlung und zudem auch Motive spätmittelalterlicher Mystik von Einfluß waren, so sehr hat hier doch eine wirklich neue Begegnung mit Paulus selbst stattgefunden, die nicht nur für die Entstehung reformatorischer Schultheologie, sondern vor allem auch für die kirchliche und individuelle Frömmigkeit der Neuzeit von größter Wirkung war. Nicht nur die Selbsterfahrung des einzelnen Christen ist durch die paulinischen Motive der Rechtfertigung des Sünders geprägt – ›Rechtfertigung‹ und ›Heiligung‹ sind zu Grundkoordinaten pietistischen Christentums geworden –; sondern auch die aus der Reformation hervorgegangene bürgerliche Gesellschaft ist durch den paulinischen Grundgedanken der durch die Rechtfertigung des Sünders gewonnenen Freiheit zutiefst bestimmt worden. Ferner ist auf die Bedeutung von Röm 13,1–7 für die Grundlegung reformatorischen Staatsverständnisses im Kontext der Zwei-Reiche-Lehre hinzuweisen, sowie auf die Bedeutung des paulinischen Prädestinationsgedankens für die Herausbildung der protestantischen Berufsethik besonders in ihrer calvinistischen Prägung.

Es darf nun aber nicht verschwiegen werden, daß die jahrhundertelange Kontroverse zwischen evangelischer und katholischer Theologie ihr entscheidendes Medium in den nun gegeneinander zur Geltung gebrachten Themen paulinischer Theologie hatte. Auf der einen Seite bekam in der reformatorischen Polemik das Bild der judaistischen Gegner des Paulus seinen aktuellen Spiegel im

---

[132] Grundlegend ist vor allem die Magna Glossatura des Petrus Lombardus als das exegetische Standardwerk des theologischen Schulbetriebs der Scholastik geworden.

Bild der ›Papisten‹. Auf der andern Seite wurde in der katholischen Polemik die reformatorische Rechtfertigungslehre unter das Verdikt jenes Antinomismus gestellt, der in Röm 3,8 von Paulus abgewehrt und in Röm 6 bestritten wird. Bis in unser Jahrhundert hinein hat der Römerbrief in seiner konfessionellen Rezeption – entgegen seinem Skopos, die Einheit der Kirche auf dem Grunde des Evangeliums herauszustellen – faktisch die Dauer-Kontroverse zwischen evangelisch-›nichtkatholischen‹ und katholisch-›nichtevangelischen‹ Christen legitimiert.

Es ist darum schlicht ein Ereignis von ökumenischer Bedeutung, wenn in der jüngsten Vergangenheit die Paulus-Exegese beider konfessioneller Theologien zu einer erstaunlichen Übereinstimmung gefunden hat. Dafür sind zwei Voraussetzungen zu benennen. Die erste liegt in der Entstehung historisch-kritischer Exegese. Sie ist eine Frucht der Aufklärung, jener geistigen Bewegung seit dem 18. Jahrhundert, in der eine Ebene der Kommunikation über den konfessionell festgelegten Traditionen gesucht und gefunden worden ist. Nun ist die Aufklärung von Haus aus eine protestantische Bewegung. Aber in Gestalt der historisch-kritischen Exegese hat sie eine methodische Basis entwickelt, auf der der sensus litteralis als sensus historicus auch in der modernen katholischen Exegese die hermeneutische Funktion gewonnen hat, die gegenwärtigen dogmatisch-traditionellen Positionen durch die Autorität ihres gemeinsamen Ursprungs zu kritisieren und so Anstöße zu einer aktuellen Erneuerung zu erhalten. Zwar ist die Geschichte der historisch-kritischen Paulusexegese, die entscheidend erst mit F. C. Baur einsetzte, faktisch voller Irrungen und Wirrungen gewesen, weil die historische Invention ihre Kraft immer nur durch aktuelle Motivation empfängt, die das historische Bild notwendigerweise immer auch verzerrt. Aber der kritische Grundzug bewirkt auch permanente Revisionen des jeweils gewonnenen historischen Paulusbildes und führt so à la longue doch allmählich zu einer tatsächlichen Annäherung an den historischen Sinn der Texte selbst. In den Gesprächen des Mitarbeiterkreises dieser Kommentarreihe ist es eine theologisch beglückende Erfahrung, wie die methodische Übereinstimmung die traditionell-konfessionellen Blickpunkte erstaunlich durchgehend wechselseitig überschreiten läßt.

Dieser neu sich anbahnende Konsensus wäre aber nicht möglich ohne eine zweite Voraussetzung. Diese läßt sich zusammenfassend vielleicht am besten als nachkritischer Biblizismus bezeichnen. Gemeint ist eine neue, historisch vermittelte Unmittelbarkeit der Begegnung mit dem in den biblischen Texten bezeugten göttlichen Handeln, die sich durch die historisch-kritische Distanz zu den Texten den Zugang zu deren ›Sache‹ vermitteln läßt, so daß diese die ihr eigene Wirksamkeit gegenüber dem Rezipienten gewinnt und der Exeget, der als Historiker die Texte hinterfragt, selbst zum Angesprochenen wird. K. Barth hat mit seiner – im doppelten Sinne geistreichen – Meditation über den Römerbrief[133] ein Signal solchen christlich-religiösen Gebrauchs des historisch er-

---

133 Der Römerbrief, Bern 1919.

hellten Textes gegeben, R. Bultmann eine entsprechende Konzeption der paulinischen Theologie am Leitfaden des Römerbriefs ausgearbeitet[134], E. Käsemann durch Einbeziehung des religiösen Anliegens der Apokalyptik den
Welt-Horizont der von Paulus verkündigten Gottesgerechtigkeit herausgestellt[135], und von katholischer Seite L. Cerfaux[136], S. Lyonnet[137] und O.
Kuss[138] entscheidende Anstöße zur Interpretation der paulinischen Heilsverkündigung gegeben. Erst solche Verbindung historisch-kritischer mit ›keryg-
matisch‹-religiöser Exegese ermöglicht in der Gegenwart eine Wiedergewinnung jener elementaren Bedeutung paulinischer Theologie für Kirche und
Christentum, wie sie von Augustin und von Luther jeweils neu gefunden worden ist – nun jedoch in gemeinsamer, ökumenischer Arbeit.
Der vorliegende Kommentar möchte dazu einen Beitrag geben, indem er die
alttestamentlich-jüdische Fundierung der paulinischen Rechtfertigungslehre
so herauszuarbeiten sucht, daß von diesem historischen Gesichtspunkt aus die
entscheidenden Kontroverspunkte der konfessionellen Wirkungsgeschichte
des Textes gemeinsam aufgearbeitet werden können. So könnte gerade der
ehemals so umstrittene, konfessionelle Zwietracht legitimierende Römerbrief
in unserer Gegenwart bewirken, was er in seiner Zeit bewirken wollte: zur
Einheit der Kirche zu provozieren.

---

[134] Vgl. die erste Skizze in seinem Artikel Paulus in RGG² IV 1019–1045 sowie deren Ausarbeitung in Theologie NT 187–353.
[135] Vgl. besonders: Paulinische Perspektiven, Tübingen ²1972 sowie seinen Kommentar; ferner Stuhlmacher, Gerechtigkeit Gottes; vorher vor allem Schweitzer, Die Mystik des Apostels Paulus.
[136] Le Christ dans la théologie de St. Paul,

1962 (LeDiv 6); ders., Le Chrétien dans la théologie de St. Paul, 1962 (LeDiv 33); La théologie de l'Eglise suivant saint Paul 1948 (UnSa 10).
[137] Vgl. vor allem seine Arbeiten zur Interpretation der »Gottesgerechtigkeit«.
[138] Vgl. außer seinem Kommentar auch sein Buch über Paulus; ferner vor allem Kertelge, Rechtfertigung.

Kommentar

A 1,1–17 Briefeingang

1. 1,1–7 Briefkopf (Präskript)

Literatur: Becker, J., Auferstehung der Toten im Urchristentum, 1976 (SBS 82) 18–31; *Elze, M.,* Überlieferungsgeschichtliche Studien zur Christologie der Ignatiusbriefe, HabilS Tübingen 1963 (Typoskript); *Friedrich, G.,* Lohmeyers These über das paulinische Briefpräskript kritisch beleuchtet, ThLZ 8 (1956) 343–346; *Linnemann, E.,* Tradition und Interpretation in Röm 1,3f, EvTh 31 (1971) 264–276; *Lohmeyer, E.,* Briefliche Grußüberschriften, in: Probleme paulinischer Theologie 9–29; *Schlier, H.,* Zu Röm 1,3f, in: Neues Testament und Geschichte, FS O. Cullmann zum 70. Geburtstag, Zürich 1972, 207–218; *Schweizer, E.,* Röm 1,3f und der Gegensatz von Fleisch und Geist vor und bei Paulus, in: Neotestamentica 180–189; *Stuhlmacher, P.,* Das paulinische Evangelium I, Vorgeschichte, 1968 (FRLANT 95); *ders.,* Theologische Probleme des Röm.-Präskripts, EvTh 27 (1967) 374–389; *Wengst, K.,* Christologische Formeln und Lieder 112–117; *Wiefel, W.,* Glaubensgehorsam? Erwägungen zu Röm 1,5, in: Wort und Gemeinde, FS E. Schott, 1967, 137–144; *Zeller, D.,* Juden und Heiden 46–19.

1 Paulus, Sklave Christi Jesu, berufener Apostel, auserwählt zur Verkündigung des Evangeliums Gottes, 2 das er zuvor verheißen hat durch seine Propheten in (den) heiligen Schriften; 3 (die Botschaft) von seinem Sohn, geboren aus Davids Samen nach dem Fleisch, 4 eingesetzt als Sohn Gottes in Macht nach dem heiligen Geist aufgrund (der) Auferstehung (der) Toten: Jesus Christus, unserem Herrn. 5 Durch ihn haben wir Gnade und Sendungs-(Apostel-)Vollmacht empfangen zur (Aufrichtung von) Glaubensgehorsam unter allen Völkern für seinen Namen, 6 unter denen auch ihr lebt als Berufene Jesu Christi: 7 An alle in Rom, die von Gott geliebt und zu (seinen) Heiligen berufen sind: Gnade euch und Friede von Gott, unserem Vater, und dem Herrn Jesus Christus.

Der Briefkopf hat in allen Paulusbriefen die gleiche dreiteilige Struktur: Voran   Analyse
steht der Absender, in dem Paulus (mit Ausnahme von 1/2Thess) zu seinem Namen den Aposteltitel hinzusetzt, um so die Autorität anzugeben, in der er sich an die Adressaten wendet. Es folgt im Dativ die Adresse, in der Paulus die Angeschriebenen als die am Ort anwesende Kirche charakterisiert und ihren heilsgeschichtlichen Status als Gottes auserwählte Heilige hervorhebt. Den Abschluß bildet, in einem Satz formuliert, der Eingangssegen, der durchweg im Wortlaut übereinstimmt.

Der Briefkopf des Römerbriefs fällt durch eine umfangreiche Erweiterung im ersten Teil auf. Paulus fügt zum Absender (V 1a) eine geraffte Aussage über den Inhalt seines Evangeliums hinzu, zu dessen Verkündigung er gesandt ist (VV 1b–4). Er kehrt dann zu seinem Apostelauftrag zurück, der den Heidenvölkern gilt (V 5), in deren Mitte die Adressaten leben (V 6). Die Formulierung in der 1. Person (V 5) und die direkte Anrede in der 2. Person (V 6) fallen aus dem Schema des Präskripts heraus. Entsprechend hart ist der Übergang zur 3. Person in der regulären Adresse (V 7a), die durch V 6 inhaltlich zum Teil schon vorweggenommen ist. Der Segen (V 7b) bildet den stilgemäßen Abschluß.

Auch innerhalb der Erweiterung des Absenders lassen sich gewisse Nahtstellen erkennen. εἰς εὐαγγέλιον θεοῦ (V 1) wird in doppelter Weise ausgeführt: a) durch den Relativsatz (V 2) und b) durch die Inhaltsangabe (V 3f), die nicht zu V 2 gehört, sondern als Näherbestimmung zu V 1b (vgl. 1,9).

ad a): Der Gedanke V 2, daß das Evangelium der Inhalt alttestamentlicher Verheißung ist, ist Paulus vertraut und sehr wichtig (vgl. besonders 2Kor 1,20; Gal 3,15ff). Bereits die vorpaulinische missionarische Grundüberlieferung des »Evangeliums« 1Kor 15,1ff betont die Entsprechung des Christusgeschehens zu »den Schriften«. Dieselbe Überlieferung steht wohl auch hinter Apg 13,32f, einer Stelle, die, literarisch unabhängig vom Römerbrief, der Aussage Röm 1,2–4 sehr nahesteht. Der Plural γραφαί findet sich außer 1Kor 15,3f sonst nur noch in Röm 15,4; γραφαὶ ἅγιαι ist singulär. Das generelle Verständnis der »Schriften« als prophetische Vorankündigung ist in der Evangelientradition ein fester hermeneutischer Topos, ebenso in Apg; vgl. auch Hebr 1,1; 1Petr 1,10ff; Röm 16,26. Bei Paulus dagegen ist in dieser Hinsicht nur noch Röm 15,4 zu nennen; der Formel »Gesetz und Propheten« (3,21) liegt ein anderes Prinzip zugrunde. Das legt die Vermutung nahe, daß Paulus bei der Formulierung von V 2 vorformulierten Wortlaut aus fundamentaler »Evangelium«-Tradition benutzt hat[1].

ad b): Innerhalb von VV 3f heben sich die beiden parallel gebauten Partizipialbestimmungen in VV 3b–4a als in sich geschlossene christologische Aussage heraus. V 4b Ἰησοῦ Χριστοῦ τοῦ κυρίου ἡμῶν nimmt deutlich die Überschrift V 3a περὶ τοῦ υἱοῦ αὐτοῦ wieder auf und führt sie fort. Die Rede von dem »Sohn Gottes, Jesus Christus, unserem Herrn« (oder ähnlich) ist Paulus auch sonst geläufig, vgl. 1Kor 1,9; 2Kor 1,19; 4,4f; ferner 1Kor 9,12; 2Kor 2,12; 9,13; 10,14 u. a. Stellen. Der Parallelismus membrorum in V 3b–4a drückt sich in den drei Hauptbestandteilen der beiden Bestimmungen aus:

τοῦ γενομένου	ἐκ σπέρματος Δαυὶδ	κατὰ σάρκα,
τοῦ ὁρισθέντος	υἱοῦ θεοῦ	κατὰ πνεῦμα ἁγιωσύνης.

Die strenge Form des Parallelismus sowie der Partizipialstil sind Kennzeichen traditionell geprägten Wortlauts homologischer bzw. liturgischer Formeln. Daß es sich hier in der Tat um formelhaftes Überlieferungsgut handelt, das

---

[1] Vgl. dazu Schlier, Zu Röm 1,3f S. 217 mit Anm. 1.

Paulus in das Präskript übernommen hat, läßt sich aufgrund folgender Beobachtungen mit großer Sicherheit behaupten:

1. In VV 3b–4a ist auffallend gehäuft *Paulus sonst nicht geläufiger Wortschatz* festzustellen:

1.1. Von der davidischen Abstammung Jesu ist sonst bei Paulus nicht die Rede, während diese Aussage sowohl in den Evangelien (dort durchweg titular als υἱὸς Δαυίδ) als auch in der nichtpaulinischen Briefliteratur (2Tim 2,8; vgl. Offb 5,5; 22,16) mehrfach vorkommt.

1.2. ὁρίζειν fehlt sonst bei Paulus. Das Wort findet sich jedoch Apg 10,42; 17,31 wie Röm 1,4 im Blick auf die Einsetzung des Erhöhten in endzeitliche Vollmachtsfunktion[2].

1.3. πνεῦμα ἁγιωσύνης ist Hapaxlegomenon. Paulus pflegt wie die übrigen ntl. Schriftsteller von πνεῦμα ἅγιον zu sprechen, wenn er nicht (weit öfter) absolut von »dem Geist« bzw. von »Gottes Geist« spricht. Überdies gebraucht er ἁγιωσύνη sonst durchweg in paränetischem Kontext im Sinne menschlicher Heiligkeit und Reinheit, vgl. 2Kor 7,1; 1Thess 3,13 (vgl. ἁγιασμός 1Thess 4,3.4.7 u. ö.). ἐν ἁγιασμῷ πνεύματος (2Thess 2,13; 1Petr 1,2) meint ein vom Geist bestimmtes, von Sünde reines Verhalten, nicht eine Bestimmung des πνεῦμα selbst. Der Ausdruck πνεῦμα ἁγιωσύνης ist jedoch TestL 18,11 sowie auf einem jüdischen Amulett belegt[3]. Dahinter steht der Ausdruck רוח הקודש Ps 51,13; Jes 63,10, der sich häufiger auch in den Qumranschriften findet[4]. In LXX steht ἁγιωσύνη für קדש (Ps 29,5; 96,2), הוד (Ps 144,5) und עז (Ps 95,6), d. h. gibt Worte wieder, die Gottes Heiligkeit, Herrlichkeit und Macht bezeichnen. πνεῦμα ἁγιωσύνης ist demnach = πνεῦμα ἅγιον, jedoch mit der Hervorhebung, daß es sich um Gottes Geist handelt: »Gott in seiner actio«[5].

1.4. Umstritten ist, ob das Gegensatzpaar κατὰ σάρκα – κατὰ πνεῦμα zum Text der vorpaulinischen Formel gehört. *R. Bultmann*[6] beurteilt beide Wendungen als paulinische Zusätze. Doch hinsichtlich πνεῦμα ἁγιωσύνης ist das ausgeschlossen, da der Ausdruck unpaulinisch ist (s. o.)[7]. Nach *E. Schweizer*[8] gehört auch κατὰ σάρκα zum Traditionsstück. Er verweist einerseits darauf, daß das Gegensatzpaar sonst bei Paulus »die Antithese zwischen dem sündigen Menschen und seinem Verhalten und dem heiligen Gott und seinem Handeln«[9] bezeichne, andererseits in außerpaulinischer, hellenistisch-jüdisch be-

---

[2] Vgl. dazu zuletzt Becker, Auferstehung der Toten 26 gegen Berger, K., Die königlichen Messiastraditionen des NT, NTS 20 (1973/74) 1–44, hier 17 Anm. 63.

[3] Dazu Peterson, E., Das Amulett von Acre, in: Frühkirche, Judentum und Gnosis, Freiburg/Brg. 1959, 346–354, hier 351f.

[4] Vgl. 1QS 1,24; 8,16; 9,3; 1QH 7,7; 12,12; 14,13; 16,2.3.7.12; weitere Belege in: Konkordanz zu den Qumrantexten, hrsg. Kuhn, K. G., Göttingen 1960, 190f.

[5] Schweizer, EvTh 31 (1971) 276.

[6] Bultmann, Theologie NT 52.

[7] Gegen Wengst, Christologische Formeln 113 durchschlagend Becker, Auferstehung der Toten 21: »Denn wenn man Paulus auch eine im Neuen Testament einmalige Verbindung wie ›Geist der Heiligkeit‹ zutrauen kann, so doch wohl kaum dieses: daß er bei Bildung solcher Singularität zugleich noch einer für ihn typischen Formulierungsweise abschwört, nämlich statt ›nach dem Fleisch‹ und ›nach dem Geist‹ nun noch ›nach dem Geist der Heiligkeit‹ zu formulieren.«

[8] Schweizer, Röm 1,3f S. 181.

[9] Schweizer, ebd. 187.

einflußter Tradition σάρξ und πνεῦμα als Bezeichnung zweier gegensätzlicher Sphären belegt sind (vgl. besonders 1Tim 3,16 und 1Petr 3,18). Ebendies sei auch in Röm 1,3f gemeint. Dagegen hat *K. Wengst*[10] auf Gal 4,21ff hingewiesen, wo Paulus V 23 die Zeugung κατὰ σάρκα derjenigen διὰ τῆς ἐπαγγελίας gegenüberstellt und dies V 29 in der gleichsinnigen Formulierung ὁ κατὰ σάρκα γεννηθείς und τὸν κατὰ πνεῦμα wiederholt. Da Paulus ähnlich auch 9,5 von Christi jüdischer Abstammung τὸ κατὰ σάρκα[11] und 2Kor 5,16 von einem Erkennen Christi κατὰ σάρκα spricht, ist paulinische Formulierung in V 3 jedenfalls nicht auszuschließen. Wahrscheinlichkeit gewinnt dies Urteil durch die Beobachtung, daß die Formulierungen κατὰ σάρκα – κατὰ πνεῦμα im NT nur bei Paulus und im nachpaulinischen Schrifttum (Eph 6,5; Kol 3,22) vorkommen[12]. *E. Linnemann* vermutet darüber hinaus, daß Paulus, κατὰ σάρκα V 3 entsprechend, auch in V 4 κατὰ πνεῦμα hinzugefügt habe; in der Formel habe gestanden ἐν δυνάμει πνεύματος ἁγιωσύνης[13]. Das ist zwar nicht beweisbar, wohl aber eine erwägenswerte Hypothese, durch die die strenge Korrespondenz der beiden Bestimmungen mit κατά einheitlich erklärt werden kann.

2.   Nicht nur in der Terminologie aber, sondern vor allem auch in der *inhaltlichen Aussage* zeigen sich in beiden Gliedern der Formel in VV 3f Besonderheiten, die ihre vorpaulinische Herkunft erweisen:

2.1.   Von der Abstammung des irdischen Jesus ist sonst nur noch 9,4 die Rede, möglicherweise unter Rückgriff auf 1,3. Ganz anders ist der Skopos in Gal 4,4, wo Paulus von der Sendung des (präexistenten!) »Sohnes Gottes« spricht und seine Geburt von einer Frau parallel zu seiner Unterstellung unter das Gesetz als die Voraussetzung dafür nennt, daß er »die unter dem Gesetz« vom Gesetz befreit und ihnen den Status der Söhne Gottes erwirkt hat. Der Gedanke dort ist ähnlich wie in 2Kor 8,9, wo das traditionelle Sühnemotiv (vgl. 2Kor 5,21; Gal 3,13) deutlicher zugrunde liegt – ein Gedanke, der in 1,3 völlig fernliegt.

2.2.   Die Auferweckung Christi versteht Paulus zwar in 1,4 als Machttat Gottes; vgl. 6,4; 8,11; 1Kor 6,14; Phil 3,10. Doch die Aussage, daß der Auferstandene in die himmlische Machtstellung des Sohnes Gottes *eingesetzt* worden sei, ist der paulinischen Christologie durchaus fremd: Christus ist von Ewigkeit her Sohn Gottes und als solcher zu den Menschen »gesandt« (s. o. unter 1.1). Vergleichbar ist Phil 2,9–11, wo von der Verleihung des »Namens, der über alle Namen (Macht hat)«, an den Erhöhten die Rede ist, jedoch unter Voraussetzung seiner Präexistenz und Erniedrigung (V 6–8), die in Röm 1,3f charakteristischerweise fehlt[14]. Dieselbe Aussage, daß der Auferstandene durch einen

---

10. Wengst, Christologische Formeln 113.
11 Darin vermutet Schweizer, Röm 1,3f S. 181 Anm. 7 freilich Beeinflussung »durch die 1,3 verwertete Tradition«.
12 Das macht Linnemann, Tradition 273 gegen Schweizer geltend; ebenso zuletzt Becker, Auferstehung der Toten 22.

13 Linnemann, ebd. 274 unter Verweis auf Röm 15,4; Apg 1,8 δύναμις τοῦ ἁγίου πνεύματος vgl. Lk 4,14; PsSal 17,37; 18,7 u. ö.
14 So mit Recht Kramer, Christos 106; Wengst, Christologische Formeln 115, Käsemann 9.

himmlischen Adoptionsakt zum Sohn Gottes geworden sei, findet sich dagegen Apg 13,32f; Hebr 1,5; 5,5 vgl. 1Cl 36,2–5. υἱὸς θεοῦ ist also messianisches Prädikat[15]. Die Formel spricht vom Herrschaftsantritt des Auferstandenen als Messias. Daß die Formel mit dieser Aussage im Widerspruch zur paulinischen Christologie steht, zeigt sich auch in ihrem unmittelbaren Kontext an der Spannung zwischen der Überschrift περὶ τοῦ υἱοῦ αὐτοῦ in V 3a, die ja die gesamte Aussage VV 3f decken soll, und der Aussage des zweiten Formelgliedes V 4a. Paulus interpretiert so die Formel in dem Sinne, daß Christus von jeher der Sohn Gottes war, die Einsetzung des Auferstandenen »zum Sohn Gottes in Macht« also nicht als Beginn seiner Gottessohnschaft überhaupt verstanden werden kann[16].

3. Schließlich lassen sich positive Analogien zu der Formel in VV 3b–4a aus nichtpaulinischer Tradition beibringen:

3.1. Zur inhaltlichen Aussage ist vor allem 2Tim 2,8 zu vergleichen: μνημόνευε Ἰησοῦν Χριστόν, ἐγηγερμένον ἐκ νεκρῶν, ἐκ σπέρματος Δαυίδ. Daß es sich hier um die gleiche Tradition wie in Röm 1,3f handelt, ist deutlich[17], ebenso aber, daß die umgekehrte Reihenfolge der Aussagen traditionsgeschichtlich relevant ist[18]. Wahrscheinlich haben wir ein älteres Traditionsstadium vor uns: Der Blick ist ganz auf den Auferstandenen gerichtet[19], der als Davidide und also als Messias ausgewiesen wird.

Davon, daß an ein der Auferstehung zeitlich vorangehendes Stadium gedacht wäre, wird hier nichts sichtbar[20]; das Interesse geht einzig dahin, den Auferstandenen als Davididen, also als Messias auszuweisen, vgl. PsSal 17,21. »Sohn Davids« ist freilich in der synoptischen Tradition messianische Anrede an den irdischen Jesus als Wundertäter und Exorzisten[21]. Ebenso geschieht die Betonung der davidischen Abstammung Jesu in den Vorgeschichten des Lukas (1,27; 2,4.11) und Mattäus (1,1.20) sowie in den Genealogien (Mt 1,1ff; Lk 3,23ff) in christlich-messianischem Interesse (vgl. Joh 7,42). Dieses spricht sich in dem alten Hymnus Lk 1,32f besonders deutlich aus, vgl. Lk 1,69 sowie Offb 3,7; 5,5; 22,16. So werden in der Formel 2Tim 2,8 zwei ursprünglich voneinander unabhängige, jeweils alte christologische Konzeptionen kombi-

---

[15] Der messianische Gebrauch des »Sohnes«-Prädikats nach 2Sam 7,14 und Ps 2,7 im zeitgenössischen Judentum ist durch 4QflorI 11 sicher bezeugt; aus späterer Zeit vgl. die Baraita in bSukk 52a, wo Ps 2,7 zitiert wird. Vgl. dazu Hahn, Hoheitstitel 284–287; Lohse, Art. υἱός, ThWNT VIII, 361–363; zuletzt Becker, Auferstehung der Toten 26f.

[16] In diesem Sinn ist der Text bei einem Teil der Altlateiner, in der Vulgata und bei vielen Vätern seit Irenäus aufgefaßt worden. Sie lesen »praedestinatus«, was wohl auf προορισθέντος zurückgeht. Die Lesarten »destinatus« und »praedestinatus« sind Origenes (Rufin), Röm 849 beide bekannt, vgl. Schelkle, Paulus 22f. Zum Problem der Herkunft der lateinisch be-

zeugten Lesart vgl. Cranfield 61 Anm. 1.

[17] Gegen Wengst, Christologische Formeln 116f.

[18] Zum Traditionscharakter vgl. Windisch, H., Zur Christologie der Pastoralbriefe, ZNW (1935) 213–238, hier 213–216.

[19] Zum Perfekt ἐγηγερμένον vgl. 1Kor 15,4!

[20] Gegen Brox, N., Pastoralbriefe (RNT 7,2), 242.

[21] Vgl. dazu Berger, Messiastraditionen, a.a.O. (Anm. 2). Nicht überzeugend ist freilich ebd. 17f im Blick auf Röm 1,3 die Bestreitung »eschatologischer Davidsohnschaft« und die Interpretation im Sinne bloßer »Zugehörigkeit zu Israel als dem Volk der Verheißung«.

niert: die kerygmatisch-zentrale Aussage der Auferweckung des gekreuzigten Christus, die die Mitte der vorpaulinischen εὐαγγέλιον-Tradition 1Kor 15,3–5 bildet, und die an dem vorösterlichen Jesus als Davididen orientierte Messias-Christologie. Wir dürften hier den Anfang einer homologischen Tradition vor uns haben, deren nächstweitere Stufe die Formel Röm 1,3f bezeugt, in der die beiden verschiedenen christologischen Konzeptionen einander so zugeordnet werden, daß im Blick auf den irdischen Davidsohn ein erstes Stadium des Weges Christi von einem zweiten, darauffolgenden Stadium im Blick auf den in himmlisch-eschatologische Machtstellung eingesetzten Gottessohn unterschieden wird.

3.2.   Dieser Trend setzt sich fort. Bei Ignatius von Antiochien finden sich mehrfach Credo-Formelreihen aus deutlich vorignatianischer Tradition. Sie beginnen nahezu übereinstimmend mit dem Namen Jesus Christus, nennen seine davidische Abstammung und seine Geburt aus Maria, seine Taufe, sein Leiden unter Pontius Pilatus, seinen Tod und seine Auferstehung, und schließen mit einer Erwähnung der an ihn Glaubenden: Ign Eph 18,2; Tr 9; Sm 1,1f[22]. Durchweg finden sich hier dem vorpaulinischen Bekenntnis in Röm 1,3f ähnliche Aussagen ausschließlich im Blick auf die *Geburt* Christi, auf die sich deutlich das christologische Interesse konzentriert. Seine Auferstehung gehört, völlig getrennt davon, zu den späteren Stationen des Weges Christi, der mit dem grundlegenden Ergebnis seiner Geburt beginnt. Die Davidsohnschaft, verbunden mit der Geburt aus Maria, bekräftigt die Menschheit Christi, die nicht nur von Ignatius selbst, sondern auch bereits von der ihm vorgegebenen antiochenischen Tradition stark betont wird. Die Gottheit Christi wird Sm 1 durch das Gottessohn-Prädikat, Eph 18 durch die Nennung des heiligen Geistes umschrieben (vgl. Lk 1,35; Mt 1,18.20):

Eph 18,2:	ἐκ σπέρματος μὲν Δαυίδ, πνεύματος δὲ ἁγίου
Röm 7,3:	Ἰησοῦ Χριστοῦ τοῦ ἐκ σπέρματος Δαυίδ
Tr 9:	ἐκ γένους Δαυίδ
Eph 7,2:	καὶ ἐκ Μαρίας καὶ ἐκ θεοῦ
Eph 20,2:	ἐν Ἰησοῦ Χριστῷ τῷ κατὰ σάρκα ἐκ γένους Δαυίδ, τῷ υἱῷ ἀνθρώπου καὶ υἱῷ θεοῦ
Sm 1,1:	ἐκ γένους Δαυίδ κατὰ σάρκα, υἱοῦ θεοῦ κατὰ θέλημα καὶ δύναμιν θεοῦ.

So kann als *Ergebnis der Analyse* festgehalten werden: Paulus beschreibt den Inhalt des Evangeliums in Röm 1,3f mit einer Formel, die aus ihm vorgegebener Tradition stammt, deren Christologie er sonst in seinen Briefen nicht benutzt. Die Formel hat ihren traditionsgeschichtlichen Ort am Schnittpunkt einer Entwicklung, deren Ursprung dort zu suchen ist, wo der Auferstandene, von dem die missionskerygmatische »Evangelium«-Tradition 1Kor 15,3ff spricht, als der Messias aus Davids Geschlecht ausgewiesen werden sollte, als welchen eine bestimmte judenchristliche Tradition den irdischen Jesus prädi-

[22] Vgl. die ausführliche traditionsgeschichtliche Analyse bei Elze, Überlieferungsge- / schichtliche Untersuchungen 4–31.

zierte (2 Tim 2,8 vgl. synoptische Tradition). Die vorpaulinische Formel kehrt die Reihenfolge um, so daß nun von zwei Stadien des Weges Christi die Rede ist: einem irdischen als Davidsohn und einem himmlischen als Gottessohn. Paulus selbst sieht auch in dem irdischen Jesus den praeexistenten Gottessohn, der durch das endzeitliche Auferstehungsgeschehen in die Schlüsselpositionen eschatologischer Macht eingesetzt worden ist. Die vorignatianische Tradition schließlich bezieht beide Aussagen auf die Geburt Jesu, so daß sie nun von seiner menschlichen und göttlichen Herkunft sprechen und so mit der Tradition von der Jungfrauengeburt verschmolzen werden. Mit diesem Stadium der Traditionsgeschichte stehen wir am Anfang der Entwicklung zur altkirchlichen Zweinaturenlehre[23].

Anders als in seinen früheren Briefen stellt Paulus sich nicht sogleich als Apostel, sondern zuvor als »Sklave Christi Jesu«[24] vor.   Erklärung
                                                                          1

δοῦλος bezeichnet im Griechischen allgemein den Sklaven im Unterschied zum Freien (vgl. 1 Kor 7,21; 12,13; Gal 3,28). Wenn Paulus sich einen Sklaven Christi nennt, so ist darin für griechische Ohren ein paradoxer Sinn enthalten: Die völlige Hörigkeit *diesem* Herrn gegenüber hebt jegliche Abhängigkeit von Menschen auf (vgl. 1 Kor 7,22f; 4,3f). In diesem grundlegenden Sinn sind zunächst alle Christen Sklaven Gottes bzw. Christi, wie im AT alle Israeliten[25]. Doch will Paulus sich hier nicht einfach als Christen vorstellen. »Sklave« bzw. »Sklave Christi« ist vielmehr ein in der urchristlichen Mission geläufiger Titel für den Missionar, den Paulus ebenso für sich selbst gebraucht (Gal 1,10; 2 Kor 6,4; vgl. λειτουργός Röm 15,16) wie für seine Mitarbeiter und andere Missionare, mit denen er sich als δοῦλοι zusammenfaßt (1 Kor 3,5; Phil 1,1; vgl. 2,22; 1 Thess 3,2; Kol 1,7; 4,12). Aus 2 Kor 11,13–15.23 geht hervor, daß sich ebenso auch die in Korinth eingedrungenen judenchristlichen Missionare nannten. Vielleicht ist auch aus Mt 10,24f (vgl. Lk 6,40; Joh 15,20 – anders 13,16) sowie aus einigen »Knechts«-Gleichnis-

---

[23] Vgl. dazu das Material bei Schelkle, Paulus 21–27. Schweizer, Röm 1,3f S. 187–189 zeigt, daß von einem modalen, anthropologischen Verständnis von Fleisch und Geist aus die Formel Röm 1,3f leicht im Sinne einer Aussage über die zwei ›Naturen‹ Christi verstanden werden konnte.

[24] Χριστοῦ ᾽Ιησοῦ lesen nur P 10 B und wenige altlateinische Zeugen, ferner Irenäus, Ambrosiaster und Augustin. Die v.l. ᾽Ιησοῦ Χριστοῦ ist weit verbreitet, aber wohl sekundäre Angleichung an die üblich gewordene Namensform, wie sie auch in V 4.6.7.8 im Kontext erscheint. Die v.l. findet sich auch in 1 Kor 1,1, jedoch hier nur von A und Koine unterstützt; ähnlich Eph 1,1. Dagegen in 2 Kor 1,1; Kol 1,1; 2 Tim 1,1 ist durchweg Χριστοῦ ᾽Ιησοῦ bezeugt; dem entspricht δοῦλοι Χριστοῦ ᾽Ιησοῦ Phil 1,1 und δέσμιος Χριστοῦ ᾽Ιησοῦ Phlm 1. Andererseits haben 1 Tim; 1/2 Petr; Jud durchweg ᾽Ιησοῦ Χριστοῦ; ebenso Ign Tr 2,2. Daraus geht hervor, daß

(ἀπόστολος/δοῦλος) Χριστοῦ ᾽Ιησοῦ nur im paulinischen Bereich vorherrscht, in den nichtpaulinischen Missionsgemeinden die umgekehrte Version, die sich dann durchgesetzt hat. Gemeinsamer Ursprung könnte (ἀπόστολος, δοῦλος, διάκονος) Χριστοῦ sein, vgl. 2 Kor 11,13.23; Gal 1,10. Darin dürfte Χριστοῦ ursprünglich noch titulare Kraft gehabt haben, die in der paulinischen Version zumindest nachklingt, in der katholischen dagegen in der Namensform aufgegangen ist. Dem entspricht, daß sich Χριστὸς ᾽Ιησοῦς nur im paulinischen Bereich findet, ausgenommen die Apg, in der sich der titulare Sinn von Χριστός voll erhalten hat (vgl. 2,36; 3,20; 5,42 ⟨9,22⟩; 17,3; 18,5.28; 24,24).

[25] Vgl. z. B. Dtn 32,36; Jes 66,13ff sowie die jüngeren Belege in ThWNT VI 678 Anm. 169. Bei den Apostolischen Vätern wird δοῦλος durchweg nur in diesem allgemeinen Sinn gebraucht; ebenso in der altkirchlichen Gebetstradition.

sen (Mt 13,27; 22,1ffpar; Mk 13,34ffparr; Mt 25,14ffpar) dieselbe Bezeichnung für die Boten Jesu zu erschließen, so daß wir es mit einer gemeinchristlichen Bezeichnung für Missionare zu tun haben. Hinter diesem Sprachgebrauch steht die alttestamentliche Bezeichnung bestimmter einzelner Männer, die Gott in besonderer Weise als seine heilsgeschichtlichen Werkzeuge gebraucht[26]. So taucht auch die entsprechende Selbstbezeichnung δοῦλος θεοῦ in späteren neutestamentlichen Briefpräskripten auf (Tit 1,1; 2Petr 1,1; vgl. Jak 1,1).

Wenn Paulus sich Röm 1,1 entgegen seiner sonstigen Gewohnheit zuerst als »Sklave Christi Jesu« einführt, so ist das zweifellos darin begründet, daß er an eine Gemeinde schreibt, die er nicht selbst missioniert hat. In seinen eigenen Gemeinden ist seine apostolische Autorität unanfechtbar (vgl. 1Kor 9,2). Darum kann er sich in seinen Briefen an sie überall selbstverständlich als der Apostel zu Wort melden, der er für sie faktisch ist. Die einzige Ausnahme Phil 1,1 erklärt sich daraus, daß er hier mit seinem Mitarbeiter Timotheus gemeinsam schreibt. Im Römerbrief dagegen tritt er zunächst als ein durchreisender Missionar auf (vgl. 15,14). Daß er darüber hinaus in apostolischer Autorität schreibt, muß er hier eigens begründen. Er tut das im folgenden nicht polemisch wie kurz zuvor im Galaterbrief (vgl. Gal 1,1.10f), sondern durch sachliche Begründung seines Apostolats in seiner besonderen Beauftragung zur Verkündigung des Evangeliums unter den Heidenvölkern (1,5). Von daher erklärt sich der Gedankengang der folgenden Ausführungen, mit denen er den sonst üblicherweise kurzen Absender in diesem Brief erweitert: Seine Berufung zum Apostel (V 1a) besteht in der Beauftragung zur Verkündigung des Evangeliums (V 1b), das er in traditionellen Formulierungen im Blick auf seinen Inhalt zusammenfaßt (VV 2–4), um von daher seine besondere Sendung zu den Heiden durch den erhöhten Herrn auszuweisen (V 5).

Als Apostel ist Paulus *berufen* durch den auferstandenen Christus, der ihm in seiner Vollmacht als »Sohn Gottes« in einem Offenbarungswiderfahrnis vom Himmel her erschienen ist (Gal 1,12.15f; 1Kor 15,8–10; 9,1). Aufgrund dieses Ereignisses zählt er sich zu den »Aposteln vor ihm« (Gal 1,17), die ihre apostolische Autorität ebenso auf eine Erscheinung des Auferstandenen gründeten (1Kor 15,5–7). Auf dem Apostelkonzil war die antiochenische Heidenmission und somit auch seine eigene ἀποστολή an die Heiden neben der des Petrus an die Beschnittenen von den Führern der Jerusalemer Urgemeinde anerkannt worden (Gal 2,7ff). Doch später, nachdem Paulus Antiochia verlassen und eine eigene, unabhängige Mission begonnen hatte, haben judenchristliche Missionare in seinen Gemeinden in Korinth und Galatien seinen Apostolat heftig bestritten (1Kor 9,2; 15,8–10; 2Kor 10–13; Gal 1f), u. a. unter Hinweis darauf, daß er nicht bereits vom vorösterlichen Jesus berufen worden (das steht hinter dem Vorwurf 1Kor 9,3ff) und darum auch in seiner Anfangszeit von den Jeru-

---

[26] Besonders Mose und David, vgl. ThWNT VI 662f.679f sowie vor allem die Propheten, die Am 3,7 und dann stereotyp in deuteronomistischer Tradition »Knechte Jahwes« genannt werden, vgl. ThWNT VI 663 Anm. 52; 678; Steck, O. H., Israel und das gewaltsame Geschick der Propheten, 1967 (WMANT 23), 68 Anm. 2 (Literatur).

salemer Autoritäten abhängig gewesen sei (Gal 1). Die Vorwürfe richten sich gegen seinen nunmehrigen Anspruch als unabhängiger Apostel, der eigene heidenchristliche Gemeinden gründete, die sich ohne Beschneidung und ohne Verpflichtung auf das Gesetz als Christen wissen durften und die ihn in diesem Sinne als »Apostel der Heiden« (11,13) anerkannten. Der galatische Konflikt war zur Zeit der Abfassung des Römerbriefes wahrscheinlich gerade erst überstanden[27], und möglicherweise fürchtete Paulus jetzt negative Rückwirkungen auf sein Ansehen in der römischen Gemeinde. Diese Sorge mag ihn dazu veranlassen, seinen Apostolat gleich zu Beginn seines Briefes so zu begründen, daß er in Rom nicht angefochten werden konnte: mit der Darlegung des Evangeliums, wie er es als die Heilsbotschaft Gottes für alle Völker, in sachlicher Übereinstimmung mit allen Aposteln, verkündigte (vgl. 1Kor 15,10). Dem entspricht auch, daß der Aposteltitel im Römerbrief auffallend selten vorkommt (vgl. noch 11,13 sowie ἀποστολή in 1,5, ἀποστέλλειν in 10,15; 16,7 werden andere »Apostel« genannt).

Darum führt er in V 1b aus, welchen Auftrag er bei seiner Berufung zum Apostel erhalten hat: »*ausgewählt zur Verkündigung des Evangeliums Gottes*«. ἀφωρισμένος umschreibt ein Tun Gottes, vgl. Gal 1,15, wo Paulus seine Berufung zum Apostel im wörtlichen Anklang an alttestamentliche Prophetenberufungen formuliert (Jer 1,5; Jes 49,1; an beiden Stellen ist der Horizont der Berufung weltweit: προφήτην εἰς ἔθνη τέθεικά σε, vgl. AssMos 1,14). In LXX wird das Wort vorzüglich im Sinne kultisch-ritueller »Aussonderung« bzw. »Heiligung« für Jahwe gebraucht, von daher übertragen von der Aussonderung Levis zum Priesterstamm (Num 8,11) sowie von der Erwählung Israels aus allen Völkern (Lev 20,24–26, vgl. Jes 29,22). Entsprechend kann Paulus von seinem apostolischen Wirken als priesterlichem Dienst sprechen (Röm 15,16). Das Wort scheint im Zusammenhang feierlicher Aussendung von Missionaren topisch gewesen zu sein (vgl. Apg 13,2 ἀφορίζειν εἰς τὸ ἔργον, ὅ προσκέκλημαι αὐτούς). Darum ist aus der Wortwahl wohl keinerlei Anspielung auf die pharisäische Vergangenheit des Paulus zu erkennen[28].

Paulus stellt sich der unbekannten römischen Gemeinde als Apostel vor, indem   2
er seine Autorität mit dem Evangelium begründet, das ebenso für sie absolut verpflichtende Geltung hat, wie es zugleich auch das Kriterium ist, an dem er sich selbst als Apostel messen lassen muß und will.
Aus dem traditionsgeschichtlich ursprünglichen Bezug des Wortes (s. u. S. 74f) auf die atl.-jüdische Erwartung des eschatologischen Freudenboten erklärt sich eine erste Näherbestimmung: Gott hat das Evangelium »*im voraus verheißen durch seine Propheten in heiligen Schriften*«.

Es ist ein zentrales Grundmotiv urchristlicher Überlieferung, das Paulus hier in kurzer

---

[27] Dazu vgl. meinen Aufsatz: Über Abfassungszweck und Aufbau des Römerbriefes, in: Rechtfertigung als Freiheit 130–137.

[28] So nach dem Vorgang Älterer z. B. Michel 36 mit Anm. 2 (Literatur).

Zusammenfassung anführt: Das Christusereignis geschah »nach den Schriften« (1Kor 15,3f). »Wie geschrieben steht« ist darum ein durchgehendes Argument im Zusammenhang urchristlicher Verkündigung (vgl. bei Paulus z. B. Röm 1,17; in den Evangelien z. B. Mk 1,2; 14,21.27 sowie besonders die sogenannten Reflexionszitate im Matthäusevangelium). Das ganze Alte Testament wird als prophetisches Zeugnis gelesen, das auf Christus hinweist (1Petr 1,10f vgl. Röm 3,21) und in ihm seine Erfüllung gefunden hat (Lk 4,17–21; 18,31; 24,27.32.44f; Apg 8,35; 17,2f.11; 18,28; Joh 1,45; 5,39), als »Verheißung« Gottes, die er in Christus eingelöst hat (2Kor 1,22; Röm 15,8). Darum sind die Christen der Gegenwart die eigentlichen Adressaten der alttestamentlichen Texte (Röm 15,4 vgl. 1Kor 10,11; 1Petr 1,12). Von daher ist in Röm 1,2 sowohl die pauschale Charakterisierung der Verfasser der alttestamentlichen Schriften als »Propheten« wie auch ihres Inhalts als göttlicher »Verheißungen« zu verstehen. Das sonst nur noch 2Kor 9,5 begegnende (und pagan einzig InschrPriene 113,71 bezeugte) Wort προεπαγγέλεσθαι hat in diesem Kontext gleiche Bedeutung wie προγράφειν Röm 15,4, προλέγειν 9,29 (vgl. Apg 1,16; Hebr 4,7; 2Petr 3,2), προκαταγγέλλεσθαι (Apg 3,18; 7,52) und προμαρτύρεσθαι (1Petr 1,11).

Dieses traditionelle Motiv ist Paulus selbst außerordentlich wichtig: 1. Indem das Christusevangelium bereits Inhalt der zuvor ergangenen Verheißung ist, wird die Schrift in der christlichen Gegenwart zum »Zeugen«, auf den der Apostel sich berufen kann (3,21), insbesondere dafür, daß er die Glaubensgerechtigkeit (1,17) Heiden wie Juden zu verkündigen das Recht hat (4,1ff vgl. Gal 3,6ff). 2. Indem die Schrift die Erwählung Israels samt all ihren Zeichen und Gaben sowie samt allen Verheißungen enthält (9,4f), bezeugt sie den Christen die Vorgeschichte ihres Glaubens, der einerseits die Heiden ebenso zugehören wie die Juden (4,9ff vgl. 1,16; 9,24; 15,7ff), wodurch aber andererseits die Heiden ihren heilsgeschichtlichen Ort wesentlich an der Seite der Juden haben (11,13ff); denn der Gott Israels ist der *eine,* wahre Gott für *alle* Menschen (3,29f). 3. Indem die Schrift Christus bezeugt, wird sie selbst zur Autorität für den Glaubenden, sowohl im Blick auf die Gebote (13,8ff; Gal 5,14) als auch im Blick auf den Trost, mit dem sie die Hoffnung stärkt (15,3)[29].

3f   Die zweite Näherbestimmung des Evangeliums gilt seinem Inhalt: Christus, »*der Sohn Gottes*«. Im Unterschied zu dem hier übernommenen Traditionsstück weiß Paulus Christus als den von Ewigkeit her zu Gott gehörigen Sohn des Vaters, der ihn aus der Höhe vollkommener Teilhabe an seiner Herrlichkeit (Phil 2,6) in die Tiefe gesandt hat, als Mensch unter Menschen (Gal 4,14), teilhabend an ihrer durch die Sünde arm und schwach gewordenen Fleischlichkeit (8,3; 2Kor 8,9), um an ihrer Statt den Tod als den Fluch der Sünde auf sich zu nehmen (Gal 3,13; vgl. 2,20; Röm 5,10; 8,32) und ihnen so die Freiheit der Söhne Gottes zu verschaffen (8,14f vgl. Gal 4,4–7). Als solcher ist der Sohn Gottes auferstanden und zum himmlischen Herrscher über die ganze Schöpfung erhöht worden, bis er am Ende die ihm übertragene Herrschaft dem Vater zurückgibt (1Kor 15,20–28). Als der erhöhte Sohn Gottes wird er am Ende

[29]   Zur Bedeutung von Röm 1,2 im Zusammenhang paulinischer ›Schrift‹-Theologie vgl.   Stuhlmacher, Theologische Probleme des Römerbriefpräskripts.

vom Himmel her kommen, um die Glaubenden zu erretten (1Thess 1,10). Als den erhöhten Sohn hat Gott ihn Paulus offenbart, um ihn den Heiden zu verkündigen (Gal 1,15f).

Auf diesen apostolischen Auftrag will Paulus auch Röm 1,3f hinaus[30]. Der Sohn Gottes selbst, wie er im Evangelium offenbart wird, ist es, der ihm den Apostolat zur Verkündigung des Evangeliums unter den Heiden übertragen hat (V 5). *Das* ist seine unvergleichliche und unanfechtbare Legitimation als Apostel, als welcher er sich der römischen Gemeinde vorstellt. Die zusammengestellten Belege zum paulinischen Verständnis des Gottessohn-Titels zeigen zugleich, wie Paulus selbst die Aussage der übernommenen Formel V 3b versteht: »*Geboren aus dem Samen Davids nach dem Fleisch*« – das ist der Ausweis des menschgewordenen Gottessohnes. Mit κατὰ σάρκα steht hier zwar nicht der Gedanke von 8,3 im Blick, wo die Menschwerdung unter dem Aspekt der theologia crucis interpretiert wird. Aber unter der Überschrift περὶ τοῦ υἱοῦ αὐτοῦ, die die Präexistenz Christi jedenfalls mit einschließt, und im Gegenüber zu κατὰ πνεῦμα V 4 ist auch mehr gemeint als 9,5, wo lediglich die leibhaftige Zugehörigkeit Christi zum erwählten Gottesvolk Israel betont ist: Der ewige Sohn Gottes ist ein Mensch geworden – als Davidide, d.h. als der verheißene Messias. Die Menschwerdung *des Christus* in ihrer heilsgeschichtlichen Bedeutung ist es, die Paulus im ersten Glied der Formel ausgesprochen hört.

Die Aussage des *zweiten Gliedes der Formel V 4a* versteht Paulus zweifellos nicht in dem Sinne, daß Christus erst als Auferstandener zum Sohn Gottes *geworden* ist, sondern daß Gott ihn als seinem Sohn seit seiner Auferstehung die *Machtstellung* des himmlischen Herrschers übertragen hat (Phil 2,9–11; 1Kor 15,23–28). Im Kontext des Röm-Präskripts denkt Paulus wohl vor allem an die Macht, mit der Christus in der Verkündigung des Evangeliums unter den Heiden wirkt vgl. 1,16; 2Kor 13,3f; 1Kor 1,18.24; 2,4. Möglich ist aber auch ein instrumentales Verständnis; ἐν δυνάμει wäre dann parallel zu κατὰ πνεῦμα ἁγιωσύνης aufzufassen, vgl. 1Kor 6,14 (ähnlich Phil 3,10, Röm 6,4) mit Röm 8,11: Der Sohn Gottes ist durch Gottes Macht, nämlich entsprechend der (totenauferweckenden) Kraft des Geistes Gottes, auferweckt und in die himmlische Herrschaftsfunktion des Erhöhten eingesetzt worden. – ἐξ ἀναστάσεως νεκρῶν bezieht sich zwar zweifellos auf die Auferweckung Christi, wie V 4b zeigt (vgl. Phil 3,10; 1Petr 1,3; 3,21). Doch steht hier die Auferweckung Christi als Beginn der endzeitlichen Totenauferweckung im Blick (vgl. 1Kor 15,20; Apg 26,23)[31]. Durch die Stellung am Schluß kommt dem Ausdruck ein besonderes Gewicht zu: Es ist der Auferstandene als Repräsentant der durch die Totenauferweckung angebrochenen vollendeten Heilswirklichkeit Gottes, durch den Paulus seinen Apostolat empfangen hat zur Verkündigung dieser Heilswirklichkeit.

---

[30] Becker, Auferstehung der Toten 28–30 vermutet, die Geistbegabung des Messias ziele bereits im Judentum auf Heidenmission.

[31] Dieser Sinn von ἐξ ἀναστάσεως νεκρῶν

wird von Becker, ebd. 24.30f m. E. ohne überzeugende Gründe bestritten. Er interpretiert die Wendung »exklusiv christologisch«.

Paulus schließt die christologisch-inhaltliche Näherbestimmung des Evangeliums ab, indem er zu dem Gottessohntitel, der Christi Verhältnis zu Gott umschreibt, das Bekenntnis »*Jesus Christus, unser Herr*« hinzufügt, worin das Verhältnis Christi zu den Glaubenden ausgesprochen ist. Zugrunde liegt der Akklamationsruf: κύριος Ἰησοῦς (10,9f; Phil 2,11; 1Kor 12,3), mit dem der Glaubende auf die Verkündigung des Evangeliums antwortet und sich der Herrschaft des zum Sohn Gottes Erhöhten unterwirft. Der Akklamationsruf ist schon bald in die Gemeindesprache übergegangen: »Jesus Christus, unser Herr« findet sich sehr häufig bei Paulus. Vielleicht hat dabei der Maranatha-Ruf aus der Eucharistie (1Kor 16,22) eingewirkt.

Durch Christus selbst hat Paulus seine Sendung als Apostel empfangen. Mit 5 dem Plural meint er sich selbst als Heidenapostel (V 5b), faßt sich also nicht mit den übrigen Aposteln zusammen. Auch Mitabsender fehlen im Röm-Präskript; denn Paulus schreibt nicht an seine Gemeinde, sondern tritt als Missionar an die fremde Gemeinde heran. Wo Paulus von seiner apostolischen Sendung spricht, steht mehrfach διὰ Χριστοῦ parallel mit διὰ θεοῦ (Gal 1,1; vgl. διὰ θελήματος θεοῦ in den Präskripten von 1.2Kor, Kol, Eph, 2Tim). Das Verhältnis zwischen Gott und Christus bei der Berufung ist nach Gal 1,12.15f so aufzufassen, daß Gott die Offenbarung zukommen läßt, in der der Zeuge Christus als den auferstandenen, erhöhten »Sohn Gottes« sieht (1Kor 9,1) und Christus als der Erscheinende die Sendung ausspricht, so daß der Berufene »Apostel Christi« wird (1Kor 1,1; 2Kor 1,1 – 1Thess 2,7; 2Kor 11,13). Mit »*Gnade und Apostel-Autorität*« sind nicht Bekehrung (vgl. 5,2; Gal 1,6; 2Kor 6,1) und Berufung unterschieden[32]. Mit χάρις ist vielmehr hier die Kraft Gottes gemeint, die in seiner Berufung (vgl. Gal 1,15; 2,9) und seinem missionarischen Wirken (1Kor 15,10; 1Kor 3,10; Röm 15,15 vgl. 12,3) entsprechend zur Wirkung kommt wie im Heilsgeschehen des Todes Christi selbst (3,24; 5,15.17.20f; 2Kor 8,8), den der Apostel verkündigt[33]. Als so Begnadeter ist der Apostel ein Charismatiker (1Kor 12,28), von den übrigen Charismatikern nur dadurch unterschieden, daß die Gnade Gottes durch ihn kirchengründend wirkt. Mit ἀποστολή kann zwar der Sendungsauftrag bezeichnet werden (vgl. Gal 2,8), wird jedoch vor allem die Autorität des Boten hervorgehoben (vgl. 1Kor 9,1f; sonst nur noch Apg 1,25). Ist Gottes Gnade die Kraft seiner Sendung, so ist in ihr auch die Autorität des Gesandten begründet.

Das Ziel seiner Sendung ist, »*Glaubensgehorsam*« zu bewirken. εἰς als Zielbestimmung entspricht V 1b; Paulus erläutert also εἰς εὐαγγέλιον θεοῦ im Blick auf dessen Wirkung. ὑπακοή ist terminus technicus der urchristlichen Missionssprache und umschreibt die Bekehrung als Unterwerfung unter das Evangelium (10,16; 15,18 vgl. 6,16; 2Thess 1,8; 1Petr 1,22) bzw. unter Christus als den Herrn (2Kor 10,5; 1Petr 1,2.14; Hebr 5,9). Der Genitiv πίστεως wird entweder als Näherbestimmung des Gehorsams oder als die Botschaft, der gegenüber der Bekehrte gehorsam geworden ist, aufgefaßt. Man darf zwischen beiden Aspekten sachlich keine Alternative konstruieren. Einerseits ist gewiß

---

[32] Gegen Zahn; Lietzmann z. St.   [33] So jetzt auch Schlier 28.

die fides quae creditur entscheidend durch ihren Inhalt, als πίστις Χριστοῦ (3,22.26), nicht als spezifische religiöse Verhaltensweise charakterisiert. Andererseits aber ist der (seltene) ›objektive‹ Gebrauch von πίστις im Sinne einer Generalisierung der Bekehrung unter heils- bzw. missionsgeschichtlichem Aspekt, also nicht eigentlich als fides quae creditur aufzufassen. Gal 1,23 steht mit 1,13 parallel: Mit dem »Glauben«, den Paulus als Christenverfolger auszurotten suchte, wollte er die Gesamtheit der Glaubenden treffen, die Kirche – freilich sind Kirche wie Glaube Schöpfung durch das Wort der Verkündigung. Zu Gal 3,23.25 ist 3,22.24.26 zu vergleichen: Was unter heilsgeschichtlichem Aspekt als das »Kommen« des Glaubens erscheint, ist, unter dem Aspekt der konkreten Mission gesehen, der Vorgang des Zum-Glauben-Kommens der einzelnen Bekehrten. Selbst wenn man also πίστεως als genitivus objectivus auffassen wollte, ist der Sache nach nicht die Glaubens*botschaft* als solche, sondern der Glaubens*vollzug* gemeint. Da Paulus aber sonst nirgendwo vom Gehorsam gegenüber dem Glauben spricht und da vor allem 10,16 »gehorchen« mit »glauben« parallelsteht, während mit der ἀκοή die Botschaft, die zum Glauben führt, gemeint ist (10,17), spricht alles dafür, πίστεως als genitivus epexegeticus aufzufassen[34].

Der Paulus als Apostel zugewiesene Bereich der Mission sind »alle Völker«. Mit τὰ ἔθνη sind bei Paulus durchweg die nichtjüdischen Völker, die »Heiden«, gemeint (entsprechend dem jüdischen Begriff הגוים). Israel bzw. die Juden werden (mit Ausnahme des Zitates Röm 10,19) nirgendwo als ἔθνος bezeichnet (so dagegen mehrfach bei Lukas: Lk 7,5; Apg 10,22; 24,2.17; 26,4; 28,19). Paulus weiß sich aufgrund seiner Berufung speziell zu den nichtjüdischen Völkern gesandt (vgl. 11,13; 15,15f.18; Gal 1,16; 2,8f), während das Evangelium, das er zu verkündigen hat, als solches Juden wie Heiden gilt (1,16). Zielt seine Sendung auf die Gewinnung der Heiden für das Evangelium, so dient diese der Ehre des *Namens Christi* (vgl. Apg 15,29), nämlich dem ὄνομα ὑπὲρ πᾶν ὄνομα des Erhöhten (Phil 2,10). Der Ausdruck war vielleicht in der Missionssprache des Urchristentums geläufig (3Joh 7!). Möglicherweise ist aber auch an die Wirkkraft des Namens Christi zu denken, den der Apostel in seiner Verkündigung ausruft (vgl. 15,20; 9,17; 1Kor 6,11; Apg 9,15 vgl. 27; Lk 24,47), so daß zu übersetzen wäre: »um seinem Namen Raum zu verschaffen«[35].

Inmitten der Heidenvölker (ἐν οἷς) leben auch die römischen Christen, die   6 Paulus nun direkt anspricht. Er charakterisiert sie damit nicht als Heidenchristen – sonst müßte er ἐξ ὧν formulieren[36] –, sondern er markiert ihren Ort, und zwar nicht um die Bedeutung der römischen Gemeinde in der Metropole der Heidenwelt, in der sich Menschen aus allen Völkern versammeln, hervorzuheben[37], sondern im Blick darauf, daß sich die römischen Christen an ihrem

---

[34] So zuletzt mit Recht Käsemann 12. Vgl. dort die Kritik an der Deutung von ὑπακοὴ πίστεως als ad-hoc-Verbindung bei Wiefel, Glaubensgehorsam.
[35] Nicht einfach: »um seinen Namen zu ver-

breiten« (so Pr-Bauer 1659). Eine Personifikation des »Namens« (so Käsemann 12) liegt aber nicht vor.
[36] So mit Recht Schlatter 23.
[37] So Schlatter ebd.

Ort inmitten der Heidenvölker im Aktionsradius seines besonderen Sendungs-
auftrags (V 5) befinden[38] – als »*Berufene Jesu Christi*«, d. h. als durch Christus
zum Heil Berufene und als solche Christus als dem Herrn Gehörige[39].

7a   Sachlich weiterführend, aber mit stilistischem Bruch geht Paulus zur regulären
Adresse in der 3. Person über: »*An alle in Rom, Geliebte Gottes, berufene Heilige*«. Da Paulus in den sonstigen Präskripten die Ortsangabe mit einer ekkle-
siologischen Bestimmung verbindet, ist πᾶσιν τοῖς οὖσιν ἐν Ῥώμῃ[40] nicht für
sich zu nehmen, so daß die beiden folgenden Bezeichnungen des Christenstan-
des der Adressaten als Apposition hinzutreten, sondern mit ἀγαπητοῖς θεοῦ
zu verbinden (vgl. so auch Phil 1,1 sowie Kol 1,1; Eph 1,1). »Geliebte Gottes«
sind die Christen, weil Gott ihnen im Tode Christi seine Liebe erwiesen (5,8;
8,35.37.39; vgl 2Kor 5,14; 13,11; Gal 2,20; 2Thess 2,16; Eph 2,4; 5,2.25;
Offb 1,5) und sie so als ihm zugehörig erwählt hat (8,29; 11,28 vgl. Offb 20,9;
1Tim 6,2 heißen die Christen πιστοὶ καὶ ἀγαπητοί)[41]. »Berufene Heilige«
sind sie, indem ihnen durch das Kerygma ihre Erwählung durch Gottes Liebe
zugesprochen ist, durch die sie dem heiligen Gott gehören und so selbst »hei-
lig« geworden sind, vgl. 1Kor 1,2; 2Kor 1,1; Phil 1,1; Eph 1,1; Kol 1,2; 3,12;
1Petr 1,15f.

Daß die Adressaten zwar plerophorisch als Christen, nicht aber ausdrücklich als
Kirche angesprochen werden (wie 1.2Kor, Gal, 1/2Thess), ist nicht so zu verstehen, als ob Paulus die römischen Christen noch nicht als ἐκκλησία im Vollsinne ansähe, weil sie vor seinem Kommen des apostolischen Fundaments ent-
behrten[42]. Zu erwägen ist, ob es in Rom – analog zu der Vielzahl jüdischer
Synagogen – mehrere christliche Hausgemeinschaften gegeben hat und ein
konkretes ›kirchliches‹ Zusammengehörigkeitsbewußtsein (wie es für die pau-

---

[38] So richtig zuletzt Klein, Abfassungszweck
134; Käsemann 13; Cranfield 68; Schlier 29f.
[39] κλητοί ist hier fast titular, wie die nament-
lich berufenen Angehörigen des »Rates der
Gemeinde« im Qumranschrifttum קרואי אל
heißen (1QM 2,7; 3,2; 4,10f; vgl. 1QSa 1,27;
2,2.11; Dam 2,11; 4,3f; auch 1QM 14,5). Sie
ziehen als »Heer Gottes« zum heiligen Krieg
aus, um mit Gottes Kraft die Feinde zu vernichten, und kehren heim, indem sie auf ihre Feld-
zeichen schreiben: »Heilstaten Gottes, Ruhm
Gottes, Hilfe Gottes, Stütze Gottes, Freude
Gottes, Loblieder Gottes, Lobpreis Gottes,
Friede Gottes« (1QM 4,13f). Entsprechend
sind die Christen »nach Gottes Heilsratschluß
berufen« (Röm 8,28); der gekreuzigte Christus
ist ihnen »Gottes Macht und Gottes Weisheit«
geworden (1Kor 1,24 vgl. 1,26ff, wo κλῆσις
durch ἐκλέγεσθαι erläutert wird). Vgl. Phil
3,14; Hebr 3,1.
[40] Die Ortsangabe fehlt nach einem in Min.
1739 und 1908 erhaltenen Scholion in einer der
Origenes vorliegenden Handschriften. Entsprechend liest G harmonisierend πᾶσιν τοῖς
οὖσιν ἐν ἀγάπῃ θεοῦ; vgl. auch den Text von

G in 1,15 sowie die v. l. in Eph 1,1. Die Streichung der Ortsangabe diente wahrscheinlich
dem Zweck, dem Brief für liturgischen Gebrauch ökumenischen Charakter zu geben.
Vgl. Lietzmann 27 (Literatur). Anders Zahn
51. Suggs, M. J., ›The Word is near to you‹,
Romans 10,6–10 within the purpose of the Letter, in: Christian History and Interpretation.
Studies presented to John Knox, 1967,
289–312, hier 289 Anm. 4, vermutet, daß in
den G-Lesarten zu Röm 1,7 und 15 der ursprüngliche Charakter des Briefkorpus als eines Zirkularschreibens wiederhergestellt worden sei.
[41] Zum alttestamentlichen Hintergrund vgl.
besonders Hos 2; 11,1ff im Blick auf die Berufung aus Ägypten (und dazu Röm 9,25f); Jer 31
(38),3; Jes 43,1ff; 54,5ff; Dtn 7,6ff im Blick
auf das erwählte »heilige Volk«; 10,14ff; PsSal
18,3: ἡ ἀγάπη σου ἐπὶ σπέρμα Ἀβραάμ
υἱοὺς Ἰσραήλ.
[42] So Klein, Abfassungszweck 143. Andere
Erklärungen für das Fehlen des Wortes ἐκκλησία werden ebd. 142f mit überzeugenden
Gründen bestritten.

linischen Gemeinden charakteristisch war) hier fehlte[43]. Dieses ist dann allerdings 1Petr 5,13 und im Präskript des 1Cl vorausgesetzt. Es ist aber fraglich, ob Paulus die Adresse des Röm so gezielt auf die römischen Ortsverhältnisse formuliert: Auch im Präskript des Phil fehlt immerhin das Wort ἐκκλησία[44], ebenso in Kol, Eph sowie in 1/2Petr ; Jud. Zur sachlichen Charakterisierung der Christen als Angehörige der Heilsgemeinde Gottes reichen die persönlichen Formulierungen wie in Röm 1,6f sehr wohl aus ; der Begriff ἐκκλησία ist dazu keineswegs unverzichtbar.

Der *Eingangssegen* ist eine verchristlichende Erweiterung der geläufigen jüdischen Segensformel, die fest zum Briefeingang gehört: εἰρήνη ὑμῖν (πληθυνθείη) Dan 4,1 Th (= 3,31 aram.) bzw. »Erbarmen und Friede sei mit euch« syrBar 78,2 vgl. Gal 6,16 ; 1/2Tim ; 2Joh ; Pol. Bei Paulus steht wie in 1/2Petr ; 1Cl χάρις anstelle von ἔλεος vielleicht als christliche Umprägung des hellenistischen χαίρειν (Apg 15,23 ; Jak 1,1). Vor allem aber ist die Formel bei Paulus binitarisch erweitert[45]. Wahrscheinlich hat Paulus sie in dieser Form unter Aufnahme liturgischer Wendungen (»Gott unser Vater« und »der Herr Jesus Christus«) selbst geschaffen[46]. Der liturgische ›Sitz im Leben‹ erhellt aus dem Kontext des stereotypen Schlußsegens 1Kor 16,22f. Jedoch ist die paulinische Salutatio nicht en bloc aus liturgischem Gebrauch übernommen[47]. ἡμῶν bezieht sich zweifellos auch auf das folgende christologische Formelglied mit ; es ist nicht gemeint, daß Gott als »unser Vater« auch der Vater »des Herrn Jesus Christus« ist.

Über die höchst kritische Situation, der sich Paulus gegenübersah, als er den Römerbrief schrieb, ist in der Einleitung berichtet worden. Es ist sehr wichtig, beim Lesen des Briefes diese Situation immer vor Augen zu haben. Gerade auch das Präskript mit seinen vielen formelhaften Wendungen wird erst so konkret verständlich.

Nach den Kämpfen, die Paulus während der zurückliegenden Zeit mit seinen Gemeinden gegen die Aktivitäten judenchristlicher Gegner zu bestehen hatte – vor allem seit dem Kampf um seine Gemeinden in Galatien –, war seine Autorität in der gesamten Urkirche umstritten. Jene radikalen Judenchristen, die in ihm den Apostaten und Verführer sahen, hatten wohl überall ihren Anhang, wo gesetzestreue Judenchristen lebten ; und ob auch die »Säulen« in Jerusalem,

---

43 So besonders Michel 43. Daß der Römerbrief speziell an eine Gruppe römischer Heidenchristen gerichtet sei, die Paulus allererst in Kirchengemeinschaft mit den Judenchristen zu bringen beabsichtigte, behauptet Bartsch, Die antisemitischen Gegner 27–43.

44 Daß »dort mit der Nennung der ἐπίσκοποι und διάκονοι der ekklesiologische Bezug der Adresse eindeutig sichergestellt ist« (so Klein, Abfassungszweck 142), kann man nur behaupten, wenn man darin nicht nur den Anfang der Entwicklung zu den beiden z. Z. der Pastoralbriefe zentralen kirchlichen Ämtern

sieht (so Gnilka, J., Der Philipperbrief, 1968 [HThK X,3] 32–41), sondern darüber hinaus der Meinung ist, daß diese Ämter in Philippi zur Zeit des Paulus bereits jene kirchlich zentrale Bedeutung gehabt haben.

45 Mit Ausnahme von 1/2Thess. Wie bei Paulus noch 1Cl ; Pol.

46 So Kramer, Christos 150f.

47 So Lohmeyer, Briefliche Grußüberschriften ; dagegen Friedrich, Lohmeyers These ; Kramer, Christos 149–152, der jedoch liturgischen Ursprung einzelner Motive annimmt.

(Randbemerkungen:)
7b

Zusammenfassung

die Paulus einst auf dem Apostelkonzil »die rechte Hand der Gemeinschaft«
gegeben hatten (Gal 2,9), sie ihm nun verweigern würden, wenn er bald dort
die große Kollekte seiner Gemeinden überbringen werde, stand offen und war
sogar zu befürchten (Röm 15,31f). Diese Kollekte sollte aber ein lebendiger
Tat-Erweis der Einheit der Kirche aus Juden und Heiden sein, die das eine
Evangelium herstellt und fordert und deren Bestand die Voraussetzung seiner
Heidenmission war. Wie im Osten aber, so konnte auch im Westen von Rom
aus sein Wirken als Heidenmissionar nur gelingen auf dem Fundament der
Einheit von Juden und Heiden. So war es notwendig, den römischen Christen
das von ihm vertretene Evangelium in ebenderselben Zielrichtung darzulegen,
wie er es in Jerusalem zu tun gedachte. Es war aber nicht sicher, ob man in Rom
– nach dem, was man dort von den Querelen dieses umstrittenen Apostels gehört hatte – so sehr glücklich über sein Kommen war, ob ihm nicht die dortigen
Judenchristen zumindest sehr skeptisch entgegensahen und ob die Spannungen, die es auch dort zwischen ›Starken‹ und ›Schwachen‹ gab, durch sein
Kommen nur noch geschürt würden. Aber wie macht man das: als so angefoch-
tener, umstrittener Führer eines Teilbereiches der Kirche die eigene Erkenntnis
der Wahrheit des Evangeliums ohne unredliche Kompromisse zu vertreten und
doch zugleich – geradeso! – zur Einheit der Kirche beizutragen? Und dies in einer Situation, in der starke Kräfte darauf hinarbeiten, daß es statt zu einer Einigung vielmehr zu einem Bruch mit diesem Apostaten und Verführer komme? Solche Fragen sind ja in der Kirchengeschichte immer wieder entstanden,
vor allem in der Zeit der Reformation. Dort zerbrach schließlich die kirchliche
Einheit, obwohl der Wille zu ihr auf beiden Seiten durchaus vorhanden war,
daran, daß man sich genötigt sah, sich gegenseitig die Teilhabe an der Wahrheit
des einen Evangeliums zu bestreiten. In der Gegenwart, in der von evangelischer wie von katholischer Seite aus sowohl ein zielbewußter, kräftiger Wille
zu ökumenischer Einigung der getrennten Kirchen am Werk ist, als auch zugleich starke Reserven und z. T. Gegnerschaft sich dem entgegenstemmen, ist
es von aktuellem Interesse, in gemeinsamer Bemühung um das Verständnis
des Römerbriefs wahrzunehmen, wie Paulus die damalige problematische Situation zu meistern suchte.

Was im Präskript zu erkennen ist, ist zunächst dies: Paulus benutzt die formal
vorgegebene Absenderangabe, in der sich der Briefschreiber in seiner Autorität
vorzustellen hatte, zu einer ungewöhnlichen Ausweitung. Es geht ihm darum,
seine Autorität als Heidenapostel so zu begründen, daß sie auch von Christen
außerhalb seiner eigenen Gemeinden als gesamtkirchliche Autorität anerkannt
werden kann. Er tut dies nicht nur – wie sonst – mit der Berufung auf seine
Sendung durch Christus selbst, sondern er stellt heraus, daß es das eine *Evangelium* ist, zu dessen Verkündigung unter den Heiden er gesandt ist. Er beruft
sich also auf seine ›Amts‹autorität so, daß er sie vom Evangelium aus sachlich
begründet. Es gibt keinen Autoritätsanspruch in der Kirche, der nicht einer solchen ›Hinterfragung‹ jederzeit ausgesetzt werden kann und muß – zumal dort,
wo er in der Kirche aktuell umstritten ist.

Das Evangelium ist nun zwar »viva vox«, als solche aber nicht eine sozusagen freischwebende Größe, sondern es ist – zumal dort, wo seine Wahrheit umstritten ist – in seiner Einheit gebenden und Einheit fordernden Kraft durchaus ausweisbar: nämlich einerseits im Alten Testament (1,2) als der Bibel (γραφή) der Urkirche, andererseits im formulierten Bekenntnis (1,3f). Beides ist aufeinander bezogen: Das Alte Testament ist die »Schrift«, sofern in seinem Text die lebendige Stimme der prophetischen Verheißung gehört wird, die in Jesus Christus, von dem das Bekenntnis spricht, ihre Erfüllung gefunden hat; denn Jesus ist der Christus, der verheißene Messias.

In unserer gegenwärtigen Theologie wird das *Alte Testament* jedoch in seinem jeweils ursprünglichen, ›vorchristlichen‹ Sinn gelesen, wie er durch historische Rekonstruktion des jeweils geschichtlichen Ortes der verschiedenen Schriften relativ klar und sicher erkennbar gemacht werden kann. Damit löst die historisch-kritische Exegese faktisch den christlichen Kanon auf, gewinnt aber damit zugleich neue, vorher nie wahrnehmbare und theologisch auswertbare Möglichkeiten der Erkenntnis eines überlieferungsgeschichtlich-›sachlichen‹ Zusammenhangs der beiden Testamente: Es ist vor allem die Identität des Gottes der urchristlichen Verkündigung mit dem Gott Israels, die so erkannt und für ein religionsgeschichtlich profiliertes Verständnis des Neuen Testaments theologisch ausgewertet werden kann. Damit haben wir heute Möglichkeiten gewonnen, historisch-konkret auszuweisen, worauf Paulus hier – in Übereinstimmung mit dem gesamten Urchristentum – besteht: daß nämlich die Texte des Alten Testaments »Prophetien« auf Christus sind und so zugleich die Funktion der Bestätigung christlicher Rede von Gott haben. Das Urchristentum las die Texte des Alten Testaments typologisch oder auch allegorisch als Voraus-Zeugnisse Jesu Christi. Dies können wir heute methodisch so nicht übernehmen. Aber das theologische Ziel dieser christologischen Auslegung und Auswertung des Alten Testaments ist auch für die moderne, historisch-kritisch arbeitende Exegese unverzichtbar. Die alttestamentliche Wissenschaft ist für christliche Theologie unaufgebbar, ebenso aber auch für die alttestamentliche Wissenschaft selbst als Disziplin christlicher Theologie die Aufgabe, den »Sach«-Bezug der Texte auf Jesus Christus herauszuarbeiten.

Daß ferner jede ›Position‹, die ein Theologe einnimmt, am formulierten *kirchlichen Bekenntnis* auszuweisen ist, ist zwar als Grundsatz überall anerkannt, stößt aber in actu – nicht nur in der evangelischen, sondern nicht minder auch in der katholischen Theologie – auf ähnliche Schwierigkeiten. Diese sind für uns vor allem darin begründet, daß uns das historische Bewußtsein den Blick für die Geschichtlichkeit aller Sätze kirchlicher Bekenntnisse und Dogmen geschärft hat. Da der historische Aspekt einen Relativierungseffekt in sich birgt, wirkt sich dieser auch auf die Normfunktion dogmatischer Sätze aus, gerade dort, wo diese als solche bewahrt werden soll. Auch hier stellt sich – wie im Blick auf die christologische Exegese des Alten Testaments – das hermeneutische Problem, wie die Identität der Wahrheit des einen Evangeliums in der Pluralität seiner Bezeugungen und Interpretationen im Verlauf der Kirchengeschichte herausgestellt werden kann. Und dieses Problem gewinnt wiederum eine besondere Brisanz angesichts des über vierhundert Jahre hindurch verfestigten Schismas zwischen den Konfessionskirchen.

Auch hier kann man von Paulus lernen. Überall, wo im Blick auf die Auslegung des Evangeliums aktuelle Differenzen entstanden, befolgte er einen Grundsatz, der sich ihm in der theologischen Kommunikation mit seinen Gemeinden bewährt hatte: Das von ihm vertretene aktuelle *thema probandum* ist auf der gemeinsamen Basis verbindlicher, gesamtkirchlicher Glaubensüberlieferung zu diskutieren, damit seine eigene neue These als sachliche Konsequenz aus dieser, das heißt: als die Adressaten von daher nun auch einsehbar verpflichtende Wahrheit erkannt und überprüft werden kann. Vgl. z. B. 1Thess 4,13ff; 1Kor 6,9–11 (als Basis für die Mahnung 6,1ff); 11,23–25 (als Basis für den warnenden Tadel 11,17ff); 12,1–3 (als Basis für die aktuelle These 12,4ff); 15,1–11 (als Basis für die aktuelle Diskussion 15,12ff); Gal 1,4 (als Basis für 2,15ff). So ist auch das christologische Bekenntnis Röm 1,3f die Grundlage, als deren Entfaltung Paulus 1,16f seine umstrittene Rechtfertigungsthese einführen wird. Wir werden sehen, wie konsequent Paulus die christologische Basis seiner Rechtfertigungslehre ausarbeitet und wie entscheidend diese Einsicht für deren richtige Interpretation ist.

Nun zeigen sich jedoch faktisch offensichtlich Differenzen, sowohl innerhalb des Präskriptes zwischen der christologischen Aussage der Bekenntnisformel 1,3f und ihrer Deutung im paulinischen Kontext als auch zwischen der christologischen Aussage des Präskriptes und der christologischen Basis der Rechtfertigungslehre im Briefkorpus. Einerseits legt Paulus, wie wir sahen, über das alte Modell der ›Zweistufen‹-Christologie in der Formel 1,3b–4a das Modell einer Präexistenz-Christologie. Andererseits ist seine spätere Rechtfertigungslehre so sehr an der Heilsbedeutung des Kreuzes orientiert, daß der sachliche Bezug zu der an der Auferstehung Christi orientierten christologischen Aussage des Präskripts nur ansatzweise (4,25) sichtbar wird.

Was das *Erste* betrifft, so rekurriert Paulus auf eine bereits weiterentwickelte Gestalt des alten Bekenntnisses, dem seinerseits bereits eine noch ältere Urgestalt vorausliegt. Die christologische Formel, auf die er sich im Blick auf »das« Evangelium beruft, ist also keine starre Größe, sondern sie war in vorpaulinischer Zeit bereits selbst in einem Entwicklungsprozeß begriffen, in dessen Verlauf sich die christologische Aussage nicht unwesentlich verändert hat. Dieser Entwicklungsprozeß läuft in nachpaulinischer Zeit auf das Modell der altkirchlichen Zwei-Naturen-Lehre zu, die wegen der in ihr beschlossenen Spannungen wiederum erst durch eine Fülle theologischer Auseinandersetzungen zur dogmatischen Basis aller Konfessionskirchen geworden ist. Man kann das wirkungsgeschichtlich beobachten: Schon in der altkirchlichen Exegese bot Röm 1,3f Anlaß zu aktuellen christologischen Klarstellungen[48]; und in der mittelalterlichen Exegese bürgerte sich dann die Gewohnheit ein, an dieser Stelle in

---

[48] Vgl. dazu das Material bei Schelkle, Paulus, a.a.O. (Anm. 23).

ausführlichen Exkursen die Zwei-Naturen-Lehre mit allen Abgrenzungen gegen die verschiedensten Häresien abzuhandeln[49].

Was das *Zweite* betrifft, so ist zunächst darauf hinzuweisen, daß einerseits die Formel Röm 1,3f im Kontext die Funktion hat, die Berufung des Paulus durch den Auferstandenen zu begründen, und dies die traditionelle Form apostolischer Legitimation war (vgl. 1Kor 15,5ff). Andererseits aber beruht auch die theologia crucis als Basis der paulinischen Rechtfertigungslehre ihrerseits auf fundamentalter, gesamtkirchlicher Tradition (1Kor 15,3). Indem Paulus nun im Präskript die Auferstehung Christi als den zentralen Inhalt des Evangeliums herausstellt, dann aber dasselbe Evangelium als Offenbarung der Gerechtigkeit Gottes vom Kreuz aus entfaltet, kombiniert er faktisch Auferstehung und Kreuz so, daß sie theologisch als Einheit zu denken sind (vgl. 4,25!). Die Rechtfertigungslehre des Paulus ist so nichts anderes als *die* Gestalt, in der die beiden Grundaussagen der christologischen Tradition, die dort zunächst nur im Wortlaut nebeneinander standen, als Einheit theologisch *zusammengedacht* werden. Paulus tut das, wie wir sehen werden, indem er lehrt, daß im Tat-Erweis der Gerechtigkeit Gottes am Kreuz Christi die Macht und die Liebe Gottes eins geworden sind und in der Auferstehung des für uns Gekreuzigten die Macht der Liebe Gottes die Macht der Sünde aller Menschen aufgehoben hat.

Auch die paulinische Rechtfertigungslehre aber läßt sich durch bloße Wiederholung ihrer Kernsätze nicht in ihrer Einheit gebenden Funktion bewahren, als welche Paulus sie im Römerbrief dargelegt hat. Über ihrer Auslegung als »articulus stantis et cadentis ecclesiae« durch die Reformatoren ist es vielmehr zum Zerbrechen der Einheit der mittelalterlichen Kirche in zwei einander ausschließende Konfessionskirchen gekommen. So geht es in der Gegenwart – wie zur Zeit des Römerbriefes – darum, in gemeinsamem Rückgang auf den durch die Kanonisierung für alle Konfessionskirchen zur normativen Traditionsgrundlage gewordenen Paulustext die darin ausgesprochene Einheit des Evangeliums aktuell wiederzufinden und sie über die kontroverstheologisch verfestigten *Aussagen* der beiderseitigen kirchlichen Rechtfertigungslehre hinaus in gemeinsamem Diskurs neu zu bewähren. So sehr die Identität der einen Wahrheit des Evangeliums von den streitenden Parteien im beiderseits normativen Text biblischer Überlieferung vorausgesetzt wird, so sehr kann sie selbst nur in einem aktuell geführten und verantworteten Diskurs *gesucht* und *gefunden* werden.

---

[49] Vgl. z. B. die Magna Glossatura des Petrus Lombardus 1309–1315; Hugo von St. Victor 431–437; Thomas, Röm 34–59.

Exkurs: »Evangelium«

Literatur: Stuhlmacher, P., Das paulinische Evangelium (dort alle frühere Literatur).

»Evangelium« ist bei Paulus der zentrale, theologisch gefüllte Begriff für die Missions-
verkündigung. Das Wort kann den Vollzug der Verkündigung[50] wie auch ihren Inhalt[51]
bezeichnen. Denn sowohl der Inhalt der Verkündigung: der Tod und die Auferstehung
Christi als Heilsgeschehen für alle Völker, als auch der Akt der Verkündigung ist Sache
Gottes (εὐαγγέλιον τοῦ θεοῦ 7mal) bzw. Christi (εὐαγγέλιον Χριστοῦ oder ähnliches
10mal). Gott, der in Tod und Auferstehung Christi gehandelt hat, spricht auch selbst
durch das Wort des Apostels den Menschen zu Herzen (2Kor 5,19f). So gesehen, ist der
Apostel nichts anderes als ein Instrument Gottes. Ebenso spricht auch Christus, der aufgrund von Schwachheit gekreuzigt ist und aufgrund der Macht Gottes lebt, durch die
Schwachheit der apostolischen Verkündigung hindurch sein machtvolles Wort als dasjenige Christi (2Kor 13,3f); der Apostel wendet sich ὑπὲρ Χριστοῦ an alle Menschen
(2Kor 5,20).
Das Wort Evangelium kommt in Corpus Paulinum weitaus am häufigsten vor. Doch es
findet sich vereinzelt auch sonst im urchristlichen Schrifttum. Mag man dabei z. T. ein
Einwirken des paulinischen Sprachgebrauchs in Betracht ziehen (vgl. 1Cl 47,2), so zeigen doch Stellen wie 1Petr 4,17; Ign Phld 5,2 (vgl. Kol 1,23); 8,2; 9,2; Sm 7,2 (vgl. 1Kor
15,1ff) traditionell-topischen Charakter. Vor allem das Vorkommen im Mk und Mt läßt
sich nicht als Übernahme paulinischer Begrifflichkeit erklären, da hier »Evangelium«
auf die Verkündigung Jesu bezogen ist und dieser Bezug bereits zu Beginn des zweiten
Jahrhunderts verbreitet ist (durchweg in Did; vgl. 2Cl 8,5; Ign Phld 5,1). Hier ist die
von Jesus verkündigte Gottesherrschaft Inhalt des Evangeliums (Mk 1,14f sowie
durchweg bei Mt). Entsprechend wird das Verbum εὐαγγελίζεσθαι in Lk gebraucht (Lk
4,43; 8,1; Apg 8,12; vgl. absolut Lk 20,1). In urchristlicher Missionssprache bezeichnet
das Wort von daher topisch die Missionspredigt (Lk 9,6; 16,16; Apg 5,42;
8,4.12.25.35.40; 10,36; 11,20; 13,32; 14,7.15.21; 15,35; 16,10; 17,18; 1Petr 1,12.25;
Hebr 4,2.6). Wichtig ist vor allem Mt 11,5 und Lk 7,22 (Q), wo Jes 61,1 anklingt; vgl.
Lk 4,18f. Da dieses Logion zur alten Überlieferung der Worte Jesu gehört und der Bezug
auf Jes 61,1 und ähnliche Stellen auch in der Makarismenreihe Lk 6,20ff/Mt 5,3ff bestimmend ist, läßt sich hier der Ursprung der urchristlichen Verwendung der Wort-
gruppe εὐαγγελ- vermuten.
Jedenfalls zeigt sich hier die atl.-jüdische Herkunft des Wortes. Das Verbum ist in LXX
Übersetzung des hebräischen בשר, das allgemein »eine (gute wie schlechte) Botschaft
überbringen« bedeutet. Nah 2,1 und Jes 52,7–10 ist von der Heilsverkündigung des
Freudenboten מבשר die Rede (vgl. Jes 41,27; 40,9; Apg 10,36). Diese Tradition ist in
der Qumrangemeinde aufgenommen und auf den Lehrer der Gerechtigkeit (1QH
18,14)[52] bzw. auf den endzeitlichen Propheten (11QMelch)[53] als מבשר nach Jes 61,1 bezogen vgl. noch PsSal 11,1. Die rabbinische Exegese bestätigt das Fortleben dieser Tradi-

---

[50] τὸ εὐαγγέλιον im Sinne von εὐαγγελίζεσθαι Röm 1,9, vgl. 1Thess 3,2; 2Kor 2,12
vgl. 8,18; Phil 4,3; 2Kor 4,3 εὐαγγέλιον ἡμῶν
vgl. 1Thess 1,5; 2Thess 2,14.
[51] Vgl. besonders εὐαγγελίζεσθαι τὸ εὐαγγέλιον 1Kor 15,1f; Gal 1,11; 2Kor 11,7.

[52] Dazu Stuhlmacher, Das paulinische Evangelium I 142–144.
[53] Text bei v. d. Woude, A.; de Jonge, M.,
Melchizedek and the NT, NTS 12 (1965–66)
302; vgl. dazu Stuhlmacher, Das paulinische
Evangelium I 144–147.

tion[54]. Neben dem Verbum ist vereinzelt auch das Substantiv εὐαγγέλιον in religiösem Kontext im Sinne von Unheils- sowie auch Heilsbotschaft bezeugt[55]. Von daher erklärt sich die mit dem sonstigen neutestamentlichen Wortgebrauch nicht vergleichbare Stelle Offb 14,6.

Die LXX wählt den Wortstamm εὐαγγελ- nur dort, wo es sich um gute Botschaften handelt. Zugleich grenzt sie durchweg den מבשר als εὐαγγελιζόμενος gegen den guten Boten im gemeinhellenistischen Sinne, den εὐάγγελλος, ab[56]. In Joel 3,5 trägt sie mit εὐαγγελιζόμενοι möglicherweise das Motiv von Jes 6,1, in den Text ein[57]. Ebenso ist die Formel εὐαγγελίζεσθαι τὸ σωτήριον (κυρίου) in der Übersetzung von ψ 95,2 und Jes 60,6 an entsprechender jüdisch-exegetischer Tradition orientiert[58]. Das Substantiv εὐαγγέλιον in religiöser Bedeutung fehlt allerdings. Da der Sprachgebrauch bei Josephus und Philo nichts mit dem neutestamentlichen Vergleichbares zeigt und in der sonstigen jüdisch-griechischen Literatur (mit Ausnahme von PsSal 11,1) Worte vom Stamm εὐαγγελ- fehlen, kann der urchristliche Wortgebrauch jedenfalls nicht als Übernahme aus der Sprache des umgebenden hellenistischen Judentums, sondern vielmehr nur als an der LXX orientierte eigenständige Aufnahme der deutero- und tritojesajanischen Tradition vom endzeitlichen Freudenboten erklärt werden – analog der Bezeichnung des מבשר für den Lehrer der Gerechtigkeit in der Qumrangemeinde. Daß dabei der hellenistische Wortgebrauch insbesondere im Kontext des Kaiserkults[59] eine entscheidende Rolle gespielt hat[60], ist u. a. deswegen unwahrscheinlich, weil erstens dort nur der Plural εὐαγγέλια, nicht aber der technische Singular bezeugt ist, zweitens aber in der Frühzeit der Entstehung des urchristlichen Wortgebrauchs jeglicher politisch-polemische Bezug fehlt[61].

Traditionsgeschichtlich ist also damit zu rechnen, daß 1. Jesus sich selbst als den deuterojesajanischen Freudenboten verstanden, 2. von daher die judenchristliche Jesusüberlieferung (im aramäischen wie besonders im griechischen Sprachbereich) Jesu Verkündigung der Gottesherrschaft als εὐαγγελίζεσθαι bezeichnet und 3. das hellenistische Missionschristentum die zentrale kerygmatische Überlieferung von Tod und Auferweckung Christi τὸ εὐαγγέλιον genannt hat (vgl. besonders 1Kor 15,1f)[62]. Erst Paulus freilich hat dies Wort zu einem zentralen theologischen Begriff gemacht, indem er in dem Evangelium von Christus die Heilsmacht Gottes selbst am Werke sieht (1,16 vgl. 2Kor 2,14ff) und den Inhalt des Evangeliums durch seine Rechtfertigungslehre präzisiert (1,16f vgl. Gal 1,6f).

2. 1,8–17 Dank, Bitte. Hinführung zum Briefthema (Proömium)

Literatur: Barrett, C. K., I am not ashamed of the Gospel, in: Foi et Salut 19–41; *Eichholz, G.*, Der ökumenische und missionarische Horinzont der Kirche. Eine exegetische Studie zu Röm 1,8–15, EvTh 21 (1961) 15–27; *Feuillet, A.*, La citation d'Habakuk II,4

---

54 Vgl. Stuhlmacher, ebd. 147–150.
55 Siphre Dtn 32,4 § 307 (133a) bei Bill II 264; Megillath Taanith 12; das Targum Jonathan gibt Obd 1 und Jer 49,14 שמועה durch בשרה wieder, ebenso mehrfach im Prophetentargum; vgl. Stuhlmacher ebd. 129–133.
56 Stuhlmacher ebd. 159.
57 Stuhlmacher ebd. 160.
58 Stuhlmacher ebd. 157f.

59 Vgl. das Material bei Stuhlmacher ebd. 180–206, besonders 196–203.
60 So z. B. Schneemelcher, W., in: Hennekke-Schneemelcher, Neutestamentliche Apokryphen ⁴1968, I 41–44; zuletzt Cranfield 55.
61 So mit Recht Stuhlmacher ebd. 204f.
62 Der vereinzelte Gebrauch von εὐαγγέλιον αἰώνιον Offb 14,6 (vgl. das Verbum 10,7) ist von daher nicht zu erklären.

et les huit premiers chapîtres aux Romains, NTS 6 (1959/60) 52–80; *Fridrichsen, A.,*
Aus Glauben zu Glauben, Röm I 17, 1948–54 (CNT XII); *Glombitza, O.,* Von der
Scham der Gläubigen. Zu Röm 1,14–17, NT 4 (1960) 74–80; *Grundmann, W.,* Der Be-
griff der Kraft in der ntl. Gedankenwelt, 1932 (BWANT); *Hahn, F.,* Christologische
Hoheitstitel, 251–258; *Jervell, J.,* Der Brief nach Jerusalem. Über Veranlassung und
Adresse des Römerbriefes, StTh 25 (1971) 61–73; *Kertelge, K.,* ›Rechtfertigung‹ bei
Paulus 85–95; *Klein, G.,* Der Abfassungszweck des Römerbriefes, in: Rekonstruktion
und Interpretation 129–144; *Kuss, O.,* Die Formel ›durch Christus‹ in den paulinischen
Hauptbriefen, TThZ 65 (1956) 193–204; *Michel, O.,* Zum Sprachgebrauch von ἐπαισχύνομαι in Röm 1,16, in: Glaube und Ethos, FS G. Wehrung 1940, 36–53; *Minear,*
Obedience of Faith 36–45; *Schmithals, W.,* Der Römerbrief als historisches Problem
53–55; *Schrenk, G.,* Der Römerbrief als Missionsdokument, in: Studien zu Paulus
81–106; *Schubert, P.,* Form and Function of the Pauline Thanksgivings, 1939 (BZNW
20); *Stuhlmacher, P.,* Gerechtigkeit Gottes 78–84; *Zeller, D.,* Juden und Heiden
50–64.

8 **Als erstes: Ich danke meinem Gott durch Jesus Christus für euch
alle, daß euer Glaube verkündet wird in der ganzen Welt. 9 Mein
Zeuge nämlich ist Gott, dem ich diene mit meinem Geist in der Verkündigung des Evangeliums von seinem Sohn: wie unaufhörlich ich
euer gedenke. 10 Immer bei meinen Gebeten bitte ich darum, ob mir
vielleicht endlich einmal der Weg gegeben werden wird durch Gottes
Willen, zu euch zu kommen. 11 Es verlangt mich nämlich, euch zu
sehen, um euch etwas an geistlicher Gnadengabe mitzuteilen zu eurer
Stärkung – 12 das heißt, (gemeinsam) mit euch Zuspruch zu erfahren
in eurer Mitte durch gegenseitigen Austausch eures und meines Glaubens. 13 Ich will euch aber nicht in Unkenntnis darüber lassen, Brüder, daß ich schon oft mir vorgenommen habe, zu euch zu kommen –
ich bin nur daran gehindert worden bis jetzt –, um einige Frucht zu erhalten, bei euch ebenso wie bei den übrigen Heiden.
14 Griechen wie Barbaren, Weisen wie Ungebildeten bin ich verpflichtet. 15 So bin ich, was mich betrifft, bereit, auch euch in Rom das
Evangelium zu verkündigen. 16 Nicht nämlich schäme ich mich des
Evangeliums. Denn Kraft Gottes ist es zum Heil für jeden, der glaubt,
für den Juden zuerst und genauso auch für den Griechen. 17 Gottes
Gerechtigkeit nämlich wird in ihm offenbart aufgrund des Glaubens für
den Glauben – wie geschrieben steht: »Der Gerechte aber aufgrund des
Glaubens wird leben.«**

Analyse   Der Briefeingang (Proömium) hat in den paulinischen Briefen eine feste Form,
die aus paganer hellenistischer Brieftradition stammt und in der jüdischen Diaspora vielfach übernommen worden ist[63]. Überall beginnt das Proömium mit
religiöser Danksagung und Gebet und leitet von da aus unmittelbar zum Anlie-

---

[63] Dazu vgl. Deißmann, Bibelstudien, 1895,   teraturformen, 1912, 413f sowie besonders
209–216; P. Wendland, Die urchristlichen Li-   Schubert, Form.

gen des Briefes über[64]. Feste Elemente sind εὐχαριστῶ τῷ θεῷ – περὶ πάντων ὑμῶν – πάντοτε – ἀδιαλείπτως μνείαν ποιεῖν – προσευχαί (προσευχεῖσθαι) – ἐπιποθῶ ἰδεῖν ὑμᾶς. So gliedert sich das Proömium des Römerbriefs in: Dank (V 8); Fürbitte (V 9), die in das Gebet um baldiges Kommen (V 10) übergeht; Begehren des Paulus, nach Rom zu kommen, mit Angabe des Besuchszweckes (VV 11–13). Daran schließt sich eine grundsätzliche Begründung seines Kommens (VV 14f) und eine ebenso grundsätzliche Charakterisierung des Evangeliums (VV 16f), die zugleich das Thema der gesamten folgenden Erörterungen des Briefkorpus (1,18–11,36) darstellt. Manche Kommentatoren setzen darum eine Zäsur zwischen V 15 und V 16 und ziehen VV 16f als Thema-Angabe zum Folgenden[65]. Damit wird jedoch der Textzusammenhang in VV 14–17 zerrissen, der sich als solcher von VV 8–13 abhebt, obwohl Paulus in V 15 noch einmal die Adressaten direkt anspricht. Wie immer man dispositionell abteilt, deutlich ist auf jeden Fall, daß der Übergang von Proömium zum Briefkorpus fließend ist.

Paulus beginnt[66] V 8 mit einem persönlich formulierten Dankgebet[67] für (περί = ὑπέρ) alle Christen in Rom im Blick auf die Wirksamkeit ihres Glaubens im Zusammenleben[68]. Die überschwengliche Formulierung gehört zwar als captatio benevolentiae zum Stil solcher Proömien[69] und zielt hier auf die Bedeutung der ihm unbekannten Gemeinde in der Hauptstadt des römischen Weltreiches. Doch gilt der Ruhm Gott, dem Geber der πίστις; und der unerhörte Anspruch, daß die im riesigen imperium Romanum verschwindend kleinen, verstreuten christlichen Gruppen, die den Glauben der römischen Christen rühmen, schlechthin »die ganze Welt« repräsentieren, leitet sich von dem Wissen her, daß Gott es ist, dessen Evangelium durch die Völkermission des Paulus (V 9) die gesamte Ökumene erfüllt (15,19)[70]. Ähnlich wie hier kann Paulus so

Erklärung 8

---

[64] Vgl. sämtliche paulinischen Briefeingänge mit Ausnahme von Gal (zur Begründung vgl. Blank, J., Der Galaterbrief, EKK); besonders 1Thess 1,3ff und Phil 1,3ff.

[65] So zuletzt Käsemann. Unglücklich ist die Zäsur zwischen V 16a und V 16b bei Cranfield 87.

[66] πρῶτον μέν ohne nachfolgendes ἔπειτα δέ o.ä. findet sich bei Paulus noch Röm 3,2; 1Kor 11,18. Ähnlich findet sich πρὸ μέν πάντων in hellenistischen Briefeingängen, vgl. Michel 45 Anm. 1. Entsprechende Briefeingänge in Papyris bei Cranfield 74 Anm. 1.

[67] Zu τῷ θεῷ μου im Kontext des persönlichen Gebets vgl. ähnlich Phil 1,3; Phlm 4 sowie häufig in den atl. Psalmen; sonst bei Paulus nur 2Kor 12,21; Phil 4,19. – Jesus Christus ist der Mittler alles Betens zu Gott, vgl. Röm 7,25; 16,25; 1Kor 15,57; 2Kor 1,20; 3,4; Kol 3,17; 1Petr 2,5; 4,11; Hebr 13,15; Jud 25. Zur Vorstellung vgl. Röm 8,34. Insofern ist die Bedeutung der Formel διὰ Ἰησοῦ Χριστοῦ im

Kontext des Gebets unterschieden von der im Kontext der Paraklese (Röm 12,1.3; 1Kor 1,10; 1Thess 4,2; vgl. jedoch Röm 15,30), wo die Formel die Vollmacht der Mahnung beschreibt. Zur vorpaulinischen Herkunft und dem ursprünglich gottesdienstlichen ›Sitz im Leben‹ der Formel vgl. Kramer, Christos, 81–86; zum paulinischen Gebrauch vgl. Schettler, A., Die paulinische Formel; Kuss, Die Formel ›durch Christus‹.

[68] Im Unterschied besonders zu 1Thess 1,8 ist mit ἡ πίστις ὑμῶν nicht das Zum-Glauben-Kommen gemeint, sondern der im christlichen Leben erwiesene und bewährte Glaube; anders z. B. Lietzmann z. St.; Bultmann, R., ThWNT VI 213.

[69] Pr-Bauer 882 zitiert eine ägyptische Grabinschrift: ὧν ἡ σωφροσύνη κατὰ τὸν κόσμον λελάληται.

[70] Vielleicht erklärt sich von daher die Wahl des Wortes καταγγέλλεσθαι, das bei Paulus (1Kor 2,1; 9,14; Phil 1,27f; Kol 1,28) wie in

auch den Thessalonichern schreiben, »nicht nur in Mazedonien und Achaja, sondern an jedem Ort« sei die Kunde von ihrer Bekehrung »hinausgedrungen« (1Thess 1,8).

9 Neben den Dank tritt in V 9 die Fürbitte[71]. Sie wird hier mit einer Beteuerungsformel eingeleitet, die Paulus überall dort gebraucht, wo er auf eine Aussage, die von denen, die sie betrifft, nicht nachgeprüft werden kann, besonderes Gewicht legt[72]. Die doppelte Erwähnung des Gebets in V 9 und V 10 ist nicht einfach ein plerophorischer Parallelismus[73]. Die Fürbitte in V 9 ist vielmehr von der Bitte in V 10 zu unterscheiden[74]; die Doppelung ἀδιαλείπτως – πάντοτε zeigt die Zäsur an. Einerseits gehört die beständige Fürbitte zum missionarischen ›Dienst‹ des Heidenapostels, der sich, wie für seine eigenen Gemeinden, so auch für die nicht durch ihn selbst bekehrten Christen im Wirkungsbereich seines apostolischen Auftrags (V 6) vor Gott verantwortlich weiß. Darin kommt der priesterliche Charakter seiner ἀποστολή als λατρεύειν zur Sprache[75]. Indem er das Evangelium verkündigt[76], durch dessen göttliche Kraft die Völker in das eschatologische Heil einbezogen werden, ist der Apostel selbst mit seinem eigenen Innern[77] an diesem Geschehen beteiligt, indem er für die zum Glauben Gewonnenen vor Gott eintritt. Darin nimmt er die interzessorische Funktion wahr, die zuvor den Propheten und den apokalyptischen Offen-

10 barungslehrern zukam[78]. Andererseits verbindet sich damit im konkreten Fall der römischen Christen die ebenso immer wiederholte Bitte an Gott, ihn auf

der sonstigen urchristlichen Missionssprache (z. B. Apg 13,5.38; 15,36; 16,17; 17,3.23) terminus der Verkündigung ist.

[71]   Vgl. besonders 1Thess 1,2f; Phil 1,8f.

[72]   Vgl. in ähnlichem Kontext Phil 1,8; ferner 1Thess 2,5; 2Kor 1,23; 11,31; Gal 1,20, sowie auch 1Thess 2Kor 2,17; 12,19; Röm 9,1.

[73]   So u. a. Michel 47 mit Anm. 1 und zuletzt Käsemann 14, die πάντοτε ἐπὶ τῶν προσευχῶν μου zum Voranstehenden ziehen und mit δεόμενος den neuen Gedanken beginnen lassen. Ebenso aufgrund sorgfältiger Abwägung Cranfield 77f.

[74]   So richtig z. B. Barrett 24; Kuss 17; Schmidt 25, die πάντοτε ἐπὶ τῶν προσευχῶν μου zu δεόμενος ziehen.

[75]   Vielfach wird – besonders im Blick auf 15,16 – das λατρεύειν auf die Evangeliumsverkündigung selbst bezogen. Das ist möglich. Sieht man jedoch, daß der Satz V 9 als ganzer auf die Fürbitte V 9b zielt, so läßt sich das λατρεύειν auch inhaltlich bereits auf die Fürbitte bezogen verstehen (so Strathmann, ThWNT IV 65). Dann bekäme ἐν τῷ πνεύματί μου einen konkreten Sinn, während der Ausdruck bei Bezug auf die Mission exegetisch Schwierigkeiten macht (vgl. richtig Kümmel, Römer 7,33); auch ἐν τῷ εὐαγγελίῳ wäre ebenso konkret aufzufassen: »in der Verkündigung des Evangeliums«. Zwar gebraucht Paulus λα-

τρεύειν sonst wie überwiegend im Urchristentum und in LXX im allgemeinen Sinne von Gottesverehrung (vgl. 1,25 sowie besonders Phil 3,3 οἱ πνεύματι θεοῦ λατρεύοντες; ferner Mt 4,10par; Lk 1,74; Apg 24,14; 27,23; 2Tim 1,3; Hebr 9,14; 10,2; 12,28); doch scheint der ursprüngliche kultische Sinn überall durch, und Lk 2,37 zeigt, daß das Wort auch auf das Beten bezogen werden kann; zur Erklärung vgl. ψ 49,13f und Hebr 13,15f. Bill. III 26 verweist auf SDtn 11,13 § 41 (80ᵃ): »Was will also die Schrift lehrend sagen mit: ›Ihm zu dienen mit eurem ganzen Herzen‹? Das ist das Gebet. Wie der Altardienst עבודה genannt wird, so wird auch das Gebet עבודה genannt.«

[76]   εὐαγγέλιον hier als verbum actionis wie 1,1; 2Kor 2,12; 8,18; 10,14; Phil 4,3; 1Thess 3,2.

[77]   πνεῦμά μου ist hier anthropologisch zu verstehen (vgl. besonders 1Kor 5,4; 14,14); gegen Kümmel, Römer 7,33, dessen richtiger Einwand, daß neben ἐν τῷ εὐαγγελίῳ »eine Betonung der Innerlichkeit sinnlos wäre«, hinfällt, wenn man λατρεύειν nicht als Dienst in der Verkündigung, sondern als Gebetsdienst bei der Verkündigung auffaßt. So jetzt auch Cranfield 77.

[78]   Vgl. besonders die Rolle Esras in 4Esr, z. B. 12,48.

dem Wege der Evangelisation nach Rom gelangen zu lassen. »εἴ πως drückt Ungewißheit, ἤδη ποτέ wie in Phil 4,10 = ›endlich einmal‹ (Lietzmann) die Ungeduld aus«[79]. Mit dem Wort εὐοδοῦσθαι[80], verstärkt durch die Nennung des Willens Gottes[81], deutet Paulus nicht nur an, daß er sich auf allen Wegen seiner Mission vom Himmel her geführt weiß, sondern auch, daß Gottes Wille bislang seinem schon lang gehegten Plan, nach Rom zu kommen, im Wege stand, wie er dann V 13a ausführt.

Wie Paulus jedoch in VV 11–13 seine Absichten im Blick auf diese Reise formu-   11
liert – wesentlich unbestimmter als dann am Schluß des Briefes 15,23f –, verrät deutlich eine eigenartige Befangenheit und geradezu ängstliche Vorsicht gegenüber Mißdeutungen im Kreise der Adressaten. Hat er sich 1,5 und 1,9 als Apostel eingeführt, dessen Auftrag an alle Heiden ihn nach Rom führt, so will er nach V 11 lediglich als Charismatiker nach Rom kommen, um die Gemeinde zu »stärken«[82]. Ja, auch dies wird in V 12 nochmals zurückgenommen, um je-   12
den Anschein eines einseitigen Autoritätsanspruches seinerseits zu vermeiden: Auf durchaus gegenseitigen »Trost« kommt es ihm an. Erst danach spricht er, in V 13a neu ansetzend[83], in dem Finalsatz V 13b[84] von einer missionarischen   13
Absicht, aber auch hier in verwunderlicher Bescheidenheit: ἵνα τινὰ καρπὸν σχῶ, wobei lediglich aus der Parallelisierung zwischen seinem Wirken in Rom und seinem bisherigen Wirken ἐν τοῖς λοιποῖς ἔθνεσιν (d. h. in seinen eigenen Gemeinden in Asien, Mazedonien und Achaja) hervorgeht, daß nicht etwa eine charismatische Frucht (παράκλησις V 12), sondern eine missionarische gemeint ist[85].

Die Spannung zwischen VV 11–13 einerseits und VV 5f.9 sowie dann VV 14ff und besonders 15,14ff andererseits ist so auffallend, daß sie schwerlich als Zeichen von Bescheidenheit oder seelsorgerlichem Takt interpretierbar ist[86].

---

[79] Käsemann 15.
[80] Vgl. Pr-Bauer 640.
[81] Vgl. 15,32; 1Kor 4,19; 16,7; Apg 18,21; Jak 4,15. Bill. I 410 zitiert ein jüdisches Reisegebet: »Es sei Wille vor Dir, Jahwe, mein Gott, daß Du mich leitest in Frieden und mich stützest in Frieden« usw.
[82] χάρισμα πνευματικόν findet sich nur hier. Charismen sind eo ipso »geistlich« (vgl. 1Kor 12,1 mit 12,4ff); die besondere Hervorhebung des pneumatischen Charakters dient im Kontext von Röm 1,11f offenbar dem Zweck, sich hier zunächst als Pneumatiker einzuführen. – Zu στηρίζειν im Zusammenhang der Durchreise vgl. 1Thess 3,2 (εἰς τὸ στηρίξαι ὑμᾶς καὶ παρακαλέσαι); 3,13; Apg 18,23; 14,22; 15,32 (παρεκάλουν τοὺς ἀδελφοὺς καὶ ἐστήριξαν); 15,41.
[83] Die Formel οὐ θέλω δὲ ὑμᾶς ἀγνοεῖν, ἀδελφοί, findet sich mehrfach bei Paulus (Röm 11,25; 1Kor 10,1; 12,1; 2Kor 1,8; 1Thess 4,13). Sie entspricht hellenistischem Briefstil, wo sie zumeist positiv lautet: γινώσ

κειν σε θέλω (Pr-Bauer 701).
[84] Der ἵνα-Satz V 13b schließt syntaktisch an προεθέμην ἐλθεῖν πρὸς ὑμᾶς V 13a an; καὶ ἐκωλύθην δὲ ἄχρι τοῦ δεῦρο ist Parenthese, καί adversativ (Bl-Debr § 442,1; Michel 49). Daß ἐκωλύθην im Gegensatz zu 15,22f eine noch anhaltende Verhinderung ausdrückt, ist weder sprachlich noch vom Kontext her gefordert; gegen Schmithals, Römerbrief 167. Im Unterschied zu 1Thess 2,18 ist hier wohl nicht der Satan, sondern Gott als der Hindernde zu denken (vgl. 15,22).
[85] καρπός kann den Missionserfolg bezeichnen, vgl. Phil 1,22; Kol 1,6; vgl. Mt 9,37f; Joh 4,36. Doch kann das Wort auch von den Wirkungen des Geistes im Wandel der Christen gebraucht werden, vgl. Gal 5,22; Eph 5,9; ferner Phil 1,11; 4,17.
[86] Gegen derartige Deutungen, wie sie neuerdings wieder z. B. von Schmidt, Kuss, Black, Cranfield z. St. vertreten werden, vgl. zu Recht Klein, Abfassungszweck 141; Käsemann 16f.

Vielmehr zeigt sich Paulus im Blick auf die Ankündigung seines Kommens
deutlich verunsichert; deshalb drückt er sich hier so auffallend zurückhaltend
aus. Sieht man, daß es einerseits seine apostolische Autorität und andererseits
seine Missionspläne im Westen (15,23f) sind, die er hier noch nicht nennt, so
kann man von daher den Grund seiner Unsicherheit erschließen: Sein einzigar-
tiger Anspruch, »*der* Apostel der Heiden« zu sein (11,13), nach welchem ihm
an sich Rom, der Vorort der Heiden (1,6), als Missionsbereich zusteht, könnte
dort die Besorgnis hervorrufen, als wolle er die von ihm nicht gegründete Gemeinde seiner apostolischen Autorität unterordnen[87]. Von daher erklärt sich
der Duktus des Röm-Proömiums als ganzen, sowohl die captatio (V 8) und die
besondere Hervorhebung seiner andauernden Fürbitte (V 9) als auch der Hinweis auf Gottes Willen, der seinen eigenen, schon längst gehegten Besuchsplä-
nen bisher im Wege stand, nun aber die Reise endlich gelingen lassen möge
(V 10.13a), schließlich auch das Herunterspielen seines Autoritätsanspruches
und seiner Missionsabsicht (VV 11–13)[88]. Zwar tritt er 1,1ff eindeutig als
Heidenapostel vor die Gemeinde, als welcher er ihr auch ebenso eindeutig das
Evangelium verkündigen will (1,15); aber er respektiert durchaus die Selbstän-
digkeit der von ihm nicht gegründeten Gemeinde, will in ihr als Bruder unter
Brüdern auftreten, nicht etwa sie selbst missionieren – das meint auch V 15
nicht –, sondern in ihrem Umkreis[89] Heidenmission treiben, und ist darum be-

---

[87] Klein, Abfassungszweck 139–144, will gerade umgekehrt erklären: Paulus schreibe den
Römerbrief in der Absicht, der römischen Gemeinde durch die apostolische Autorität seiner
Evangeliumsverkündigung allererst den Charakter apostolischer Gründung als Kirche zu
geben. Damit trägt er jedoch einerseits einen
Paulus fremden Gedanken ein, der sich so erst
in der Apostelgeschichte findet (vgl. Apg
8,14ff; auch 16,4 sowie im Blick auf Paulus
selbst 9,26ff; 14,27f; 15,12), vermag aber andererseits den von ihm selbst herausgestellten
»Wechsel zwischen Verzicht und Inanspruchnahme von Autorität« (ebd. 140) in 1,12ff keineswegs zu erklären. Denn wenn von da aus
»der Brief geradezu als ein vorweggenomme-
ner Akt jenes εὐαγγελίσασθαι erscheint, welches Paulus persönlich in Rom noch vor sich
hat« (ebd. 144), warum sucht er dann in 1,12ff
seine apostolische Autorität, auf die die Römer
doch dann gespannt warten mußten, so auffallend herunterzuspielen? Demgegenüber stellt
Schmithals, Römerbrief 53–55; 167–171 mit
Recht als die Absicht des Paulus heraus, »unter
den römischen Christen Fuß zu fassen und Einfluß in der römischen Christenheit zu gewinnen« (168). Er übersieht zwar nicht die Diskre-
panz zwischen VV 11f und VV 13ff (ebd. 53f),
weiß sie aber nur aus Gründen der Vorsicht des
Apostels vor möglicher »Verärgerung« der
römischen Christen (ebd. 54) zu erklären, über

deren Gründe er schweigt. M. E. bekommt der
gewundene Gedankengang nur Sinn, wenn
Paulus mit erheblichen Reserven gegen ihn in
Rom rechnen muß. – Zur These einer Unvereinbarkeit mit 15,22ff vgl. die Einleitung (oben
S. 28f).
[88] In dieser Richtung erklärt mit Recht Käsemann 17. Wenn Jervell, Der Brief nach Jerusalem, 67 meint, »daß Paulus selbst sich noch
nicht richtig entschlossen hat«, ob er als charismatischer Besucher oder als Missionar nach
Rom kommen wolle, so mutet er Paulus ein
Maß von Unentschlossenheit zu, das mit dem
doch sehr zielbewußten Gedankengang des
Briefkorpus in Widerspruch steht.
[89] ἐν ὑμῖν V 13 darf trotz 1,15 nicht so verstanden werden, als beabsichtige Paulus, unter
den römischen Christen selbst zu missionieren, als seien sie noch nicht im Vollsinne Christen – dagegen spricht 1,6f und 1,8. Vielmehr
ist zu ἐν ὑμῖν zu ergänzen: τοῖς ἔθνεσιν; die
Römer werden also als »unter den Heiden« le-
bend (1,6) angesprochen, so daß er »bei ihnen
wie unter den übrigen *Heiden*« tätig werden
will: als Heidenmissionar! Daß er *ihnen selbst*
das Evangelium verkündigen will (1,15), geschieht keineswegs in missionarischer Absicht,
auch nicht der der Mitteilung »apostolischer
Signatur« (gegen Klein, Abfassungszweck
141).

strebt, alle Besorgnisse in Rom im Blick auf einen Anspruch seiner apostolischen Autorität auf die Gemeinde selbst von vornherein zu zerstreuen.

So zurückhaltend Paulus über seine Missions*absicht* in Rom spricht, so affirmativ umreißt er V 14f, seinen Missions*auftrag*. Dieser nimmt ihn in Pflicht (vgl. 1Kor 9,16!), allen Menschen ohne Unterschiede dasselbe Wort zu verkündigen. Paulus benutzt hier noch nicht (wie dann von 1,16 an durchweg) die Kategorie der heilsgeschichtlichen Differenzierung von Juden und Heiden, sondern die in der griechisch-römischen Elite gängigen Kategorien einer kulturellen Klassifikation nach dem Bildungsstand, nach denen Völker und Einzelmenschen in Hochwertige und Minderwertige und dementsprechend in herrschende Eliten und von der Herrschaft ausgeschlossene ›Barbaren‹[90] eingeteilt und damit auf diese gesellschaftliche Rolle festgelegt wurden. Die Verpflichtung, die Paulus als Prediger des Evangeliums eingeht, besteht darin, diese Unterschiede in seinem Verhalten zu den Menschen gezielt zu nivellieren: weder den Griechen auszuschließen, weil er als Gebildeter zur herrschenden Schicht zählt, noch auch den Barbaren, weil er keine Kultur hat und nichts bedeutet (vgl. 1Kor 1,26ff). Das Evangelium geht ohne Ansehen der Person jeden Menschen an und stellt alle coram deo gleich (vgl. 1Kor 12,13; Gal 3,28). Darum hat sein Verkündiger den Gebildeten als Menschen vor Gott ebenso ernst zu nehmen wie den Ungebildeten neben ihm: *So* (οὕτως!) will Paulus das Evangelium auch in Rom verkündigen. Darin stimmt das Urchristentum faktisch mit einer in der Philosophie der Zeit verbreiteten Ansicht überein, die sich aus der sophistischen Aufklärung herleitet, vgl. den Satz Antiphons[91]: »Denn von Natur aus haben wir alle in allem gleiches Wesen erhalten, sowohl Barbaren als auch Griechen zu sein.« Während hier jedoch durchweg die Gleichheit von Griechen und Barbaren von der φύσις her begründet wird und ihre Erkenntnis den Philosophen wiederum von dem Unwissenden unterscheidet[92], wird sie bei Paulus durch das Evangelium, also von Gott her, geschaffen. Der Satz V 14 ist bewußt allgemein formuliert. Paulus zielt aber von V 13 her auf sein Wirken in Rom: V 15; so mag die Paulus sonst nicht geläufige Differenzierung zwischen Griechen und Barbaren im Blick auf die Situation der Hauptstadt gemeint sein, die sowohl ein Zentrum von Bildung und Kultur als auch ein Sammelplatz der verschiedensten Völkerschaften war.

Ist von VV 11–13 her in τὸ κατ' ἐμὲ πρόθυμον vielleicht als Unterton eine gewisse Unsicherheit herauszuhören, ob seine Verkündigung auch in Rom auf entsprechende Aufnahmebereitschaft stoßen werde[93], so zeigt doch die Fort-

14

15

---

90. Schon bei Aristophanes ist βάρβαρος synonym mit ἀμαθής (Nu 492); vgl. die entsprechenden römischen Zeugnisse aus dem 1. Jh. (besonders Cicero) bei Windisch, ThWNT I 546. Zur Sache als ganzer vgl. Juthner, J., Hellenen und Barbaren, 1923. Eingehende Erörterungen aller Möglichkeiten der Exegese von 1,14 bei Cranfield 83–85.

91. Diels II 353.

92. Dafür ist die Stoa ein markantes Beispiel,

die einerseits die Lehre vom Menschen als Kosmopoliten vertritt, andererseits jedoch einen schroffen Gegensatz zwischen dem Weisen und dem Unverständigen herausarbeitet. Vgl. dazu Wilckens, U., Weisheit und Torheit, 1959 (BHTh 26), 255–263.

93. Auch wenn κατά c. acc. den Genitiv umschreiben sollte, so daß τὸ κατ' ἐμὲ πρόθυμον = ἡ ἐμὴ προθυμία ist (Bl-Debr § 224,1³; so besonders Lietzmann z. St., auch Cranfield

setzung in VV 16f, daß es ihm bei seiner Verkündigung unter den Christen in Rom (V 15) entscheidend darauf ankommt, das Evangelium dort *inhaltlich* so zu vertreten, wie er es »unter den übrigen Heiden« (V 13) getan hat, so näm-lich, wie es der Sache nach vertreten werden muß: als »Offenbarung der Ge-rechtigkeit Gottes« (V 17). Mit VV 11–13 hat er den möglichen Empfindlich-keiten der Adressaten, soweit es um seine *Person* geht, mehr als genug Rech-nung getragen. Geht es um das *Evangelium,* so kennt er nun allerdings keiner-lei Scheu; hier ist er in seiner Person absolut gebunden, und das ist das eigentli-

16   che Motiv seiner Bereitschaft, καὶ ὑμῖν τοῖς ἐν Ῥώμῃ[94] εὐαγγελίσασθαι: Zum Evangelium hat er sich zu bekennen und will er sich auch in Rom beken-nen[95]. οὐ γὰρ ἐπαισχύνομαι ist nicht psychologisch im Sinne von Furchtlo-sigkeit gemeint[96]; vielmehr formuliert Paulus in geprägtem Bekenntnisstil. »Sich nicht schämen« ist gesteigertes Äquivalent zu ὁμολογεῖν[97]. Wie die Bo-ten Jesu sich auf Erden vor den Menschen zu ihm bekennen (Mk 8,38; Lk 12,8f), so bekennt sich Paulus als Apostel des Auferstandenen (1,5) zum Evan-gelium. Ist dieser traditionsgeschichtliche Hintergrund erkannt, so ist nun freilich auch die besondere Nuance in der Wahl des Wortes ἐπαισχύνεσθαι zu beachten: Wer sich zum Evangelium bekennt, ist sich bewußt, daß er eine Sa-che vertritt, die den Interessen und Urteilsmaßstäben der Umwelt nicht kon-form ist (vgl. 12,2), von dieser als »Unsinn« und »Ärgernis« abqualifiziert (1Kor 1,22) und vielfach bekämpft und verfolgt (1Thess 2,14–16) wird. Wer das Evangelium verkündigt, ist also einem Druck gesellschaftlicher Verach-tung und Feindschaft ausgesetzt, so daß sich seiner »nicht zu schämen« eines besonderen Mutes bedarf.

τὸ εὐαγγέλιον (abs.)[98] ist also als Inhalt seiner Verkündigung zugleich eine Größe, die ihn selbst in Pflicht nimmt und der gegenüber er sich in seiner Ver-kündigung zu verantworten hat. Denn (γάρ) sie ist *Gottes* Kraft[99]. Gott selbst kommt darin zu Wort (2Kor 5,20 vgl. εὐαγγέλιον θεοῦ 1,2)[100]: δύναμις ge-

---

85), so liegt doch bei dieser Formulierung ein gewisser Nachdruck auf dem Aspekt des Pau-lus, wobei der Aspekt der Adressaten offen, also ein ἐλπίζω δὲ καὶ τὸ καθ᾽ ὑμᾶς (wie z. B. 2Kor 5,11) unausgesprochen bleibt. Daß Pau-lus sich gegen einen Vorwurf aus Rom vertei-dige, er vermeide es, dorthin zu kommen (so z. B. Michel 45.49), lehnt Schmithals, Römer-brief 54 mit Recht ab. Ohne Anhalt am Text vermutet Suhl, Paulus 279–282, eine Gruppe paulinischer Heidenchristen, die in Rom ge-genüber einer Majorität von Judenchristen in Bedrängnis geraten sei, habe Paulus (durch Phöbe) zu Hilfe gerufen; und darauf antworte dieser, er sei dazu »bereit«.

94   Die Auslassung der Ortsangabe in G ist wie die in 1,7 sekundär; vgl. oben Anm. 53.
95   γάρ V 16 knüpft so nicht über V 15 hinweg an V 14 an (so z. B. Käsemann 19), sondern be-gründet τὸ καθ᾽ ἐμὲ πρόθυμον V 15.

96   So wieder Glombitza, Von der Scham der Gläubigen.
97   Vgl. Mk 8,38par. Aus der Q-Version Lk 12,8par geht zugleich hervor, daß ἐπαισχύ-νεσθαι = ἀρνεῖσθαι; Joh 1,20 steht ein ent-sprechendes »Nichtleugnen« als »Bekennen«. Vgl. ferner 2Tim 1,8.12.16 sowie auch Hebr 2,11; 11,16. Dazu vgl. Michel, Sprachge-brauch; Bornkamm, Wort; Barrett, Ashamed; Stuhlmacher, Gerechtigkeit Gottes 78f.
98   So häufig bei Paulus, vgl. 1Kor 4,15; 9,23; 15,1; Gal 2,6.14; Phil 1,7; 2,22; 1Thess 2,4. Die Masse der späteren Handschriften fügt – sachlich richtig, vgl. Gal 1,6f – hinzu: τοῦ Χριστοῦ.
99   Vgl. auch ἡ δύναμις als Umschreibung des Gottesnamens in Mk 14,62 (und dazu Röm 1,4 ἐν δυνάμει!).
100.   Die strukturelle Analogie rabbinischer Interpretation der יד Gottes als Ausdruck für

hört wie δόξα zum Wesen Gottes und kann so in 1,20 mit θειότης parallelstehen. Im Unterschied zu hellenistischer Anschauung, nach der Gottheiten oder Heroen ihre göttliche Kraft in einzelnen wunderhaften Akten demonstrieren[101], erweist sich nach atl.-jüdischem Glauben Jahwes Kraft in seinen geschichtlichen Heilstaten[102]. In diesem Sinn spricht auch Paulus von »Gottes Macht zum Heil«[103], wobei er an den zentralen eschatologischen Machterweis in der Auferweckung Jesu denkt (1Kor 6,14 vgl. Röm 6,4 διὰ τῆς δόξης, ferner besonders 2Kor 13,4; Phil 3,10). Das Evangelium ist selbst δύναμις θεοῦ, sofern es λόγος τοῦ σταυροῦ ist (1Kor 1,18), d.h. Proklamation des Gekreuzigten als »Gottes Kraft und Gottes Weisheit« (1Kor 1,24), die den Glaubenden Heil schafft (1Kor 1,18.21), so daß durch das Evangelium, das der Apostel verkündigt, die Glaubenden, sofern sie daran festhalten, am endzeitlichen Heil teilhaben (1Kor 15,2 vgl. Röm 10,9f). Die schöpferische Kraft Gottes, in der er »die Toten auferweckt und das Nichtseiende ins Sein ruft« (Röm 4,17), wirkt als solche – als πνεῦμα ζῳοποιοῦν (1Kor 15,45) – in der Predigt des Apostels (Röm 15,19), deren Überzeugungskraft darum nicht auf der Weisheit seines Überzeugungsvermögens (ἐν σοφίᾳ ἀνθρώπων) beruht (1Kor 2,4f), οὐκ ἐν λόγῳ μόνον, ἀλλὰ καὶ ἐν πνεύματι ἁγίῳ καὶ πληροφορίᾳ πολλῇ (1Thess 1,5), nicht als »Wort von Menschen«, sondern als »Wort Gottes, der selbst zur Wirkung kommt in euch, die ihr glaubt« (ebd. 2,13). Das Evangelium ist so die eschatologische Konzentration derjenigen Kraft, die das Wort Jahwes im Munde der Propheten gehabt hat, das »nicht leer zu ihnen zurückkommt, sondern wirkt«, was er beschlossen, und durchführt, wozu er es gesandt hat« (Jes 55,11 vgl. Röm 4,21).

Heil wird in der hellenistischen Umwelt vielfach verkündigt[104]. Man lebte damals weithin in dem Grundgefühl, in der irdischen Wirklichkeit als todträchtigem Trug unendlich verloren zu sein. Heil erschien darum nur möglich als Ret-

die Tora hat Grundmann, Gesetz, ZNW 32 (1933) 53ff, vgl. ThWNT II 298f mit Recht herausgestellt; vgl. übrigens auch Mt 22,29. Nur wird an unserer Stelle noch nicht die Antithese Gesetz–Evangelium explizit; gegen Grundmann, ThWNT II 310; Fascher, RAC IV 436f mit Recht Käsemann 19.

[101] Dazu vgl. zusammenfassend Grundmann, ThWNT II 288–292; ausführlich ders., Begriff der Kraft 3–11 sowie Windisch, Paulus und Christus 191; Fascher, RAC IV 415–426. Cranfield 88 zitiert P. Oxy 11.1381,215–218 εἰς πάντα γὰρ τόπον διεπεφεύτηκεν ἡ τοῦ θεοῦ σωτήριος δύναμις. Diese Vorstellung wirkt freilich in jüdische wie altchristliche Überlieferung breit hinein; vgl. z.B. Mk 5,30; 6,2.

[102] Dazu Grundmann, Begriff der Kraft, 20.84ff. Die LXX bevorzugt zur Wiedergabe von כח und עז ἰσχύς; δύναμις kommt häufiger nur in den Psalmen vor, vgl. die Parallelität von δύναμις und σωτήριον ψ 20,2 und die

Gottesanrede als ἡ δύναμις τῆς σωτηρίας μου ψ 139,8. Ähnlich steht δύναμις mit καταφυγή (ψ 45,1) und ἔλεος (ψ 58,16) parallel. Als der Mächtige ist Gott βοηθός (ψ 45,1) und ἀντιλήμπτωρ (ψ 58,16). Der zentrale Erweis seiner Heilsmacht ist die Herausführung aus Ägypten, vgl. Dtn 3,24f; ψ 76,15f. Er erweist sie überhaupt in seinen Taten ψ 65,3 (τὰ ἔργα σου parallel zu πλῆθος τῆς δυνάμεώς σου). Als θεὸς πάσης δυνάμεως καὶ κράτους ist er der einzige ὑπερασπίζων τοῦ γένους Ἰσραήλ Jdt 9,14.

[103] Die Auslassung von εἰς σωτηρίαν in G ist ein Versehen; vgl. Cranfield 87 Anm. 3.

[104] Pr-Bauer 1586 zitiert, repräsentativ für eine Fülle von Belegen, Ael Arist, Or Sacr 3,46 (p 424 Keil) ἐγένετο φῶς παρὰ τῆς Ἴσιδος καὶ ἕτερα ἀμύθητα (unsäglich viel) φέροντα εἰς σωτηρίαν, sowie den Heilsruf der ›Attis‹-mysterien bei Firm Mat, Err Prof Rel 22,1: θαρρεῖτε μύσται τοῦ θεοῦ σεσωσμένου· ἔσται γὰρ ὑμῖν ἐκ πόνων σωτηρία.

tung durch Initiative aus dem Himmel, um an himmlischer Wirklichkeit teilzugewinnen. Darum war die Bereitschaft für Heilsverkündigungen jeder Art
und aus welcher religiösen Tradition immer außerordentlich groß. Auch im
zeitgenössischen Judentum galt Heil weithin als jenseitige Wirklichkeit, seitdem sich das irdisch-direkte, geschichtliche Heilsvertrauen im alten Israel, das
sich auf Jahwes vergangene Heilstaten berief, zu einer eschatologischen Heilserwartung gewandelt hatte. Darin blieb aber die Grundvoraussetzung alles
Heilsvertrauens gewahrt, daß Heil die Wirkung der heilschaffenden Gerechtigkeit Jahwes ist, die er seinem auserwählten Volk zusagt. Doch da solches
Heil nur den Gerechten gegeben wird, die geschichtlichen Erfahrungen aber
immer wieder Israels Ungerechtigkeit erwiesen haben, schränkte sich jetzt die
Heilserwartung auf die wenigen einzelnen Israeliten ein, die der Erwählung in
Gerechtigkeit entsprachen, so daß nur »die Gerechten Heil erfahren werden«
(Hen 1,1 vgl. 1,8; 99,10), während alle Sünder im Endgericht vom Heil ausgeschlossen werden (Hen 5,6; 98,10.14; 99,1; 108,1; 4Esr 7,60; 9,15). Eine radikale Konsequenz aus dieser These zog die Qumransekte, die nur für ihre Mitglieder Heil erwartete, während alle übrigen dem Unheil verfallen seien (vgl.
besonders den Fluch 1QS 2,4ff). So sehr hier also die Wirklichkeit von Heil
eschatologisch-›transzendent‹ verstanden und in Pauschal-Begriffen beschrieben wird, die an irdischer Erfahrung von Wohlergehen und Glück nicht ausweisbar sind, so sehr haftete doch das Kriterium der Teilhabe am Heil – anders
als in der hellenistischen Umwelt – an der irdischen Realität menschlichen
Tuns, die das Endgericht feststellen werde; wie denn auch durchweg Gott als
der Geber eschatologischen Heils der Schöpfer des Alls in seiner bestehenden
Wirklichkeit und der Gott der geschichtlichen Erwählung Israels blieb.
Man versteht das paulinische Evangelium als Heilsverkündigung nicht, wenn
man nicht, gerade in seiner Adressierung an die nichtjüdische Welt der ἔθνη,
der גוים, ihre fundamentale Verwurzelung in der Heilserwartung des Judentums sieht. Paulus teilt alle ihre Voraussetzungen und auch ihre eschatologische Struktur samt ihren konstitutiven Motiven, auch des entscheidenden, daß
nur den Gerechten das Heil gegeben wird, jedem als einzelnem: Und doch
bricht das Evangelium gerade an dieser entscheidenden Mitte radikal mit der
gesamten Tradition jüdischen Heilsvertrauens. Dieser Bruch zeigt sich in der
Bestimmung παντὶ τῷ πιστεύοντι, und zwar in zweifacher Hinsicht:
1.   Für jeden Juden war es selbstverständlich, daß der Glaube an Gott die elementare Voraussetzung der Teilhabe an Gottes Heil ist. Im AT ist Glaube (אמן
hiph.) das unbedingte, konkrete Vertrauen auf die rettende Hilfe Jahwes in seiner Gerechtigkeit. Weil solches Vertrauen auf Jahwe nicht nur in besonderen
geschichtlichen Situationen (z.B. Jes 7,9), sondern allgemein und durchweg
notwendig ist, wird »Glaube« zu einer fundamentalen Kategorie des Gottesverhältnisses überhaupt: Jes 43,10 heißt Glaube: »Erkennen, daß Ich es bin«;
Ex 14,31 steht Glaube parallel mit »Gottesfurcht«, Num 14,11 entsprechend
Unglaube mit »Verachtung« Jahwes, Dtn 9,23 mit »Ungehorsam«. Die Verweigerung des Glaubens zählt im deuteronomistischen Geschichtswerk zu den

typischen Zügen der permanenten Sünde Israels (2Kön 17,14). Glaube und
Unglaube bemessen sich darum in späterer Zeit am Gesetz (Sir 35,24; 36,3; Sib
III 283ff; 4Esr 7,23f.83; sBar 54,5). An Glaube und Gesetzesbewahrung entscheidet sich das Urteil des Endgerichts (4Esr 9,7; 13,23). Das Bekenntnis des
Glaubens ist das sch^{e}ma jisrael; in rabbinischer Terminologie besteht Glaube
geradezu im Rezitieren dieser zentralen Stelle der Tora, wenn dem auch natürlich das Halten der Gebote entsprechen muß[105]. Damit hängt schließlich zusammen, daß in diasporajüdischer Tradition der Glaube als Anerkennung des
einen Gottes der Beginn der Bekehrung eines Heiden zum Judentum ist, so daß
Abrahams Glaube Gen 15,6 als das Vorbild des Proselytenglaubens gilt[106].
Auch in der urchristlichen Mission bestand die Bekehrung in der Abkehr von
den Göttern und der Annahme des Glaubens an den Einen, wahren Gott
(1Thess 1,9 unter der Überschrift: ἡ πίστις ὑμῶν ἡ πρὸς τὸν θεόν vgl. Apg
14,15–17; Apg 17,34 ἐπίστευσαν nach der Verkündigung des einen Gottes
17,23ff). Der Aorist von πιστεύειν wird so zur festen Bezeichnung der Bekehrung (vgl. Röm 10,14; 13,11; 1Kor 3,5; 15,2; Apg 2,44; 4,4.32; 11,21; 8,13;
13,12; 14,1; 15,7; 19,2). Was jedoch in demselben Kontext die christliche Bekehrung von der jüdischen unterscheidet, ist, daß sich der Glaube an *Gott* zentral auf die Auferweckung *Jesu* bezieht und die κύριος Ἰησοῦς-Akklamation
das Bekenntnis des Glaubens wird (Röm 10,9f), daß sich also der Glaube auf das
Christusevangelium bezieht, wie Paulus es 1,3f grundlegend beschrieben hat.
Dieses aber hat nach Paulus einen Sinn, der dem jüdischer Bekehrung radikal
widerspricht: den der Rechtfertigung des Gottlosen (Röm 4,5). Daß Gottes
heilschaffende Gerechtigkeit den Sünder »ohne das Gesetz« allein aufgrund des
Glaubens an Christus zum Gerechten macht (3,21f), das ist der Charakter des
Evangeliums, der dieses von jüdischer Gottesverkündigung trennt und so
christlichen Glauben von jüdischem unterscheidet.
2.   Damit verbindet sich nun aber sofort ein weiteres Moment, mit dem der
Bruch zwischen christlicher und jüdischer Heilsverkündigung markiert ist.
Wird das Heil allein aufgrund des Glaubens an Christus zuteil, »ohne das Gesetz«, so bedeutet das die Aufhebung der Bindung der Heilsteilhabe an Israel
als dem Volk der Erwählung: Das Heil wird vielmehr »*jedem* Glaubenden« zuteil, dem Juden ebenso wie dem Griechen. Das Evangelium negiert nicht nur
den gesellschaftlichen Unterschied zwischen Griechen und Barbaren (1,14),
sondern, für den jüdischen Aspekt noch ungleich radikaler, auch die heilsgeschichtliche διαστολὴ Ἰουδαίου τε καὶ Ἕλληνος (10,12).
Freilich liegt hier ein Problem, das sich in der Formulierung darin anzeigt, daß

---

[105] R. Jehoschua b. Qarcha, Ber 2,2 (Übersetzung von Ascher Sammter in: Mischnajot
(³1968) I 4): »Warum steht שמע (Dtn 6,4–9)
vor והיה אם־שמע (Dtn 11,13–21)? Damit man
erst das Joch des Himmelreiches über sich
nehme, und nachher erst das der Gesetze.«
Vgl. die Erläuterung im Talmud-Traktat
(Goldschmidt I 61). Entsprechend Jak 2,14ff!

[106] Vgl. das Material bei Bill. III 193–201,
sowie die paradigmatische Beschreibung der
Bekehrung als Abkehr von den Götzen und
Hinwendung zu dem Einen Gott in JosAs 1–15,
wo mit der Anrufung Gottes und dem Bekenntnis der Sünden (11,14f) die Bekehrung
beginnt.

sich mit der Gleichstellung von Juden und Heiden, die mit τε – καὶ ausgedrückt ist (vgl. 1Kor 1,23f), zugleich ein verbleibender Vorrang des Juden verbindet, der mit πρῶτον ausgesprochen wird[107]. Dieser schließt jene weder aus noch limitiert er sie. Die folgenden Erörterungen werden zeigen, daß mit πρῶτον zwar keineswegs irgendein Vorrang des Juden als solchen (3,9 vgl. 3,22f; 10,12), wohl aber ein Vorrang der dem Juden zuteilgewordenen Heilszusagen (3,1 vgl. 9,6) gemeint ist: Paulus »hat um der Kontinuität des Heilsplanes willen dem Judentum eine Prävalenz eingeräumt«[108]. Wie diese Prävalenz mit der durch das Evangelium geschaffenen Gleichstellung von Juden und Heiden und dem sich verhärtenden Unglauben Israels zusammenstimmt, wird am Schluß des 1,16f beginnenden Gedankengangs, in Röm 9–11, thematisch behandelt.

17 V 17 begründet (γάρ), warum das Evangelium Kraft Gottes zum Heil für jeden, der glaubt, ist (V 16b). Daß, atl.-jüdisch gedacht, Heil grundsätzlich eine Wirkung der »Gerechtigkeit« Gottes ist, ist bei der Formulierung des Satzes als offenbar auch den Adressaten vertrauter Gedanke vorausgesetzt. Wir müssen uns diese Voraussetzung zunächst eigens erarbeiten[109]. Der Ton liegt darauf, daß die heilschaffende Gottesgerechtigkeit erstens im Evangelium[110] offenbart wird, und zwar zweitens ἐκ πίστεως εἰς πίστιν. Mit der ersten Bestimmung wird aus V 16 erläutert, warum das Evangelium Heilskraft Gottes ist; mit der zweiten, warum das Heil παντὶ τῷ πιστεύοντι gegeben wird.

ad 1.: ›*Offenbarung*‹ (ἀποκαλύπτειν/ἀποκάλυψις sowie teilweise synonym φανεροῦν, vgl. besonders 1,17 mit 3,21!) ist ein Begriff, der sich in religiösem Kontext nur im Umkreis jüdischer, vor allem ›apokalyptischer‹ Tradition findet.

Inhalt von »Offenbarung« sind hier durchweg Sachverhalte und Geschehnisse, die im Himmel bei Gott bereits existieren, menschlich-irdischer Einsicht aber »verborgen« (ἀπόκρυφα, κεκαλυμμένα) sind, jedoch im Zusammenhang der Endereignisse »enthüllt« werden und sich an den Menschen verwirklichen werden. Sie werden vielfach unter dem Sammelbegriff μυστήρια (רזין) zusammengefaßt[111]. Dabei handelt es sich sowohl um kosmische Ordnungen, denen alles Irdische in unsichtbarer Wahrheit unterworfen ist[112], als auch um

---

[107] Die Auslassung von πρῶτον in G und B sowie bei Ephrem geht auf Marcion zurück, vgl. Tertullian Marc V 13 (Lietzmann z. St. nach v. Harnack, Marcion, ²1924, 102), ist also deutlich dogmatische Korrektur, nicht umgekehrt πρῶτον Eintrag aus 2,1 (so Weiß, Beiträge zur paulinischen Rhetorik 212f). πρῶτον auf Juden und Griechen gemeinsam beziehen zu wollen (so Zahn, Kühl, Schmidt z. St.), heißt, die deutlich beabsichtigte Spannung im Text zu beseitigen, ohne irgendeinen vernünftigen Sinn herstellen zu können. Übrigens ist 2Kor 8,5 πρῶτον τῷ κυρίῳ καὶ ὑμῖν eine sprachliche Analogie (Käsemann z. St.); ebenso Apg 26,20.

[108] Käsemann 20 sowie zuletzt Zeller, Juden und Heiden 141–145; gegen Lietzmann z. St.,

nach dem es sich um »eine faktisch wertlose Konzession an das ›auserwählte Volk Gottes‹ handelt«.

[109] Vgl. den Exkurs S. 202–233.

[110] Glombitza, Scham 79, will ἐν αὐτῷ nicht auf εὐαγγέλιον, sondern auf παντὶ τῷ πιστεύοντι beziehen. Doch das ist wegen der Parallelität zwischen V 16 und V 17 sowie durch 3,21f ausgeschlossen. Außerdem wäre dann relativer Anschluß zu erwarten: ἐν ᾧ ἀποκαλύπτεται.

[111] Vgl. dazu besonders Bornkamm, Artikel μυστήριον ThWNT IV 820–823.

[112] Vgl. z. B. aethHen 69,15ff, wo es die »Geheimnisse des Eides« Gottes sind, durch dessen »Kraft« (vgl. hbHen 48 D 8) Himmlisches und Irdisches geschaffen ist und besteht.

Ereignisse und Sachverhalte der ›Geschichte‹, besonders die »Werke« der Menschen, der Gerechten wie der Sünder, die durch das Endgericht allererst als das, was sie sind, sichtbar, und d. h. zugleich dem Geschick überantwortet werden, das – nach der alten, besonders in der Weisheit ausgebildeten Anschauung ›schicksalswirkender‹ Tat[113] – den Werken der Menschen jeweils entspricht: Heil bzw. Unheil[114]. In diesem Kontext heißt es 1QH 14,15f: »Denn du bist gerecht, und Wahrheit sind alle deine Erwählten. Alle Ungerechtigkeit aber und Frevel wirst du ewig vertilgen, und deine Gerechtigkeit wird offenbar (נגלתה) vor den Augen all deiner Werke.«[115] Sofern im Zusammenhang der Endereignisse der Menschensohn bzw. der Messias eine Funktion hat, wird auch dieser »offenbart werden«[116].

Besonders auserwählten Sehern jedoch werden die göttlichen Geheimnisse bereits in der Zeit vor dem Anbruch der Endereignisse »offenbart«[117]. In diesem Zusammenhang steht nun auch die essenische Anschauung, nach der es, um die Tora in ihrem wahren Sinn zu verstehen, einer besonderen »Offenbarung« bedarf, die wie zuvor den Propheten (1QS 8,15f), jetzt dem »Lehrer der Gerechtigkeit« zuteil geworden ist, dessen Einsicht in der Zeit nach ihm innerhalb der Sekte von einem besonderen Stande charismatischer Lehrer wahrgenommen und tradiert wird[118]. An dieser Einsicht in die »geoffenbarten« Inhalte der Tora[119] hängt die vollkommene Gesetzeserfüllung[120]. Ähnlich ist auch in rabbinischer Überlieferung im Blick auf die Einsicht des Gesetzeslehrers von einer »Offenbarung der Geheimnisse der Tora« die Rede, womit u. a. die »Gründe der Tora« gemeint sind, d. h. die Gründe, die bei der Festsetzung der Einzelgebote durch Gott maßgeblich gewesen sind und seitdem in Kraft stehen[121].

[113] Vgl. dazu die Beiträge in dem von K. Koch herausgegebenen Sammelband: Um das Prinzip der Vergeltung in Religion und Recht des AT, Darmstadt 1972, sowie unten S. 127–131.

[114] Vgl. z. B. aethHen 38,1ff; 103f; 106,19; 4Esr 7,33ff; sBar 73; zum Sachzusammenhang zwischen kosmischen und eschatologisch-forensischen Geheimnissen aethHen 1–5. Hierher gehört bei Paulus 2,5ff; 8,18; 1Kor 3,12ff; 4,5; 2Kor 5,10; ferner besonders 1Petr 1,5ff.

[115] Vgl. auch eine Reihe von Stellen im Jesaja-Targum, wo von der endzeitlichen ›Offenbarung‹ (גלא) der Gerechtigkeit (זכותא: 45,8; 56,1; (59,17); 61,11) bzw. von Licht und Herrlichkeit (58,8; 62,2) die Rede ist. Vgl. dazu Koch, Die drei Gerechtigkeiten 254.

[116] Vgl. z. B. aethHen 46; 48,2ff; 49,2ff (»Denn er ist mächtig über die Geheimnisse der Gerechtigkeit, und Ungerechtigkeit wird wie ein Schatten vergehen und keine Dauer haben«); 69,26ff; 4Esr 7,28; 13,32; sBar 29,3; 39,7; 72f.

[117] Das älteste Zeugnis solcher eschatologischer Offenbarung in der Gegenwart ist Dan 2,28f.47. Vgl. besonders aethHen 68,1; 4Esr 10,38; 14,1–8. Sämtliche Inhalte apokalyptischen Schrifttums werden als Inhalte besonderer Offenbarung dargestellt, als welche sie von den Sehern geheimgehalten (4Esr 14,6) und nur den »Weisen« bekanntgegeben werden dürfen (ebd. 14,26.45f; Dan 12,9f).

[118] Der charismatische Widerfahrnischarakter dieser Offenbarungserkenntnis kommt besonders in dem stereotypen Bild von der Öffnung der Ohren zum Ausdruck, vgl. z. B. 1QH 1,21; 6,4; 18,3; CD 2,2.14; 1QM 10,11. Ähnlich die Öffnung der Ohren 1QH 18,19 und des Herzens 12,34; 18,24 sowie die Deutung von Hab 2,14 in 1Q Hab 11,10. Zum Ganzen vgl. O. Betz, Offenbarung und Schriftforschung in der Qumransekte, 1960 (WUNT 6).

[119] Vgl. die pauschale Bestimmung »alles«, was von ihr (der Tora) offenbart ist« (1QS 5,9; 8,15f; 9,13 vgl. den Plur הנגלות 1,9; 5,12).

[120] Vgl. z. B. 1QS 1,9; 5,8f; 8,1.15f; 9,13f.19.

[121] Vgl. z. B. Ab 6,2; ומגלם לו רזי תורה sowie die weiteren Belege bei Bill. I 660. HbHen 11,1 werden die »Geheimnisse der Tora« expliziert als Geheimnisse der Weisheit, Tiefen des vollkommenen Gesetzes und Geheimnisse der Schöpfung.

Wenn nun Paulus die These vertritt, daß Gottes Gerechtigkeit *im Evangelium*
»offenbart« wird, so bedeutet das auf dem Hintergrund dieser Tradition den
Anspruch, bereits jetzt (ἀποκαλύπτεται Präsens!) die verborgene Wirklichkeit des eschatologischen Heilshandelns Gottes in der δύναμις seiner Chri-
stusverkündigung zur Wirkung zu bringen[122] – offen für »jeden, der glaubt«:
eine grundsätzliche Antithese gegenüber dem Offenbarungsanspruch der
Tora!

ad 2.: Daß Paulus entscheidend auf die These hinauswill: Heil für jeden, der
glaubt (V 16), geht aus der Begründung V 17 hervor. Wie δύναμις θεοῦ ἐστιν
durch δικαιοσύνη θεοῦ ἐν αὐτῷ ἀποκαλύπτεται expliziert wird, so findet
παντὶ τῷ πιστεύοντι in ἐκ πίστεως εἰς πίστιν seine Entsprechung; und da im
Zitat V 17b nur ἐκ πίστεως wiederholt wird, scheint darauf der Ton zu liegen.
Das wird durch 3,26.28; 4,5.16; 5,1; 10,4–6 bestätigt; vgl. Gal 2,16; 3,2.5.6f.
Die meisten Neueren fassen darum beide Glieder ἐκ πίστεως εἰς πίστιν als zusammengehörig, als rhetorisch-formelhaften Ausdruck auf, dessen Aussage-
ziel durch ἐκ πίστεως bestimmt sei[123]. Möglich ist das; doch ist immerhin zu
fragen, ob nicht doch εἰς πίστιν neben ἐκ πίστεως eine eigene Bedeutung zukommt, zwar nicht in dem Sinne, daß die eine Wendung den Grund und die
andere das Ziel des Glaubens ausdrückt[124] – denn daß der Glaube des Anfangs
nicht durch anderes überboten werden könnte, sondern immer nur auf Glauben zielte[125], oder daß Paulus hier »mit einem Wachstum des Glaubens rechnet«[126], ist im Kontext durch nichts angedeutet und als Gedanke bei Paulus
auch sonst nirgendwo belegt. Nicht unmöglich ist dagegen, daß »diese adver-
biale Verstärkung aus volleren Wendungen verkürzt ist«, vgl. ἐξ ὑπακοῆς πίστεως (Gal 3,2) und εἰς ὑπακοὴν πίστεως (Röm 1,5)[127]. Vor allem führt in die
gleiche Richtung die Beobachtung, daß in 3,22, wo 1,17 expliziert wird, δικαιοσύνη θεοῦ durch διὰ πίστεως Ἰησοῦ Χριστοῦ und εἰς πάντας τοὺς πιστεύοντας näherbestimmt wird (vgl. Gal 3,22). Entsprechend wird in V 17
entfaltet, daß in παντὶ τῷ πιστεύοντι V 16 zwei Momente zusammengebunden sind: Die Gerechtigkeit Gottes ist *begründet* durch Glauben (nicht durch
Werke); darum *zielt* sie auf den Glauben, d. h. daß alle zum Glauben kommen.
Mit εἰς πίστιν wird also die Wirkung der Verkündigung der ἐκ πίστεως empfangenen Gottesgerechtigkeit in ihrer universalen Zielrichtung markiert[128].

---

[122] Vgl. so besonders auch 2Kor 2,14–16;
5,16–21; ferner Kol 1,26; 4,3f; Eph 1,9f; 3,9f;
1Petr 1,20f; Röm 16,25f.

[123] So besonders Lietzmann z. St.; A. Fried-
richsen, Aus Glauben zu Glauben, sowie
jüngst Käsemann 27f; Cranfield 99f und
Schlier 45 unter Verweis 2Kor 3,18 ἀπὸ δόξης
εἰς δόξαν; 2,16 ἐκ θανάτου εἰς θάνατον, ἐκ
ζωῆς εἰς ζωήν; Jer 9,3 ἐκ κακῶν εἰς κακά; ψ
89,2 ἐκ δυνάμεως εἰς δύναμιν; vgl. Joh 1,17
χάριν ἀντὶ χάριτος.

[124] So nach dem Vorgang vieler (besonders
Luthers) Oepke, ThWNT II 427f; Michel 54.
Die verschiedenen Deutungen in dieser Rich-

tung vgl. bei Kuss 22f.

[125] z. B. Jülicher z. St. »Glaube das erste
Wort und Glaube das letzte«.

[126] So Kuss 22f.

[127] So Michel 54.

[128] So Cornely, Bardenhewer, Bisping, Oe-
kumenius, Reithmayr z. St. Kuss 23 wendet
dagegen ein, daß weder Röm 3,22 noch Gal
3,22 »das Abstraktum (›Glaube‹) für das Kon-
kretum (›die Glaubenden‹)« stehe. Das aber ist
auch gar nicht der Fall. In Gal 3,22 wird die
Tatsache, daß die Verheißungen aus Glauben
den Glaubenden gegeben wird, im folgenden
Satz Gal 3,23 als ἡ πίστις zusammengefaßt,

Auf jeden Fall dominiert jedoch ἐκ πίστεως. Hier muß aber betont werden, daß die These in dieser Form unvollständig formuliert ist: Paulus meint nicht, wie Jak 2,14ff seine Meinung mißversteht, daß der Glaube des Bekehrten an Gott als solcher bereits zum Heil ausreiche; die πίστις, die er im Auge hat, bezieht sich vielmehr auf das Christusevangelium und ist nur so, als πίστις Ἰησοῦ Χριστοῦ (3,22), und zwar als Glaube an Christus, der für die Ungerechten ge-storben ist (3,25; 5,6 vgl. Gal 2,20 nach 2,16), die allein und vollauf zurei-chende Voraussetzung der Heilsteilhabe. So sehr in der Tat durch die These der Rechtfertigung »aus Glauben« eine Rechtfertigung »aus Gesetzeswerken« ausgeschlossen wird (3,21.28; Gal 2,16), so wenig ist dieser Gegensatz so ge-meint, daß an die Stelle der Werke, die den Täter als Gerechten ausweisen, der Glaube als eine andere Grundhaltung: als die Haltung des auf selbsterwirkte Gerechtigkeit verzichtenden, reinen Vertrauens auf Gott, die Gerechtigkeit vor Gott konstituiere. Nicht der Glaube *als solcher*, sondern der Glaube an den gekreuzigten *Christus* als den Grund aller Gerechtigkeit vor Gott, der Glaube an Gott, der den Gottlosen rechtfertigt (4,5), tritt der jüdischen These der Werk-Gerechtigkeit entgegen[129].

In diesem Sinn wird das Zitat Hab 2,4, das Paulus zur Stützung seiner These V 17b anführt, in Gal 3,10–13 ausgelegt und daraus wie in Röm 1,17; 3,22 die Konsequenz der Einbeziehung der Heiden in die Heilswirkung der Gottesge-rechtigkeit gezogen. Im MT (»der Gerechte, durch sein Beharren in der Glau-benstreue wird er leben«), im Targum (»Die Gerechten werden wegen ihrer Gerechtigkeit leben«), in LXX (ὁ δίκαιος ἐκ πίστεως ζήσεται) wie in Qumran (1QpHab 7,17: »Aber der Gerechte wird durch seine Treue leben«) wird ἐκ πί-στεως zu ζήσεται gezogen. Der Sinn ist in jüdischem Verständnis durchweg: Durch seine Treue zu Gott erweist sich der Gerechte als Gerechter und wird als solcher der Folge gerechten Tuns, des Lebens, teilhaftig. In diesem Sinn ist das Zitat auch in judenchristlicher Überlieferung übernommen worden (Hebr 10,36–39). Man hat darum anzunehmen, daß Paulus dieses für ihn so zentrale Schriftzeugnis aus christlicher Tradition in diesem Verständnis kannte: Der Glaube ist hier überall im Sinne treuen, beharrlichen Festhaltens an Gott in der Situation schwerer Bedrängnis aufgefaßt[130]; und für jüdisches Denken ist selbstverständlich, daß sich solche Glaubenstreue im Tun des Gesetzes erweist, wie der essenische Ausleger 1QpHab 8,1 mit aller wünschenswerten Deutlich-keit feststellt: »Seine Deutung bezieht sich auf alle Täter des Gesetzes im Hau-se, die Gott erretten wird aus dem Hause des Gerichts um ihrer Mühsal und ih-rer Treue willen zum Lehrer der Gerechtigkeit« (ebd. 8,2f); denn die Bezie-hung der אמונה auf die Person des Sektengründers meint zweifellos ihn als

was also kein Abstraktbegriff ist. Ebenso wird Röm 4,11 das Zitat Gen 15,6 durch denselben Gedanken wie 3,22 ausgeführt, daß Abraham, ἐκ πίστεως gerechtfertigt, zum Vater all derer geworden ist, die im Zustand der Unbeschnit-tenheit glauben.

129 Vgl. dazu unten S. 199–202 sowie meine

Ausführungen in: Rechtfertigung als Freiheit 77ff in Auseinandersetzung mit der Interpreta-tion der paulinischen Rechtfertigungslehre bei R. Bultmann.

130 Zum Interesse der Auslegung in 1QpHab vgl. besonders Strobel, Untersuchungen 173–202.

»Offenbarungsgaranten« der Gesetzesauslegung[131]. Paulus dagegen faßt offensichtlich ἐκ πίστεως als Näherbestimmung von ὁ δίκαιος auf. Er wird Röm 3,21ff; 4,1ff; 9,30 die christliche Gerechtigkeit als selbst durch den Glauben an Christus und darum χωρὶς ἔργων νόμου begründet explizieren, so daß Hab 2,4 gegen die jüdische und wohl auch gegen die gewöhnliche urchristliche Auslegungstradition (zusammen mit Gen 15,6) zum locus classicus seiner christlichen Rechtfertigungslehre wird. Gerechtigkeit ist für ihn nur als »Glaubensgerechtigkeit« in diesem Sinne möglich und denkbar (4,11.13; 10,6 vgl. Gal 5,5; Phil 3,9).

Zusammen-   Der Abschnitt überschreitet die übliche Form des Proömiums in zweifacher
fassung   Hinsicht: Erstens werden Dank und Fürbitte auf den bevorstehenden Besuch des Paulus in Rom konzentriert. Zweitens faßt Paulus am Schluß den Inhalt des Evangeliums, wie er es verkündigt, bis ins Detail genau und sorgsam durchdacht und in seiner Zielrichtung präzis profiliert zusammen, so daß diese Satzfolge zugleich die Überschrift zu dem gesamten folgenden Gedankengang des Briefkorpus (1,18–11,36) bildet.

Was das erste betrifft, so ist schon seit langem[132] beobachtet und als Problem empfunden worden, wie eigentümlich Paulus in diesem Eingang seines Briefes sein bevorstehendes Kommen lediglich als Besuch bei den römischen Christen ankündigt und von seiner Absicht, von Rom aus im Westen Mission zu treiben, die er erst 15,22ff ausspricht – außer in der sehr allgemeinen Andeutung 1,13 – nichts verlauten läßt. Daß sich darin eine gewisse Unsicherheit zeigt, ist unverkennbar. Sie läßt sich am überzeugendsten durch die Vermutung erklären, daß Paulus sich – trotz der großen Zahl ihm persönlich verbundener Christen in Rom (Röm 16) – einer im ganzen unbekannten Gemeinde gegenübersieht, von der er nicht weiß, wie sie die besondere, vor allem jüngst im galatischen Konflikt umstrittene Zielrichtung seiner Verkündigung einschätzt. Zwar wird aus dem Brief nirgendwo ersichtlich, daß er direkt Parteigänger seiner judaistischen Gegner in Rom weiß, die – wie in Korinth, Galatien und Philippi – seiner Mission entgegenarbeiteten. Doch der Tatsache, daß er im folgenden die höchst polemischen Ausführungen des Galaterbriefes in neu reflektierter Weise unpolemisch, jedoch mit durchgehend antijüdischer Spitze wiederholt und ausführt, ist auf jeden Fall zu entnehmen, daß es ihm darauf ankommt, die römische Gemeinde für seine Sache, die für sein Urteil die Sache des Evangeliums ist, zu gewinnen. Dies aber steht noch ganz offen. Paulus hat

---

[131] Vgl. dazu besonders Jeremias, G., Der Lehrer der Gerechtigkeit 142–146, der mit Recht gegen eine zu voreilige Konstatierung einer perfekten Analogie zum urchristlichen Glauben an Jesus darauf hinweist, daß der mit אמונה parallel stehende Begriff אמל nach 10,12 »das Sich-Abmühen um die Tora« meint und אמן hiph sich nach 8,1 sowie in 2,4.6.14 auf die Tora in der – freilich allein zutreffenden – Aus-

legung des Sektenhauptes bezieht (ebd. 144). Vgl. anders Braun, Qumran und das NT I 170; II 172. Immerhin ist 1QpHab 8,2f die einzige Stelle in jüdischer Überlieferung, in der sich אמן hiph mit ב auf einen Menschen bezieht; Jeremias 195f.

[132] Vgl. dazu den erschöpfenden Literaturbericht von Schmithals, Römerbrief 24–63.

während der ganzen Zeit seines selbständigen heidenmissionarischen Wirkens im Osten zunehmend erfahren müssen, daß *sein* Verständnis des Evangeliums faktisch keineswegs von allen Missionaren und in allen christlichen Gruppen geteilt wird, wie dies eigentlich sein sollte (1Kor 15,11). Er muß also zumindest damit rechnen, daß er auch in Rom auf Widerstand stoßen könnte; und ganz fern liegt in der Briefsituation – kurz nach dem galatischen Konflikt – die Sorge nicht, daß sein Ruf unter den römischen Christen gerade gegenwärtig nicht der beste und seine Autorität nicht unangefochten ist. Daß man in Rom nicht allseits begeistert darüber sein dürfte, daß dieser Mann, der überall Wogen des Streits erregt hat, nun die eigenen Gefilde verunsichern könnte und daß man so seinem Kommen eher besorgt entgegensehen konnte, ist jedenfalls eine durchaus reale Möglichkeit, die Paulus als Seelsorger und Kirchenpolitiker ernsthaft in Betracht zu ziehen hat. Er tut es, indem er alle theologische Anstrengung aufbietet, den Römern *sein* Evangelium als *das* Evangelium verständlich und akzeptabel zu machen. Dies ist der Grund dafür, daß das Proömium auf VV 14–17 hinausläuft. Der ganze Brief dient zunächst dem Ziel, Einverständnis über das Evangelium zu erzielen, wie Paulus es nicht anders verkündigen kann und darf. Zuvor jedoch markiert er den Ort, an dem solches Einverständnis christlich allein gesucht werden kann: die freie geistliche Kommunikation, in der auch der Apostel in seiner unanfechtbaren Autorität als Bruder unter Brüdern, als Pneumatiker unter Pneumatikern um Einverständnis wirbt. So sehr es nicht nur seelsorgerlicher Takt, sondern auch kluge Taktik ist zu betonen, daß er Stärkung des Glaubens nicht nur zu geben, sondern auch zu empfangen beabsichtige, so sehr muß ihm auch gerade darin volle Wahrhaftigkeit zugebilligt werden – als einem Apostel, dessen Verkündigung wesenhaft Bitte ist (2Kor 5,20f), der nicht Herrschaft ausübt über den Glauben von Christen (2Kor 1,24) und dessen Ausweis in der missionarischen *Wirkung* seiner Verkündigung liegt (1Kor 9,2; 2Kor 3,1–3 vgl. 10,12–18).

Es läßt sich also sehr wohl aus der Briefsituation erklären, daß Paulus seine Missionspläne noch nicht im Eingang, sondern erst am Schluß seines Briefes nennt. Nicht diese sind ja sein Thema, sondern das Evangelium. Um Mithilfe für seine Mission kann er die römischen Christen erst bitten, nachdem die gemeinsame Grundlage dafür gelegt ist. Aus der Differenz zwischen 1,11–13 und 15,22ff auf eine literarische Uneinheitlichkeit zu schließen ist nicht notwendig[133].

Was sodann VV 14–17 betrifft, so liegt hier eine Interpretation von 1,1–4 vor[134]: »Das Evangelium Gottes« ist inhaltlich die Botschaft, in der das Ereignis der »Gerechtigkeit Gottes« als Glaubensgerechtigkeit enthüllt wird. Christologie und Soteriologie sind eines: Die δύναμις des Auferstandenen wirkt in der Verkündigung des Heils der Gottesgerechtigkeit. Sie ist letztlich die unendliche Kraft der Liebe Gottes, die sich den Ungerechten zuwendet und sie rettet. So sach-notwendig freilich diese soteriologische Interpretation der traditionel-

---

[133] Gegen Schmithals, ebd. 166f.   [134] Vgl. dazu Bornkamm, Paulus 128f.

len christologischen Formel 1,3f ist, so wichtig, ja entscheidend ist es zu verstehen, daß die Christologie die Basis der Soteriologie ist und es durch alles Folgende hindurch bleibt. Die Christologie der Tradition ist keineswegs in ihrer soteriologischen Interpretation durch Paulus in dem Sinn aufgehoben, daß sie auf die Ebene der Anthropologie transportiert wäre[135]. Selbst wenn das zentrale Stichwort δικαιοσύνη θεοῦ im Sinne der Heilsgabe, also als sachlich identisch mit δικαιοσύνη ἐκ πίστεως zu verstehen wäre, wäre die Auferstehung des für uns gekreuzigten Christus jedenfalls als das Heils*geschehen* festzuhalten, in dem der Heils*empfang* begründet ist. Doch wird der Exkurs zu 3,21–26 zeigen: Paulus hat die traditionell vorgegebene soteriologische Auffassung von der »Gottesgerechtigkeit« als der durch die Rechtfertigung des Sünders empfangenen Gerechtigkeit der Christen seinerseits so interpretiert, daß die Rechtfertigung als Wirkung der Heilstat der Gerechtigkeit *Gottes* im Tode Christi erscheint. Er hat also die in der Tradition durchaus bereits ausgesprochene christologische Fundierung der Rechtfertigung dadurch eigens herausgestellt, daß er im Verständnis des Ausdrucks δικαιοσύνη θεοῦ selbst das in jüdischer Tradition verbreitete Moment des heilschaffenden Handelns Gottes zum hermeneutischen Kriterium erhoben hat. Dem entspricht, daß er auch im Glaubensbegriff, der traditionell mit der Rechtfertigungsaussage unverbunden war, das inhaltliche Moment als konstitutiv, die πίστις (εἰς θεόν) also als πίστις Χριστοῦ gedacht und in *diesem* Sinne die *Gottes*gerechtigkeit als *Glaubens*gerechtigkeit interpretiert hat. Weder also in der Rede von der Gottesgerechtigkeit noch in der Rede vom Glauben ist die Anthropologie der bestimmende hermeneutische Horizont, sondern die Christologie als Rede von Gottes Heilshandeln in Tod und Auferstehung Christi. Rechtfertigung des Gottlosen und Glaube sind nicht Spitzensätze eines bestimmten religiösen Selbstverständnisses des Christen, sondern Sätze christlicher Erfahrung göttlichen Handelns, die als solche durch Verkündigung zugesprochen wird. Die Sprache dieser Verkündigung, Sprache der Liebe, ist darum weder bedingt durch soziokulturelle Festgelegtheit der Menschen – Griechen wie Barbaren sind gleichursprünglich ihre Adressaten – noch auch durch die eschatologisch-endgültige Grenze, die die bisherige Heils- bzw. Unheilsgeschichte zwischen Heilsnahen und Heilsfernen aufgerichtet hat. Juden wie Heiden steht der Glaube an den einen Christus als das Heilsvertrauen auf die Gerechtigkeit Gottes offen. Von jenseits all dieser durch soziales wie religiöses Herkommen fixierenden Grenzen her, schlechthin unerwartbar, aber darum auch schlechthin nicht manipulierbar, erreicht das Evangelium als Sprache rettender Liebe jedermann.

---

[135] Vgl. dazu ausführlich in Auseinandersetzung mit R. Bultmann und H. Braun meinen Aufsatz: Christologie und Anthropologie im Zusammenhang der paulinischen Rechtfertigungslehre, ZNW 67 (1976) 64–82.

B 1,18–11,36 Briefkorpus

I. 1,18–5,21 Rechtfertigung des Gottlosen aufgrund des Glaubens an Jesus Christus

Die These 1,16f wird in einem ersten Gedankengang 1,18–5,21 grundlegend ausgeführt: Zunächst stellt Paulus die faktische Situation aller Menschen vor Gott heraus: Alle, Juden wie Heiden, stehen ausnahmslos unter dem Zorn Gottes; denn alle haben gesündigt (1,18–3,20). Diese Wirklichkeit des gesamten Kosmos ist durch die Heilsinitiative der Gerechtigkeit Gottes im Sühnetod Jesu Christi aufgehoben worden, so daß alle Menschen, Juden wie Heiden, entgegen dem Urteil des Gesetzes, das sie als Sünder markiert, aufgrund des Glaubens an Jesus Christus gerecht geworden sind (3,21–4,25). Als solchen steht ihnen Gottes endzeitliches Heil, das Leben offen (5,1–11), weil sie, die als Sünder der durch Adams Sünde konstituierten Unheilsgeschichte zugehören, jetzt zu Christus gehören, dessen Rechttat die universal wirksame Unrechttat Adams universal aufgehoben hat (5,12–21).

1. 1,18–3,20 Juden wie Heiden unter Gottes Zorn

Paulus beginnt die Ausführung der These 1,16f mit einer radikalen Antithese: Neben die Offenbarung der Gerechtigkeit Gottes tritt die Offenbarung seines Zornes (1,18); und wie das Heil der Gottesgerechtigkeit »jedem Glaubenden«, Juden wie Heiden zuteil wird (1,17), trifft das Unheil seines Zornes alle Menschen als Sünder (1,18; 3,9ff).
Paulus entfaltet den Satz 1,18 zunächst grundsätzlich so, wie das Judentum die Gottlosigkeit der Heiden anzuklagen pflegte (1,19–32). Aber er zielt darauf, daß dieselbe Anklage sich nicht minder radikal auch gegen die Juden richtet (2,1–29). Weil die Juden ebenso sündigen wie die Heiden, sehen sie trotz der Gabe des Mosegesetzes dem gleichen Urteil im Endgericht Gottes entgegen wie jene (2,1–16), so daß die Gaben der göttlichen Erwählung, vor allem Gesetz und Beschneidung, sie keineswegs zu pauschalem Heilsvertrauen gegenüber den Heiden berechtigt (2,17–29). Bevor Paulus die Summe zieht, die die Antithese zu 1,16f allererst vollmacht (3,9–20), weist er Einwände gegen diese Gleichstellung von Juden und Heiden im Gericht im Blick auf die Gültigkeit der Erwählung Gottes zurück (3,1–8), auf die er ausführlich erst später eingehen wird (Röm 6f und 9–11).

a)   1,18–32   Die Offenbarung des Zornes Gottes

Literatur: Bornkamm, G., Die Offenbarung des Zornes Gottes, in: Das Ende des Gesetzes 9–33; *ders.*, Glaube und Vernunft bei Paulus, in: Studien zu Antike und Urchristentum 119–137; *Bussmann, C.*, Themen der paulinischen Missionspredigt auf
dem Hintergrund der spätjüdisch-hellenistischen Missionsliteratur, 1971 (EHS. T
23,3), 108–122; *Daxer, A.*, Röm 1,18–2,10 im Verhältnis zur spätjüdischen Lehrauffassung, Diss. Rostock 1914; *Feuillet, A.*, La connaissance naturelle de Dieu par les
hommes, LV(B) 14 (1954) 63–80; *Hooker, M. D.*, Adam in Romans I, NTS 6 (1959/60)
297,299; *ders.*, A Further Note on Romans I, ebd. 13 (1967) 181–183; *Jervell, J.*, Imago
Dei. Gen 1,26f im Spätjudentum, in der Gnosis und in den paulinischen Briefen, 1960
(FRLANT 76) 312–331; *Jeremias, J.*, Zu Röm 1,22–32, in: Abba 290–292; *Kamlah,
E.*, Die Form der katalogischen Paränese im NT, 1964 (WUNT 7); *Klostermann, A.*, Die
adäquate Vergeltung in Röm 1,22–31, ZNW 32 (1933) 1–6; *Knox, W. L.*, St. Paul and
the Church of the Gentiles, 1961, 182ff; *Kuhlmann, G.*, Theologia naturalis bei Philon
und bei Paulus, 1930 (NTFI 1/7) 38–73; *Langerbeck, H.*, Paulus und das Griechentum.
Zum Problem des Verhältnisses der christlichen Botschaft zum antiken Bekenntnisidea-
al, in: Aufsätze zur Gnosis, 1967 (AAWG III 69) 83–145, besonders 96–99; *Lührmann, D.*, Das Offenbarungsverständnis bei Paulus und in den paulinischen Gemeinden, 1965 (WMANT 16) 21–26; *Oltmanns, K.*, Das Verhältnis von Röm 1,18–3,20 zu
3,21ff, ThBl 8 (1929) 110–116; *Pohlenz, M.*, Vom Zorne Gottes, 1909 (FRLANT 12);
ders., Paulus und die Stoa, ZNW 42 (1949) 69–104; *Schlier, H.*, Von den Heiden. Röm
1,18–32, in: Zeit der Kirche, 29–37; *ders.*, Über die Erkenntnis Gottes bei den Heiden,
EvTh 2 (1935) 9–26; *Schulz, S.*, Die Anklage in Röm 1,18–32, ThZ 14 (1958) 161–173;
Schweizer, E., Gottesgerechtigkeit und Lasterkataloge, in: Rechtfertigung, FS E. Käsemann, hrsg. J. Friedrich, W. Pöhlmann, P. Stuhlmacher, Tübingen 1976, 461–478;
Vögtle, A., Die Tugend- und Lasterkataloge im NT, exegetisch, religionsgeschichtlich
und formgeschichtlich untersucht, Münster i. W. 1936; *Wibbing, S.*, Die Tugend- und
Lasterkataloge im NT und ihre Traditionsgeschichte unter besonderer Berücksichtigung
der Qumrantexte, 1959 (BZNW 25).

**18 Denn offenbart wird Gottes Zorn vom Himmel her gegen alle Gott-
losigkeit und Ungerechtigkeit von Menschen, die die Wahrheit durch
Ungerechtigkeit niederhalten. 19 Denn was erkennbar ist von Gott,
ist offenkundig unter ihnen; Gott hat es ihnen nämlich kundgemacht. 20 Denn seine unsichtbaren (Geheimnisse) sind von der Weltschöpfung her in den (Schöpfungs-)Werken vernünftiger Einsicht
durchsichtig: seine ewige Macht und Gottheit – so daß sie ohne Entschuldigung sind. 21 Denn obwohl sie Gott erkannt haben, haben sie
ihm nicht als Gott Ehre oder Dank erwiesen, sondern sind dem Nich-
tigen verfallen in ihren Gedanken; und finster geworden ist ihr unver-
ständiges Herz. 22 Indem sie behaupten, weise zu sein, sind sie zu Toren geworden 23 und haben die Herrlichkeit des unvergänglichen Gottes vertauscht mit der Gleichgestalt eines Bildes des vergänglichen
Menschen und von Vögeln und Vierfüßlern und Kriechtie-
ren. 24 Darum hat Gott sie ausgeliefert in den Begierden ihrer Herzen
an die Unreinheit, so daß ihre Leiber durch sie (selbst) geschändet wer-**

den: 25 **Sie, die die Wahrheit Gottes verkehrt haben in den Trug, und
Verehrung und Dienst dem Geschaffenen erwiesen haben statt dem
Schöpfer – hochgelobt sei er in Ewigkeit. Amen. 26 Deswegen hat
Gott sie preisgegeben an schändliche Leidenschaften. Ihre Weiber nämlich haben den natürlichen Verkehr in widernatürlichen verkehrt. 27 Ebenso sind auch die Männer, den natürlichen Verkehr mit
dem Weibe verlassend, in ihrer Brunst aneinander entbrannt; Männer
mit Männern treiben sie Schamlosigkeit und empfangen den gebührenden Lohn, der ihrer Verirrung entspricht, an sich selbst. 28 Und
weil sie es verworfen haben, Gott zu haben in Erkenntnis, hat Gott sie
preisgegeben an verwerfliche Vernunft, das Unziemliche zu
tun: 29 Gefüllt mit jeglicher Ungerechtigkeit, Gemeinheit, Habsucht,
Bosheit; voll Neid, Mord, Zank, Tücke, Verschlagenheit; Zuträ-
ger, 30 Verleumder, Gotthasser, Gewalttäter, Hochfahrende, Prahler;
erfinderisch im Bösen, den Eltern ungehorsam, 31 unverständig, un-
beständig, lieblos, erbarmungslos. 32 Obwohl sie Gottes Rechtssat-
zung kennen, daß die, die solches tun, den Tod verdienen, tun sie es
nicht nur, sondern geben auch denen Beifall, die es tun.**

1.   Der *Gedankengang*[136] ist klar und rhetorisch kunstvoll gebaut. Voran   Analyse
steht V 18 die These, die die Überschrift über den ganzen Abschnitt 1,18–3,20
ist; Gottes Zorn trifft alle Ungerechtigkeit und Gottlosigkeit der Menschen.
Dies wird im folgenden begründet: VV 19–21 im Blick auf die Voraussetzung
der Sünde: die von Gott, dem Schöpfer, den Menschen eröffnete Gotteserkenntnis, deren Wahrheit sich die Menschen in Ungerechtigkeit verweigern;
VV 22f sodann im Blick auf die konkrete Gestalt, in der diese Verweigerung der
Gotteserkenntnis sich praktisch verwirklicht: als Verkehrung des Gottesdien-
stes in die Anbetung des Geschaffenen statt des Schöpfers. V 24 spricht von der
Reaktion Gottes, der die Gottlosen an ihre Begierden »ausliefert«[137]. Das Folgende ist eine schrittweise Entfaltung, wobei jedesmal die »Auslieferung« der
Menschen an die Wirklichkeit ihres Tuns als die göttliche Konsequenz ihrer
Sünde herausgestellt wird: VV 25–27 als Wiederholung von VV 22–24, VV
28–31 von VV 19–21. Das παρέδωκεν betrifft zuerst sexuelle Perversionen,
sodann die Perversion des allgemeinen zwischenmenschlichen Verhaltens.
V 32 faßt zusammen, indem die eschatologisch-forensische Konsequenz ausge-
zogen wird: die Menschen als Sünder sind ἄξιοι θανάτου.

---

[136] Dazu vgl. besonders Klostermann, Die
adaequate Vergeltung; Jeremias, Zu Römer
1,22–32; Schulz, Anklage 166f und zuletzt
Käsemann 39f.
[137] Käsemann 33.39f sieht bereits in dem
Umschlag vom Aktiv ins Passiv V 21b den Beginn der Reaktion des Zornes Gottes und gliedert darum: V 18 »Thema« – VV 19–21 »die
Schuld der Heiden«, VV 22–32 »das göttliche

Gericht«. Doch entspricht in V 22 das Verhältnis zwischen Aktiv und Passiv dem in V 21,
und V 23 folgt wieder ein neues Aktiv. Wenn
auch in den Passiva bereits Gottes ›Vergeltung‹
angedeutet ist, so ist von dieser thematisch erst
in V 24 die Rede. Die *dispositionelle* Zäsur liegt
also hinter V 24. VV 19–21 und VV 22–24
sind parallele Explikationen von V 18.

Die *rhetorische Kunst* [138] zeigt sich zunächst im ganzen in der jeweils sprachlich herausgearbeiteten Proportion zwischen Anklage und Begründung, menschlichem Frevel und göttlicher Reaktion. ἀσέβεια und ἀδικία V 18 werden in VV 19ff und VV 22ff chiastisch, sodann wiederum in VV 25ff und VV 28ff in der Reihenfolge von V 18 entfaltet. Der Satz: »Deswegen hat Gott sie preisgegeben an . . .« steht dreimal im selben Wortlaut (VV 24.26.28); entsprechend das Stichwort (μετ-)ἤλλαξαν VV 23.25.26 zur Charakterisierung der Sünde als »Verkehrung« der vom Schöpfer eröffneten Lebensmöglichkeiten. Die Entsprechung zwischen dem Tun der Menschen und der göttlichen Reaktion als Festlegung der Täter auf ihr Tun wird gleichartig mit εἰς ἀκαθαρσίαν (V 24), εἰς πάθη ἀτιμίας (V 26) und εἰς ἀδόκιμον νοῦν (V 28) hervorgehoben. Ähnliche Bedeutung hat in V 21 die Entsprechung zwischen den beiden aktiven Verben und den beiden folgenden passiven; ebenso V 22. Aber auch im einzelnen fällt eine Fülle von rhetorischen Kunstmitteln auf: Paulus arbeitet mit paradoxen Antinomien: V 20 τὰ γὰρ ἀόρατα αὐτοῦ – νοούμενα καθορᾶται als Begründung der These V 19 τὸ γνωστὸν τοῦ θεοῦ φανερόν ἐστιν ἐν αὐτοῖς; mit provozierenden Gegensätzen: V 21 γνόντες τὸν θεὸν οὐχ ὡς θεὸν ἐδόξασαν ἢ ηὐχαρίστησαν; V 22 φάσκοντες εἶναι σοφοὶ ἐμωράνθησαν; V 23 τοῦ ἀφθάρτου θεοῦ – φθαρτοῦ ἀνθρώπου; V 25 μετήλλαξαν τὴν ἀλήθειαν τοῦ θεοῦ ἐν τῷ ψεύδει und ἐλάτρευσαν τῇ κτίσει παρὰ τὸν κτίσαντα; V 26 μετήλλαξαν τὴν φυσικὴν χρῆσιν εἰς τὴν παρὰ φύσιν; V 28 οὐκ ἐδοκίμασαν . . . εἰς ἀδόκιμον νοῦν. Mit rhetorischer Kunst ist schließlich auch der Lasterkatalog VV 29–31 gestaltet [139]: Voran stehen, auf πεπληρωμένους bezogen, vier Substantive, alle auf -ᾳ auslautend, denen sich weitere fünf, auf μεστούς bezogen, anschließen. Es folgt eine Gruppe von acht offenbar paarweise angeordneten Adjektiven, die beiden letzten doppelgliedrig mit Genitivverbindung. Den Abschluß bilden vier Adjektive, die – besonders wirkungsvoll – durch ἀ-privativum zusammengehören; die beiden ersten stehen in Paronomasie (ἀσυνέτους, ἀσυνθέτους vgl. V 29 φθόνου, φόνου), die beiden letzten sind inhaltlich parallel (ἀστόργους, ἀνελεήμονας). Der Schlußsatz V 32, mit οἵτινες (vgl. V 25) eingeleitet, faßt wirkungsvoll zusammen.

2.   Daß hinter diesen Ausführungen des Paulus eine breite jüdische *Tradition* steht, ist seit langem bekannt [140]. Besonders enge Berührungen mit Weish legen sogar die Vermutung nahe, daß Paulus sie nach dem literarischen Vorbild dieses Buches ausgearbeitet haben kann [141]. Wenn sich dafür ein stringenter Beweis auch nicht führen läßt, so ist doch die Übereinstimmung im Motivzusammenhang, ja weithin auch im Vokabular frappierend. Wie Röm 1,19–21

[138] Dazu vgl. besonders Weiß, Beiträge zur Paulinischen Rhetorik 165–247; Bultmann, Stil. 74.106; Jeremias, Zu Römer 1,22–32.

[139] Dazu vgl. besonders Wibbing, Tugend- und Lasterkataloge 82f.

[140]. Dazu vgl. Grafe, Verhältnis; Weber, Beziehungen 40–44; Daxer, Römer 1,18–2,10; Kuhlmann, Theologia naturalis 38–73; Pohlenz, Vom Zorne Gottes; ders., Paulus und die

Stoa 72f; Knox, Hellenistic Elements, pass.; ders., St. Paul 187; Bornkamm, Offenbarung des Zornes; ders., Glaube und Vernunft.

[141] Dazu vgl. z. B. Langerbeck, Paulus 96–99 sowie besonders Keyser, P. G., Sapientia Salomonis und Paulus. Eine Analyse der SapSal und ein Vergleich ihrer theologischen und anthropologischen Probleme mit denen des Paulus im Römerbrief, Diss. theol. Halle 1971.

heißt es Weish 13,1ff: »Nichtig (μάταιοι) nämlich (waren) alle Menschen der Natur nach, bei denen Unkenntnis Gottes (θεοῦ ἀγνωσία) war, und aus den sichtbaren Gütern vermochten sie nicht den Seienden zu erkennen noch haben sie, indem sie auf die Werke (τοῖς ἔργοις) achteten, den Künstler erkannt . . . Wenn sie, durch ihre Schönheit ergötzt, sie für Götter hielten, hätten sie erkennen sollen, um wieviel besser ihr Beherrscher ist; denn der Urheber der Schönheit hat sie geschaffen. Wenn sie aber von der Macht und Wirkkraft fasziniert waren, hätten sie von sich selbst aus wahrnehmen sollen (νοησάτωσαν), um wieviel mächtiger der ist, der sie bereitet hat; denn aus der Größe und Schönheit der Geschöpfe wird entsprechend ihr Urheber geschaut (θεωρεῖται).« Deswegen sind sie »unentschuldbar« (13,8). Die Schuld der Heiden besteht in ihrem Götzendienst; der Schnitzer machte ein Holzstück »einem Bilde eines Menschen gleich« (ἀπείκασεν αὐτὸ εἰκόνι ἀνθρώπου) »oder einem gewöhnlichen Tier machte er es gleich« (ἢ ζώῳ τινὶ εὐτελεῖ ὡμοίωσεν αὐτό 13,13f): »Das Vergängliche aber wurde Gott genannt« (τὸ δὲ φθαρτὸν θεὸς ὠνομάσθη 14,8), »denn gleicherweise Gott verhaßt sind der Gottlose und seine Gottlosigkeit« (ὁ ἀσεβῶν καὶ ἡ ἀσέβεια αὐτοῦ 14,9). Und so ist das Ersinnen von Götzenbildern zugleich »Anfang von Unzucht« (ἀρχὴ πορνείας), ihre Erfindung »Verderbnis des Lebens« (φθορὰ ζωῆς 14,12). Aus dem Götzendienst folgen alle Laster, denn Götzendiener »bewahren weder Leben noch Ehen rein« (14,24), was 14,25f in einem Lasterkatalog expliziert wird, der Röm 1,29–31 entspricht[142]. Aber Gottes Hand zu entrinnen, ist den Gottlosen nicht möglich (16,15): »Indem sie nämlich als Gottlose leugnen, Dich zu kennen (ἀρνούμενοι γάρ σε εἰδέναι ἀσεβεῖς vgl. Röm 1,28!), wurden sie von Gott mit Plagen bestraft« (16,16ff); in denen sich sein Zorn auswirkte (ὀργή 16,6; 18,23.25): »Den Gottlosen aber ist bis zum Ende erbarmungsloser Zorn entgegengetreten« (τοῖς δὲ ἀσεβέσι μέχρι τέλους ἀνελήμων θυμὸς ἐπέστη 19,1 vgl. Röm 1,18).

Ähnliche Urteile über die Gottlosigkeit der Heiden in ihrem Götzendienst, der zugleich die Wurzel ihres lasterhaften Lebens sei, finden sich auch in anderer Literatur des hellenistischen Judentums, besonders in den Sybillischen Orakeln[143], dem Aristeasbrief[144] und den Zwölfertestamenten[145]. Entsprechend beginnt nach Test Ijob 2,4 die Bekehrung eines Heiden mit der Abkehr von den Götzenbildern: Ijob zweifelt, ob das Götzenbild »Gott sei, der den Himmel und die Erde und das Meer und uns selbst gemacht hat«, und er wird im Schlaf von einer »großen Stimme« belehrt, dies sei allein der eine Gott, der Götzenkult dagegen der Ort des Satan (ebd. 3 vgl. Apk Abr. 7ff). Die ägyptische Priestertochter Aseneth wendet sich von den Göttern ab, die sie verehrte (JosAs 9,3), zerbricht ihre Bilder in ihrer Kammer und wirft sie hinaus (ebd. 10,12), weil sie Joseph nur gehören kann, wenn Gott sie nicht mehr als Verehrerin toter,

---

[142] Beachte darin: γενέσεως ἐναλλαγή – vgl. Röm 1,26f!
[143] Vgl. III 8–45; vgl. ferner im einzelnen III 185f mit Röm 1,27; III 190 mit Röm 1,24. 26.28; III 276–279.547–550.554f.586–590.

604–606.721–723; IV 29–36 mit Röm 1,23; III 604f mit Röm 1,28; III 763 mit Röm 1,27; III 763f; IV 29–36 mit Röm 1,24–27.
[144] Vgl. vor allem 132.136–138.
[145] Vgl. z. B. Test N 3,2f.

stummer Götzenbilder haßt (ebd. 11,7f vgl. 8,5). Ebenso ist der Anfang christlicher Bekehrung die Abkehr von den Götzenbildern und die Hinwendung zum
Dienst des »lebendigen und wahren Gottes« (1Thess 1,9).

Der gleiche Motivzusammenhang findet sich in apokalyptischer Literatur. sBar
54,17f heißt es: »Nun aber, wendet ihr euch dem Verderben zu, ihr Frevler;
denn jetzt werdet ihr plötzlich heimgesucht, da ihr seinerzeit die Weisheit des
Höchsten verachtet habt. Denn euch haben seine Werke nicht belehrt, noch hat
euch überzeugt die Feinheit seiner ewigen Schöpfung.« Der Aspekt der Rede ist
hier jedoch der des eschatologischen Gerichts; und ebendies ist auch der Horizont des Paulus, den er in der Überschrift Röm 1,18 markiert[146]. Die »Offenbarung des Zornes Gottes vom Himmel her über alle Gottlosigkeit und Ungerechtigkeit der Menschen« ist zweifellos so gemeint, wie aethHen 91,7.9 das eschatologische Zorngericht beschrieben wird: »Wenn aber die Ungerechtigkeit,
Sünde, Lästerung und Gewalttätigkeit in allem Tun zunimmt, und der Abfall
und der Frevel und die Unreinheit wachsen, so wird ein großes Zorngericht
vom Himmel über alle kommen, und der heilige Herr wird mit Zorn und Strafe
hervortreten, um Gericht auf Erden zu halten . . . Alle Bilder der Heiden werden preisgegeben werden; die Tempel werden mit Feuer verbrannt werden,
und man wird sie von der ganzen Erde hinwegschaffen, und sie werden in die
Verdammnis des Feuers geworfen werden und im Zorn und in dem gewaltigen,
ewigen Gericht umkommen« (vgl. 100,4; 90,18; sowie AssMos 10,1–10, besonders VV 3 und 7). Dieselbe Tradition findet sich aethHen 1,3ff, wo eine
eschatologische Epiphanie Gottes angekündigt wird, in der »Gericht über alle
sein wird« (1,7), nämlich Heil für die Gerechten (1,8) und Vernichtung über
alle Frevler (1,9). Das Gericht über die Frevler aber wird im folgenden (aeth-
Hen 2–5) darin begründet, daß sie die ewigen Ordnungen nicht »beobachtet«
haben, die der Schöpfer allen seinen Werken im Himmel und auf Erden gegeben hat (2,1–5,3), daß sie »nach seinen Geboten nicht gehandelt, sondern abgefallen« sind (5,4). Diese Verbindung von Gericht über die Frevler und Hinweis auf die Ordnungen der Schöpfung findet sich noch mehrfach; vgl. z. B.
1Cl 20, wo die Aufzählung der »Wohltaten« des Schöpfers auf die Warnung
zielt, »daß seine vielen Wohltaten uns nicht zum Gericht werden, wenn wir
seiner nicht würdig wandeln« (21,1), »daß wir uns von seinem Willen nicht
abwenden« (21,4); vgl. epJer 59ff im Kontext einer Götzenpolemik; Bar 3,9ff
in weisheitlicher Tradition mit dem Ziel der Warnung vor Abfall (4,2f; PsSal
18,10–12). Zeigt sich in diesen Texten weisheitlicher Hintergrund, so findet
sich dieser in VitAd 29,7ff, ähnlich wie aethHen 2–5, im Vorstellungszusammenhang des Endgerichts über die »Menschen«, die im Gegensatz zum Gehorsam aller Werke der Schöpfung, »die seinen Befehl nicht übertreten und ihre
Werke nicht verändern«, »mutabuntur derelinquentes legem domini« (V 8);
vgl. Test N 2–4 und besonders 1Q 34 bis II 1–5, wo es, abgehoben von dem Gehorsam der Sterne, die »ihre Gesetze nicht übertreten« (2), von der »Nach-
kommenschaft des Menschen« heißt: »sie hat nicht geachtet auf all das, was du

---

[146] Dazu vgl. besonders Schulz, Anklage.

ihr als Erbe gegeben hast, und sie haben dich nicht erkannt (3), jedes Mal wenn du gesprochen hast: und sie haben in allem mit Gottlosigkeit gehandelt und nicht auf deine so große Stärke geachtet! Dann hast du sie verworfen; denn du hast keinen Gefallen (5) an der Verderbtheit, und der Gottlose kann in deiner Gegenwart nicht bestehen.«[147] Vgl. 1QH 5,36 »sie verdarben die Werke Gottes durch ihre Schuld«[148].

So unverkennbar in den zuerst zitierten diasporajüdischen Zeugnissen im einzelnen hellenistisch-philosophischer Einfluß wirksam ist, so deutlich zeigt die Masse der apokalyptischen Belege, daß der Kontext der Aussagen einen im wesentlichen völlig verschiedenen Skopos hat. Die Erkenntnis Gottes aus der Harmonie und Schönheit des Kosmos, wie sie besonders seit der mittleren Stoa in den gebildeten Kreisen gelehrt und gefeiert wurde[149], zielt darauf, daß der erkenntnisfähige, vernünftige Mensch in seinem Verhalten dem λόγος entsprechen kann und so »weise« wird[150]: Philon von Alexandrien zeigt nun zwar exemplarisch, wie der gebildete Jude die Glaubensüberlieferung des einen, wahren Gottes sehr wohl in die Atmosphäre und Thematik seiner hellenistischen Umwelt zu integrieren wußte[151]; und man schneidet sich jede Möglichkeit reflektiert-produktiven, historischen Verstehens ab, wenn man die Veränderung jüdischer Tradition, die in der Tat bei diesen hellenistisch gebildeten Autoren durchweg zu bemerken ist, von vornherein als Abfall verurteilt[152]. Solche Verschmelzungsprozesse haben in der Geschichte der israelitischen Religion fortwährend stattgefunden – man denke z.B. an die Veränderung des Jahwe-Bildes durch die Aufnahme der Weltschöpfungs- und kosmischen Herrschaftszüge des kanaanäischen Gottes El –; und es gehört sicherlich zur geschichtlichen Kraft der Jahwe-Religion, daß sie solcher ›Lernprozesse‹ fähig war, in denen sich der eigene Charakter des Gottes Israels nicht durch Adaption verloren, sondern in Überlegenheit vertieft hat. Das gilt nun sicherlich auch für die jüdische Aufnahme hellenistischer Theologie. Die abstrakten Charakterzüge des philosophischen Gottesbegriffs, die sich vor allem in den ἀ-privativa anzeigen, betonen die Andersartigkeit Gottes von allem Vorfindlich-Bestehenden als ihres einen Ursprungs und gaben dem Juden eine ganz neue Möglichkeit, den einen Gott des sch^ema-jisrael als den Herrn über das All gedanklich und sprachlich allgemein zu vermitteln; und die ›natürliche Theologie‹, die mit dem Rückschlußverfahren der Gotteserkenntnis aus der Natur auf Gott als deren Prinzip nicht einen ›Gottesbeweis‹ liefern, sondern die Wesens-

[147] Übersetzung nach Dupont-Sommer, A., Die essenischen Schriften vom Toten Meer, Tübingen 1959, 363f.

[148] Zum Ganzen vgl. auch Rau, E., Kosmologie, Eschatologie und die Lehrautorität Henochs. Traditions- und formgeschichtliche Untersuchungen zum aeth. Henochbuch und verwandten Schriften, Diss. Hamburg 1974, 66–105.184–305.

[149] Dazu vgl. besonders den Hymnus des Kleanthes, vArnim II 537, deutsch bei Barrett, C.K., Die Umwelt des NT. Ausgewählte Quellen, hrsg. und übersetzt von C. Colpe, 1959 (WUNT 4), 74–76.

[150] Dazu vgl. im ganzen Wilckens, Weisheit und Torheit, a.a.O. (Anm. 92) 225–268.

[151] Dazu vgl. die oben Anm. 140 zitierte Literatur.

[152] Als Beispiel dafür vgl. Braun, H., Wie man über Gott nicht denken soll. Dargelegt an Gedankengängen Philos von Alexandria, Tübingen 1971.

art der Gottheit erschließen wollte, war entsprechend geeignet, den Glauben an Jahwe als den Schöpfer und Herrn für jedermann verständlich und also als allgemeine Wahrheit aussagbar zu machen[153].

Doch der Skopos jüdischer Rezeption natürlicher Theologie ist im allgemeinen ein völlig anderer. Schon in der sprachlich so stark hellenistischen Weish wird der nichtjüdischen Welt der pauschale Vorwurf gemacht, die wahre Gotteserkenntnis aus den Werken der Schöpfung verworfen zu haben. Der Vorwurf zielt auf den Polytheismus heidnischen Kults, dessen Verehrung der Götzenbilder dem zweiten Dekaloggebot widerspricht, ohne daß andererseits auf eine Übereinstimmung mit heidnisch-philosophischer Theologie und ihrer Polytheismuskritik auch nur hingewiesen wird. Die natürliche Gotteserkenntnis wird zwar als von der Schöpfung her allen Menschen offenstehende Möglichkeit behauptet; sie werde aber faktisch allein von den Frommen Israels wahrgenommen, von den Heiden dagegen pervertiert. Die Motive natürlicher Theologie werden also in das heilsgeschichtlich-exklusive Selbstverständnis Israels integriert und dienen, zumal in eschatologisch-forensischem Kontext, der radikalen Unterscheidung von Gottlosen und Gerechten. Die Ordnungen der Schöpfungswerke sind ebenso ein kosmisches Vorbild für den Gehorsam der Frommen wie ein Gegenbild zum Ungehorsam der Gottlosen; und die Erkenntnis dieser Ordnungen ist zugleich selbst Inhalt der Gotteserkenntnis als gehorsamer Anerkenntnis im Sinne des sch^{e}ma jisrael. Eine Erkenntnis der Ordnungen des Kosmos ist außerhalb des israelitischen Gottesglaubens schlicht unmöglich, weshalb Nichtjuden nur im stereotypen Bilde »widervernünftiger« Götzendiener vorstellbar sind, denen die abgefallenen Israeliten (die insbesondere im apokalyptischen Schrifttum primär angesprochen werden) als Gottlose gleichen. Heidentum erscheint darum als Abfall, der polytheistische Bilderdienst als typisch heidnischer Erkenntnismangel.

Paulus steht mit seiner Gerichtsrede über »alle Gottlosigkeit und Ungerechtigkeit (!) der Menschen« (1,18) deutlich in dieser apokalyptischen Tradition. Die Sätze über die allen Menschen offenstehende vernünftige Gotteserkenntnis aus den Werken der Schöpfung (VV 19–21) sprechen das Urteil über die Gottlosen, die sie verworfen haben, aus. Wie in jenen jüdischen Texten stellt Paulus den Götzendienst als die geschichtliche Wirklichkeit des Abfalls der Menschen von Gott und ihren moralischen Verfall als dessen Folge heraus, an deren Elend Gott die Frevler preisgegeben habe. Mit diesem durchweg negativ-kritischen Duktus seiner Ausführungen hängt es zusammen, daß all jene Gedanken und Motive fehlen, die in hellenistisch-jüdischer Literatur dort dominieren, wo apologetische Absicht die Feder führt. Eine solche ist Paulus ebenso wie der Apokalyptik fremd. Röm 1,18ff unterscheidet sich darin wesentlich von der Areopagrede des lukanischen Paulus (Apg 17,22ff) wie von dem Interesse der apologetischen Theologen des 2. und 3. Jahrhunderts.

[153] Dazu vgl. Pannenberg, W., Die Aufnahme des philosophischen Gottesbegriffs als dogmatisches Problem der frühchristlichen Theologie, in: Grundfragen systematischer Theologie, Göttingen ²1971, 296–346.

Wie das Verhältnis zwischen der Offenbarung des Zornes Gottes 1,18ff zur Of- Erklärung
fenbarung seiner Gerechtigkeit 1,17 von Paulus gedacht ist, ist ein schwieriges 18
und darum oft verhandeltes Problem[154]. Einerseits schließt V 18 mit γάρ eng
an das Voranstehende an und ordnet sich dem Gefüge der mit γάρ aufeinander
bezogenen Sätze in 1,14–17 zu. Dieser Eindruck verstärkt sich durch die Wahl
desselben Wortes ἀποκαλύπτεται, das auch in V 17 als Hauptverbum die Aussage bestimmt. Andererseits jedoch sind Gerechtigkeit und Zorn Gottes Gegenbegriffe. Während jene den Glaubenden Heil schafft, überzieht dieser die
Ungerechten mit Unheil. Inhaltlich also stehen in V 17 und V 18 radikal gegensätzliche Aussagen hart nebeneinander. Von daher erwartet man statt des verbindenden γάρ ein schroff adversatives δέ. Dieses findet sich denn auch 3,21,
wo Paulus nach der Gerichtsrede 1,18–3,20, auf die These 1,17 zurückgreifend
und sie entfaltend, von der Heilswirkung der Gottesgerechtigkeit für die Glaubenden spricht: νυνὶ δέ. Damit wird die »Offenbarung des Zornes« in die Vergangenheit verwiesen. Einige Ausleger verstehen von daher das Verhältnis von
1,18 zu 1,17 im Sinne eines zeitlichen Nacheinanders[155]. Dem steht jedoch das
Präsens ἀποκαλύπτεται in 1,18 entgegen, das dem in 1,17 genau entspricht;
ebenso auch das γάρ, das man wegen der deutlichen Zugehörigkeit zur Kette
von Begründungsaussagen 1,14–18 nicht zu einer bloßen »Übergangspartikel«
abschwächen darf[156]. Sowohl das Begründungsverhältnis von 1,18 zu 1,17 als
auch das adversative Verhältnis von 3,21ff zu 1,18–3,20, sowohl die Gleichzei-
tigkeit der Offenbarung von Gerechtigkeit und Zorn Gottes in 1,17.18 wie ihre
scharfe zeitliche Abgrenzung in 3,21 müssen ernst genommen und ihre sachliche Zusammengehörigkeit, die Paulus zweifellos in seinen bedachten Formulierungen intendiert, verstanden werden.

Das Präsens ἀποκαλύπτεται in V 17 und V 18 kann entweder so aufgefaßt
werden, daß zwei verschiedene Offenbarungen gleichzeitig sich vollziehen,
oder so, daß es sich beidemal um dasselbe Offenbarungsereignis handelt. In der
gegenwärtigen Exegese herrscht weithin die erste Deutung vor. Man verweist
darauf, daß die Offenbarung der Gerechtigkeit Gottes im Evangelium geschieht (ἐν αὐτῷ), die seines Zornes dagegen »vom Himmel her«[157]. Nun ist in
der Tat nach apokalyptischer Tradition der »Zorn Gottes«[158] eine eschatologi-

---

[154] Dazu vgl. vor allem Oltmanns, Verhältnis; Bornkamm, Offenbarung des Zornes;
Schlier, Über die Erkenntnis; ders., Von den
Heiden; Schulz, Anklage; zuletzt Zeller, Juden
und Heiden 145–149; Cranfield 106–110.
[155] So z. B. Lietzmann 31: »(1,)18–3,20
schildert den Zustand vor der Verkündigung
des Evangeliums, wo sich die göttliche Gerechtigkeit nur als Zorn und Strafgerechtigkeit gegenüber der menschlichen Ungerechtigkeit offenbaren konnte.« Aber von der ὀργή Gottes
spricht Paulus nie als einem innergeschichtli-
chen Handeln Gottes, sondern durchweg als
von einem endzeitlichen; vgl. besonders 2,5
wo auch von »Offenbarung« als eschatologi-

schem Geschehen die Rede ist. Darum kann
man zur Erläuterung von 1,18 nicht einfach auf
1,24.26.28 verweisen: Die »Preisgabe« der
Sünder an das von ihnen selbst heraufgeführte
Elend der Sünde ist nicht als Vollzug seines
endzeitlichen Zornes gemeint; gegen Dodd 26
und die bei Bornkamm, Offenbarung des Zornes 11 und Käsemann 33 Genannten.
[156] So Lietzmann 31, dem sich Kuss 35 anschließt; ebenso zuletzt Zeller, Juden und Heiden 146, der jedoch den Kontrast zu 1,16f einseitig betont (147–149).
[157] So besonders Michel 61 mit Anm. 2; dagegen jetzt Cranfield 109f.
[158] Auf Marcion geht die Streichung von

sche Wirklichkeit, die als »Mysterium« gegenwärtig bei Gott im Himmel verborgen ist und sich in der Endzeit an den Frevlern offenbaren wird[159]. Daß Paulus ebenso denkt, zeigt 2,5. Dann kann aber das Präsens ἀποκαλύπτεται nicht diesen Vollzug des Endgerichts, sondern muß seine gegenwärtige Verkündigung meinen. Das Wort »Offenbaren« kann nämlich im apokalyptischen Schrifttum auch eine Enthüllung des verborgenen endzeitlichen Geheimnisses bezeichnen, die vor der Endzeit bestimmenden Sehern widerfährt, die es den Ihrigen als Offenbarung mitteilen sollen[160]. In diesem Sinne geschieht die Offenbarung des Zornes Gottes in gegenwärtiger Verkündigung, also ist in V 18 ἐν αὐτῷ aus V 17 zu ergänzen[161] und ἀπ᾽ οὐρανοῦ als Näherbestimmung von ὀργὴ θεοῦ – statt von ἀποκαλύπτεται – aufzufassen[162]. Daß im Evangelium die endzeitlich-zukünftige Wirklichkeit des göttlichen Zornes verkündigt wird, in dem sich das Unheil an den Sündern vollzieht, das sie sich in der Gegenwart durch ihr Tun erwirkt haben[163], wird in dem sehr alten judenchristlichen Traditionsstück Offb 14,6f als endzeitliches Geschehen dargestellt, von Paulus jedoch als gegenwärtiges Geschehen, das sich als Wirkung apostolischer Predigt vollzieht ἐν τοῖς σῳζομένοις καὶ ἐν τοῖς ἀπολλυμένοις, οἷς μὲν ὀσμὴ ἐκ θανάτου εἰς θάνατον, οἷς δὲ ὀσμὴ ἐκ ζωῆς εἰς ζωήν (2Kor 2,15f vgl. 1Kor 1,18). Doch unterscheidet sich der Gedanke des Paulus in Röm 1 von dem in 2Kor 2: Ist dort nämlich von einer Scheidung zwischen den Menschen die Rede, die sich am Evangelium in Glaube und Unglaube vollzieht, so geht es in Röm 1 darum, daß im Evangelium einerseits das Gericht über die Sünder enthüllt wird, andererseits das Heil für den Glaubenden. Entscheidend für das Verständnis ist, daß hier nicht zwei verschiedene Menschengruppen gemeint sind–wie in entsprechenden apokalyptischen Aussagen Gerechte und Sünder–, sondern ebendieselben Menschen. Das zeigt die Ausführung von 1,17 in 3,21ff, wo als die Heilstat der Gottesgerechtigkeit die Rechtfertigung der Sünder herausgestellt wird. So ergibt sich erst von 3,21ff her der Sinn von 1,18: Paulus beginnt hier seine These über das Evangelium 1,16f zu entfalten (darum γάρ!), indem er die Situation »der Menschen« markiert, die im Evangelium vorausgesetzt ist: πάντας ὑφ᾽ ἁμαρτίαν (3,9) ist das Ziel, auf das er hinauswill. Dies Urteil ist »Offenbarung«, Verkündigung eschatologisch-endgültiger Wirklichkeit. Aber (δέ 3,21!) diese Wirklichkeit als die Folge menschlichen

---

θεοῦ in den Minuskeln 876 und 1908 zurück.
[159] Vgl. zu 1,18 vor allem aethHen 91,7 (oben S. 98); ferner auch Ps Clem. Rec. III 38,5 (GCS 51, 1965, 123): »ita in die iudicii, cum iusti introducentur in regnum dei, iniusti autem abicientur foras, tunc enim iustitia dei ostendetur«.
[160] Seit Dan 8,19.26; 12,3f.5–13 ist dies strukturell das Selbstverständnis apokalyptischer Literatur; vgl. oben S. 87. Der *Begriff* ἀποκαλύπτειν für die voreschatologische Eröffnung eschatologisch-›verborgener‹ Sachverhalte (terminus technicus: »Geheimnisse«) an auserwählte Seher findet sich allerdings in

jüdischer Literatur selten; vgl. z. B. 4Esr 10,38; weiteres Material bei Lührmann, Offenbarungsverständnis 98–104. Zum Sachzusammenhang zwischen eschatologisch-allgemeiner und voreschatologischer »Offenbarung« vgl. Rössler, Gesetz und Geschichte 65–68.
[161] Gegen Bornkamm, Offenbarung des Zornes 10, dem sich viele Exegeten anschließen, zuletzt Käsemann 31, sowie Zeller, Juden und Heiden 147. – Das Richtige bei Pallis 40.
[162] So richtig Schenke, Aporien 888, sowie jetzt besonders Cranfield 109f.
[163] Dazu vgl. den Exkurs S. 127–131.

Tuns wird im Evangelium als durch Gottes Tun *aufgehoben* verkündigt: durch
Gottes Gerechtigkeit, wie sie dann 3,21ff dargelegt wird. Auf die Kraft dieser
Heilstat Gottes im Sühnetod Christi darf und soll der Sünder vertrauen und
wird so als Gottloser ἐκ πίστεως gerecht. Darum gehört das 1,18–3,20 Gesagte
zum Inhalt des Evangeliums, in dem beides enthüllt wird: der Zorn Gottes, der
alle Sünder vernichtet, und seine Gerechtigkeit, die diese Wirkung seines Zornes selbst aufhebt. Die Parallelität der Sätze in VV 17.18 unter dem gemeinsamen Verbum ἀποκαλύπτεται ist notwendig, weil Paulus das Heil nicht als Alternative zum Unheil, sondern als dessen Aufhebung denkt: Ebendies ist der
Sinn des Christusgeschehens. Das bedeutet aber zugleich, daß die Parallelität
einen Gegensatz ausdrückt, nach dessen Logik die Gerechtigkeit Gottes zwar
seinen Zorn voraussetzt, so daß ihre Verkündigung im Evangelium (γάρ) mit
dem Zorn *einsetzt*, aber so, daß sie ihn als in ihrem Heilshandeln aufgehoben
und also als heilsgeschichtlich vergangen *voraussetzt* (νυνὶ δέ, 3,21). Darum
hat es sachlichen Sinn, daß die These V 17 voransteht[164].

»Wie der Mensch vor dem Evangelium nicht wirklich weiß, was Sünde ist, obgleich er in ihr lebt, so weiß er auch nicht um den Zorn, dem er verfallen
ist.«[165] Daran ist richtig, daß nach apokalyptischem Denken erst im Endgericht
Sünde als das, was sie ist, offenbar wird: als böses Tun, mit dem sich der Täter
selbst das Böse zuzieht. Darum verbindet sich mit dem Moment der Offenbarung als *Enthüllung* der wirklichen Wahrheit alles Tuns zugleich das Moment
des *Vollzugs* dieser Wahrheit in der Vernichtung des Frevlers als der Folge seiner Sünde. Ganz unapokalyptisch jedoch ist die Meinung, vor dem Endgericht
wisse der Sünder noch nicht wirklich, was *Sünde* ist. Dies sagt ihm das Gesetz
und spricht ihm die Gerichtsverkündigung des apokalyptischen Propheten bereits jetzt auf den Kopf zu. In dieser Hinsicht denkt Paulus ganz apokalyptisch.
Der 1,18 beginnende Abschnitt hat als ganzer die Funktion solcher Gerichtsverkündigung, die davon ausgeht, daß alle Menschen sehr wohl wissen können, daß Sünde Abfall von der Gerechtigkeit ist: die Heiden aufgrund der
Schöpfungsoffenbarung (1,19–21), die Juden aufgrund des Gesetzes (2,12f).
Was ihnen verborgen ist, ist die endzeitliche Wahrheit der *Unheilsfolge* der
Sünde; denn diese ist durch die faktischen Verhältnisse verdeckt. Von ihr weiß
der apokalyptische Prophet aus besonderer Offenbarung, die, der endzeitlichen
allgemeinen Offenbarung voraus, nur ihm widerfahren ist. Aus diesem spe-
ziellen Offenbarungswissen resultiert seine Gerichtsverkündigung. Auch
darin entspricht die paulinische Aussage apokalyptischem Denken. Doch die
Quelle der Offenbarung des Zornes Gottes ist für ihn das Evangelium; das
heißt, er vernimmt die eschatologische ἀπώλεια aller Sünder aus der Heilsbotschaft von ihrer Aufhebung durch Gottes Gerechtigkeit. Dies unterscheidet
Paulus allerdings radikal von aller apokalyptischen Theologie. Nicht daß erst
durch das Evangelium Erkenntnis der Sünde möglich sei, ist der Skopos des

---

[164] Ich freue mich der Übereinstimmung mit   [165] Käsemann 31.
der Exegese von Cranfield 110.

paulinischen Gedankens, sondern daß der Sünder dort, wo er mit der Unheils-folge seiner Sünde konfrontiert wird, von seiner Rettung aus ihr erfährt.

Angesprochen werden »Menschen«, sofern sie Sünder sind. Aus VV 22ff geht eindeutig hervor, daß zunächst Heiden gemeint sind. Die Formulierung »Men-schen« scheint in solchem Kontext topisch zu sein[166]. Unter eschatologischem Aspekt erscheint die ganze Erde der »Menschen« als Bereich des Frevels. Pau-lus formuliert durchaus stilgemäß und erwartet von seinen Lesern, daß sie in den »Menschen« VV 18ff Heiden sehen. Die Pointe seiner Argumentation liegt aber darin, daß der traditionell bekannte Topos der Scheltrede gegen den Göt-zendienst der Heiden den Unterschied zwischen der Gottlosigkeit jener und der Gerechtigkeit der Auserwählten voraussetzt, Paulus dagegen von 2,1ff an auch die Juden, die die Heiden zu verurteilen gewohnt sind, selbst als Sünder brandmarkt. Und so läuft der Gedanke schließlich auf das Resultat hinaus: Alle Menschen sind Sünder (3,9ff); der Zorn Gottes[167] trifft auch die, die sich vor ihm sicher wissen. Daß V 18 so als Überschrift über das Ganze von 1,18–3,20 die Juden miteinschließt, ist freilich aus der Formulierung ἀνθρώπων noch nicht herauszuhören.

ἀσέβεια und ἀδικία sind gleichbedeutend[168], wie V 18b zeigt. Die Gerichts-rede liebt solche Häufung von Synonyma (vgl. z.B. aethHen 91,7.8). Die Sünde der Heiden wird V 18b als Frevel gegen »die Wahrheit« charakterisiert, womit wie in 2,8 Gottes Wahrheit gemeint ist, vgl. 1,25; 3,7, nämlich die Be-ständigkeit seiner den Menschen verpflichtenden Treue[169]. κατέχειν meint je-denfalls einen feindlichen Akt der Menschen gegen Gottes Wahrheit. Ob man zu der in Zaubertexten belegten Bedeutung »binden, bannen« greifen muß[170], ist fraglich; der sonstige paulinische Wortbrauch legt die gängige Bedeutung

---

[166] Vgl. Weish 13,1; Sib III 6–9.197f. 335–337.601–606; IV 40.152–162; in dersel-ben Bedeutung »die Sterblichen« III 42 (»bei allen Sterblichen herrscht fürchterliche Schlechtigkeit«). 232f.362.624f.162f.181–183. In dieser Terminologie ist einerseits die Uni-versalität betont, andererseits wird zwischen »den Menschen« bzw. »den Sterblichen« ei-nerseits und den Juden als »den Gläubigen und Auserwählten« unterschieden; III 68.595–606; IV 40f. Vgl. auch Lib Ant 19,9 und dazu Berger, Neues Material zur »Gerechtigkeit Gottes«, Anm. 32.

[167] Vgl. Sib III 308f: »Er steigt vom Heilig-tum auf dich herab, und ewiges Verderben wird den Zorneskindern.«

[168] So mit Recht Käsemann 34 und Cranfield 111f gegen mannigfaltige Versuche, zwischen Verstoß gegen die erste und zweite Dekalogta-fel (Schlatter 49; Schmidt 34) bzw. zwischen religiösem und sittlichem Frevel (z.B. Schlier, Von den Heiden 30) zu unterscheiden.

[169] Gegen Bultmann, ThWNT I 244, der un-ter dem Einfluß Heideggers ἀλήθεια struktu-rell griechisch als »Erschlossenheit« interpre-tiert. Im gesamten urchristlichen Sprachge-brauch ist jedoch die Rede von der »Wahrheit« durch das Bedeutungsfeld des hebr. Wortes אמת bestimmt. Zu dessen Bedeutung vgl. Koch, Der hebräische Wahrheitsbegriff. Im Je-saja-Targum wird mit קשׁטא als weitaus häu-figste Übersetzung von צדק ein Aspekt der Ge-rechtigkeit Gottes bezeichnet: als »Hinter-grund und bewegende Kraft der gesamten gött-lichen Heilsökonomie« (Koch, Die drei Ge-rechtigkeiten 260–263, das Zitat 262), als »die personifizierte Absicht Gottes mit seiner Schöpfung, insbesondere mit der Menschheit und vornehmlich mit Israel« (ebd. 266). Das entspricht dem paulinischen Gebrauch des Wortes. Der Gedanke der bösen Verkehrung der Wahrheit in Trug findet sich häufig in den Test XII, vgl. TestJud 20,1.3; D 1,3; 2,1f; 6,8; G 3,1; Jos 1,3; B 6,5 sowie besonders G 5,1, wo ψεῦδος = λαλῶν κατὰ τῆς ἀληθείας (vgl. ähnlich A 5,3f).

[170] Liddell-Scott 926 I d; so z.B. Käsemann 34.

»festhalten, in Besitz nehmen« nahe, so daß gemeint ist: Die Ungerechtigkeit besteht darin, daß die Menschen Gottes[171] Wahrheit zu ihrem Gefangenen machen, d. h. sie als Herrin absetzen[172]. Gottes Zorn trifft also Rebellen. In VV 19–21 expliziert Paulus V 18 in zwei parallelen Aussagen (VV 19f bis 19–21 V 21, beide mit διότι eingeführt). Der Skopos ist die Feststellung der Unentschuldbarkeit (V 20b): Weil Gott der Schöpfer sich allen Menschen kundgemacht hat, so daß ihnen die Gotteserkenntnis durch seine Schöpfungswerke offensteht, verstoßen sie in ἀσέβεια und ἀδικία (die ἀ-privativa sind hier prägnant) gegen diese Selbstoffenbarung Gottes, der daraufhin die *Offenbarung* seines Zorns entspricht. τὸ γνωστὸν αὐτοῦ V 19 kann deswegen nicht als genitivus partitivus aufgefaßt werden, weil Paulus in V 20, den Gedanken von V 19 explizierend, von Gottes unsichtbarem Wesen als ganzem sagt, es stehe für vernünftiges καθορᾶν der Menschen offen[173]. Gott selbst ist zwar unsichtbar, das betont das hellenistische Judentum immer wieder, womit die heidnische Behauptung sichtbarer Präsenz der Gottheit im Kultbild bestritten und das zweite Gebot polemisch ausgelegt wird. Die Unsichtbarkeit Gottes sichert also seine Freiheit, so daß der frevlerische Versuch der Menschen, sich Gottes Wahrheit zu bemächtigen (V 18), mißlingen muß. Andererseits jedoch kann die Unsichtbarkeit des biblischen Gottes nicht platonisch im Sinne ontologischer Abstraktheit gedacht werden; denn in der Schöpfung hat Gott sich in seiner Unsichtbarkeit seinen Geschöpfen voll zugewendet, ist also *als* ἀόρατος *zugänglich* und kann als solcher in Gottes Schöpfungswerken »vernünftig-wahrnehmend« (νοούμενα) »geschaut« werden (καθορᾶται)[174]. Denn in seinen ποιήματα ist Gott als der schöpferisch-frei und kontingent Handelnde inmitten der Schöpfung gegenwärtig. Der νοῦς hat darum als Wahrnehmung Gottes wesenhaft die religiöse Funktion des Gehorsams (vgl. 12,1 λογικὴ λατρεία) und sein »Schauen« nicht die mystische Funktion der Erhebung der Seele über den Bereich des Irdisch-Gewordenen zu unmittelbarem Einswerden mit dem abstrakt-transzendenten Gott wie bei Philon, sondern der Verherrlichung Gottes mitten in der geschaffenen Welt, in der der Mensch die wirksame Präsenz des Schöpfers gewahrt und sich ihr verdankt (V 21). Für jüdisch-urchristlichen Glauben ist Gott aus der Welt schlechterdings nicht wegzudenken.

---

[171] Der sachlich richtige Zusatz τοῦ θεοῦ (nach 1,25) in vg^cl findet sich zuerst bei Hippolyt, De Antichristo 64, vgl. Lietzmann 31.

[172] So auch Cranfield 112. Die Bedeutung »aufhalten, hemmen« von 2Thess 2,6f her ist nicht ganz auszuschließen, wird aber durch nichts im Kontext gestützt; vgl. Strobel, Untersuchungen 194–198.

[173] So mit Recht Käsemann 35 gegen die Mehrheit der Ausleger.

[174] νοούμενα gehört zu καθορᾶται und kennzeichnet dieses als vernünftiges Wahrnehmen, durch welches im Sichtbaren das Unsichtbare geschaut wird. Dabei wird dem νοῦς durchaus das Vermögen zugeschrieben, das CorpHerm V 2 so definiert wird: νόησις γὰρ μόνον ὁρᾷ τὸ ἀφανές (Fridrichsen, Auslegung); doch der Gedanke einer ausschließlichen (μόνον) Wahrnehmung von Unsichtbarem, dem eine dualistische Interpretation der platonischen Ontologie zugrunde liegt, liegt Paulus fern. Indem der νοῦς in den Schöpfungswerken Gottes Schöpfungshandeln wahrnimmt, geht es um ein praxisbezogenes, gehorsames Verstehen des Willens Gottes (vgl. Bultmann, Theologie des NT 213f), so daß, wer nicht versteht, nicht eines Besseren zu belehren, sondern als »unentschuldbar« anzuklagen ist.

Gerade auch die Wahrnehmung der Ordnung der Gestirne im überirdischen Bereich der Schöpfung bedeutet für den Frommen den Anruf zu entsprechendem Gehorsam gegen Gottes Willen und menschlicher Ungehorsam Abfall, Herausfall aus dem Gehorsamsgefüge der Schöpfung (vgl. besonders aethHen 2–5). So meint τὸ γνωστὸν τοῦ θεοῦ »Gott in seiner Erkennbarkeit«[175]. Diese ist nicht in der menschlichen Vernunft, sondern im Schöpfungshandeln Gottes begründet (V 19b), das der Mensch durch seine Vernunft als solches zu gewahren hat. Darum ist Gotteserkenntnis nicht vom Grade intellektueller Fähigkeit und Bildung abhängig (vgl. V 14!), sondern ist elementares Gebot des Schöpfers an alle Menschen aufgrund der ihnen in der Schöpfung eröffneten[176] und in seinen ποιήματα ständig wirksamen Präsenz seiner selbst (vgl. Ps 139!). Darum meidet Paulus im Unterschied zu Philon die ontologische Begrifflichkeit der hellenistischen Philosophie und spricht von τὰ ὄντα nur als von τὰ μὴ ὄντα, die der Schöpfer ins Sein ruft (4,17), und von Gott als »dem Seienden« doxologisch als ὁ ὢν ἐπὶ πάντων θεὸς εὐλογητὸς εἰς τοὺς αἰῶνας (9,5). Bei der Erkenntnis Gottes V 20 handelt es sich also nicht um einen *Rückschluß* aus den Werken auf den Künstler, der sie gemacht hat[177], sondern um das Wahrnehmen Gottes eben *in* seinen Werken, nicht ἐκ τῶν ποιημάτων sondern ἐν τοῖς ποιήμασιν (dativus instrumentalis). Die ποιήματα sind nicht als »›Gemachtes‹, ›Gebildetes‹ . . ., als Werke eines Wirkers«[178], sondern als Werke Gottes gemeint, dessen schöpferisches Handeln als ihre Wirklichkeit in ihnen präsent ist, so daß der νοῦς in ihnen eben dieses Handeln Gottes gewahrt: »seine ewige Macht und Gottheit«. Gottes θειότης (womit Paulus einen spezifisch hellenistischen, religionsphilosophischen Begriff aufnimmt[179]) besteht in der δύναμις seines Handelns. Eben darin ist die Unentschuldbarkeit (V 20b) der Menschen begründet[180]: Sie *kennen* Gott, aber sie widersprechen in ihrem Verhalten dieser Kenntnis, indem sie Gott nicht ›als Gott‹ verherrlichen und ihm danken, vgl. 4Esr 8,60: »Denn nicht der Höchste hat gewollt, daß die Menschen verlorengehen, vielmehr die Geschöpfe selbst haben den Namen dessen, der sie geschaffen hat, verunehrt und Undankbarkeit bewiesen gegen

---

[175] Fridrichsen, Auslegung 160. Vgl. in diesem Sinn Sir 21,7 LXX; aber auch Pseud-Aristot Mund 399b: ἀόρατος τοῖς ἔργοις ὁρᾶται; vgl. CorpHerm V 2 oben Anm. 174.

[176] ἐν αὐτοῖς V 19a ist wahrscheinlich als Umschreibung des Dativs aufzufassen, wie V 19b zeigt (vgl. Bl-Debr § 220,1¹), und meint nicht die Innerlichkeit (so z. B. Michel 63, Anm. 2). Cranfield 113f übersetzt: »in ihrer Mitte«.

[177] Weish 13,1 ἐκ τῶν ὡρωμένων ἀγαθῶν . . . εἰδέναι τὸν ὄντα . . . τοῖς ἔργοις προσέχοντες . . . τὸν τεχνίτην: vgl. 13,5 ἐκ γὰρ μεγέθους καὶ καλλονῆς κτισμάτων ὁ γενεσιουργὸς αὐτῶν θεωρεῖται; ebenso z. B. Philo, Praem Poen 43 κάτωθεν ἄνω προσήλθον οἷα διά τινος κλίμακος ἀπὸ τῶν ἔργων εἰκότι λογισμῷ στοχασάμενοι

τὸν δημιουργόν.

[178] So fälschlich im hellenistischen Sinn Kuss 36. Der Gedanke in 1,20 ist anders als in 9,20; so richtig Michel 63.

[179] θειότης, von der in der gebildeten Literatur sehr verbreiteten Gottesbezeichnung τὸ θεῖον abgeleitet, meint die Natur (vgl. θεία φύσις Diod S V 31,4 und Jos Ap 1,232) bzw. die Eigenschaften des Göttlichen. Vgl. zu dem Doppelausdruck δύναμις καὶ θειότης Plat Leg III 691e sowie besonders Cic nat. deor. I 18,44 »vis et natura deodorum«. Von der Präsenz des Göttlichen im All spricht Pyth Or 8 (II 398a) πεπλῆσθαι πάντα θειότητος. So auch Weish 18,9.

[180] Vgl. 1QH 5,36: ». . . entsprechend den Geheimnissen der Sünde, die die Werke Gottes verändern durch ihre Schuld«.

den, der ihnen doch das Leben bereitet hat.« Gott in seinem Schöpferhandeln ist in allem Geschaffenen als die Macht, die es bestehen läßt, gegenwärtig. Als Menschen in der Schöpfung zu leben, müßte seinen Sinn und sein Ziel in der Doxologie haben: Aber faktisch verweigern die Menschen diese Doxologie – und verfallen eben damit der Sinn- und Ziellosigkeit, die nach atl.er Erfahrung das Wesen der Götzen als »Nichtse« ist[181]. Denn wer sich von Gott, dem schöpferischen Grund der Wirklichkeit, abkehrt, fällt damit der Nichtigkeit anheim, aus der der Anruf des Schöpfers das Seiende hervorrief (4,17); und dessen Herz – der Sitz des νοῦς[182] – ist finster geworden, eben weil der νοῦς sich von der Gotteserkenntnis als dem Licht (Gen 1,3), das alles, was ist, hell, zugänglich, sinnvoll macht (vgl. Joh 1,5), abgekehrt und die eine, allem Leben zugrundeliegende »Einsicht« der Gotteserkenntnis preisgegeben hat[183]. τὰ μάταια ist in LXX eine Bezeichnung der Fremdgötter als »Nichtse«[184]. Jer 2,5 könnte Paulus vor Augen stehen: ἀπέστησαν μακρὰν ἀπ᾽ ἐμοῦ καὶ ἐπορεύθησαν ὀπίσω τῶν ματαίων καὶ ἐματαιώθησαν; vgl. das Zitat aus ψ 93,11 in 1Kor 3,20; ferner Weish 31,1. Ebenso ist vom Abfall zum Götzendienst als Verfall in Torheit und als Verfinsterung der Sinne die Rede; vgl. Test R 3,8; Test L 14,4; Sib III 26. Paulus denkt also bereits in V 21 an den Götzendienst als konkrete Gestalt der Verweigerung der Gotteserkenntnis; vgl. Weish 14,11ff.

Tritt in V 21 bereits die Auswirkung der Sünde auf den Menschen selbst in den Vordergrund, so wird dieser Gedanke nun in VV 22–32 zum Thema. Der   **22** Übergang ist gleitend. V 22 hat die gleiche rhetorisch-antithetische Struktur wie V 21: Wie γνόντες τὸν θεόν mit οὐχ ὡς θεὸν ἐδόξασαν und ἐδόξασαν wiederum mit ἐματαιώθησαν kontrastiert, so auch der Anspruch der Menschen, weise zu sein, mit der Torheit, in die sie eben dadurch gefallen sind[185].

Die rhetorisch kunstvoll gebauten Antithesen setzen sich in V 23 fort: Im An-   **23** klang an ψ 105,20 und vielleicht auch Jer 2,11 heißt es: Die Menschen haben die Herrlichkeit des *unvergänglichen Gottes* vertauscht mit dem Abbild eines *vergänglichen* Menschen usw. Gottes δόξα ist die Licht- und Kraft-strahlende Atmosphäre seiner Gegenwart (vgl. 2Kor 3,18; 4,6; 1Kor 6,4), seiner unvergänglichen Identität mit sich selbst, die seine »Ehre« ist, an der er als der Schöpfer seinen Geschöpfen teilgibt. Sie zu vertauschen mit der vergänglichen Nichtigkeit der Götzen, bedeutet in der Tat abgrundtiefe Torheit. ἐν ὁμοιώματι ist Paulus aus der Psalmstelle vorgegeben; εἰκόνος ergänzt er nicht nur, um das Götzenbild zu verdeutlichen (vgl. Dtn 4,16–18), sondern wahrscheinlich im Kontrast zu Gen 1,26f: Daß Adam, als καθ᾽ ὁμοίωμα und κατ᾽ εἰκόνα θεοῦ geschaffen, an Gottes Herrlichkeit teilhatte, weiß die jüdische Adam-

---

[181] Vgl. dazu die oben S. 97–99 angegebenen Stellen, vor allem Weish 13,1; 16,16; sBar 54,17; Sib III 604f.

[182] Vgl. Bultmann, Theologie NT 211f.

[183] Vgl. 1QH 5,32: »Und es verfinsterte sich die Leuchte meines Angesichts zum Dunkel.« ἀσύνετος ist seit der späteren Weisheit ein Charakterzug der Gottlosigkeit, vgl. z. B. Sir

15,7; 21,18; Weish 1,5; 11,15; entsprechend ψ 13,1–4.

[184] Vgl. Bauernfeind, ThWNT IV 527.

[185] Vgl. 1Kor 1,18–21, dort jedoch bezogen auf die Stellung zur Predigt des Kreuzes, aber jedenfalls zugleich im Blick auf den Fehl der schöpfungsmäßig durch Gottes Weisheit gegebenen Gotteserkenntnis.

Tradition[186]. Daß die Menschen infolge der Sünde der Herrlichkeit Gottes verlustig gegangen sind, sagt Paulus selbst 3,23; darum meidet er 1Kor 15,45ff jeden Hinweis auf Gen 1[187]. Er will also 1,23 sagen: Statt als »Bild Gottes« an Gottes Herrlichkeit teilzuhaben, tauschten die Menschen sie ein in die Gleichgestalt eines Bildes seiner Geschöpfe (vgl. V 25). Die Aufzählung Menschen – Vögel – Vierfüßler – Kriechtiere ist ebenfalls an Gen 1 orientiert und ersetzt den Bezug auf Ex 32 in ψ 105,20[188].

24 Daß die Verkehrung der Verherrlichung Gottes (V 24) in Götzendienst (V 23) »Torheit« ist (V 22), durch die die Menschen in der Verfehlung gegen Gott sich selbst schädigen, dies realisiert sich durch Gottes Tun, das dem Tun der Menschen entspricht: Gott gibt die Menschen preis[189] an die Folge ihres Abfalls, die sich in ihrem Verhältnis zu sich selbst auswirkt, »in den Begierden ihrer Herzen«. Daß der Mensch als lebendiges Geschöpf nicht sozusagen ›autark‹ aus sich selbst lebt, sondern daß zu seinem Selbstsein eine elementare Bedürftigkeit und darum die Sorge um sich selbst, das Leben-Wollen gehört, ist eine grundsätzliche Erfahrung, die ebenso in der griechischen wie in der biblischen Anthropologie von zentraler Bedeutung ist. Auch bei Paulus findet sich eine Fülle von Verben wie θέλειν, σκοπεῖν, ζητεῖν, ζηλοῦν, διώκειν, μεριμνᾶν, in denen das zum Ausdruck kommt[190]: Das Wort ἐπιθυμεῖν/ἐπιθυμία jedoch ist bei ihm wie in der gesamten jüdisch-urchristlichen Literatur fast durchweg negativ qualifiziert. Die Wurzel dieses Sprachgebrauchs ist das Schlußgebot des Dekalogs (vgl. Röm 7,7); das »Begehren« ist von daher alles fehlgerichtete Streben, in dem der Mensch zu sich selbst zu kommen sucht auf Kosten seiner Nächsten. Die Traditionsgeschichte des Dekalogs zeigt eine schon früh einsetzende Tendenz, dieses Schlußgebot zur Überschrift über die gesamte Zweite Tafel zu machen, so daß das Begehren als »Wurzelsünde« neben den Götzendienst, die entsprechende »Wurzel«sünde der Ersten Tafel tritt[191]. Im selben Zusammenhang wird die Sexualität als zentrales Wirkfeld der ἐπιθυμία gesehen, zumeist nicht aufgrund einer negativen Bewertung der Sexualität als solcher, sondern im Blick auf jedweden außerehelichen Geschlechtsverkehr. Die hellenistische Kultur mit ihrer freien Einstellung zum nackten Körper (Bäder, Gymnasien) als Voraussetzung zu einer entsprechenden Unbefangenheit gegenüber der Sexualität, vor allem aber die Päderastie in ihrer positiven Wertung als Lebensform des freien Mannes, waren für die traditionsbewußten Juden vom Anfang hellenistischen Einflusses in Palästina an ein provozierender

---

[186] Vgl. die Belege bei 3,23. In diesem Sinn interpretiert Jervell, Imago Dei 320–331.
[187] Vgl. dazu Wilckens, U., Christus, der »letzte Adam«, und der Menschensohn. Theologische Überlegungen zum überlieferungsgeschichtlichen Problem der paulinischen Adam-Christus-Antithese, in: Jesus und der Menschensohn; FS A. Vögtle, hrsg. R. Pesch und R. Schnackenburg, Freiburg 1975, 387–403.
[188] »Der Mensch herrscht wegen seiner Gottgleichheit – das ist die Doxa – über die Tiere. Wenn nun der Mensch die Doxa oder Gottgleichheit verliert, bleiben die Tiere nicht mehr Gott untertan: der Mensch wird jetzt den Tieren gleich und fängt an, die Tiere anzubeten« (Jervell, Imago Dei 321).
[189] Vgl. dazu Sib III 190, sowie besonders Apg 7,41.
[190] Vgl. Bultmann, Theologie NT 223–226.
[191] Dazu vgl. Berger, Gesetzesauslegung I 346–349.

Anstoß. So verfestigte sich das Bild heidnischer Gottlosigkeit in Götzendienst und Begierden[192]. Dem entspricht, daß die Vorstellung kultischer Unreinheit auf sexuelle Unreinheit übertragen wird[193], wie umgekehrt seit Hosea und Jeremia Abfall von Gott als »Ehebruch« bzw. »Hurerei« erscheint.

In dieser Tradition denkt Paulus. Nach dem Grundsatz: δι' ὧν τις ἁμαρτάνει, διὰ τούτων κολάζεται (Weish 11,16; Test G 5,10) wirkt sich Götzendienst als Unreinheit und Hurerei gegen Gott (vgl. z. B. 1QS 4,10) in sexueller Verunreinigung und »Schändung« (vgl. Sib IV 36) der Leiber durch die Menschen selbst[194] aus. V 25 wiederholt und präzisiert[195] V 23 durch den Gedanken von 1,18: Götzendienst ist Verkehrung der Wahrheit Gottes – der verläßlichen Treue der Zuwendung des Schöpfers zu seinen Geschöpfen – in Trug, der eben darin besteht, daß die dem Schöpfer[196] in Verehrung (ἐσεβάσθησαν) und Gottesdienst (ἐλάτρευσαν) zukommende Verherrlichung (V 21) statt seiner (παρά) dem Geschöpf gegeben wird (vgl. Dtn 4,16ff). Die Nennung der Ungeheuerlichkeit dieser »Verkehrung« zieht einen apotropäischen Lobpreis nach sich, der dem frommen Juden von der Liturgie her auch in der Alltagssprache geläufig ist[197]; Paulus sieht sich spontan provoziert, den zu preisen, »den die Heiden lästern«[198]. **25**

In VV 26f wird V 24 wiederholt und konkretisiert. Der in der hellenistisch-philosophischen Ethik einschlägige Begriff πάθη V 26a[199] nimmt ἐν ἐπιθυμίαις auf, ebenso ἀτιμίας ἀτιμάζεσθαι. VV 26b–27 führt konkret aus, was gemeint ist: gleichgeschlechtlicher »Verkehr« (χρῆσις) bei Frauen und Männern[200]; den Paulus als »Vertauschung« (vgl. VV 23.25) des »natürlichen«[201] Verkehrs **26f**

---

[192] Vgl. z. B. repräsentativ Sib III 8ff, wo das πλανᾶσθαι der Menschen im Götzendienst (29–32) und parallel dazu in sexuellen Sünden (42ff) beschrieben wird; vgl. 763f; IV 29ff.32f. Im Urchristentum im warnenden Rückblick auf den Wandel vor der Bekehrung z. B. 1Thess 4,5; Gal 5,24; 1Petr 1,14; 2,11; 4,2f; Eph 2,3; 4,22; Kol 3,5; 2Petr 1,4; 2,10.18; 3,3; Jud 16.18; 1Tim 6,9; 2Tim 2,22; 3,6; Tit 2,12; 3,3.

[193] Vgl. z. B. Test Jos 4,6 οὐχὶ ἐν ἀκαθαρσίᾳ θέλει κύριος τοὺς σεβομένους αὐτόν, οὔτε τοῖς μοιχεύουσιν εὐδοκεῖ, ἀλλὰ τοῖς ἐν καθαρᾷ καρδίᾳ καὶ στόμασιν ἀμιάντοις αὐτῷ προσερχομένοις; ferner das rabbinische Material bei Bill. III 62. Im NT z. B. 1Thess 4,7; Gal 5,19; Röm 6,19; Eph 5,3.5; Kol 3,5.

[194] ἐν αὐτοῖς ist deswegen am besten instrumental zu verstehen: ›durch sie selbst‹ (so Käsemann 43). Möglich wäre auch = ἐν ἑαυτοῖς (so Koine, G. u. a.); weniger wahrscheinlich = ἐν ἀλλήλοις (Sanday-Headlam 45f; Cranfield 123).

[195] οἵτινες hat wie V 32 die Funktion, Gesagtes explizierend zu wiederholen; vgl. Pr-Bauer 1067.

[196] Zu ὁ κτίσας vgl. die entsprechenden partizipialen Gottesprädikate der LXX z. B. Ex 20,10; Ps 145,6; Dan 4,37; aethHen 101,8; Jos As 12,11; Test Ijob 2,4; Apg 4,24; 14,15; Offb 10,6; 14,7. Dazu Delling, G., Studien zum NT und zum hellenistischen Judentum, Göttingen 1970, 405.

[197] Vgl. Bill. III 64; bei Paulus noch 9,5; 11,36; 2Kor 11,31.

[198] Michel 68, Anm. 2.

[199] Doch ist die Kombination πάθη ἀτιμίας wie in TestJos 7,8; 1Thess 4,5 ganz unstoisch, vgl. Pohlenz, Vom Zorne Gottes 92.

[200] Möglicherweise erklärt sich die Reihenfolge θήλειαι – ἄρσενες (Gen 1,27) aus Gen 3; so Michel z. St.

[201] Zu dieser normativen Bedeutung der φύσις als der schöpfungsmäßigen Gegebenheit (2,27; 11,21.24) vgl. 1Kor 11,14 und Gal 4,8. Eine ähnliche Schilderung mit gleichem Vokabular findet sich bei Philo Abr 135–137 (im Blick auf Gen 19,5ff); Spec leg III 37–42; vgl. ferner Weish 14,23.26; 17,1; ep Jer 43; ep Ar 152; Sib II 73. III 185f. 594ff.763; V 387ff; slavHen 10,4–6. Zum Ursprung im AT vgl. Lev 18,22; 20,13.

mit »widernatürlichem« verurteilt, als Schandtat[202]. In ebensolchem Treiben aber empfangen die Menschen an sich selbst entsprechenden Lohn, der ihrer πλάνη, der Verweigerung der Gotteserkenntnis zukommt[203]. Paulus meint wohl, daß nirgendwo spürbarer das Elend faktischer Gottlosigkeit am eigenen Leibe (1Kor 6,18) erfahren wird als in der unbefriedigten Leere, die der sexuelle Egoismus, die tierische ὄρεξις – entgegen seinem Ziel, der Befriedigung – hinterläßt[204].

Zu beachten ist allerdings, wie spontan-selbstverständlich Paulus die Homosexualität in seiner hellenistischen Umwelt als repräsentatives Beispiel sittlicher Verkommenheit der Heiden als Folge ihrer Gottlosigkeit verurteilt. Er ist darin einfach abhängig von der religiös begründeten jüdischen Tradition spontanen Abscheus gegenüber der Lebensweise hellenistischer Kultur, der seinen geschichtlichen Ursprung hat in den innerjüdischen Auseinandersetzungen seit der Diadochen-Herrschaft zwischen der hellenophil-›progressiven‹ Oberschicht und der schroff antihellenistischen, exklusiv auf die Tradition der Väter sich festlegenden Mittel- und Unterschicht. Diese kompensierte ihre politische Ohnmacht in religiös legitimierter kultischer Verweigerung mit absolutem Überlegenheitsbewußtsein der Auserwählten Jahwes und entsprechender Verurteilung ›heidnischen‹ Lasters. Daß aber solches in aktuellem Kampf entstandene Tabu sich auch im Diasporajudentum weitgehend traditionell-fest erhalten hat, weist darauf hin, daß eine soziokulturelle Erklärung nicht ausreicht. Der Jahwe-Glaube wirkt sich elementar-bestimmend auf das gesamte alltägliche Zusammensein so aus, daß der Mensch, weil er sein Heil bei Gott weiß und es von ihm erfährt, nicht darauf angewiesen ist, es in der Lustbefriedigung sich vom Partner her beschaffen zu müssen. Die ὄρεξις sieht Paulus darum als in Gottlosigkeit begründete *Not*, als Erweis des Zornes Gottes, der sich darin auswirkt, daß der auf sich selbst gestellte, mit sich allein bleibende Mensch in der Suche nach Möglichkeiten zu einem befriedigten, heilen Leben über die ihm »natürlich« vom Schöpfer gegebenen hinaus nach »widernatürlichen« greifend, deren Versagen erfährt und zum unglücklichen Tier wird[205].

---

[202] Vgl. Philo Leg all II 66; Jos Ant 16,223; Sib IV 36.

[203] Vgl. die Belege oben Anm. 201; im NT noch 1Kor 6,11; 1Tim 1,10; 2Petr 2,6ff; Jud 7.

[204] Philo (s. o. Anm. 201) sieht in der Vergeudung der Sexualkraft die Schuld wie zugleich die Strafe für Homosexualität.

[205] Bis in das 20. Jahrhundert hinein galt Homosexualität als wider-moralisch; und bis zur Novellierung des § 175 StGB wurde sie strafrechtlich verfolgt. Die Hypothese, Homosexualität sei »angeboren«, diente ursprünglich dem Schutz der Homosexuellen vor dieser sozialen Deklassierung; vgl. Hirschberg, M., Die Homosexualität des Mannes und des Weibes, Berlin 1920. Sie wird noch heute vielfach vertreten, vgl. z. B. Schlegel, W. S., Lexikon der Sexualität, Hamburg 1968. Daneben trat seit S. Freud die psychoanalytische Erklärung als Neurose, die durch Familiensituationen in der frühen Kindheit hervorgerufen sei, welche eine normale Ablösung von der Mutter nicht erlaube; vgl. besonders: Drei Abhandlungen zur Sexualtheorie, Gesammelte Werke IV, Frankfurt 1963. Die Konsequenz ist, Homosexualität als »Deviation«, also als Krankheit zu beurteilen und den von ihr Betroffenen Heilung anzubieten, sei es medizinisch, sei es psychoanalytisch. Eine dritte Hypothese läuft darauf hinaus, die psychoanalytische Erklärung durch eine umfassend sozialkritische zu ergänzen; vgl. dazu repräsentativ Dannecker, M. – Reiche, R., Der gewöhnliche Homosexuelle, Frankfurt ²1974. (Ich danke meinem Kollegen A. E. Meyer, Hamburg, für den Hinweis auf dieses Buch.) Die Erkenntnisse über die Ent-

V 28 setzt Paulus zum letzten der drei parallelen Argumentationsgänge an: Die   28
Entsprechung zwischen der Menschen Tun und Gottes Reaktion kommt hier
sogleich im Vordersatz durch καθώς stark zum Ausdruck[206]; dafür fehlt im
Nachsatz διό bzw. διὰ τοῦτο. Vor allem aber tritt die Entsprechung durch die
Wortwahl im Vorder- und Nachsatz hervor: Die Menschen »verwarfen« die
Erkenntnis Gottes (οὐκ ἐδοκίμασαν) – entsprechend hat Gott sie preisgegeben
an »verwerflichen Sinn« (εἰς ἀδόκιμον νοῦν)[207]. Paulus leitet hier also zu
1,21 zurück und bezieht zusammenfassend alles in VV 24ff Gesagte auf das
grundsätzliche Thema der verfehlten Gotteserkenntnis, woraus nochmals erhellt, daß diese nichts Theoretisch-Abstraktes ist, sondern das Gewahren der in
der Schöpfung gegenwärtig-wirksamen Macht des Schöpfers und das praktische Wahrnehmen seines Willens im Tun[208]. Entsprechend ist die verfehlte
Gotteserkenntnis eine praktische Entscheidung (ἐδοκίμασαν vgl. 2,18; 2,2;
Phil 1,10) zu einem Handeln gegen Gottes Willen: ποιεῖν τὰ μὴ καθήκοντα.
Mit dem in der zeitgenössischen stoischen Ethik geläufigen Ausdruck τὰ
καθήκοντα[209] meint Paulus das, was Gott fordert: τὸ δικαίωμα τοῦ θεοῦ (V
32); vgl. τὰ διαφέροντα 2,18; Phil 1,10, expliziert als τὸ ἀγαθὸν καὶ τὸ εὐά-
ρεστον καὶ τὸ τέλειον Röm 12,2; vgl. ἐν ἐπιγνώσει παντὸς ἀγαθοῦ Phlm 6.
In VV 29–31 wird durch eine Reihe asyndetisch aufgeführter Verhaltenswei-   29–31
sen konkretisiert, was mit dem »Pflichtwidrigen« gemeint ist. Solche »Lasterkataloge«[210] finden sich ebenso in der hellenistischen Diatribe wie auch breit in
jüdischer Tradition. Hier wie dort deutet die Reihung auf eine Unterrichtssi-
tuation als ursprünglichen Sitz im Leben. Die Diatribe schöpft aus der Schultradition stoischer Ethik. Diese entwickelte eine Systematik, nach der alle verschiedenen Laster den vier Kardinallastern zugeordnet werden (ἀφροσύνη,
ἀκολασία, ἀδικία, δειλία neben den vier πάθη: ἐπιθυμία, φόβος, λύπη,
ἡδονή), die wiederum in entsprechendem Gegensatz zu den vier Kardinaltu-

stehungsbedingungen der Homosexualität in
ihren sehr verschiedenen Arten schließen es
jedenfalls aus, die Aussage des Paulus heute
noch in dem Sinne zu übernehmen, daß Homosexualität ein sittlich verwerfbares Vergehen sei.
[206] καθώς hat bei Paulus zuweilen begründende Funktion und wird auch Röm 1,28 vielfach seit Augustin in rein kausaler Bedeutung
aufgefaßt; vgl. Bl-Debr § 453.2[4]; danach z. B.
Kuss, Michel, Käsemann, Cranfield z. St. Es
gibt aber m. E. keine einzige Stelle, an der Paulus mit καθώς nicht eine Entsprechung ausdrückt, die *als solche* begründende Funktion
hat.
[207] Zu θεὸν ἔχειν ἐν ἐπιγνώσει vgl. die Belege mit sprachlichen Analogien bei Pr-Bauer
659. Danach ist der Sinn kein anderer als in
1,21: »Gott erkennen«. Weder bedeutet ἔχειν
»festhalten« noch ἐπίγνωσις »mehr als
γνῶσις« (gegen Kuss 52). Vgl. jedoch Schlier
63, der erwägt, Paulus könne die Formulierung

gewählt haben, »um das Nichtverharren des
Geschöpfes in der Erkenntnis des Schöpfers zu
betonen«.
[208] ἐπίγνωσις hat Phil 1,9 praktische Bedeutung: Wahrnehmung des Willens Gottes, vgl.
Kol 1,9f; 3,10 sowie ἐπιγνώσκειν Röm 1,32.
[209] Zwar hat die stoische Schulphilosophie τὰ
καθήκοντα als die von jedem Menschen zu er-
füllenden Pflichten von den κατορθώματα,
den nur dem »Weisen« zukommenden Hand-
lungen, unterschieden (vArnim III 528) und
das Pflichtwidrige terminologisch streng als τὸ
παρὰ τὸ καθῆκον bezeichnet (Diog L VII 108
u. ö.). Doch hat Lietzmann 34 mit Recht darauf
hingewiesen, daß popularphilosophisch auch
das einfache τὸ μὴ καθῆκον geläufig ist (Epict
III 22,43; ebenso auch in hellenistisch-jüdischer Literatur: 3Makk 4,16; 2Makk 6,4).
Wibbing, Tugend- und Lasterkataloge 82
Anm 23, bestreitet also zu Unrecht den stoischen Einfluß in der Formulierung.
[210] Dazu vgl. Vögtle, Tugend- und Lasterka-

genden stehen (φϱόνησις, ἀνδϱεία, σωφϱοσύνη, διϰαιοσύνη). Dieses System von Tugenden und Lastern tritt freilich in der popular-philosophischen Unterweisung wie auch im hellenistischen Judentum zurück[211]. Bei den Lastern handelt es sich vor allem um soziale Vergehen. Das Judentum konnte diese Tradition aufnehmen, da hier die Gebote der Zweiten Tafel des Dekalogs im Kontext von Reihen sozialer Gebote für sich gesondert überliefert worden sind[212]. Erst in neutestamentlicher Zeit – besonders im hellenistischen Judentum – wird diese Tradition wieder mit dem Wortlaut des Dekalogs verbunden, vgl. Röm 13,9; Mk 10,19 parr. Von daher erklären sich sowohl die Nähe als auch die Unterschiede zwischen jüdischer und hellenistischer Tradition. Bestimmte Laster, die in der einen Tradition immer wiederkehren, fehlen z. B. in der anderen[213]. Vor allem aber ist der bestimmende Gesichtspunkt hier wie dort verschieden: Während nach hellenistischer Auffassung die Laster auf fehlende Erkenntnis bzw. auf fehlerhafte Abhängigkeit von den Trieben zurückgeführt werden, sind sie nach jüdischer Überlieferung Verhaltensweisen, in denen sich die Ungerechtigkeit als Widerspiel zur Gerechtigkeit auswirkt. Dieser radikale Dualismus prägt sich besonders in apokalyptischem Kontext eschatologischer Scheltrede gegen die Frevler bzw. entsprechender Warnung an die Gerechten aus, wofür der Lasterkatalog in 1QS 4,2–14 ein eindrückliches Beispiel ist[214]. In diesem Kontext steht auch Röm 1,29–31[215]: Die Laster sind als Taten der Ungerechtigkeit zugleich Erweis für das endzeitliche Zorngericht Gottes. Im Unterschied zur jüdischen Tradition gelten die Laster im Urchristentum als für die Zeit ante fidem charakteristisch (vgl. 1Kor 6,9–11), als »Werke des Fleisches«, zu denen die ›Tugenden‹ als »Frucht des Geistes« in radikalem Widerspruch stehen (Gal 5,19ff.22ff); für Christen sind sie abgetane Vergangenheit, und sie werden vor Rückfall zu ihnen gewarnt (2Kor 12,20f vgl. 1Kor 5,10f). Die Bekehrung bildet die Zäsur zwischen ποτέ und νῦν. Dies ist auch der Kontext, in dem Röm 1,29ff im Rahmen von 1,10–3,20 zu verstehen ist (vgl. 3,21ff) und der dann in Röm 6 eigens thematisch wird[216]. Die

taloge; Wibbing, Tugend- und Lasterlataloge; Kamlah, Form, sowie den Exkurs bei Blank, J., Der Brief an die Galater, EKK.

[211] Eine Ausnahme bildet Philo v. Alexandrien; dazu vgl. Wibbing 27.

[212] Vgl. dazu Berger, Gesetzesauslegung I 362–395.

[213] Dazu vgl. Berger, ebd. 389 Anm. 3 von S. 388.

[214] Dazu vgl. Wibbing, Tugend- und Lasterkataloge 45–58; Kamlah, Kataloge 40–50. 163–168 sowie zuletzt Bussmann, Themen 108–122. Daxer, Römer 1,18–2,10 im Verhältnis zur spätjüdischen Lehrauffassung, Diss. Rostock 1914, 35ff hatte grundsätzlich recht, wenn er in Anknüpfung an Seeberg, A., Der Katechismus der Urchristenheit, 1903, die ntl. Tugend- und Lasterkataloge mit der jüdisch-altchristlichen Zwei-Wege-Lehre

in Verbindung brachte. Dieser Zusammenhang ist aber erst von Wibbing, ebd. 33–42 und Kamlah, ebd. aufgewiesen worden. Die spezielle Rekonstruktion eines jüdisch-urchristlichen Katechismus ist freilich mit Recht nicht akzeptiert worden; vgl. dazu Vögtle, Tugend- und Lasterkataloge 113–120; 192ff sowie Berger, Gesetzesauslegung 389 Anm. 1.

[215] Wibbing ebd. 92f weist nach, daß zehn der Röm 1,29–31 aufgeführten Laster in entsprechenden hebräischen Worten des Katalogs 1QS 4 wiederkehren.

[216] Schweizer, Gottesgerechtigkeit und Lasterkataloge 469–471, weist darauf hin, daß – wie in den übrigen paulinischen Katalogen – auch hier die strukturierende Trias: Götzendienst, Unzucht, Habgier zugrunde liegt, der Skopos aber weder paränetisch noch aber auch apologetisch ist. »Die Tatsache, daß hier in

Reihe VV 29–31 ist nicht inhaltlich, jedoch rhetorisch gegliedert[217]. Deutlich bilden alle genannten Laster eine zusammenhängende Reihe und erwecken, in einem Zug gelesen, »den Eindruck eines ungeheuren Meeres von Verworfenheit«[218]. Man soll zwar jedes einzelne Wort in seinem besonderen Sinn konkret auffassen, nicht aber irgendeine ethische Systematik aus der Aufzählung gerade dieser und dem Fehlen anderer Laster herauslesen[219].

ἀδικία hat hier, dem Kontext zufolge, als Oberbegriff soziale Bedeutung. 29
Darin spiegelt sich die traditionelle Überschrift über die sozialen Reihen in jüdischer Tradition[220]. Paulus nimmt damit den Schlüsselbegriff von 1,18 wieder auf, worauf auch πάσῃ ἀδικίᾳ hinweist. πονηρία »Bosheit« und κακία »Schlechtigkeit« sind fast synonym und stehen sonst gern zusammen (vgl. 1Kor 5,8). Das mag der Grund sein, warum in der handschriftlichen Überlieferung die Stellung von κακία wechselt[221]. πλεονεξία »Habsucht« gehört fest zum Stamm jüdischer wie urchristlicher Laster, vgl. z. B. Test A 6,2; 1Kor 5,10f; 6,9f; Eph 5,3–5; 4,19; Mk 7,21f. φθόνος »Neid« und φόνος »Mord« stehen zwar wegen des Gleichklangs nebeneinander, doch nicht ohne inhaltlichen Zusammenhang: Die urchristliche Paränese warnt vor Habsucht und Neid als der Wurzel von Streit, Krieg und Mord, vgl. Jak 4,2. ἔρις »Streit«, δόλος »Heimtücke« und κακοήθεια »Verschlagenheit«[222], gehören von daher zum selben Kontext der Eigentumsdelikte.

Mit dem lautklanglich gebildeten Wort ψιθυριστής »Ohrenbläser« (von ψι- 30
θυρίζειν »zischeln, zuflüstern«) und dem entsprechenden κατάλαλος »Verleumder« beginnen die Lasterpaare. Während dieses erste Paar das Verhältnis zum Nächsten betrifft, bezieht sich das zweite vielleicht auf das Gottesverhältnis: θεοστυγής ist sonst zwar, von der Wortbildung her, nur passivisch belegt (»gottverhaßt«), hier jedoch vom Kontext her besser im aktivem Sinne aufzufassen: »Gott hassend« (wie θεοστυγία 1Cl 35,3)[223]. So könnte auch ὑβρι-

---

derart ausführlicher und schockierender Weise von der Verkommenheit der Welt die Rede ist, muß als Sprache der Apokalyptik verstanden werden, eben darum kann ihr nicht die moralische Perfektion des Christen entgegengestellt werden, sondern nur die in Jesus Christus eingebrochene Gottesgerechtigkeit« (ebd. 470).

[217] Vgl. oben S. 96.

[218] Kuss 53.

[219] So fällt auf, daß im Unterschied zu allen anderen Katalogen keinerlei sexuelle Laster genannt werden, was dadurch erklärt werden mag, daß Paulus zuvor auf solche besonders abgehoben hat und so nun die allgemeinen zwischenmenschlichen Delikte nachholt.

[220] Dazu vgl. Berger, Gesetzesauslegung I 40–42.385f.

[221] Hinsichtlich der Reihenfolge der vier ersten Laster weichen die Zeugen vielfach voneinander ab. Doch lassen sich die variae lectiones auf zwei sachliche Änderungen der wahrscheinlich ursprünglichen Lesart πονηρία,

πλεονεξία, κακία (B 1739 Or) zurückführen: Erstens zeigt sich das Bestreben, κακία aus inhaltlichen Gründen entweder zu ἀδικία (C bo) oder zu πονηρία (א A) zu ziehen. Zweitens wird πονηρία durch πορνεία ersetzt (D G Pelag; vgl. G in 1Kor 5,8!), was dann die harmonisierende Einfügung von πονηρία neben πορνεία zur Folge hat (in verschiedener Reihenfolge Hier vg Ambst Petrus Chrysologus L Bas Theodoret pesch). Vgl. die Zusammenstellung und textgeschichtliche Beurteilung bei Lietzmann 35.

[222] Michel 70: »Der Trieb, alles zum Schlechten zu kehren«; vgl. die Definition bei Ammonius, περὶ ὁμοίων καὶ διαφόρων (ed. Volkenaer S. 418): κακία κεκρυμμένη (zitiert bei Cranfield 130).

[223] Für passive Bedeutung plädieren Lagrange, Lietzmann, Schlatter, Kuss. Zahn zieht θεοστυγεῖς mit ὑβριστάς zusammen: »gottverhaßte Gewalttäter«. Pallis und Barrett verbinden es mit καταλάλους, was aber deswegen

στάς auf Gott bezogen gemeint sein[224], wozu sonst freilich nur Belege mit ὑβρίζειν aus Josephus beizubringen sind (vor allem Ant 9,257), während Verbum wie Substantiv in altchristlicher Literatur im allgemeinen nur in der Bedeutung »Gewalttäter« nachweisbar sind, und ὑβριστής neben ὑπερήφανος in einem hellenistischen Lasterkatalog erscheint[225]. So steht das Wort wahrscheinlich in einer Reihe mit den beiden folgenden sozialen Lastern ὑπερηφάνους »Hochfahrende« und ἀλαζόνας »Prahler«[226]. Dann steht θεοστυγεῖς in seiner religiösen Bedeutung isoliert, wobei jedoch zu beachten ist, daß sowohl in griechisch-hellenistischer wie in jüdisch-urchristlicher Denkweise Hochmut und hochfahrendes Wesen gegen andere den besonderen Zorn Gottes auf sich zieht[227]. Unter diesem Gesichtspunkt gehören die drei Lasterpaare in V 30a also – parallel zu der voranstehenden Fünferreihe V 29b – zusammen; es geht hier um das Verächtlichmachen des Nächsten aus rücksichtsloser Geltungssucht.

Die beiden doppelgliedrigen Ausdrücke V 30b haben keinen ersichtlichen inhaltlichen Zusammenhang. ἐφευρετὰς κακῶν ist in politischem Kontext belegt[228], meint hier aber wohl allgemein, das Voranstehende zusammenfassend, alles verderbliche Sinnen und Trachten in seiner bösen Kreativität. Der Ungehorsam gegen die Eltern taucht auch im Lasterkatalog 2 Tim 3,2 auf und hat eine breite Vorgeschichte in der jüdischen Auslegung des 4. Gebots[229].

31 Die beiden Schlußpaare V 31 sind in ihrer Zusammenstellung aufs stärkste rhetorisch bedingt. ἀσύνετος (vgl. VV 21f) stammt aus der Weisheit und bezeichnet generalisierend alles frevelhafte Handeln im Blick auf den Widerspruch zu der Vernunft, die in der Gottesfurcht besteht, ohne die auch eine noch so große intellektuelle Begabung nur verderbliche, zerstörerische Wirkung haben kann. ἀσύνθετος, ursprünglich »bundbrüchig, treulos«[230], kann die Bedeutung »eigenwillig, querköpfig« (in sensu malo) annehmen[231]. »Lieblosigkeit« (ἀστόργους) und »Unbarmherzigkeit« (ἀνελεήμονας) sind wieder auch inhaltlich ein Paar.

32 V 32 resümiert mit οἵτινες wie V 25[232]. Obwohl die Menschen aufgrund der Präsenz Gottes in seinen Schöpfungswerken ihn erkennen (VV 19–21) und so seine »Rechtsforderung« kennen, nach der »die, die solches tun«, sich zum Tod als »der Sünde Sold« (6,23) qualifizieren, tun sie es nicht nur, sondern geben auch denen, die es tun, ihren unterstützenden Beifall, den »Applaus, der alle

nicht angeht, weil κατάλαλος im gesamten altchristlichen Wortgebrauch (besonders im Herm s) ein soziales Delikt bezeichnet und καταλαλιά in dieser Bedeutung häufiger in Lasterkatalogen auftaucht; vgl. bei Paulus 2 Kor 12,20.

[224] So Michel 70 mit Verweis auf 1 Tim 1,13.
[225] Pr-Bauer 1646.
[226] Beide Laster als Substantive nebeneinander Stob Ecl 95; 16; Weish 5,8; 1 Cl 16,2; 35,5; Herm m 6,2,5; Diogn 5,1; die Adjektive wie Röm 1,30 bei Jos Bell 6,172 sowie im Lasterkatalog Test L 17,11.

[227] Vgl. die Belege bei Pr-Bauer 1664.
[228] Vgl. die Belege bei Michel 70. Nicht das Aufspüren von Verbrechern durch ›Schnüffler‹ ist gemeint, so Schlier, Von den Heiden 36.
[229] Dazu vgl. Berger, Gesetzesauslegung I 278–290.
[230] Von daher fügen C Koine lat, freilich nach ἀστόργους, aus 2 Tim 3,3 ἀσπόνδους ein.
[231] Dazu vgl. Fridrichsen, A., ΑΣΥΝΘΕΤΟΣ, CB. NT IX (1944) 47f.
[232] Zu den variae lectiones im lateinischen Text und in B vgl. zuletzt Cranfield 133f.

Laster amüsiert begleitet«[233]. τὸ δικαίωμα τοῦ θεοῦ bezeichnet 2,26 und 8,4 das Gesetz. Gut jüdisch weiß Paulus den in den Schöpfungswerken offenbaren Willen Gottes in der Tora ausgesprochen und empfindet so keinerlei Hemmung gegenüber dem Gedanken, daß auch Heiden in den Ordnungen des Kosmos Gottes Willen gewahren. Er braucht dabei keineswegs speziell an diejenigen »adamitischen« oder »noachitischen« Gebote im Gesetz zu denken, die in der rabbinischen Reflexion aus der Tora selbst als auch für Heiden geltend herausgestellt werden[234]. Was die Verantwortlichkeit aller Menschen gegenüber dem Schöpfer betrifft, gibt es für ihn – wie offenbar überhaupt für das Denken urchristlicher Missionare (vgl. Apg 17,22ff!) – keinerlei Unterschied zwischen Juden und Heiden: Gottes »Rechtsforderung« ist »die Wirklichkeit, unter der die ganze Welt faktisch steht. Nicht die ἀγνωσία θεοῦ ist das Zeichen der gottlosen Welt, sondern das Wissen um Gott«[235]. Faktisch freilich zeigt sich darin, daß Paulus bei den Heidenchristen eine breite Kenntnis jüdischer Tradition selbstverständlich voraussetzen konnte; denn es dürfte sich weit überwiegend um vor ihrer Bekehrung »Gottesfürchtige« gehandelt haben[236]. Erst bei den sogenannten Apologeten des 2. Jahrhunderts zeigt sich eine Situation im Gegenüber zur tatsächlich paganen geistigen Welt; darum waren erst sie genötigt, die Rede von dem einen Gott eigens zu begründen. Man darf darum von der gegenüber Paulus anders zielgerichteten ›apologetischen‹ Argumentation und ihrem verschiedenen traditionsgeschichtlichen Hintergrund her, die sich zuerst Apg 17,22ff und ähnlich im apologetischen Schrifttum des hellenistischen Judentums zeigen, nicht so voreilig auf einen strukturellen theologischen Gegensatz schließen, wie dies gegenwärtig gern betont wird[237]. Auch Paulus wird zweifellos dort anders argumentiert haben müssen, als er es Röm 1 tut, wo er sich paganen Heiden gegenübersah, die von dem einen, wahren Gott der jüdischen Überlieferung überhaupt nichts wußten; vgl. 1Thess 1,9f! In der konkreten missionarischen Situation wird er seine heidnischen Hörer zweifellos nicht so, wie er es Röm 1 tut, ohne jede nähere ›apologetische‹ Erklärung dabei behaftet haben, daß sie – trotz ihrer faktischen ἀγνωσία – »Gottes Rechtsforderung kennen«.

In ἄξιοι[238] θανάτου zeigt sich wieder die alte Anschauung des ›Tat-Ergehen-Zusammenhangs‹ (Koch) als Hintergrund: »Die, die solches tun«, haben sich damit qualifiziert für den Tod als Folge ihres Tuns (vgl. 6,23; Mt 3,8par; Lk 23,41); und ebendieser Zusammenhang zwischen Sünde und Tod ist in der »Rechtsforderung« Gottes bereits mitausgesprochen, sofern es Leben und Heil nur als Folge des Gehorsams gegen Gott gibt und Ungehorsam gegen Gott den

---

[233] Käsemann 47, der zugleich auf die genauen Parallelen in Test A 6,2: πράσσουσι τὸ κακὸν καὶ συνευδοκοῦσι τὸ κακόν, und Seneca, ep mor 39,6: »turpia non solum delectant, sed etiam placent«, hinweist. Vgl. auch Cranfield 134f gegen Barrett 41.

[234] So z. B. Jervell, Imago Dei 319; Flückiger, Unterscheidung 156ff; Davies, Paul 115f.

[235] Bornkamm, Offenbarung des Zornes 19.

[236] Vgl. dazu Schmithals, Römerbrief 69–82.

[237] Vgl. besonders Vielhauer, Ph., Zum Paulinismus der Apg, in: Aufsätze zum NT 9–27; Käsen.ann 47.

[238] Nicht ἔνοχοι wie Mt 5,21f; Mk 14,64par!

Frevler von dieser Heilsfolge ausschließt. Das δικαίωμα τοῦ θεοῦ spricht in eschatologisch-forensischer Geltung (vgl. 2,3ff) den sündigen Menschen das Geschick zu, das sie sich in ihren Taten selbst angerichtet haben; und das weiß jeder, der Gott als den in der Schöpfung präsenten Herrn gewahrt und ihm im Tun widerspricht, mag er sich immer in seinem Aufruhr für weise halten (1,22). Der Beifall, der gerade unter Inanspruchnahme von rational-gebildeter Urteilsfähigkeit der faktischen Sünde als Sukkurs gegeben zu werden pflegt, so als komme der Rebell gegen Gott erst eigentlich zu sich selbst, zu wahrer Freiheit unabhängigen Lebens, ist in Wirklichkeit, d. h. unter dem eschatologisch relevanten Aspekt des Zornes Gottes, zutiefst Torheit und Trug; darum richtet sich das von den Menschen verworfene δικαίωμα τοῦ θεοῦ gerade auch gegen diejenigen, die Sünde durch ihren Beifall legitimieren.

Zusammen-
fassung   Im Stil apokalyptischer Gerichtsverkündigung läßt Paulus unter dem Aspekt des Endgerichts hervortreten, welches die Situation der gesamten Menschheit vor Gott ist: Die Menschen haben sich der in der Schöpfung wirksamen Gegenwart Gottes verweigert, so daß diese ihnen nun verschlossen ist. Ihr Widerspruch gegen Gott manifestiert sich in der Verweigerung des Dankes und Lobpreises, in der sie im Götzendienst Gott zu sich herabziehen und den Schöpfer zum Geschöpf, zu *ihrem* Geschöpf machen. Der Widerspruch gegen Gott aber wirkt sich zugleich gegen sie selbst aus, indem die Menschen einander benutzen müssen, um sich die im Bruch mit dem Schöpfer fehlende Menschlichkeit auf Kosten der andern zu verschaffen. Statt aber den Hunger nach Leben stillen zu können, geraten sie so nur immer tiefer hinein in die Unmenschlichkeit. Als Feind Gottes wird der Mensch des Menschen Ausbeuter.

Das Unheimliche dieses Abschnittes liegt darin, daß Paulus hier mit traditionell-festen Motiven jüdischer Heidenpolemik arbeitet und so ein völliges Einverständnis des Juden provoziert – um ihn hernach selbst den Heiden gleichzustellen. Dieser verborgene Skopos zeigt sich darin, daß Paulus, statt von den *Heiden*, vielmehr von den »*Menschen*« redet, als welchen er dann den jüdischen Partner 2,1 selbst ansprechen wird: So schließt die eschatologische Enthüllung des Zornes Gottes »über alle Gottlosigkeit und Ungerechtigkeit der Menschen« (1,18), der der Jude als zunächst Unbetroffener zustimmt, ja die er selbst als κρίνων dem Heiden gegenüber anklagend zur Geltung bringt (2,1), seine eigene Verurteilung mit ein. Die Rede 1,18ff hat also den gleichen Charakter der Entlarvung des Adressaten wie die Rede des Propheten Nathan an David 2Sam 12: »Du bist der Mann!«

Origenes[239] wiederholt in seinem Kommentar zur Stelle den gleichen Effekt gegenüber dem kirchlichen Leser: »Wir, die wir augenscheinlich in der Kirche sind und den rechten Glauben haben, müssen auf uns selbst schauen und ernstlich prüfen, ob wir nicht von den Heiden nur durch den Namen der wahren Gottesverehrung getrennt, durch die Wirklichkeit und die Taten aber mit ihnen verbunden sind.« Er bezieht sich damit auf eine verbreitete Auslegung der

---

[239]   Rufin 870 bei Schelkle, Paulus 57f.

Stelle im Sinne einer Verurteilung der nichtchristlichen Heiden – insbesondere der griechischen Philosophen – von der Warte christlicher Gotteserkenntnis aus[240]: Damit verband sich freilich später in dem Maße kein aktuelles Interesse mehr, als das Heidentum der Kirche nicht mehr gegenüberstand. Götzendienst und grobe Laster aber schienen auf innerkirchliche Zustände nicht zuzutreffen, allenfalls auf bestimmte Ketzer wie die Arianer[241]. So konzentrierte sich die Auslegung der Stelle auf zwei theologische Themen, die eng miteinander zusammenhängen: die Gotteserkenntnis aus der Schöpfung[242] und vor allem die Willensfreiheit des Menschen, aufgrund deren Sünde als Schuld einklagbar ist[243].

Das erste Thema ist vor allem von Thomas von Aquin ausgearbeitet worden; durch ihn vermittelt, hat Röm 1,19f bis heute wirkungsgeschichtliche Bedeutung gewonnen. Er interpretiert »quod notum est Dei« im Sinne von: »quod cognoscibile est de Deo ab homine per rationem« und unterscheidet von dem, was der natürlichen Vernunft von Gott erkennbar ist[244], das, was nicht erkennbar ist: die »divina essentia«; denn »ea, quae sunt ei (scil. homini) connaturalia . . . non sunt proportionata ad repraesentandam divinam essentiam«[245]. Zur Erkenntnis des Wesens Gottes ist es notwendig, daß Gott selbst es dem Menschen offenbart, nämlich einerseits durch innere Erleuchtung, andererseits aufgrund der äußeren Schöpfungswerke[246]. Diese Offenbarung nun ist insofern die grundlegende Selbstoffenbarung Gottes, als ohne sie das Verhältnis zwischen Schöpfer und Geschöpf gar nicht möglich wäre. Als solche ist sie die Basis der Heilsoffenbarung Gottes in Christus, deren zugeordnetes Erkenntnisorgan der Glaube ist, der als Zustimmung ein Akt der Vernunft ist, jedoch aufgrund spezieller Erleuchtung durch die Gnade. Diese thomanische Lehre ist auf dem 1. Vatikanischen Konzil 1870, Sessio III, zum verbindlichen Dogma fixiert worden. Der entscheidende Satz, in dem zugleich der Sinn von Röm 1,20 festgelegt worden ist, lautet: »Eadem sancta mater Ecclesia tenet et docet, Deum, rerum omnium pricipium et finem, naturali humanae rationis lumine et rebus creatis certo cognosci posse . . . (Zitat Röm 1,20): attamen placuisse eius sapientiae et bonitati, alia eaque supernaturali via se ipsum ac ae-

---

[240] Vgl. die Beispiele bei Schelkle, ebd. 58.63f.

[241] Vgl. Schelkle, ebd. 57.

[242] Die stoischen Motive der Gotteserkenntnis aus der Ordnung und Schönheit der Welt in Röm 1,19f wurden vielfach christlich einfach übernommen; vgl. Schelkle ebd. 54f.

[243] Vgl. Photius bei Staab 476: ῥᾷον γὰρ, εἴπερ ἐβούλοντο, ἀπὸ τῶν ὡρωμένων καὶ ἑαυτοὺς καὶ ἑτέρους ὠφελῆσαι εἰς θεογνωσίαν; ferner das Material bei Schelkle ebd. 66–69. Unter diesem Aspekt wurde das dreifache παρέδωκεν V 24.26.28 zum Anstoß, der behoben wurde, indem man den Entzug der Vorsehung (Orig Cels 7,47; GCS 2,198f) bzw. der Gnade (Chrysostomus 451) als rechtmäßige Strafe verstand und betonte: »Tradere est

permittere, non incitare aut inmittere« (Ambrosiaster 59).

[244] Rein vernünftig zugänglich ist die Erkenntnis, *daß* Gott ist, nämlich als »primum movens, quod a nullo movetur«, als »causa efficiens prima« und als »ens quod sit per se necessarium« (Summa theol. I 3,3).

[245] Röm 114. Es folgt ebd. 115 die traditionelle, vom Areopagiten übernommene Lehre von den drei Modi der Gotteserkenntnis (per causalitatem, per viam excellentiae und per viam negationis). Vgl. Summa theol I 12,12. – Schon Iren Haer, II 37,1, erkannte die Aufgabe kirchlicher Lehre, nicht »Deum ex factis, sed ea, quae facta sunt, ex Deo« zu erkennen.

[246] Röm 116–118.

terna voluntatis suae decreta humano generi revelare«[247]. Daraus folgt einerseits die Unterscheidung zwischen natürlicher und übernatürlicher Offenbarung sowie Gotteserkenntnis (Denzinger 1789), andererseits die Übereinstimmung zwischen ratio und fides (ebd. 1790).
Dieses Dogma wird von protestantischer Seite heftig bestritten. Man darf vielleicht sogar sagen, daß es sich hier um einen der kontroverstheologisch neuralgischen Punkte der Neuzeit handelt. Das gilt jedenfalls für die dialektische
Theologie, die mit den gleichen Argumenten, mit denen sie das antimodernistische Dekret des Vatikanums bestreitet, nahezu die gesamte theologische
Tradition im eigenen ›neu‹protestantischen Lager bekämpft. So blies Karl
Barth 1934 mit schrillem Fanfarenstoß zum generellen Kampf gegen die natürliche Theologie jeglicher Art. Hatte soeben die Barmer Bekenntnissynode in
der These I die Lehre der Deutschen Christen anathematisiert[248], so setzte er
nun sogleich auch den Tendenzen innerhalb der eigenen Gruppierung zu einer
Wiedergewinnung einer »rechten« natürlichen Theologie[249] sein schroffes,
alle Vermittlung abweisendes »Nein!« entgegen. Er schrieb gegen E. Brunner:
»Die evangelische und die natürliche Theologie haben bei Brunner so wenig
Raum nebeneinander wie überall, wo man sie zu kombinieren versucht hat.
Und wie überall, wo das geschehen ist, so hat sich auch bei Brunner der Konflikt eindeutig zugunsten der natürlichen Theologie entschieden.«[250] Der so
Angegriffene hatte gegen Barth erklärt: »Die Kirche erträgt auf die Dauer die
Ablehnung der theologia naturalis ebenso wenig als ihren falschen Gebrauch.
Es ist die Aufgabe unserer theologischen Generation, sich zur *rechten* theologia
naturalis zurückzufinden . . . Es ist höchste Zeit, daß wir das Versäumte nachholen.«[251] Mit dem »falschen Gebrauch« ist die Lehre des Vatikanums gemeint[252]. Daraus erhellt die Breite des Gegensatzes der protestantischen Theologie gegen die katholische in diesem Punkt: Sie sieht in dieser die Lehre einer
»intellektuellen Werkgerechtigkeit«[253].
Dieser Gegensatz ergibt sich freilich erst aus der spezifisch modernen Problemstellung. Bei den Reformatoren findet er sich in dieser Zielrichtung noch nicht.
Zwar hat Luther der spätscholastischen »Philosophie« seiner Zeit die Konse-

[247] Denziger 1785. Die entsprechende Bestreitung wird in Can. 2,1 »contra negantes theologiam naturalem« (Denzinger 1806) anathematisiert.
[248] Unter der Überschrift von Joh 14,6; 10,1.9 erklärte die Synode am 31. Mai 1934: »Jesus Christus, wie er uns in der Heiligen Schrift bezeugt wird, ist das eine Wort Gottes, das wir zu hören, dem wir im Leben und im Sterben zu vertrauen und zu gehorchen haben. Wir verwerfen die falsche Lehre, als könne und müsse die Kirche als Quelle ihrer Verkündigung außer und neben diesem Worte Gottes auch noch andere Ereignisse und Mächte, Gestalten und Wahrheiten, als Gottes Offenbarung anerkennen.« Vgl. dazu die Auslegung

bei Barth, K., KD II/1, 1948, 194–200.
[249] Brunner, E., Natur und Gnade. Zum Gespräch mit Karl Barth (1934). Ferner vor allem Althaus' Lehre vom Anknüpfungspunkt (»Uroffenbarung«): Die christliche Wahrheit I, Gütersloh 1947 45–73.
[250] Barth, K., Nein! Antwort an Emil Brunner, 1934 (TEH 14), 30f.
[251] Brunner, Natur und Gnade 44.
[252] Ebd. 31–33. Barth nahm einerseits die katholische Lehre gegenüber ihrer vergröberten Darstellung bei Brunner durchaus zutreffend in Schutz (Nein! 32–34), um sie sogleich andererseits unter Einschluß Brunners radikal zu bestreiten (ebd. 34–36).
[253] So repräsentativ Barth, Nein! 38.

quenzen der Kreuzestheologie entgegengestellt[254] und in der Auseinandersetzung mit Erasmus Glaube und Vernunft im Blick auf die Erkenntnis Gottes
schroff konfrontiert[255], aber das galt einer theologia gloriae und dem Anspruch
des liberum aribitrium auf eine eigene Funktion in der Rechtfertigung. Die Fähigkeit der Vernunft zur Erkenntnis Gottes sowohl im Gewissen als auch aus
den Schöpfungswerken hat keiner der Reformatoren bestritten[256]; und in der
Abgrenzung der Kompetenz der ratio gegen die fides stimmen sie grundsätzlich
mit Thomas überein, obwohl die Funktion der Vernunft bei ihnen zustimmend
im Horizont der Gewissenserfahrung und der Lehre vom Gesetz gesehen wurde[257]. Und so konnte die spätere reformatorische Orthodoxie in der Lehre von
der Gotteserkenntnis auch z. T. ausdrücklich auf Thomas rekurrieren[258]. Ein
fundamentaler Gegensatz zum Vatikanum ergibt sich in *diesem* Punkt aus der
Position altreformatorischer Theologie, zumal wenn man die konkrete Zielrichtung des Vatikanums zu seinem Verständnis berücksichtigt[259], nicht.
Die Polemik Barths[260] enthält nun freilich gewichtige Gesichtspunkte. Seine
Kritik an dem Gedanken der analogia entis konzentriert sich darauf, daß Gottes
Sein, biblisch gedacht, in seinem *Handeln* besteht und entsprechend aus *diesem* zu erkennen ist. Deswegen kehrt er den aristotelischen Satz in seiner hermeneutischen Funktion im Rahmen der thomanischen Lehre: »operari sequitur esse« zu dem Gegen-Satz um: »Esse sequitur operari«, und zwar in voller
Aufnahme der entsprechenden These des katholischen Theologen G. Söhngen[261]. Daraus folgt für Barth, daß die evangelische Theologie auf eine ontologische Begründung von Offenbarung und Gotteserkenntnis keineswegs verzichten kann[262], jedoch die ontologische Frage eben nicht auf das abstrakte Sein

[254] Heidelberger Thesen von 1518 Nr.
29–40, WA 1,355; vgl. auch die schroffe Ablehnung der Gotteserkenntnis nach Röm 1,19f
ebd. Nr. 19f.22.
[255] De servo arbitrio 1525 (WA 18). In einer
späten Predigt aus dem Jahr 1546 kann er die
Vernunft sogar »des Teufels Braut Ratio, die
schöne Metze« nennen (WA 51,126,7.29).
[256] Zu Luther vgl. vor allem Lohse, B., Ratio
und Fides. Eine Untersuchung über die ratio in
der Theologie Luthers, Göttingen 1958. Was
Calvin betrifft, so dürfte Brunner, Natur und
Gnade 22–36 gegen die pauschale Bestreitung
Barths, Nein! 36–45 im wesentlichen recht gehabt haben. Vgl. zu Calvin ferner vor allem
Brunner, P., Allgemeine und besondere Offenbarung in Calvins Institutio, EvTh 1 (1934)
189–215; Gloede, G., Theologia naturalis bei
Calvin, 1935 (TSSTh 5); Niesel, W., Die Theologie Calvins, München ²1957, 39–52 (39f Literatur).
[257] Das ergibt sich sehr deutlich aus der Auslegung von Röm 1,19f bei Melanchthon, Röm
70–74; vgl. den hier entscheidenden Satz:
»Quare valde observandum est naturalem notitiam de Deo quandam legis notitiam esse, non

evangelii.«
[258] Vgl. z. B. Quenstedt, Theologia didacti-
co-polemica sive systema theologicum, 1685, I
8,2,1 und dazu die gescheite Kritik von Barth,
KD II/1, 267–275; zu Quenstedt jetzt Baur, J.,
Die Vernunft zwischen Ontologie und Evangelium. Eine Untersuchung zur Theologie Jo-
hann Andreas Quenstedts, Gütersloh 1962,
besonders 150–156.
[259] Es sollte ja gegen die *autonome* Vernunft
die wesenhafte Beziehung der Vernunft auf
Gott und ihre Unterordnung als ratio creata
unter die increata veritas Gottes (Denzinger
1789) herausgestellt und der Versuchung zu
einer grundsätzlichen Opposition von ratio
und fides gewehrt werden.
[260] KD II/1, 86–92.
[261] Söhngen, G., Analogia fidei, Cath (M) 3
(1934)   113–136.176–208,   insbesondere
198–207; vgl. ders., Analogia entis oder analogia fidei?, in: Die Einheit der Theologie. Gesammelte Aufsätze, Abhandlungen, Vorträge,
München 1952, 235–247.
[262] Dies hat Jüngel, E., Gottes Sein ist im
Werden, Tübingen 1965, klug und anregend
»nachgedacht«.

Gottes unter Absetzung von seinem Handeln, sondern auf Gottes Sein in seinem Handeln zu richten hat[263]. Das entspricht völlig nicht nur dem Gedanken des Paulus in Röm 1,19f – nur von daher wird ja der Rebellionscharakter der verfehlten Gotteserkenntnis als ἀσέβεια und ἀδικία (vgl. auch 1Kor 1,21!) und das Urteil der Unentschuldbarkeit allererst verständlich! –, sondern es entspricht überhaupt dem gesamten biblischen Verständnis von Gott und Gotteserkenntnis. In der gemeinsamen Aufnahme der ontologischen Aufgabe in dieser Richtung liegt von daher eine wichtige Chance gegenwärtiger ökumenischer Theologie.

Es fragt sich aber, ob die Aussagen des Vatikanums nicht einer solchen Re-Interpretation fähig sind. K. Barth hat dies deswegen bestritten, weil für ihn die Gotteserkenntnis nur exklusiv christologisch zu gewinnen ist[264]. Darin liegt nun zwar ein Wahrheitsmoment insofern, als eine christliche Gotteserkenntnis remoto Christo natürlich unmöglich ist. Die gesamte Geschichte verfehlter Gotteserkenntnis ante Christum Röm 1,18ff ist ja, vom Kontext her gesehen, in der »Offenbarung der Gottesgerechtigkeit« (1,17) im Sühnetod Christi (3,21–26) als aufgehoben *enthalten* und darum in der Tat nur unter christologischem Aspekt denkbar. Gerade christologisch gesehen aber hat die verfehlte Gotteserkenntnis ihre Zeit ante Christum, war also Gott als der Schöpfer vom Anfang an erkennbar; denn die Wirklichkeit alles Seienden besteht in Gottes Handeln. So ist auch die Offenbarung der Gottesgerechtigkeit in Christus wesenhaft bezogen auf alles vorangehende Handeln Gottes und einer ontologischen Interpretation im Kontext des Schöpferhandelns Gottes durchaus fähig und bedürftig. Wird dies akzeptiert, so schließt der christologische Horizont der Gotteserkenntnis eine Re-Interpretation der allgemeinen Ontologie des Vatikanums keineswegs notwendigerweise aus. Über Barths »Nein« hinaus wird eine »natürliche« Theologie in dieser Zielrichtung sehr wohl möglich und notwendig – zumal wo das Gespräch zwischen Theologie und Naturwissenschaften, mitbedingt durch die breite Wirkung der dialektischen Theologie, bislang nur in vereinzelten Ansätzen geführt worden ist[265] und ein dringendes Desiderat bildet.

Es ist darum verständlich, daß die protestantische Theologie sich die Frage nach der natürlichen Gotteserkenntnis von Barth nicht hat verbieten lassen. Zumal angesichts der Atheismusproblematik unserer Zeit hat die alte Frage nach dem Verhältnis von Glaube und Vernunft höchst aktuelle Relevanz. Es ist durchaus der Anstrengung theologischen Begriffes wert, das, was Paulus Röm 1,18 als Verfehlung der Gotteserkenntnis ausführt, im Horizont des modernen Atheismus ernst zu nehmen und nach einer begründeten Antwort auf die Frage zu suchen, warum das Sein ist – und nicht Nichts, bzw. warum Thomas recht

---

[263] KD II/1, 91f.
[264] Dies tritt z. B. in seiner Auslegung von Röm 1,19f in KD II/1, 131–134 deutlich hervor.
[265] Ich verweise hier auf den m. E. interessantesten und kompetentesten Vorstoß zum gegenwärtigen Gespräch zwischen Theologie und Naturwissenschaften von Pannenberg, W., Kontingenz und Naturgesetze, in: Müller, A. M. K., – Pannenberg, W., Erwägungen zu einer Theologie der Natur, Gütersloh 1970, 33–80.

hat, wenn er zu Röm 1,22 schreibt: »Et ideo tunc solum mens humana est a vanitate libera quando Deo innititur, cum autem, praetermisso Deo, innititur cuicumque creaturae, incurrit vanitatem.«[266]

b) 2,1–29 Die Sünde der Juden

Paulus hat 1,18–32 die Sünde der *Menschen* (1,18) beschrieben, wie sie der Jude gewohnt ist, dem Heiden anzulasten, während er sich selbst aufgrund des heilsgeschichtlichen Privilegs Israels als vor Gottes Zorngericht gesichert glaubt. Weil aber auch der Jude gesündigt hat, steht er in Wahrheit ebenso unter dem eschatologischen Zorngericht Gottes wie der Heide (3,9). So stellt sich die Überschrift 1,18: Offenbarung des Zorngerichts Gottes über *alle Menschen*, als durchaus berechtigt heraus.

Paulus geht freilich so vor, daß die Adressierung an den Juden erst schrittweise hervortritt. 2,1–16 spricht er zunächst seinen Partner noch allgemein als »Menschen« an, der den anderen als Sünder verurteilt, selbst aber das gleiche tut. Er konfrontiert ihn mit dem Endgericht Gottes, der jeden Menschen nach seinen *Werken* richten wird, den Juden wie den Heiden (VV 1–11). Der Besitz des Gesetzes ist also kein Privileg des Juden, da es bei Juden wie Heiden im Gericht einzig auf das Tun des Gesetzes ankommt, das als solches auch denen möglich ist, die die Mosetora nicht kennen (VV 12–16). Erst an dieser Stelle spricht Paulus seinen Partner direkt als Juden an, der sich des Gesetzes als seines Privilegs gegenüber dem Heiden rühmt und doch in seinem Tun dem Gesetz widerstreitet (VV 17–24). Auch die Beschneidung aber ist im Endgericht kein Privileg des Juden, da auch die unbeschnittenen Heiden, wenn sie faktisch die Forderungen des Gesetzes erfüllen, vor Gott als Beschnittene gelten (VV 25–29).

Der Abschnitt ist also deutlich zweigeteilt: VV 17–29 wiederholt Paulus in direkter Ansprache an den Juden, was er in VV 1–16 zunächst in lehrhaft-allgemeiner Anrede unter der Überschrift von 1,18 (»Menschen«) ausgeführt hat. Dabei entsprechen sich jeweils die beiden Argumentationsschritte: VV 1–11 und VV 17–24 geht es darum, daß der jüdische Partner das gleiche Zorngericht zu erwarten hat wie der Heide, weil er gleiches getan hat. VV 12–16 und VV 25–29 wird der Hinweis des Juden auf seine heilsgeschichtlichen Privilegien, Gesetz und Beschneidung, im Hinblick auf sein tatsächliches Tun ad absurdum geführt. Andererseits gehen beide Teilabschnitte wiederum ineinander über, sofern VV 12–16 und VV 17–24 vom Widerspruch zwischen dem Besitz der Mosetora und der Gesetzesübertretung handeln.

---

[266] Röm 129.

α)   *2,1–11 Der die Heiden verurteilende Jude vor Gottes Gericht*

Literatur: Bultmann, R., Glossen im Römerbrief, in: Exegetica 281; *Grobel, K.,* A chiastic Retribution-Formula in Romans, in: Zeit und Geschichte. Dankesgabe R. Bultmann, Tübingen 1964, 255–261; *Jeremias, J.,* Chiasmus in den Paulusbriefen, in: Abba 282; *Schlier, H.,* Von den Juden. Röm 2,1–29, in: Die Zeit der Kirche 38–47; *Schmithals, W.,* Der Römerbrief als historisches Problem 204.

1 Darum: Unentschuldbar bist du, Mensch, der da richtet! Worin du nämlich den anderen richtest, verurteilst du dich selbst; dasselbe nämlich tust du, der du richtest. 2 Wir wissen aber: Das Gericht Gottes ergeht in Wahrheit über die, die solches tun. 3 Rechnest aber du damit, Mensch, der du richtest, die solches tun, und es (selbst) tust, daß *du* entfliehen wirst dem Gericht Gottes? 4 Oder verachtest du den Reichtum seiner Güte und Geduld und Langmut, verkennend, daß Gottes Güte dich zur Umkehr führen (will)? 5 Doch in deinem Starrsinn und umkehrwidrigen Herzen sammelst du dir selbst Zorn an für den Tag des Zornes und der Offenbarung des gerechten Gerichts Gottes, 6 welcher ›zurückgeben wird jedem nach seinen Werken‹: 7 Den einen, entsprechend ihrem Beharren im guten Werk, Herrlichkeit und Ehre und Unvergänglichkeit als solchen, die ewiges Leben suchen; 8 den anderen aber aus Auflehnung, und weil sie ungehorsam waren der Wahrheit, gehorsam aber der Ungerechtigkeit, Zorn und Grimm. 9 Bedrängnis und Angst über jede Seele eines Menschen, der das Böse wirkt, des Juden zuerst und (ebenso) auch des Griechen; 10 Herrlichkeit aber und Ehre und Frieden jedem, der das Gute wirkt, dem Juden zuerst und (ebenso) auch dem Griechen. 11 Denn es gibt kein Ansehen der Person bei Gott.

Analyse   Durch die Anrede in der 2. Person und den bewegt-dialogischen Stil hebt sich der Abschnitt vom voraufgehenden ab. Paulus argumentiert jetzt im Diskussionsstil der Popularphilosophie seiner Zeit, wie wir ihn vor allem aus den Traktaten Epiktets kennen[267]. Dieser Stil kehrt im Römerbrief mehrfach wieder; vgl. noch 6,1f.15; 7,7a.13a sowie besonders Kapitel 9–11. Es sind durchweg Stellen, an denen Paulus sich bewußt ist, auf massive jüdische Interessen im Kreise seiner Adressaten zu treffen, die dem Skopos seines Gedankens widerstreiten. Mit dem dialogischen Stil entspricht er also rhetorisch einer akuten dialogischen Situation, die er mit seinem Brief provoziert[268].

---

[267] Dazu vgl. Bultmann, Stil, besonders 64–74.

[268] Die stilkritische Erkenntnis, daß es eine damals geläufige Argumentationsform ist, deren Paulus sich bedient, schließt keineswegs a limine aus, daß Paulus sich einem konkreten Partner gegenüber weiß. Ob es lediglich Einwände sind, die Paulus sich selbst macht, um seinem Gedanken dialogische Farbe und Frische zu geben, oder ob es sich um ein konkretes Gegenüber handelt, ist vielmehr in jedem Fall am Text zu prüfen. Im Römerbrief ist sehr wahrscheinlich der letztere Fall gegeben. Die Exegese wird zeigen, daß es sich durchweg um

Die Gliederung ist klar: V 1 spricht ein Urteil aus, dessen eschatologische Konsequenz in V 2 als traditionell bekannt ausgeführt wird. In VV 3 f wird der Einwand des Partners pariert, auf ihn treffe diese Konsequenz nicht zu. In VV 5 f folgt darauf eine Konkretisierung von V 1. Der entscheidende Gedanke von V 6, im Schriftwortlaut formuliert, wird sodann in einer kunstvollen rhetorischen Figur in VV 7–10 entfaltet. V 11 wiederholt V 6 und schließt so den ersten Argumentationsgang ab.

Der Anschluß des Folgenden mit διό ist exegetisch umstritten, Paulus gebraucht διό sonst durchweg in folgerndem Sinn; vgl. 4,22; 13,5; 15,7.22; zu Beginn eines neuen Gedankens wie 15,7 auch 2Kor 4,16; Phlm 8. An unserer Stelle folgt das 2,1 Gesagte aber keineswegs aus 1,32. Denn während dort der, der dem Sünder Beifall spendet, dem Sünder gleichgestellt wird, wird hier umgekehrt der, der den Sünder verurteilt, dem gleichen Urteil zugesprochen, weil er selbst das gleiche tut. *R. Bultmann*[269] hat darum vorgeschlagen, V 1 als Randglosse zu V 3 aufzufassen; V 2 wäre dann die Fortsetzung von 1,32, und 2,3 brächte mit δέ das neue Argument im Blick auf den κρίνων hinzu. Doch setzt V 3 V 1 voraus und muß daher im paulinischen Text belassen werden. διό kann dann – trotz der Wiederholung von οἱ τὰ τοιαῦτα πράσσοντας aus 1,32 in 2,2 f – nicht speziell auf 1,32, sondern muß auf 1,18–32 insgesamt zurückbezogen sein. In der Tat nimmt V 1 das Stichwort ἀναπολόγητος von 1,20 auf[270], und die Anrede ὦ ἄνθρωπε die allgemeine Rede von »den Menschen« in 1,18. Der Gedanke ist der: Auch du, Mensch, der du dich von dem sündigen »Menschen« distanzierst, indem du über ihn richtest, verfällst ebenso Gottes Gericht, weil du nämlich selbst gleiches tust. Man erwartete freilich bei diesem Verständnis διὸ ἀναπολόγητος εἶ καὶ σύ. Doch läßt sich der überlieferte Text verstehen, wenn man beachtet, daß Paulus seit 1,18 auf diese Wendung an den Juden als Überraschungseffekt hinauswill[271]. Aus der Gerichtsrede gegen die Heiden folgt nicht die Selbstdistanzierung des Juden, sondern sie mündet vielmehr aus in die Behaftung des Juden selbst bei ebendem sündigen Tun, das er bei den Heiden verurteilt. Nicht das Richten über den anderen als solches nämlich wird in V 1 bestritten[272] – wie 14,13; 1Kor 4,5 sowie in dem Jesuswort Mt

Erklärung 1

jüdisch gedachte Einwände gegen die paulinische Rechtfertigungslehre handelt, die von seiten der judenchristlichen Gegner stammen, mit denen Paulus in jüngster Zeit in heftige Konflikte verwickelt war. Er gibt ihnen im Römerbrief das Wort, um sich mit ihnen im Zusammenhang der Darlegung seines Evangeliums vor der römischen Gemeinde auseinanderzusetzen und ihr so zu zeigen, daß die umlaufenden Verdikte über seine Verkündigung haltlos sind.

[269] Bultmann, Glossen 281; nach ihm Käsemann 49; Schmithals, Römerbrief 204, der jedoch 2,1 lieber für eine paulinische Randglosse zu 2,3 halten will. Gegen Bultmann vgl. z. B.

Bornkamm, Gesetz und Natur 95 Anm. 4.
[270] Käsemann 50 bemerkt mit Recht gegen die auch von ihm vertretene Ausscheidung von V 1, daß dann »leider« diese Beziehung zu 1,20 »nicht mehr Paulus selbst zugeschrieben werden kann«!
[271] So mit Recht Bornkamm, Gesetz und Natur 95; Cranfield 140 f.
[272] So z. B. Zahn 104–107, der 2,1–5 zu 1,18–32 hinzunimmt und im Sinne von Mt 7,1–5 versteht. Ähnlich auch Schlatter 73–76, der – wie einige Väter (dazu Schelkle, Paulus 71) – eine Anspielung auf die römische Justiz vermutet.

7,1par –, sondern das Richten dessen, der das gleiche *tut* (vgl. ähnlich Jak 4,11f). Der Effekt ist der gleiche wie in der Nathanfabel 2Sam 12: »Du bist der Mann.« Ein καὶ σύ würde diesen Überraschungseffekt abschwächen; auf τὰ αὐτὰ πράσσεις ὁ κρίνων liegt der Ton[273].

2 V 2 wiederholt in verschärfter Form die Gerichtsaussage gegen »die, die solches tun«, von 1,32[274]. κατὰ ἀλήθειαν weist auf die unentrinnbare Wirklichkeit des Gerichts, in dem Gottes »Wahrheit« die, die ihr ungehorsam sind (V 8), dem entsprechenden Unheilsgeschick anheimgeben wird[275]. Die Wendung wird in V 5 durch δικαιοκρισία aufgenommen und V 11 im Blick auf die Unbestechlichkeit des Richters, der jeden nach seinen Werken richten wird (V 6), expliziert.

3–5 In VV 3f tritt die heilsgeschichtliche Voraussetzung des »Richtenden« hervor. Er rechnet damit[276], im Unterschied zum Heiden dem Endgericht entfliehen zu können (vgl. Lk 3,7 par; Mt 23,33), d. h. nicht der eschatologischen Vernichtung zusammen mit den Sündern zugesprochen zu werden. Er vertraut, wo er selbst sündigt, darauf, durch die Güte, Geduld und Langmut Gottes verschont zu werden. Ein sprechendes Zeugnis solchen Vertrauens ist Weish 15,1–3, wo es nach einer an Röm 1,18–32 erinnernden Gerichtsrede gegen den Götzendienst der Heiden (13f) heißt: »Du aber, unser Gott, bist gütig (χρηστός) und verläßlich (ἀληθής), langmütig (μακρόθυμος) und regierst mit Erbarmen das All. Denn auch wenn wir sündigen, sind wir dein, weil wir deine Macht kennen. Wir werden aber nicht sündigen, weil wir wissen, daß wir dir zugerechnet sind. Dich zu kennen nämlich ist vollkommene Gerechtigkeit, und deine Macht zu kennen, die Wurzel der Unsterblichkeit.«[277] Paulus dagegen schneidet seinem Gesprächspartner eine solche Zuflucht des heilsgeschichtlich Privilegierten zu Gottes Güte ab – das hieße, den Reichtum seiner Güte, Geduld und Langmut zu verachten[278]. Denn diese Güte, in der Gott seinen Zorn als die

---

[273] Von daher fällt auch Bultmanns Einwand (281 Anm. 269) gegen πᾶς ὁ κρίνων: Wie alles in V 1a und b Gesagte erhält es seine Erklärung erst in V 1c. Der Vorschlag von Lietzmann 39, dem sich u. a. Michel 73 anschließt, διό als »farblose Übergangspartikel« aufzufassen (so jetzt auch wieder Schlier 68), ist ebenso unannehmbar wie die von Fridrichsen, A., Quatres conjectures sur le texte du NT, RHPhR 3 (1923) 439f geistreich vorgeschlagene Konjektur δίς.

[274] Die von ℵ C 69 und anderen Handschriften sowie den meisten lateinischen Zeugen und der armenischen Textüberlieferung gebotene Variante οἴδαμεν γάρ versteht V 2 als Begründung für κατακρίνεις in V 1.

[275] Vgl. 4Esr 7,32: »Mein *Gericht* allein wird bleiben, die *Wahrheit* bestehen, der *Glaube* triumphieren«; sBar 85,9: »Bevor nun das *Gericht* das Seine fordert, und die *Wahrheit* das, was ihr zukommt, wollen wir uns vorbereiten, daß wir (scil. das uns zugedachte Heil) nehmen

und nicht genommen werden«; 1QS 4,20; Dam 20,22ff; R. Akiba in Ab 3,16 (Bill. III 76).

[276] Zu λογίζεσθαι ὅτι vgl. 3,28; 8,18; 2Kor 10,7.11.

[277] Vgl. ebd. 11,9f; 12,22. In diesem Sinn »übersieht« Gott nach Weish 11,23 die Sünden der Juden εἰς μετάνοιαν, während die Heiden Gottes Rache zu gewärtigen haben. Bei dem Appell der Sünder an Gottes Barmherzigkeit, seinen Zorn zu beschwichtigen, handelt es sich um ein festes Element aus der Gattung der Exhomologese, vgl. z. B. Dan 9,9.16.18f.

[278] Vgl. sBar 21,20: »die da wähnen, daß deine Langmut Schwäche sei«. Die Genitive τῆς χρηστότητος αὐτοῦ usw. sind abhängig von τοῦ πλούτου; vgl. 9,23; 2Kor 8,2; Kol 1,27; 2,2; Eph 1,8.18; 2,7; 3,16. Zum hellenistischen Charakter solcher Genitivverbindungen vgl. Michel 74 Anm. 3. Als Sachparallele im Kontext jüdischer Exhomologesen vgl. z. B. 4Esr 7,132–39.

Folge der Sünde zurückhält (ἀνοχή)[279], um in Langmut dem Sünder Zeit zur Umkehr einzuräumen, darf nur der anrufen, der in seinen Taten zur Gerechtigkeit zurückkehrt[280]. Wer sich jedoch wie der Angeredete gegen diesen Willen der Güte Gottes verhärtet und sein Herz gegen die Umkehr verschließt, der sammelt sich mit seinem Tun selbst ein Kapital von Zorn an, das ihn im Endgericht, dem »Tag des Zornes«, vernichten wird. Damit greift Paulus ein Thema jüdischer Umkehrpredigt auf[281]. Ähnlich schärft sBar 85,12 der gegenwärtigen Generation ein, daß im Endgericht die Zeit der Langmut zur Umkehr vorbei sein werde (vgl. auch 4Esr 8,33); und aethHen 50,4 heißt es bündig: »Wer keine Umkehr vor ihm tut, wird zugrunde gehen.« Paulus aber zielt nicht darauf, im Blick auf das Endgericht den Ruf zu gegenwärtiger Umkehr dringlicher zu machen; er behaftet vielmehr den sündigen Juden bei seiner Sünde und ihrer unausbleiblichen eschatologischen Folge, dem Zorngericht. Die Möglichkeit zur Umkehr ist durch die Verhärtung seines für Umkehr verschlossenen Herzens blockiert, und so steht ihm die Zukunft des Endes nur mehr als »Tag des Zornes« bevor, der darin besteht, daß Gott jeden Menschen an die Folge seiner eigenen Taten anheimgeben wird.

In der Wahl des Wortes δικαιοκρισία V 5, das pagan erst in hellenistischer Zeit im Sinne praktischer iustitia distibutiva bezeugt ist[282], liegt wahrscheinlich eine besonders scharfe polemische Note. Von Gottes gerechtem Gericht ist im Judentum im allgemeinen nur dort die Rede, wo es um die Vernichtung der Frevler geht, durch die Gott in seiner machtvollen Gemeinschaftstreue seinen auserwählten Gerechten ihre Feinde auf ewig vom Hals schafft[283]. Gottes Zorn als »gerechtes Gericht« geschieht also grundsätzlich zugunsten seiner Erwählten, vgl. 1QM 18,7f; OrSib 3,702–709. Wo er sich gegen Israeliten wendet, die nicht gänzlich zu den Frevlern abgefallen sind, ist eine letzte Heilsabsicht Gottes wirksam: TestL 15,2 empfängt Israel zwar wegen seiner Sünden Schmach und Schande παρὰ τῆς δικαιοκρισίας τοῦ θεοῦ; doch wegen der Erzväter wird es gleichwohl nicht der endzeitlichen Vernichtung anheimfallen (15,4). Der Qumran-Fromme, erschreckt במשפתי צדק (1QH 1,23) und als Ungerechter von sich aus unfähig, auf sie etwas zu erwidern (ebd. 1,26), preist in der Exhomologese »alle Taten deiner Wahrheit und die Gerichte deiner Gerechtigkeit« (ebd. 1,30 vgl. 10,36; 17,20f);

---

[279] Zu ἀνοχή vgl. sBar 59,6 »das Zurückhalten des Zornes und das große Maß von Langmut«.

[280] μετάνοια findet sich bei Paulus sonst nur noch 2Kor 7,9f. Der Kontext von Röm 2,3ff ist traditionell. Das Umkehrmotiv hat zentrale Bedeutung in der Traditionsgeschichte deuteronomistischer Predigt, die bis in die urchristliche Zeit hinein wirksam ist (Qumran, synoptische Tradition); vgl. dazu Steck, O. H., Israel und das gewaltsame Geschick der Propheten, 1967 (WMANT 23), 123f.186–188.198f. Zu vergleichen ist hier vor allem die Täuferpredigt Mt 3,7–9par.

[281] Vgl. besonders Dtn 9,27. Zur Motivgeschichte vgl. Berger, Hartherzigkeit und Got-

tes Gesetz. Die Vorgeschichte des antijüdischen Vorwurfs in Mc 10,5, ZNW 61 (1970) 1–47, wo vor allem das Material aus Qumran (14–18) lehrreich ist. Der Topos hält sich bis in das Judenchristentum durch, vgl. z. B. Ps Clem Hom XVIII 3,7: »Gerecht ist Gott, wenn er urteilt und jedem zuteilt, was er verdient hat; gütig ist er (ἀγαθός), indem er denen, die umkehren (μετανοοῦσι) jetzt vergibt (νῦν μακροθυμεῖ) und sie annimmt.«

[282] Pr-Bauer 387 zitiert drei Papyrusbelege.

[283] Vgl. Test L 3,2: »Für den Tag des Befehls des Herrn« liegen am himmlischen Gerichtsort Feuer, Schnee und Kristall bereit ἐν τῇ δικαιοκρισίᾳ τοῦ θεοῦ; ähnlich 2Petr 1,5–7.

denn mit der Gerechtigkeit seiner Wahrheit hat Gott ihn gerichtet, »mit dem Reichtum seiner Güte« sühnt er alle seine Sünden und »durch seine Gerechtigkeit reinigt er ihn von aller Unreinheit des Menschen und von der Sünde der Menschenkinder« (1QS 11,14f vgl. Jub 5,15–18). Seither eifert er um die מֹשׁפטי צדק (ebd. 4,4) im Gegensatz zu dem Frevler, der die Unterweisung ihrer Erkenntnis verwirft (ebd. 3,1). Durchweg wird also Gottes gerechtes Gericht als Erweis seiner Bundesgerechtigkeit verstanden.

Wenn nun Paulus Röm 2,5 den Juden, der die Heiden als Sünder verurteilt, seiner eigenen Taten wegen mit dem Endgericht als dem »Tag des Zornes und der Enthüllung seines gerechten Gerichts« konfrontiert, so bedeutet das vom Kontext dieser jüdischen Sprachtradition her nichts anderes, als daß er den jüdischen Sünder dem heidnischen gleichstellt: Gottes Gerechtigkeit wirkt sich nicht zu seinen Gunsten, sondern gegen ihn aus! Da Paulus dies in V 6 aber mit dem Psalmzitat im Blick auf das Gericht nach den Werken begründet, gewinnt die δικαιοκρισία τοῦ θεοῦ zugleich faktisch die hellenistische Funktion der iustitia distributiva[284].

6   Das Zitat ψ 61,13 (vgl. Spr 24,12), im dortigen Kontext positiv gemeint als Hoffnung des von Feinden bedrängten Gerechten auf Gottes rettenden Eingriff, gewinnt so bei Paulus eine drohende Note. Gerecht ist Gottes Gericht gegenüber dem sündigen Juden einzig darin, daß er ihm »zurückgibt«, was er sich durch seine Taten selbst erwirkt hat.

7   In VV 7–10 entfaltet Paulus den eschatologisch-forensischen Sinn des Psalmzitats in einer kunstvollen rhetorischen Figur. Die doppelte Wirkung des Gerichts nach den Werken wird in strengem antithetischem Parallelismus membrorum in VV 7f und VV 9f zweimal ausgeführt, wobei in VV 9f die beiden Glieder von VV 7f chiastisch vertauscht sind.

VV 7f expliziert V 6: Gott wird den einen entsprechend ihren guten Werken, in denen sie ausgeharrt haben (vgl. Jak 1,4; Offb 2,19), Herrlichkeit, Ehre und Unvergänglichkeit[285] geben, das heißt, sie in die Wirklichkeit des Endheiles aufnehmen, weil sie in ihren Werken ewiges Leben gesucht haben[286]. Die an-

8   deren dagegen verfallen Gottes Zorn und Grimm[287] aufgrund (ἐκ) ihrer Auflehnung[288] und weil sie, statt Gottes Wahrheit zu gehorchen, der Ungerech-

---

[284] Vgl. zu 2,6 das Material bei Berger, Neues Material zur ›Gerechtigkeit Gottes‹ Anm. 42.

[285] Die drei Wörter umschreiben die endzeitliche Heilswirklichkeit: δόξα den strahlenden Lichtglanz der unmittelbaren Nähe Gottes (vgl. z. B. sBar 51,12; aethHen 51,4f; 62,16; 58,2–6; 104,2; 4Esr 7,95); τιμή die Ehre, die den Erretteten dadurch zukommt, daß sie der Nähe Gottes gewürdigt werden (1Petr 1,7); ἀφθαρσία ist der griechische Begriff für die jüdische Vorstellung des endzeitlichen Lebens der auferweckten Heilsgenossen (vgl. 1Kor 15,42.50.53f; Weish 2,23; 6,19; 4Makk 17,12).

[286] Vgl. Gal 6,8; Mk 10,17 und besonders Mt

19,17. Zu ζητεῖν vgl. Kol 3,1; Phil 3,20f; Mt 6,33par; 13,45; Lk 13,23f.

[287] θυμός wird synonym mit ὀργή gebraucht; vgl. Offb 14,10.19; 16,19; 19,15, woraus der apokalyptische Vorstellungszusammenhang deutlich wird.

[288] ἐριθεία ist vorchristlich nur zweimal bei Aristoteles bezeugt in der Bedeutung unlauteren Buhlens um die Gunst der Parteien. Paulus gebraucht das Wort sonst 2Kor 12,20; Gal 5,20 in einer Lasterreihe neben ἔρις, ζῆλος und θυμοί sowie Phil 1,17; 2,3 im Sinne von böser, gemeinschaftswidriger Selbstsucht (neben κενοδοξία), ebenso Ign Phld 8,2; ferner Jak 3,14.16 neben ζῆλος πικρός. Von daher wird das Wort an unserer Stelle als böse Selbstsucht

tigkeit Gehorsam leisteten. Aus dem Gegensatz zwischen ἀλήθεια und ἀδικία geht hervor, daß ἀλήθεια Wechselbegriff für δικαιοσύνη ist, wie entsprechend hebr. אמת und aram. קשׁטא[289].

Während die Dative denen in V 7 entsprechen, wird in V 8 die Beziehung zum Hauptverb in V 6 aufgegeben. V 8 wird so unmerklich zu einer selbständigen Aussage als Gerichtsproklamation. Zu ὀργὴ καὶ θυμός ist ἔσται zu ergänzen. VV 9f führen diese Satzstruktur fort. Doch wird V 9 das Widerfahrnis von Bedrängnis und Angst[290] als Wirkung des Zornes durch ἐπί c. acc. hervorgehoben und der Gedanke des individuell abgezielten Gerichts von V 6 konkretisiert: ἐπὶ πᾶσαν ψυχὴν ἀνθρώπου. Paulus zielt auf die Gleichstellung von Juden und Heiden. Die Formulierung πρῶτόν τε – καί entspricht der in 1,16, hier jedoch mit der besonderen Nuance, daß der heilsgeschichtliche Vorrang des Juden (πρῶτον) sich ganz entsprechend seinen Werken auswirkt. Ist er, wenn er das Böse tut, der erste, den die Not des Verurteilten trifft (V 9), so auch, wenn er das Gute tut, der erste, der in das Heilsreich des Gottesfriedens eintreten darf (V 10)[291] – freilich jeweils als *primus inter pares*. Denn – so wiederholt V 11 den Gedanken von V 6 – προσωπολημψία (= rabbinisch משוא פנים) ist bei Gott ausgeschlossen. Wie die Tora von jedem menschlichen Richter Unbestechlichkeit fordert: οὐ λήμψῃ πρόσωπον πτωχοῦ . . . ἐν δικαιοσύνῃ . . . κρινεῖς τὸν πλησίον σου (Lev 19,15 vgl. Jak 2,14), so kennt auch der göttliche Richter keinen Unterschied zwischen Juden und Heiden[292].

Exkurs: Das Gericht nach den Werken I (Traditionsgeschichtliche Voraussetzungen)

Literatur: Berger, K., Zu den sogenannten Sätzen heiligen Rechts, NTS 17 (1970/71) 10 40; *ders.,* Die sogenannten ›Sätze heiligen Rechts‹ im NT. Ihre Funktion und ihr Sitz im Leben, ThZ 28 (1972) 305–330; *Dünner, A.,* Die Gerechtigkeit nach dem AT, Bonn 1963 (Schriften zur Rechtslehre und Politik 42); *Gese, H.,* Lehre und Wirklichkeit in der alten Weisheit, Tübingen 1958; *Käsemann, E.,* Sätze heiligen Rechtes im NT, in: Exegetische Versuche II 69–82; *Koch, K.,* Gibt es ein Vergeltungsdogma im AT?, in: *ders.* (Hrsg.), Um das Prinzip der Vergeltung in Religion und Recht des AT, Darmstadt 1972, 130–180; *ders.,* Der Schatz im Himmel, in: Leben angesichts des Todes, FS H. Thielicke, Tübingen 1968 47–59.

zu deuten sein, die sich der Gerechtigkeit als Gemeinschaftstreue widersetzt; so z.B. Pr-Bauer 612 und zuletzt Käsemann 55. Dem würde das Verbum ἐρεθίζειν Dtn 21,20 »widerspenstig sein« gut entsprechen.

[289] Zu »Wahrheit« (קשׁט) als Gerechtigkeitsbegriff im Targum vgl. Koch, Die drei Gerechtigkeiten 260–263; siehe oben Anm. 169.

[290] θλῖψις meint die äußere, στενοχωρία die innere Bedrängnis: Dem Verurteilten fehlt jeder Raum zur Lebensentfaltung. Auch 8,35; 2Kor 6,4 stehen beide Worte nebeneinander; vgl. die Verben 2Kor 4,8. Neben διωγμοί 2Kor

12,10. Ebenso in LXX vgl. Bertram, ThWNT VII 605.

[291] In V 10 tritt neben δόξα und τιμή εἰρήνη an die Stelle von ἀφθαρσία in V 7.

[292] In Sir 35,13; Esr 4,39 wird Lev 19,15 bereits auf Gottes unparteiisches Gericht über Große wie Kleine in Israel bezogen, vgl. Jub 5,15f; Gal 2,6; in eschatologischem Zusammenhang 1Petr 1,17. Das Motiv der Gleichbehandlung von Juden und Heiden unter dem Kriterium der Rechttat findet sich auch Apg 10,34.

Die Aussagen über das Endgericht nach den Werken in 2,3–11 im Zusammenhang der Rechtfertigungsverkündigung des Paulus zu verstehen ist ein schweres theologisches Problem, das seit Origenes und Augustin bis in unsere Gegenwart immer wieder mit aller Leidenschaft diskutiert worden ist und werden muß, will man das Herz der paulinischen Theologie angemessen verstehen. Wir stellen jedoch diesen Fragenkomplex bis zum nächsten Abschnitt zurück. Denn zunächst muß es darum gehen, Struktur und Sinn dieser Gerichtsaussage richtig zu erfassen.

Origenes[293] ist darin repräsentativ für die gesamte Väterexegese, daß er die biblischen Aussagen vom Zorn Gottes gegen das damals naheliegende Mißverständnis abzusichern sucht, als sei von einem Affekt Gottes die Rede. Die Affekte gehörten ja nach stoischer Ethik zum niederen Seelenbereich und sind für den Weisen dazu da, von der Vernunft beherrscht zu werden. Gott als der allein Weise könne also nicht von einem Menschen zu einer leidenschaftlichen Zornesregung hingerissen werden. Vielmehr sei mit ὀργὴ θεοῦ die Strafe gemeint, die Gott als der allein vollkommen gerechte Richter über die Sünder verhänge[294]. Seine δικαιοκρισία bestehe darin, daß er »in Wahrheit« – nämlich mit dem unbestechlichen Blick des Richters, der restlos alles Tun der Menschen sieht und wertet – die für jedes Vergehen angemessene Strafe zumesse: iustitia distributiva in streng forensischem Sinn als gerechte, d. h. unbestechlich den Grundsatz der Gleichbehandlung zur Geltung bringende Vergeltung. In diesem Sinn wird die biblische ›Gerechtigkeit‹ weithin bis heute wie selbstverständlich aufgefaßt[295]. Die Rechtstheorie der römischen Juristen, die die westliche Theologie mit theologischem Engagement rezipiert hat, verlangt ein Verständnis der göttlichen Gerechtigkeit als Inbegriff vollkommener richterlicher Gerechtigkeit. An ihr hängt der Bestand der Weltordnung.

Die moderne Exegese jedoch hat sichtbar gemacht, daß dieses Verständnis der Gerechtigkeit Gottes als vergeltender Strafgerechtigkeit eine Fehlinterpretation des biblischen ›Gerechtigkeits‹verständnisses aus dem Denkhorizont griechisch-römischer Tradition ist, die sich im Gesamtzusammenhang der interpretatio Graeca seit der Alten Kirche als eines der bestimmenden hermeneutischen Grundmodelle in der theologischen Tradition durchgesetzt hat. Nicht die »klare göttliche Vergeltung nach . . . wohlbekannten Rechtsgrundsätzen«[296], das talio-Prinzip, ist das Herzstück biblischer Religion. Vielmehr hat das israelitische Denken von früh an teil an einer im Alten Orient verbreiteten Grundanschauung, nach welcher ein fester Folge-Zusammenhang alles menschlichen Tuns mit entsprechendem Ergehen besteht. Das Handeln der Menschen ist nicht ein isolierter Akt, sondern schafft gleichsam eine Kraftsphäre, in der der Täter mit der Wirkung seiner Tat verbunden ist[297]. Es wird nicht vom Subjekt des Täters als dem Urheber der Tat, sondern von seiner Wirkung her verstanden, die den Täter selbst allererst zu dem *macht*, was er durch seine Tat *wird*. »Wer eine Grube gräbt, wird selbst hineinfallen; und wer einen Stein hochwälzt, auf den fällt er zurück« (Spr 26,27). Darum ist die Vorstellung einer nachfolgenden Vergeltung der Tat, als Lohn oder als Strafe, bemessen an einer vorgegebenen Norm, weder dem Wesen des Täters noch dem seiner Tat angemessen. Vergeltung ist so auch nicht die Gott als dem Richter zukommende Funktion.

[293] Cels 4,72f (GCS I 341) bei Schelkle, Paulus 72.
[294] Vgl. dazu und zum Folgenden Origenes, Röm (Rufin) 871–873 bei Schelkle, Paulus 71.
[295] Repräsentativ zuletzt bei Dünner, A., Die Gerechtigkeit nach dem AT.
[296] So, repräsentativ für viele, Eichrodt, W.,

Theologie AT, I, Göttingen ⁸1968, 116.
[297] Grundlegend nach Pedersen, J., Israel. Its Life and Culture, I/II, London 1926, und Fahlgren, K. H., sedaqa nahestehende und entgegengesetzte Begriffe im AT, Diss. Uppsala 1932: Koch, K., Gibt es ein Vergeltungsdogma im AT 1–42.

So total Jahwe der Herr Israels ist, so wenig verwirklicht sich diese seine Superiorität in seinem richterlichen Handeln als talio. Vielmehr hat auch Jahwes Handeln die gleiche Struktur wie das der Menschen: Er verherrlicht sich selbst, indem er seinem erwählten Volk Schutz vor Feinden und heilvolles Leben schafft; in seinem Heilswirken besteht seine Gerechtigkeit als Gemeinschaftstreue. Und Gemeinschaftstreue ist auch das Wesen menschlicher Gerechtigkeit. Zwar kann es Heil nur durch die Präsenz der heilschaffenden Gerechtigkeit Jahwes geben, deren Ort vor allem der Kult ist. Aber das schränkt nicht ein, daß gerechtes wie ungerechtes Handeln der Menschen seine diesem selbst eignenden Geschick-Folgen zeitigt. »In der Sünde eines bösen Mannes liegt eine Falle; aber der Gemeinschaftstreue (צדית) jauchzt und ist fröhlich« (Spr 29,6). Jahwe seinerseits setzt die Folge der menschlichen Tat in Kraft: שלם piel und שוב hiph sind die bevorzugten Verben, mit denen nicht Jahwes Vergeltung, sondern das »Vollmachen« der Taten bzw. das »Zurückwenden« der Taten auf das Ergehen des Täters benannt wird. »Er wendet zurück dem Menschen die Entsprechnis seiner Tat (כפעלו)« (Spr 24,12 Übersetzung nach Koch).
Ist diese Grundanschauung zunächst vor allem im weisheitlichen Schrifttum zu finden, so wenden sie die Propheten auf die Geschichte Israels mit Gott an. Die Voraussetzung ihrer Unheilsverkündigung ist, daß Jahwe »über Jakob Heimsuchung hält gemäß seinem Wege, gemäß seinen Taten ihm zurückwendet« (Hos 12,3). Sein »Zorn« besteht darin, daß er an Israel die Unheilsfolge seiner Freveltaten vollstreckt (Hos 12,15). Frevel greift gleichsam ansteckend um sich in der Lebenssphäre des erwählten Volkes. Darum sorgt Jahwes Zorn entsprechend seiner Gemeinschaftstreue dafür, daß aller Frevel rasch zu seiner Erfüllung kommt und somit sein Umsichgreifen in der Gemeinschaft des Volkes verhindert wird.
Der eschatologischen Gerichtsvorstellung in Röm 2 liegt diese Grundanschauung ›schicksalswirkender Tat‹ zugrunde. Nur wird hier der Zusammenhang zwischen Tun und Ergehen nicht als innergeschichtliche Folge, sondern als in endzeitlicher Zukunft zu erwartende »Vollendung» alles Tuns verstanden. Das Futurum des »Zurückgebens gemäß den Werken«, das in ψ 61,13 weisheitlich, als im irdischen Leben selbst zu erwarten gemeint ist, hat bei Paulus eschatologischen Sinn. Aber auch so ist es der Mensch selbst, der sich mit seinem irdischen Tun ein himmlisches Zornes-Kapital ansammelt (V 5). Das κρίμα τοῦ θεοῦ (V 5) ist nicht als vergeltendes Gericht aufgefaßt, sondern als endzeitliches Inkraftsetzen des den Taten der Menschen folgenden, ihnen entsprechenden Unheilsgeschicks.
Diese Eschatologisierung des Sünde-Unheil-Zusammenhanges entspricht apokalyptischer Tradition. Die Vorstellung von endzeitlich wirksamen Schätzen, die vor dem Anbruch der Endzeit im Himmel verwahrt werden, ist in diesem Kontext geläufig[298]. Zumeist ist es freilich die Gerechtigkeit der Gerechten, die in den himmlischen Vorratskammern gespeichert wird. »Denn diese sind es, die diese Zeit, von der die Rede ist, erben sollen, und ihrer wartet das Erbe der verheißenen Zeit, diejenigen, die sich Vorräte der Weisheit zeigen gemacht haben, und bei denen sich Schätze der Einsicht vorfinden, und die sich von der Gnade nicht losgesagt haben und die die Wahrheit des Gesetzes beobachtet haben. Denn diesen wird der Aion gegeben, der da kommt, der Aufenthalt der vielen übrigen aber wird im Feuer sein« (sBar 44,13–15 vgl. 24,1; aethHen 38,2).
Die Eschatologisierung springt in die Augen, wenn man entsprechende weisheitliche Texte vergleicht: »Einen guten Schatz speicherst du dir auf den Tag der Not. Deshalb

rettet Wohltätigkeit vom Tod und läßt nicht in die Finsternis hineingehen« (Tob 4,9f). »Wer Gerechtigkeit übt, speichert sich Leben beim Herrn, und wer Unrecht übt, verwirkt sich selbst sein Leben in Verderben. Denn des Herrn Gerichte geschehen in Gerechtigkeit gegen Person und Haus« (PsSal 9,5). In der Apokalyptik erfolgt die Öffnung der himmlischen Schätze erst in der Endzeit: Der Menschensohn wird sie, die zuvor verborgen sind, offenbaren (aethHen 46,3). Die Gerechten sehen dieser Zukunft mit Freuden entgegen, weil sie bei Gott »einen Schatz[299] von Werken haben, die in den Vorratskammern aufbewahrt werden« (sBar 14,12), als himmlischer »Lohn« der ihnen zugedacht ist (ebd. 52,7). So werden sie zwar durch Gottes Richterhandeln gerettet werden; diese aber vollzieht sich als »Vollmachen« ihrer eigenen Taten (ebd. 51,7). Diese Rettung schildert 4Esr 7,33–35 als Geschehen vor dem Richterthron des Höchsten: »Dann kommt das Ende, und das Erbarmen vergeht, das Mitleid ist fern, die Langmut verschwunden. Mein Gericht allein wird bleiben, die Wahrheit bestehen, der Glaube triumphieren. Das Werk folgt nach, der Lohn erscheint[300]; die guten Taten erwachen, die bösen schlafen nicht mehr« (vgl. ebd. 8,52–54). Zusammen mit der Auferweckung der Gerechten werden auch ihre Werke auferweckt: Präziser kann der Tat-Ergehen-Zusammenhang gar nicht ausgedrückt werden!

So wird deutlich: Mit einer forensischen Vergeltungsvorstellung von eschatologischer talio[301] hat der Gerichtgedanke in Röm 2 nichts zu tun. Es geht vielmehr darum, daß Gott beim Anbruch der Endzeit die Menschen, Gerechte wie Sünder, an die Geschickfolge anheimgeben wird, die ihr irdisches Tun bereits als solches gleichsam angerichtet hat. Die »Verurteilung« der Sünder besteht darin, daß Gott als »Richter« sie dem selbsterwirkten Unheil, das sich am Ende realisiert, preisgibt: die Errettung der Gerechten darin, daß er das Heil an ihnen verwirklicht, das ihrem Tun entspricht.

Charakteristisch für den Duktus des paulinischen Gedankens ist jedoch, daß er die überwiegend positive apokalyptische Vorstellung von den Gerechtigkeits-Schätzen V 5 ins Negative verkehrt: θησαυρίζεις σεαυτῷ ὀργήν[302]. Zwar läßt Paulus in VV 7–10 den doppelten Gerichtsausgang scharf hervortreten; doch indem er den angeredeten Partner vorweg in V 5 mit den *Sündern*, die sich Zorn angesammelt haben, identifiziert, ordnet er ihn eindeutig den Unheilsempfängern zu, so daß die Heilsaussagen *für ihn* die Funktion haben, ihm den *Heilsverlust* vor Augen zu stellen. Von daher liegt rhetorische Absicht in der chiastischen Umstellung von Heil und Unheil im Übergang von VV 7f zu VV 9f. Damit kündigt sich der Schluß des paulinischen Gedankens in 3,20 bereits an. Wenn auch der Jude, der die Sünden der Heiden verurteilt, selbst sündigt, so daß er aufgrund seines Tuns dem gleichen Unheil zugehört wie jene, so erhebt sich die Frage, ob

---

[299] הילא = wörtlich »Kraft«; denn die im Himmel verwahrten Werke der Gerechtigkeit enthalten in sich die Kraft, ihren Tätern eschatologisches Heil zu wirken.

[300] H. Gunkels Übersetzung »Vergeltung« für »merces« ist unangemessen.

[301] Diese entscheidende Voraussetzung der formgeschichtlichen Beschreibung einer Gattung von »Sätzen heiligen Rechts« durch Käsemann, Sätze, denen er in seinem Kommentar S. 55 auch Röm 2 zuordnet, ist mit Recht korrigiert worden von Berger, Zu den sogenannten Sätzen heiligen Rechts; vgl. ders., Die sog. ›Sätze heiligen Rechts‹ im NT.

[302] Das Bild der Schätze wird, soweit ich sehe, in apokalyptischen Texten durchweg positiv verwendet. sBar 24,1 z. B. wird der Empfang der Gerechtigkeits*schätze* kontrastiert mit der Öffnung der himmlischen *Schriften*, in denen »die Sünden aller, die gesündigt haben, aufgeschrieben sind«. Das heißt, im Endgericht wird die Geschickfolge der Sünden, die im Himmel schriftlich-unverlierbar festgehalten werden, an den Sündern vollstreckt, während die Geschickfolge gerechter Taten, die als ›Kapital‹ der Gerechten im Himmel bereitliegt, diesen »gegeben«, an ihnen realisiert wird. Doch ist trotz der Unterscheidung der Bilder die gleiche Vorstellungsstruktur deutlich erkennbar. Die Stelle entspricht darin Röm 2,7ff.

dann überhaupt ein Mensch im Endgericht dem Heil als der Folge seiner Taten zugesprochen werden wird. In der Tat wird durch die Fortführung der in 2,1–11 begonnenen Anklage der Erwartung eines doppelten Ausgangs des Endgerichts faktisch der Boden entzogen.

β) 2,12–16 Das Gericht nach den Werken für Juden wie Heiden

Literatur: Bornkamm, G., Gesetz und Natur, Röm 2,14–16, in: Studien zu Antike und Urchristentum 93–118; *Bultmann, R.*, Glossen im Römerbrief, in: Exegetica 282f; *Flückiger, F.*, Die Werke des Gesetzes bei den Heiden (Röm 2,14ff), ThZ 8 (1952), 17–42; *Heinemann, J.*, Die Lehre vom ungeschriebenen Gesetz im jüdischen Schrifttum HUCA 4 (1927) 149–171; *Hirzel, R.*, Νόμος ἄγραφος, 1900 (ASGW 20,1); *Kranz, W.*, Das Gesetz des Herzens, RMP NF 94,1 (1951) 222–241; *Kuhr, F.*, Römer 2,14f und die Verheißung Jer 31,31ff, ZNW 55 (1964) 243–261; *Kuss, O.*, Die Heiden und die Werke des Gesetzes (nach Röm 2,14–16), in: Auslegung und Verkündigung I 213–245; *Mundle, W.*, Zur Auslegung von Röm 2,13ff, ThBl 13 (1934) 249–256; *Reicke, B.*, Natürliche Theologie nach Paulus, SEÅ 22/23 (1957/58) 154–167; *Riedl, J.*, Die Auslegung von Röm 2,14–16 in Vergangenheit und Gegenwart, Stud. Paul. Congr. I 271–281; *Souček, J. B.*, Zur Exegese von Röm 2,14ff, in: Antwort, FS K. Barth, Zürich 1956, 99–113; *Walker, R.*, Die Heiden und das Gericht. Zur Auslegung von Röm 2,12–16, EvTh 20 (1960) 302–314.

12 Alle nämlich, die ohne (Besitz) des Gesetzes gesündigt haben, werden auch ohne (Besitz) des Gesetzes zugrunde gehen; und alle, die im (Geltungsbereich) des Gesetzes gesündigt haben, werden durch das Gesetz gerichtet werden. 13 Denn nicht die Hörer des Gesetzes sind gerecht bei Gott, sondern die Täter des Gesetzes werden gerechtfertigt werden. 14 Wenn nämlich Heiden, die das Gesetz nicht haben, von Natur aus die (Forderungen) des Gesetzes tun, so sind diese, obwohl sie das Gesetz nicht haben, sich selbst Gesetz. 15 Sie erweisen nämlich das Werk des Gesetzes als geschrieben in ihren Herzen, wobei Zeugnis gibt ihr Gewissen und die gegenseitig einander anklagenden oder auch verteidigenden Gedanken – 16 an jenem Tage, da Gott richten wird das Verborgene der Menschen nach meinem Evangelium durch Christus Jesus.

Gegen das bisher Gesagte erhebt sich ein gravierender Einwand des jüdischen Partners, auf den Paulus im folgenden eingeht: Gott habe doch allein Israel im Unterschied zu allen Völkern das Gesetz gegeben als Zeichen seiner Erwählung; vgl. besonders z. B. Bar 4,4: »Selig sind wir, Israel, denn was Gott gefällt, ist uns bekannt!« – und zwar als »das, was dir nützt« im Unterschied zu jedem »fremden Volk« (V 3). Paulus zielt VV 12–16 darauf herauszustellen, daß nicht der Besitz, sondern allein das Tun des Gesetzes Kriterium des Endgerichts sein wird, und darum unter dem eschatologischen Aspekt des Richters der heilsgeschichtliche Unterschied zwischen Juden und Heiden als denen, die

Analyse

die Tora haben, und denen, die sie nicht haben, für sein Urteil keine Rolle spielt. Wer sündigt, wird der ewigen Vernichtung anheimfallen, ob mit oder ohne Besitz des Gesetzes (VV 12f). Und was die Erfüllung des Gesetzes betrifft, so ist diese auch denen möglich, die es nicht besitzen, weil sie seine Forderungen als solche von Natur aus kennen (VV 14–16). Für die Interpretation dieser letzten Aussage ist entscheidend, diesen Begründungszusammenhang von V 12 an zu beachten (vgl. γάρ V 12, V 13, V 14f).

Erklärung
12

Gewiß, die Heiden, die ἀνόμως, das heißt ohne das Gesetz zu besitzen (vgl. V 14; 1Kor 9,21)[303], gesündigt haben, werden im Endgericht auch ἀνόμως dem ewigen Verderben anheimgegeben werden, das ihrem Tun entspricht[304]. Insofern ist das Urteil des κρίνων V 1 über die Heiden im Recht; das 1,18–32 Gesagte bleibt in Kraft. Doch was für die Heiden gilt, gilt ebenso auch für die Juden, die ἐν νόμῳ – im Geltungsbereich der ihnen gegebenen Tora – gesündigt haben. Durch das Gesetz nämlich werden sie Gottes Gericht verfallen (κριθήσονται eschatologisches Futurum) und so demselben Verderben anheimfallen wie »die Sünder aus den Heiden« (Gal 2,15). Im Blick auf den Zusammenhang zwischen Sünde und Unheil (VV 8.9) gibt es also durch den Besitz oder Nichtbesitz der Tora keinerlei Unterschiede zwischen Juden und Hei-

13

den (3,22b). Denn der Besitz des Gesetzes bedeutet ja, daß die Juden zu *tun* haben, was das Gesetz sagt. Das bloße Hören im Sinne des Makarismus von Bar 4,4 erwirkt keinerlei Rechtfertigung im Endgericht; denn bei Gott, vor ihm als dem Richter (παρά = לפני), wird nur der als gerecht, Gott zugehörig, erkannt, der getan hat, was das Gesetz sagt. Das sch\ema Dtn 6,4f: ἄκουε Ἰσραήλ, zielt auf das *Tun*. Diese These stimmt als solche durchaus mit dem zeitgenössisch-jüdischem Verständnis von Gesetz und Rechtfertigung überein[305]. Es ist für das Verständnis der paulinischen Rechtfertigungslehre sehr wichtig, sich klarzumachen, daß Paulus die Wahrheit und Geltung dieses jüdischen Grundsatzes als solche weder hier noch irgendwo sonst im folgenden Gedankengang des Römerbriefes bestreitet: Wer immer als Gerechter handelt, *wird* von Gott als gerecht anerkannt werden und das Heil als Folge der Gerechtigkeit empfangen. Die Gerechtigkeit ἐκ πίστεως, die Paulus als das Evangelium verkündigt, setzt die Gerechtigkeit ἐξ ἔργων νόμου *als solche* nicht außer Kraft. Der Gegensatz zwischen beiden, den er 10,5f vertritt, besteht vielmehr einzig darin, daß *Sünder* aufgrund des *Gesetzes* keinerlei Rechtfertigung zu erwarten haben, *eben weil das Gesetz nur denjenigen als Gerechten dem Leben zuspricht, der es getan hat (10,5 vgl. Gal 3,12), jedoch unwiderruflich jeden dem Verderben zu-

---

303 Dazu vgl. Schlatter 86: »καί verbindet ἀπολοῦνται mit ἥμαρτον; das Sündigen und das Umkommen sind die aneinander gebundenen Vorgänge.«
304 Vgl. dazu z. B. Ab I 17: »Nicht die Lehre ist die Hauptsache, sondern die Tat«; ferner die Belege bei von Dülmen, Theologie des Gesetzes 75 Anm. 14.

305 Vgl. einerseits Sib III 70: »Gesetzlose, die niemals Gottes Wort gehört haben«, andererseits Ab 1,15: »Johannai (30 v.Chr.) pflegte zu sagen: Mache dein Torastudium zu etwas Feststehendem, sprich wenig, aber tu viel«; vgl. 3,9: »Nicht das Forschen ist die Hauptsache, sondern das Tun.«

spricht, »der nicht bleibt in allem, was geschrieben ist im Buch des Gesetzes, um es zu tun« (Gal 3,10). Aber der Satz 2,13, dem jeder Jude zustimmen muß, kehrt sich gegen ihn, weil Paulus ihn mit seinem faktischen Tun konfrontiert (2,1). Sündigt der Jude, so hilft ihm das Gesetz als das ihn vor den Heiden auszeichnende Erwählungszeichen keineswegs. Entsprechendes hält Jak 2 den Christen entgegen, die sich auf die πίστις berufen, ohne zu tun, was der Dekalog fordert.

Eine Provokation ohnegleichen bedeutet es nun aber, daß Paulus nach der 14 Sünde von Heiden und Juden V 12f nun nicht entsprechend (wie in VV 7f.9f) positiv auch von der Gesetzeserfüllung von Juden und Heiden spricht, sondern den sündigen Juden mit der Gesetzeserfüllung von Heiden konfrontiert. Das artikellose ἔθνη sowie die Konjunktion ὅταν (nicht ἐάν!) zeigen, daß er nicht etwa die Heiden insgesamt den sündigen Juden gegenüberstellt[306] – schon dies schließt die auf den späten Augustin zurückgehende antipelagianische Auslegung aus, mit ἔθνη seien die Heidenchristen gemeint[307]. Paulus kann nach 1,18–32 und nach 2,12 nur Ausnahmefälle aus der massa perditionis der heidnischen Sünder meinen. Wieweit er überhaupt konkrete Beispiele vor Augen führt und nicht vielmehr nur argumentativ den Fall heidnischer Gesetzeserfüllung setzt[308], geht aus dem Text nicht eindeutig hervor. Immerhin fehlt im Hauptsatz ein ἄν; und da auch V 15 als Tatbestand formuliert ist, wird man den Satz V 14 doch wohl als konkret gemeint auffassen müssen.

Jedenfalls konfrontiert Paulus seinen jüdischen Partner, der mit der Gabe des Gesetzes argumentiert, mit einem konkreten Gegenbeispiel: Heiden tun von Natur aus (φύσει)[309] was das Gesetz fordert (τὰ τοῦ νόμου).

Die Antithese φύσις-νόμος ist seit den Sophisten ein Topos griechisch-römischer Ethik. In der Natur sind die unveränderbaren Normen angelegt, denen die von Menschen gesetzten (θέσει) Gesetze entsprechen müssen, wenn sie unbedingte Autorität beanspruchen. Die Stoiker formulierten darüber hinaus als das ethische Grundziel des Weisen, das heißt des Menschen, der seine ihm durch die Vernunft gegebenen Möglichkeiten des Erkennens voll ausschöpft: »in Übereinstimmung mit der Natur zu leben« (ὁμολογουμένως τῇ φύσει ζῆν)[310]. Der Logos im Menschen sei identisch mit dem Logos, der das All durchwaltet, so daß Vernunft und Naturgesetz übereinstimmen. Macht der Mensch dieses Vernunftgesetz zur Norm seines Handelns, so ist er darin un-

---

[306] So Walker, Heiden 304; dagegen mit Recht v. Dülmen, Theologie des Gesetzes 76f.
[307] Dazu vgl. Platz, Ph., Der Römerbrief in der Gnadenlehre Augustins, 1938 (Cass. 5), 126–128. Diese Interpretation ist von Mundle, Zur Auslegung, sowie von Barth, K., KD I/2, ⁵1960, 332 erneuert und besonders von Flückiger, Werke 17–42; Reicke, Natürliche Theologie 166 neu begründet worden. Ebenso jetzt Cranfield 155f. Dagegen mit Recht Kuss, Die Heiden 77–98 sowie besonders Bornkamm, Gesetz 108–111.
[308] So vor allem Lietzmann 39f.
[309] Cranfield 156f zieht φύσει zu ἔθνη μὴ

νόμον ἔχοντα und versteht: Heidenchristen, die das Gesetz nicht – wie Israel – »von Geburt her« (vgl. V 27 und Gal 2,15), sondern »als Christen« empfangen. Doch der Nachsatz zeigt, daß der Jude, der das Gesetz hat (ἐν νόμῳ V 12), dem Heiden gegenübergestellt wird, der es *tut*, und zwar ἀνόμως (V 12), also φύσει.
[310] Literatur zum Sinn und zur Traditionsgeschichte der stoischen τέλος-Formel bei Köster, ThWNT IX, 1971, 257 Anm. 135; vgl. zur Interpretation Wilckens, Weisheit und Torheit, a.a.O. (Anm. 92) 241–254.

abhängig von allen durch Menschen gesetzten politischen Ordnungen, denn er folgt ja
der absoluten Norm des ungeschriebenen Gesetzes (νόμος ἄγραφος)[311]. Im hellenistischen Judentum taucht der φύσις-Begriff, für den ein semitisches Äquivalent fehlt,
recht häufig auf. Philon übernimmt die stoische τέλος-Formel, setzt aber die stoische
φύσις mit dem Gott der biblischen Überlieferung gleich und spricht darum in Umkehrung des seit Cicero nachweisbaren Ausdrucks ›lex naturae‹ vom νόμος φύσεως als den
durch Gott »gesetzten« Ordnungen. Diese sind mit den Geboten der Tora inhaltlich
identisch[312]; doch sind sie jedem Menschen durch die Vernunft zugänglich, so daß der
gesetzestreue Jude (νόμιμος ἄνθρωπος) identisch ist mit dem stoischen Weltbürger,
weil beide πρὸς τὸ βούλημα τῆς φύσεως ihr Tun ausrichten (Op mund 3). Abraham erfüllte »das göttliche Gesetz und alle göttlichen Anweisungen« (Gen 26,15) οὐ γράμμα-
σιν ἀναδιδαχθεὶς ἀλλ᾽ ἀγράφῳ τῇ φύσει . . . νόμος αὐτὸς ὢν θεσμὸς ἀγράφως
(Abr 275f)[313].

Das gleiche sagt Paulus hier von den Heiden, wenn sie von Natur aus tun, was
das Gesetz = die Tora fordert: Sie sind dann, obwohl sie die Tora nicht haben,
15   »sich selbst Gesetz«[314]; das heißt, wie V 15 sogleich erläutert, sie erweisen
durch ihr Handeln, daß das Tun, das das Gesetz fordert (τὸ ἔργον τοῦ νόμου)[315], in ihr Herz geschrieben ist. Diese Formulierung, aus traditionell-jüdischen Voraussetzungen nicht erklärbar, entspricht völlig der griechisch-römischen Lehre vom »ungeschriebenen Gesetz« und kann von Paulus nur aus dem
Gedankengut hellenistisch-jüdischer Apologetik seiner Zeit übernommen
sein. An Jer 38 (31),33 kann – trotz des wörtlichen Anklangs in V 15a – deswegen nicht gedacht sein[316], weil erstens Paulus in 2Kor 3,3 diese Stelle im Sinne
der eschatologischen Geistbegabung der Christen im Neuen Bund im Gegensatz zu der jüdischen Orientierung an der geschriebenen Tora im Bereich der
διαθήκη τῆς κατακρίσεως (ebd. V 9) deutet; und weil zweitens die Jeremia-
Stelle im hellenistischen Judentum, soweit ich sehe, nirgends zu apologeti-
schem Zweck im Sinne des νόμος ἄγραφος ausgewertet worden ist[317]. Paulus

---

[311] Vgl. dazu grundlegend Hirzel, R., NO-
ΜΟΣ ΑΓΡΑΦΟΣ. Zur jüdischen Rezeption
Heinemann, I., Die Lehre vom ungeschriebenen Gesetz im jüdischen Schrifttum.
[312] Vgl. auch 4Makk 5,25.
[313] Vgl. auch Jos Ant 6,294 von Samuel: δίκαιος καὶ χρηστὸς τὴν φύσιν . . . καὶ φίλος
τῷ θεῷ. Zur jüdischen Voraussetzung solcher
Argumentation vgl. sBar 57,2 sowie Michel
78f.
[314] Cranfield 157 Anm. 3 verweist auf Ari-
stot Eth Nic 1128a 31f. Paulus meint jedenfalls,
daß, wer das Gesetz tut, ohne es zu besitzen,
das Gesetz in sich selbst hat, nicht, daß er mit
seinem Tun »Tora für andere« wird (so Schlier
78).
[315] Mit dem Singular τὸ ἔργον τοῦ νόμου
wird τὰ τοῦ νόμου V 14 aufgenommen. Indem
die betreffenden Heiden τὰ τοῦ νόμου konkret
tun, erweisen sie, daß das vom Gesetz geford-
erte Tun ihnen bekannt ist. Der Singular

meint also prinzipiell den Inhalt der Tora: das
Tun, das dem Gesetz entspricht, der Plural die
Gebote der Tora. Zwischen V 14 und V 15a besteht keine Differenz (so mit Recht Bornkamm, Gesetz 106–111 gegen die verschiedenen Deutungen von Lackmann, Geheimnis
222f; Flückiger, Werke 35 und Michel 83),
auch nicht darin, daß Paulus mit dem Singular
lediglich »von einer bestimmten Pflicht« spre-
che, »die in einer konkreten Lage erfüllt wird«,
im Unterschied zu allen Forderungen des Gesetzes, die nur der Jude zu erfüllen habe (so
Schlatter 91f, Käsemann 59).
[316] So mit Recht Bornkamm, Gesetz
106–108 sowie ausführlich Kuhr, Römer
2,14f. Dagegen faßt Cranfield 158f den Ausdruck als Anklang an Jer 38,33 auf; vgl. auch
Hahn, F., Das Gesetzesverständnis im Römer-
und Galaterbrief, ZNW 67 (1976) 33 Anm. 14.
[317] M. Hengel stimmt dieser Feststellung zu:
»Da man in der Diaspora den Pentateuch fast

nimmt hier also nicht nur hellenistisch-philosophische Begrifflichkeit auf, sondern er argumentiert bewußt mit einem Topos hellenistischer Ethik[318]. Er ist daran freilich nur im polemischen Gegenüber zu seinem jüdischen Partner interessiert. Sein Ziel ist, diesem zu verwehren, im Blick auf die Gabe des Gesetzes einen Vorrang des Juden vor dem Heiden im Endgericht zu behaupten. Daß die Heiden die Tora nicht haben, bedeutet nicht, daß sie den Willen Gottes, den sie vorschreibt, als solchen nicht kennten. Was Paulus 1,19f von der allen Menschen durch die Schöpfung eröffneten Gotteserkenntnis gesagt hat, kommt nun hier positiv im Blick auf heidnische Gesetzeserfüllung zum Tragen. Nicht nur den Juden hat Gott im geschriebenen Gesetz seinen Willen offenbart, sondern auch den Heiden: Ihnen hat er, was den Juden in der geschriebenen Tora offenbart ist, in ihr Herz geschrieben. Der natürlichen Erkenntnis Gottes entspricht eine natürliche moralische Erkenntnis des Willens Gottes, die inhaltlich identisch ist mit der Tora. Aber wie Paulus mit φύσει V 14a nicht – wie Philon – die ganze Konzeption hellenistischer φύσις-Lehre verbindet, so auch in V 14b nicht die philosophischen Naturgesetz-Theorien seiner Zeit. Die Auslegung muß, streng am Skopos des Textes bleibend, nach beiden Seiten Mißdeutungen vermeiden: Sie darf weder in Röm 2,14f eine christliche Naturrechts-Theorie grundgelegt sehen[319] noch die Aufnahme zentraler Gedanken aus hellenistisch-philosophischer Tradition zu bloßen Assoziationen herunterspielen[320] oder gar ganz bestreiten[321]. Wie Philon hat Paulus vom philosophischen Gedankengut seiner Zeit, wie es ihm durch die hellenistische Synagoge vermittelt wurde, sehr wohl Gebrauch gemacht. In charakteristischem Unterschied zu Philon aber dient das aufgenommene Gut nicht der apologetischen Interpretation der jüdischen Gesetzestradition, sondern der Polemik gegen das heilsgeschichtliche Privilegbewußtsein, das sich aus der jüdischen Gesetzesüberlieferung herleitete.

Daß Paulus das positive Beispiel heidnischer Gesetzeserfüllung nur in dieser polemischen Absicht anführt, ergibt sich auch aus der Stellung von V 15 im Kontext. Zwischen der eschatologischen Aussage V 13 und der eschatologischen Fortführung V 16 gewinnt V 15 einen plausiblen Sinn nur, wenn das Präsens ἐνδείκνυνται und damit der ganze Satz ebenfalls als eschatologische Aussage verstanden werden[322]. Vom gegenwärtigen Tun der Heiden V 14 fällt der

noch höher schätzte als in Palästina, und – wie die Indices der Schriftzitate bei Philo zeigen – die profetischen Schriften ganz zurücktreten, kam dort auch niemand auf den Gedanken, profetische Texte wie Jer 31 und Ez 36 unter Berufung auf den nomos agraphos gegen die geschriebene Tora Moses auszuspielen« (Brief vom 1. 11. 76).

[318] So mit Recht Bornkamm, Gesetz 101f. Dagegen ohne überzeugende Gründe Käsemann 58.

[319] In diesem Sinn hat für das Mittelalter grundlegend Abälard Röm 2,13–15 ausgewertet: »ex quibus quidem verbis Apostoli apte

monstratur, justitiam a naturali lege incoepisse et omnino sine lege scripta per fidem homines iustificatos esse, ubi etiam adnecitur quia facile ad gravissima peccata post legis scriptae prohibitiones inclinarentur homines«. Dazu Hirsch, E., Lutherstudien I, Gütersloh 1954, 13 Anm. 1: »Das heißt doch beinahe: Abälard versteht Paulus' Kampf für die Rechtfertigung allein aus Glauben als Kampf gegen die lex scripta für die lex naturalis!«

[320] So zuletzt Käsemann 58f und nach ihm Schlier 77f.

[321] So vor allem Flückiger, Werke.

[322] So Lietzmann 41f. Daß das Präsens futu-

Blick auf ihre Situation im Endgericht, wo alle Taten der Menschen als das, was
sie sind, »offenbar« werden, sei es Gutes, sei es Böses (2Kor 5,10 vgl. 1Kor
4,5), und wo damit auch die faktische Gesetzeserfüllung der Heiden ohne
Kenntnis der geschriebenen Tora (V 14) als solche »erwiesen« wird, nämlich
so, daß die Tora in ihren Herzen – statt auf den steinernen Tafeln (vgl. 2Kor
3,3) – geschrieben ist. Nur darauf aber zielt Paulus in VV 15f – nicht auf das Urteil Gottes über jene Heiden, das nach der Regel V 13 ja dann eigentlich als
Rechtfertigung ausfallen müßte. Aber diese Konsequenz vermeidet Paulus offenbar bewußt. Es geht ihm nicht darum, auf seiten der Heiden – entgegen den
Juden und zu ihrer Beschämung – konkrete Gesetzeserfüllung aufzuweisen,
die Gott nach der Regel V 13 durch sein Rechtfertigungsurteil anerkennt; sondern es kommt ihm lediglich darauf an – entgegen der jüdischen Wertung der
Tora als heilsgeschichtliches Privileg gegenüber den gesetzlosen Heiden –, herauszustellen, daß das Gesetz in seinem Inhalt auch den Heiden sehr wohl bekannt ist, wie sie in ihrem Tun erweisen, und von daher also keineswegs ein
Unterschied zwischen Juden und Heiden besteht.

Daß Paulus in V 15 nicht auf die Rechtfertigung der Heiden von V 14 hinauswill, zeigt V 15b. Die etwas überladene Konstruktion ist am besten so aufzulösen, daß zwei Subjekte genannt werden: die συνείδησις und die λογισμοί.
Beide haben Zeugenfunktion, das Gewissen zusammen mit den Gedanken
(συμμαρτυρούσης)[323]. Doch während sich diese mit ihren einander widerstreitenden Argumenten sozusagen gegenseitig in Schach halten, muß sich das
Gewissen mitten in diesem Stimmengewirr zur Sprache bringen. Es ist offenbar als die darin entscheidende Instanz gedacht. Darum ist syntaktisch nur von
ihm als dem Zeugen die Rede; καὶ μεταξὺ ἀλλήλων τῶν λογισμῶν usw. ist
angehängt. Weder ist καί explikativ aufzufassen, so daß das Zeugnis des Gewissens durch das Widereinander der Gedanken erläutert wird, etwa als Ent-
schluß zum Handeln oder als Kritik der geschehenen Tat[324]; noch ist τῶν λογισμῶν als genitivus objektivus von συνειδήσεως abhängig, so daß das Gewissen als das sittliche Bewußtsein für die Gedanken gemeint wäre[325]. Abwegig ist
auch, αὐτῶν und μεταξὺ ἀλλήλων in Opposition zu bringen und die Gedanken im Sinne von Urteilen der Menschen übereinander zu verstehen[326]. Vielleicht jedoch ist συμμαρτυρούσης V 15b mit V 15a so zu verbinden, daß das

rischen Sinn haben kann, ist vielfach zu belegen; vgl. Radermacher, Grammatik 152;
Bl-Debr § 323. Im übrigen fehlt das Futur von
ἐνδείκνυμαι im NT und der umliegenden Literatur. Zur Sache vgl. die eschatologische Bedeutung von ἔνδειξις Phil 1,28.
[323] Zwar hat im griechischen Wortgebrauch
σύν im allgemeinen höchstens lediglich »ver-
stärkende Bedeutung« (Pr-Bauer 1541); so
auch bei Paulus 8,16; 9,1. Da 2,15 9,1 entspricht, kann man wie dort übersetzen: »indem
ihr Gewissen ihnen bezeugt«. Da jedoch mit
καὶ der Genitiv τῶν λογισμῶν usw. hinzuge-

setzt ist, das Bezeugen also vom Gewissen *und*
von den Gedanken ausgesagt wird, legt sich
nahe, σύν- hier in seiner eigenen Bedeutung
wirksam sein zu lassen. Anders zuletzt Cranfield 162; Schlier 79.
[324] So Kuss 69. Ähnlich vorher Bultmann,
Theologie NT 217f; Bornkamm, Gesetz 111
Anm. 46.
[325] Gegen Reicke, Syneidesis 158.
[326] So z. B. Kühl 81; Schlatter 95. Die Hs. G
scheint so zu verstehen und ersetzt darum λογισμῶν durch διαλογισμῶν.

Gewissen zusammen mit den Gedanken als zweiter und dritter Zeuge neben dem ἔργον τοῦ νόμου erscheint, entsprechend der Zeugenregel Dtn 19,15[327]. Das würde der forensischen Situation von V 15 entsprechen.

Aber dieses Zeugnis ist für die Heiden selbst vor Gott keineswegs eindeutig. Das Zeugnis ihres Gewissens muß sich ihnen im Widerstreit ihrer Gedanken zu Gehör bringen und hat darin weder selbst die Funktion des Anklägers noch des Verteidigers. Zwar läßt sich V 15b im Kontext von VV 14–15a nur so verstehen, daß das Gewissen die Forderung des Gesetzes vertritt[328]. Was es bezeugt, ist τὰ τοῦ νόμου. Aber inmitten der einander widerstreitenden Gedanken bleibt die Stimme des Gewissens angesichts des eschatologischen Gerichts selbst umstritten. Sein Urteil über die Werke ist also nicht etwa identisch mit dem Rechtfertigungsurteil Gottes im Endgericht (V 13); vgl. 1Kor 4,3–5.

Der relativische Anschluß V 16 läßt sich stringent nur so erklären, daß jetzt der   16 eschatologische Aspekt von V 15 ausdrücklich wird[329]. Wer V 15 dagegen als präsentische Aussage parallel zu V 14 versteht, muß in Kauf nehmen, daß der Übergang V 16 sehr hart ist, und muß etwa ergänzen: »das wird sich herausstellen am Tage des Gerichts«[330], wenn er nicht V 16 als Glosse streicht[331]. Dies aber ist gewaltsam, jenes unnötig hart. Ist aber dann das Gericht Inhalt des paulinischen Evangeliums? Die Frage darf unter Hinweis auf das sachliche Verhältnis von 1,18 zu 1,16f bejaht werden. Die dahinterstehende Tradition wird durch Offb 14,6f sichtbar. Im Kontext von Röm 2,14–16 ist der Hinweis kein »Fremdkörper«[332], sondern »unentbehrlich«[333]. Daß κατὰ τὸ εὐαγγέλιόν μου sonst nur an nachpaulinischen Stellen vorkommt[334], ist kein durchschlagendes Argument für eine Emendation. Paulus kann ebenso das von ihm verkündigte Evangelium als τὸ εὐαγγέλιον ἡμῶν bezeichnen (1Thess 1,5; 2Thess 2,14; 2Kor 4,3), wie sich auch die Formulierung κατὰ τὸ εὐαγγέλιον bei ihm findet (Röm 11,28). διὰ Χριστοῦ Ἰησοῦ ist entweder auf εὐαγγέλιόν μου zu beziehen oder – besser – auf κρινεῖ (vgl. 2Kor 5,10; Apg 10,42; 17,31).

---

[327] So z.B. Kühl 81; Lietzmann 41; Bornkamm, Gesetz 111.
[328] So z.B. Michel 84; dagegen Käsemann 60.
[329] So zuletzt auch Cranfield 161f. Wahrscheinlich ist deswegen in V 16 mit den Lateinern κρινεῖ zu lesen.
[330] So z.B. Althaus 20; Michel 84; Schlier 81.
[331] So Bultmann, Glossen 282f. Alle anderen Versuche, mit dem harten Übergang von V 15 zu V 16 fertigzuwerden, sind von Bultmann ebd. zu Recht abgewiesen worden: Weder eine Parenthetisierung von V 15b oder von VV 14f bzw. VV 13–15 im ganzen, so daß V 16 entweder mit V 15a oder mit V 13 oder V 12 zu verbinden wäre (Sanday-Headlam 62, Dodd 35; Reicke, Syneidesis 161), noch auch die Streichung von ἡμέρα (Salin, H., Emendationen 93) bzw. von ἐν ᾗ ἡμέρα (Blass) oder gar von

VV 14f als Glosse (Weiß, Beiträge 218), noch auch eine Umstellung von V 16 hinter V 29 (Hitzig, F., Neutestamentliche Kritik auf dem Grunde der Erklärung, in: Monatsschrift des wissenschaftl. Vereins in Zürich, 1 [1856] 57–68, hier 65f), hinter V 5a (Michelsen, J. H. A., Kritisch onderzoek naar den oudsten Tekst van »Paulus' brief aan de Romeinen«, ThT 21 [1887] 174) oder hinter V 11 (Schmithals, Römerbrief 205) oder schließlich auch ein präsentisches Verständnis von V 16 nach V 15 (Weber, Beziehungen 138–144) sind als überzeugende Lösungen akzeptabel.
[332] So Bultmann, Glossen 283.
[333] So mit Recht Käsemann 62; vgl. auch H. Saake, Echtheitskritische Überlegungen zur Interpolationsthese von Römer II 16, NTS 19 (1973) 486–489.
[334] Bornkamm, Gesetz 117.

Exkurs: Das Gewissen bei Paulus (exegetisch und wirkungsgeschichtlich)

Literatur: Blank, J., Gewissen und Identität, in: Weltaspekte der Philosophie, FS R. Berlinger, Amsterdam 1973, 21–40; *Bornkamm, G.*, Gesetz und Natur, in: Studien zu Antike und Urchristentum 111–118; *Hirsch, E.*, Lutherstudien I, Gütersloh 1954; *Kähler, M.*, Das Gewissen I, 1878; *ders.*, Art. Gewissen in RE VI 646–654; *Kuss* 76–82; *Lohse, B.*, Gewissen und Autorität bei Luther, KuD 20 (1974) 1–22; *Maurer, Chr.*, Art. σύνοιδα, συνείδησις, TWNT VII 987–918 (Literatur: 897f); *Pesch, O. H.*, Exkurs: ›Synderesis‹, in: Deutsche Thomas-Ausgabe Bd. 13, Heidelberg-Graz 1977, Anm. 17; *Pierce, C. A.*, Conscience in the NT, London 1955; *Reicke, B.*, Syneidesis in Röm 2,15 ThZ 12 (1956) 157–161; *Reiner, H.*, Art. Gewissen, in: HWP III, 1974, 574–592; *Stelzenberger, J.*, Syneidesis im NT, 1961 (AMT 1); *ders.*, Conscientia bei Augustinus, Paderborn 1959; *ders.*, Conscientia in der ost-westlichen Spannung der patristischen Theologie, ThQ 109 (1961) 174–205; *Thrall, M. E.*, The Pauline Use of Συνείδησις, NTS 14 (1967–68) 118–125; *Wolf, E.*, Vom Problem des Gewissens in reformatorischer Sicht, in: Peregrinatio, München 1954, 81–112; *ders.*, Art. Gewissen in: RGG³ II 1550–1557.

Das Wort συνείδησις findet sich bei Paulus 14mal (nur in 1.2Kor und Röm). Es bezeichnet die Instanz im Innern des Menschen, die seine Verantwortlichkeit begründet und je und je wahrnimmt. Darin ist die συνείδησις von der καρδία unterschieden. Das ›Herz‹ ist das Person-Zentrum des Menschen, sein »Ich-Selbst«; er kann ἀσύνετος (Röm 1,21) und ἀμετανόητος (2,5) sein, das Gewissen nicht. Denn dieses ist, wiewohl konstitutiv zum Menschen gehörig, als *sein* Gewissen (durchweg mit Possessiv-Bestimmungen), eine Stimme, die von seinem eigenen Wollen und Urteilen unterschieden ist. Als sein eigenes Gewissen kann es zwar schwach (1Kor 8,7.10), ja befleckt sein (ebd. V 7), wesenhaft aber ist sein »Zeugnis« dem Menschen unverfügbar: Es ist Repräsentant des Willens Gottes im Menschen, durch den dieser letztlich seine Identität gewinnt, die er nicht aus sich selbst hat. Das »Zeugnis« des Gewissens ist ἐν ἁγιότητι καὶ εἰλικρινείᾳ τοῦ θεοῦ οὐκ ἐν σοφίᾳ σαρκικῇ (2Kor 1,12).
Von dem »Zeugnis« des Geistes Gottes (Röm 8,16) ist das Zeugnis des Gewissens (Röm 2,15) dadurch unterschieden, daß jener die Situation des Menschen von Gott »in Christus« her, dieses vom Menschen in seinen »Werken« her bezeugt. Darum kann das Zeugnis des Gewissens, wiewohl in der Klarheit und Schärfe des endzeitlichen Gerichtes Gottes über die Werke des Menschen urteilend (Röm 2,15), das endzeitliche Urteil Gottes selbst über ihn nicht vorwegnehmen (Röm 2,16 vgl. 1Kor 4,4f) – während das Zeugnis des Geistes Gottes unseren endzeitlichen ›Status‹ der υἱοθεσία (Röm 8,16) als Wirkung der Gnade Gottes in Christus mit durchaus eschatologisch-irreversibler Geltung und Kraft zuspricht. Während jedoch der Geist, weil allen Christen gegeben, ihre unterschiedslose Solidarität in der Kirche begründet (Gal 3,28; 1Kor 12,12f) und sie jeweils aktuell als Glieder des einen Leibes Christi miteinander verbindet und zu gegenseitigem Dienst engagiert, wahrt sein Zeugnis der υἱοθεσία, das er dem Geist je des einzelnen Christen zuspricht, dessen Individualität gegenüber der der Brüder und begründet so eine absolute und unantastbare Freiheit des je eigenen Gewissens gegenüber jedem anderen Gewissen (1Kor 10,29). Das heißt: Das Gewissen des Christen hat volle Befugnis über sich selbst, aber Befugnis *nur* über sich selbst. Die Freiheit des Christen zu sich selbst coram Deo verpflichtet immer zugleich zu entsprechender Wahrung der Gewis-

sensfreiheit jedes Bruders. Wer das Gewissen seines Bruders »schlägt«, handelt zu seinem eschatologischen Verderben (1Kor 8,11f). Darum empfiehlt sich der Apostel in der Verkündigung des Evangeliums, die die Adressaten in ihrem Gewissen betrifft, »angesichts Gottes« (2Kor 4,2) und kann nur hoffen, als selbst vor Gott, dem eschatologischen Richter »offenbar«, auch in den Gewissen derer, denen er verkündigt, »offenbar« zu sein (2Kor 5,11). Die volle Freigabe des durch das Evangelium befreiten Gewissens an seine ureigene Verantwortung vor Gott bedingt also eine entsprechende Anerkennung der Freiheit und Selbstverantwortung des Gewissens des Nächsten sowohl in allem praktischen Umgang mit ihm als auch besonders in der Verkündigung: Das Evangelium *befreit* die Gewissen, aber *zwingt* sie nicht. Was das Gewissen bezeugt (Röm 2,15), ist Gottes Forderung, inhaltlich identisch mit dem, was das Gesetz dem Juden sagt (V 14): das Gute, das zu tun ist (12,2), im Gegensatz zum Bösen, dem Gottes Zorn gilt (Röm 13,5)[335]. So ist das Gewissen nichts anderes als das ins Herz geschriebene Gesetz (Röm 2,15a). Doch so eindeutig das Gewissen das Gute, das zu tun ist, bezeugt, so eindeutig bedeutet das positive Urteil des Gewissens über die geschehene Tat für Paulus, der sich selbst keines Bösen bewußt ist (οὐδέν μοι σύνοιδα), nicht, daß er »darin (bereits) gerechtfertigt sei« (1Kor 4,4). Über die Taten wird allein Gott im καιρός des Endgerichts das endgültige Urteil sprechen (ebd. V 5).

In ähnlicher Weise wie Paulus Röm 2,15 spricht Philon vom συνειδός. Dieses hat vor allem die Funktion des ἔλεγχος, das heißt, es tritt als Zeuge, Ankläger und Richter nach vollbrachter Tat auf[336]. Solche Erfahrung der inneren Konfrontation mit der überführend-kritischen Stimme des Gewissens tritt in der griechisch-römischen Welt erst seit dem 1. Jh. v.Chr. auf und geht auf pythagoreischem Einfluß zurück[337], wo eine ganze Technik täglicher Exerzitien ausgebildet worden ist[338]. Das Judentum hat diese Praxis vielfach übernommen und auf die tägliche Prüfung des Gottesverhältnisses des Einzelnen unter der Tora bezogen. Von daher ist Röm 2,15 zu erklären. Der hellenistische Motivzusammenhang wird hier darin deutlich, daß das Gewissen sich mitten in den inneren Diskussionen der Gedanken zu Wort bringt.

In der nachpaulinischen Literatur zeigt sich ein gegenüber Paulus charakteristisch verschiedener Wortgebrauch. Der lukanische Paulus übt sich (ἀσκῶ), ein unanfechtbares Gewissen zu haben (Apg 24,16 vgl. 23,1). Ein gutes (1Petr 3,16.21; 1Tim 1,19 vgl. Hebr 13,18) bzw. reines Gewissen (1Tim 3,9; 2Tim 1,3) zu haben kennzeichnet als Folge der Taufe (1Petr 3,21 vgl. Hebr 9,9.14; 10,2.22) das Leben der Christen, während die Irrlehrer ihr Gewissen gebrandmarkt haben (1Tim 4,2) weil sie es befleckt haben (1Tim 1,15)[339]. Hier entfällt die Differenz zwischen der gegenwärtigen Gewissenserfahrung und dem zukünftigen Endgericht, die andererseits vor allem im Matthäusevangelium – ohne Kenntnis von Begriff und Vorstellung des Gewissens – scharf herausgearbeitet wird[340].

---

[335] Vgl. dazu Wilckens, Römer 13,1–7 in: Rechtfertigung als Freiheit 219; ähnlich auch Friedrich, J., Pöhlmann, W., Stuhlmacher, P., Zur historischen Situation und Intention von Römer 13,1–7, ZThK 73 (1976), 131–166, hier 164.

[336] Vgl. besonders Decal 87 bei Maurer, ThWNT VII 910 sowie die übrigen dort aufgeführten Stellen; ferner die Literatur bei Bornkamm, Gesetz 114f Anm. 59.

[337] Vgl. besonders den Bericht über das alltägliche »examen conscientiae« des Philosophen Sextius (gest. 70 v.Chr.) bei Seneca De ira III 36 (Übersetzung bei Rabbow, P., Seelenführung. Methodik der Exerzitien in der Antike, Zürich 1954); ferner z. B. ep. 28,10 und dazu Hierocl Carm aur 115–120.

[338] Dazu vgl. vor allem Rabbow, Seelenführung, a.a.O. (Anm. 337), besonders 180–188.344–347.

[339] Dazu vgl. den Exkurs bei Dibelius, M. – Conzelmann, H., Die Pastoralbriefe, ⁴1966 (HNT 13), 16f.

[340] Vgl. Bornkamm, G., Enderwartung und

In dieser Spannung ist die Lehre vom Gewissen in der kirchlichen Theologie ausgebildet und unter dieser Problemstellung Röm 2,14f ausgelegt worden. Durchweg wird das Gewissen allgemein als Anwalt des göttlichen Sollens gegenüber dem Sosein des Menschen aufgefaßt. Aber in welchem Verhältnis das Gewissen als allgemeines anthropologisches Phänomen zu dem Gewissen des Christen steht, ist seit dem Streit zwischen Augustinus und Pelagius kontrovers. Augustinus lehnte jede »naturalis sanctitas« ab; erst und allein die Gnade ordnet das durch den Sündenfall verdorbene Gewissen der ihr innewohnenden Liebe zu[341]. Das dadurch entstehende Problem wird in der Scholastik durch die Unterscheidung zwischen synderesis und conscientia gelöst. Als synderesis wird die allgemeine, auch durch den Fall nicht betroffene natürliche Neigung zum Guten verstanden, als conscientia deren faktischer Gebrauch[342]. Erst durch die Gnade freilich wird das Gewissen gereinigt und befähigt, die Neigung der synderesis fortschreitend »bis zur Vollhöhe christlicher Lebensweisheit und Lebensklugheit« zu entwickeln[343]. Doch diese Lösung zerbrach unter der konkreten individuellen Erfahrung spätmittelalterlicher Bußpraxis[344]. Luther bestritt zwar die synderesis-Lehre nicht als solche, jedoch deren Skopos, weil die Gewissenserfahrung des natürlichen Menschen, heillos zwischen Selbstanklage und Selbstrechtfertigung hin und hergerissen, aller Kontinuität schöpfungsmäßiger Übereinstimmung mit Gott widerstreitet und erst im Glauben ihre Funktion als accusator der Werke gewinnt, in welcher Anfechtung der Glaubende in Christus seinen defensor findet: »Est itaque libertas Christiana seu Evangelica libertas conscientiae, qua solvitur conscientia ab operibus, non ut nulla fiant, sed ut in nulla confidat. Conscientia enim non est virtus operandi, sed virtus iudicandi, quae iudicat de operibus. Opus eius proprium est (ut Paulus Roma. 2 ait) accusare vel excusare, reum vel absolutum, pavidum vel securum constituere.«[345]
Die Aufklärung knüpft dagegen an die synderesis-conscientia-Lehre wieder an. Bei

Kirche im Mt, in: Bornkamm, G., Barth, G., Held, H. J., Überlieferung und Auslegung im Mt, ⁷1975 (WMANT 1).

[341] Dazu vgl. Hirsch, Lutherstudien I, a.a.O. (Anm. 319) 51–68; Stelzenberger, J., Conscientia bei Augustinus. Eine gute Zusammenfassung und zugleich einen Eindruck der dann im Mittelalter aufbrechenden Problematik bekommt man z. B. In ps 31, Enarr. II 5 (CSEL XXXV 228,55–229,1): »Qui vult inquam habere bonam spem, habeat bonam conscientiam; ut autem habeat bonam conscientiam, credat et operatur. medio imus ad initium et finem. Quod credit, fidei est, quod operatur, caritatis est.«

[342] Darin bildete sich eine gegensätzliche Beurteilung in der franziskanischen und dominikanischen Schule heraus. Nach Bonaventura, In 2. Sent. 39,2.1 ist die synderesis »potentia affectiva«, die conscientia »habitus intellectus practici«. Thomas dagegen versteht die synderesis als habitus, nicht als potentia, nämlich als »habitus naturalis principiorum operabilium, quae sunt naturalia principia iuris naturalis« (de verit. 16,1); die conscientia wird umgekehrt als actus begriffen, genauer als »applicatio scientiae ad actum« (summa theol. I–II 19,5

vgl. ebd. I 79,12f; I–II 94,1; Ver 17,1; dazu Pesch, Synderesis; Blank, Gewissen 26–38; Hirsch, Lutherstudien I 31–38). Zu den mancherlei Zwischenlösungen in der Spätscholastik vgl. Reiner, HWP III 583; zu Duns Scotus und Gabriel Biel besonders Hirsch, a.a.O. 38–49; Oberman, H. A., Spätscholastik und Reformation I, 1965, 64f.

[343] M. Waldmann, LThK IV, ¹1932, 477.

[344] Dazu vgl. Hirsch, Lutherstudien I 50–108. Die Problematik besteht darin, daß, weil das Gewissen als Vernunftakt verstanden wird, für jede richtige Gewissensentscheidung eine schier unübersehbare Fülle von Wissen notwendig ist, ohne dessen aktuelle Erkenntnis das Gewissen irrt, damit aber zur Sünde verführt. Als Beispiele für die Fülle seelsorgerlicher Literatur vgl. (Pseudo-)Gerson, Opera I, Antwerpen 1706, 398–412; Petrus Bercharius von Poitiers, Repertorium sive dictionarium, Art. conscientia, Nürnberg 1489, tom I, 199b–200a bei Hirsch a.a.O. 54–56.

[345] De votis monasticis 1521, WA 8, 606, 30–35. – Zu Luthers Anschauung vom Gewissen vgl. besonders Hirsch, Lutherstudien I 109–171, und dazu kritisch zuletzt Lohse, Gewissen und Autorität. In der Frühzeit Luthers

Kant wird das Gewissen zum letztinstanzlichen Gerichtshof im Menschen, dessen praktische Vernunft Gott als absoluten Gesetzgeber postulieren muß[346]. Dieses Verständnis des Gewissens zerbricht jedoch im Zusammenhang geschichtlicher, kulturell-gesellschaftlicher sowie psychologischer Relativierung absoluter Normen[347]; und dieser Prozeß hat erst gegenwärtig die volle Breite des allgemeinen Bewußtseins erreicht[348]. In dieser Situation wird sehr deutlich, daß der Begriff des Gewissens nur dort sinnvoll ist, wo der Mensch sich selbst konstitutiv unter Voraussetzung Gottes erfährt und versteht, dort dagegen verblaßt, wo diese religiöse Voraussetzung schwindet. Das Gewissen kann so nicht mehr unmittelbar der hermeneutische Ort der Rede von Gott sein, sondern umgekehrt. So ist die schroffe Reaktion K. Barths, der in Röm 2,14f eine »Umwertung aller Werte« ausgesprochen findet[349], nicht ohne Recht. Das Gewissen ist nicht ein natürlicher »Anknüpfungspunkt« der Gotteserfahrung, sondern es kann nur dort theologisch relevant sein, wo Gott in seinem Christus-›Wort‹ den Menschen von sich aus anspricht[350]. Doch wird in dieser theologischen Reaktion die Gotteserfahrung be-

steigerte vor allem die ihm aus der Spätscholastik überlieferte Auslegung von Röm 2,15f, nach der die richtende Stimme des Gewissens vollauf identisch sei mit dem Urteil des Endgerichts, die Anfechtung auf ein Höchstmaß zur Gerichtsangst: »Argui enim in furore‹ aliud non est quam erubescere, confundi et ream inveniri coram aeterno iudicio conscientiam hominis. Invenitur autem nullis hominis non rea conscientia coram hoc iudicio« (Oper. in Ps, ad Ps 6,11; WA 5,217,30). Der Richter wird im Endgericht sagen: »Ecce, ego te non iudico, sed tuo de te iudicio assentior et confirmo, cum aliter tu ipse de te non possis iudicare, ideo neque ego. Ergo tuis testibus cogitationibus et conscientia dignus es vel coelo vel inferno.« Mit dieser Stimme des Richters ist die Stimme des Gesetzes identisch. Allein durch das Evangelium wird das Gewissen frei von dieser eschatologischen Anklage des Gesetzes: »Lex conscientiam urget peccatis, sed evangelium liberat eam et pacifiat per fidem Christi« (Röm II 250,9f). »Christus est mortuus pro conscientia« (Gal-Vorlesung von 1531; WA 40 I 87,4). »Idcirco nostri causa tradidit se (Christus) sub legem, sub potestatem diaboli . . . sub metum nostrum, sub conscientiae flagra absque peccato, ut omnia ista vinceret, ut nos quoque credentes in eum vinceremus. Est ergo maximum solatium in voce Emmanuel, si nos pavor conscientiae affectusque peccati, carnis, metus inferni diabolique conturbat. ›Confide‹, ait Christus, ›ecce ego vici‹« (WA 4,609,4).
[346] Vgl. besonders: Die Metaphysik der Sitten, Einleitung XIIb (Werke, hrsg. W. Weischedel, Bd. 7, Darmstadt 1968, 531f), sowie 2. Hauptstück, 1. Abschnitt § 13 (Werke ebd. 572–576); besonders S. 574: »Da nun ein solches moralisches Wesen zugleich alle Gewalt (im Himmel und auf Erden) haben muß, weil es sonst nicht (was doch zum Richteramt not-

wendig gehört) seinen Gesetzen den ihnen angemessenen Effekt verschaffen könnte, ein solches über alle machthabende moralische Wesen aber *Gott* heißt: so wird das Gewissen als subjektives Prinzip einer vor Gott seiner Taten wegen zu leistenden Verantwortung gedacht werden müssen; ja es wird der letzte Begriff (wenn gleich nur auf dunkle Art) in jenem moralischen Selbstbewußtsein jederzeit enthalten sein.« Die Funktion des zu postulierenden Gottes ist hier freilich ganz nur die, Gesetzgeber zu sein; und die Funktion des Gewissens die, zur Erfüllung der ›Pflicht‹ anzuhalten. Ein schlechtes Gewissen kann so nur dadurch zu einem guten werden, daß der Mensch sich zum Tun der Pflicht bekehrt, also – theologisch gesprochen – durch Erfüllung des Gesetzes. – Vgl. besonders auch Fichte, Bestimmung des Menschen III 4 (Werke hrsg. I. H. Fichte II 298); III 1 (II 258).
[347] Vgl. besonders Nietzsche, F., Zur Genealogie der Moral, 2. Abhandlung, sowie Spencer, H., Prinzipien der Ethik (1901); ferner Freud, S., Das Unbehagen in der Kultur (1930), Werke Bd. 14, 484–506.
[348] Vgl. dazu Pannenberg, W., Die Krise des Ethischen und die Theologie, ThLZ 87 (1962) 7–16 mit der Erwiderung von Ebeling, G., in: Wort und Glaube II (1969) 42–55 sowie den Briefwechsel beider in ZThK 70 (1973) 448–473.
[349] Römerbrief, 1919, 35f.
[350] Barth hat dies, alle Möglichkeiten der Gotteserkenntnis vom Menschen aus pauschal zusammenfassend, in der Kirchlichen Dogmatik I 211 bündig so ausgesprochen: »Wir brauchen weder den *Willen* hervorzuheben zur Unterstreichung der menschlichen Freiheit, noch das *Gewissen* als den Ort, wo der Mensch mit dem Willen Gottes einig werde, noch das *Gefühl*, um die Schlechthinnige Abhängigkeit des Menschen von der Omnipotenz Gottes klar zu

wußt der Religion als ihrem geschichtlich-natürlichen Medium sehr gewaltsam entrissen, was nicht nur zur Folge hat, daß in der radikalen Entgegensetzung des christlichen Gewissens gegen die gesamte Tradition der Gewissenserfahrung jeder anthropologische Begründungszusammenhang christlicher Rede vom Gewissen zerbricht, sondern auch, daß theologische Hybris das Gewissen einzig dem christlichen Glauben zuspricht, wie denn Barth und seine Nachfolger Röm 2,14f kurzerhand auf Heidenchristen deuten[351]. Paulus spricht aber »Heiden«, die außerhalb der Erfahrungtradition Israels mit Gott und seinem Wort leben, das Gewissen als Zeugen des Willens Gottes zu und setzt damit Religion als anthropologisch-konstitutionelle Verwiesenheit auf Gott bei allen Menschen voraus (wenn auch sein thematisches Interesse im Kontext nicht darauf zielt). So wahr es ist, daß das Phänomen des Gewissens nicht zum hermeneutischen Ort der Rede von Gott taugt, so wahr ist es, daß das Gewissen nur zureichend begründet werden kann, wenn Religion als allgemein-menschliche Grunderfahrung der hermeneutische Ort christlicher Rede von Gott ist. Das bedeutet für den Christen, daß er *jedem* Menschen die eigene Gewissensfreiheit vollauf zuzuerkennen hat, nicht nur dem Angehörigen einer nicht-christlichen Religion, sondern auch dem Atheisten, der selbst keinerlei religiöse Bindung anerkennt und darum seinerseits Gewissensfreiheit nicht religiös begründet. Gerade in solcher Anerkennung prinzipiell uneingeschränkter Gewissensfreiheit jedwedes Menschen wirkt sich die *christliche* Erfahrung der Befreiung des eigenen Gewissens aus.

Exkurs: Das Gericht nach den Werken II (Theologische Interpretation)

Literatur: Braun, H., Gerichtsgedanke und Rechtfertigungslehre bei Paulus, 1930 (UNT 19); *Donfried, K. P.*, Justification and last Judgement in Paul, ZNW 67 (1976) 90–110 (vgl. die dort 90[–92] Anm. 3 zusammengestellte Literatur); *Filson, F. V.*, St. Paul's Conception of Recompense, 1931 (UNT 21); *Haufe, Ch.*, Die sittliche Rechtfertigungslehre bei Paulus, Halle 1957; *Jeremias, J.*, Paul and James, ET 66 (1954/55) 368–371; *Joest, W.*, Gesetz und Freiheit, Göttingen ⁴1968, 138ff.165ff; *Jüngel, E.*, Das Gesetz zwischen Adam und Christus, ZThK 60 (1963), 70–74; *Kertelge, K.*, ›Rechtfertigung‹ bei Paulus 112–160; *Lyonnet, S.*, Justification, judgement, redemption, principalement dans l'Epitre aux Romains, RB 5 (1960) 166–184; *Mattern, L.*, Das Verständnis des Gerichts bei Paulus, 1966 (AThANT 47); *Peters, A.*, Glaube und Werke. Luthers Rechtfertigungslehre im Lichte der Heiligen Schrift, Berlin 1962; *Schlatter, A.*, Der Glaube im NT, Darmstadt ⁵1963, 323–418; *Stendahl, K.*, Rechtfertigung und Endgericht, LR 11 (1961) 3–10; *Stuhlmacher, P.*, Gerechtigkeit Gottes 228–236.

Wie läßt sich das Gericht nach den Werken in Röm 2 sachlich vereinbaren mit der These, auf die der Gedankengang von 1,18 an hinausläuft: daß »aufgrund von Gesetzeswerken kein Fleisch vor Gott gerechtfertigt wird« (3,20)? Heißt es einerseits in 2,13, daß im

machen. Wir können ruhig den Willen *und* das Gewissen *und* das Gefühl und alle in Betracht kommenden anthropologischen Orte verstehen als Möglichkeiten menschlicher Selbstbestimmung, um dann diese in ihrer Totalität zu verstehen als bestimmt durch das den ganzen Menschen angehende Wort Gottes.«

[351] Vgl. oben Anm. 307.

Endgericht nur die Täter des Gesetzes gerechtfertigt werden, andererseits dagegen in 3,28, daß der Mensch gerechtfertigt wird allein durch den Glauben ohne Gesetzeswerke, wie stimmt beides zusammen? An der Antwort auf diese Frage hängt entscheidend das Verständnis der paulinischen Rechtfertigungslehre im ganzen.

Seit Beginn der Paulusexegese im strengen Sinn ist dieses Problem gesehen worden, und zwar von Anfang an so, daß die christlichen Ausleger sich selbst angesprochen erfuhren, auch dort, wo zunächst die Adressierung an die Juden erkannt wurde. Origenes[352] z. B. geht aus von Joh 3,18: »Wer an ihn glaubt, wird nicht gerichtet.« Den zunächst erwogenen Ausgleich mit Röm 2,12f, Paulus bedrohe nur den Glaubenden, sofern er sündigt, da der Sünder ja gar nicht wirklich glaube, sieht er sich freilich alsbald genötigt aufzugeben; denn welcher Glaubende könnte sagen, er sündige nicht? So sucht Origenes die Lösung in einer Unterscheidung zwischen der Situation des Menschen ante und post fidem: Zwar werden alle Sünden des Christen post fidem im eschatologischen Gericht genauso verurteilt wie die der Unglaubenden – einzig aber, weil er glaubt, wird ein Christ nicht gerichtet werden. Dieses Verständnis wird noch gegenwärtig vertreten, etwa in der Gestalt, daß zu unterscheiden sei zwischen der Rechtfertigung aus Glauben in der Taufe, die nicht aufgrund von Werken, sondern durch die vergebende Gnade Gottes geschehen ist, und dem Rechtfertigungsurteil im künftigen Gericht, in dem auch gerechtfertigte Christen nach 2Kor 5,10 Rechenschaft über ihre Werke ablegen müssen[353].

So gewichtig aber auch die Stellen sind, an denen Paulus in der Tat den Christen mit dem zukünftigen Gericht über seine Werke konfrontiert, so gewichtig bleibt doch das Problem, wie sich beide so verschiedenen richterlichen Entscheidungen Gottes zueinander verhalten. Wenn die Rechtfertigung aus Glauben nur die Sünden ante fidem tilgt und von da an die zukünftige Rechtfertigung nach den Werken zu erwarten ist, so hat die letztere für das Heilsinteresse des Christen post fidem die entscheidende Bedeutung; und die paulinische Position ist dann nicht weit entfernt von derjenigen der jüdischen Qumrangemeinde. Hat dagegen die Rechtfertigung aus Glauben eschatologische Heilskraft über den Zeitpunkt der Bekehrung hinaus, dann wiederum verliert das Gericht nach den Werken seinen letzten Ernst. Einen gewissen Ausgleich kann man schließlich in 1Kor 3,15 erkennen: Zwar wird das Werk des Sünders im Feuer des Gerichts verbrannt, er selbst aber nur »gestraft«, jedoch »gerettet«.

Das Problem ist in der konfessionellen Auseinandersetzung zwischen evangelischer und katholischer Theologie von Bedeutung. Zwar hat sich einerseits die katholische Lehrtradition den Grundgedanken Augustins zu eigen gemacht, daß gute Werke nur unter Voraussetzung und durch ständig wirksame Hilfe der Gnade zu tun möglich sind. Nichtsdestoweniger jedoch lehrt sie, daß der Christ sich mit dieser Hilfe durch gute Werke seine Seligkeit und Rechtfertigung im Endgericht zu verdienen habe[354]. Andererseits hat die reformatorische Lehrtradition zwar den Gedanken des Endgerichts nach den Werken nicht preisgegeben, doch sie besteht darauf, daß eine Rechtfertigung aus Werken grundsätzlich ausgeschlossen ist, und bestreitet darum mit aller Leidenschaft und Härte den scholastischen Gedanken einer durch Werke verdienten Rechtferti-

---

[352] Röm (ed. Rufinus) 889 bei Schelkle, Paulus 80.
[353] So z. B. Jeremias, J., Paul and James ET 66 (1954) 368–371.
[354] Vgl. Concilium Tridentinum, Sessio VI, cap. XI (Denzinger 804) und XVI (809f) mit ca-

nones 31 und 32 (841f). Umstritten ist freilich in der gegenwärtigen katholischen Theologie, ob es sich dabei um ein »meritum de condigno« oder nur »de congruo« handelt; vgl. dazu Joest, W., Die tridentinische Rechtfertigungslehre, KuD 9 (1963) 41–69, hier 57–61.

gung[355]. Von daher sah sich die protestantische Auslegung durch Röm 2 aber immer in einiger Verlegenheit[356].

Man überspielt das Problem exegetisch, wenn man die Argumentation in Röm 2 als jüdisches Relikt beurteilt[357] oder den Gedanken des Paulus als rein hypothetisch auffaßt[358]. Es ist ferner zwar richtig, »daß für Paulus das Werk der Oberbegriff für das Gesetz ist. Wo Werke sind, da ist das Gesetz.«[359] Man darf aber den Sinn des Satzes 2,13 nicht bagatellisieren, als sei er lediglich eine »allgemeine Sentenz«, die in der Diskussionssituation dem sündigen Juden vorhalten solle, »vor Gott entscheide das Tun, nicht das bloße Hören und Wissen« – mehr wolle der Satz nicht sagen[360]. A. Schlatter betont vielmehr mit Recht, er sei »genauso ernst« gemeint wie der Satz, »daß die, die an Christus glauben, nach ihren Werken gerichtet werden«[361]. Denn es sei eine falsche Paulusexegese, die den Glauben als Gegensatz zum Wirken versteht[362]. Der Glaube an Christus mache den Menschen vielmehr »in neuem und verglichen mit dem natürlichen Zustand ungleich größerem Maße zum Wirker von Werken, da er nun Teilhaber am göttlichen Wirken geworden ist«, nämlich dem der Liebe. Deshalb bekam für Paulus »die Erwartung des Richters durch den Christenstand . . . verstärktes Gewicht«, und »wurde aus dem Satz, daß alle Werke unter dem göttlichen Urteil stehen, ein Bestandteil des Evangeliums«[363]. Für den Christen könne so der Blick auf das Endgericht nach den Werken nicht lediglich die Bedeutung haben, ihn durch tiefes Erschrecken über seine Sünde auf die Botschaft des Evangeliums von der Rechtfertigung aus Glauben vorzubereiten[364].

Gleichwohl hat Schlatter in seiner Exegese von Röm 2 die tiefe Zäsur nicht hinreichend zur Geltung gebracht, die den Abschnitt innerhalb seines Kontextes (1,18–3,20) von der Aussage über die Rechtfertigung durch den Glauben an Christus (3,21ff) trennt. Hier hat E. Jüngel richtig gesehen: Vom Aspekt νυνὶ δέ 3,21 erscheint die Tat-Wirklichkeit aller Menschen als die durch Christus aufgehobene Vergangenheit; und für die christlichen Adressaten hat der Abschnitt Röm 2 »keinen anderen Sinn, als einzuschärfen, daß die durch das Evangelium zur Vergangenheit gemachte Wirklichkeit der Sünde Vergangenheit bleibt, so daß der Mensch aufgrund seiner durch die Werke bestimmten Vergangenheit unentschuldbar bleibt. Dies wird gerade der Tag des Zorns und der Offenbarung des gerechten Gerichtes Gottes (V 5) erweisen«[365] – und zwar »nicht obwohl Gott den Menschen im Evangelium gerechtspricht, sondern weil Gott den Menschen im Evangelium gerechtspricht«[366]. Das Evangelium nämlich enthält das Gericht über die Werke in sich, sofern es den Sünder, der sich durch sein Tun selbst den Zorn als die

---

[355] Stuhlmacher, Gerechtigkeit Gottes 229 Anm. 3 beurteilt von daher die These von J. Jeremias (vgl. Anm. 353) als »klassische(n) Katholizismus« und weist darauf hin, »daß Luther bereit war, für das Entweder–Oder der hier vereinigten Positionen in den Tod zu gehen (Schmalkald. Art. II 1)«.
[356] Vgl. dazu Braun, Gerichtsgedanke 24–31; Oltmanns, Verhältnis 110ff. Zu Luther: Peters, A., Glaube und Werke. Luthers Rechtfertigungslehre im Lichte der Heiligen Schrift, Berlin 1968.
[357] So z.B. Pfleiderer, Paulinismus 280–289.
[358] So vor allem Lietzmann 40.
[359] Jüngel, Paulus und Jesus 28.
[360] Bornkamm, Gesetz 99.

[361] Schlatter 88; vgl. 84: »Die feierlich betonte Allgemeingültigkeit dieser Sätze (siehe 2,5ff) verbietet, sie für die Christenheit zu entkräften.« Das Kapitel über Paulus in seinem Buch: Der Glaube 323–418, ist unter dieser Fragestellung geschrieben.
[362] Schlatter 79.
[363] Schlatter ebd.
[364] So z.B. Weber, Beziehungen, a.a.O. (Anm. 140) 47.
[365] Jüngel, E., Das Gesetz zwischen Adam und Christus, ZThK 60 (1963) 42–74, hier 73. Diesen für Jüngels Gedankengang entscheidenden Gedanken hat Stuhlmacher, Gerechtigkeit Gottes 230 in seiner Kritik übersehen.
[366] Stuhlmacher ebd. 72.

Folge seiner Sünde zugezogen hat, von seiner Sünde freispricht, die der gekreuzigte Christus an sich selbst statt am Sünder zur Auswirkung kommen ließ (3,24f).

Nicht das Tun von Werken, sondern die böse faktische Wirklichkeit, die die Werke des Sünders angerichtet haben, ist in der Glaubensgerechtigkeit aufgehoben. Von Gott her hat darum der Satz 2,13 volle Gültigkeit: Wo Täter des Gesetzes sind, da werden sie gerechtfertigt werden. Die Offenbarung der Gerechtigkeit Gottes (3,21ff) ist mißverstanden, wenn man sie als eine neue Heilssetzung Gottes auffaßt, in der die Rechtfertigung des Täters als Prinzip aufgehoben und durch den Glauben als neues, dem aktiven Handeln entgegengesetztes Prinzip rein passiven Sich-Beschenken-Lassens ersetzt worden wäre: »Des Menschen Existenz steht auf Gnade, nicht auf Leistung.«[367] Röm 2 hat im Kontext der paulinischen Rechtfertigungslehre keinen vorbereitend-uneigentlichen Sinn, sofern die Vorwürfe gegen den Juden hier »noch die Gültigkeit des Gesetzes voraussetzen«, während der christliche Theologe Paulus eigentlich »bestreitet. . ., daß die Erfüllung des Gesetzes der Heilsweg sei«[368]. Das Urteil R. Bultmanns trifft auf Röm 2 nicht zu, »daß sich Rechtfertigung aus Gesetzeswerken und aus göttlicher, im Glauben ergriffener Gnade ausschließen« und »das Bemühen des Menschen, durch Erfüllung des Gesetzes sein Heil zu gewinnen, ihn nur in die Sünde hineinführt, ja im Grunde selber schon Sünde ist«[369]. Dieses Urteil, das präzis der im Canon 25 der Sessio sexta des Konzils von Trient anathematisierten Lehrmeinung[370] entspricht, steht zu Röm 2,13 wie überhaupt zur Position des Paulus in Widerspruch. Es kommt Paulus hier alles darauf an, daß Sünde ein Werk ist, das dem Gesetz widerstreitet, dagegen Gerechtigkeit im Tun des Gesetzes besteht, und der Täter des Gesetzes im Endgericht Gottes als Gerechter anerkannt wird. Nicht weil der Jude das Gesetz zu erfüllen trachtet, sondern weil er Sünde tut wie der Heide (2,1), konfrontiert Paulus ihn mit dem Gericht nach den Werken. Das paulinische Evangelium ist in seinem Kern keineswegs Werk-feindlich. Der Glaube, den Paulus verkündigt und zu dem er ruft, enthält keineswegs eine ursprüngliche, tiefwirksame Verneinung aller Aktivität des Menschen, dem Guten in der Welt Bahn zu brechen und dem Bösen zu wehren. Das Evangelium fordert keinen Verzicht auf eigenes Handeln; es provoziert zu keinerlei Resignation, die sich als Passivität gegenüber Gott, dem Handeln allein zustehe, auslegt. Diesem in der Gegenwart weit verbreiteten Mißverständnis des christlichen Glaubens[371] leistet jene falsche Auslegung

---

[367] Bultmann, Christus des Gesetzes Ende, in: Glauben und Verstehen II 41. Vgl. auch z. B. Schlier, Der Brief an die Galater (KEK) 92: »Was Paulus und die anderen Judenchristen jetzt wissen, ist demnach die Tatsache, daß sich die Gerechtigkeit Gottes überhaupt nicht in Leistungen, auch nicht in den von Gott geforderten Leistungen durchsetzt. Das ist das Wissen, das den völligen Bruch mit dem Judentum voraussetzt.«

[368] Bultmann, Christus des Gesetzes Ende, vgl. ebd. 40: »Das ist der große Irrtum, der Wahn, in dem die Juden befangen sind, daß der Mensch durch seine Leistung seine Geltung vor Gott gewinnen könne. Und das ist demgegenüber der Sinn der christlichen Botschaft von der ›Gerechtigkeit allein aus Glauben‹, daß aller auf Leistung sich gründende Ruhm abgewiesen wird, daß eine ›Gerechtigkeit‹ verkündigt wird, die Gott dem Menschen umsonst schenkt.«

[369] Bultmann, Theologie NT 264.265; vgl. ebenso Römer 7 und die Anthropologie des Paulus, in: Exegetica 198–209, hier 200.

[370] Si quis dixerit, »Si quis in quolibet bono opere iustum saltem venialiter peccare dixerit, aut (quod intolerabilius est) mortaliter, atque ideo poenas aeternas mereri tantumque ob id non damnari, quia Deus ea opera non imputet ad damnationem: A. S.«. Zu Unrecht freilich wird in Canon 7 ein »se disponere ad gratiam« verteidigt.

[371] Vgl. dazu repräsentativ Blumenberg, H., Die Legitimation der Neuzeit, 1966 und dazu meine Bemerkungen: Zur Eschatologie des Urchristentums, in: Beiträge zur Theologie des neutestamentlichen Christentums (hrsg. Birkner und Rössler), 127–142.

der paulinischen Rechtfertigungslehre als grundsätzliche Kritik von Tat und Leistung in schädlicher Weise Vorschub. Eine Einigung der christlichen Konfessionen in diesem entscheidenden Punkt würde zur Überwindung dieser verfehlten, aber verbreiteten Christentumskritik heute Wesentliches beitragen.

Weil im Glauben an Christus, den für uns Gekreuzigten, der Sünder von der Wirklichkeit seiner Werke befreit wird, darum bedeutet Rechtfertigung für Paulus zugleich Befreiung von seiner Behaftung bei seinen sündigen Werken und Verpflichtung zu einem Handeln, das Gottes Willen, dem Guten, der Liebe, entspricht. Dieses Handeln aber steht – wie alle Werke der Menschen – unter dem eschatologischen Horizont des Endgerichts, so daß das Gericht nach den Werken, wie Paulus es Röm 2,5–11 charakterisiert, von daher in der Tat auch den Christen angeht. Für ihn jedoch als den, dessen Glaube an Christus alles verfehlte Werk als vergangen sehen darf, gilt der Blick in die Zukunft des Gerichts nicht der Sorge und Angst um sein eigenes Heil (obwohl Paulus auch davon spricht: Phil 2,12), sondern der Freude auf Gottes letzte, allumfassende Verherrlichung. Das bevorstehende Gericht stellt den Christen in seinem Tun in eine letzte Verantwortlichkeit, die er als gerechtfertigter Sünder nun wirklich wahrnehmen kann, eben weil er im Glauben alles verfehlte Werk – auch alle christlichen Sünden in ihrer noch so schweren und folgenreichen Wirklichkeit – als im Sühnetod Christi aufgehoben weiß.

γ)   *2,17–24 Das Gericht nach den Werken über den Juden, der sich des Gesetzes rühmt*

Literatur: Bornkamm, G., Paulinische Anakoluthe, in: Das Ende des Gesetzes 76–78; Fridrichsen, A., Der wahre Jude und sein Lob. Röm 2,28f Symbolae Arctoae I 1927, 39–49; Goppelt, L., Der Missionar des Gesetzes, in: Christologie und Ethik 137–146.

17 Wenn aber du dich Jude nennst und verläßt dich auf das Gesetz und rühmst dich Gottes 18 und kennst den Willen und weißt einzuschätzen, worauf es ankommt, belehrt aus dem Gesetz, 19 und traust dir zu, Wegführer zu sein für Blinde, Licht für die in Finsternis, 20 Erzieher von Unverständigen, Lehrer von Unmündigen, im Besitz der (Ur)Gestalt der Erkenntnis und der Wahrheit im Gesetz –: 21 Der du also lehrst einen anderen, dich selbst lehrst du nicht? Der du verkündigst: nicht stehlen!, stiehlst? 22 Der du sagst: nicht ehebrechen!, begehst Ehebruch? Der du verabscheust die Götzenbilder, begehst Tempelraub? 23 Der du dich des Gesetzes rühmst, durch die Übertretung des Gesetzes raubst du Gott die Ehre! 24 Denn: »Der Name Gottes wird um euretwillen gelästert unter den Heiden«, wie geschrieben steht.

Analyse   Der Abschnitt ist wie VV 7–10 rhetorisch wirkungsvoll gestaltet. Das Ganze ist als eine in sich geschlossene Passage zu lesen, die in zwei Teilen aufgebaut ist, die einander im ganzen wie im einzelnen schroff antithetisch entsprechen. Mit einem Konvolut von εἰ-Sätzen türmt sich in VV 17–20 Zug um Zug ein umfassender Anspruch des Juden gegenüber dem Heiden auf, den Paulus in der folgenden Reihe von Fragesätzen VV 21–23 entsprechend Schlag auf Schlag zerbricht, indem er jeweils einen krassen Widerspruch zwischen Anspruch und faktischem Verhalten herausstellt. Dieser sachliche Widerspruch tritt auch als sprachliche Dissonanz dadurch empfindlich hervor, daß zwischen V 20 und V 21 ein Anakoluth entsteht[372]. Statt der entsprechenden Fortführung der εἰ-Sätze VV 17–20 im Sinne einer Preisung des Juden im Blick auf seine heilsgeschichtlichen Privilegien (wie z. B. Bar 4,4), fährt Paulus mit den Vorwürfen VV 21–23 in das sich gerade vollendende Gefüge der καύχησις hinein. Die in diesen Sätzen enthaltene Anklage wird schließlich in V 24 durch ein Schriftzitat begründet, das zugleich als definitive Antwort auf die wahrscheinlich als Fragen aufzufassenden Sätze VV 21–23 fungiert.

Die beiden Teile sind auch jeweils in sich kunstvoll gegliedert. Der erste beginnt in VV 17f mit fünf kurzen parallelen Sätzen, von denen der letzte (V 18b) in einer Partizipialbestimmung einen Überhang bekommt, der zugleich die folgende Reihe VV 19f einleitet. Hier stehen wiederum fünf Glieder parallel nebeneinander, zunächst vier Substantive, von πεποιϑάς abhängig. An sie schließt sich als letztes Glied eine neue Partizipialbestimmung an (V 20b), die – wie das fünfte Glied der voranstehenden Reihe (V 18b) – die übrigen an Länge überragt und deutlich die Funktion hat, alles Voranstehende zusammenzufassen und zugleich die folgende Reihe der Fragen auszulösen, mit denen das Gebäude jener Selbstprädikationen des Juden Zug um Zug eingerissen wird. Dieser zweite Teil besteht wiederum aus fünf parallelen Hauptsätzen (VV 21–23), die jeweils so gebaut sind, daß die in einer Partizipialbestimmung formulierte Gesetzeslehre des Juden gegenüber dem Heiden im verbum finitum mit seinem eigenen Tun konfrontiert wird. Auch hier hat der fünfte dieser Sätze (V 23) zusammenfassende Funktion und sticht formal gegenüber den voranstehenden hervor: Der Anspruch des Juden ist hier in einem Relativsatz ausgeführt, und entsprechend ausgebaut ist der Hauptsatz, der nun nicht mehr als Frage, sondern als Anklage zu hören ist. Sein Gewicht zeigt sich daran, daß das Schriftzitat V 24 mit γάρ angeschlossen ist.

εἰ δέ[373] entspricht ἐάν V 14. Neben die ohne Besitz der geschriebenen Tora erwiesene Gesetzeserfüllung tritt der Anspruch des Juden als Gesetzeslehrer gegenüber dem Heiden. War bisher nur in der 3. Person von den Juden als οἱ ἐν νόμῳ die Rede, so spricht Paulus nun seinen Partner direkt als Ἰουδαῖος an, d. h. mit jener Ehrenbezeichnung, mit der dieser sich selbst im Unterschied zum Heiden herausstellt[374]. ἐπονομάζῃ kann den häufigen Gebrauch von »Jude« als cognomen meinen[375], soll hier aber, dem Kontext entsprechend, den religiösen Selbstanspruch gegenüber dem Nichtjuden treffen. Jude-Sein ist ein heilsgeschichtliches Privileg, begründet in der Gabe des Gesetzes, auf das sich der Jude als auf das Zeichen der Erwähltheit des Gottesvolkes »stützen« darf,

Erklärung 17

---

[372] Dazu vgl. besonders Bornkamm, Paulinische Anakoluthe 76–78.
[373] Die v. l. der Koine, Min 33 u. a. ἴδε will das Anakoluth beseitigen.
[374] Ursprünglich war ›Jude‹ eine Bezeichnung von seiten der Umwelt, die dann die Diasporajuden als religiös-völkische Selbstbezeichnung übernommen haben; vgl. Kuhn-Gutbrod, ThWNT III 360–366.370–373.
[375] So versteht z. B. Michel 86.

weil die Tora dem Gerechten das Recht zuspricht, »sich auszuruhen« aufgrund
seiner um des Gesetzes willen auf sich genommenen »Mühen« (Offb 14,13 vgl.
Jes 57,10)[376]. Der Besitz der Tora bedeutet, sich Gottes als des Gottes Israels
rühmen zu dürfen; vgl. PsSal 17,1 und besonders sBar 48,22–24: »Denn auf
dich vertrauen wir, da dein Gesetz ja bei uns ist; und wir wissen, daß wir nicht
fallen, solange wir an deinen Bundesvorschriften festhalten. Zu aller Zeit Heil
uns!, auch insofern daß wir nicht unter die Völker gemischt worden sind. Denn
wir alle sind ein Volk, das einen berühmten Namen trägt, die wir von Einem
ein Gesetz empfangen haben. Und jenes Gesetz, das unter uns weilt, hilft uns,
und die vortreffliche Weisheit, die in uns ist, wird uns unterstützen.«
Paulus ironisiert oder kritisiert dieses heilsgeschichtliche Fundament in der
Trias Jude – Gesetz – Gott keineswegs, wie 9,4f zeigt[377]. Auch das καυχᾶσθαι
als stolze Heilsfreude und heilsgewisses Vertrauen (= πεποιθέναι V 19), soweit es seine Begründung in Gott hat, ist für Paulus kein eo ipso negatives
Wort, wie die positive Aufnahme von Jer 9,23 in 1Kor 1,3; 2Kor 10,17 zeigt[378];
vgl. auch Röm 5,2.11.

18 Nicht auf die eigene Gesetzeserfüllung zielt denn ja auch das Rühmen des Juden, sondern auf den Besitz der Tora als Offenbarung Gottes. In ihr hat Gott
seinen Willen kundgetan[379], so daß der Jude ihn kennt und in jeder Lage abzu-
schätzen weiß, »worauf es ankommt«[380]; aus dem Gesetz nämlich erfährt er
19 Belehrung darüber, was jeweils zu tun und zu lassen ist. Damit zielt das Rühmen auf die Autorität, die der Jude als Lehrer gegenüber dem Heiden gewinnt:
Weil dieser das Gesetz selbst nicht besitzt, ist er blind; der Jude als Toralehrer
vermag ihn als Blinden auf den Weg wahrer Gotteserkenntnis zu führen (vgl.
Mt 15,14; 23,16.24)[381]. Die Heiden sind in der Finsternis; der Jude als Toralehrer ist das Licht, das die Finsternis hellmacht. Er hat als solcher die Funktion
des Gottesknechts von Jes 42,6f; 49,6; 60,10 inne[382]. Das Bild taucht so auch

---

[376] Zu ἐπαναπαύεσθαι vgl. Mich 3,11;
aethHen 61,3. Zu der »Ruhe« im Sinne eschatologischen Friedens vgl. noch Offb 6,11 sowie
Mt 11,28; negativ Offb 14,11; rabbinisch z. B.
Pesikt 149a: »Heil den Israeliten wegen dessen,
was ihnen verwahrt ist!«
[377] Gegen Kühl 88 und andere mit Recht z. B.
Schlatter 105.
[378] »Die Christenheit kann nur begehren,
daß sie in Wahrheit sei und habe, was der Jude
von sich sagt«, Schlatter 102.
[379] τὸ θέλημα (absolut) als der Wille Gottes
ist besonders in der Gebetssprache geläufig:
»Möge es Wille sein«; Michel 86. Zur Sache
vgl.: Sir 45,5 (hebr.); 17,10 (LXX); Bar 3,36f;
4,2–4; 4Esr 8,12.
[380] Vgl. Phil 1,10. τὰ διαφέροντα als stoischer Gegenbegriff zu τὰ ἀδιάφορα findet sich
in diesem Sinn nicht in LXX und dürfte aus der
Popularphilosophie in die Sprache der hellenistischen Synagoge eingegangen sein. Auf den
Unterschied zwischen Juden und Heiden (so

Michel 87) ist nicht abgehoben, sondern darauf, daß die Tora für jede Lebenssituation entsprechende verbindliche Weisungen gibt. Die
Nähe der stoischen Diatribe zeigt sich übrigens
im Blick auf Röm 2,17ff im ganzen. Epict Diss.
II 19f; III 7,17 preist ähnlich den wahren Stoiker; vgl. Fridrichsen, Der wahre Jude 45.
[381] Hinter ὁδηγόν steht das Bild von der Gesetzeslehre als ›Weg‹, ›Halacha‹, entsprechend
vom Juden als Wegführer der Heiden und der
Weisheit bzw. der Tora als Wegführer, vgl.
z. B. Spr 2,12–15; 3,17; 4,11f; 6,22f; 8,20.22
(LXX). 34; Sir 6,26f; 14,21f; Weish 9.11;
10,10.17; sowie besonders Jos Ap II 41: »Ich
möchte kühnlich behaupten, daß wir Juden in
bezug auf das meiste und zugleich das beste für
die anderen die Führer sind«; ähnlich Sib III
194f; aethHen 105,1; Philo Abr 19.
[382] Vgl. ferner 1QSb 4,27; 1QH 4,27; 18,29;
frgm 28b (Qumran Cave I 126, Col 4,27f); Test
L 4,3; 14,3f; 18,3; Test B 11,2; Weish 18,4;
Sib III 25ff; V 260ff. Zur Motivgeschichte vgl.

im Kontext jüdischer Heidenbekehrung auf, vgl. JosAs 8,10f und besonders ebd. 6,5, wo Aseneth zu Joseph sagt: νῦν οὖν ὡς ἥλιος ἐκ τοῦ οὐρανοῦ ἥκει πρὸς ἡμᾶς . . . καὶ λάμπει εἰς αὐτήν (scil οἰκίαν) ὡς φῶς ἐπὶ τῆς γῆς. Bei ihrer Bekehrung geht ihr der Morgenstern auf als »unaussprechlich großes Licht« (ebd. 14,1 vgl. 2Kor 4,4; Eph 5,14).

Denselben Sinn haben die beiden weiteren Prädikate: Der Jude ist »Erzieher   20
von Unvernünftigen«[383] und »Lehrer von Unmündigen«[384]. Denn im Gesetz
verfügt er über die »(Ur)Gestalt der Erkenntnis und der Wahrheit«. Das Wort
μόρφωσις im Sinne der wahren Gestalt, in der alle Erkenntnis Gottes und seines Willens ihren reinen und darum normativen Ausdruck hat, kommt sonst
bei Paulus nicht vor (vgl. 2Tim 3,5). Es ist zu vermuten, daß er es in diesem
Kontext aus jüdisch-hellenistischer Tradition übernommen hat[385]. In dem
Buch der Tora[386] liegt diese verbindliche »Gestalt« vor; also ist es allein der jüdische Gesetzeslehrer, der gültige Erkenntnis, Wahrheit schlechthin, vermittelt. Es ist darum nicht seine eigene Weisheit, deren er sich rühmt, sondern allein diejenige Gottes, wie sie in der Tora zu Wort gekommen ist. Doch weil
eben allein der Jude die Tora besitzt, ist er allein imstande, sie die Heiden zu
lehren.

Paulus hat alle diese Gründe, mit denen der Jude seine heilsgeschichtlichen Privilegien ausbreitet, ohne Diffamierung zu Wort kommen lassen. Sie enthalten, soweit es sich um Bezeugungen des Erwählungs- und Offenbarungshandelns Gottes an seinem Volk handelt, auch für ihn unanfechtbare Wahrheit, wie sich in dem πρῶτον in 1,16; 2,9 angezeigt hat. Seine anklagenden Fragen, die nun dazwischenfahren, betreffen nicht deren Wahrheit, sondern vielmehr das Recht des jüdischen Partners, sie für sich selbst zu beanspruchen und so mit unendlich überlegener Legitimität dem »gesetz-losen« Heiden als Lehrer gegenüberzutreten. Es ist der schreiende Widerspruch zwischen Lehre und Tun, den die Gegenfragen des Paulus gerade auf dem Hintergrund dieser turmhoch aufgeführten Vorzüge des Juden entlarven sollen, um das Ruhmes-Gebäude von daher zum Einsturz zu bringen: nicht von Gott, sondern vom Menschen her. Die Zielrichtung des Paulus ist die gleiche wie die der Polemik Jesu gegen Schriftgelehrte und Pharisäer Lk 11/Mt 23: Was der Gesetzeslehrer den anderen lehrt, lehr er sich selbst nicht. Damit ist nicht gemeint, daß er sich als Juden   21

Aalen, Die Begriffe ›Licht‹ und ›Finsternis‹ im AT, im Spätjudentum und im Rabbinismus, 1951 (SNVAO. HF 1951,1), 191; Dalbert, Theologie 142f; Conzelmann ThWNT IX 317–319; Goppelt, Missionar.

[383] Vgl. im selben Kontext JosAs 6,15 das Selbstbekenntnis der Aseneth: ἐγὼ δὲ ἄφρων εἰμὶ καὶ θρασεῖα, ὅτι ἐξουδένησα αὐτὸν καὶ ἐλάλησα ῥήματα πονηρὰ κατ᾽ αὐτοῦ, καὶ οὐκ ᾔδειν ὅτι Ἰωσὴφ υἱὸς θεοῦ ἐστίν. Dasselbe Motiv taucht auch in christlicher Predigt auf: vgl. Apg 3,17; 13,27; 17,30; 1Petr 2,15.

[384] Dies ist wiederum topisch die Aufgabe des Weisheitslehrers. Vgl. auch das Amt des ›Un-

terweisers‹ 1QS 3,13; 9,12 sowie die Funktion des »Lehrers der Gerechtigkeit«, der nach 1QpHab 7,4; 1QH 2,13 die göttlichen Geheimnisse weiß und verkündigt. Vgl. auch 1QH 2,9 sowie 1Kor 3,1f, Hebr 5,13. Weitere Belege bei Schlier 85.

[385] Nach Lietzmann 43 vermutet Schlier, Von den Juden 44, »daß hinter dem Ausdruck . . . ein Titel für eine jüdische Propagandaschrift steckt«.

[386] So Pr-Bauer 1045 unter Hinweis auf diese Bedeutung von νόμος bei Jos Bell II 292; Ant 12,256.

22 von der Verpflichtung, Gottes Willen zu tun, etwa ausnimmt, sondern daß er selbst nicht tut, was er lehrt (vgl. Mt 23,3). Als Beispiel dient in VV 21b–22a das 7. und 6. Dekaloggebot; ferner der Widerspruch zwischen der Verabscheuung der Götzen nach Ex 20,4–6; Dtn 5,8–10, derentwegen er zuvor die Heiden (1,23) kritisiert hat (vgl. 2,1ff), und dem »Tempelraub«, den der Jude selbst begeht[387]. ἱεροσυλεῖν kann hier jedoch nicht sensu strictu gemeint sein, sondern, wenn der Vorwurf überhaupt treffen soll, sich nur auf den Handel mit Götzenbildern und heidnischen Tempelgeräten beziehen, der manchen Diasporajuden – trotz des Verbots Dtn 7,25f – als nicht unbedingt verboten scheinen mochte[388].

23 Nach diesen Beispielen wird der Vorwurf grundsätzlich zusammengefaßt: Derselbe Jude, der sich der Gabe des Gesetzes rühmt (vgl. V 17), schändet Gottes Ehre durch Übertretung des Gesetzes. παράβασις νόμου konkretisiert 2,1 τὰ αὐτὰ πράσσεις und kehrte sich bereits 2,12b gegen den Juden, der ἐν νόμῳ

24 sündigt. Das Zitat V 24 soll τὸν θεὸν ἀτιμάζεις erläutern. Zugleich tritt der Widerspruch hervor, daß der Lehrer der Heiden durch sein eigenes Tun dazu beiträgt, daß Gottes heiliger Name unter den Heiden nicht verherrlicht, sondern verlästert wird Test N 8,4.6 (Test L 14,3f). Paulus zitiert Jes 52,5 nach LXX, jedoch so, daß der Satz, der dort die Blasphemie dem Heiden anlastet, den Juden selbst trifft. Daß jemand, der andere lehrt, zur Zielscheibe für Spott und Hohn wird, wenn man bemerkt, daß er nicht selbst nach seiner Lehre handelt, ist zwar eine alte und immer neue Erfahrung (vgl. auch 1Kor 9,27). Aber das Schlimme ist hier, daß der jüdische Missionar eben damit nicht nur seine eigene, sondern Gottes Autorität in Mißkredit bringt.

Zusammen-   Paulus wirft seinem jüdischen Partner handfeste Tatsünden vor, die es ihm
fassung   verwehren, sich unter Berufung auf die Gabe des Gesetzes im Unterschied zu dem sündigen Heiden selbst für gerecht zu erklären. Dabei radikalisiert er einen durchaus jüdischen Grundsatz. Denn daß die Tora getan sein will, Gebotsübertretungen also jeden Täter – auch den Juden – zum Sünder machen, hat nie ein jüdischer Theologe bestritten[389]. Aber während die gängige jüdische Theologie zwischen jüdischen und heidnischen Sünden wesenhaft unterschied, weil die Zugehörigkeit zum Bundesvolk grundsätzlich die Zugehörigkeit des Juden zur Gerechtigkeit garantiere, solange er nicht überhaupt abtrünnig werde, ver-

---

[387] Diebstahl, Ehebruch und Tempelraub stehen auch zusammen bei Philo, Conf ling 163, Ehebruch und Tempelraub Corp Herm XII 5. Vgl. auch CD 4,14–19. Dahinter steht hellenistische Tradition, vgl. Schlier 85 Anm. 11.
[388] Vgl. Bill. II 113–115. Andere Erklärungen bei Michel 89, von denen aber Raub am jüdischen Tempel trotz PsSal 8,11ff; TestL 14,5; CD 6,15 zweifellos ausscheidet (so richtig Käsemann 66). Ein übertragenes Verständnis (so z. B. Nygren 100: »Du raubst Gott, was sein ist«) verwischt die Schärfe der Anklage, die ja

doch auf jeden Fall konkretes Tun betrifft, wie die Parallelisierung mit dem 7. u. 6. Gebot zeigt (gegen Goppelt, Missionar 204f).
[389] Vgl. z. B. die Auslegung von Ez 36,20 in MEx 15,2 (44b): »Rabbi Schimeon ben El'azer (um 190 n.Chr.) sagte: Wenn die Israeliten Gottes Willen tun, dann wird sein Name verherrlicht in der Welt. Wenn sie aber nicht seinen Willen tun, so wird sein Name gewissermaßen entheiligt in der Welt.« Weiteres bei Bill. III 37–40; 1063–1066.

tritt Paulus die radikale These, daß jüdische und heidnische Sünden grundsätzlich auf einer Ebene stehen, weil Gott im Endgericht allein nach den Werken jedem Menschen das Urteil spricht, ungeachtet der Zugehörigkeit zum Volk der
Tora, ja, daß jüdische Sünder als Mitglieder des erwählten Volkes sogar die ersten seien, die gerichtet werden (2,9 vgl. Am 3,1f!).

In unserem Abschnitt führt Paulus diese These jedoch ad personam durch. Er
zeiht den angeredeten Juden direkt der faktischen Übertretung zentraler Deka-
loggebote. Nun wird zwar von einem damals angesehenen Lehrer, Jochanan
ben Zakkai, ein höchst kritisches Urteil über die mangelnde Gerechtigkeit der
Generation vor 70 n.Chr. überliefert[390]: Aber läßt sich dies als Bestätigung der
generellen paulinischen Anklage Röm 2,17ff anführen? Gerade den Gesetzeslehrern, die Paulus hier zu Wort kommen läßt, darf auf keinen Fall pauschal
angelastet werden, was Paulus ihnen hier vorwirft! Man versteht ihn aber
kaum richtig, wenn man deswegen seine Anklage in übertragenem Sinn auffaßt[391] oder in dem »Juden« einen radikal-negativen Typos gemeint sieht nach
Art des im essenischen Schrifttum verurteilten ›Frevelpriesters‹ und aller jüdischen Frevler außerhalb der eigenen Gemeinde[392]. Paradigmatisch, nicht typisch meint Paulus den von ihm herausgestellten Widerspruch zwischen Lehre
und Tun[393]. Man muß jedoch sehen, daß der gleiche Vorwurf auch in der synoptischen Streitrede gegen Gesetzeslehrer und Pharisäer erhoben wird: λέ-
γουσιν καὶ οὐ ποιοῦσιν (Mt 23,3). Und man wird daraus zu schließen haben,
daß es ein Topos urchristlicher Polemik gegen die Synagoge ist, den Paulus hier
wiedergibt[394]. Wir begegnen hier also den schon verfestigten Argumenten eines heftigen jüdisch-urchristlichen Streits; und solche Argumente pflegen zu
aller Zeit nicht sehr objektiv-differenzierend zu sein. Beachtet man nun diesen
Traditionszusammenhang, so wird man nachfragen müssen, wo denn die eigentliche Ursache dieser Polemik zu finden sei, die mit der empirischen Tat-
wirklichkeit des jüdischen Gegners argumentiert, dessen Bild aber so ein-
schwärzt, daß eben daran deutlich wird, wie hier nicht die Empirie zum Urteil
führt, sondern umgekehrt das vorgegebene Urteil das empirische Bild bestimmt. Das damals gängige jüdische Urteil über den Wandel der »gesetzlosen«
Christen war gewiß nicht anderer Art; und wir erinnern uns an eine noch nicht
lange Zeit zurückliegende Selbstverständlichkeit ähnlicher Urteile protestantischer Bürgerlichkeit gegenüber der durch das Beichtinstitut angeblich heillos
verderbten Moral katholischer Angestellter und umgekehrt.

Sucht man trotz der zunächst sicherlich notwendigen Aufdeckung der Vorur-
teilsstruktur dieser urchristlichen Judenpolemik ein historisch gerechtes Urteil
über deren eigentliche Ursache, so macht gerade der Skopos in Röm 2f deutlich,
daß sie in der Tat gar nicht am konkreten Gegenüber entstanden ist. Der Skopos ist ja der, das Prinzip der jüdischen Werk-Gerechtigkeit so zu radikalisie-

---

[390] Sota 14,1ff (320) bei Bill. II 106f.
[391] So z. B. Barrett 56f, Goppelt, Missionar
204ff.
[392] So Goppelt, ebd. 203.

[393] So richtig Kuss 87.
[394] Warum Käsemann 65 diesen Schluß für
»deplaziert« hält, ist nicht ersichtlich.

ren, daß der Unterschied zwischen Juden und Heiden darunter zusammenfällt und als Ergebnis herausspringt: Alle Menschen sind aufgrund ihrer Werke »unter der Sünde« (3,9) und also schuldig vor Gott (3,19). Der Skopos in 2,17ff ist nicht der, den Juden vom Sockel zu`stoßen und den Christen darauf zu postieren. Vielmehr zielt Paulus in der Anlage seiner Anklage auf die christlich zentrale These von der Rechtfertigung des durch das Gesetz seiner Sünde überführten Sünders durch die Wirkung des Sühnetodes Christi, so daß – entgegen des faktisch für alle unheilvollen Prinzips der Rechtfertigung des Gerechten aufgrund seiner erwiesenen Gesetzeserfüllung (2,13) – jeder Mensch, auch der hier angegriffene Jude, gerecht wird allein aufgrund des Glaubens an Christus (3,28). Die Erfahrung der Befreiung von der schicksalbestimmenden Macht der Sünde, wie sie das junge Christentum im Zusammenhang von Bekehrung und Taufe gewonnen hat, ist das bestimmende Zentrum aller pauschalen Verurteilung jüdischen ›Rühmens‹.

In der elementaren Aporie des Problems der Sünde Israels aber stimmt Paulus mit dem Urteil gewisser jüdischer Kreise seiner Zeit sehr wohl überein. Der Verfasser der Esra-Apokalypse denkt darin sehr ähnlich, wenn er auf den immer wiederholten fürbittenden Appell an Gottes vergebende Barmherzigkeit im Blick auf Israels Sünde, die in der Katastrophe Jerusalems und des Tempels geschichtlich manifest geworden ist, den Engel als Repräsentanten Gottes immer wieder mit unerbittlicher Härte antworten läßt, daß es bei der Rechtfertigung allein des Gerechten bleiben werde und der Gottlose sich das Verderben selbst erwirkt habe, das seinen Werken entspricht: »Mögen lieber die meisten der Lebenden ins Verderben gehen, als daß Gottes Gebot und Vorschrift verachtet wird« (4Esr 7,20–25 vgl. 7,60). Im Gericht »trägt jeder ganz allein seine Ungerechtigkeit oder Gerechtigkeit« (ebd. 7,105 vgl. 7,132–8,2). Esras Exhomologese läuft auf das Bekenntnis hinaus: »Denn in Wahrheit, niemand ist von den Weibgeborenen, der nicht gesündigt, niemand der Lebenden, der nicht gefehlt hat.« Er schließt daran die Hoffnung: »Denn dadurch wird deine Gerechtigkeit und Güte, Herr, offenbar, daß du dich derer erbarmst, die keinen Schatz an guten Werken haben« (ebd. 8,35f). Die göttliche Antwort verkehrt aber diese Hoffnung in ihr Gegenteil: »Wirklich will ich mich nicht kümmern um das, was die Sünder sich bereitet haben, um Tod, Gericht und Verderben, sondern vielmehr will ich mich an dem erfreuen, was die Gerechten sich erworben, an Heimkehr, Erlösung und Lohnempfang. Also, wie du es gesagt hast, so ist es« (ebd. 8,37–40).

Röm 2 enthält dieselbe Härte unter der Überschrift von 2,11. Aber Paulus argumentiert unter der Voraussetzung des Evangeliums von der Rechtfertigung der Sünder durch die Heilstat der Gerechtigkeit Gottes im Sühnetod Christi – eine Lösung der Aporie der Gesetzesgerechtigkeit, die dem jüdischen Verfasser der Esra-Apokalypse nicht vor Augen stand. Weil Paulus diesen zentralen Inhalt des Evangeliums im Rücken weiß (1,16f), darum radikalisiert er die jüdische These des Gerichts nach den Werken noch über die Position der Esra-Apokalypse hinaus, nach der immerhin ein geringer Rest weniger Gerechter die endzeitliche Rettung erfahren werde: Nein, kein einziger Mensch wird faktisch aufgrund seiner Werke gerechtfertigt werden (3,20). Weil der Apostel nun aber einer Synagoge gegenüberstand, die dieses Evangelium nicht annahm und als frevlerische Verirrung und Verführung bekämpfte, darum zielt er Röm 2 so unerbittlich darauf, jedem jüdischen Gerechtigkeitsanspruch gegenüber das Fundament des Heilsvertrauens zu zerschlagen und gerade auch dem Gesetzeslehrer seinen Ort dort anzuweisen, wo dieser die »Sünder aus den Heiden« (Gal 2,15) weiß. Die schroffe Polemik mit ihrer – empirisch gesehen, gewiß ungerechten – pauschalen Verurteilung jüdischer Gesetzespraxis ist geleitet von einem höchst intensiven Interesse, gerade den Juden, der sich – von Gott her zu Recht, aber von seinen Werken her zu Unrecht – Gottes rühmt und sich so der Aporie seiner Sünde entschlägt, für den Glauben an das Evangelium zu gewinnen. Darin hat diese christliche Polemik einen Skopos, der dem zeitgenössischer jüdisch-apokalyptischer Polemik gegen Heiden und Gottlose entgegengesetzt ist: Nicht triumphale Freude der dem Heil zugehörenden Gerechten am gerechten Untergang der Gottlosen diktiert Paulus die Feder, sondern eine tiefe Sorge um das Heil seiner »Brüder nach dem Fleisch« (9,1f; 10,1) und das letzte Wissen, daß der wunderbaren Universalität der Heilstat Gottes in Christus der Untergang seines erwählten Volkes zutiefst widerspricht (vgl. 11,28–32). Entsprechend ist auch der Skopos seiner Verkündigung ein anderer als der der Gesetzesverkündigung des Juden: Zwar erhebt auch Paulus den Anspruch, das Licht Gottes in die Finsternis der Sünde hineinzutragen (2Kor 4,5f; vgl. 6,14; 1Thess 5,5; Phil 2,15); aber die Zugehörigkeit des christlichen Verkündigers zu diesem Licht setzt voraus, daß auch er selbst der Finsternis zugehörte und auch noch jetzt zugehören würde, wenn das Prinzip der ἰδία δικαιοσύνη (10,3) maßgeblich wäre. Solidarität unter der Sünde ist es, die das christliche Gegenüber von Verkündiger und Adressaten prägt. Sie herzustellen ist das Ziel der Polemik gegen den ›Juden‹, der sich als Gerechter den ungerechten Heiden gegenüber Gottes rühmt – eine Haltung, die nach dem durch das Evangelium geschärften Urteil des Paulus ein tiefer Anachronismus ist.

δ)   *2,25–29 Das Gericht nach den Werken über den Juden, der sich der Beschneidung rühmt*

Literatur: *Käsemann, E.*, Geist und Buchstabe, in: Paulinische Perspektiven 236–285; *Lyonnet, S.*, La circumcision du coer, celle qui relève de l'Esprit et non la Lettre, in: L'Evangile hier et aujourd'hui. Mélanges offerts au F. J. Leenhardt, Paris 1968, 87–97; *Schneider, B.*, The Meaning of St. Paul's Antithesis ›Le Letter and the Spirit‹, CBQ 15 (1953) 163–207.

25 Die Beschneidung nämlich nützt (dir) zwar (nur), wenn du das Gesetz tust. Wenn du aber ein Übertreter des Gesetzes bist, so ist deine Beschneidung Unbeschnittenheit geworden. 26 Wenn nun die Unbeschnittenheit die Rechtsforderungen des Gesetzes bewahrt, wird dann

nicht die Unbeschnittenheit eines solchen als Beschneidung gerechnet werden? 27 **Und richten wird die natürlich (gegebene) Unbeschnittenheit, die das Gesetz erfüllt, dich, den – trotz Buchstaben und Beschneidung – Übertreter des Gesetzes.**
28 **Nicht nämlich der (als solcher) kenntliche Jude ist (Jude) und ebensowenig die (als solche) kenntliche, am Fleisch (vollzogene) Beschneidung; 29 sondern der (als solcher) unkenntliche Jude (ist der wahre Jude) und (die) Beschneidung des Herzens, im Geist, nicht im Buchstaben (vollzogen), (ist die wahre Beschneidung,) deren Lob nicht von Menschen (kommt), sondern von Gott.**

Analyse   Der Abschnitt läuft VV 12–16 parallel. Was dort über die Gabe des Gesetzes gesagt ist, wird jetzt im Blick auf die Beschneidung wiederholt. Wieder provoziert Paulus den Juden, dem als Sünder auch die Beschneidung nichts »nützt« (V 25), durch das Gegenbeispiel eines unbeschnittenen Heiden, dem faktisch Gesetzeserfüllung als Beschneidung »angerechnet« wird (V 26). Ja, Paulus geht noch einen Schritt weiter und zeigt dem beschnittenen Gesetzesübertreter den unbeschnittenen Täter des Gesetzes als seinen künftigen Richter im Endgericht (V 27). Er begründet dies durch die VV 12–16 und VV 25–27 zusammenfassende These, daß in Wahrheit das Judensein nicht in der Vorfindlichkeit von Gesetz und Beschneidung begründet ist, sondern in der Herzensbeschneidung durch den Geist (VV 28f).

Erklärung   Hat der jüdische Partner sich bislang, entgegen der von Paulus radikalisierten
25   These vom Gericht allein nach den Werken, auf das Gesetz als Heilsgabe berufen, so kommt Paulus nun seiner weiteren Berufung auf die Beschneidung als dem untrüglichen, sakramental-unaufhebbaren Merkmal der Heilszugehörigkeit des Juden vor dem Heiden[395] zuvor: Auch die Beschneidung »nützt«[396] in

---

[395] Zur jüdischen Bewertung der Beschneidung vgl. Stummer, A., Artikel Beschneidung, RAC II, 1954, 159–169; Kuss 92–98 sowie den Exkurs von Blank, J., Der Brief an die Galater (EKK). Käsemann 67 macht mit Recht darauf aufmerksam, daß auch im Diaspora-Judentum allgemein nur der leibhaftig Beschnittene als Proselyt gegolten hat. Die Weisung des jüdischen Kaufmanns Ananias an den von ihm bekehrten Izates, den Thronfolger des Königs von Adiabene, er brauche sich nicht beschneiden zu lassen (Jos Ant 20,17–48), ist nicht durch liberale Beurteilung der Beschneidung motiviert, sondern durch politische Rücksicht auf mögliche negative Folgen für seinen Schützling und sich selbst als Vertreter des Judentums; so mit Recht Kasting, Anfänge 24f. Diese hatte der Palästinenser Eleazar, der Izates dann beschnitt, nicht vor Augen: Er lehrte ihn, er solle die Gebote des Gesetzes nicht nur »lesen«, sondern »tun« und sich also

beschneiden lassen (ebd. 20,44). Daraus geht deutlich hervor, wie eng das Judentum grundsätzlich den Zusammenhang von Gesetz und Beschneidung aufgefaßt hat. Die Beschneidung gehört selbst zu den sachlich ersten Geboten der Tora, die der, der sich zu ihr bekennt, zu erfüllen hat. In diesem Sinn ist auch die Berufung auf die Beschneidung Röm 2,25 zu verstehen: Der Partner bestreitet nicht, daß das Gesetz *getan* werden muß, weist aber eben dafür auf die Beschneidung, mit der jeder Jude zuerst die Tora erfüllt habe und somit Rechtens als Gerechter gelte, so daß sein Beschnittensein für ihn das Fundament der Heilszuversicht sei nach dem Grundsatz, daß dem, der das Gesetz tut, das Heil offenstehe. Die zahlreichen »Gottesfürchtigen«, die sich ohne Beschneidung und volle Gesetzesobservanz zur Synagoge hielten, sind nirgendwo als Israeliten im Vollsinn anerkannt worden. Auch der liberale Philon hat an der Notwendigkeit der leiblichen Be-

diesem Sinne nur dem, der das Gesetz tut[397]. Übertritt dagegen der Beschnittene das Gesetz, so hat er damit den »Nutzen« der Beschneidung verloren und ist in dem Sinne zum »Unbeschnittenen« geworden, wie der jüdische Partner den unbeschnittenen Heiden als Sünder κατ᾽ ἐξοχήν sieht.

Wie in VV 14f hält ihm Paulus darum als Gegenbeispiel den Fall (ἐάν) vor, daß 26 ein unbeschnittener Heide[398] die Rechtsforderung des Gesetzes (vgl. 1,32) bewahrt[399]: Diesem wird Gott seine Unbeschnittenheit darum im Endgericht als Beschneidung zurechnen[400], d.h. ihn so ansehen, als wäre er beschnitten. Der Gegensatz tritt sprachlich dadurch kraß hervor, daß die Unbeschnittenheit des Juden aufgrund seiner Werke jetzt schon definitiv feststeht (γέγονεν)[401], während die Beschnittenheit des Heiden als eschatologisches Urteil formuliert ist (λογισθήσεται). Zwar ist es bei beiden das Tun, aufgrund dessen περιτομή wie ἀκροβυστία als Heils- bzw. Unheilsmerkmal allererst zuerkannt werden; doch dem Juden gegenüber betont Paulus in gezielter Provokation die Endgültigkeit des Heilsverlustes, die aus seinem faktisch vorliegenden Gesetzesbruch schon resultiert, dem die sicher zu erwartende eschatologische Entscheidung Gottes[402] im Blick auf die Heilszugehörigkeit des faktisch gesetzestreuen Heiden gegenübersteht. Die Konsequenz ist, daß solche »von Natur aus unbe- 27 schnittenen« Heiden im Endgericht über den sündigen Juden das Urteil sprechen werden, weil jene das Gesetz erfüllt haben[403], dieser dagegen – trotz des Besitzes der geschriebenen Tora als γράμμα und der Beschneidung[404] – ein Gesetzesübertreter ist. Die apokalyptische Erwartung, daß das errettete Israel das Vernichtungsurteil über die frevlerischen Fremdvölker selbst vollziehen werde[405], ist später zu der Vorstellung individualisiert worden, daß die Gerechten

---

schneidung durchaus festgehalten, obwohl er sie als Symbol zu interpretieren wußte; vgl. Kasting, ebd., unter Verweis auf Migr Abr 89.
[396] ὠφελεῖ entspricht hebr. יעל hiph (Michel 90). Gemeint ist die Wirksamkeit zum Heil, vgl. Gal 5,2; Joh 6,63; Hebr 4,2; 13,9. Vgl. den jüdischen Grundsatz: »Beschnittene fahren nicht hinab in den Gehinnom«, Ex R 19 (81ᶜ); vgl. Gn R 48 (30ᵃ); Tanchuma B 60ᵇ,8 bei Bill. I 119.
[397] D* samt der lateinischen Textüberlieferung lesen nach V 26 φυλάσσῃς. Νόμον πράσσειν entspricht dem rabbinischen Ausdruck עשה את התורה, z.B. Sifre Dtn 32,30 (Michel 90 Anm. 3).
[398] περιτομή wie ἀκροβυστία sind hier als abstractum pro concreto gebraucht. Der Artikel ἡ ἀκροβυστία meint nicht die Heiden insgesamt, sondern erklärt sich im Gegenüber zu ἡ περιτομή. Paulus kennt wie LXX nicht das Adjektiv ἀκρόβυστος, das zuerst bei Ign Phld 6,12, sowie in der Übersetzung des Aquila auftaucht (Michel 91 Anm. 2).
[399] Zu φυλάσσειν in pauschal gefülltem Sinn vgl. die Belege bei Rössler, Gesetz 85–87; Bornkamm, ThWNT IX 234f.

[400] Vgl. 9,8! In LXX ist λογίζεσθαι Übersetzung von חשב; das Rabbinat gebraucht stattdessen überwiegend das Wort עלה hiph, vgl. Heidland, Anrechnung 84–89; Bill. II 121–123.
[401] Michel 90 Anm. 5 interpretiert γέγονεν in Entsprechung zu λογισθήσεται im Sinne des rabbinischen Ausdrucks נעשה כ, trägt damit jedoch V 25b den forensischen Gesichtspunkt von V 26 ein.
[402] λογισθήσεται ist passivum divinum. Die eschatologisch-forensische Bedeutung erhellt aus dem folgenden κρινεῖ V 27.
[403] νόμον τελεῖν wie Jak 2,8; Lk 2,39.
[404] Wegen der Korrespondenz zu ἐκ φύσεως ist διά c. gen. im Sinne des begleitenden Umstands aufzufassen (Pr-Bauer 326). Ein instrumentales Verständnis (Schlatter 110) würde freilich den polemischen Gedanken von V 25f verstärken: Gesetz wie Beschneidung, auf die der Jude sich beruft, verurteilen ihn selbst als Übertreter.
[405] Vgl. z.B. Dan 7,22 LXX; aethHen 90,19; 91,12; 95,3; 98,12; 38,5; 48,9; Weish 3,7f; 4,16; 5,1; Tanch B § 1 (zu Dan 7,9); Apk Abr 29.

den Ungerechten ihr Urteil zusprechen werden[406]. Dies ist hier – Lk 11,31f par entsprechend – polemisch zugespitzt[407] und bildet die Antithese zu 2,1.

28 VV 28f faßt Paulus alles Voranstehende zusammen, indem er – entgegen der καύχησις des ›Juden‹ V 17ff – herausstellt, wer in Wahrheit ›Jude‹ ist. Nichts von außen her Sichtbares ist es, das ihn kennzeichnet, zumal nicht die am Fleisch vollzogene und so äußerlich feststellbare Beschneidung. Vielmehr ist das wahre Judesein etwas für jedes äußerliche Hinsehen »Verborgenes«[408] und die wahre Beschneidung die des Herzens, die durch den Geist, nicht durch das Gesetz in seiner Vorfindlichkeit als γράμμα (vgl. 7,6; 2Kor 3,6) vollzogen wird. Damit ist nicht der stoische Gedanke gemeint, daß für den Weisen alles Äußerliche gleichgültig sei, weil er sich allein auf die innere, im Denken zu realisierende Übereinstimmung mit Gott und dem Kosmos konzentriere[409]. Vielmehr klingt die Formulierung an ein verbreitetes prophetisches Motiv an: Sünden sind Zeichen der Unbeschnittenheit des Herzens, und so muß Gott am Ende den Menschen ein neues, gehorsames Herz geben[410]. Entsprechend hat V 29 eschatologischen Sinn: Was die Werke wirklich sind, ist gegenwärtig Menschen verborgen und wird erst im Endgericht offenbar (vgl. V 16 und 1Kor 4,5; Mt 6,4.18). Darum kann kein Mensch ein gutes Werk als solches feststellen und es so »belobigen«[411], sondern allein Gott. Auch die sichtbaren Erwählungszeichen Israels, die Tora als schriftlich vorliegende Urkunde (γράμμα) und die Beschneidung, garantieren nicht solches »Lob«, weil es eben nicht auf ihren Besitz, sondern auf das ihnen entsprechende Handeln ankommt. Darin erweist sich der wahre Jude, dessen Zugehörigkeit zu Gott nicht von außen her am Leib jedermann offenkundig, sondern vom verborgenen Inneren her, im »Herzen« allein Gott sichtbar ist (vgl. Mt 6,4.6.18).

29 Nun erscheint V 29a die Antithese ἐν πνεύματι οὐ γράμματι anstelle der bisher dominierenden Antithese ἐν τῷ φανερῷ – ἐν τῷ κρυπτῷ. Daß Paulus hier (im Unterschied zu V 15) an Jer 38(31),33; Ez 11,19f; 36,26 denkt, zeigt eine Stelle aus dem früheren 2. Korintherbrief (3,3.6). Mit γράμμα wird dort die Rede von den beiden Dekalogtafeln wiedergegeben, deren Inhalt nach Jer 38 bei der Konstituierung des neuen Bundes den Israeliten in das Herz geschrieben

---

[406] Vgl. Bill. I 650; II 124. Vgl. das Gericht über Engel 1Kor 6,2f.

[407] Daß Paulus das synoptische Logion kannte (Lagrange 56, Dodd 41, Nygren 161), ist nicht auszuschließen, aber unwahrscheinlich. Rabbinische Parallelen bei Bill. III 124.

[408] Zum Gegensatz φανερόν – κρυπτόν vgl. 1Petr 3,4; auch Mk 4,22 par/Lk 12,2 par. Gegen die Streichung des zweiten ἐν τῷ φανερῷ (so Sahlin, Emendationen, a.a.O. [Anm. 331] 95) vgl. zu Recht Käsemann 69.

[409] Dazu vgl. Fridrichsen, Der wahre Jude, 44f.

[410] Vgl. Lev 26,41; Dtn 10,16; 30,6; Jer 4,4; 6,10; 9,25; Ez 44,7.9; 1QS 5,5 im Gegensatz zu 1QpHab 11,13; 1QH 18,20; OdSal 11,1–3;

Philo Migr Abr 92; Spec. Leg. 1,6.305; Kol 2,11–13; Just Dial 114. Vgl. hier auch Jer 31,31f; Ez 36,26 und die Aufnahme dieser Motive in Jub 1,23: ». . . zu mir umkehren und ich werde die Vorhaut ihres Herzens und die Vorhaut des Herzens ihrer Nachkommen beschneiden und werde ihnen einen heiligen Geist schaffen und sie rein machen«.

[411] Wieder berührt sich der paulinische Gedanke mit einem stoischen Motiv, unterscheidet sich aber ebenso im Skopos: die Polemik gegen das Schielen auf das ›Lob‹ der Zuschauer im ἀγών; dazu Fridrichsen, Der wahre Jude 46–48. Cranfield 175f sieht dagegen hinter V 29 das aus Gen 29,35; 49,8 bekannte Wortspiel ידע־יהודי (= ἔπαινος).

werden soll, was nach Ez 11 und 36 die Gabe eines »anderen Herzens« und eines πνεῦμα καινόν bedeutet. πνεῦμα ist dort also in anthropologischem Sinne gemeint. Der Topos spielt aber im Traditionstext jüdischer Heidenbekehrung eine entscheidende Rolle; dort wird diese als Totenauferweckung beschrieben, wobei (nach Gen 2,7) das πνεῦμα, das dem Neophyten gegeben wird, Gottes Geist ist[412]. Ebenso versteht Paulus 2Kor 3,6: τὸ πνεῦμα ζωοποιεῖ, setzt jedoch hinzu: τὸ γράμμα ἀποκτείνει (vgl. Röm 7,6); womit die Funktion des Gesetzes gemeint ist, dem Sünder den Tod zuzusprechen, den dieser sich durch sein Tun selbst zugezogen hat (6,23)[413]. Damit wird ebenso deutlich, daß Paulus an den drei Stellen einen Topos jüdisch-urchristlicher Bekehrungstheologie übernommen, wie auch, daß er diesen durch sein eigenes Tora-Verständnis konturiert hat. Nach jüdischer Überlieferung gehört das Gesetz auf die Seite des Lebens, zumal bei der Bekehrung eines Heiden: Er, der gesetzlose, ohne Teilhabe am Gesetz dem Tode preisgegebene Sünder wird diesem Tode entrissen und eben dadurch neugeschaffen, daß ihn das Licht der Tora erleuchtet[414]. Gesetz und Geist liegen hier auf einer Ebene. Nach 2Kor 3 und Röm 7 jedoch ist der »Buchstabe« der Widerpart des Geistes; er tötet, während der Geist zum Leben auferweckt. Der Grund liegt darin, daß nach Paulus das Gesetz alle Menschen, Juden wie Heiden, der Sünde überführt, so daß die Bekehrung als Neuschöpfung dieser Wirkung des Gesetzes entgegenwirkt.

So nimmt der Gedanke des Paulus am Ende seiner Polemik gegen den jüdischen Partner eine überraschende Wendung: Der wahre Jude im Sinn von V 28 ist unter den empirischen Juden nicht zu finden, weil diese allesamt Sünder sind; er *ist* überhaupt nur als καινὴ κτίσις, erzeugt aus Gottes Geist[415]. Der wahre Jude also ist – der bekehrte Christ, durch Gottes Geist neugeschaffen zu guten Werken (Eph 2,9f vgl. Röm 7,6), durch den das Gesetz allererst wahrhaft erfüllt wird (Röm 8,4); und die wahre Beschneidung, die des Herzens, ist die Taufe (Röm 4,11)[416]. Die Wendung besteht darin, daß VV 25–27 noch am ra-

---

[412] Vgl. besonders Jos As 8,9: κύριε ὁ θεὸς τοῦ πατρός μου Ἰσραήλ, ... ὁ ζωοποιήσας τὰ πάντα καὶ καλέσας ἀπὸ τοῦ σκότους εἰς τὸ φῶς, καὶ ἀπὸ τῆς πλάνης εἰς τὴν ἀλήθειαν, καὶ ἀπὸ τοῦ θανάτου εἰς τὴν ζωήν, σὺ καὶ τὴν παρθένον ταύτην εὐλόγησον καὶ ζωοποίησον καὶ ἀνακαίνισον αὐτὴν τῷ πνεύματι σὺν τῷ ἁγίῳ, καὶ φαγέτω ἄρτον ζωῆς καὶ πιέτω ποτήριον εὐλογίας σου, καὶ συγκαταρίθμησον αὐτὴν τῷ λαῷ σου ὃν ἐξέλεξας πρὶν γενέσθαι τὰ πάντα, καὶ εἰσελθέτω εἰς τὴν κατάπαυσίν σου ἣν ἡτοίμασας τοῖς ἐκλεκτοῖς σου, καὶ ζησάτω ἐν τῇ αἰωνίᾳ σου ζωῇ εἰς τὸν αἰῶνα χρόνον. Vgl. 2Kor 4,4–6; Eph 5,14; Kol 1,18b–20; 3,1–4. Interessant ist, wie diese Aussagen einerseits Röm 2,17ff entsprechen, andererseits in der paulinischen Rezeption das Motiv der Erneuerung durch Gottes Geist, die dort im Kontext der Gesetzesfrömmigkeit steht, dem Gesetz als γράμμα entgegengesetzt wird.

[413] Vgl. dazu E. Kamlah, Buchstabe und Geist. Die Bedeutung dieser Antithese für die alttestamentliche Exegese des Apostels Paulus, EvTh 14 (1954) 276–282. – Im jüdischen wie sonstigen außerpaulinischen Schrifttum des Urchristentums wird der Plural τὰ γράμματα dagegen durchweg positiv, synonym mit αἱ γραφαί, gebraucht; vgl. Joh 5,47; 7,15; Apg 24,26.

[414] Im Rabbinat wird die Frage nach dem wahren Juden durchweg im Sinne der Gesetzesgerechtigkeit beantwortet, vgl. Bill. II 125.

[415] Vgl. 8,2; 2Kor 1,22; 5,5.17; Gal 3,2–5; 1Thess 1,8; Eph 1,13f; 5,14; Tit 3,5; Hebr 6,4f; 1Petr 4,6; Joh 3,5–8.

[416] So richtig Berger, Abraham in den paulinischen Hauptbriefen, MThZ 17 (1966) 47–89, hier 63f; Käsemann 70, der sowohl vielfältige Erörterungen der Exegeten darüber, wie Pau-

dikalen Gedanken des Gerichts nach den Werken orientiert ist: Der faktisch gesetzestreue Heide wird dem sündigen Juden gegenübergestellt, und der Gedanke läuft darauf hinaus, daß nur das Tun des Gesetzes, nicht der Besitz von
Gesetz und Beschneidung, den wahren Juden ausweist. Von daher wäre als
Schluß zunächst eine Wiederholung der These V 13 zu erwarten, nach der dem
Juden die Rechtfertigung zum eschatologischen Heil allein am Kriterium der
faktischen Gesetzeserfüllung zugesprochen wird. Statt dessen fährt Paulus hier
mit dem Topos aus jüdischer Bekehrungs-Tradition fort, wendet diesen aber –
entgegen jener Tradition – nicht auf den Heiden, sondern auf den Juden an:
Erst durch das Widerfahrnis einer Bekehrung als Neuschöpfung durch Gottes
Geist wird der Jude zum wahren Juden. Denn statt vom Gesetz dem Tod zugesprochen zu werden, erfährt dieser das Gesetz durch Gottes Geist und erlangt
so – statt der Menschen Lob – Gottes eschatologisches Lob. Diese überraschende Antwort deutet Paulus freilich hier nur eben an; er wird sie erst später
ausführen (vgl. nach 7,5f erst 8,2ff). Immerhin zeigt sie, worauf die Polemik
gegen den jüdischen Partner letztlich zielt: nicht auf eine Brandmarkung des
Juden als Sünder, sondern auf die auch ihm offenstehende Errettung aus der
Sünde in der Bekehrung durch Gottes Geist. Daß diese im Glauben an Christus
geschieht, ist hier nocht nicht der Ort zu sagen (vgl. 3,21ff).

Zusammen-   Seit der Alten Kirche spiegelt sich die Spannung in diesem Textabschnitt wider,
fassung   indem gefragt wird: Wer ist mit der ἀκϱοβυστία gemeint? Zwei extreme Auslegungen stehen sich gegenüber. Die eine geht von VV 28f aus: Wenn der
wahre Jude durch den Geist, also durch die Taufe »beschnitten« ist, so kann zuvor VV 25–27 mit dem Unbeschnittenen, der das Gesetz erfüllt, nur der Hei-
denchrist gemeint sein; denn nur »wer nach dem Geist lebt, erfüllt das Gesetz;
denn die Erfüllung des Gesetzes ist in Christus«[417]. Paulus kann ja nicht konkrete Beispiele tatsächlicher Gesetzeserfüllung von Heiden meinen, wenn er
seinen Gedanken mit dem Urteil abschließt, alle seien unter der Sünde (3,9).
Da er aber in VV 25b–27 von tatsächlicher Gesetzeserfüllung spricht, kann es
nur der Christ sein, den er dem sündigen Juden vor Augen stellt: als den, den
Gottes Gnade und Geist zu der Erfüllung des Gesetzes befähigen, die der Jude
verfehlt.
Die andere Position erreicht entsprechend umgekehrt eine einheitliche Auslegung des Abschnitts, indem πνεύματι V 29 anthropologisch und der Skopos so
aufgefaßt wird, daß Paulus gegen bloß äußere, an Buchstaben und leiblicher
Beschneidung orientierte Scheingerechtigkeit den wahren, innerlichen Gehor-

---

lus in solcher Weise von Juden sprechen könne,   [417] Origenes, Röm (Rufin 901) und dazu R.
als auch die andere Erklärung, mit dem Heiden   M. Grant, The Letter and the Spirit, London
in V 26ff seien nach VV 26f Heidenchristen   1957, 90–104. Vgl. so auch Augustin, de spir
gemeint, bestritten. Paulus stellt aber auch   et lit VIII–X (13–16) CSEL 60 (§ 164–169) und
nicht in VV 29f speziell die *Heiden*christen den   danach Luther, Röm I 128. In neuerer Zeit z. B.
Juden gegenüber, wie Käsemann ebd. meint,   Zahn 144; Bultmann, Theologie NT 262 Anm.
sondern die *Christen generell;* so mit Recht   1.
Cranfield 176.

sam setzt, der mit dem Herzen vollzogen wird, nämlich mit dem ›Geist‹ als dem Ich-Selbst des Menschen, statt nur in äußerer Erfüllung von Vorschriften. Seit Origenes, bei dem sich auch diese Auslegung findet[418], dient in der alten und mittelalterlichen Kirche die stoische Unterscheidung des Natur-Gesetzes als νόμος ἄγραφος[419] von allem gesetzten Recht als selbstverständlicher hermeneutischer Horizont.

Der Unterschied zwischen diesen beiden Auslegungen enthält Gesichtspunkte von allgemeinem theologischem Interesse. Wird der Gegensatz ›Buchstabe – Geist‹ im Sinne der letztgenannten Auslegung aufgefaßt, so erscheint das Wesen des Christentums im charakteristischen Unterschied zum Judentum als »die Befreiung des Bewußtseins von jeder äußeren nur durch Menschen vermittelten Autorität, die Aufhebung aller hemmenden Schranken, die Erhebung auf einen Standpunkt, auf welchem alles in lichter Klarheit vor dem Auge des Geistes enthüllt und aufgeschlossen ist, die Autonomie und Unmittelbarkeit des Selbstbewußtseins«[420]. In diesem Sinne hat J. G. Fichte, repräsentativ für die Christentums-Rezeption in der deutschen idealistischen Philosophie, die allgemeine fundamentale Bedeutung des Gegensatzes ›Buchstabe – Geist‹ herausgestellt[421]. Die andere Deutung, wie sie vor allem von Augustin in seiner Schrift »De spiritu et littera« begründet worden ist und bei Luther als Prinzip biblisch-reformatorischer Lehre zentrale Bedeutung bekommen hat, geht von einem streng theologischen Verständnis des πνεῦμα-Begriffs aus und versteht γράμμα im funktionalen Sinn als das den Sünder verurteilende, ihn tötende Gesetz. Der Geist hebt diese Wirkung des ›Buchstabens‹ auf; Gott rettet den an seinem eigenen Tun zugrunde gehenden Menschen. Die Rede vom Geist spricht von einem Widerfahrnis, das der Mensch nicht von sich aus erreichen kann, schließt also ein anthropologisches Verständnis von πνεῦμα grundsätzlich aus[422].

So deutlich es ist, daß Paulus in 2,25ff einen ethischen Skopos verfolgt: es geht um wirkliches Tun des Gesetzes – so entscheidend ist für das richtige Verstehen

---

[418] Fragment 10 (Ramsbotham I); vgl. Theodor von Mopsuestia bei Staab, Pauluskommentare 116, der jedoch den hypothetischen Charakter von 2,25f betont. In neuerer Zeit besonders bei Baur, Paulus I, ²1966, 374: »Indem also der wahre sittliche Werth des Menschen nur im Thun besteht, darin, daß man das thut, wovon man das Bewusstsein hat, daß man es thun soll, hebt sich in diesem Einen der Unterschied des Heidenthums und Judenthums auf, Vorhaut ist wie Beschneidung, und Beschneidung wie Vorhaut, es kommt nicht darauf an, was der Jude äußerlich ist, sondern nur auf das, was er innerlich im Herzen vor Gott ist.« (Ebenso Berger, Abraham 63f.)

[419] Siehe oben S. 133f zu 2,14. Käsemann 71 zitiert die Sentenz des Archytas bei Stob ecl. IV 1,135: νόμος ὁ μὲν ἔμψυχος βασιλεύς, ὁ δὲ ἄψυχος γράμμα.

[420] Baur, F. C., Das Christentum und die christliche Kirche der drei ersten Jahrhunderte, ²1860, 62.

[421] Fichte, Über Geist und Buchstabe in der Philosophie (1794, Werke, Hrsg. v. J. H. Fichte, Bd. 8, 1846, 270–300); vgl. ders., Die Grundzüge des gegenwärtigen Zeitalters (1806), 7. Vorlesung (Werke, ebd. Bd. 7, 96–111).

[422] Der Bekehrungs-Charakter der Erfahrung des Geistes ist philosophisch vor allem von Kierkegaard in schroffer Antithese zum idealistischen Verständnis herausgearbeitet worden; vgl. besonders in den »Philosophischen Brocken«, Gesammelte Werke 10, Düsseldorf 1952, 16–18.

die Erkenntnis, daß dieser Skopos nur durch den Bruch in VV 28f erreicht wird. Die faktische Situation des Menschen als Sünder weist solches Tun nicht nur nicht auf, sondern schließt es überhaupt aus. Der Jude steht darin durchaus für alle Menschen. Das Gegenbeispiel des Heiden in VV 25–27 wird nur zur Profilierung der Anklage benutzt, dient aber nicht zum positiven Erweis beispielhaft realisierter menschlicher Möglichkeiten. Erreicht wird die Erfüllung des Gesetzes nur als Folge des Widerfahrnisses des Geistes Gottes, das Bekehrung bedeutet: Bekehrung nicht des Heiden zum Gesetz, sondern des Juden zum Evangelium, das die Wirkung des Gesetzes aufhebt.

In diesem Sinn eröffnet die paulinische Polemik gegen den Juden den Horizont, unter dem heute das Evangelium als Bruch mit allen Selbstverwirklichungs-Tendenzen zur Geltung zu bringen ist: Nur der Mensch, der erfährt und versteht, daß er als Entfremdeter seine Entfremdung nicht selbst aufheben kann, weder durch Erkenntnis noch durch Tun, wird die Aufhebung der Entfremdung erfahren: πνεύματι οὐ γράμματι, als creatio ex nihilo. Solche Erfahrung des Geistes betrifft nun aber den Menschen so total, an der Wurzel seines Verhältnisses zu sich selbst, daß jede Verdinglichung der Religion ausgeschlossen ist. Das bedeutet zwar nicht die Verinnerlichung der Religion im Sinne eines Rückzugs in die weltabgewandte, auf sich selbst beschränkte, ›private‹ Subjektivität, auch nicht im Sinne einer Vergleichgültigung aller ›äußeren‹ – z. B. kultischen – Lebensgestalten von Religion zugunsten einer reinen ›Herzens‹frömmigkeit, wohl aber eine Verinnerlichung der Religion in dem Sinne, daß alle Heteronomie, in der das Verhältnis des Menschen zu Gott seinem Verhältnis zu sich selbst äußerlich bleibt, aufgehoben ist und ein wirkliches Ineinanderfallen von Religion und Selbstbewußtsein, Selbstbewußtsein und Religion geschaffen wird. Sofern die Interpretation der Väter, aber auch der idealistischen Theologen des 19. Jh.s darauf zielte, war sie nicht ohne Recht und ist es wert, ohne die üblichen Affekte neu erwogen zu werden.

c)   3,1–8 Abwehr jüdischer Einwände

Literatur: Bornkamm, G., Theologie als Teufelskunst, in: Geschichte und Glaube II 140–148; *Doeve, J. W.*, Some notes with reference to τὰ λόγια τοῦ θεοῦ in Romans III,2, in: Studia Paulina (1953) 111–123; *Jeremias, J.*, Chiasmus in den Paulusbriefen, in: Abba 287–289; *Kertelge, K.*, ›Rechtfertigung‹ bei Paulus 63–70; *Ljungmann, H.*, Pistis. A Study of its Presuppositions and its Meaning in Pauline Use, Lund 1964, 13–47; *Müller, Ch.*, Gottes Gerechtigkeit und Gottes Volk 67–69; *Stuhlmacher, P.*, Gerechtigkeit Gottes 84–86.

1 Was nun ist der Vorzug des Juden bzw. was der Nutzen der Beschneidung? Viel in jeder Hinsicht! 2 Zuerst: Daß sie mit den Worten Gottes betraut worden sind. 3 Was nämlich? Wenn einige die Treue gebrochen haben, wird dann etwa ihr Treubruch die Treue Gottes zunichte machen? 4 Niemals! Möge vielmehr Gott sich als verläßlich erweisen,

jeder Mensch aber als Lügner, wie geschrieben steht: »damit du dich als gerecht erweist in deinen Worten und (im Prozeß) siegst, wenn man mit dir rechtet.« 5 Wenn aber unsere Ungerechtigkeit Gottes Gerechtigkeit ans Licht bringt, was sollen wir sagen: Ist Gott etwa ungerecht, wenn er den Zorn verhängt? – nach Menschenart sage ich das –. 6 Niemals! Wie könnte Gott sonst die Welt richten? 7 Wenn aber Gottes Wahrheit durch meine Lüge ihren Vorzug erlangt hat zu seiner Verherrlichung, was werde dann ich noch als Sünder gerichtet? 8 Und nicht (soll Geltung haben), wie wir verlästert werden und wie einige Leute von uns behaupten, wir sagten: ›Tun wir das Böse, damit (dadurch) das Gute herauskomme!‹ Solche trifft die Verurteilung zu Recht!

Der dialogische Stil verbindet dieses Stück mit dem vorangehenden. Doch nun ergreift der jüdische Partner die Initiative und stellt Paulus polemische Rückfragen. τί οὖν V 1, fortgeführt durch τί γάρ V 3, leitet den Einwand ein, der sich auf 2,17ff (›Jude‹) und 2,25ff (»Nutzen der Beschneidung«) bezieht. εἰ δέ V 5 und V 7 leiten die eigentliche Gegenargumentation zu 2,17 (εἰ δέ vgl. ἐὰν δέ V 25) ein. Trotz dieser offensichtlichen Rückbezüge zum Voranstehenden[423] ist die inhaltliche Stellung von 3,1–8 im Kontext umstritten. Häufig sieht man Paulus hier »bemüht, . . . Nebengedanken zu erledigen«, die sich ihm unversehens in den Vordergrund schieben und ihn »immer weiter vom Thema abführen«[424]. Doch übersieht man dabei, daß, wie der Gesprächspartner, so auch das umstrittene Thema in 2,17ff und 3,1ff dasselbe ist. Hat Paulus 2,17ff die These eines heilsgeschichtlichen Privilegs des Juden gegenüber dem Heiden im Blick auf das Gericht nach den Werken bestritten, so bestreitet dieser nunmehr 3,1ff umgekehrt die paulinische These der Gleichstellung von Juden und Heiden als Sünder im Endgericht unter Berufung auf die göttliche Erwählung Israels.

Zwar ist von Stil und Formulierung her nicht zu entscheiden, ob Paulus sich die Fragen in VV 1.3.5.7 nicht selbst stellt[425]; und zweifellos steht hinter VV 1–4 über die polemische Dialogsituation hinaus ein massives eigenes theologisches Interesse. Doch zeigt sich in V 8, daß sich Paulus jedenfalls am Schluß eines konkreten Vorwurfs realer Gegner zu erwehren hat. Die Fragen VV 1.3.5.7 bilden nun aber untereinander einen Argumentationszusammenhang, dessen letztes Glied der Vorwurf V 8 ist. Die beiden ersten bilden den Ausgangspunkt; sie sind so formuliert, daß sie von Paulus jedenfalls zu verneinen sind. Der »Vorzug« des Juden und der »Nutzen« der Beschneidung bedeuten natürlich »sehr viel«, sofern sie von Gott her gesetzt sind (VV 1f). Doch hier setzt die zweite Frage nach, indem sie Paulus' Argument von 2,17ff.25ff mit dieser

Analyse

---

[423] Der Einwand 3,1 bezieht sich nicht allein auf 2,28f; gegen Michel 94; ähnlich Stuhlmacher, Gerechtigkeit Gottes 84.

[424] Lietzmann 45; ähnlich Kuss 99; Käsemann 72; Schlier 97.

[425] So häufig, zuletzt Käsemann 73; Schlier 91.

Prämisse der göttlichen Erwählung verbindet: Zielte er darauf ab, daß die Sünde des Juden seiner Berufung auf die Gabe des Gesetzes und der Beschneidung widerstreite, so will der Partner darauf hinaus, daß der Treubruch von Menschen Gottes Treue doch nicht außer Kraft zu setzen vermag (V 3). Dem stimmt Paulus zu, indem er den Widerspruch zwischen der »Lüge« des Menschen und der im Rechtsstreit erwiesenen Gerechtigkeit Gottes mit dem Wortlaut der Schrift als unwiderlegbar bekräftigt (V 4). Von dieser Prämisse aus geht der Partner nun aber mit zwei durch εἰ δέ eingeleitete Folgerungen zum Angriff über. Er verkehrt zuerst in VV 5f die paulinische Auffassung des Psalmzitats V 4b zu der blasphemischen These V 5a, die in ihrer Konsequenz zu einem Widerspruch zwischen Gottes Gerechtigkeit und Gottes Zorngericht führe (V 5). Der gleiche Einwand wird sodann in V 7 von V 4a aus verschärft wiederholt[426], wobei an die Stelle der V 5 allgemein formulierten unmöglichen Konsequenz (μή wie V 2) die persönlich zugespitzte Frage V 7b tritt. Aus der Problematisierung des Gerichtsgedankens, auf den die Polemik des Paulus in 2,17ff nach dem Urteil des Partners hinauslief, folgt nun aber V 8 der entscheidende Vorwurf gegen Paulus, auf den die ganze Argumentation des Gegners abzielt[427]: Wo es theologisch keine Möglichkeit eines Gerichts gibt, fällt auch ethisch der Unterschied zwischen Gut und Böse.

Von Anfang an geht es dem jüdischen Partner also darum, die Voraussetzung des paulinischen Angriffs gegen ihn in 2,17ff theologisch zu perhorreszieren, so daß dieser selbst in sich zusammenbrechen soll. Er setzt an bei der göttlichen Erwählung, deren Realität hinfällt, wenn infolge der Sünde der Juden der heilsgeschichtliche, eschatologisch relevante Unterschied zwischen Juden und Heiden hinfällt. Und da Paulus seinen Zielgedanken von 2,17ff in der Tat radikal festhält, zugleich aber bestreitet, daß dies das Zunichtewerden der Erwählung nach sich zieht, macht die gegnerische Argumentation ihn zum blasphemischen Theologen, dessen These mit unheimlicher Konsequenz auf Gott selbst zurückschlägt, sofern Gott ungerecht sein muß, wenn er, stante peccato omnium, die Sünder mit seinem Zorngericht überzieht. Wenn aber das Gericht hinfällt, verkehrt sich auch der Grundsatz der Ethik, nach dem, wer Gutes tut, Gutes bewirkt, in sein unheimliches Gegenteil. So entlarve Paulus mit seinem Angriff in 2,17ff sich selbst als Gotteslästerer. Paulus selbst befindet sich während dieses Argumentationsvorganges in einer höchst schwierigen Situation. Nachdem er die Außerkraftsetzung der göttlichen Erwählung durchaus selbst bestreiten muß, formuliert er seine entscheidende These V 4 im autoritativen Wortlaut der Schrift, zieht sich aber gerade so das Argument des Gegners V 5 auf den Hals, das er nur mit einem pauschalen μὴ γένοιτο abweisen kann und durch den Hinweis auf das Gericht Gottes bestreitet (V 6). Ebendies wendet der Gegner aber erneut gegen ihn (V 7); und bevor er darauf antworten kann, ist bereits dessen entscheidender Zielvorwurf V 8 auf dem Plan, auf den er nur

---

[426] Jeremias, Chiasmus 287–289, zeigt, daß der Einwand V 5 von dem Zitat in V 4b aus ansetzt, der Einwand in V 7 von dem in V 4a, so

daß die Gedankenführung V 5ff chiastisch aufgebaut ist.
[427] Richtig erkannt von Kuss 99.

noch durch den wiederum pauschalen Gegenvorwurf der Blasphemie und mit einer schroffen Gerichtsaussage reagiert. Paulus steht in 3,1–8 also gleichsam mit dem Rücken gegen die Wand. Darin zeigt sich, daß er hier keineswegs in einem »dialogischen Spiel« mit einem »fingierten« Gegner seinen eigenen »Gedanken lediglich weitertreiben will«[428], sondern sich aufgrund seines Angriffs gegen den Juden in 2,17ff einem sehr realen, höchst massiven Gegenangriff ausgesetzt erfährt, dem er sich nur mit größter Not argumentativ erwehren kann. Nirgendwo im Neuen Testament kommt der jüdische Gegner des Paulus so deutlich und auf so hohem Reflexionsniveau theologischer Polemik selbst zu Wort wie hier.

Die Geschlossenheit des Abschnitts wird häufig verkannt. Im allgemeinen gliedert man ihn in zwei Teile, in denen zwei verschiedene Einwände behandelt werden[429]. Die Zweiteilung (VV 1–4.5–8) ist zwar deutlich; doch ist VV 1–4 im Sinne des Gegners nur die Prämisse für den eigentlichen Angriff VV 5–8, während für Paulus V 4 die Basis ist[430], von der aus allein er den Angriff abwehren kann. Die beiden Teile sind entsprechend in zwei Argumentationsschritten aufgebaut, von denen jeweils der zweite (V 3. V 7) den ersten (VV 1f. VV 5f) verschärfend fortführt[431].

τὸ περισσὸν τοῦ Ἰουδαίου bezieht sich auf 2,17ff zurück: Wenn die dort aufgezählten Vorzüge, deren sich der Jude vor dem Heiden rühmt, durch seine Werke zunichte gemacht werden, was ist dann dieser Vorzug wert? Dasselbe gilt von der Beschneidung als Erwählungszeichen: Wenn sie dem Übertreter nichts »nützt« (2,25ff), worin besteht dann überhaupt ihr »Nutzen«? Wie V 2 zeigt, wird im Blick auf den Bestand und die Kraft der Erwählung Gottes gefragt. Paulus antwortet plerophorisch, worin sich sein leidenschaftliches Interesse daran zeigt, daß, wie immer die Juden durch ihr Tun ihre Teilhabe an Gottes Erwählung verwirkt haben, diese von sich aus nicht hinfällt (vgl. 9,6). Das Problem, das durch diesen Widerspruch entsteht, wird er erst in Kapitel 9–11 aufnehmen. Er kann es nur lösen aufgrund der Heilstat der Gerechtigkeit Gottes im Tode Christi, von der hier noch nicht die Rede ist. Hier geht es zunächst nur darum, die Anklage 2,17ff, die der Partner unter Verweis auf die göttliche Erwählung zu Fall bringen will, gerade von dieser her zu bekräftigen. Von Gott her gilt sie und gilt auch ihr Zeichen, die Beschneidung, »viel in jeder Hinsicht«. Paulus greift aus ihren infalliblen göttlichen Bekundungen in der Geschichte (vgl. 9,4f) nur das Erste und Wichtigste heraus[432]: das Faktum, daß

Erklärung

1

2

---

[428] Dagegen mit Recht Michel 94.

[429] So zuletzt wieder Käsemann 72f.

[430] So mit Recht Michel 96 sowie besonders Käsemann 76 gegen Weiß, J., Beiträge 221, der in V 4 eine rhetorische Digression sieht.

[431] Darin liegt das Wahrheitsmoment der Disposition in vier Abschnitte bei Bornkamm, Theologie als Teufelskunst 142–146.

[432] πρῶτον μέν kann bei Paulus ohne nachfolgende Fortführung für sich stehen (vgl.

1,8). Doch dürfte Paulus hier eine 9,4f entsprechende Reihe von faktischen Bekundungen der Erwählung Israels vor Augen stehen, die er dann der gedrängten Diskussionssituation wegen nicht ausführt. Daraus darf freilich nicht geschlossen werden, daß Kapitel 9–11 in einer vorliterarischen ›heilsgeschichtlichen‹ Homilie unmittelbar an Kapitel 1–4 angeschlossen habe; so Scroggs, R., Paul as Rhetorician: Two Homilies in Romans 1–11, in: Jews, Greeks and

den Juden »Gottes Worte« anvertraut sind. τὰ λόγια (τοῦ θεοῦ) ist in LXX, bei Philon und Apg 7,38 eine pauschale Bezeichnung der Offenbarungsworte in der Schrift[433] und dürfte hier entsprechend gebraucht sein. Paulus hebt darauf ab, daß die Worte, die Gott an Israel gerichtet hat, als solche seinen Erwählungswillen bezeugen und Verheißungscharakter haben. Dieser Wille der

3 Bundestreue Gottes[434] kann doch durch den Treubruch »einiger« nicht zunichte werden. Darin ist sich Paulus durchaus mit dem jüdischen Partner einig:

4 μὴ γένοιτο[435]. Er nimmt das Wortspiel zwischen πίστις und ἀπιστία auf und führt es durch das entsprechende Gegensatzpaar ἀληθής – ψεύστης fort. Gottes »Wahrheit« ist alttestamentlich die Verläßlichkeit seiner Treue, des Menschen »Lüge« seine im Treubruch erwiesene Unverläßlichkeit. Das erste ist wie eine beschwörende Bekräftigung, das zweite im Wortlaut von ψ 115,2 formuliert, der Paulus die Universalisierung an die Hand gibt: πᾶς ἄνθρωπος, womit er τινές V 3 überbietet. Darauf lief ja seine Anklage hinaus, die im Blick auf die Sünde der Heiden einsetzte und die der Juden in sie einschloß. Die Sünde ist kein Problem von Teilen Israels; von einem Rest von Gerechten – wie durchweg im Judentum[436] – kann keine Rede sein: Israel als ganzes hat den Bund gebrochen – Paulus nimmt die Anklage der Propheten auf –; und so steht die »Lüge« *aller* Menschen der Treue Gottes gegenüber, die, gerade indem sie in Kraft bleibt, die Sünder bloßstellt. Formgeschichtlich entstammt V 4a der Gattung der Exhomologese, die vor allem in der Qumrangemeinde so radikalisiert worden ist, daß der Beter sich selbst »der frevelnden Menschheit« (לאדם רשעה), »der Masse des Sündenfleisches« (לפד בשר עול) zurechnet (1QS 11,9) und allein Gott als gerecht und verläßlich preist: »Bei dir, Gott der Erkenntnisse, sind alle Werke der Gerechtigkeit und der Rat der Wahrheit; aber bei den Menschenkindern sind Dienst der Sünde und Taten des Trugs (מעשי הרמיה)«

Christians, FS W. D. Davies, Leiden 1976, 271–298, hier 277 Anm. 19. – Origenes las πρῶτοι (vgl. auch Euseb und 1739), wodurch der sprachliche Anstoß behoben, aber der Sinn im Blick auf die heilsgeschichtlich nachfolgende Erwählung der Heiden in Christus verändert wird. Vgl. dazu Bauernfeind, O., Der Römerbrieftext des Origenes nach dem Codex von der Goltz untersucht und herausgegeben, 1923 (TU 44,3), 95f; Schelkle, Paulus 95 Anm. 99. Vielleicht hat diese v.l. die Einfügung von γάρ veranlaßt, das außer in א nur in der späteren Überlieferung bezeugt ist.

[433] Stuhlmacher, Gerechtigkeit Gottes 85, verweist auf Dtn 33,9 (par. διαθήκη σου); ψ 106,11 (par. βουλὴ τοῦ ὑψίστου) und besonders ψ 18,8–15 (par. νόμος τοῦ κυρίου, μαρτυρία κυρίου, δικαιώματα κυρίου, ἐντολὴ κυρίου, κρίματα κυρίου) und sieht von daher einen Rückbezug auf 2,26 δικαιώματα τοῦ νόμου. Doch ist 3,2 sicher nicht an das Gesetz im engeren Sinn, sondern allgemein an das Schriftzeugnis gedacht; vgl. Doeve, Some No-

tes. Zu Philo vgl. besonders Vit Mos II 188; Virt 68, sowie die Belege bei Pr-Bauer 942.

[434] Zu πίστις θεοῦ vgl. ψ 32,4 εὐθὴς ὁ λόγος τοῦ κυρίου, καὶ πάντα τα ἔργα αὐτοῦ ἐν πίστει; Hos 2,2; PsSal 8,28.

[435] Dieser Ausdruck vehementer Bestreitung eines gegnerischen Einwands (vgl. V 6.31; 6,2.15; 7,7.13; 9,14; 11,1.11; Gal 2,17; 3,21; 1Kor 6,15) entspricht rabbinischem חלילה bzw. חס (Bill. III 133); er findet sich aber häufig auch in der Diatribe, vgl. Bultmann, Stil 33.

[436] τινές V 3 ist nicht von 11,25ff her zu verstehen, so daß Paulus hier mit dem ἐπίστευσαν die Glaubensverweigerung der gegenwärtigen Juden gegenüber dem Evangelium im Unterschied zum Glauben der Judenchristen im Auge hat (so Kuss 101 mit Literatur). τινές entspricht auch nicht polemischem Stil (so Käsemann 74). V 3 ist vielmehr Einwand des Gegners, der nach der gesamten jüdischen Tradition nur vom Abfall »einiger« sprechen kann und will. V 4 ist darauf die Entgegnung des Paulus: πᾶς ἄνθρωπος entspricht V 9ff.

(1QH 1,26f)[437]. Mit γινέσθω deutet sich der traditionelle Gebetskontext dieses Motivs bei Paulus an; und die Fortführung V 4b ist direkte Gebetssprache. Der Parallelismus membrorum des Zitats aus ψ 50,6[438] zeigt, daß δικαιωθῆς im formgeschichtlichen Sinn als Erweis der Gerechtigkeit und also als Prozeßsieg Gottes gegen seine menschlichen Ankläger gemeint ist[439]: Geht es um die Wahrheit der »Worte« Gottes (vgl. V 2), in denen er Israel seine Erwählung zugesagt hat, so erweist sich Gott in seiner Bundestreue als gerecht. Das Sündenbekenntnis des Beters von ψ 50,6 ist deshalb nicht mitzitiert, weil der Gegensatz zur Sünde der Menschen bereits in V 4 ausgedrückt ist und Paulus im Kontext den Ich-Stil nicht gebrauchen kann[440].

Aber gerade aus dieser Sinngebung des Schriftzitats zieht nun der Gegner sein   5 entscheidendes Argument gegen Paulus. Er faßt zunächst die Meinung des Paulus in dem Satz zusammen: »Unsere Ungerechtigkeit erweist Gottes Gerechtigkeit.« Dieser Sinn ergibt sich ihm, indem er das ὅπως des Zitats V 4b unmittelbar auf V 4a bezieht: Jeder Mensch ist ein Lügner, damit Gott als gerecht erwiesen wird. Mit συνίστησιν wird die forensische Aussage V 4b aufgenommen. So trifft der Gegner genau den Skopos, auf den die paulinische ›Argumentation‹ zuläuft. In der Tat wird Paulus seine Rechtfertigungs-Erörterung so zusammenfassen, daß die heilsgeschichtliche ›Absicht‹ der Sünde aller die Offenbarung der Gerechtigkeit Gottes (3,21) als Herrschaftsantritt seiner Gnade (5,20f) und seines Erbarmens über alle Gottlosen ist (11,28–32). Und doch hat der Gegner etwas ganz anderes vor Augen: Er kann in der These des Paulus nur eine abgrundtiefe Blasphemie erkennen. Denn er kann Gottes Gerechtigkeit nur als Heilsmacht für die Gerechten verstehen; was aber wäre Gottes Gerechtigkeit für sich allein, ohne Gerechte, denen sie Heil schafft, vielmehr nur im Gegenüber zu Frevlern? Und so geht er zum Angriff über, indem er als unmögliche, blasphemische Konsequenz der paulinischen These herausstellt, daß Gott dann »ungerecht« sei, wenn er die Ungerechten mit seinem Zorngericht überzieht, wie Paulus es ja doch in 2,17ff verkündigt hat. Denn »unsere«, der Juden, Ungerechtigkeit soll ja nur zum Erweis der Gerechtigkeit Gottes dienen; eine Gerechtigkeit aber, die nur Zorn und kein Heil wirkt, ist

---

[437] Vgl. dasselbe im Horizont der Vorstellung vom Rechtsstreit 1QH 9,14f u. a. St.
[438] Bis auf νικήσεις, das wahrscheinlich gegenüber der an ψ 50,6 angeglichenen v. l. νικήσῃς ursprünglich ist, entspricht der Wortlaut genau dem LXX-Text. Das Futur ist im logisch-›prospektiven‹ Sinne aufzufassen; Kuss 101 nach Schwyzer-Debrunner, Griechische Grammatik II, 1930, 290. Der paulinische Vorstellungszusammenhang ist aber eschatologisch; Käsemann 75.
[439] Zum Vorstellungshintergrund vgl. Müller, Gottes Gerechtigkeit 57–64; Stuhlmacher, Gerechtigkeit Gottes 137–139. LXX bringt mit κρίνεσθαι – statt בשפטך MT. – die Rechtsstreitvorstellung in den Text ein, die Paulus

von V 4 her radikalisiert. Doch ist κρίνεσθαι, parallel zu νικᾶν, in LXX wie bei Paulus wahrscheinlich nicht als Passiv, sondern als Medium aufzufassen; darauf weist die doppelte Formulierung mit ἐν (so Michel 96 – anders Käsemann 75, der zu Unrecht meint, Paulus ersetze das Medium des LXX-Textes durch das Passiv); bei passivischem Sinn wäre ἐκ (vgl. Mt 12,37) bzw. ἀπό (vgl. Mt 11,19par) zu erwarten. Unmöglich ist die Auffassung von Ulonska, Paulus 166f, Paulus verwende das Zitat »gegen den Gebrauch der LXX als aktuelle, direkte Anrede an seine Hörer«.
[440] Daß Paulus das Sündenbekenntnis ψ 50,6a als bekannt hinzudenkt (so z. B. Lietzmann 45), reicht zur Erklärung nicht aus.

nicht mehr Gerechtigkeit. ἄδιχος ist also nicht im griechisch-römischen Sinne gemeint als Verstoß gegen die iustitia distributiva, die jedem das Seine zukommen lassen muß, so als handle Gott ungerecht, wenn er die, die doch zu seiner Verherrlichung sündigen, bestraft[441]. Für einen Juden ist Gottes Gerechtigkeit nur als seine Bundestreue zu denken, die den Erwählten, die ihr entsprechen, als Gerechten Heil schafft und die Ungerechten vernichtet. Wenn nun dagegen – welcher Widersinn – der Bundesbruch aller als Frevler Gottes Gerechtigkeit nur mehr allein als solche erweisen soll, dann bestünde diese ja nur in einem universalen Zorngericht. Dies aber widerstreitet zutiefst dem

6 Sinn von Gerechtigkeit. Bevor Paulus diese Folgerung wiederum mit μὴ γένοιτο energisch zurückweist, markiert er sie für seine Leser als »menschliches«, Gottes Wahrheit nicht entsprechendes Argument[442]. Er setzt dagegen den anerkannten Glaubenssatz, daß Gott die Welt richten wird (χρινεῖ), versteht dies aber – anders als die rabbinische Tradition[443] – im Sinne universalen, die Juden einschließenden Gerichts. Gottes Gerechtigkeit ist eine eschatologische Wirklichkeit, die sich auch durch die Sünde aller keineswegs ad absurdum führen läßt. Paulus trifft jedoch damit den Einwand nicht in seiner eigentlichen Stoßrichtung. Er kann das hier noch nicht; denn daß Gottes Zorngericht über alle Menschen als Sünder gleichwohl seine heilschaffende Gerechtigkeit nicht hinfällig macht, ist eben nicht durch die Bekräftigung des Gerichts Gottes über alle Sünder, sondern nur im Blick auf den Tod Christi als iustificatio impiorum zu

7 erweisen[444]. Es ist so verständlich, daß der Gegner nachhakt und sein Argument – nunmehr vom ›Wir‹- in den ›Ich‹-Stil übergehend[445] – verschärft wiederholt. Er schließt nun von V 4a aus: Wenn Gottes »Wahrheit« durch meine »Lüge« zu ihrem »Vorzug« kommt, so daß es kein περισσόν eines Menschen (V 1), sondern einzig dasjenige Gottes gibt und meine Lüge also nur zur Verherrlichung Gottes gereicht, was werde dann ich gerichtet? (Zu χαί vgl. 1Kor 15,29.) In der »Nacht, worin alle Kühe schwarz sind« (Hegel)[446], wo der Unterschied zwischen Gerechten und Sündern hinfällt, da muß jedes Gericht

---

[441] Röm 3,5 wird fast durchweg in diesem Sinne aufgefaßt; vgl. z. B. Bultmann, Theologie NT 288. Dagegen mit Recht Stuhlmacher, Gerechtigkeit Gottes 86; Käsemann 76; jetzt auch Schlier 95.
[442] Vgl. Gal 3,15; 1Kor 9,8; Röm 6,19. Origenes kannte griechische Handschriften, die χατὰ τῶν ἀνθρώπων lasen und zum Voranstehenden zogen. Cl Al läßt den Satz aus.
[443] Vgl. die Belege bei Bill. III 84.139. Zwar weiß sich auch der gesetzestreue Jude im Blick auf das Endgericht mit dem Urteil Gottes nach seinen Werken konfrontiert; vgl. Volz, Eschatologie 284ff; Cohen, Le Talmud, Paris 1976, 439–447; E. E. Urbach, The Sages. Their Concepts and Beliefs, 511–523. Doch weiß er sich durch seine Teilhabe an der Erwählung Israels im Endgericht grundsätzlich anders gestellt als der Nichtjude.

[444] So richtig Kuss 103; dagegen Schlier 96.
[445] Der Ich-Stil ist in der Diatribe an sich geläufig und kann lax gebraucht sein (vgl. die paulinischen Belege bei Lietzmann 46 – mit Ausnahme von Röm 8,11). Doch fällt die 1. Person Plural in V 5 aus diatribischem Stil heraus; der Gegner spricht als Vertreter des Judentums. Da V 7 V 5 weiterführt, ist ἐγώ konkret zu fassen. χαί meint dann »gerade ich«, der Jude von 2,17ff.
[446] Vgl. Phänomenologie des Geistes, in: Theorie-Werk-Ausgabe III, Frankfurt/M. 1970, 22: »Dies eine Wissen, daß im Absoluten alles gleich ist, der unterscheidenden und erfüllten oder Erfüllung suchenden und fordernden Erkenntnis entgegenzusetzen oder sein Absolutes für die Nacht auszugeben, worin, wie man zu sagen pflegt, alle Kühe schwarz sind, ist die Naivität der Leere an Erkenntnis.«

sinnlos werden. Das ist natürlich ebensowenig die Meinung des Gegners selbst wie der Einwand V 5[447]. Er will vielmehr die unmögliche Konsequenz der paulinischen Position entlarven und zugleich zeigen, daß gerade und erst recht von dieser aus die Anklage des Paulus gegen den Juden 2,17ff in sich zusammenbricht.

So resultiert der letzte und entscheidende Vorwurf V 8 unmittelbar aus VV 5–7[448]. Jetzt geht der Gegner zum direkten Angriff über und zeiht Paulus einer blasphemischen Ethik, die die Folge seiner pauschalen Nivellierung des heilsgeschichtlichen Privilegs der Juden als Sünder zusammen mit den Heiden ist: Wo der Unterschied zwischen Gerechten und Sündern fällt, da fällt auch jedes sittliche Engagement zum Guten. Nochmals zieht der Gegner eine absurde Konsequenz aus, die er aber jetzt tatsächlich als Meinung des Paulus ausgibt: »Tun wir das Böse, damit das Gute dabei herauskommt«; die Sünde verherrlicht ja nur Gott. Hier nun hört für Paulus jede Diskussion auf. Wie nämlich die jüdische Tradition im Tun den Bereich sieht, in dem sich sowohl Gottes als auch der Menschen Gerechtigkeit verwirklicht, so auch Paulus. Doch für ihn stellt sich – radikaler als in denjenigen jüdischen Gruppen, die die Masse der eigenen Volksgenossen in Abfall und faktischer Ungerechtigkeit sahen, der gegenüber die Gerechten nur eine kleine Minderheit waren – das Problem der Sünde aller als katastrophale Barriere dar, die jegliche Realisierung von Gerechtigkeit auf seiten der Menschen unweigerlich verhindert. Tatsächlich steht Gott als einzig Gerechter einer *massa perditionis* gegenüber. Dies schonungslos herauszustellen ist jedoch für Paulus, den Juden, keineswegs ein Positivum, aus dem sich, wie die Verkehrung der Gerechtigkeit Gottes in Ungerechtigkeit, so auch eine trotzige Verkehrung des Anspruchs der Gerechtigkeit an den Menschen in sein Gegenteil ergäbe. Vielmehr steht hinter seiner Anklage auch des Juden der Schmerz des für Gottes Sache, für das Gute gegen das Böse Engagierten, der darum niemals daran denken kann, diese katastrophale Situation etwa Gott anzulasten und sarkastisch darin eine Entlastung seiner selbst zu finden. Er sieht in dem Vorwurf des Gegners nichts anderes als »Blasphemie«, nicht weil der Gegner seine Meinung zur »Fratze und Karikatur« macht[449], sondern weil er Gott selbst, die Treue seiner Gerechtigkeit wie die Strenge seines Zornes, zur bösen Farce macht. Der Gegner ist es, der sich durch seine Argumentation heillos vor Gott disqualifiziert und sich ein κρίμα ἔνδικον zuzieht.

Entscheidend für das Verständnis dieses Abschnitts ist zu erkennen, daß die Fragen VV 1.3.5.7 vom jüdischen Partner an Paulus gerichtet werden, als wohlüberlegter, schrittweise aufgebauter Gegenangriff auf die Anklage 2,17–29. Hat Paulus dem Juden, der gesündigt hat, jede Möglichkeit abge-

Zusammen-
fassung

---

447 Insofern wird Bornkamm, Theologie als Teufelskunst, dem theologischen Engagement und Niveau der Einwände V 5–7, die er nur als »sophistische Pseudo-Theologie« (148) auffaßt, nicht gerecht und beachtet auch nicht die Bedrängnis, in die Paulus ihnen gegenüber gerät.

448 Gegen Käsemann 78; richtig zuletzt Schlier 97.
449 So Bornkamm, Theologie als Teufelskunst 146. Kuss 105 übersetzt entsprechend falsch: »Verleumder«.

schnitten, aufgrund der heilsgeschichtlichen Fakten seiner Erwähltheit als Anwalt der Wahrheit Gottes gegenüber dem Heiden aufzutreten, so stellt dieser nun zunächst die Frage nach der »Wahrheit« der göttlichen Bundestreue, die doch nicht hinfällt, selbst wenn einige von den Erwählten die Treue gebrochen haben[450]. Wie in der Einführung der Fragen V 1 und V 3 mit μή vorausgesetzt, muß Paulus das bestreiten, hält aber seine Anklage gerade so aufrecht, so daß sie nun erst radikal wird: Indem Gott in seiner Treue allein verläßlich ist, obsiegt im Rechtsstreit um die Gerechtigkeit der Bundespartner seine Gerechtigkeit gegenüber der Ungerechtigkeit und Lüge aller Menschen, so daß gerade von Gott her durch den Erweis des Bestandes der Erwählung die Schuld der Angeklagten in grelles Licht tritt. Ebendies aber ist für den jüdischen Partner geradezu Blasphemie. Denn was wäre das für eine Gerechtigkeit Gottes, wenn Gott statt des Heiles, das er seinen Erwählten schaffen will, alle seine Erwählten als Bundesbrüchige mit seinem Zorn überzieht? Gerechtigkeit und Zorn sind hier – wie durchweg in jüdischer Tradition – Gegenbegriffe[451]; daraus aber folgt für den Juden, daß die Gottesgerechtigkeit, wenn sie alle ihre Erwählten seinem Zorn gleichsam überlassen muß, ihr Werk nicht ausrichten kann und so in sich zusammenfällt: Ein Gott universalen Zorns kann nicht mehr ein Gott der Gerechtigkeit sein. Und wenn Paulus demgegenüber an der Gerechtigkeit Gottes festhält, der nicht nur die Heiden im Unterschied zu seinen Auserwählten, sondern die Welt, alle Menschen ohne Unterschied, richtet, so kann das nur bedeuten, daß also »ich« durch die Lüge meiner Sünde der Gerechtigkeit Gottes ihren Verherrlichungs-Triumph beschere: Dann aber verliert eben das Zorngericht über den Sünder jedes Recht. Für den Menschen aber folgt daraus, daß jedes Engagement zum Tun des Guten sinnlos wäre, vielmehr die sittliche Devise des Tuns der Gerechtigkeit sich geradezu umzukehren hätte in die Gegendevise: »Tun wir das Böse, damit (dadurch) das Gute herauskommt!« – wie widersinnig, wie blasphemisch! Und doch sieht der Gegner die Meinung des Paulus tatsächlich so. Während die Fragen VV 1.3 und noch V 5 noch ein Nein erwarten, soll die Frage V 7 ihn treffen, da er doch in 2,17ff darauf zielte, den Juden dem Gericht zuzusprechen; und erst recht ist die blasphemische Devise V 8 ernst gemeint als der wahre Skopos der Verkündigung dieses Apostaten. 6,1.15 wird sich der gleiche Vorwurf wiederholen.

Man darf die Zielrichtung dieser Einwände nicht apologetisch karikieren. Der Gegner rührt an echte Probleme; und die entrüstete Abruptheit der paulinischen Entgegnungen zeigt deutlich, daß es um keine sophistische Spiegelfechterei geht. In der Tat ist die Aporie vollkommen, die sich im Widerstreit zwischen der Bundestreue Gottes und dem Treubruch aller, zwischen seiner Gerechtigkeit und der Ungerechtigkeit jedes Menschen auftut.

---

[450]   Paulus argumentiert im Einklang mit der Theologie der frühen Targumisten, die die »Wahrheit« Gottes als letzten, durch keine Sünde und Unzulänglichkeit der Menschen zu Fall zu bringenden, ›transzendenten‹ Grund der göttlichen Gerechtigkeit herausgestellt ha-

ben; vgl. dazu Koch, Die drei Gerechtigkeiten 260–263.
[451]   So mit Recht Stuhlmacher, Gerechtigkeit Gottes 85; Käsemann 76f. Dagegen zu Unrecht Schlier 95f.

Unter der Prämisse des Gerichts nach den Werken muß auch für Paulus als jüdisch denkenden, christlichen Theologen zutiefst widersinnig sein, noch von Gottes Gerechtigkeit als seiner Heilsmacht zu reden. Und bliebe es bei dieser Situation zwischen Gott und Mensch, so wäre sie für beide in der Tat desolat; die Gerechtigkeit beider verkehrte sich in ihr Gegenteil, so daß statt der Entsprechung zwischen Gottes und der Menschen Bundestreue, zwischen Gerechtigkeit und Heil, eine Entsprechung stattfände zwischen einer jeglicher Heilswirklichkeit entleerten, auf sich selbst zurückgenommenen Gerechtigkeit Gottes und einem menschlichen Tun, das sich auf das Böse richtet, das als solches ›gut‹ für Gott allein wäre.

In dieser spezifisch jüdischen Fragestellung liegen Motive, die in unserer Gegenwart in veränderter Gestalt eine bemerkenswerte Wiedergeburt finden, für den gegenwärtigen christlichen Theologen von derselben Brisanz wie für Paulus damals. Repräsentativ dafür ist das Buch des Philosophen *Hans Blumenberg*: Die Legitimität der Neuzeit (Frankfurt 1966). Er sieht in der Apokalyptik den großartigen Versuch, das geschichtliche Scheitern der Heilserwartung durch die »Prophezeiung geschichtsjenseitiger Erfüllung« zu kompensieren, »um dadurch den Gott des Volkes und seiner Geschichte zu rechtfertigen« (28). Dieser Versuch sei dann im Christentum radikalisiert aufgenommen worden, wie Blumenberg vor allem im Blick auf Augustins Erbsündenlehre darlegt: Zwar verkündige das Christentum die bereits geschehene Erfüllung des Heils, aber so, daß sie den aussichtslos bösen Zustand irdischer Ungerechtigkeit voll dem Menschen als seine Sünde anlaste, die Heilserfüllung dagegen transzendent geschehe ad maiorem Dei gloriam, als Theodizee. Zwar habe Augustin entgegen der radikalen Entweltlichungstendenz der Gnosis die Weltordnung als solche durch Einführung des liberum arbitrium gerechtfertigt. Aber »der Preis für diese Rettung des Kosmos war nicht nur die Schuld, die der Mensch sich daran zumessen sollte, wie er die Welt vorfand, sondern auch die Resignation, die ihm seine Verantwortung für den Weltzustand auferlegte: der Verzicht darauf, eine Wirklichkeit durch Handeln zu seinen Gunsten zu verändern, deren Ungunst er sich selbst zuzuschreiben hatte« (89).

In diese Richtung zielt heute die Christentums-Kritik, soweit sie ernst zu nehmen ist, durchweg. Sie unterscheidet sich von der Argumentation des jüdischen Partners des Paulus in Röm 3 nur darin, daß positiv gefordert wird, was der Jude polemisch als paulinische Blasphemie bestreitet: Der Mensch habe das Problem der Theodizee als Rationalisierung seiner Flucht vor der Wirklichkeit zu durchschauen und könne seine ›Selbstbehauptung‹ nur finden, indem er sich entschlossen weigere, sich um der Rechtfertigung Gottes selbst willen zur Resignation des schuldigen Sünders verdammen zu lassen.

Wie kann Paulus diese letztlich atheistische Konsequenz seiner radikalen Anklage aller Menschen als Sünder bestreiten, wenn er doch die Voraussetzung seines jüdischen Partners, das heilsgeschichtliche Privileg Israels, als letzten Schutz vor der Unheilsfolge seiner Sünde, zunichte macht? Er kann dies nur aufgrund seiner Verkündigung der Rechtfertigung des Gottlosen durch die

Wirkung des Todes Christi, in dem Gottes Gerechtigkeit die Sünde aller aufgehoben hat.

Insofern steht die iustificatio impii hinter jedem μὴ γένοιτο und vor allem hinter der paradoxen These V 4, daß Gottes Gerechtigkeit sich darin als »wahr« erweist, daß jeder Mensch als Lügner entdeckt wird. Doch entzieht man sich der tiefen Aporie dieser These, wenn man in V 4 selbst bereits »das tiefste Motiv der Rechtfertigungslehre«[452], die »Schlüsselstellung für die gesamte paulinische Rechtfertigungslehre«[453] findet. Von der Rechtfertigung ist hier noch nicht die Rede; vielmehr wird »jeder Mensch« in letzter, eschatologischer Klarheit und Unwidersprechlichkeit als Sünder festgestellt, indem er als solcher Gottes Gerechtigkeit konfrontiert wird, die sich in ihrer »Wahrheit« durch den radikalen Gegensatz zur Lüge des Sünders erweist. »Der Weg zu ihr führt über das allen geltende Gericht Gottes, und seine Gerechtigkeit wird nicht anders offenbar denn als sein freies Gnadenhandeln ›ohne Gesetz‹ allein aus Glauben.«[454]

Wie Paulus den Juden dem Gericht Gottes zuspricht, das er als Sünder zu akzeptieren hat, so erfährt sich auch heute der Mensch in all seinem Impetus zur Weltveränderung vom Evangelium mit dem harten Widerspruch all seines Tuns zum wahren Guten konfrontiert, der nicht als verbleibende Differenz gegenwärtiger Unvollkommenheit angesichts des zu erwartenden Fortschritts
7 hinzunehmen, sondern als Gericht Gottes zu akzeptieren ist, das als Maßstab nur das vollkommene Gute kennt. Daß daraus keine Resignation resultiert, ist allein dem Evangelium der Rechtfertigung des Sünders zu danken.

d)   3,9–20 Juden wie Heiden schuldig vor Gott

Literatur: Blank, J., Warum sagt Paulus: ›Aus den Werken des Gesetzes wird niemand gerecht‹?, EEK. V 1 (1969) 79–107; *Ellis, E. E.*, Paul's Use of the Old Testament, 1957, 10–14; *Fitzmyer, J. A.*, The Use of explicit Old Testament Quotations in Qumran Literature and in the New Testament, NTS 7 (1960/61) 297–333; *Gyllenberg, R.*, Die paulinische Rechtfertigungslehre und das AT, StTh (R) I (1935) 35–52; *Lohmeyer, E.*, ›Gesetzeswerke‹, in: Probleme paulinischer Theologie, Stuttgart o.J., 31–74; *van der Minde, H. J.*, Schrift und Tradition bei Paulus, 1976 (Paderborner Theologische Studien 3) 54–58; *Wilckens, U.*, Was heißt bei Paulus: ›Aus Werken des Gesetzes wird kein Mensch gerecht‹?, in: Rechtfertigung als Freiheit 77–109.

9 Was also? Haben wir einen Vorzug? Durchaus nicht! Haben wir doch zuvor Anklage erhoben, daß Juden wie Griechen allesamt unter der Sünde sind, 10 wie geschrieben steht: »Nicht gibt es einen Gerechten, auch nicht einen einzigen. 11 Nicht gibt es den Einsichtigen. Nicht gibt es den, der Gott sucht. 12 Alle sind abgewichen, insgesamt un-

---

[452] Michel, 94.
[453] Käsemann, 76. Dagegen mit Recht Schlier 96.

[454] Bornkamm, Theologie als Teufelskunst 148.

brauchbar geworden. Nicht gibt es den, der rechtschaffen handelt, nicht gibt es ihn, auch nicht einen einzigen. 13 Ein geöffnetes Grab ist ihr Schlund. Mit ihren Zungen betrogen sie. Schlangengift ist unter ihren Lippen; 14 ihr Mund ist von Fluch und Bitternis voll. 15 Schnell sind ihre Füße, Blut zu vergießen. 16 Verwüstung und Elend (sind) auf ihren Wegen, 17 und den Weg des Friedens haben sie nicht erkannt. 18 Nicht gibt es Gottesfurcht vor ihren Augen. 19 Wir wissen aber: Was das Gesetz sagt, sagt es denen, die im (Geltungsbereich des) Gesetzes (sind), damit jeder Mund gestopft wird und dem Recht verfällt die gesamte Welt vor Gott. 20 Denn aufgrund von Gesetzeswerken wird kein Fleisch gerechtfertigt werden vor Ihm. Durch das Gesetz nämlich (kommt es nur zur) Erkenntnis der Sünde.

V 9 zieht die Konsequenz aus der Anklage in 2,17ff. Das Urteil wird VV 10–18 durch eine Zitaten-Komposition aus dem Psalter und einer Jesajastelle belegt und verdeutlicht. VV 19f betonen schließlich, daß dieses Urteil des Gesetzes dem Juden gilt und so die ganze Menschheit Gottes Recht verfällt. Rechtfertigung aus Gesetzeswerken gibt es faktisch nicht, das Gesetz hat nur die Funktion, die Sünde erkennen zu lassen. Analyse

In VV 10–18 sind die verschiedensten Zitate zu einem wohlgefügten Ganzen verknüpft. Das ist kaum das Werk des Paulus im Augenblick des Diktierens, sondern ein vorgegebenes Traditionsstück exhomologetischen Charakters aus wohl liturgischem Gebrauch[455]. Solche Zitaten-Katenen sind auch in der Qumranüberlieferung bezeugt[456]. Der Wortlaut entspricht weitgehend LXX, zum Teil ist er ad hoc verändert[457].

VV 10–12 entspricht ψ 13,1–3. Jedoch ist ψ 13,1a οὐκ ἔστιν ποιῶν χρηστότητα, οὐκ ἔστιν ἕως ἑνός bei Paulus V 10b zu οὐκ ἔστιν δίκαιος οὐδὲ εἷς zusammengezogen. Da V 12b.c mit ψ 13,3b wörtlich übereinstimmt, ist der LXX-Text in V 10b zweifellos verändert worden, möglicherweise von Paulus selbst, der von seinem Kontext her das Wort δίκαιος eingesetzt und V 10b so zur Überschrift gemacht hat[458]. ψ 13,2a κύριος ἐκ τοῦ οὐρανοῦ διέκυψεν ἐπὶ τοὺς τῶν ἀνθρώπων τοῦ ἰδεῖν εἰ ist ausgelassen, was auf die Vorlage des Paulus zurückgehen dürfte. So ergibt sich nämlich, zumal wo ψ 13,2b εἰ ἔστιν συνίων ἢ ἐκζητῶν τὸν θεόν in V 11a.b in zwei Sätze auseinandergelegt ist, eine rhetorisch wirksame Reihe von drei parallelen οὐκ ἔστιν-Sätzen, die sich in V 12b.c, wörtlich mit ψ 13,3b übereinstimmend fortsetzt. Man sieht also, wie zu liturgischem Zweck der Anfang des Zitats nach dem Muster von ψ 13,3b stilistisch umgeformt worden ist.

---

[455] Dafür spricht auch die Parallele bei Just Dial. 27,3; vgl. dazu Vielhauer, Paulus und das AT 39 Anm. 28. Zum Problem als ganzem vgl. Michel, Paulus und seine Bibel; Ellis, Paul's Use of the OT; Chadwick, Art. Florilegium in RAC VII 1131–1160; Luz, Geschichtsverständnis 95–99 (ebd. 41 Anm. 2 Literatur), zu Röm 3,10ff ebd. 98; van der Minde, Schrift und Tradition 54–58, sowie die meisten Kommentare.

[456] Vgl. 4Q Test (mit unkommentierten Stellen), dazu vgl. Fitzmyer, J. A., 4Q-Testimonia and the NT, 18 (1957) 513–537; 4Q Flor (mit kommentierten Stellen).

[457] Zum einzelnen vgl. Kuss 106–108.

[458] So van der Minde, Schrift und Tradition 56.

V 13a.b entspricht wörtlich ψ 13,5c.d; ebenso V 13c ψ 139,4b. V 14 liegt ψ 9,28 zugrunde. Doch ist οὗ in ὧν geändert, ἀρᾶς καὶ πικρίας zusammengezogen und das Verbum an den Schluß gestellt; so ordnet sich das Zitat stilistisch in den Kontext der Vorlage ein.

VV 15–17 liegt Jes 59,7f zugrunde. Doch ist der LXX-Text verkürzt und zum Teil im Wortlaut verändert worden.

V 18 entspricht wörtlich ψ 35,2; jedoch ist – wie in V 14 – αὐτοῦ LXX kontext-gemäß durch αὐτῶν ersetzt.

Der Skopos zeigt sich in dem οὐκ ἔστιν, das sich durch die ganze Reihe hindurchzieht (VV 10.11.12.18). Das Stück ist deutlich gegliedert: VV 10–12 sprechen in kurzen Sätzen das Fehlen von Gerechten aus; VV 13–17 beschreiben die Frevelhaftigkeit; V 18 faßt zusammen[459].

Erklärung 9 τί οὖν nimmt τί οὖν 3,1 auf. Der westliche Text liest τί οὖν προκατέχομεν περισσόν und läßt οὐ πάντως aus[460], wodurch die Anknüpfung an 3,1 verdeutlicht wird. Alt und breit bezeugt ist jedoch die Lesart προεχόμεθα; οὐ πάντως. Sie ist sicher ursprünglich, da sie als lectio difficilis in der westlichen Lesart deutlich korrigiert wurde[461]. προέχεσθαι Medium ist nur in der Bedeutung »zum Schutz vorhalten« (so aethHen 99,3), »vorschützen« bezeugt[462], die hier aber ebensowenig paßt wie eine passive Auffassung[463]. Alle Kommentare nehmen darum eine dem Aktiv entsprechende Bedeutung an: »einen Vorzug haben« (Vg: »Praecellimus eos?«). Die westliche Korrektur zielt also in die richtige Richtung. Nicht eindeutig ist die Antwort οὐ πάντως. Will sie differenzieren: »nicht so schlechthin«? Dann wäre von VV 1–3 her gemeint, daß zwar ein Vorzug im Sinne von 2,17ff ausscheidet, der Vorzug durch Gottes Erwählung nach 3,1ff aber unangetastet bleibt[464]. Näher liegt aber eine Auffassung als verstärkte Negation (vgl. 1Kor 5,10): »keinesfalls« (anders πάντως οὐκ 1Kor 16,12!)[465]. Denn V 9b nimmt ja mit γάρ die Anklage von 2,17ff auf und faßt sie zu dem Urteil zusammen: »Alle, Juden wie Griechen, sind unter der Sünde.« Das heilsgeschichtlich differenzierende πρῶτον (2,9; 1,16) fehlt. Durchweg spricht Paulus von ἡ ἁμαρτία im Singular; der Plural findet sich nur in traditionellem Kontext (4,7ff; 11,27; 1Kor 15,3 und danach V 17; Gal 1,4; 1Th 2,16). Paulus sieht die Sünde – nahezu personifiziert[466] – als Macht an,

---

[459] Michel 99f, will drei Strophen erkennen, die erste (VV 10–12) mit 2mal 3 Zeilen, die zweite und dritte (VV 13f.15–18) mit 2mal 2 Zeilen. Die Gliederung scheitert aber an V 18, der nicht mit V 17 zusammengehört – καί zeigt vielmehr die Verbindung mit dem Voranstehenden –, sondern zusammenfassender Schlußsatz ist.

[460] Ähnlich eine von einigen Vätern bezeugte Lesart: κατέχομεν.

[461] Vgl. dazu Lietzmann 47; zuletzt Cranfield 187f.189.

[462] Vgl. Liddell-Scott 1479; Maurer,

ThWNT VI 692; Pr-Bauer 1399f.

[463] Erwogen von Maurer ebd. 693.

[464] So nach Lietzmann 47; Michel 98f; Dodd 47 u. a. zuletzt Käsemann 80. Cranfield 190; Schlier 98.

[465] So fassen auf Pr-Bauer 1109; Althaus; Schlatter 123; Nygren 107 sowie die von Käsemann, a.a.O. Genannten. – Vgl. z. B. Theognis 305; Epict Ench 1,5 (bei Cranfield 189).

[466] Mythologischen Hintergrund anzunehmen ist jedoch verfehlt; gegen Dibelius, Geisterwelt 122f.

unter deren Herrschaft der Sünder steht (vgl. Gal 3,22 ὑπὲϱ ἁμαϱτίαν; Röm 5,20f; 6,12.14 Herrschaft; 6,6.16f vgl. 23 Dienst). Dies wird einerseits vom Tat-Ergehen-Zusammenhang[467] aus verständlich, sofern die böse Tat als wirksame Machtsphäre vorgestellt wird, die auf den Täter zurückschlägt und sein Geschick bestimmt. Andererseits ergibt sich das Verständnis der Sünde als Macht aus der spezifisch paulinischen These der Universalität der Sünde. Haben alle Menschen gesündigt, so wird der Kosmos insgesamt von »der« Sünde als Kollektiv-Phänomen beherrscht, die sich in allen Taten der einzelnen Sünder auswirkt, aber alles einzelne Tun übergreift und eine Größe kosmischen Ausmaßes wird.

Zur Begründung und Verdeutlichung dieser These läßt Paulus nun die Schrift   **10–18** sprechen, die in ihrer Autorität unwidersprechlich ist. Die Einführung καϑὼς γέγϱαπται zeigt, daß er die Zitaten-Katene vollauf als »Schrift«zeugnis nimmt; wie durchweg im Judentum kommt es auf den Wortlaut als solchen, nicht auf den Kontext der einzelnen Stellen an[468]. VV 10–12 stellen anklagend-schroff in kurzen parallelen Sätzen fest, daß es keinen Gerechten gibt, alle bundbrüchig geworden sind (vgl. V 4!). πάντες ἐξέκλιναν V 12 steht in der Mitte der οὐκ ἔστιν-Sätze und nimmt πάντας ὑφ' ἁμαϱτίαν V 9 auf. VV 13–17 beschreiben diese Tatsache, indem vor allem das Wort als Medium der Sünde (V 13) und sodann ihr Mordcharakter, ihre verheerende soziale Wirkung hervortritt (VV 14–16), die dem Weg des Friedens widerstreitet (V 17), von dem die Sünder abgewichen sind (V 12). V 18 faßt zusammen: »Gottesfurcht«, Inbegriff gerechten Wandels, gibt es bei ihnen nicht (vgl. aethHen 42).

Worauf es Paulus ankommt, ist, daß diese Anklage der Schrift (V 10), des Ge-   **19** setzes[469], nicht nur den Heiden gilt, sondern den Juden, die im Geltungsbereich der ihnen gegebenen Tora (2,12) leben. Was die Tora hier sagt, zielt darauf[470], daß den Juden, die wie die Heiden zu Frevlern geworden sind, ihr καυχᾶσϑαι (2,17ff vgl. 3,27) vergeht und so die gesamte Welt, Juden wie Heiden (V 9), dem göttlichen Recht des Zorngerichts verfallen. Und das gilt gerade   **20** auch im Blick auf die Gabe des Gesetzes: »Aufgrund von Gesetzeswerken«, das heißt aufgrund der Erfüllung der elementaren Gebote der Tora[471], wird »kein Fleisch« – keiner der auf Erden Lebenden – vor Gottes Gericht als Gerechter erkannt werden. Paulus zitiert ψ 142,3[472], fügt jedoch die entscheidende Be-

---

[467] Dazu vgl. oben S. 127–131.

[468] Dazu vgl. Bonsirven, J., Exégèse rabbinique et exégèse Paulinienne, Paris 1938, 334–338.

[469] Zu νόμος als Bezeichnung der ganzen Schrift vgl. 1Kor 14,21 sowie die rabbinischen Belege bei Bill. II 542; III 159.

[470] ὅπως ist final, nicht konsekutiv aufzufassen, gegen Lietzmann 48; Schlier 99.

[471] Zu ἔϱγα νόμου vgl. sBar 57,2 wo »opera praeceptorum« – parallel mit »lex« – dem paulinischen Ausdruck sehr nahekommt und zu-

gleich auf den rabbinisch geläufigen Begriff מצות (gelegentlich dafür auch מעשים) verweist; vgl. ebd. 48,38. Gemeint sind also die Werke, die die Tora in ihren Geboten zu tun anweist, unterschieden von den »guten Werken«, vgl. Bill. III 160–162; Lohmeyer, Gesetzeswerke in: Probleme paulinischer Theologie 31–74; Bertram, ThWNT II 642–644.

[472] πᾶσα σάϱξ statt πᾶς ζῶν ist sachlich ohne Belang; vgl. Sand, A., Der Begriff ›Fleisch‹ in den paulinischen Hauptbriefen, Regensburg 1967, 150.

stimmung ἐξ ἔργων νόμου selbst hinzu und stellt sie mit unter die Autorität des Schriftwortes.

Was besagt der Satz? Da er im selben Wortlaut Gal 2,16 steht, hat Paulus ihn Röm 3,20 nicht ad hoc formuliert. Das zeigt auch die Einführung mit εἰδότες Gal 2,16, die οἴδαμεν Röm 3,19 entspricht und die These als dem Adressaten bekannten Lehrsatz markiert. Jüdische Herkunft ist allerdings ausgeschlossen. Zwar finden sich Aussagen wie ψ 142,3 mehrfach in exhomologetischem Kontext, doch mit Ausnahme der Qumrantheologie hat das Bekenntnis universaler menschlicher Ungerechtigkeit durchweg die Funktion eines Kontrastmotivs, mit dem der Fromme sich in Erwartung seiner Rechtfertigung als Gerechter an Gott wendet[473]. Darum ist die paulinische Hinzufügung ἐξ ἔργων νόμου im Judentum schlechthin unmöglich; denn das Gesetz gilt elementar als Heilsgarant und die Erfüllung seiner Gebote selbstverständlich als Voraussetzung der Rechtfertigung. Die paulinische Version der exhomologetischen Tradition ist also eine Kampfthese, die sich gegen die Grundlage jüdischer Rechtfertigungslehre richtet. In dieser Funktion kann sie nur von Paulus selbst gebildet sein. Die Einführung mit οἴδαμεν ist dann verständlich als Bezugnahme auf exhomologetisch-liturgische Überlieferung, die dem Adressaten als solche bekannt war. Daß der bekannte Wortlaut aber die jüdische Rechtfertigungslehre zerbricht, ist neu und in urchristlichem Überlieferungsbereich ohne Beispiel[474].

In welchem Sinn aber ist die polemische Negation gemeint? Nach dem Voranstehenden ist völlig deutlich, daß deswegen kein Mensch aus Gesetzeswerken gerechtfertigt wird, weil alle schuldig vor Gott sind (V 19), weil es keinen Ge-

---

[473] Vgl. aethHen 81,5: »Verkündige alles deinem Sohn Methusalem und zeige allen deinen Kindern, daß kein Fleisch vor dem Herrn gerecht ist, denn er ist ihr Schöpfer« (vgl. Jjob 4,17). Der Kontext zeigt deutlich, daß der Satz nicht generellen Sinn hat wie bei Paulus, sondern mit dem unendlichen Abstand des Menschen gegenüber dem allein gerechten Gott die Voraussetzung markiert, unter der der Makarismus über die Gerechten im Unterschied zu den Frevlern (ebd. V 7f; 82,4) allein aussprechbar ist; vgl. dazu Rau, Kosmologie, a.a.O. (Anm. 148) 424f (»Kontrastmotiv«). Die soteriologische Problematik wird bewußt in 4Esr; vgl. 7,46, wo es nach der Ankündigung des Gerichts nach den Werken (VV 33–44) als Antwort auf den Makarismus über die Gerechten (V 45) heißt: »Wer ist unter den Lebenden, der nicht gesündigt? wer unter den Weibgeborenen, der nicht deinen Bund gebrochen?« Vor allem 8,35f: »Denn in Wahrheit, niemand ist der Weibgeborenen, der nicht gesündigt, niemand der Lebenden, der nicht gefehlt. Denn dadurch wird deine Gerechtigkeit und Güte, Herr, offenbar, daß du dich derer erbarmst, die keinen Schatz an guten Werken haben.« (Vgl.

dazu jedoch die schroffe Antwort des Engels ebd. 38f s. o. S. 152!) In der Qumranüberlieferung finden sich solche exhomologetischen Aussagen vielfach; vgl. besonders 1QH 9,14f »Niemand ist gerecht in deinem Gericht und niemand unschuldig in deinem Prozeß.« Die relativen Unterschiede in der Gerechtigkeit unter den Menschen gelten eben nichts, gemessen an der Schöpferkraft Gottes (ebd. 15–17). 12,31f: »Nichts ist zu erwidern auf deine Zurechtweisung; denn du bist im Recht und niemand besteht vor dir. Und was ist er denn? Er kehrt zu seinem Staub zurück« (vgl. das Motiv des Verstummens vor Gott ebd. 32–35), ferner 4,29–31; 7,16–18. Auch hier ist die Funktion als Kontrastmotiv deutlich; doch die Gegenaussage bringt hier die iustificatio impii zur Geltung – ein unicum im jüdischen Überlieferungszusammenhang! – Vgl. auch die rabbinischen Belege bei Bill. III 156f.

[474] Die Gesetzeskritik der ›Hellenisten‹ hat sich wahrscheinlich auf die Abrogation des Kultgesetzes bezogen (Apg 6,13), die bei Paulus keine Rolle spielt, dagegen im Hebräerbrief reflektiert ausgearbeitet worden ist.

rechten gibt (VV 10–12), weil alle gesündigt haben und »unter der Sünde sind« (V 9), die Juden ἐν νόμῳ genauso wie die Heiden ἄνομως (2,12). Ungerechte aber, deren Ungerechtigkeit in ihren Taten manifest und wirksam ist, können nicht dadurch gerecht werden, daß sie Gebotserfüllungen als Ersatzleistung erbringen, durch die die Sünde etwa aufgehoben würde. Dazu hat das Gesetz »keine Kraft« (vgl. 8,3). Nur zur Rechtfertigung von Gerechten (2,13), nicht aber von Sündern ist es da. Wo alle gesündigt haben, kann seine Funktion nur die sein, sie die Sünde erkennen[475], sie als Sünde erscheinen zu lassen (7,13).

Der gleiche Sinn des Satzes in Gal 2,16 erhellt aus dem Kontext. Paulus hält dem jüdisch argumentierenden Petrus entgegen, daß der traditionelle Unterschied zwischen den geborenen Juden als Gerechten und den »Sündern aus den Heiden« (V 15) bei der Bekehrung zum Glauben an Christus (V 16) hingefallen ist; denn in dem Bestreben, in Christus gerecht zu werden, sind auch wir Juden selbst als Sünder erfunden worden (V 17). καὶ αὐτοί nimmt καὶ ἡμεῖς V 16 auf, das von V 15 her als ἡμεῖς φύσει Ἰουδαῖοι bestimmt ist. Auch die Judenchristen also haben wie die Heidenchristen die iustificatio impii erfahren. In diesem Kontext besagt V 16, daß die den Adressaten vertraute exhomologetische Aussage οὐ δικαιωθήσεται πᾶσα σάρξ radikalen Sinn hat: Sünder werden nicht gerecht, und zwar nicht ἐξ ἔργων νόμου, weil Rechtfertigung der Sünder nicht aufgrund von Gebotserfüllung möglich ist, sondern allein aufgrund des Glaubens an Christus als den »Sohn Gottes, der mich geliebt und sich selbst für mich hingegeben hat« (V 20). Paulus führt seine These dann Gal 3,10–13 aus. ὅσοι ἐξ ἔργων νόμου εἰσίν – eine Kurzform für: »alle, die ihre Gerechtigkeit auf Gebotserfüllungen gründen, die aufgrund von Gesetzeswerken gerecht zu sein meinen« – stehen »unter dem Fluch«. ὑπὸ κατάραν entspricht ὑπὸ ἁμαρτίαν 3,22; Röm 3,9. Nicht das Gesetz selbst ist Fluch, sondern es verflucht nach Dtn 27,26 den Sünder, der »nicht bleibt in allem, was geschrieben steht im Buch des Gesetzes, es zu tun« (V 10b). Weil so »durch das Gesetz niemand gerechtfertigt wird bei Gott«, eben da alle Sünder sind, wie nach 2,15–17 klar ist, darum ist »offensichtlich«, daß nach Hab 2,4 allein der aus Glauben Gerechte leben wird; denn das Gesetz spricht ja nur solchen das Leben zu, die sich im Tun seiner Gebote als Gerechte erwiesen haben. Es hat seine Geltung und Kraft zur Rechtfertigung nicht »aus Glauben«, sondern »aus Werken«, wie aus Lev 18,5 hervorgeht, welche Stelle die positive Entsprechung zu dem Fluch über den Gesetzesübertreter V 10 darstellt[476].

---

[475] Zu ἐπίγνωσις im Sinne praktisch-relevanten Gewahrwerdens, das zur Anerkennung eines Sachverhaltes führt, vgl. Bultmann, ThWNT I 706f. Die oft zitierte Sentenz Epikurs: ἀρχὴ σωτηρίας γνῶσις ἁμαρτήματος, die Seneca ep mor. 28 psychologisierend aufgenommen hat, ist zweifellos nicht der Ursprung des paulinischen Satzes, gegen Pallis 65.

[476] Berger, Abraham, a.a.O. (Anm. 416) 51f, sieht zwar völlig richtig, daß nach Gal 3,10 das Gesetz »nicht aus sich Fluch hervor»bringt, ... »sondern nur seine Nichterfüllung«, meint aber, dies »genüge für Paulus noch nicht«, und will so nach dem Vorgang anderer in VV 11f die Möglichkeit ausgeschlossen sehen, »daß jemand durch die Erfüllung des Gesetzes überhaupt gerecht werden kann ... Während in V 10 nur negativ argumentiert wurde: Wer das Gesetz nicht tut, ist verflucht, – wird hier positiv gezeigt, daß auch, wer das Gesetz tut, nicht bis zur Gerechtigkeit gelangt: Der Gerechte lebt aus Glauben.« Er übersieht, daß das Zitat V 12 mit dem in V 10 sachlich übereinstimmt, V 12 also nicht die Forderung des Gesetzes, es zu tun, bestreitet, sondern nach V 10 positiv festhält, daß das Gesetz nur für den zuständig ist, der es tut und also »bleibt in allem, was geschrieben ist« (V 10). Wie V 12 sich auf V 10 zurückbezieht, so führt V 13 den Sinn von V 11 aus: ἐκ πίστεως, weil der Glaubende sich auf das Sühnegeschehen des Kreu-

»Aus Glauben« aber, das heißt: aufgrund des Glaubens an Christus (2,16), der am Kreuz zum Verfluchten im Sinne von Dtn 21,23 wurde und den Fluch, den das Gesetz über die Sünder ausspricht, an unserer, der Sünder Statt, an sich selbst zum Auftrag kommen ließ, so daß wir, die Sünder und eigentlich Verfluchten, von diesem Fluch befreit worden sind (V 13, vgl. 2Kor 5,21).

Aus beiden Stellen geht also hervor, daß Gesetzeswerke deswegen zur Rechtfertigung nichts taugen, weil alle Menschen ausnahmslos Sünder sind, Rechtfertigung von Sündern aber nicht Sache des Gesetzes ist. Diese Interpretation widerspricht der auf evangelischer wie katholischer Seite gegenwärtig verbreiteten, nach der der Sinn des Satzes Röm 3,20; Gal 2,16 ein ganz anderer sein soll: Nicht nur der Übertreter, sondern vor allem auch der Täter des Gesetzes, der Fromme, könne aus Gesetzeswerken nicht gerecht werden, weil schon die Absicht, aufgrund eigener Leistungen die Rechtfertigung von Gott gleichsam einklagen zu können, selbst zutiefst sündig sei, den »Gesetzeswerken« also immer und grundsätzlich ein egozentrisches Streben nach »eigener Gerechtigkeit« innewohne, die eo ipso der Gerechtigkeit Gottes widerstreite (Röm 10,3). So solle durch die paulinische Antithese gerade der Fromme getroffen werden, dessen gesamte, am Gesetz und seinen Geboten orientierte Grundintention die eigentliche, die Wurzelsünde sei, zu deren praktischer Auswertung im Selbstruhm das Gesetz selbst den Menschen provoziere (5,20; 7,11; Gal 3,19). Gerechtigkeit aber sei wesenhaft nicht durch menschliches Tun zu erwerben, sondern nur durch das Geschenk der göttlichen Gnade, im Glauben ›mere passive‹ zu empfangen. Der Glaube sei so eine der am Werk orientierten frommen Selbstsucht radikal entgegengesetzte Grundhaltung. Paulus gehe also mit seiner These 3,20 zum Schluß des Abschnittes über die zunächst immanent-jüdisch vorgetragene Anklage gegen den Juden als Tatsünder in 2,17ff hinaus und konfrontiere ihn mit der grundsätzlichen Unmöglichkeit einer Rechtfertigung aus Werken des Gesetzes[477].

Doch diese Interpretation ist vorbestimmt durch die Thematik der jahrhundertelangen Auseinandersetzungen um die reformatorische Rechtfertigungslehre[478], die sich ganz an der innerkirchlichen Situation des Christen orientierte und deren eigentliches Interesse die richtige, ›evangelische‹ Korrelation zwi-

---

zes gründet, durch das der Fluch des Gesetzes über die Sünder aufgehoben ist. Im übrigen ist in V 10 der erste ὅτι-Satz kausal, der zweite deklarativ, abhängig von δῆλον, aufzufassen, nicht umgekehrt, wie zuletzt wieder bei Mussner, F., Der Galaterbrief (HThK IX), 228; richtig Bl-Debr § 127,2; Luz, Geschichtsverständnis 150 Anm. 59 unter Hinweis auf Hanse, H., ΔΗΛΟΝ (zu Gal 3,11), ZNW 34 (1935) 299–303.

[477] Vgl. außer den oben Anm. 367–369 Genannten u. a. Michel, 101f; Bornkamm, Theologie als Teufelskunst 147; Schlier, H., Der Brief an die Galater, 1971 (KEK VII), 92–94. 134f (dagegen mit Recht v. Dülmen, Theologie

des Gesetzes 32 Anm. 59); Klein, Individualgeschichte 151; Kertelge, Rechtfertigung 71.195f; Luz, Geschichtsverständnis 149–151; Mussner, Der Galaterbrief, a.a.O. (Anm. 476) 230f; Käsemann 83; Schlier 101.

[478] Vgl. die beiläufigen Bemerkungen von Schelkle, Paulus 160, im Blick auf die Väterexegese zu Röm 3,20, »daß wir, die wir durch die Kämpfe um die Reformation feinhörig geworden sind, uns wundern, ja vielleicht daran manchmal fast ärgern möchten«. Die Väter nämlich, wo sie nicht unter νόμος das Zeremonialgesetz verstanden (ebd. 105f), haben den Sinn der paulinischen Texte naiv-klar erfaßt: Paulus spricht von faktischen Verfehlun-

schen christlichem Gottesverhältnis und christlicher Praxis war. So konnte der junge Luther zusammenfassend formulieren: »Non enim iusta operando iusti efficimur, sed iusti essendo iusta operamur. Ergo sola gratia iustificat.«[479] So sehr dies dem Ansatz paulinischer Ethik entspricht (Röm 8,1ff), so deutlich ist, daß dies die Problemstellung des Paulus im Gegenüber zur jüdischen Rechtfertigungslehre nicht trifft. Dem jüdischen Partner geht es darum, über das Prinzip der Rechtfertigung ἐξ ἔργων νόμου hinaus die eigene Gerechtigkeit in dem heilsgeschichtlichen Privileg der Erwählten Gottes begründet und garantiert zu wissen. Demgegenüber macht Paulus die Werke zum ausschließlichen Maßstab der Rechtfertigung des Gerechten (2,13), an dem die Juden insgesamt wie die Heiden scheitern. Und eben dahin will Paulus seinen Partner führen: zur Erkenntnis und Anerkenntnis seiner Sünde als Realgrund seiner einzig zu erwartenden κατάκρισις. Es liegt an seinen Werken, daß auch der Jude »aus Gesetzeswerken nicht als gerecht erkannt werden wird«.

Exegetisch ist jene andere Interpretation ausgeschlossen durch folgende Beobachtungen:

1. Was den engeren Kontext angeht, so zeigt der Begründungssatz V 20b, daß die Sünde der Grund für das negative Urteil V 20a ist. ἁμαρτία aber ist nach VV 10–18 als zusammenfassender Begriff für Tatsünden, Übertretungen zu verstehen; diese als solche im Sinne von V 19 erkennen zu lassen ist rebus sic stantibus die einzige Funktion des Gesetzes, das Werke fordert, die getan werden sollen (vgl. 2,12f) und darum jeden als Sünder verurteilt, der sie nicht tut (vgl. 2,23f.25). Daß dagegen faktische Gesetzeserfüllung die Sünde sei, die durch das Gesetz erkannt wird, ist nicht nur nirgendwo im Kontext angedeutet, sondern durch dessen durchgehenden Skopos ausgeschlossen. Das καυχᾶσθαι des Juden 2,17ff betrifft sein heilsgeschichtliches Privileg, nicht sein egoistisches Ziel einer durch eigene Leistung vor Gott erworbene Gerechtigkeit. Man hat zu beachten, daß es gerade Paulus ist, der auf die Werke als einziges Kriterium einer Rechtfertigung des Gerechten insistiert, während der Partner demgegenüber durchweg seine heilsgeschichtlichen Privilegien ins Feld führt (2,12–29; 3,1ff), die Paulus ihm bestreitet.

2. Daß auch die Parallelstellen im Galaterbrief (2,16 im Kontext 2,15–17 und 3,10–13) genauso zu interpretieren sind, ist oben gezeigt worden. Hinzuzufügen ist, daß Gal 3,19 τῶν παραβάσεων χάριν nicht heißen kann: »um die Übertretungen zu provozieren«, sondern heißen muß: »wegen der Übertretungen«, nämlich weil die Übertretungen da waren und damit sie als solche festgestellt und zur Erkenntnis gebracht werden (vgl. Röm 3,20 und 7,13). Denn das Gesetz vermag Übertretern nicht Leben zu schaffen (3,21b); so hat die Schrift alle unter die Sünde eingeschlossen (3,23) mit dem heilsgeschichtlichen Ziel, an den an Christus Glaubenden die Verheißung zu verwirklichen (3,22). Dieser Verheißung als solcher widerstreitet das Gesetz aber keines-

---

gen, die eine Rechtfertigung aus Gesetzeswerken ausschließen. So jetzt auch Cranfield 199 Anm. 1 gegen Bultmann.

[479] Röm 224.

wegs, obwohl es faktisch die Sünder an ihrer Erlangung durch ἔργα νόμου hindert (3,21a).

3.   Der Gegensatz zwischen θεοῦ und ἰδία δικαιοσύνη Röm 10,3; Phil 3,9 darf in den Kontext von Röm 3 nicht eingetragen werden. Beide Stellen beziehen sich auf die Reaktion des gegenwärtigen Judentums auf das Evangelium, von dem Paulus Röm 2f noch ganz absieht. Deswegen kommt diesem Abschnitt aber nicht lediglich propädeutische Funktion zu. Die Anklage aller Menschen als Sünder aufgrund ihrer Werke bleibt vielmehr der Boden, auf dem allein die Verkündigung der Glaubensgerechtigkeit in ihrer Bedeutung verstanden werden kann.

Von daher läßt sich nun aber auch das sachliche Verhältnis zwischen 3,20 als der Summe der Anklage einerseits und 10,3; Phil 3,9 andererseits vorgreifend kurz klären. Nach Phil 3 hat Paulus als Verfolger der Kirche seine »eigene« Gerechtigkeit im Gegensatz zu der »aus Gott« gesucht, die ihm in der πίστις der Christen gegenüberstand. In seinem Eifer für das Gesetz entschied er sich gegen die δικαιοσύνη πίστεως und für die δικαιοσύνη ἐκ νόμου, also dafür, weiterhin ἐξ ἔργων νόμου und nicht ἐκ πίστεως Χριστοῦ gerechtfertigt zu werden. Seine »Tadellosigkeit« ἐν νόμῳ erwies sich in seinem Verfolgungseifer (V 6), der aber, weil gegen Christus – und d. h.: gegen Gott – gerichtet, in Wahrheit Sünde war. Dieser Widerspruch enthüllte sich ihm bei seiner Bekehrung (VV 7ff), weshalb er den bisherigen »Gewinn« nun auf die »Verlust«seite umgebucht hat. In diesem Zusammenhang ist ἰδία δικαιοσύνη eine polemische Bildung, die sBar 48,38 entspricht; nur daß es dort die Abtrünnigen sind, die »dahingingen, ein jeder in operibus suis und des Gesetzes des Allmächtigen nicht gedachten«, während Paulus gerade seine früher im Namen der Gesetzesgerechtigkeit gefällte Entscheidung zum Kampf gegen die blasphemische Verführungsmacht des Evangeliums, von der Glaubensgerechtigkeit aus urteilend, umgekehrt als Entscheidung eines Abtrünnigen brandmarkt, der gegen Gott seinen eigenen Weg sucht. Genauso ist auch Röm 10,3 im Kontext von 9,30ff gemeint. Auch hier besteht die ἰδία δικαιοσύνη in aktivem ζῆλος für das Gesetz und gegen das Evangelium. Da aber das Evangelium die Gerechtigkeit Gottes verkündigt, war der Eifer des um die Gesetzesgerechtigkeit besorgten Juden Paulus faktisch gegen Gott gerichtet, eigenmächtig-blasphemisches Streben nach »eigener Gerechtigkeit«. Was schließlich den Gedanken der »Mehrung« der Sünde durch das Gesetz (5,20) und der »Bewirkung« von Begierden durch das Gebot (7,8–11) angeht, so kann hier nur vorweg thetisch gesagt werden, daß die »Mehrung« der Sünde durch das Gesetz darin besteht, daß das Gesetz die endzeitliche Unheilsfolge der Sünde erkennen läßt und das κατεργάζεσθαι der Begierden keine direkte, sondern eine indirekte Wirkung meint, sofern die Sünde als solche schon da ist, doch durch das Verbot des Begehrens als Sünde entlarvt und *dadurch* aktiviert wird. Beide Stellen sollen keineswegs den Willen, das Gesetz zu erfüllen, als eigentliche Sünde brandmarken – 7,7ff soll gerade diesen Gedanken abwehren!

Zusammen-   Nochmals wird aus diesem Schlußstück der großen Anklage zunächst deutlich,
fassung   wie radikal und unerbittlich das konkrete Tun, das ›Werk‹, das Kriterium dessen ist, wer und was der Mensch vor Gott ist; und dies für Juden ganz ebenso wie für Heiden. Daß alle Menschen Sünder und der Sünde als dem Herrn der Welt unterworfen sind, ist nicht ein Urteil, das von jenseits irdischer Wirklich-

keit her an diese herangetragen wäre, sondern das Ergebnis eines radikalen Ernstnehmens faktischen menschlichen Tuns, für dessen tiefen Widerspruch zum Guten, zu dem hin der Mensch geschaffen ist, es eben keinerlei den Menschen entlastende Faktoren von jenseits der realen Faktizität zu benennen gibt. Ebensowenig wie Gründe der heilsgeschichtlichen Tradition, auf die damals der Jude sich berief, um der ihn beschämenden und zutiefst verunsichernden κατάκρισις zu entgehen, taugen Argumente, wie sie dem modernen, christlich-religiöser Tradition entfremdeten Menschen zur Abwehr des paulinischen Urteils näherliegen mögen: sei es die idealistische Unterscheidung von Idee und Wirklichkeit oder diejenige von naturhaft-widerständigen ›Verhältnissen‹, ›Strukturen‹, und der menschlichen Kraft, sie zu verändern; sei es die Idee eines nur schrittweise voranschreitenden Fortschritts oder die einer mit materialistischer Notwendigkeit voranschreitenden Geschichte, der man – entsprechend der jüdischen Endzeit-Erwartung – die volle Realisierung des Guten zuschreiben und im Blick auf die man das gegenwärtige Böse als notwendige Hürde der Geschichte erklären zu können meint. Paulus belastet aber die reale Tat-Wirklichkeit mit dem vollen Anspruch des Guten, das er nicht als Ideal oberhalb menschlicher Faktizität, sondern als mit der Schöpfung selbst mitgesetzten Anspruch begreift. Darum entscheidet das faktische Tun jetzt und hier über das, was der Mensch ist.

Paulus setzt dabei selbstverständlich voraus, daß der Mensch das Gute tun und darin das Gesetz erfüllen kann. Für ihn wie für jeden Juden seiner Zeit wäre es undenkbar, Gott habe ein Gesetz gegeben, das für Menschen unerfüllbar sei. Die positiven Beispiele heidnischer Gesetzeserfüllung 2,14f.26f zeigen das ebenso deutlich wie das durchgehende Verständnis der Sünde als Tatsünde. Aber im Unterschied zum Judentum sieht Paulus die gesamte Menschheit »unter der Sünde«. Gerade der ganz ›unideologische‹ Blick auf das faktische Tun zeigt ihm dieses Bild, das in der Zitatenkette VV 10ff ebenso allgemein wie konkret vor Augen tritt. Nicht unerfüllbar, aber unerfüllt ist das Gesetz. Darum ist seine faktische Funktion allein die des Spiegels, in dem der Mensch aufgrund seiner Taten sich selbst als Sünder erkennt.

Diese Radikalität des Urteils wäre nun freilich schwerlich möglich, wenn Paulus darin nicht faktisch die Erfahrung und das Wissen der iustificatio impiorum voraussetzte. Zwar spricht er im Kontext von 1,18–3,20 nirgendwo von der Rechtfertigung des Sünders, sondern läßt die Anklage in ihrer ganzen Schärfe zu Wort kommen, ohne daß der Aspekt für den Sünder ein anderer wäre als der seiner sicheren Verurteilung im bevorstehenden Gericht Gottes. Paulus zielt darauf, die gegenwärtige Situation der ganzen Welt als definitiv ὑφ' ἁμαρτίαν (3,9) »offenbar zu machen« (1,18), so daß dem Menschen – jedem, Juden wie Heiden – eine Entgegnung, sei es des »Rühmens«, sei es der Entschuldigung, gleichsam im Halse steckenbleibt, weil er sich seiner Schuld überführt erfährt. Die »Offenbarung des Zornes« (1,18) geschieht διὰ νόμου als Verkündigung des Fluches (Gal 3,10), den das Gesetz jedem Sünder auf den Kopf zuspricht.

Doch in dieser Radikalität tritt in der Tat ein vollkommener Widerstreit zwischen Gottes Zorn und Gottes Gerechtigkeit hervor; der Einwand des Juden 3,1ff rührt an eine in der Tat entstehende letzte Aporie. Doch als Einwand von seiten des Menschen im Rechtsstreit mit Gott fällt er in sich zusammen. Die Aporie besteht allein in Gott: als das für den Menschen undurchdringliche Geheimnis des Deus absconditus, das Luther als Horizont der paulinischen Rechtfertigungsverkündigung mit vollem Recht theologisch herausgearbeitet hat. In Gott selbst aber ist der Widerstreit zwischen Zorn und Gerechtigkeit keine Aporie. Die schlechthin wunderbare Wahrheit des Evangeliums, das Paulus zu verkündigen hat, ist diese: Gottes Gerechtigkeit hat im Tode Christi die universale Wirkung seines Zornes selbst aufgehoben und ihn zur Vergangenheit gemacht, so daß die Gegenwart durch iustificatio impii bestimmt ist. Insofern geht der Skopos der paulinischen Argumentation über das traditionelle Schema der Exhomologese hinaus. Das ὑπόδικος τῷ θεῷ ist von Gott her nicht das letzte Wort: 3,21ff wird die universale Heilstat der δικαιοσύνη θεοῦ verkündigt und der schuldige Sünder zum Glauben gerufen, durch den er gerecht wird.

So ist – von Gott, vom Evangelium her – die Heilstat der Gerechtigkeit Gottes in Christus, die Rechtfertigung des Gottlosen, die heimliche Voraussetzung der radikalen Anklage, die alle jüdischen Urteile über das Ausmaß von Abfall und Sünde überbietet. Nicht nur psychologisch ist der vernichtende Skopos von 3,9ff allein von daher verständlich, daß der Aspekt der Anklage des Paulus der Glaube ist. Vielmehr geht es um eine theologische Voraussetzung im strengen Sinne: Eine radikale Vernichtung aller Menschen als Sünder durch Gott würde in der Tat eine Außerkraftsetzung seiner Gerechtigkeit bedeuten, der diese selbst widerstreitet. Wahr und radikal gültig ist die Offenbarung des Zornes im Lichte ihrer Aufhebung durch die Offenbarung der Gerechtigkeit Gottes[480].

Doch bedeutet das nicht, daß die Erkenntnis der Sünde in diesem radikalen Sinn erst vom Aspekt des Glaubens im Rückblick auf die zur Vergangenheit gemachte Sünde möglich ist[481]. Vielmehr ist es nach Paulus das Gesetz, das dem Sünder aufgrund seiner Werke seine Sünde als Sünde zur Erkenntnis bringt – das Gesetz freilich nicht nur in Gestalt der nur den Juden gegebenen Mosetora, sondern zugleich als das den Heiden »ins Herz geschriebene« und im Widerstreit des Gewissens sich auch ihm zu Wort bringende Gesetz Gottes (2,14f), das allen Menschen Gottes Zorngericht zuspricht. Sofern freilich dieses Urteil des Gesetzes im Zusammenhang der Verkündigung des Evangeliums »offenbart« wird (1,18), tritt zu der immer schon durch das Gesetz präsenten Anklage eine eschatologische Definität hinzu, die als solche erst im Kontext des Evangeliums zum neuen Ereignis wird[482].

---

[480] So grundlegend Bornkamm, Offenbarung 30–44.

[481] Diese Meinung ist weit verbreitet: vgl. z. B. repräsentativ Klein, Individualgeschichte 136: »Im Akt ihres πιστεύειν kommt an den

Tag, daß auch sie Sünder sind«; ferner Käsemann 83.

[482] Vgl. Bornkamm, Offenbarung 31: »Auf die Zeichen ihrer Verlorenheit kann die Welt angesprochen werden und damit auch auf das

2.   3,21–5,21 Die Rechtfertigung der Gottlosen, Juden wie Heiden, durch den Glauben

Die *Disposition* dieses neuen Teils ist zunächst deutlich, soweit sie 3,21–4,25 betrifft. Paulus führt nun seine These 1,16f positiv aus. Die Aufhebung der Offenbarung des Zornes Gottes 1,18–3,20 durch die Offenbarung der Gerechtigkeit Gottes ist das neue Thema. Es wird 3,21–26 zunächst gedrängt zusammengefaßt. Alles Folgende ist dann Explikation: 3,27–31 nimmt Paulus von der neu gewonnenen Basis aus sofort die 3,8 abgebrochene Diskussion mit dem jüdischen Partner wieder auf. So tritt sowohl der Gegensatz der Rechtfertigung aus Glauben zu der aus Gesetzeswerken (vgl. 3,20) als auch die Universalität der Glaubensgerechtigkeit für Juden wie Heiden (3,22b–24) in grelles Licht. Der entscheidende Einwand des Juden aus 3,5–8 bleibt dabei präsent; er wird in V 31, Kapitel 6–8 vorausgreifend, thetisch-kurz beantwortet. Die Explikation von 3,21–26 wird dann in 4,1–25 durch eine Midrasch-artige Auswertung des Schriftzeugnisses (3,21b) im Blick auf den entscheidenden Anfang der Erwählungsgeschichte in der Rechtfertigung Abrahams durchgeführt. Sie geschah als justificatio impii ἐκ πίστεως (VV 1–8) im Zustand der Unbeschnittenheit vor seiner Beschneidung (VV 9–12). Dadurch wurde Abraham zum Vater aller Glaubenden, Heiden wie Juden (VV 13–16), als das Vorbild des Glaubens (VV 17–22), aus dem jetzt die Christen leben (VV 23–25).

Umstritten ist die dispositionelle Stellung von Kapitel 5[483]. VV 1–5 scheint Paulus nach Abschluß der Explikation der These 3,21–26 (δικαιωθέντες οὖν ἐκ πίστεως V 1) zu den Konsequenzen der Glaubensgerechtigkeit im Leben der Christen übergehen zu wollen. Deswegen setzen viele Exegeten nach 4,25 eine Zäsur und sehen in Kapitel 5 den Beginn eines neuen Teiles, der bis Kapitel 8 reicht[484]. Doch Paulus kehrt sogleich in VV 6–11 zur Thematik von 3,24f zurück und wiederholt sie mit vertiefender Begründung (VV 6–8) und im Blick auf ihre soteriologisch-eschatologische Konsequenz (VV 9–11). So nehmen andere Exegeten 5,1–11 zum Voranstehenden hinzu und sehen in V 11 den Abschluß mit dem Stichwort καταλλαγή[485]. Doch die »Versöhnung« wird

Gefälle, das ihre Geschichte unter der richtenden Hand Gottes empfangen hat; aber daß ihre Verhaftung an die Sünde so radikal verstanden werden muß, daß die Geschichte der Welt sozusagen schon im Feuerschein des Jüngsten Tages liegt, das muß ihr – eben mit dem eschatologischen Wort 1,18 – gesagt werden. Es ist nicht aus den Voraussetzungen ihres Wissens zu entwickeln, so sehr nach Meinung des Apostels Heiden und Juden es verstehen können.«

[483] Vgl. dazu zuletzt die ausführliche Analyse in Auseinandersetzung mit allen verschiedenen Dispositions-Vorschlägen bei Paulsen, H., Überlieferung und Auslegung in Römer 8, 1974 (WMANT 43), 5–21. Vorher vor allem Luz, Aufbau 163–175.177–180.

[484] So die Kommentare von Lietzmann 58;

Dodd 71; Michel 15–17; Nygren 30; Kuss 198f; Schmidt 89; Käsemann 121f; Cranfield 28.252–254. Ferner z.B. Ortigues, E., La composition de l'épître aux Romains, VC 8 (1954) 54; Lyonnet, Note 305; Dupont, problème 376; Dahl, Two Notes 39; Gäumann, N., Taufe und Ethik, Studien zu Röm 6, 1967 (BevTh 47), 24–26; Balz, H. R., Heilsvertrauen und Welterfahrung, 1971 (BevTh 59), 28f; Bultmann, R., Adam und Christus in: Exegetica 263; Kümmel, Einleitung 267(f) Anm. 1 (vgl. jedoch unten Anm. 487).

[485] So die Kommentare von Zahn 259; Leenhardt 15; Black 24. Ferner Weiß, Urchristentum 309; Feuillet, plan 357–359. Paulsen, Überlieferung, a.a.O. (Anm. 483) 18, sieht 5,1–11 in »überleitender Funktion«.

5,12–21 in ihrer geschichtlich-universalen Bedeutung reflektiert: Die Rechtfertigungstat Christi als Ereignis der Gnade erscheint als Aufhebung der universalen Wirkung der Sünde Adams. Darin werden die beiden Teile 1,18–3,20
(Adam) und 3,21–5,11 (Christus) in einem geschlossenen Gedankengang unmittelbar aufeinander bezogen. So hat der Abschnitt – weit entfernt davon, ein
»Exkurs« zu sein[486] – dispositionell die Funktion einer zusammenfassenden
Reflexion alles Voranstehenden, und ist darum eindeutig der Schluß und Höhepunkt des bisherigen Gedankenganges[487], wie immer sich auch bereits Motive des folgenden Abschnitts (besonders aus Kapitel 8) darin finden.

a)   3,21–31 Die Offenbarung der Gerechtigkeit Gottes

α)   *3,21–26 Die These: Die Glaubensgerechtigkeit aufgrund der Sühnetat der Gerechtigkeit Gottes im Tode Christi*

Literatur: Cambier, J., L'Evangile de Dieu selon l'Epître aux Romains I, 1967, 66–146;
Eichholz, G., Theologie des Paulus 189–197; *Fitzer, G.,* Der Ort der Versöhnung. Zu
der Frage des ›Sühnopfers Jesu‹, ThZ 22 (1966) 161–183; *Käsemann, E.,* Zum Verständnis von Röm 3,24–26, in: Exegetische Versuche und Besinnungen I 96–100; *Kertelge, K.,* ›Rechtfertigung‹ 48–62.71–84; *Kümmel, W. G.,* πάρεσις und ἔνδειξις. Ein
Beitrag zum Verständnis der paulinischen Rechtfertigungslehre, in: Heilsgeschehen
und Geschichte, 1965 (MThSt 3), 260–270; *Lohse, E.,* Märtyrer und Gottesknecht,
²1963 (FRLANT 64), 149–154; *Lyonnet, S.,* De iustitia Dei in Epistola ad Romanos
3,25–26, VD 25 (1947) 129–144; *Morris, L.,* The Cross in the New Testament, London
1965; *Müller, Ch.,* Gottes Gerechtigkeit und Gottes Volk, 1964 (FRLANT 86),
108–113; *Pluta, A.,* Gottes Bundestreue. Ein Schlüsselbegriff in Röm 3,25a, 1969 (SBS
34); *Schrage, W.,* Röm 3,21–26 und die Bedeutung des Todes Christi bei Paulus, in:
Das Kreuz Jesu, 1969 (Forum 12), 65–88; *Stuhlmacher, P.,* Gerechtigkeit Gottes
86–91; *ders.,* Zur neueren Exegese von Röm 3,24–26, in: Jesus und Paulus, FS W. G.
Kümmel zum 70. Geburtstag, hrsg. E. E. Ellis und E. Gräßer, Göttingen 1975,
315–333; *Talbert, Ch. H.,* A Non-Pauline Fragment at Romans 3,24–26, JBL 85 (1966)
287–296; *Thyen, H.,* Studien zur Sündenvergebung im NT und in seinen atl. und jüdischen Voraussetzungen, 1970 (FRLANT 96), 163–172; *Wegenast, K.,* Das Verständnis
der Tradition bei Paulus und in den Deuteropaulinen 1962 (WMANT 8), 76–80;
Wengst, K., Christologische Formeln und Lieder 87–90; *Wennemer, K.,* Ἀπολύτρωσις Röm 3,24–25a, 1963 (SPCIC I), 283–288; *Wonneberger, R.,* Syntax und Exegese.
Eine generative Theorie der griechischen Syntax und ihr Beitrag zur Auslegung des NT,
dargestellt an 2Kor 5,2f und Röm 3,21–26, Diss. Theol. Heidelberg 1974, 113–159;
Zeller, D., Sühne und Langmut. Zur Traditionsgeschichte von Röm 3,24–26, ThPh 43
(1968) 51–75; *ders.,* Juden und Griechen 157–161.182–188.

---

[486]   So Luther, Vorrede zum Römerbrief,
WA.DB 7, 1938, 18; Bornkamm, Anakoluthe
80f.
[487]   So die Kommentare von B. Weiß 262;
Kühl 194–196; Sanday-Headlam 120; Althaus
51; Lagrange 99f; Gaugler 139; Kuss 199. Ferner Kümmel, Römer 7,6; Bonnard, P., Où en
est l'interpretation de l'épître aux Romains,
RThPh 3.1 (1951) 225–243, hier 243; Manson, Notes 159; Luz, Aufbau 179; Jüngel, Gesetz 49f; Schmithals, Römerbrief 17.

21 Jetzt aber ist ohne Gesetz Gottes Gerechtigkeit offenbar geworden, bezeugt von dem Gesetz und den Propheten: 22 und zwar Gottes Gerechtigkeit durch Glauben an Jesus Christus für alle Glaubenden. Denn es gibt keinerlei Unterschied: 23 Alle nämlich haben gesündigt und sind verlustig der Herrlichkeit Gottes, 24 gerechtfertigt umsonst durch seine Gnade kraft der Erlösung, die in Jesus Christus (geschehen ist),

> **25 welchen Gott öffentlich eingesetzt hat als Sühneort – durch Glauben – in seinem Blut,**
>
> **zum Erweis seiner Gerechtigkeit um der Vergebung der zuvor geschehenen Sünden willen 26 durch die Geduld Gottes –**

zum Erweis seiner Gerechtigkeit in der Jetzt-Zeit, so daß er gerecht ist und gerecht macht den aufgrund von Glauben an Jesus (Gerechten).

Die Sätze sind außerordentlich gedrängt. Die These V 21a von der Offenbarung der Gottesgerechtigkeit (1,17), die Paulus nun durchzuführen beginnt, wird erstens durch das Zeugnis der Schrift ausgewiesen (V 21b) und sodann zweitens im Blick auf den Glauben als ihr Mittel und alle Glaubenden als ihr Ziel (V 22a) näher bestimmt. In diese These wird sodann das Ergebnis von 1,18–3,20 ausdrücklich aufgenommen (VV 22b–23), woraus die Wirkung der Gottesgerechtigkeit als Rechtfertigung der Sünder durch Gottes Gnade kraft der Erlösung in Christus erhellt (V 24). Diese wiederum wird in dem Relativsatz VV 25–26a expliziert, der in V 26a im Blick auf den Kontext akzentuiert und in V 26b in einer zweigliedrigen Infinitiv-Bestimmung zusammengefaßt wird.

Der Relativstil in V 25, die Wiederholung von εἰς τὴν ἔνδειξιν τῆς δικαιοσύνης αὐτοῦ V 25b in V 26a (πρὸς τὴν ἔνδειξιν τῆς δικαιοσύνης αὐτοῦ) und die im Kontext sperrige Wendung διὰ πίστεως weisen darauf hin, daß Paulus in VV 25–26a ein Traditionsstück zitiert. Für diese Hypothese[488] spricht auch der überwiegend unpaulinische Wortlaut: προτίθεσθαι in der Bedeutung »öffentlich hinstellen« (vgl. dagegen 1,13), ἱλαστήριον, πάρεσις sind paulinische Hapaxlegomena; vom »Blut« Christi spricht Paulus – abgesehen von der Herrenmahl-Paradosis 1Kor 10, 16, 11, 25 – nur noch Röm 5,9, deutlich unter Rückbezug auf 3,25[489]. Der im Urchristentum geläufige Ausdruck ἄφεσις ἁμαρτιῶν, dem πάρεσις ἁμαρτημάτων entspricht, fehlt sonst bei Paulus; er findet sich nur noch 1Kor 6,18.

Einige Exegeten ziehen auch V 24 zu dem Traditionsstück hinzu[490], weil der

---

[488] So zuletzt Stuhlmacher, Exegese; Strekker, Befreiung 501f; vorher z. B. Wengst, Christologische Formeln 82–86; Lohse, Märtyrer 149–154; Schrage, Römer 3,21–26,77f.
[489] Strecker, Befreiung 502 scheidet ἐν τῷ αὐτοῦ αἵματι aus dem Wortlaut der Formel aus, weil »das Pronomen in Gegensatz zum regierenden Subjekt (»Gott«) sich auf das weiter

zurückliegende ἐν Χριστῷ Ἰησοῦ beziehen muß«. Es bezieht sich aber auf das einleitende ὄν!
[490] So nach Bultmann, Theologie NT 49, vor allem Käsemann, Verständnis, sowie ders., 88f; ferner z. B. Bornkamm, Offenbarung des Zornes 12 Anm. 10; Thyen, Studien 164; Lührmann, Offenbarungsverständnis 150;

partizipiale Anschluß an V 23 auffalle, wo eigentlich ein adversativer Hauptsatz mit einer antithetischen Entsprechung zu πάντες zu erwarten sei; außerdem werde das unpaulinische δωρεάν von Paulus durch τῇ αὐτοῦ χάριτι erläutert, und ἀπολύτρωσις gebrauche Paulus 8,23 in eschatologischem Sinn, sonst nur 1Kor 1,30 im Kontext einer geprägten Formel. Dagegen spricht jedoch: Paulus kennt δωρεάν in der positiven Bedeutung »umsonst, unentgeltlich« auch 2Kor 11,7; 2Thess 3,8 neben der negativen »umsonst, vergeblich« (Gal 2,21); vgl. auch δωρεά 5,15.17 als Wiederaufnahme von 3,24. ἀπολύτρωσις steht 1Kor 1,30 zwar in traditionellem Kontext; der Satz ist aber von Paulus formuliert. Ferner ist ἐν Χριστῷ Ἰησοῦ wahrscheinlich paulinische Bildung. Und partizipiale Satzfortführung anstelle eines verbum finitum ist bei Paulus nicht ungewöhnlich (vgl. 2Kor 5,12; 7,5; 10,14f)[491]. Überdies beruht der Anstoß an der syntaktisch untergeordneten Stellung der sachlich doch übergeordneten Rechtfertigungsaussage auf einem Mißverständnis, wie in der Exegese zu zeigen sein wird. V 24 ist also wahrscheinlich paulinische Formulierung.

Die Annahme eines in V 25 von Paulus zitierten Traditionsstücks erleichtert die Erklärung der Struktur des Abschnitts, der bei Annahme durchweg paulinischer Formulierung[492] stark überladen wirkt[493]. Daß Paulus die Formel in die Mitte seines Gedankenganges stellt, ist ebenso deutlich, wie daß er seinen Gedanken der Glaubensgerechtigkeit für alle mit ihr verbindet und die heilsgeschichtlich epochale Bedeutung ihrer Aussage unterstreicht (V 26a). Welches Verhältnis zur Tradition durch diese paulinische Interpretation entsteht, muß in der Exegese geklärt werden.

Erklärung 21   Mit νυνὶ δέ ist das Folgende als Antithese zum Voranstehenden markiert. Die Offenbarung der Gerechtigkeit Gottes geschieht als Gegensatz zur Offenbarung seines Zornes (1,18). V 26aβ zeigt, daß νυνί nicht nur in logischem, sondern in heilsgeschichtlich-epochalem Sinn gemeint ist, vgl. 2Kor 6,2. Gegenüber der Zeit, auf die sich der Zorn bezieht, ist eine neue Zeit angebrochen. Zweifellos steht die jüdische Vorstellung von der Ablösung des alten Aeon durch den neuen der Endzeit im Blick, in deren Horizont das Urchristentum die Bekehrung erfuhr und verstand[494]: als Auswirkung des in Christus angebrochenen neuen Aeon, der in die Unheilssphäre des alten hineinwirkt und die Glaubenden aus ihr herausrettet (Gal 1,4). So klingt dieses eschatologische

---

Wegenast, Tradition 76; Conzelmann, Grundriß 90.187; Eichholz, Theologie 190–197; Zeller, Sühne 52 (dort Anm. 10 weitere Literatur). Unmöglich ist die Ausscheidung von V 25f bzw. V 25b als nachpaulinische Glosse; so Talbert, Non-Pauline-Fragment, und Fitzer, Ort (dagegen Zeller ebd. 53 Anm. 12).
[491] Zu dieser Kritik vgl. Lohse, Märtyrer 149(f) Anm. 4; Wengst, Christologische Formeln 87; Stuhlmacher, Exegese 316 Anm. 5.
[492] So unter den Kommentaren vor allem

Kuss 160, vgl. ders., Paulus 167; zuletzt Cranfield 200f Anm. 1; Schlier 107 Anm. 8.
[493] Luther, Röm 238 leitet seine Erklärung von 3,25 mit dem Satz ein: »Textus obscurus et confusus«; vgl. besonders J. Weiß, Beiträge 222.
[494] Vgl. den Topos ποτέ – νῦν Kol 1,21f; 3,7f; Eph 2,1–10; 5,8; 1Petr 2,9f, den auch Paulus selbst kennt, vgl. 1Kor 6,11; 2Kor 5,16f; Gal 4,8f.

νυνί von 3,21 an durch den ganzen Brief, vgl. 3,26; 5,9–11; 6,21; 7,6; 8,1; 11,30f; 13,11.

Doch will der Gegensatz zu 1,18–3,20 genauer bedacht werden. 1,18 schloß an 1,17 mit γάϱ an, das zu dem νυνὶ δέ von 3,21 in Spannung steht. Schon darin zeigt sich an, daß der Gegensatz kein einfacher ist – wie in der jüdischen Vorstellung von der Ablösung des alten durch den neuen Aeon –, sondern vielmehr ein vermittelter, der das, was er negiert, in sich enthält, in sich aufhebt. Gerechtigkeit und Zorn Gottes sind Gegenbegriffe. Aber während sie nach jüdischem Denken darin entgegengesetzt sind, daß sie sich an verschiedenen Menschengruppen auswirken: der Zorn an den Ungerechten, die Gerechtigkeit an den Gerechten, so daß nach Vollzug des Zornes jene vernichtet sind und nur noch diese leben, denkt Paulus den Gegensatz so, daß die Gerechtigkeit Gottes sich an ebenden Ungerechten auswirkt, die seinem Zorn bereits allesamt verfallen sind. Die Rechtfertigung, von der die Rede ist, ist nicht die von 2,13, sondern iustificatio impiorum. Insofern schreitet denn auch der Gedanke 3,21ff nicht über 1,18–3,20 hinaus fort, so daß diese Anklage nun dahinten zurückbliebe. Vielmehr bleibt sie präsent, wie die ausdrückliche Wiederholung in 3,23 zeigt: Die, die von der Offenbarung der Gerechtigkeit Gottes betroffen sind, sind ebendieselben, über deren Gottlosigkeit und Ungerechtigkeit sein Zorn vom Himmel herab offenbart wird (1,18). Darum schloß 1,18 mit γάϱ an 1,17 an und entsprach das Präsens ἀποκαλύπτεται 1,18 dem in 1,17. Im Unterschied dazu steht das sachlich gleichbedeutende Verbum φανεϱοῦν 3,21 im Perfekt. Darin wird gewiß die Endgültigkeit ausgedrückt, die von »nun« an den νῦν καιϱός im ganzen und unendlich betrifft[495]; vgl. 6,10 ἐφάπαξ. Doch im Vergleich zu 1,18 ist noch eine besondere Nuance zu beachten: Das Perfekt als ›vollendete Gegenwart‹ enthält das Präsens in sich, aber umgeift es. Die Gerechtigkeit Gottes, die zugleich mit seinem Zorn im selben Akt der Verkündung des Evangeliums offenbart wird (ἀποκαλύπτεται 1,17.18), *ist* in der ›Jetztzeit‹ offenbar (πεφανέϱωται 3,21), ihre Offenbarung ist also ein Geschehen, das, indem es den gesamten ›Zeit-Raum‹ der Gegenwart bestimmt, den ihr entgegenwirkenden Zorn je und je *als vergangen* offenbart. Paulus wird das später in 5,12ff durch den kühnen Gedanken ausführen, daß die Tat Christi diejenige Adams aufhebt, so daß ihre Wirkung die gesamte Vorzeit einbezieht. Deswegen kann er in 4,1–8 die Rechtfertigung Abrahams als iustificatio impii begreifen.

Dem entspricht χωϱὶς νόμου. χωϱίς bedeutet bei Paulus das Fehlen bzw. die Ausschaltung einer bestimmten Wirkung; vgl. von Personen 10,14; 1Kor 4,8 vgl. Phlm 14; auch 1Kor 11,11; vom Gesetz 3,28; 4,6; 7,8.9. Die Offenbarung der Gottesgerechtigkeit schließt die Wirksamkeit des Gesetzes im Sinne von 3,20 aus. So sehr dies für den jüdischen Partner ein polemischer Affront ist, hat der Satz hier nicht die Funktion einer Kampfthese. Die Ausschaltung des Gesetzes ist grundsätzlich die Bedingung, unter der allein Sünder, die durch das

---

[495] So mit Recht Kuss 112: »Das Perfektum drückt die Dauer des Vollendeten aus.« Unzu-   reichend Michel 104: »weist auf das einmalige Ereignis in der Geschichte hin«.

Gesetz mit eschatologisch-forensischer Gültigkeit als Sünder festgestellt werden, gerecht werden können. Sofern Gottes heilschaffende *Gerechtigkeit* sich
Sündern zuwendet, kann dies nur so geschehen, daß deren Verurteilung, die
das Gesetz ausspricht, durch die Offenbarung der Gottesgerechtigkeit aufgehoben wird. Die Ausschaltung des Gesetzes bedeutet nicht seine Umgehung,
wie die alttestamentlich-jüdischen Bußgebete darauf dringen, daß Gottes
Barmherzigkeit seinem Gericht sozusagen zuvorkomme und die Ihrigen ihm
entziehe (Dan 9,16 und so auch 4Esr 8,31–36). Vielmehr wird die Gottesgerechtigkeit *eben dort* wirksam, *wo* das Gesetz den Sünder *verflucht*. Sie hebt
diesen Fluch auf[496]. Das freilich ist nicht ἐν νόμῳ (3,19; 2,12), sondern nur
χωρὶς νόμου möglich, weil das Gesetz selbst nicht die Kraft hat (8,3), seine eigene Wirkung aufzuheben. Dies eben ist das neue Handeln Gottes »jetzt«: Es
wirkt Heil dort, wo das Gesetz Unheil zusprechen muß und nur Unheil zusprechen kann. Gottes Gerechtigkeit bricht darin gleichsam aus ihrer Bindung an
das Gesetz aus.

Daß darin das Gesetz selbst nicht außer Kraft gesetzt ist (3,31), obwohl seine
Wirkung aufgehoben wird, bekräftigt sogleich die erste Näherbestimmung
V 21b. μαρτυρεῖν hat forensische Bedeutung[497]: Die Offenbarung der Gottesgerechtigkeit »ohne Gesetz« wird als eschatologischer Rechtsakt durch zwei
Zeugen bestätigt (vgl. Dtn 19,15): durch das Gesetz selbst als γραφή zusammen mit den Propheten, dem zweiten Teil des atl. Kanons[498]. Das Gesetz hat
zwar, wo alle unter der Sünde sind (3,9), faktisch nur die Funktion der Stimme
des Anklägers (3,20; 2,12). Darin ist es jedoch nicht aus seiner ursprünglichen
Funktion als Stimme der Gottesgerechtigkeit entlassen. Als solche wird es nun
dort, wo seine Anklage aufgehoben wird, zum Zeugen der heilschaffenden Offenbarung der Gottesgerechtigkeit.

Paulus greift hier einen Topos urchristlicher Tradition auf: daß das Christusgeschehen durch die Verheißung der Propheten »zuvor angekündigt« ist (1,2 vgl.
1Petr 1,10–12; Hebr 1,1f; Lk 18,31; 24,25.44; Apg 3,18; 8,34f; 10,43; 13,27;
26,27 sowie die mattäischen Reflexionszitate). Aber er fügt das Gesetz in dieser
Funktion zu den Propheten hinzu (vgl. so auch Lk 24,27), wie er bereits Gal
4,21ff das Gesetz selbst zum Zeugen gegen die nomistische Intention der Galater aufgeboten hat (vgl. Röm 7,1 sowie unpolemisch 1Kor 9,8f; 14,21.34). Das
Gesetz ist keineswegs »gegen die Verheißungen« (Gal 3,21). So wird Paulus im
4. Kapitel den entscheidenden Schriftbeweis für seine These gezielt aus der
Tora führen. Das Urchristentum konnte den heiligen Text der Tora um keinen
Preis aufgeben; sie blieb bis in das 2. Jahrhundert hinein (Justins Dialogus!) die

---

[496] Jüngels Satz: »Das Gesetz wird vom
Evangelium her als überholte Wirklichkeit
thematisiert« (Paulus 29), zielt in die richtige
Richtung, sollte aber präzisiert werden, indem
statt der mißverständlichen Metapher ›überho-
len‹ von der *Aufhebung* der Situation ὑφ'
ἁμαρτίαν und ὑπὸ νόμον zu sprechen ist.
[497] Vgl. Asting, R., Die Verkündigung des
Wortes Gottes im Urchristentum, Stuttgart
1939, 458ff.
[498] Dazu vgl. Bill. I 240; III 164f. Die nebi'im
als 3. Teil werden zuerst Lk 24,44 genannt.
Paulus hat 3,19 die Zitate aus den Psalmen und
Propheten 3,10–18 als Stimme des Gesetzes zitiert.

mit der jüdischen Tradition gemeinsame Basis, auf der der Streit um die Wahrheit des Evangeliums notwendig auszutragen war. Marcion[499] zeigt, was aus dem paulinischen Evangelium wird, wenn es von seiner Bindung an die Tora als ›Schrift‹-Grundlage losgerissen wird; und der (Marcions unwürdige) ›Marcionitismus‹ deutsch-christlicher Theologie in der jüngsten deutschen Vergangenheit muß ein vestigium terrens bleiben.

Wenn die Offenbarung der Gottesgerechtigkeit χωρὶς νόμου geschieht, so daß ihr keine Gerechtigkeit ἐκ νόμου entspricht (10,5; Phil 3,9), so muß ihre Entsprechung auf seiten der von ihr betroffenen Menschen anderer, gegensätzlicher Art sein: Sie eröffnet διὰ πίστεως dem Menschen den Zugang zu ihr. Versteht man den Ausdruck δικαιοσύνη θεοῦ im Sinne von 2Kor 5,21 als die von Gott her (Phil 3,9) gegebene Gerechtigkeit des Menschen, so wäre διὰ πίστεως als Charakterisierung des Wesens dieser christlichen Gerechtigkeit aufzufassen: als »Gerechtigkeit vor Gott, die da kommt durch den Glauben an Jesum Christum« (Luther). So wird die Stelle auch fast durchweg interpretiert – als »Gabe . . ., die Gott den Glaubenden schenkt«[500]. Nun kann es darüber keinen Streit geben, daß die Rechtfertigung des Sünders (V 24.26) der Effekt der Offenbarung der Gottesgerechtigkeit ist. Das Moment der Gabe wird auch durch δωρεάν V 24 ausgedrückt. Doch ist δικαιοσύνη θεοῦ nicht einfach Wechselbegriff für δικαιοῦσθαι[501]. Vielmehr ist V 25 im Blick auf den Tod Christi von einem »Erweis seiner Gerechtigkeit« eindeutig als von einem Handeln Gottes die Rede. Man könnte so viel eher sagen, daß δικαιοσύνη θεοῦ VV 21.22 in V 24 mit ἐν τῇ αὐτοῦ χάριτι wiederaufgenommen wird. Schließlich steht in der Zusammenfassung V 26b εἰς τὸ εἶναι αὐτὸν δίκαιον betont voran vor δικαιοῦντα τὸν ἐκ πίστεως Ἰησοῦ. Jedenfalls also ist der Genitiv θεοῦ hier wie in 1,17 ein genitivus subjectivus, nicht ein genitivus auctoris[502]. Dann aber ist in der Näherbestimmung von δικαιοσύνη θεοῦ in V 22a zwar von ihrer »Zueignung«[503] die Rede, aber als von ihr selbst eröffneter: »Sie ist durch den Glauben für alle Gläubigen wirksam.«[504] Der Glaube wird als

---

[499] Marcions Text von Röm 3,21 hat nach der Rekonstruktion v. Harnacks, Marcion 104*, gelautet: τότε νόμος, νυνὶ δικαιοσύνη θεοῦ διὰ πίστεως τοῦ Χριστοῦ, worauf sogleich 5,1 folgt.

[500] Bultmann, Δικαιοσύνη θεοῦ 470. Vgl. so z.B. Bornkamm, Paulus 147; Lohse, Gerechtigkeit Gottes 227; besonders pointiert Klein, Gottes Gerechtigkeit 11: »Einzig der Gabe-Charakter der Gottesgerechtigkeit erschließt die volle Tragweite der paulinischen Einsicht, daß der dankbare Gehorsam der Beschenkten gerade die Weise ist, in der Gott seinen universalen Herrschaftsanspruch schon jetzt irdisch durchsetzt«; Conzelmann, Grundriß 243: »Das Thema des Paulus ist nicht ›Gottes Gerechtigkeit‹ (das ist die jüdische Fassung des Problems), sondern: Gottes Gerechtigkeit als Glaubensgerechtigkeit.« Auf das Luther-

sche Verständnis der δικαιοσύνη θεοῦ als Gerechtigkeit ›vor Gott‹ zielt auch Oepke, Δικαιοσύνη θεοῦ, besonders 263. Vgl. zu diesen Titeln das Literaturverzeichnis zum Exkurs »Gerechtigkeit Gottes« unten S. 202f.

[501] So Bultmann ebd. 471.

[502] Gegen Bultmann ebd. 470; Bornkamm 147 zu Recht Käsemann, Gottesgerechtigkeit; ders., 25f; Stuhlmacher, Gerechtigkeit Gottes 87; Luz, Geschichtsverständnis 169f; Cranfield 202; Schlier 103f.

[503] Kuss 113. – Zur Näherbestimmung von δικαιοσύνη θεοῦ V 21 durch δικαιοσύνη δὲ θεοῦ in V 22 vgl. 9,30; 1Kor 2,6; Phil 2,8.

[504] Luz, Geschichtsverständnis 170, der ebd. Anm. 130 mit Recht betont, daß διὰ πίστεως zu δικαιοσύνη θεοῦ zu ziehen ist, nicht zu πεφανέρωται.

22

»Glaube an Jesus Christus«[505], also durch seinen ›Gegenstand‹ bestimmt. Das wird in VV 24b.25 ausgeführt. Nicht also ist mit πίστις hier eine bestimmte Haltung des Menschen gemeint, durch die er Gerechtigkeit erlangt, »der dankbare Gehorsam der Beschenkten«[506], sondern der Heilsglaube an Gott, der sich jetzt nicht auf seine Gerechtigkeit im Gesetz, sondern im Tode Jesu Christi richtet. Im Glauben an ihn dürfen Sünder an Gott teilhaben, was das Gesetz ihnen Rechtens bestritt.

Zugleich wird die universale Reichweite der Gottesgerechtigkeit herausgestellt: εἰς πάντας τοὺς πιστεύοντας[507]. Damit tritt eine weitere antithetische Entsprechung zum voranstehenden Abschnitt hervor: Traf der Zorn Gottes »alle Menschen« (1,18), weil »alle unter der Sünde sind« (3,9), so wendet sich

23 jetzt die Gerechtigkeit Gottes *allen* zu, die sich im Glauben an Christus auf sie einlassen. Und damit die Sünde aller als der Ort, an dem die Gottesgerechtigkeit wirksam wird, im Gedanken präsent bleibt, wiederholt Paulus die Zielaussage des Voranstehenden nochmals ausdrücklich. Unter der Sünde fällt der »Unterschied« (διαστολή) zwischen Juden und Heiden (10,12) hin, weil alle gesündigt haben – hier wird das Wesen der Sünde als Tat nochmals deutlich. Die Sünder aber gehen der Herrlichkeit Gottes verlustig[508], wie sie Adam bei der Schöpfung besaß und verlor; vgl. Apk Mos 20 »ich bin entblößt (= entfremdet) meiner Herrlichkeit, mit der ich bekleidet war«[509]. Damit ist das Thema von 5,12 angeschlagen.

24 Der partizipiale Anschluß von V 24 erscheint vielen Auslegern hart[510]. Doch hat K. Wengst[511] darauf hingewiesen, daß dies bei Paulus nicht ungewöhnlich ist. Die syntaktische Unterordnung der Rechtfertigungsaussage unter den Hauptsatz V 23, der von der Sünde aller spricht, läßt sich zudem sachlich erklären, wenn man sieht, daß Paulus im Kontext nicht auf die Rechtfertigung zielt, sondern auf die Tatoffenbarung[512] der Gottesgerechtigkeit[513], die eben *dort*

---

[505] Nur B und Marcion lesen Χριστοῦ. – Der Genitiv ist ein objectivus, nicht subjectivus; Käsemann 87.

[506] Klein (s. o. Anm. 500).

[507] εἰς πάντας liest der ägyptische Text sowie vulg »super omnes«; eine Kombination beider Lesarten ist εἰς πάντας καὶ ἐπὶ πάντας, wie Koine, D G 33 und die Masse der übrigen Minuskeln, Chrysostomus, Theodoret sowie pesch lesen. Vgl. Lietzmann 48.

[508] Zu ὑστερεῖσθαι in diesem pointierten Sinn vgl. 1Kor 1,7; 8,8; 2Kor 11,5; 12,11; allgemein »Mangel haben« 2Kor 11,9; Phil 4,12; auch 1Kor 12,24.

[509] Vgl. auch ebd. 21; grBar 4,16; ApkMos 21,6; ApkSedr 6,7; Bereschit rabb. 12,5. Von einem definitiven Verlust der Ursprungsherrlichkeit ist freilich in jüdischer Theologie zumeist nicht die Rede, da im Gesetz die Präsenz göttlicher Herrlichkeit gesehen wurde (Sir 17,13 vgl. 5,2; Weish 7,25; Bar 4,2f vgl. auch

Röm 9,4). – Da die Apokalyptik vielfach von einer endzeitlichen Verherrlichung der Gerechten spricht (z. B. sBar 51,1.3), verstehen einige Kommentatoren V 23 im Sinne eines Ausschlusses der Sünder von der zukünftigen Herrlichkeit: Kühl 109; Schlatter 142; Althaus 30; Nygren 116; Kuss 114. Diese Auslegung ist – besonders von 2,7.10 her – möglich; doch wäre dann wie 8,28 μελλούσης zu erwarten.

[510] Vgl. z. B. Michel 106.107; Kuss 114. Käsemann 88 findet sogar einen »jähen Abbruch der Satzkonstruktion«. Zur Behebung dieser Schwierigkeit fassen Sandey-Headlam V 22b-23 als Parenthese auf, so daß δικαιούμενοι an πιστεύοντας V 22a anschließt. Doch diese Lösung ist »perhaps rather too mechanical«, wie Cranfield 205 mit Recht einwendet.

[511] Vgl. oben Anm. 491.

[512] Kuss 113.

[513] Gegen Conzelmann, Grundriß 243.

geschieht, *wo* die Sünde aller zu ihrem Ausschluß von Gottes Herrlichkeit geführt hat[514]. Ihre gegenwärtige Wirkung, die Rechtfertigung der Sünder, geschieht darum δωρεάν durch die Wirkung der Gnade Gottes als Gegenmacht gegen die Sünde – darauf liegt der Ton. Darum bevorzugt Paulus dort, wo jüdische Tradition von Gottes Barmherzigkeit, Güte, Langmut und Geduld spricht, das Wort χάρις. Die Gnade ist in ihrer Wirkung ungleich kräftiger und radikaler als die Barmherzigkeit, die in atl. Tradition Sünder anriefen: Sie ist die eschatologische Heilsmacht, in der Gott die Sünde aller und ihre Verurteilung durch das Gesetz *aufgehoben* hat. Der *Ort* der Wirkung der Gnade ist die Wirklichkeit der Sünde aller (vgl. 5,20). Ihr *Mittel* ist »die Erlösung, die in Jesus Christus (geschehen ist)«.

ἀπολύτρωσις kommt selten im Kontext sakraler Sklavenbefreiung vor[515]. Es ist aber Vorsicht geboten, die Wahl des Wortes im Urchristentum allzu direkt aus konkreter sozialer Erfahrung christlicher Sklaven zu bestimmen. Zwar taucht das Problem der Sklaven-Freilassung 1Kor 7,21–23 auf[516], diese wird aber nicht durch ἀπολύτρωσις, sondern durch ἐλεύθερος γίγνεσθαι o.ä. ausgedrückt; und wo Paulus von der Erlösung von der Sünde im Bilde der Sklaven-Freilassung spricht, steht ebenfalls durchweg ἐλευθεροῦν (6,18.20; 8,2; Gal 4,21–5,1). Dagegen ist das Simplex λύτρωσις/λυτροῦν aus LXX, wo es גאל und פדה wiedergibt, als zentraler Erlösungsbegriff vertraut[517], der die Exodus-Erfahrung[518] und die ihr entsprechende Erlösung aus dem Exil[519] beschreibt, wo Gott in seiner Gerechtigkeit[520] zur Rettung seines Volkes aufbricht. Lk 1,68 wird dies Motiv aufgenommen, in eschatologischem Kontext Lk 24,21. Gleichbedeutend wird ἀπολύτρωσις gebraucht Lk 21,28; Röm 8,23; Eph 1,14; 4,30 (vgl. Zef 3,1; aethHen 51,2). Wie schon bei Deuterojesaja die Erlösung mit Sündenvergebung verbunden ist[521], so bezeichnet das Wort ἀπολύτρωσις in traditionell-festem, liturgischem Kontext des Urchristentums die Erlösung von den Sünden bei der Bekehrung: Kol 1,14 wird es geradezu durch ἄφεσις ἁμαρτιῶν bestimmt; ebenso Eph 1,7, wo – wie Röm 3,25 – das »Blut« Christi als das Mittel der Erlösung genannt ist; vgl. Hebr 9,15. Bei Paulus steht 1Kor 1,30 ἀπολύτρωσις entsprechend neben δικαιοσύνη und ἁγιασμός. Es ist von daher deutlich, daß in Röm 3,24 das gleiche traditionelle Motiv vorliegt[522]. Das Urchristentum versteht die Erfahrung der Sündenver-

---

[514] Dies ist der sachliche Grund, von dem aus sich der Anschluß der partizipialen Rechtfertigungsaussage an die Aussage von der Sünde aller als verbum finitum erklärt.

[515] Vgl. die Belege bei Pr-Bauer 190 sowie Deißmann, Licht vom Osten 271–281.

[516] Vgl. dazu zuletzt ausführlich Stuhlmacher, Der Brief an Philemon (EKK), 42–49.

[517] Vgl. dazu Procksch-Büchsel, ThWNT IV 329–359.

[518] Vgl. Dtn 7,8; 9,26; 13,6; 15,13; 21,8; 24,18; Ex 6,6; 2Sam 7,23; 1Chr 17,21; Neh 1,10.

[519] Besonders in Dtjes: 43,14; 44,22–24;

52,3; 62,10–12; 63,9; vgl. ῥύεσθαι 48,20; 51,10; 52,9 sowie häufig ohne expliziten Bezug zum neuen Exodus. Im Psalter häufig, jedoch fast durchweg als Erfahrung des Einzelnen.

[520] Vgl. im Kontext der Erlösung im neuen Exodus besonders Jes 45,13; 51,5.6.8; 61,3.8.11; 63,7; ferner z.B. 41,2; 42,6; 45,8; 46,13; 48,18.

[521] Vgl. z.B. 43,22–28; 44,21f; 48,9f; 50,1–3; 54,6–8; 55,7. Vgl. in dieser Bedeutung ἀπολύτρωσις nur Dan 4,34.

[522] Das betont mit Recht Kertelge, Rechtfertigung 53–55.

gebung bei der Bekehrung als eschatologische Verwirklichung der biblischen Exodus-Erlösung, die jetzt den Sündern als völlig unerwartbares Wunder der Totenauferstehung (Eph 5,7) und Neuschöpfung (2Kor 5,17) widerfahren ist.

Rechtfertigung als Erlösung ist ἐν Χριστῷ Ἰησοῦ geschehen. Der Ausdruck findet sich zuerst bei Paulus, ist also wohl von ihm geprägt als äußerst verdichtende Zusammenfassung des Christusgeschehens als des Heilsgrundes[523]. Wichtig zum Verständnis ist der Kontrast zu ἐν νόμῳ 3,19; 2,12. Für das Judentum hat das Sein und Bleiben »im Gesetz« zentrale Heilsbedeutung[524]. Da Paulus von der Rechtfertigung auf dem Boden der Sünde aller (V 23) und darum χωρὶς νόμου (V 21) spricht, tritt die Erlösung ἐν Χριστῷ Ἰησοῦ als Fundament der Gerechtigkeit an die Stelle der Verurteilung der Sünde ἐν

25 νόμῳ. In welchem Sinne? Darauf antwortet das V 25 zitierte Traditionsstück. Achtet man auf die Präpositionalbestimmungen, die in ihrer Häufung dem Satz sein formales Gepräge geben, so läßt sich ein Parallelismus mit 2 mal 3 Gliedern erkennen[525]:

ὃν προέθετο ὁ θεὸς ἱλαστήριον   *διὰ πίστεως*[526] *ἐν τῷ αὐτοῦ αἵματι*
εἰς ἔνδειξιν τῆς δικαιοσύνης αὐτοῦ *διὰ τὴν πάρεσιν*
τῶν προγεγονότων ἁμαρτημάτων   *ἐν τῇ ἀνοχῇ αὐτοῦ.*

Das schwierigste und bis heute umstrittenste Auslegungsproblem des Satzes ist das Verständnis von ἱλαστήριον[527].

Das Adjektiv findet sich in der Profangräzität sehr selten in der allgemeinen Bedeutung »zur Begütigung/Sühne gehörig«[528]. Das substantivierte Neutrum bezeichnet mehrfach eine Weihe- oder Sühnegabe, die in einer der Gottheit geweihten Stele besteht[529]. Gewicht bekommt das Wort in griechisch-jüdischer Sprache dadurch, daß LXX den Aufsatz auf der Bundeslade im Allerhei-

---

[523] Dazu vgl. besonders Neugebauer, In Christus, Berlin 1961, der mit Recht ἐν »ein auf Geschehen bezogenes« nennt (138) und gegen mystisches Verständnis abhebt (131f); vgl. dazu auch Berger, K., Zum traditionsgeschichtlichen Hintergrund christologischer Hoheitstitel, NTS 17 (1971) 391–425, hier 408 Anm. 1. – Falls die Formel ἐν Χριστῷ 1Petr 3,16; 5,10 nicht paulinisch ererbt, sondern nebenpaulinisch-traditionell sein sollte, analog dem johanneischen Motiv des ›In-Jesus-Seins‹, könnte sie – gerade in dem vorliterarisch geprägten Kontext von Röm 3,24f – durchaus traditionell mit ἀπολύτρωσις verbunden sein; so Berger, ebd. 407 Anm. 3.

[524] Vgl. dazu Berger ebd. 405f, der neben Dtn 27,26 (= Gal 3,10) auf Esr 10,3 ἐν ἐντολαῖς θεοῦ ἡμῶν καὶ ὡς ὁ νόμος und ähnliche Stellen (besonders ἐν νόμῳ Sir 9,15) aufmerksam macht (ebd. 403 Anm. 4), die ein Echo in der Palaia (S. 260 ed. Vassiliew) haben, wo Josua gewarnt wird, μή ποτε προσκυνήσῃς θεοὺς αὐτῶν καὶ ἔσῃ μαχόμενος (ἐν) νόμῳ κυ-

ρίου (v. l. τοῦ θεοῦ)· ὁ γὰρ νόμος (τοῦ) θεοῦ σωτήριός ἐστιν (ebd. 404). Entsprechend ist Lib Ant 3,10 von einer Rechtfertigung in Gott die Rede (»qui in me iustificatus est«); vgl. 6,9 (»fortis est enim deus in quo confidistis, et ideo stabiles estote in ipso, qui liberabit et salvabit vos«). ›In Gott‹-Sein heißt aber jüdisch: seine Gebote erfüllen (ebd. 21,10; Test N 8,10, – womit 1Kor 4,10 zu vergleichen ist).

[525] Vgl. Pluta, Bundestreue 42–45.

[526] Nach Pluta, ebd. 45–56 gehört διὰ πίστεως zur Formel.

[527] Vgl. dazu Herrmann-Büchsel, ThWNT 319–324; Lyonnet, Sin 157–166; Morris, The Cross in the NT; Cambier, J., L'Evangile I 92–94.

[528] Dazu die Belege bei Büchsel ebd. 320,14–16 und Lyonnet 156. Daß solche Akte auch im Judentum vorkamen, bezeugt Jos Ant 16,182 von Herodes d. Gr.

[529] Dazu Deißmann, ΙΛΑΣΤΗΡΙΟΣ 193–212; Büchsel ebd. 321,3f; Lyonnet, Sin 155–157.

ligsten des Tempels, hebr. כפרת, durchweg mit τὸ ἱλαστήριον übersetzt[530]. Die Kapporät wird Ex 25,17–22 beschrieben als eine Goldplatte, die auf die Bundeslade gelegt ist und auf der links und rechts die Keruben stehen, mit ihren Flügeln sie als Stätte der Wortgegenwart Jahwes bedeckend (vgl. Num 7,89; Ex 30,6; so auch Hebr 9,5). Ihre Bedeutung, derentwegen 1Chr 28,11 das Allerheiligste als ganzes בית הכפרת heißt, hat sie von ihrer Funktion im Kultritual des jom-kippur Lev 16: Auf ihr erscheint Jahwe (V 2), in dessen Gegenwart der ganze Ritus vollzogen wird; vor sie hin sprengt der Hohepriester das Blut zur Sühnung des Heiligtums (כפר = ἐξιλάσεσθαι V 14), wodurch zugleich Sühne geschaffen wird für ihn selbst wie für die ganze Gemeinde Israel (V 17)[531]. Da einerseits ἱλαστήριον Röm 3,25 in der Bedeutung »Sühnegabe« – zumal in Verbindung mit ἐν τῷ αὐτοῦ αἵματι – sinnlos und für niemanden in der griechisch-römischen Welt verständlich wäre, andererseits das Wort ohne nähere Erklärung gebraucht ist, so daß seine Bedeutung als den Lesern bekannt vorausgesetzt wird, fassen viele Exegeten seit Origenes[532] es im Sinne dieses biblischen terminus technicus auf. Der Einwand, daß die römischen Heidenchristen dies zweifellos nicht verstanden hätten, Paulus ihnen also »durch einen Hinweis gezeigt haben« müßte, »daß er an den Kultgegenstand des alten Bundes gedacht hätte[533], trifft nicht zu; denn Lev 16 gehörte zu den zentralen Partien jüdischer Überlieferung auch in der Diaspora und war selbstverständlich jedem Heiden, der in Kontakt mit der Synagoge lebte, aus der Tora bekannt. Daß ferner ἱλαστήριον ohne Artikel, in LXX dagegen durchweg mit Artikel steht, erklärt sich aus dem Formelstil[534]. Der gewichtigste Einwand wird immer wiederholt: »Wäre Christus mit der Kapporät verglichen worden, so würde der Vergleich aber dadurch schief, daß ja eben das Blut Christi an die Kapporät, die er selbst wäre, gesprengt werden müßte.«[535] Hier spricht jedoch moderne Logik, die derjenigen urchristlicher typologischer Auswertung des Alten Testaments gar nicht entspricht. Nach Hebr 9,11ff betritt Christus als

---

[530] An der ersten Stelle, an der LXX כפרת übersetzt, beschreibt sie sie zur Erklärung für den Leser als ἱλαστήριον ἐπίθεμα. Ähnlich Philo, der das Wort nur als diesen term. techn. der Schrift gebraucht; vgl. die Belege bei Büchsel ebd. 320,36–44.

[531] Zur Erklärung vgl. den nachfolgenden Exkurs S. 236–238.

[532] Vgl. die Belege bei Schelkle, Paulus 115f sowie den Originaltext bei J. Scherer, Commentaire 156–162.

[533] Lohse, Märtyrer 151. – Aus der Tatsache, daß in Ez 43,14.17.20 auch ein Bestandteil des Brandaltars des geschauten neuen Tempels und in der Symmachus-Übersetzung von Gen 6,16(15) die Arche Noahs ἱλαστήριον genannt wird, schließt Schlier 110: »Der Begriff haftet also nicht am materiellen Gegenstand, sondern daran, daß dieser ein Ort der Sühne ist.« Das ist gewiß richtig: »Der Sinn dafür, daß ἱλαστήριος ein Adjektiv und ἱλαστήριον ein

substantiviertes Neutrum ist, bleibt lebendig.« Doch darf man nicht übersehen, daß die *traditionsgeschichtliche* zentrale Bedeutung des Versöhnungsfestes dazu geführt hat, daß der Begriff ἱλαστήριον überwiegend zur festen Bezeichnung *des* zentralen ›Sühneortes‹, der Kapporät von Lev 16, geworden ist.

[534] So mit Recht Stuhlmacher, Exegese 322f gegen Lohse ebd. 151. Dessen weiteres Argument der Verborgenheit im Allerheiligsten wird durch προέθετο nicht gestützt, sondern widerlegt, da im Kontext die Rechtfertigung ja betont auf alle, Juden wie Heiden, ausgeweitet wird, woraus der Gegensatz zur Verborgenheit der Kapporät ohne weiteres erhellt. Vgl. darüber hinaus die traditionsgeschichtlichen Hinweise bei Stuhlmacher ebd. 323f.

[535] Lohse ebd. 152; danach z.B. Wengst, Christologische Formeln 83; Schrage, Römer 3,21–26 78 Anm. 91; weitere Literatur bei Kertelge, Rechtfertigung 56 Anm. 190.

Hoherpriester das himmlische Allerheiligste mit seinem eigenen Blut; nach
Joh 2,19 kündigt Jesus an, er werde den von den Juden zerstörten Tempel, seinen eigenen Leib (V 21), in drei Tagen wiedererrichten[536]. Was jedoch Röm
3,25 betrifft, so ist die Kapporät die Stätte der Sühne gewährenden Gegenwart
Gottes. Sofern nun *Gott* Christus als Kapporät »öffentlich hingestellt« hat, hat
er den Gekreuzigten zum Ort erlösender Sühne für alle Glaubenden gemacht,
an dem er selber gegenwärtig ist.

προτίθεσθαι ist in LXX kultischer term. techn. für das öffentliche Auflegen
der Schaubrote[537] und von daher im kultischen Kontext von Röm 3,25 zur Bezeichnung der Einsetzung Christi als ἱλαστήριον durchaus sinnvoll, ohne diesen kultischen Bezug aber kaum stringent erklärbar. Vor allem aber gehört die
Blutbesprengung als Sühneakt zentral zum Ritual des Versöhnungsfestes. ἐν
τῷ αὐτοῦ αἵματι wäre wiederum ohne den Bezug auf Lev 16 nicht verständlich; denn die hellenistischen Sühnegaben haben mit Blut nichts zu tun.

Doch hier setzt nun eine andere Erklärung an. Sie geht davon aus, daß in den
Makkabäerbüchern dem stellvertretenden Märtyrertod ohne jeden kultischen
Bezug sühnende Wirkung zugeschrieben wird. 4Makk 17,21f ist in diesem Zusammenhang vom Blut der Märtyrer als einem ἱλαστήριος θάνατος die Rede:
Sie sind »gleichsam ein Ersatz (ἀντίψυχον) geworden für die Sünde (τῆς
ἁμαρτίας) des Volkes; und durch das Blut (διὰ τοῦ αἵματος) jener Frommen
und durch ihren Sühnetod (καὶ τοῦ ἱλαστηρίου θανάτου[538] αὐτῶν) hat die
göttliche Vorsehung das zuvor bedrängte Israel errettet«. In der Tat ist hier –
wie im christologischen Kerygma 1Kor 15,3 – der ursprünglich kultische Vorstellungszusammenhang der Sühne auf die geschichtlich-soziale Ebene trans-

---

[536] Darauf weist Eichholz, Theologie 193,
mit Recht hin.
[537] Darauf weist Stuhlmacher, Exegese 328
hin: vgl. Ex 29,23; 40,23; Lev 24,8; 2Makk
1,8.15. Smits, C., Oud-Testamentische Cita-
ten in het NT, 1957 (CFN), 469 will προέθετο
von Ex 25,17 ἱλαστήριον ἐπίθεμα her verstehen, was im Zusammenhang des kultischen
Gebrauchs von προτίθεσθαι nicht unmöglich
ist. – Dagegen ist eine Interpretation nach 2Kor
5,19, so daß mit προέθετο die Setzung der
Verkündigung (θέμενος) gemeint wäre, ausgeschlossen, da von der *Verkündigung* des
Kreuzes im Kontext nirgendwo die Rede ist;
gegen Schrenk, ThWNT III 322 und nach ihm
zuletzt Eichholz, Theologie 192. Auch ist die in
der Alten Kirche verbreitete Bedeutung »vor-
ausbestimmen« (Schelkle, Paulus 116) trotz
des so 8,28; 9,11 und besonders Eph 1,9–11;
3,11 gebrauchten Substantivs πρόθεσις hier
auszuscheiden, weil dieser heilsgeschichtlich-
prädestinatorische Gedanke – außer in V 21b –
nirgendwo angedeutet ist; gegen Bruston, C.,
Les conséquences du vrai sens de ἱλαστήριον,
ZNW 7 (1906) 77; Cambier, L'Evangile 90f;

Pluta, Bundestreue 59–62; Zeller, Sühne 56f;
Cranfield 208–210.
[538] Stuhlmacher, ebd. 326f, zieht die v. l. τοῦ
ἱλαστηρίου τοῦ θανάτου αὐτῶν (ℵ) im Anschluß an A. Rahlfs und R. B. Townsend (bei
Charles, Apocrypha 683) vor; angesichts des in
der Alten Kirche verbreiteten Verständnisses
von ἱλαστήριον Röm 3,25 im Sinne der Kapporät sei die Aussage über den Tod der makka-
bäischen Märtyrer als ἱλαστήριον anstößig
gewesen, während im ursprünglichen Text dieser Tod »in tastenden griechischen Umschrei-
bungen« (ὥσπερ ἀντίψυχον) »als eine der
Vorsehung geweihte Sühnegabe, wie es dem
Sprachgebrauch der griechischen Inschriften
entspricht«, gedeutet worden sei. Das ist erwägenswert. Doch ließe sich eben im Blick auf die
für Außenstehende erklärende Formulierung
des Satzes die allgemeinere LA des Alexandri-
nus verteidigen. Dem jüdischen Autor mußte
ja die kulttechnische Bedeutung von τὸ
ἱλαστήριον gegenwärtig sein, so daß es
schwerfällt anzunehmen, er selbst habe dem
Wort die andere, in der hellenistischen Umwelt
geläufige Bedeutung »Sühnegabe« beigelegt.

poniert, wobei der allgemeine Grundsatz von der Sühnekraft des Todes[539] mit dem Stellvertretungsgedanken verbunden wurde, wie dies bereits vorher geschehen ist (vgl. Ex 32,30 sowie besonders Jes 53). Doch steht einer Zuordnung von Röm 3,25 zu diesem Gedanken allgemein entgegen, daß hier *Gott selbst* die Sühne vollzieht, was nur aus dem Kontext des Sühnekultes zu verstehen ist; und speziell einer Erklärung aus der Stelle 4Makk 17,21 steht entgegen, daß dort das Adjektiv attributiv zu θανάτου gehört, während es hier substantiviert als Prädikatsnomen steht und von daher jedenfalls eine andere Bedeutung hat. Eine Ergänzung von θῦμα[540] ist darum unangebracht, so daß auch die entsprechende Bedeutung »Sühn*opfer*« für Röm 3,25 entfällt[541].

So bleibt als Erklärung der Wortwahl von ἱλαστήριον nur die Annahme, daß der gekreuzigte Christus hier als Kapporät des Versöhnungsfestes, durch seinen Tod dieses ersetzend, von Gott öffentlich eingesetzt worden ist, als die Stätte der Gegenwart seiner heilschaffenden Gerechtigkeit, um »durch sein Blut« Sühne für alle der Sünde verfallenen Menschen zu schaffen. Entscheidend ist erstens, daß von einem Handeln Gottes selbst die Rede ist; das spricht sehr für ein Verständnis der δικαιοσύνη θεοῦ als Heilmacht Gottes, zumal V 25b die Sühne-Aussage ausdrücklich als »Erweis seiner Gerechtigkeit« charakterisiert wird. Während im Vollzug des Sühne-Rituals Lev 16 Gottes Gegenwart auf der Kapporät zwar die entscheidende Voraussetzung der Sühnewirkung ist, aber doch selbst im Hintergrund bleibt, tritt sie im christologischen Sühne-Geschehen selbst als das darin aktive Subjekt hervor: θεὸς ἦν ἐν Χριστῷ κόσμον καταλλάσσων ἑαυτῷ (2Kor 5,19). Indem zweitens Christus den Tod als die Folge der Sünden aller stellvertretend an sich selbst zur Auswirkung kommen läßt, ist es Gott selbst, der durch diesen Tod Sühne schafft; Gott identifiziert sich mit dem Gekreuzigten. Und schließlich drittens: Diese Sühne hat universale Wirkung, was in προέθετο ebenso zum Ausdruck kommt wie durch den Kontext VV 23f.

Ein weiteres Problem ist das Verständnis von διὰ πίστεως[542]. Am nächsten liegt, darin eine im Formelstil verkürzte Wiederholung von διὰ πίστεως Ἰησοῦ Χριστοῦ V 22 zu sehen. Doch dann liegt die Wendung quer gegen den Duktus des Satzes, der von Gottes Heilsaktion, nicht von ihrer menschlichen Aneignung spricht. Man könnte sie so kaum anders denn als gewaltsame paulinische Einfügung verstehen, durch die der Gedanke von V 22 zur Aussage der Formel hinzugebracht wird, und dies als einen besonders augenfälligen Beweis dafür werten, daß Paulus die Gottesgerechtigkeit als Glaubensgerechtigkeit interpretiere und die kultische Vorstellung kritisch der Herrschaft des Glaubensbegriffes unterwerfe[543]. Nun haben wir jedoch V 22 so aufgefaßt, daß mit διὰ

---

[539] Der Grundsatz: »Alle Toten werden durch ihren Tod gesühnt« findet sich explizit erst in rabbinischer Überlieferung; vgl. Sifr Num § 112 zu 15,31 bei Kuhn, K. G., Römer 6,7, ZNW 30 (1931) 305–310; Büchsel, ThWNT III 313. Doch ist seine Geltung uralt, sofern es sich um eine Konsequenz des Tat-Er-

gehen-Zusammenhangs handelt.
[540] Lohse, Märtyrer 152.
[541] Dagegen mit Recht Stuhlmacher, Exegese 328; auch Hahn, Hoheitstitel 61 Anm. 3.
[542] Die Wendung fehlt in A.
[543] So wird die Wendung von vielen Exegeten interpretiert, auch unabhängig von literar-

πίστεως der Glaube primär nicht als die Haltung des empfangenden Menschen gemeint ist, sondern als das Heilsvertrauen auf Christus, den Gekreuzigten (πίστις Ἰησοῦ Χριστοῦ), und in diesem Sinne zugleich als das Mittel, durch das die Gottesgerechtigkeit unter allen Glaubenden zu ihrer Wirkung kommt (vgl. Gal 3,23). In *diesem* Sinne stellt sich der Ausdruck in V 25 nun keineswegs quer gegen den theo-logischen Duktus des Satzes, wiewohl Paulus ihn sehr wahrscheinlich allererst eingefügt hat. Er will dann – gerade durch den Einschub zwischen den zusammengehörigen Gliedern der Sühneaussage ἱλαστήριον und ἐν τῷ αἵματι αὐτοῦ – betonen, daß das Sühnehandeln Gottes im Tode Christi allen Menschen den Glauben eröffnet und alle Menschen als Glaubende erreicht.

Eine andere Interpretation hat A. Pluta[544] zur Diskussion gestellt. Er will πίστις im Kontext der vorpaulinischen, liturgisch-eucharistischen Formel VV 24–26a im Sinne einer in LXX häufigen Bedeutung als Bundestreue Gottes (אמת) verstehen[545]. Paulus selbst habe die Aussage der Tradition im gleichen Sinne aufgefaßt; das sei daran zu erkennen, daß πίστις als »Glaube« sowohl im Kontext (VV 22.26) als auch sonst durchweg durch seinen Gegenstand bestimmt ist, in V 25 dagegen ohne solche Genitiv-Bestimmung steht. Da nun Gott Subjekt ist, müsse auch διὰ πίστεως auf ihn bezogen aufgefaßt werden. 3,3 (πίστις θεοῦ) sei die nächste Parallele und zeige, daß Paulus sehr wohl diesen LXX-Sprachgebrauch kenne. Diese Deutung ist nicht einfach von der Hand zu weisen[546]. Daß »Gerechtigkeit« und »Treue« Gottes nahe beieinanderliegen, ist oben zu 3,3 bereits gesagt worden. Eine Parallele – einschließlich des Sühnemotivs – wäre 1Joh 1,9: ἐὰν ὁμολογῶμεν τὰς ἁμαρτίας ἡμῶν, πιστός ἐστιν καὶ δίκαιος, ἵνα ἀφῇ ἡμῖν τὰς ἁμαρτίας καὶ καθαρίσῃ ἡμᾶς ἀπὸ πάσης ἀδικίας. V 25b würde dann διὰ πίστεως explizieren, und innerhalb des Satzduktus hätte die Wendung eine sinnvolle und gewichtige Funktion[547]. Dagegen spricht jedoch, daß πίστις in V 22 und V 26 dann eine andere Bedeutung hätte als in V 25, was jedenfalls Paulus nicht zuzutrauen ist. διὰ πίστεως kann deswegen im paulinischen Kontext nur als eine verkürzende Wiederholung von διὰ πίστεως Ἰησοῦ Χριστοῦ gemeint sein. Zu erwägen wäre allenfalls, ob wegen der oben herausgestellten formalen Struktur des Traditionsstückes, in der διὰ πίστεως deutlich seine zugehörige Stellung hat, dieser Ausdruck im Kontext der Tradition im Sinne von »in Treue« gemeint war und von Paulus von V 22 her als »Glaube« aufgefaßt worden ist.

Die Sühne im Tod Christi geschah »zum Erweis der Gerechtigkeit Gottes«. ἔνδειξις meint nicht einen logischen Beweis, sondern den Taterweis[548]. Der

---

kritischen Analysen; vgl. z.B. Büchsel, ThWNT III 321: »Durch den Glauben, den er erweckt, ist Jesus das ἱλαστήριον«; Michel 109 (»Kampfformel«); Lohse, Gerechtigkeit Gottes 220f; Kertelge, Rechtfertigung 82; Kuss 157; Conzelmann, Grundriß 243; Käsemann, Verständnis 100.
[544] Pluta, Bundestreue 45–56.106f.105–111.
[545] Vgl. z.B. Dtn 32,4 (πιστός neben δίκαιος); 1Regn 26,23 (τὰς δικαιοσύνας καὶ τὴν πίστιν αὐτοῦ); ψ 32,4; im ganzen 18mal

in LXX (Pluta, ebd. 51 Anm. 17).
[546] So Lohse, Gerechtigkeit Gottes 221 Anm. 29. Käsemann 90f erwähnen die These von Pluta überhaupt nicht.
[547] Dagegen freilich Wengst, Christologische Formeln 88 Anm. 7.
[548] Vgl. bei Paulus Phil 1,28 und besonders 2Kor 8,24; ferner ἐνδείκνυσθαι Röm 2,15; 9,17.22; und so durchweg in der nachpaulinischen Literatur. Vgl. dazu Kümmel, πάρεσις 263, der mit Recht εἰς ἔνεδειξιν mit πεφανέρωται V 21 verbindet (ebd. 269).

Sünde aller Menschen hat Gott nicht in seinem Zorn, sondern in seiner heil-schaffenden Gerechtigkeit entsprochen, indem er in Christi Kreuz Sühne schuf.

δικαιοσύνη θεοῦ ist hier also wie in V 21; 1,17 genitivus subjectivus. Das ist auch allgemein anerkannt; doch in welchem Sinne hier von Gottes Gerechtig-keit die Rede ist, ist bis heute umstritten. Während V 25b früher so interpre-tiert wurde, daß Paulus darin unterstreiche, Gott habe seine richterliche, Ge-rechtigkeit fordernde und Ungerechtigkeit strafende Gerechtigkeit keineswegs aufgegeben, aber die gerechte Strafe für die Sünden der Menschen statt an ih-nen selbst vielmehr an Christus vollstreckt[549], spricht R. Bultmann dieses Ver-ständnis der vorpaulinischen Tradition zu und sieht in V 26 eine paulinische Korrektur[550]; Aber nichts im Kontext spricht für ein von VV 21f.26 verschie-denes Verständnis der δικαιοσύνη θεοῦ als forensischer iustitia distributiva. Dieses Mißverständnis rührt her von einem juristischen Sühneverständnis, das von Anselm v. Canterbury grundgelegt worden ist als Verstehenshorizont, unter dem im germanischen Zentrum der mittelalterlichen Theologie das bi-blisch-christologische Sühne-Zeugnis aufgrund der ererbten griechisch-römi-schen Denktradition allein rezipierbar war. Gott erscheint so als durch die Sünde Beleidigter, der in seinem gerechten Zorn Sühne als Satisfaktion fordern muß. Da aber die Menschen als die Schuldigen dazu nicht imstande sind – die Anklage Röm 1–3 wurde also bitter ernst genommen –, kann Gott ihnen stante iustitia sua das Heil nur zuwenden, wenn *zuvor* – durch Stellvertretung des Deus-homo – seinem Zorn Genüge getan ist[551]. So wird das Kreuz Christi als

[549] So zuletzt noch Ridderbos, Paulus 123–125; vgl. ferner die bei Kümmel, πάρεσις 260 Anm. 1 und Zeller, Sühne 59 Anm. 50 ge-nannte Literatur.

[550] Bultmann, Theologie NT 49; ΔΙΚΑΙΟ-ΣΥΝΗ 471: »Zum Erweis seiner richterlichen Gerechtigkeit«. Ebenso Thyen, Studien 165; Klein, Gottes Gerechtigkeit 5f; Conzelmann, Grundriß 242f.

[551] Greshake, G., Erlösung und Freiheit. Zur Neuinterpretation der Erlösungslehre Anselms von Canterbury, TThQ (1974) 323–345, macht freilich vehement darauf aufmerksam, daß dieses verbreitete, durch Ritschl in der pro-testantischen Theologie verfestigte Verständ-nis der Anselmschen Satisfaktionslehre nur auf deren »Umformung« seit dem Skotismus und Nominalismus zutreffe, nicht aber auf Anselm selbst, da dieser erstens die Ehre Gottes unter dem Horizont der germanischen Idee des honor als gesellschaftlichen Ordnungsfaktors ver-standen habe, weswegen auch Satisfaktion die Wiederherstellung dieser Ordnung meine, nicht aber die der verletzten ›privaten‹ Ehre Gottes. Zweitens komme Anselms Verständnis der justitia Dei von daher dem biblischen Ver-ständnis der Bundesgerechtigkeit sehr nahe; und drittens ziele die Lehre von der Erlösung durch den Deus-homo auf die Wahrung der Freiheit des Menschen als Gottes Bundespart-ner (nach der germanischen Gefolgschafts-idee). So unbestreitbar es nun aber ist, daß bei Anselm justitia und misericordia Dei »un-trennbar miteinander verbunden sind« (342 unter Hinweis auf Cur Deus homo I 24 und Prologion 9), so sehr ist doch zu beachten, daß angesichts der Sünde des Menschen Gottes Barmherzigkeit nur dadurch zum Zuge kom-men *kann*, daß Gottes Gerechtigkeit Genüge getan wird, beide also unter diesem entschei-denden Gesichtspunkt als *unterschieden* ge-dacht sind. Und so wichtig und erhellend der Hinweis auf den Gedanken der Weltordnung ist, so gravierend zeigt doch eben gerade die Herausstellung der Bedeutung der menschli-chen Freiheit als Skopos der Anselmschen Konzeption von »Cur Deus homo«, wie total die Erlösung als Satisfaktion eben nicht als Gottes Heilstat, sondern als Tat des Menschen im *Gegenüber* zu Gott gedacht ist, wenngleich es faktisch allein der *Gott*-Mensch ist, der sie stellvertend für die Menschen vollbringen kann. Schließlich darf man nicht verkennen, wie bei allem Einwirken germanischen Ord-

Voraussetzung der Rechtfertigung durch Gott verstanden. Röm 3,25 sagt aber, daß die Rechtfertigung *durch Christi Tod selbst* verwirklicht ist, indem sich *Gottes* Gerechtigkeit darin erwiesen hat, daß er zugunsten der Sünder Christus nicht ihre Schuld auf sich nehmen, sondern die *Wirklichkeit* ihrer Sünde an Christus zum Austrag kommen ließ. Die Kategorien der Sühne-Aussage sind nicht juristische, sondern kultische. Sie setzen die jüdische Grundauffassung von der Sünde als auf das Geschick des Sünders zurückschlagender geschichtlicher Tat-Wirklichkeit und von Sündenvergebung als Befreiung von dieser bösen Wirklichkeit durch stellvertretendes Auf-Sich-Nehmen voraus. Die Vorstellung ist jedoch dadurch radikalisiert und vertieft, daß nicht das Leben eines Tieres für das verwirkte Leben der Sünder eintritt, sondern das Leben Christi, und daß Gott nicht im Hintergrund, sondern als selbst Handelnder im Zentrum des Sühneaktes steht. So wird dieser zum Erweis seiner Gerechtigkeit, als seiner heilschaffenden Bundesgerechtigkeit, die alle Menschen als Sünder ihr zueignet, indem sie ihre Sünde durch die Sühne in Christi Tod *aufhebt*.

Statt des sonst durchweg festen Ausdrucks ἄφεσις ἁμαρτιῶν ist in V 25b von πάρεσις τῶν προγεγονότων ἁμαρτημάτων die Rede. πάρεσις wird hellenistisch häufig im Unterschied zu ἄφεσις als »Hingehenlassen, Ungestraftlassen«[552] aufgefaßt, bedeutet aber in allen Belegen durchweg »Erlaß«[553]. Gleichwohl muß erklärt werden, warum hier dieses im Kontext von Sündenerlaß ungebräuchliche Wort steht. Eine juristische Nuancierung scheidet wegen des kultischen Charakters der Sühneanschauung in V 25 aus[554]. Die gewiß intendierte Unterscheidung von ἄφεσις ἁμαρτιῶν dürfte vielmehr darin zu suchen sein, daß dieser Topos auf den individuellen Aspekt der Bekehrung festgelegt ist[555], hier dagegen ein universal-heilsgeschichtlicher Aspekt dominiert[556]. Die προγεγονότα ἁμαρτήματα sind alle Fehlhandlungen, die vor dem Sühnetod Christi geschehen sind[557]. Darum darf διά auch nicht kausal oder instrumental verstanden werden, wie dies an sich sprachlich möglich wäre[558], sondern drückt das Ziel aus, das Gott bei diesem Erweis seiner Gerechtigkeit im Auge hatte[559].

26   Die parallele Struktur in V 25a.b schließt aus, ἐν τῇ ἀνοχῇ τοῦ θεοῦ als Nä-

nungs- und Gefolgschaftsdenkens nun doch die benutzte *Terminologie* römischer Herkunft ist, deren Logik in deren Rezeption keineswegs so verschwindet, wie es nach der sehr einseitigen Darstellung von Greshake erscheint. Im übrigen ist zur Wirkungsgeschichte der Exegese von Röm 3,25 im Sinne der Satisfaktionslehre nicht so sehr Anselms originales Verständnis als vielmehr deren spätmittelalterliche Interpretation von Bedeutung.

[552]   So repräsentativ Pr-Bauer 1242; von den Kommentatoren besonders Michel 109f, der πάρεσις als »Aufschub« auffaßt und analog der rabbinischen Lehre interpretiert, daß Gott die während des Jahres begangenen Sünden speichere, um sie am jom kippur zu sühnen (Jos 8,8); ebenso jetzt Schlier 112f unter Hinweis

auf Xenoph eq Mag 7,10 und Jos Ant 15,3.2. Gegen dies Verständnis Lyonnet, Notes 60f.
[553]   So nach Lietzmann 51 besonders Kümmel, πάρεσις 262f.
[554]   Gegen Käsemann 91, der die Wortwahl so erklärt, daß mit πάρεσις »die juridische Nuance stärker als durch das bereits abgeschliffene ἄφεσις betont werden sollte«.
[555]   So interpretiert Schweitzer, Mystik 215; Mundle, Glaubensbegriff 88.
[556]   So mit Recht Käsemann 91.
[557]   So mit Recht Kümmel, πάρεσις 262f; Zeller, Sühne 72.
[558]   Zu διά c. acc = διά c. gen. vgl. z. B. 8,28. So versteht zuletzt Käsemann 92.
[559]   So nach Lietzmann 51 besonders Zeller, Sühne 60f mit Anm. 58 (Literatur), der auf

herbestimmung zu προγεγονότων ἁμαρτημάτων aufzufassen und temporal zu verstehen: »in der Zeit der Geduld Gottes«[560]. Zwar kann für dieses Verständnis auf 2,4 verwiesen werden, wo die ἀνοχή den Sündern durch *Zurückhalten* des Zornes den Weg zur Umkehr offenhält; und V 26a ließe sich dann gut als Fortführung verstehen: In der Gegenwart ist die Periode der »Geduld« Gottes beendet, jetzt hat Gottes Gerechtigkeit sich im Tode Christi durch volle Vergebung erwiesen, in der Gottes Zorn *aufgehoben* ist[561]. Doch wiewohl in apokalyptischer Tradition der Gedanke verbreitet ist, daß Gottes Güte und Langmut in der vor-eschatologischen Gegenwart seinen eschatologischen Zorn keineswegs ausschließt, vielmehr für alle Unbußfertigen um so unausweichlicher heraufführt (9,22!)[562], so ist doch wegen dieser Zuordnung der Geduld und Langmut Gottes zu seinem Zorngericht nirgendwo von eschatologischer Vergebung für die, die die Geduld Gottes zunächst verschonte, die Rede. Wohl aber gibt es eine Traditionslinie, die im Kontext der Exhomologese unter Berufung auf Ex 34,6f Vergebung der voll eingestandenen Sünden *durch* Gottes Güte und Langmut und Geduld erbittet[563]: Κύριος ὁ θεὸς οἰκτίρμων καὶ ἐλεήμων, μακρόθυμος καὶ πολυέλεος καὶ ἀληθινός, καὶ δικαιοσύνην διατηροῦν καὶ ποιῶν ἔλεος εἰς χιλιάδας, ἐξαιρῶν ἀνομίας καὶ ἁμαρτίας. Vgl. besonders Neh 9,16f (»Gott der Vergebung«); ψ 77,38 αὐτὸς δέ ἐστιν οἰκτίρμων καὶ ἱλάσεται τὰς ἁμαρτίας αὐτῶν . . . τοῦ ἀποστρέψαι τὸν θυμὸν αὐτοῦ καὶ οὐχὶ ἐκκαῦσαι πᾶσαν τὴν ὀργὴν αὐτοῦ; Esr 9,13.15 (vom »Rest der Geretteten«); Dan 9,9 (Gottes Gerechtigkeit als sein Erbarmen); ψ 102,8–18; 144,7–9; 1QS 1,18–2,1; 11,13–15; 1QH 17,17f; 7,34f; 10,14–21; 11,3–14.29–32; 14,23f; 16,8f.17,20f; 4QBt 6,2; 4Esr 8,31–36. Aus diesem reichen Material wird deutlich, daß an Gottes Geduld und Langmut nicht mehr als gütiges Hinausschieben seines Zornes, sondern als an sein Erbarmen appelliert wird, das unmittelbar als Wirkung seiner Bundesgerechtigkeit dem Sünder Vergebung seiner Sünden gewährt. Von daher ist es überlieferungsgeschichtlich durchaus möglich, ἐν τῇ ἀνοχῇ τοῦ θεοῦ als selbständiges drittes Glied der Aussage V 25b aufzufassen: Gott hat seine Gerechtigkeit darin erwiesen, daß er durch seine Geduld die zuvor begangenen Sünden vergeben hat[564].

πρὸς τὴν ἔνδειξιν nimmt εἰς ἔνδειξιν V 25b auf; aber in welchem Sinn? Aus der gegebenen Deutung von ἐν τῇ ἀνοχῇ τοῦ θεοῦ folgt, daß eine Weiterfüh-

---

Phil 3,8 hinweist, wo διά c. acc. durch den folgenden ἵνα-Satz expliziert wird. Ebenso jetzt Schlier 113.

[560] So nach Lietzmann 48 Kümmel, πάρεσις 267.

[561] Michel 109: »Der Karfreitag tritt als eschatologisches Ereignis an das Ende der alten Weltzeit und beendet die Periode der Geduld.« Ebenso Schlier 113, der entsprechend V 26a so interpretiert, daß nun »die Zeit der Entscheidung« gekommen sei (114): »Am Verhältnis zur Gnade wird auch das Gericht Gottes kon-

kret« (113) – eine eklatante Fehldeutung. Denn das Gerechtsein Gottes in V 26b meint nicht sein Walten als »gerechte(r) Richter« (114), sondern sein Sein in der Heilstat seiner Gerechtigkeit von V 25.

[562] Zeller, Sühne 62–64 verweist als Parallele auf sBar 48,29 und besonders 4Esr 7,74.

[563] Dieser Aufweis ist Zeller, ebd. 64–70 zu verdanken, dem sich Käsemann 92 anschließt.

[564] Gegen Kuss 161, der ebendies für unmöglich erklärt.

rung von der Vergangenheit zur Gegenwart ausgeschlossen ist; erst recht aber eine gegenüber V 25 veränderte Bedeutung von δικαιοσύνη θεοῦ. V 26 ist keine Korrektur der traditionellen Aussage in V 25, so als sei im Gegensatz zur iustitia distributiva nunmehr von dem eschatologischen Heilshandeln Gottes die Rede. Bereits das Traditionsstück V 25 spricht ja von der Sühne im Tode Christi als der Heilsinitiative der Gerechtigkeit Gottes in der Gegenwart. ἐν τῷ νῦν καιρῷ V 26 unterstreicht das nur von V 21 her: In die Gegenwart als die Zeit des noch anhaltenden Äon (vgl. 8,28) ist die Offenbarung der Gerechtigkeit Gottes, ihr Erweis in Christi Sühnetod und in ihrer Wirkung als Vergebung der Sünden, gleichsam eingebrochen[565]. V 26a wiederholt also die Aussage der Tradition mit dem Ziel ihrer pointierten Auswertung in V 26b. εἰς c.inf. hat konsekutive Bedeutung und »bezeichnet das Ziel . . . der Aussage des ganzen Satzes« VV 25f[566].

Der Erweis der Gottesgerechtigkeit besteht darin, daß Gott gerecht ist, indem er[567] jeden Sünder aufgrund des Glaubens an Jesus gerecht macht. Daß Gottes Gerechtigkeit dort Bestand hat, wo alle Menschen ihr entgegenstehen (3,4), war im Kontext von 3,1–4 noch nicht explikabel, sondern mußte lediglich gegen den Einwand, daß Gott ungerecht sei, verteidigt werden (3,5f). Jetzt erst kann Paulus erklären, inwiefern seine emphatische Behauptung 3,4 zutrifft: Gott in seiner Gerechtigkeit wendet sich nicht vom Sünder ab, läßt ihn nicht seinem Zorngericht verfallen, sondern macht den Ungerechten gerecht[568], und zwar nicht ἐξ ἔργων νόμου – denn diese Möglichkeit der Rechtfertigung ist passé –, sondern einzig ἐκ πίστεως Ἰησοῦ[569].

Ἰησοῦ steht betont am Schluß. Nicht durch Glauben überhaupt, sondern durch Glauben an Jesus[570], das heißt: durch Glauben an Gott, der seine Gerechtigkeit im Sühnetod Christi erwiesen hat, erlangt der Sünder Gerechtigkeit. Zu der Ellipse τὸν ἐκ πίστεως Ἰησοῦ (vgl. 4,16; Gal 3,7.9) ist δίκαιον hinzuzudenken[571]: Nur der aus Glauben an Jesus Gerechte ist es, den Gott als seiner Gerechtigkeit entsprechenden Gerechten anerkennt. Daß der Gerechtigkeit Gottes die der Menschen entsprechen muß, ist der jüdische Grundsatz,

---

[565] So mit Recht Kertelge, Rechtfertigung 83; Zeller, Sühne 72f; Schrage, Römer 3,21–26,83f; Käsemann 92.

[566] Kertelge ebd. 84 Anm. 102.

[567] καί hat explikativen Sinn, vgl. Blackman, C., Romans 3,26b: A Question of Translation, JBL 87 (1968) 203f; Schrage, Römer 3,21–26,87; Käsemann 93. Im westlichen Text fehlt καί zum Teil (G, Ambrosiaster, Augustin).

[568] Vgl. die Sachparallele 1Joh 1,9! Zeller, Sühne 77 vergleicht ferner 3Makk 2,19; Bar 3,5, wo jeweils um Vergebung ausdrücklich in der Gegenwart der Gemeinde (κατὰ τὴν ὥραν ταύτην, par. ἐν τῷ καιρῷ τούτῳ) gebetet wird. Er hält darum ebd. 73–75 auch V 26 für zur vorpaulinischen Formel gehörig.

[569] Die Auslassung von Ἰησοῦ in G e f g ist nach Lietzmann 51 marcionitischem Einfluß zuzuschreiben. Die Auffüllung zu Ἰησοῦ Χριστοῦ in bo, einigen Lateinern, pesch., Theod. und Minuskeln ist Angleichung an V22; Ἰησοῦν in D L 33 al. Cl. ein alter Schreibfehler.

[570] Natürlich ist hier ebensowenig wie in V22 der Glaube Jesu gemeint; gegen Schmidt 72.

[571] Die meisten Kommentatoren ergänzen stillschweigend ὄντα, entsprechend οἱ ἐκ περιτομῆς 4,12 und οἱ ἐκ νόμου (4,14.16). Doch ist das Erste ein Partitivus; bei οἱ ἐκ νόμου dagegen ist entsprechend δίκαιοι zu ergänzen wie bei οἱ ἐκ πίστεως.

von dem aus 3,1ff der Partner gegen Paulus polemisiert hat. Von Gott her bejaht Paulus ihn mit aller Leidenschaft – von den Menschen her sieht er ihn dagegen aufgehoben; durch ihre Sünde widersprechen alle der Gerechtigkeit Gottes. Nun hatte aber die These 1,17 von der Gerechtigkeit aus Glauben gesprochen. Dies hat Paulus jetzt 3,21–26 begründet, mit dem Ergebnis, daß es der
Glaube an den gekreuzigten Christus ist, durch den *Sünder* gerecht *werden*.
τὸν ἐκ πίστεως Ἰησοῦ ist also Explikation von ὁ δίκαιος ἐκ πίστεως. Zugleich entspricht die generell-singularische Formulierung (vgl. 3,4 πᾶς
ἄνθρωπος) der generell-pluralischen in V 22 und 23f. Der Artikel meint also
»jeden« (vgl. 1,16 παντὶ τῷ πιστεύοντι). Von einer gezielten Konzentration
der Rechtfertigung auf den einzelnen[572] dagegen sagt der Text nichts.

Der Abschnitt hat zentrale Bedeutung im Gedankengang des ersten Teiles des   Zusammen-
Römerbriefes. Paulus führt hier in äußerst gedrängter Form die These 1,17   fassung
aus, in der er den Inhalt des »Evangeliums« als »Offenbarung der Gottesgerechtigkeit« benannt hat. Wir haben es in 3,21–26 mit der »Basis« des Römerbriefes zu tun. Alles Folgende ist Explikation.
Will man den Gedanken des Paulus richtig verstehen, so hat man folgende fünf
Aspekte zusammenzudenken:
1. Das Heil, das im Evangelium verkündet wird, besteht in der Rechtfertigung des Sünders durch *Gottes* Tat. *Nur* als solche gibt es Heil; jedwede Voraussetzungen auf seiten des Menschen, durch die sein Heil mitbedingt wäre,
sind nichtig. Denn weil alle Menschen ausnahmslos Sünder sind, ist eine
Rechtfertigung des Gerechten aufgrund von Werken der Gerechtigkeit ausgeschlossen. Auch auf die Zeichen der Erwählung Israels, Gesetz und Beschneidung, kann sich kein Jude berufen; diese Zeichen zeugen gegen ihn, es ist ihm
unmöglich, aufgrund ihres Besitzes einen Heilsstatus in Anspruch zu nehmen,
in welchem jüdische Sünder gegenüber heidnischen privilegiert wären. Insofern ist die harte Bestreitung heilsgeschichtlichen »Rühmens« 2,17ff im Evangelium der Rechtfertigung inkludiert und bleibt darin grundsätzlich wirksam.
Der Sache nach kann sich darum auch keinerlei entsprechendes christliches
»Rühmen« vor dem Evangelium behaupten: Es gibt weder eine »Mitwirkung«
zum Heil, wie sie in der Alten Kirche die Pelagianer und im Mittelalter vor allem die Nominalisten aus der sittlichen Beteiligung des freien Willens im
Glaubensakt, oder wie sie die spätmittelalterliche Bußlehre aus der religiösen
Beteiligung des Frommen herleitete. Ebensowenig gibt es aber auch eine ›Mitwirkung‹, wie sie der Mensch der Moderne aufgrund der Autonomie seiner
moralischen Vernunft für geboten und erreichbar hält. Zwar hat Paulus natürlich nicht voraussehen können, wie seine antijudaistische Auslegung des Evangeliums der Sache nach viele Tendenzen in der nachfolgenden zweitausendjäh-

---

[572] Vgl. repräsentativ Conzelmann, Grundriß 243: »Der Glaube führt in die Vereinze-
lung; diese ist die Bedingung der Universalität
des Heiles.« Richtig dagegen Käsemann 94:
»Die göttliche Gerechtigkeit übergreift das
Bundesvolk, gilt jedem Glaubenden an den Jesus, welcher der Gekreuzigte ist.«

rigen Geschichte des Christentums mittrifft; aber wer den *Gedanken* des Paulus *als solchen* erfaßt, wird ex eventu all diese verschiedenen, bis in unsere Gegenwart reichenden Aspekte und Motive einer Selbstbefreiung des Menschen aus seiner Entfremdung als dem Evangelium ebenso widerstreitend zu erkennen haben wie die in Röm 2 von Paulus bestrittene καύχησις des Juden. Darin liegt die Wahrheit der augustinisch-reformatorischen Rezeption der paulinischen Rechtfertigungslehre, die gegenwärtig von der katholischen wie evangelischen Theologie gegenüber den vielerlei kollektiven und individuellen Selbsterlösungsansprüchen in unserer Zeit übereinstimmend vertreten wird[573].

2.   Daß Gott in seiner Gerechtigkeit die Sünder von ihrer Sünde befreit, darauf beruht die absolute Heilsgewißheit des Glaubenden, der – Gott sei Dank! – eben nicht auf sich selbst vertrauen muß, sondern auf die schöpferische Kraft der Gottesgerechtigkeit. Der Glaube, zu dem das Evangelium ermutigt, ist also keineswegs dasjenige ›Werk‹ des Menschen, das im Christentum an die Stelle der Gesetzeswerke tritt. Der Glaube als Akt des Menschen besteht gerade darin, daß der Mensch *angesichts* dessen, was er in seiner Sünde *selbst* angerichtet hat, *Gott* das Heil als Überwindung der Sünde vollauf konkret zutraut. Aber dieses Zutrauen als solches, sofern der Mensch darin all seinen Willen zur Selbstverwirklichung, all sein Zutrauen zur eigenen Kraft preisgibt und sich zu totaler Passivität gegenüber der Kraft Gottes als Gnade entschließt, ist nicht die Bedingung seiner Rechtfertigung – darin wäre der Glaube immer noch auf sublime Weise als ›Werk‹ begriffen. Die paulinische These der christlichen Gerechtigkeit als Glaubensgerechtigkeit macht nicht den Glauben in diesem Sinne zur Bedingung der Rechtfertigung, sondern sie ermutigt den Sünder inmitten seiner Sünde zur Erkenntnis und Anerkenntnis dessen, daß *Gott* die Sünde der Welt – und darin auch meine Sünde – durch das Werk seiner Gnade überwunden *hat*. Zum Glauben bedarf es nichts als des Zutrauens zu Gott, sich die Ge-

---

[573] Es gibt zwar gute Gründe, den modernen Autonomiegedanken als Konsequenz des fundamentalen christlichen Freiheitsgedankens in seiner *allgemeinen* Geltung zu verstehen. Unter diesem Aspekt interpretiert z. B. Rendtorff, T., Menschenrechte und Rechtfertigung. Eine theologische Konspektive, in: Der Wirklichkeitsanspruch von Theologie und Religion, FS Steinbach zum 70. Geburtstag, hrsg. Henke, Kehrer, Schneider-Flume, Tübingen 1976, 161–174 den Gedanken der Menschenrechte als in der Rechtfertigung begründeten, ihre Universalität zur Geltung bringenden Rekurs auf eine den bestehenden politisch-gesellschaftlichen Mächten moralisch überlegene Instanz, die ihre Kraft gerade daraus zieht, daß die Freiheit nicht von Menschen allererst zu schaffen, sondern daß sie ihnen von Gott gegeben ist, und daß »es keine wahre Freiheit unter den Menschen gibt, die nicht die Schwäche der Menschen miteinschließt« (ebd. 172). Es ist jedoch nicht zu verkennen, daß Feiheit in der Regel als Autonomie des Menschen unter Ausschluß der Herrschaft Gottes, und diese als Widerspruch gegen jene, verstanden zu werden pflegt. Auch dort, wo das nicht der Fall ist, herrscht die Tendenz vor, Gott nur in der Funktion des Garanten der Idee der Freiheit zu benennen, deren Realisierung allein dem Menschen zufalle. Im Blick darauf ist es theologisch ungenügend, die Sünde lediglich als Schwäche des Menschen im Blick auf die Realisierung der Freiheit aufzufassen, statt als Wirklichkeit der Entfremdung, so daß die Erlösung von der Sünde, da sie von den Menschen nie wirklich realisiert werden kann, lediglich ein abstrakt-unwirkliches Postulat bleiben muß. *Diese* sozialethische Auswertung der lutherischen Devise »peccator in re, justus in spe« entspricht jedenfalls nicht der paulinischen Rechtfertigungslehre; und es scheint symptomatisch, daß in dem ganzen Aufsatz wohl auf Gott, nicht aber auf das Kreuz Christi Bezug genommen wird. Vgl. jedoch Anm. 788.

rechtigkeit, die Zugehörigkeit zu ihm und seinem Heil *schenken* zu lassen. Der Glaube steht und fällt darum mit dem Werk *Gottes*, das Gott im Tod Christi vollbracht *hat*. Er ist Glaube an *Gott* in Christus, πίστις Ἰησοῦ Χριστοῦ: Durch diesen seinen ›Gegenstand‹, besser: durch diese seine *Adresse*, ist der Glaube als Glaube vollauf bestimmt.

3. Indem Paulus auf die Gerechtigkeit als Glaubensgerechtigkeit entgegen der Gerechtigkeit aus Gesetzeswerken abhebt, zielt er also nicht auf ein neues ›Prinzip‹ der Gerechtigkeit, sondern auf ein neues Heilshandeln, durch das und in Verhältnis zu dem der *Sünder* gerecht *wird*: Die *Glaubens*gerechtigkeit ist durch die Offenbarung der *Gottes*gerechtigkeit im Tod Christi, d. h., sie ist *christologisch* begründet. In der paulinischen Rechtfertigungslehre ist das eigentliche Thema die Heilswirkung des Handelns Gottes im Tod Christi. Am Kreuz Christi ist das Heil für alle Menschen als Befreiung aus der Wirklichkeit ihrer Sünde geschehen, als »Sühne«. Indem Christus in Stellvertretung für die Gesamtheit der Menschen als Sünder den Tod als die Geschickfolge ihrer Sünde auf sich genommen hat, sind sie von dieser Wirklichkeit frei geworden. Indem aber darin Gott selbst *seine* Gerechtigkeit »erwiesen«, zur Wirkung gebracht hat, sind alle, für die Christus gestorben ist, »gerecht«, Gott zugehörig geworden. Die Einheit Gottes mit dem gekreuzigten Messias und des Gekreuzigten mit Gott ist der eigentliche Grund der Rechtfertigung der Sünder. Und nur dadurch, daß Gottes Gerechtigkeit im stellvertretenden Sühnetod Christi selbst zur Wirkung kam: als Gottes Liebe zu seinen Feinden (5,8), gibt es in der heillosen Welt und für sie Heil als *Aufhebung der Sünde*.

4. Es kommt darum zum Verständnis der paulinischen Rechtfertigungslehre alles darauf an, ein gegründetes Verständnis des Sühne-Sinnes des Kreuzes in *theo*-logischem Horizont in neuer Anstrengung theologischen Begreifens zu gewinnen. Denn dem theologischen Bewußtsein der Moderne ist der biblische Sühnegedanke als Horizont der Rechtfertigung weitgehend verlorengegangen. Ihn redlich und überzeugend neu zu gewinnen ist eine entscheidende gemeinsame Aufgabe der Theologie beider Konfessionen. Wer den Sühnetod Christi als Opfer Christi *vor und für Gott* versteht, nimmt dem paulinischen Gedanken sein Herz: die Einheit Gottes mit dem für uns (*nicht*: für Gott!) Gekreuzigten. Wer den Sühne-Sinn des Kreuzes als urchristliches ›Interpretament‹ sachkritisch ausscheidet und in Jesu Tod lediglich die Offenbarung der Paradoxie dessen sieht, daß dort, wo einer sich völlig preisgibt, er sich eigentlich allererst gewinnt, versteht das Kreuz lediglich als Möglichkeit der Identifikation des Glaubenden mit Christus und verkennt seinen Sinn als die geschichtliche Wirklichkeit der Identifikation Gottes mit dem für uns Gekreuzigten. Wer den Tod Christi demgegenüber als seine Preisgabe an Gottes Herrschaft und den Glauben an den Gekreuzigten entsprechend als Unterwerfung unter die alleinige souveräne Herrschaft Gottes, als Annahme seines Gerichts und seines Urteils gnädiger iustificatio impii versteht, blendet den Charakter der Herrschaft Gottes als sich hingebende Liebe und den Charakter der Rechtfertigung als Wirklichkeit der Aufhebung der Sünde, ihre Kraft als Negation der Negation aus. Wer schließlich den Tod Christi nicht als Sühnegeschehen versteht, son-

dern nur als letzte Konsequenz der Treue Jesu für die von ihm verkündigte und vertretene ›Sache‹ der Liebe Gottes, für die er nicht nur gekämpft, sondern sogar in den Tod gegangen ist, der nimmt der Liebe Gottes ihre Kraft der realen Aufhebung der *Wirklichkeit* der Sünde aller und dem Glauben seine Kraft als konkretes Setzen auf die im Kreuz *geschehene* Versöhnung und kann den Glauben nur als Nachfolge des Glaubens *Jesu* an Gott in unbestimmte Heilszukunft hinein zur Geltung bringen. Der Glaube nach paulinischem Verständnis setzt aber deswegen und daraufhin auf Gott, weil Gott im Sühnetod Christi die Sünde der Welt aufgehoben *hat*. Dies ist in der sprachlichen Unterscheidung zwischen Glaubensgerechtigkeit und Gottesgerechtigkeit gemeint. Wer die δικαιοσύνη θεοῦ nur als die von Gott geschenkte *Gabe* der Gerechtigkeit begreift und nicht als die Heils*macht* Gottes, durch deren Kraft die Entfremdungs-Wirklichkeit der Welt real aufgehoben und Glaubensgerechtigkeit *begründet* worden ist, reduziert die Christologie auf christliche Anthropologie, Gott auf seine Gabe, den Glauben an Gott auf den Glauben an seine Gabe.

5.   Die Offenbarung der Gerechtigkeit Gottes als seine Liebe ist im Zusammenhang alles Handelns der Gottesgerechtigkeit in der Erwählungsgeschichte Israels geschehen; ebendas ist der Sinn der Rede vom Kreuz Christi als Erweis der Gerechtigkeit Gottes, welcher Begriff seit frühester Überlieferung Israels die Kraft des Heilshandelns Jahwes benennt. Darum bedarf die christliche Rechtfertigungsverkündigung des Alten Testaments als ihres »Zeugen«, d. h. als ihres hermeneutischen Horizonts. Ohne den Bezug auf die im Alten Testament bezeugte Geschichte der Heilstaten Jahwes ist die christliche Rechtfertigung als die letzte, umfassende und größte dieser Heilstaten des einen Gottes nicht zu verstehen[574].

Exkurs: »Gerechtigkeit Gottes«

Literatur: Aalen, S., En eksegese av Rom 1,16–17, med saerlig hinblikk på begrepet Guds rettfertighet hos Paulus, TTK 39 (1968) 161–176; *Becker, J.,* Das Heil Gottes. Heils- und Sündenbegriffe in den Qumrantexten und im NT, 1964 (StUNT 3); *Berger, K.,* Neues Material zur ›Gerechtigkeit Gottes‹, ZNW 68 (1977); *Bultmann, R.,* Δικαιοσύνη θεοῦ in: Exegetica 470–475; *Cambier, J.,* L'Evangile de Dieu I 66–146; *Conzelmann, H.,* Die Rechtfertigungslehre des Paulus, Theologie oder Anthropologie?, EvTh 28 (1968) 389–404; *ders.,* Grundriß der Theologie des NT 237–243; *Cremer, H.,* Die paulinische Rechtfertigungslehre im Zusammenhang ihrer geschichtlichen Voraussetzungen, Leipzig ²1909; *Gäumann, N.,* Taufe und Ethik, München 1967, 138–158; *Grundmann, W.,* Der Lehrer der Gerechtigkeit von Qumran und die Frage nach der Glaubensgerechtigkeit in der Theologie des Apostels Paulus, RQ 2 (1959/60) 237–259; *Güttgemanns, E.,* Gottesgerechtigkeit und strukturale Semantik, in: Studia Linguistica

---

[574]   Vgl. die Ausführungen unten S. 282–285
(zu 4,1–25).

Neotestamentica, München ²1973, 59–98; *Käsemann, E.*, Gottesgerechtigkeit bei Paulus, in: Exegetische Versuche und Besinnungen II, 181–193; *Kertelge, K.*, ›Rechtfertigung‹ bei Paulus. Studien zur Struktur und zum Bedeutungsgehalt der paulinischen Rechtfertigungslehre, ²1966 (NTA NS 3), 6–109; *Klein, G.*, Gottes Gerechtigkeit als Thema der neuesten Paulusforschung, in: Rekonstruktion und Interpretation 225–236; *Koch, K.*, sdq im AT, Diss. theol. Heidelberg 1953; *ders.*, ›Gemeinschaftstreue‹ im Israel der Königszeit, ZEE 5 (1961) 72–90; *ders.*, Artikel sdq in: THAT II 507–530; *ders.*, Die drei Gerechtigkeiten. Die Umformung einer hebräischen Idee im aramäischen Denken nach dem Jesaiatargum, in: Rechtfertigung, FS E. Käsemann, hrsg. J. Friedrich, W. Pöhlmann, P. Stuhlmacher, Tübingen 1976, 245–267; *Lohse, E.*, Die Gerechtigkeit Gottes in der paulinischen Theologie, in: Die Einheit des NT 209–227; *Lyonnet, S.*, De iustitia Dei in epistola ad Romanos, VD 25 (1947) 23–34.118–121; 129–144.193–203.257–263; *ders.*, De notione ›iustitia Dei‹ apud S. Paulum, VD 42 (1964) 121–154; *Müller, Chr.*, Gottes Gerechtigkeit und Gottes Volk. Eine Untersuchung zu Röm 9–11, 1964 (FRLANT 86); *Oepke, A.*, Δικαιοσύνη θεοῦ bei Paulus in neuer Beleuchtung, ThLZ (1953) 257–264; *Plutta-Messerschmidt, E.*, Gerechtigkeit Gottes bei Paulus, 1973 (HUTh 14); *Reventlow, H. Graf*, Rechtfertigung im Horizont des AT, München 1971; *Schmid, H. H.*, Gerechtigkeit als Weltordnung, Tübingen 1968; *ders.*, Rechtfertigung als Schöpfungsgeschehen. Notizen zur atl. Vorgeschichte eines ntl. Themas, in: Rechtfertigung, FS E. Käsemann, a.a.O. 403–414; *Stuhlmacher, P.*, Gerechtigkeit Gottes bei Paulus; *Zänker, O.*, Δικαιοσύνη θεοῦ bei Paulus, SSTh 9 (1932) 398–420; *Zeller, D.*, Juden und Heiden in der Mission des Paulus. Studien zum Römerbrief, 1973 (Forschungen zur Bibel 1), 163–179; *Ziesler, J. A.*, The Meaning of Righteousness in Paul, Cambridge 1972.

Wie der Ausdruck δικαιοσύνη θεοῦ zu verstehen ist, ist ein seit langem umstrittenes Problem, das in der jüngsten Diskussion in das Zentrum der Paulusexegese getreten ist. Will man zu einem gesicherten Ergebnis kommen, bedarf es besonderer methodischer Sorgfalt. Wir gehen so vor, daß wir uns zuerst den paulinischen Befund vor Augen führen, sodann einen Blick auf das außerpaulinische Schrifttum werfen und von da aus nach den traditionsgeschichtlichen Voraussetzungen fragen, um schließlich nach einer Zusammenfassung der Ergebnisse die wichtigsten wirkungsgeschichtlichen Modelle vor Augen zu führen.

1. »*Gerechtigkeit Gottes*« *bei Paulus*

Mit Ausnahme von 2Kor 5,21 findet sich δικαιοσύνη θεοῦ nur im Römerbrief, hier jedoch so zahlreich und an zentralen Stellen im Gedankengang, daß die Schlüsselbedeutung des Ausdrucks für den Gedankengang des Römerbriefs in die Augen fällt. Daß auf dem Genetiv θεοῦ der Ton liegt, ist überall klar; nicht eindeutig ist jedoch, ob Gottes eigene Gerechtigkeit gemeint ist (genetivus subjectivus) oder ob der Genetiv die Gerechtigkeit der Christen durch ihren Bezug auf Gott besonders markieren soll, sei es daß an ihre Herkunft von Gott (genetivus auctoris) oder an ihre Geltung vor Gott (genetivus objectivus bzw. relationis) zu denken ist.
Eindeutig von Gottes eigener Gerechtigkeit ist an zwei Stellen die Rede. In Röm 3,5 zeigt dies der Kontext: »Unsere Ungerechtigkeit« ist die im Rechtsstreit zwischen Gott und den Menschen erwiesene Bundbrüchigkeit (V 3) und Unverläßlichkeit jedes Men-

schen (V 4a); »Gottes Gerechtigkeit« dagegen seine entsprechend erwiesene (δικαιωθῆς V 4b) Bundestreue (V 4a). Die Substantive bezeichnen also den forensischen Tatbestand, daß Gott gerecht, alle Menschen ungerecht sind. δικαιοσύνη θεοῦ meint die
Tatsache des δίκαιος εἶναι Gottes, das durch den Rechtsspruch – als δικαιοῦσθαι –
festgestellt wird. Das ergibt sich auch aus der Frage V 5b, in der der jüdische Partner daraus die gegenteilige Konsequenz zieht, nämlich daß Gott ἄδικος sei, wenn er gegen die
Ungerechten das Zorngericht zur Wirkung bringe. Weder dieser Einwand noch die voranstehende These verstehen δικαιοσύνη im griechischen Sinn als iustitia distributiva
und entsprechend ἀδικία als ihr Gegenteil, richterliche Ungleichbehandlung, vielmehr
im alttestamentlich-jüdischen Sinn als Bundestreue und Bundesbruch[575].

Nach der zweiten Stelle, Röm 3,25f hat Gott seine Gerechtigkeit erwiesen, indem er
Christus zur Sühne gemacht hat (V 25). Paulus expliziert diese Aussage im Blick darauf,
daß also Gott gerecht *ist*, indem er τὸν ἐκ πίστεως gerecht *macht*. Von Gottes Gerechtigkeit ist hier also – im Unterschied zu 3,5 – nicht im Blick auf seine Bundestreue im
Gegensatz zu Bundesbruch und Ungerechtigkeit der Menschen die Rede, sondern als iustitia salutifera in außerordentlicher, neuer Weise: nämlich als sein Sühnehandeln im
Tod Christi, durch dessen Wirkung die Ungerechten gerecht werden.

Beide Stellen entsprechen also einander in dem Sinne, in dem die beiden Abschnitte
1,18–3,20 und 3,21–5,21 einander entsprechen. 3,5 läßt sich Paulus von seinem jüdischen Partner dazu provozieren, dem unversöhnten und unversöhnbaren Gegensatz
zwischen der Bundestreue Gottes und dem Bundesbruch aller, zwischen seiner alleinigen Gerechtigkeit und der Ungerechtigkeit aller Menschen als einer letzten, ungeheuer-
lichen Aporie ins Auge zu sehen, die nicht nur für die Heilserwartung Israels, sondern
auch für die Wirklichkeit der Gerechtigkeit Gottes selbst entsteht: Denn was ist diese als
iustitia salutifera, wenn Gott keinem seiner Bundespartner Heil, sondern nur allen Unheil wirken kann? Daß Gottes Gerechtigkeit darin *nicht* faktisch selbst zur Ungerechtigkeit, sondern als Treue zu seinen Verheißungen Bestand hat, daß Gott also in seiner
Bundesgerechtigkeit von daher keineswegs genötigt ist, seinen Erwählten Heil zu schaffen trotz ihrer Sünde, worauf der jüdische Partner mit seinem Angriff gegen Paulus
hinauswill, sondern daß Gott gerecht bleibt, indem er auch über seine Erwählten als
Bundesbrüchige das Zorngericht verhängt, das der Sünde entspricht – darauf kann Paulus hier nur thetisch bestehen. Er kann dies nicht ausführen; denn seine These bleibt absolut widersinnig, wenn nicht Gott seine Bundesgerechtigkeit als heilschaffende Gerechtigkeit in einem *neuen* Heilshandeln zur Wirkung gebracht hätte, in dem er den
aufgebrochenen Gegensatz aufgehoben und die Sünder gerecht gemacht hat. Dies sagt
Paulus 3,25f im Blick auf den Tod Christi als *Sühne*handeln *Gottes*. In 3,25f ist also die
Aporie von 3,5 voll enthalten, aber als überwundene. Die Wirkung der δικαιοσύνη
θεοῦ als Rechtfertigung des Gottlosen ist aber wirklich als die der *Bundes*gerechtigkeit
Gottes aufzufassen. Ihr neuer Begriff ist der der Liebe (5,8), die Heil schafft durch Versöhnung der Feinde.

Diese beiden eindeutig zu erklärenden Stellen sind nun ein wichtiger Ausgangspunkt
für die Deutung der übrigen Belege (1,17; 3,21f; 10,3), an denen jeweils vom Kontext
her die Möglichkeit zu bestehen scheint, δικαιοσύνη als Gerechtigkeit des homo iustificatus zu verstehen, weil nämlich die δικαιοσύνη θεοῦ als *Glaubens*gerechtigkeit bestimmt wird: 1,17a gehört ἐκ πίστεως εἰς πίστιν syntaktisch als Näherbestimmung zu
δικαιοσύνη θεοῦ; denn das Zitat 1,17b zeigt, daß Paulus auf den Charakter der Gerechtigkeit ἐκ πίστεως zielt. In der Ausführung 3,21f wird dann die δικαιοσύνη θεοῦ

---

[575]   Vgl. oben S. 165f.

von V 21 ausdrücklich näherbestimmt als διὰ πίστεως Ἰησοῦ Χριστοῦ εἰς πάντας τοὺς πιστεύοντας, V 22. Entsprechend wird 10,5f die »eigene Gerechtigkeit« von 10,3 als δικαιοσύνη ἡ ἐκ νόμου und die »Gerechtigkeit Gottes« von 10,3 als ἡ ἐκ πίστεως δικαιοσύνη erläutert, wie denn zuvor 9,30 derselbe Gegensatz zwischen Gesetzes- und Glaubensgerechtigkeit als Thema eingeführt war. Schließlich wird an beiden Stellen die Glaubensgerechtigkeit als durch Rechtfertigung der Sünder geschenkte Gerechtigkeit herausgestellt: 3,24 δικαιούμενοι δωρεάν und 10,4 εἰς δικαιοσύνην παντὶ τῷ πιστεύοντι.

An allen drei Stellen ist jedoch »Gottesgerechtigkeit« keineswegs einfach gleichbedeutend mit »Glaubensgerechtigkeit«. Das ergibt sich für 1,17 aus der Parallelität zu 1,18. Wie es der Zorn *Gottes* ist, der gegenüber der Gottlosigkeit und Ungerechtigkeit der Menschen zur Wirkung kommt, so ist es entsprechend *Gottes* Gerechtigkeit, die den Glaubenden aufgrund des Glaubens Heil (V 16) bzw. Leben (V 17b) schafft. Beidemal sind es Wirkungen Gottes, die den Menschen widerfahren; Zorn wie Gerechtigkeit Gottes werden *offenbart*[576]. Daß die Entsprechung zwischen beiden Sätzen die eines Gegensatzes ist[577], ist kein Einwand gegen das *theo*logische Verständnis sowohl von Gerechtigkeit wie von Zorn Gottes. Die Offenbarung der Gerechtigkeit Gottes im Evangelium ist von dem Modus ihrer Annahme (ἐκ πίστεως) und ihrer Adressierung (εἰς πίστιν) zu unterscheiden. Der anthropologische Aspekt ist dem theologischen logisch untergeordnet, obwohl der Skopos der Aussage – als (hier noch unausgesprochen bleibende) Antithese gegen ein anthropologisch begründetes Verständnis der Gerechtigkeit ἐξ ἔργων νόμου – sehr wohl auf der anthropologischen Bestimmung ἐκ πίστεως liegt: Dadurch, daß die Gottesgerechtigkeit nur »aufgrund des *Glaubens*« angenommen werden kann, ist gerade jede anthropologische *Begründung* der Gerechtigkeit ausgeschlossen. Das tritt noch deutlicher in der Explikation von 1,17 in 3,21f hervor: Indem Paulus hier die Bestimmung ἐκ πίστεως von 1,17 als διὰ πίστεως Ἰησοῦ Χριστοῦ präzisiert, zeigt er den Ort des Handelns der Gottesgerechtigkeit an, auf den der ihr entsprechende Glaube sich richtet: Christus als der Gekreuzigte, in dessen Sühnetod Gott seine Gerechtigkeit erwiesen hat (VV 25f). Deswegen wiederholt Paulus in der Näherbestimmung von V 21 in V 22 ausdrücklich δικαιοσύνη δὲ θεοῦ; darin wird nicht die Gottesgerechtigkeit als Glaubensgerechtigkeit näherbestimmt, sondern der Glaube an Gottes Heilshandeln in Christus als das ›Mittel‹ (διά) der darin wirksam gewordenen Gottesgerechtigkeit selbst hervorgehoben, durch das diese das von ihr geschaffene Heil als Sühnegeschehen vom Menschen angenommen wissen will. Der *theologische* Aspekt der Gottesgerechtigkeit wird *christologisch* präzisiert. Zugleich stellt Paulus 3,22 in der Explikation von εἰς πίστιν aus 1,17 als εἰς πάντας τοὺς πιστεύοντας die Universalität der Heilswirkung der Gerechtigkeit Gottes heraus, die als Rechtfertigung der Sünder (V 24) der Universalität der Wirkung des Zornes (V 23) antithetisch entspricht. Die Rechtfertigung der Sünder

---

[576] Der Einwand Conzelmanns, Grundriß 239, es seien in V 17 und V 18 verschiedene Offenbarungen gemeint, einmal als Wortgeschehen in der Verkündigung des Evangeliums, das andere Mal als kosmisches Geschehen »vom Himmel her«, überzeugt nicht; denn wahrscheinlich ist in V 18 ἐν αὐτῷ aus V 17 hinzuzudenken (vgl. oben S. 101f). Aber auch wenn das zu bestreiten wäre, ist die *Offenbarung* des Zornes vom Kontext (2,12 und besonders 4,15) her jedenfalls als ein Wortgeschehen aufzufassen; denn es ist die Funktion des *Gesetzes*, die Sünde als Sünde aufzudecken (3,20) und dem Sünder das der Sünde folgende Unheil zuzusprechen (4,15); so mit Recht Güttgemanns, Gottesgerechtigkeit 87 nach E. Jüngel, Jesus und Paulus 26.

[577] So mit Recht Güttgemanns ebd. 87–90, der jedoch zu Unrecht sowohl Gerechtigkeit wie Zorn Gottes als »anthropologischen Effekt« (89) des logisch übergeordneten göttlichen Wortgeschehens auffaßt.

ist genauso die Wirkung der Gerechtigkeit Gottes wie das Verderben die Wirkung seines
Zornes *war* (1,24.26.28).
In 10,3 erhellt der theologische Sinn von θεοῦ δικαιοσύνη nicht nur aus der Opposition zu ἰδία δικαιοσύνη, sondern vor allem daraus, daß die Juden die Gottesgerechtigkeit (wie die Güte Gottes 2,4) »verkennen«, indem sie ihre »eigene« Gerechtigkeit gegen sie »aufzurichten« bestrebt sind, und der Sinn des ἀγνοεῖν als Widerspruch gegen
Gott (opp. γινώσκειν 1,21; 1Kor 1,21; 2,8.11.14; 2Kor 8,9; Gal 2,6; 4,9) am Schluß
des Satzes ausdrücklich präzisiert wird: τῇ δικαιοσύνῃ τοῦ θεοῦ οὐχ ὑπετάγησαν.
Ähnlich kann Paulus zwar auch 6,17–20 von einem Dienstwechsel von der Sünde zur
Gerechtigkeit sprechen, doch ist der Aspekt hier ebenso theologisch, wie die Zusammenfassung 6,22 zeigt; mit der Gerechtigkeit als Dienstherrn meint Paulus Gott, wie er
mit der Ungerechtigkeit als Dienstherrn »die Sünde« als Macht im Blick hat, die den
Menschen versklavte. Selbst wenn man von daher in der θεοῦ δικαιοσύνη 10,3 die von
Gott geschenkte, durch Gott bestimmte Gerechtigkeit der Christen sehen wollte, so läge
auch so der Ton gerade nicht auf dem anthropologischen Aspekt dieser Gerechtigkeit als
der, die den Christen im Gegenüber zu den im Unglauben verharrenden Juden zukommt, sondern auf ihrer Gerechtigkeit als der Sache Gottes; denn auch die Juden haben durchaus Engagement für Gott (ζῆλος θεοῦ V 2), das jedoch als solches – nämlich
als διώκειν νόμον δικαιοσύνης – nicht κατ᾽ ἐπίγνωσιν geschieht, eben weil sie Gott in
seiner Gerechtigkeit verfehlen, indem sie ihre *eigene* Gerechtigkeit zum Kriterium ihres
Engagements für Gott machen. Paulus kann deshalb 9,31 von ihrem Nichterreichen des
Gesetzes (*Gottes*), vor allem aber 9,32f von ihrem Anstoßnehmen an *Christus* als dem
Ende des Gesetzes (10,4) sprechen. Das letztere zeigt, daß *Christus* als der ›Ort‹ der Gottesgerechtigkeit gemeint ist, der nicht durch Werke, sondern nur durch Glauben er-
reichbar ist. Eine anthropologische Auffassung müßte im Sinne des Paulus so stark den
Ort dieser christlichen Gerechtigkeit extra nos herausarbeiten, daß diese Exegese des
Satzes dann auf ebendenselben Sinn hinausläuft wie seine theologische Exegese. Dem
entspricht, daß 10,5ff das Gegenüber von »Gerechtigkeit aus dem Gesetz« und »Gerechtigkeit aus dem Glauben« geradezu personhaft wie die Rivalität zweier überindividueller
Mächte beschrieben wird. Beide sprechen zum Menschen, die eine durch das geschrie-
bene Gesetz (V 6), die andere durch das Evangelium als das lebendige Wort der Verkün-
digung (V 8), in dem *Christus* als κύριος πάντων zur Wirkung kommt (V 12). Die
Glaubensgerechtigkeit kommt auch hier also nicht als der anthropologische Sinn der
»Gerechtigkeit Gottes« zur Sprache, sondern allenfalls als deren Wirkung, diese aber
so, daß der Ton nicht auf der Wirkung im Glaubenden, sondern auf der Heilsinitiative
Gottes und der durch sie heilsgeschichtlich eröffneten Heilswirklichkeit liegt[578].
An diesen drei Stellen läßt sich der Ausdruck »Gottesgerechtigkeit« also mit guten
Gründen in entsprechender Weise theologisch (= christologisch) deuten wie in 3,5 und
3,25f. Man darf ja nicht verkennen, daß Paulus sich keineswegs bewußt ist, in 3,25f von
der δικαιοσύνη θεοῦ in einem anderen Sinn zu sprechen als in 3,21f.26. So häufig in
der Exegese eine solche Differenz auch immer wieder festgestellt worden ist[579], so feh-
lerhaft ist dies. Der Fehler liegt darin, daß 3,25 im Sinne der iustitia distributiva mißverstanden wird, eine Konsequenz des Anselmschen Mißverständnisses der Sühneaussage[580]
Daß der Genetiv θεοῦ von vielen Exegeten als genitivus auctoris verstanden wird, liegt

---

[578] Der Aspekt ist hier also ähnlich wie in Gal
3,23f, wo Paulus von der Offenbarung und
dem Gekommensein der πίστις spricht.

[579] Vgl. repräsentativ Lietzmann 50.
[580] Vgl. oben S. 195f.

daran, daß man den Ausdruck von Phil 3,9 her interpretiert. Die Parallelität zwischen dieser Stelle und Röm 10,3 ist allerdings augenfällig; beidemal ist das oppositum die eigene Gerechtigkeit (Phil 3,9 ἔχων ἐμὴν δικαιοσύνην τὴν ἐκ νόμου). Doch sollte man nicht verkennen, daß Paulus in Phil 3 den gleichen Skopos unter einem anderen Aspekt verfolgt: dem der Bekehrung. Von daher richtet sich der Blick auf die Person des Paulus selbst (›Ich‹), auf sein gegensätzliches Existenzverständnis ante fidem und in fide, und also strukturell auf das Verständnis der Gerechtigkeit des Gerechten selbst: dort als die »eigene«, durch Tun des Gesetzes selbst erworbene (V 6), hier als die »von Gott« geschenkte, in Christus »gefundene« Gerechtigkeit, die nicht durch Werke, sondern durch den Glauben begründet ist. Freilich: Auch hier ist es der Glaube *an Christus*, der die Gerechtigkeit erlangt und das Gerechtsein konstituiert. Die in der Existenz des Glaubens wirksame, sie bestimmende Macht ist die Kraft Gottes, durch die Christus von den Toten auferweckt worden ist und an der der Glaubende in der erfahrenen »Erkenntnis« des Glaubens so teilgewinnt, daß sie zu seiner Zukunft geworden ist (VV 10f vgl. VV 12–16). In dem theologisch-christologischen Inhalt des rechtfertigenden Glaubens stimmt die Stelle Phil 3,9 also mit Röm 10,3; 3,21–26 überein; im Aspekt auf die Gerechtigkeit unterscheidet sie sich von jenen, sofern Paulus hier von der Gerechtigkeit des Christen spricht, die ihm *von Gott* in Christus geschenkt ist, dort dagegen von der Gerechtigkeit *Gottes*, die den Sünder im Sühnetod Christi gerecht gemacht hat. Während er dort von Gottes Heilstat her auf den Menschen blickt, blickt er Phil 3,9 von der Gerechtigkeit des Christen aus auf deren Begründung in Gottes Heilstat.

Die einzige Stelle, an der außerhalb des Römerbriefes von der Gottesgerechtigkeit die Rede ist, ist schließlich 2Kor 5,21. Der Satz ist wahrscheinlich stark traditionell geprägt und stimmt inhaltlich mit dem ebenfalls traditionellen Satz Röm 3,25 darin überein, daß der Tod Christi als Sühnegeschehen verstanden ist[581]. Die Aussage konzentriert sich auf die Sühne als Stellvertretung: Gott hat Christus, der selbst mit der Sünde nichts zu tun hatte, an unserer Statt »zur Sünde gemacht«, indem er ihn in den Tod als die Folge *unserer* Sünde preisgab (vgl. Röm 8,32), so daß der Tod sich an Christus statt an uns auswirkte (vgl. Gal 3,13). So sind wir, von der Geschick-Wirklichkeit unserer Sünde befreit, »Gerechtigkeit Gottes geworden durch ihn«. Das kann zunächst, der Logik der Sühneanschauung entsprechend, nur heißen: unsere Sünde ist vergeben, wir sind gerecht geworden. Indem Paulus aber nicht – analog zu ἁμαρτίαν ἐποίησεν – formuliert: ἵνα ἡμεῖς γενώμεθα δικαιοσύνη, sondern θεοῦ hinzufügt, soll die durch den Sühnetod Christi erwirkte Rechtfertigung als *Gottes* Tat hervortreten: ὡς ὅτι θεὸς ἦν ἐν Χριστῷ κόσμον καταλλάσσων ἑαυτῷ (V 19). Gott, der der im Sühnetod Christi Handelnde ist, hat die Gerechtigkeit, die uns, den Sündern, dadurch zuteil geworden ist, selbst geschaffen; sie *ist* so als die *uns* zuteilgewordene Gerechtigkeit *Gottes* Gerechtigkeit (vgl. auch 1Kor 1,30). Damit verbindet sich aber auch ein christologischer Gesichtspunkt: Christus gehörte als der, »der mit der Sünde nichts zu tun hatte«, zu Gott; die Gerechtigkeit, die uns durch seinen Sühnetod erwirkt worden ist, ist von daher »Gottes Gerechtigkeit« als die *Christi*, »in dem Gott war«. Luthers Gedanke des »seligen Tausches« ist in 2Kor 5,21 der Sache nach grundgelegt. Dieser christologische und jener theologische Aspekt der Rechtfertigung gehören sachlich zusammen, insofern Gott es ist, der gerade diesen »seligen Tausch« zwischen Christi Gerechtigkeit als Sündlosigkeit und unserer Sünde als Ungerechtigkeit selbst bewirkt hat. Darum sind die Apostel Gesandte an *Christi* Statt, indem *Gott* durch sie mahnt und bittet: καταλλάγητε τῷ θεῷ (V 20). Auch an dieser – zumindest traditionell stark fundierten – Stelle

---

[581] Vgl. dazu unten S. 240.

also ist δικαιοσύνη θεοῦ nicht einfach ein Ausdruck für die christliche Gerechtigkeit; der Genetiv θεοῦ bringt diese ganz und gar als Gottes (weil Christi) Gerechtigkeit und als solche als durch Gottes Handeln im Tode Christi uns erwirkte Wirklichkeit zur Sprache.

In 2Kor 5,21 wird so die traditionelle Basis der paulinischen Rechtfertigungslehre sichtbar, die Paulus im Römerbrief durchdacht und ausgeführt hat. Im Galaterbrief fehlt dieser Aspekt noch (obwohl die Sühne-Aussage mit ihrem Stellvertretungsgedanken in Gal 3,13 vollauf wirksam ist). Die Rede von der Gottesgerechtigkeit, in der Tradition eine vereinzelte Aussage, wird erst im Römerbrief zu dem zentralen Mittel, mit dem Paulus seine im galatischen Kampf aktuell entstandene Rechtfertigungslehre reinterpretiert hat.

Von daher läßt sich das Verhältnis zwischen den Aussagen über Gottes Gerechtigkeit und den Aussagen über die Gerechtigkeit der Christen im Kontext der Rechtfertigungslehre genauer bestimmen. Daß Gerechtigkeit nicht aus Gesetzeswerken, sondern allein durch den Glauben an den gekreuzigten Christus gewonnen wird, und daß es christliche Gerechte nur als durch Gottes Gnade gerechtfertigte Sünder gibt, hat Paulus bereits im Galaterbrief vertreten und begründet. Die dort polemisch gewonnene Position will er im Römerbrief als positive ›Lehre‹, als die Wahrheit des Evangeliums schlechthin darlegen. So führt er Röm 4 aus, daß Gerechtigkeit seit Abraham ἐκ πίστεως gegeben, nicht »nach Schuldigkeit«, sondern »nach Gnade« zugerechnet, als iustificatio impii den Sündern geschenkt und nicht aufgrund von Gesetzeswerken erworben ist, als Dienst gegenüber der Gerechtigkeit, zugunsten dessen die Christen den Dienst gegenüber der Sünde quittiert haben (6,16–20) und ihrem Gefängnis entronnen sind (7,4–6). Als solche aber ist sie in der Gabe des Geistes begründet (8,10), dessen Gesetz uns frei gemacht hat von dem Gesetz der Sünde und des Todes (8,2; vgl. 14,17). Die Taten des Christen sind »Frucht der Gerechtigkeit« (Phil 1,11), als »Frucht des Geistes« (Gal 5,22) im Gegensatz zu den »Werken des Fleisches« (Gal 5,19). In diesem Sinn – im Kontext der Bekehrung – ist Rechtfertigung bereits ein Motiv vorpaulinischer Tauftradition (1Kor 6,11). Mit den »Waffen der Gerechtigkeit« kämpft der Christ (2Kor 6,11), indem er die Warnung vor Augen hat, daß Gerechtigkeit mit ἀνομία nichts gemein hat (2Kor 6,14). Gott, dessen eigene Gerechtigkeit ewigen Bestand hat, wird »die Gewächse eurer Gerechtigkeit« wachsen lassen (2Kor 9,9.10). Schließlich kann Paulus die Verkündigung des Evangeliums als διακονία τῆς δικαιοσύνης von der Gesetzesverkündigung als διακονία τῆς καταχρίσεως scharf abheben (2Kor 3,9) und seine judenchristlichen Gegner in böser Polemik Diener des Satans nennen, μετασχηματιζόμενοι ὡς διάκονοι δικαιοσύνης (2Kor 11,15).

Die in der Bekehrung als Gabe der Gnade empfangene und im christlichen Wandel durch den Geist wirksame Gerechtigkeit des Christen ist als solche und als ganze aber durch Gottes Heilstat in Christus, durch das Kreuz als Sühne für die Sünden aller, erwirkt; sie ist das Werk der Gerechtigkeit *Gottes*, die ihre Heilsmacht in der Aufhebung der Wirklichkeit der Sünde, in der Negation ihrer Negation: als iustificatio impiorum erwiesen hat. *Sie* ist es darum, auf die der Glaube an Christus eigentlich sein Heilsvertrauen setzt. Die *Glaubens*gerechtigkeit gründet in der *Gottes*gerechtigkeit.

2. Der paulinische Sprachgebrauch im Verhältnis zu dem der nichtpaulinischen Schriften

Der Sprachgebrauch des Paulus unterscheidet sich charakteristisch von dem aller übrigen Schriften des nichtpaulinischen Bereichs. Es fällt schon auf, wie verschieden hier und dort das zahlenmäßige Verhältnis zwischen dem Gebrauch des Adjektivs δίκαιος und dem des Substantivs δικαιοσύνη sich darstellt: Bei Paulus überwiegt weit das Substantiv, im nichtpaulinischen Bereich ebenso deutlich das Adjektiv. Dazu stimmt, daß dort das Substantiv vom Adjektiv aus gedacht ist: δικαιοσύνη ist das Gerechtsein bzw. Gerechthandeln der Gerechten[582]; auf den Geschenkcharakter oder gar auf die Begründung der Gerechtigkeit in der Rechtfertigung des Sünders wird nicht abgehoben[583]. Bei Paulus dagegen ist die christliche Gerechtigkeit ganz von der Rechtfertigung des Sünders her gedacht, in der jegliche Verfehlung der durch Werke erworbenen Gerechtigkeit aufgehoben ist. Entsprechend gewinnt das Adjektiv bei Paulus einen von der iustificatio impii her (Röm 5,19) kritischen Sinn: In Hab 2,4 zieht Paulus ἐκ πίστεως zu δίκαιος (Gal 3,11; Röm 1,17), entgegen der sonst im Judentum wie im Urchristentum üblichen Beziehung zu ζήσεται[584]. Gerecht ist also nur ὁ δίκαιος ἐκ πίστεως, und die πίστις ist nicht die Bundestreue des Gerechten (so Hebr 10,38), sondern der Glaube des gerechtfertigten Sünders an Christus (Röm 3,22.26.28). Denn Gerechte aufgrund von Gesetzeswerken (2,13) gibt es faktisch nicht (3,10), weil alle gesündigt haben (3,9). Weil der Begriff δίκαιος traditionell festgelegt ist auf den Gesetzesgerechten, meidet Paulus das Adjektiv auffallend; es kommt im ganzen Corpus Paulinum nur 6mal vor! Dafür steht das bei Paulus sehr häufige Verbum δικαιοῦν im außerpaulinischen Schrifttum sehr selten[585], das entsprechende Substantiv δικαίωσις nur bei Paulus, und zwar in der Bedeutung »Rechtfertigungsspruch« (Röm 5,16.18)[586].

δικαιοσύνη θεοῦ findet sich im nichtpaulinischen Bereich nur an drei Stellen:

1. In Jak 1,20 ist der Ausdruck entweder im Gegensinn zu ἁμαρτίαν ἐργάζεσθαι in 2,9 als »Tun des Gottesrechts« (parallel zu dem in LXX häufigen, auch im NT belegbaren Ausdruck ποιεῖν τὴν δικαιοσύνην)[587] oder als »Bewirken der Gerechtigkeit vor Gott« zu erklären[588].

[582] Hierher gehört die jüdische Redensart vom »Tun« der Gerechtigkeit Mt 6,1; Apg 10,35; Hebr 11,33; Jak 3,18; 1Joh 2,29; 3,7.10; Offb 22,11. Der Mattäus-Evangelist grenzt die Gerechtigkeit der Jünger Jesu als »weit überwiegend« von der der Schriftgelehrten und Pharisäer ab (Mt 5,20 vgl. 6,1; auch 21,32). Sie hungern und dürsten nach dieser Gerechtigkeit (5,6) und werden verfolgt um ihretwillen (5,10 vgl. 1Petr 3,14). Sonst steht δικαιοσύνη neben ὁσιότης (Lk 1,75), ἀγαθωσύνη (Eph 5,9) und εὐσέβεια (1Tim 6,11; 2Tim 2,22). Von »Frucht der Gerechtigkeit« ist (wie Phil 1,11) Hebr 12,11; Jak 3,18 die Rede. Noach ist ein beispielhafter »Herold der Gerechtigkeit« (2Petr 2,5 vgl. Hebr 11,7).

[583] Ausnahmen sind Eph 2,8f; Tit 3,5.7 in paulinischer Tradition; sonst nur 1Petr 2,24; 3,18.

[584] Dazu vgl. oben S. 89f.

[585] Mt 11,19/Lk 7,35 (Q); Mt 12,37; Lk 18,14 (vgl. 10,29; 16,16; – 7,29); 1Tim 3,16; sonst nur als Nachklang der paulinischen Rechtfertigungslehre einerseits Apg 13,38f; Tit 3,7; andererseits Jak 2,21.24f.

[586] Ferner gebraucht Paulus das Wort δικαίωμα in der geläufigen Bedeutung »Rechtssatz« bzw. -»forderung« Röm 1,32; 2,26; 8,4; vgl. Lk 1,6; Hebr 9,1.10; dagegen »Recht-Tat« Offb 15,4; 19,8.

[587] So die Mehrheit der Exegeten, z. B. Lohse, E., Glaube und Werke. Zur Theologie des Jakobusbriefes, in: Einheit des NT 292 mit Anm. 28. Stuhlmacher, Gerechtigkeit Gottes 192f sieht hier m. E. zu Unrecht die apokalyptische Bedeutung »Gottes unerschütterliche Rechtstreue«: Aber kann ἐργάσεσθαι heißen: »ins Werk setzen«? Berger, Neues Material Anm. 17, vergleicht Exc. Joh. Damasc. Sacr. Parall. 520B in Philo (ed. Richter): ἁμάρτημα γὰρ οὐδὲν ἔργον δικαιοσύνης.

[588] So Dibelius, M., Der Brief des Jakobus,

2. In Mt 6,33 ist der Sinn umstritten. Eindeutig ist καὶ τῆς δικαιοσύνης mattäisch-redaktionelle Hinzufügung zu τὴν βασιλείαν αὐτοῦ (Lk 12,31 = Q). Von daher erklären einige Exegeten den Zusatz als Kennzeichnung der Heilsmacht der Gottesherrschaft, so daß von Gottes eigenem heilschaffenden Rechtswalten die Rede ist und eine erstaunliche sachliche Nähe zum paulinischen Ausdruck konstatiert werden kann[589]. Geht man jedoch von den übrigen – sämtlich mattäisch-redaktionellen – Belegen für δικαιοσύνη aus, von denen jedenfalls in 5,20; 6,1; 21,32 mit Gerechtigkeit die christliche Verwirklichung des Gotteswillens gemeint ist, so zielt der Zusatz in 6,33 auf das Tun der Jünger Jesu, in dem diese der endzeitlich-zukünftigen Gottesherrschaft zu entsprechen suchen sollen[590]. Dieser Auslegung der Stelle steht freilich sowohl ζητεῖτε (vgl. Mt 13,45) als auch προστεθήσεται entgegen, so daß δικαιοσύνη hier als die Heilsgabe der zukünftigen Gottesherrschaft aufzufassen ist[591], nach der die Jünger Jesu auf Erden »zuerst«, d. h. vor allen irdischen, noch so notwendigen Gütern, streben sollen. Entsprechend ist auch Mt 5,6 zu verstehen, während an der schwierigen Stelle Mt 3,15 offenbleiben muß, ob es um die Erfüllung des heilsgeschichtlichen Willens Gottes[592] oder um die Erfüllung des Gotteswillens im Sinne von 5,20 geht[593].

Während also in Jak 1,20 δικαιοσύνη θεοῦ als die Rechtsforderung Gottes im Sinne der Tora (Jak 2,8–11) gemeint ist, die es für den glaubenden Christen im Tun zu erfüllen gilt (vgl. Jak 2,14–26), ist in Mt 6,33 wahrscheinlich von der Gerechtigkeit Gottes als von seiner Heilsgabe an Jesu Jünger im Endgericht die Rede, wobei im Vergleich zu Paulus zu beachten ist, daß nach der Konzeption des Mt-Evangelisten diese endzeitliche Gabe nur der erhalten wird, der in seinem irdischen Leben Gerechtigkeit im Sinne der Verkündigung Jesu getan hat, nämlich in Erfüllung des Liebesgebots, als Barmherzigkeit. Weder die Problemstellung der Rechtfertigungslehre des Paulus noch auch seine Konzeption der heilschaffenden Gerechtigkeit Gottes sind außerhalb des paulinischen Bereichs bekannt oder bewußt.

3. In 2Petr 1,1 werden die Christen charakterisiert als die, die Glauben erlangt haben ἐν δικαιοσύνῃ τοῦ θεοῦ ἡμῶν καὶ σωτῆρος Ἰησοῦ Χριστοῦ. Da δικαιοσύνη 3,13 Inbegriff der endzeitlichen Heilsordnung, 2,21 Inhalt der Heilslehre (ὁδός) und 2,5 Gegenstand der Verkündigung Noahs ist, wird in der allgemeinen Formulierung des Briefpräskripts Entsprechendes gemeint sein. Da jedoch im Kontext das Motiv der ἰσότης auftaucht, denkt der Verfasser die von Gott heraufgeführte Heilsordnung der δικαιοσύνη θεοῦ zugleich hellenistisch so, daß Gottes Gerechtigkeit in der allen gleichmäßig

---

hrsg. H. Greeven, [11]1964 (KEK XV), 141f, der den Genitiv θεοῦ als »verflacht(en)« Ausdruck für »vor Gott« auffaßt und mit Recht gegenüber Paulus entgegengesetzten Sinn betont: »Denn hier handelt es sich ja gerade um etwas, was durch des Menschen Tun zustandekommen soll.« Die Problemstellung der paulinischen Rechtfertigungslehre ist vom Vf nicht erkannt worden.

[589] So zuletzt Schweizer, E., Das Evangelium nach Mt, [12]1973 (NTD 2), 105 und mit Nachdruck Stuhlmacher, Gerechtigkeit Gottes 188–191; vorher vor allem Fiedler, M. J., Der Begriff δικαιοσύνη im Mt auf seine Grundlagen untersucht, Diss. theol. Halle-Wittenberg 1957 (Typoskript).

[590] So besonders Strecker, G., Der Weg der

Gerechtigkeit, Untersuchung zur Theologie des Mt, [3]1971 (FRLANT 82), 154f.

[591] So z. B. Schniewind, Mt 95. Vgl. jedoch Berger, Neues Material Anm. 22, der δικαιοσύνη θεοῦ als Ausdruck für die Gebote Gottes auffaßt und 1Chr 28,8; Esr 7,10; ψ 118,100; Sir 35(32),15 sowie Zef 2,3; Jes 51,1; 1Makk 2,29; aethHen 94,4f vergleicht.

[592] So zuletzt Schweizer, Mt, a.a.O. (Anm. 589) 29; auch Stuhlmacher, Gerechtigkeit Gottes 191 Anm. 2.

[593] So z. B. Fiedler, Der Begriff δικαιοσύνη, a.a.O. (Anm. 589) 97f.113; Berger, Neues Material Anm. 21, der auf den Taufkontext und entsprechend auf den Bekehrungscharakter hinweist.

zuteilenden ἰσότης besteht, also ähnlich wie der Verfasser des Diognetbriefes (9,1–6) Röm 3,21–26 deutet.

Der Überblick über das Vorkommen der Worte von der Wurzel δικ- bei Paulus zeigt also im Unterschied zum sonstigen urchristlichen Sprachgebrauch erstens ein profiliertes, von der iustificatio impii aus gedachtes Verständnis von Gerechtigkeit, in dem sich Paulus sowohl von dem jüdischen Gerechtigkeitsverständnis scharf abgrenzt als auch sich aus dem sonstigen Verständnis von Gerechtigkeit im Urchristentum heraushebt. Es zeigt sich darin aber zweitens eine Differenzierung zwischen Gottes Gerechtigkeit und der der Christen: diese ist der Effekt der Heilstat jener im Sühnetod Christi, und darum ein unverdientes göttliches Geschenk, das nur im Glauben an Gott in Christus empfangen, nicht aber durch Erfüllung von Gesetzeswerken erworben werden kann. Darin haben E. Käsemann, Ch. Müller und P. Stuhlmacher[594] also grundsätzlich das Richtige gesehen: die δικαιοσύνη θεοῦ ist die heilschaffende »*Macht*« der zur Liebe gewordenen Bundesgerechtigkeit Gottes, deren »*Gabe*« die Glaubensgerechtigkeit; denn die Gabe ist vom Geber nicht ablösbar, weil sie darin begründet ist, daß Gott selbst in dem gekreuzigten Christus das Werk der Menschen, die Sünde, und ihre Folge, den Tod, aufgehoben hat. So wie in den Charismen die Gnade selbst und in den πνευματικά das πνεῦμα selbst zur Wirkung kommen, so kommt die Gottesgerechtigkeit in der Glaubensgerechtigkeit zur Wirkung. Die Unterscheidung zwischen beiden hat einerseits die hermeneutische Funktion, die Glaubensgerechtigkeit vor jeder Verselbständigung zu bewahren, indem sie den Glauben als πίστις Χριστοῦ und also die christliche Gerechtigkeit als durch Gottes Liebe begründet und bestimmt präzisiert[595]. Andererseits kommt alles darauf an, daß diese Liebe Gottes identisch ist mit Gottes Bundesgerechtigkeit[596] und ihr Werk, die Aufhebung der Wirklichkeit der Sünde, das Werk ebendieser Bundesgerechtigkeit ist, in der Gott seine Heilsverheißung nicht an der Sünde vorbei (wie in der frühen alttestamentlichen Überlieferung)[597] und nicht gegen die Sünde, als »Zorn«, sondern durch Aufhebung der Sünde verwirklicht hat, so daß der Zorn Gottes selbst in der Heilstat seiner Gerechtigkeit und die Stimme des Zornes, das Gesetz, in der Stimme seiner Gerechtigkeit, dem Evangelium, aufgehoben ist. Versteht man dagegen die δικαιοσύνη θεοῦ so, daß der Genitiv zwar den Ursprung der Gerechtigkeit in Gott und ihre Geltung vor Gott markieren, jedoch die Gerechtigkeit als die des so beschenkten Christen bezeichnen soll, so daß der soteriologische Skopos der Aussage auf der anthropologischen Ebene liegt und die Theologie und Christologie nur als deren Horizont benannt wird[598], so wird die paulinische Soteriologie auch auf der anthropologischen Ebene selbst notwendig abstrakt, weil so nur die Wirkung, nicht aber die Wirklichkeit des Heils selbst zur Sprache kommt. Die Wirklichkeit des Heils aber besteht nach Paulus nicht in dem Wandel meines Existenzverständnisses, sondern in Gottes Handeln pro me

[594] Käsemann, Gottesgerechtigkeit; Ch. Müller, Gottes Gerechtigkeit; Stuhlmacher, Gerechtigkeit Gottes.
[595] In diesem Sinn interpretiert besonders Eichholz, Theologie des Paulus 228–232; vgl. auch Kertelge, Rechtfertigung 63–109.
[596] Das hat vor allem Lyonnet herausgestellt, vgl. besonders De ›Justitia Dei‹ sowie De notione.
[597] Vgl. dazu K. Koch, Sühne und Sündenvergebung, a.a.O. (siehe Literatur zum Exkurs S. 233).

[598] In diese Richtung zielt die Entgegnung Bultmanns, Δικαιοσύνη θεοῦ auf Käsemann; vgl. nach ihm pointiert Conzelmann, Rechtfertigungslehre; Klein, Gottes Gerechtigkeit; Güttgemanns, »Gottesgerechtigkeit«; Thyen, Studien 169; ab- und ausgewogener Bornkamm, Paulus 146–149; Lohse, Gerechtigkeit Gottes 223–227; jetzt auch Zeller, Juden und Heiden 166.179f.

extra me als Aufhebung der Wirklichkeit meiner Sünde im Sühnetod Christi. Zugleich aber wird der individuelle Horizont des »tua res agitur« in seiner universalen Weite offengehalten, weil Gottes Heilshandeln im Kreuz Christi die Sünde *aller* aufgehoben hat und *als solches* im Glauben jedes einzelnen präsent ist.

So richtig nun aber die Erkenntnis der Unterschiedenheit von Gottesgerechtigkeit und Glaubensgerechtigkeit ist, so unzutreffend ist es, die Aussagen über die Gottesgerechtigkeit als einen in sich geschlossenen Komplex zu behandeln[599]. Gegen die zugespitzte These, es handle sich um eine feste »Formel«[600], spricht schon im Umkreis des paulinischen Vorkommens die Beobachtung, daß die Wortfolge nicht festgefügt ist. Paulus formuliert δικαιοσύνη θεοῦ Röm 1,17; 3,21f(25); 2Kor 5,21, aber auch umgekehrt θεοῦ δικαιοσύνη Röm 3,5; 10,3. Er kann auch den Artikel hinzufügen (Röm 10,3 zweimal), vor allem aber zwischenherein eine kontextbedingte Partikel einfügen (γάρ Röm 1,17; δέ 3,22). Dies alles – wie auch die Abwandlung Phil 3,9 – zeigt, daß das Syntagmen keineswegs stereotyp ist[601]. Doch dies ist angesichts der durchweg – und besonders auch im Kontext der Rechtfertigung – zu beobachtenden Neigung des Paulus zu sprachlicher Beweglichkeit[602] kein durchschlagendes Argument. Entscheidend begründet wird die These darum – vor allem von P. Stuhlmacher – im Blick auf die *Traditionsgeschichte* der ›Formel‹ im apokalyptischen Judentum. Im Blick auf die zahlreichen angeführten Belege trifft jedoch zunächst streng linguistisch die gleiche Beobachtung zu: δικαιοσύνη θεοῦ findet sich nur Dtn 33,21 (Mt); Dan 6,10; 1QS 10,25; 11,12; 1QM 4,6 sowie aethHen 71,14 (»Gerechtigkeit des betagten Hauptes«); hinzu kommt der Plural צדקות אל 1QS 10,23, sowie die Stellen, an denen kontextbedingt von »seiner Gerechtigkeit« die Rede ist (aethHen 99,10; 101,3; Esr 8,36). Von einer festen *Formel* zu sprechen ist angesichts dieses Befundes nicht gut möglich[603].

Doch ungleich wichtiger ist, daß sich der Sache nach die Rede von Gottes Gerechtigkeit im Unterschied zu der der Gerechten in der Tat vielfach findet. Dies ist im folgenden zu zeigen.

3. Gottes Gerechtigkeit im AT und im Judentum

Zum Verständnis des biblischen Gerechtigkeitsbegriffs ist es sehr wichtig, daß es sich hier nicht um einen richterlichen Norm-, sondern um einen sozialen Verhältnisbegriff handelt[604]. Gemeint ist ein Tun als Gemeinschaftstreue. Da das soziale Leben Israels grundlegend und in all seinen Bereichen konkret bestimmt ist durch das Gottesverhältnis, hat alle Gemeinschaftstreue innerhalb Israels immer auch eine Relation zu Gott.

---

[599] Dieser Vorwurf wird vielfach gegen Stuhlmacher, Gerechtigkeit Gottes, erhoben; vgl. z.B. Klein, Gottes Gerechtigkeit 230 Anm. 10; zuletzt Zeller, Juden und Heiden 165. Er trifft jedoch nur eingeschränkt zu, da Stuhlmacher die Zusammenhänge zwischen Gottes- und Glaubensgerechtigkeit durchweg im Auge behält.

[600] Die These findet sich zuerst bei Käsemann, Gerechtigkeit 185. Stuhlmacher, Gerechtigkeit Gottes, sucht sie ausführlich traditionsgeschichtlich nachzuweisen.

[601] Güttgemanns, »Gottesgerechtigkeit« 80.

[602] Vgl. z.B. die Aufnahme von ἐκ πίστεως

1,17 durch διὰ πίστεως 3,22 sowie den Wechsel zwischen ἐκ πίστεως 3,26, διὰ πίστεως 3,22.25 und πίστει 3,28 im gleichen Kontext.

[603] Insoweit ist Güttgemanns, »Gottesgerechtigkeit« 77f im Recht.

[604] Dies hat erstmals Cremer, H., Die paulinische Rechtfertigungslehre im Zusammenhang ihrer geschichtlichen Voraussetzungen, Gütersloh ²1900 herausgestellt. Zum AT vgl. besonders Koch, צדק; ders., Gemeinschaftstreue; ders., Art. צדק, ThHW AT II 507–530; H. H. Schmid, Gerechtigkeit; Stuhlmacher, Gerechtigkeit Gottes 113–145.

Die soziale Ausbeutung z. B., die Amos kritisiert, ist als solche Frevel gegen Jahwe. Denn Jahwe schafft und gibt die Möglichkeit von Gemeinschaftstreue. Gerechtigkeit ist wie eine Kraftsphäre, die von Jahwe ausgeht[605] und ohne Verbindung zu diesem schöpferischen Ursprung pervertiert und kraftlos wird. Wahrscheinlich ist darum der Kult der Ort innerhalb des Lebensbereichs Israels, an dem Gerechtigkeit als Wirklichkeit von Jahwe auf die Menschen übergeht und als Macht auf das soziale Leben gleichsam ausstrahlt[606]. Da das soziale Leben nun aber durch den Tun-Ergehen-Zusammenhang[607] stets konkret bestimmt wird, haben Gerechtigkeit und Ungerechtigkeit daran wesenhaft teil und bestimmen diesen zugleich: Weil Gerechtigkeit in Jahwe gründet, ist die Folge gerechten Tuns zugleich Heil, die Folge alles ungerechten Tuns Unheil; und wie Gott durch seine Gabe im Kult Gerechtigkeit ermöglicht, so gibt er auch das ihr entsprechende Heil und schafft durch seinen »Zorn« gegen die Sünder das Unheil aus dem Lebensbereich des Volkes weg.

In diesem Handeln Jahwes nun, in dem er Heil als Folge von Gerechtigkeit schafft, besteht seine eigene Gerechtigkeit als seine Gemeinschaftstreue zu seinem erwählten Volk. Ohne die beständige Kraft seiner Treue wäre Israel verloren; auf sie kann es sich absolut verlassen. Er rettet Israel im heiligen Krieg von Feinden; aus diesem Kontext stammen die frühesten Belege für Gottes (rettende) Gerechtigkeit: Ri 5,11 werden Jahwes Heilstaten als צדקות יהוה[608] besungen, ebenso Dtn 33,21 und Sam 12,7; vgl. ferner Mich 6,5; Jes 45,24f; Ps 103,6; Dan 9,16; 1QS 1,21; 10,23; 11,3; 1QH 17,17. Der Überlieferungsort (Sitz im Leben) solcher preisenden Verkündigung der heilschaffenden Gerechtigkeittaten Jahwes ist wahrscheinlich die Liturgie des Herbstfestes, in der die Bundeserneuerung ebenso wie die Erneuerung der Zuwendung des Schöpfers zu seiner Schöpfung begangen wurden[609]. Diese Übereinstimmung zwischen den Taten des Schöpfers und den heilsgeschichtlichen Taten an und für Israel als Gerechtigkeitserweisen ist für das Verständnis von צדקה/צדק sehr wichtig. Es handelt sich nicht um verschiedene Bereiche des göttlichen Handelns, sondern die צדקות יהוה, die Israel in seiner politisch-sozialen Existenz erfährt, sind als solche Heilstaten des Schöpfers[610], und diese wiederum richten sich konzentriert auf Israel und betreffen als solche alle Völker[611].

Die Gerechtigkeit Gottes ist also nicht eine Eigenschaft Gottes, sondern sie ist ein Tun Jahwes[612], und zwar durchweg heilschaffendes Tun[613]: »Der Begriff einer vergeltenden

605 Vgl. besonders eindrücklich Ps 36,6–13, wo צדקתך parallel steht mit חסדך, אמונתך, משפתיך (V 6f), ihre Funktion die heilschaffende Hilfe (תושיע) für Mensch und Vieh (V 7) ist, so daß die Menschen von seiner חסד geborgen sind wie »im Schatten deiner Augen« (V 8) und Überfluß haben von Gütern und Glück (V 9), weil bei Jahwe die Quelle des Lebens (als der Geschickfolge der Gerechtigkeit) als das Licht allen Lichtes ist (V 10).

606 Dazu vgl. besonders Koch, Gemeinschaftstreue. Ansatzpunkte sind die Stellen, in denen von זבחי צדק die Rede ist Dtn 33,19; Ps 4,5f; 51,18.21 sowie vom צדק-spendenden Wort Jahwes Jes 45,19; 63,1; Ps 33,4–6 u. s. St.

607 Vgl. dazu oben S. 127–131.

608 Der MT überliefert den Singular צדקת יהוה עשה. Wegen des parallelen משפטיו schlägt

Stuhlmacher, Gerechtigkeit Gottes 142–145 vor, mit den Targumim צדקות zu lesen.

609 Vgl. dazu zusammenfassend Stuhlmacher, ebd. 117–132.

610. Dies tritt besonders in den sog. Thronbesteigungspsalmen hervor, wo durchweg die universale Heilswirkung der Gerechtigkeit Jahwes gepriesen wird, vgl. Ps 96,13; 97,2.6; 98,1–3; Jes 51,5.6.8.

611 Vgl. besonders Ps 98,1–3; Jes 51,5f; vgl. Ps 9,9; 96,13; 98,6. Der König hat die Funktion, diese Schöpfungsgerechtigkeit vom Zion aus unter allen Völkern zur Wirkung zu bringen, Ps 72.

612 Vgl. Ps 22,32 (עשה); 111,2f; Jer 23,6; Sir 16,22. Durch seine Gerechtigkeit rettet Jahwe (Ex 15,13; Ps 31,2; 51,16), hilft (Jes 41,10; 42,6), heilt (Jes 58,3), bringt das Recht zur Wirkung (Ps 9,9; 96,13; 98,6; 35,24), führt

wie der einer ausgleichenden Gerechtigkeit sind unbekannt.«[614] Wo Jahwe ›straft‹, dient das Unheil, das er wirkt, grundsätzlich dem Schutz und der Rettung der Gerechten.

Hier freilich entsteht infolge der radikalen Gerichtsverkündigung der Propheten[615] ein tiefes Problem, das im Blick auf die heilsgeschichtlichen Überlieferungen im deuteronomistischen Geschichtswerk reflektiert und von daher bis in die neutestamentliche Zeit hinein (4Esra) immer wieder aktuell reproduziert worden ist[616]: Wie steht es mit Gottes Gerechtigkeit gegenüber dem *sündigen* Israel? Man erkennt dieses Problem besonders deutlich daran, daß in die Liturgie des Herbstfestes in schroffer Konfrontation mit der Verkündigung der Heilstaten Jahwes ein ausführliches, schonungsloses Sündenbekenntnis eingefügt wird, so daß das Bekenntnis zu Jahwes Gerechtigkeit ausdrücklich von denen gesprochen wird, die sich selbst als Ungerechte vor Jahwe darstellen; vgl. als Beispiele solcher Exhomologesen Dan 9,4–19 und 1QS 1,24–26[617]. Der Skopos ist der, daß dem Sünder nichts anderes bleibt, als an die Gerechtigkeit Jahwes im Sinne von Ex 34,6 zu appellieren, so daß sich der Beter zu ihr flüchtet, weil er in ihrem Charakter als Hilfe für Ohnmächtige und Bedrückte sozusagen einen Überschuß an Heil als Chance zur Aushilfe auch der Ohnmacht des Sünders, der Heil verwirkt hat, erhofft[618].

In diesem Zusammenhang steht die Rechtfertigungsanschauung der *Qumrangemeinde*[619]. Sie versteht sich grundsätzlich als die *einzige* Bundesgemeinde Jahwes, in der das Heil seiner Gerechtigkeit inmitten einer Welt von Abfall und Frevel wirksam ist; dies aber unter Voraussetzung dessen, daß auch die Mitglieder der Gemeinde allesamt Sünder waren und nur durch die schöpferische Gnade Jahwes, in der er den Bund erneuert hat, gerecht *geworden* sind (vgl. 1QH 7,19f). Diese iustificatio impii, die am Anfang bei der Aufnahme in die Gemeinde dem einzelnen widerfahren ist, bleibt der Horizont des Selbstverständnisses der Frommen vor Gott.

Darf dies als common sense der Qumran-Forschung hier einfach thetisch festgestellt werden, so ist umstritten, wie die Aussagen über die »Gerechtigkeit Gottes«, die sich in diesem Kontext vielfach finden, genau zu verstehen sind: als Aussagen über die von

---

(Ps 5,9) usw. In diesem Zusammenhang wird auch von der Offenbarung der Gerechtigkeit Gottes gesprochen, vgl. Ps 98,2; Mich 6,5; 1QH 14,16; CD 20,20; fr. 27, DJD I 1,6.

[613] Parallel mit der Gerechtigkeit Jahwes werden auch in LXX seine Güte (ψ 14,4,7), sein Erbarmen (ψ 35,11; 39,11; 87,13; 88,15; 102,17; Hos 2,21; Jes 63,7; Jer 9,23), seine Billigkeit (ψ 9,9; 97,6; 98,4), sein Heil (ψ 50,16; 70,15; Jes 46,13; – ψ 39,11; 97,2; 118,123; Jes 51,5.6.8; 59,17), Frieden (ψ 71,3) und Herrlichkeit (ψ 96,6; Jes 45,24; 58,8) genannt. Seine Gerechtigkeit ist seine beständige Treue (אמת = ἀλήθεια: Gen 24,27; 39,11; 87,13; 88,15; 95,13; 118,75.138; 142,1; Jes 11,5; Sach 8,8).

[614] Koch, Gemeinschaftstreue 77f. Eine seltene Ausnahme aus späterer Zeit ist Weish 12,15f, wo die Gerechtigkeit Gottes darin besteht, daß er es »für seiner Macht unangemessen hält«, »den zu bestrafen, der Strafe nicht verdient«, so daß er seine Herrschaft über alle

im »Verschonen aller« zur Wirkung bringt. Hier sieht man sehr schön, wie sich der griechische Begriff der iustitia distributiva mit dem soteriologischen Begriff der alttestamentlichen Tradition verbindet.

[615] Zur Diskussion darüber vgl. den Bericht von Stuhlmacher, Gerechtigkeit Gottes, 127–129.

[616] Vgl. dazu besonders Steck, Israel und das gewaltsame Geschick der Propheten, a.a.O. (Anm. 280).

[617] In LXX vgl. Ex 9,27 ὁ κύριος δίκαιος, ἐγὼ δὲ καὶ ὁ λαός μου ἀσεβεῖς mit Röm 3,4f! Ähnlich 2Chr 12,16; 2Esr 9,15; Neh 9,8.33; Tob 3,2; Est 4,17; Klgl 1,18; Dan 3,27; 9,14.

[618] Vgl. Dan 9,15–19; aethHen 81,5 und besonders 4Esr 8,32.36.

[619] Vgl. dazu Schulz, Zur Rechtfertigung; Braun, Römer 7,7–25, sowie besonders Bekker, Das Heil Gottes, und Stuhlmacher, Gottes Gerechtigkeit 148–166; Zeller, Juden und Heiden 163–179.

Gott geschenkte Gerechtigkeit des Qumran-Frommen[620] oder als Aussagen über das Heilshandeln Gottes, durch dessen schöpferische Kraft die Gerechtigkeit des Frommen je aktuell begründet wird[621]? In der Sektenregel lautet die entscheidende These 1QS 11,5: »Aus dem Quell seiner Gerechtigkeit (kommt) mein Recht« (וממקור צדקתו משפטי). Dies wird 11,12–15 erläutert. Im Straucheln des Beters »durch die Bosheit des Fleisches« ist sein Recht begründet allein »durch Gottes Gerechtigkeit« (12b); d.h., die צדקת אל hebt den עוון בשר auf, denn die beiden Ausdrücke mit ב sind aufeinander bezogen. Ebendies ist vorher 11,3 gesagt: »Durch seine Gerechtigkeitstaten wird meine Sünde getilgt.« Dasselbe wird unten 11,14f als Sühnung (יכפר) der Sünden durch den Reichtum seiner Güte und als Reinigung von aller Unreinheit בצדקתו expliziert; vgl. auch 1QH 4,37; 11,31f. Die Kraft[622] dieser Heilswirkung besteht in den חסדי אל, die zur »Heilshilfe« des Beters geworden sind (1QS 11,12a). ישועתי steht also mit משפטי parallel; Heil und Recht des Beters sind Wirkungen der Gerechtigkeit Gottes in seinen Gnadenerweisungen[623]. Die חסדי אל sind als solche nichts anderes als die צדקות אל (1QS 10,23). Der Plural verhält sich zum Singular so, daß die צדקות אל die konkreten Taten der צדקת אל sind[624]. Die Gerechtigkeit Gottes ist Gott selbst als der, der Heil schafft, so daß der Beter sagen kann: לאל אומר צדקי (1QS 10,11)[625], wie es grundsätzlich die Pflicht der Frommen ist, »Gott zu loben für seine Gerechtigkeit« (1QS 11,15): »Wahrheit bist du, und Gerechtigkeit sind alle deine Werke« (1QH 4,40 vgl. 13,19). Es gilt zu »erkennen, daß bei dir die Gerechtigkeit ist und bei deiner Gnade . . .« (1QH 11,18). Es ist also deutlich, daß mit »Gerechtigkeit Gottes« in Qumran die Heilsmacht Gottes selbst bezeichnet wird, die die Gerechtigkeit auf seiten des Menschen grundsätzlich und je aktuell allein begründet. Wie nirgend anderswo liegt hier ein fester Sprachgebrauch vor, in dem die alttestamentliche Rede von Jahwes Gerechtigkeitserweisen (צדקות אל) auf die darin wirksame, immer identische Macht der Gerechtigkeit Gottes (צדקת אל) in ihrer beständigen »Wahrheit« (אמת) als Gnade (חסד) und sündentilgende Barmherzigkeit reflektiert worden ist. »Gerechtigkeit Gottes« kann so als der zentrale *theologische* Grundbegriff der essenischen Heilslehre bezeichnet werden.

Nun findet sich – unabhängig von Qumran – eine ähnliche theologische Reflexion über Gerechtigkeit im *Jesaja-Targum*[626]. Die Übersetzer haben offenbar nicht nur bestimmte hermeneutische Regeln befolgt[627], sondern auch eine subtile theologische Interpretation des übersetzten Textes gegeben. Es zeigt sich nämlich, daß einerseits von den 79 Belegen des MT für die Wurzel צדק im Targum in 58 Fällen Derivate des aramäischen זכא/זכי gebraucht werden; vor allem wird für hebr. צדקה (37mal im MT) überwiegend aramäisch זכותא gesetzt. Anderseits wird hebr. צדק (25mal im MT) ebenso

---

[620] So vor allem in umsichtig detaillierter Exegese der verschiedenen Textschichten Bekker, ebd. 276: genitivus auctoris. Doch vgl. die Stuhlmacher sehr nahe kommende Präzisierung ebd. 120 (zu 1QS 11,3.14).

[621] So gegen Becker, ebd., Stuhlmacher, Gerechtigkeit Gottes 152f.

[622] Vgl. 11,5, wo Gottes Gerechtigkeit mit »seiner Macht« (גבורתו) und »Gottes Wahrheit« (אמת אל) parallelisiert wird; vgl. ebd. 6f, wo Gottes כבוד hinzutritt; vgl. auch 1QH 13,17.

[623] So mit Recht Stuhlmacher, Gerechtigkeit Gottes 154.

[624] Ähnlich Stuhlmacher, Gerechtigkeit Got-

tes 158. Vgl. 1QH 17,17 (Plural) mit ebd. 20 (Singular).

[625] Dazu vgl. Becker, Das Heil Gottes 120. Vgl. ferner 1QH 1,26: »Bei dir sind alle Werke der Gerechtigkeit«; ebenso 4,30f; ferner 16,8f sowie besonders 1QM 18,8: »Und du, Gott der Gerechtigkeit, hast gehandelt um deines Namens willen.«

[626] Dazu vgl. die wichtige neue Untersuchung von Koch, Die drei Gerechtigkeiten. Koch ebd. 263 Anm. 45 weist darauf hin, daß der Sprachgebrauch des qumranischen Hiob-Targums dem des Jesaja-Targum weitgehend entspricht.

[627] Dazu Koch ebd. 262 mit Anm. 42.

überwiegend (17mal) durch das Wort קשטא (קשוט) wiedergegeben. Auffallend ist schließlich, daß an 6 Stellen, an denen im MT verschiedene bildliche Ausdrücke stehen (z. B. »Armer«), sowie an 57 Stellen ohne hebräische Vorlage sterotyp das von der Wurzel צדק gebildete Adjektiv צדיקיא benutzt wird. Darin zeigt sich, daß die Übersetzer die Tatsache, daß die aramäische Wurzel צדק mit der hebräischen Wurzel צדק nicht bedeutungsgleich ist, zu einer sachlich differenzierten Interpretation der hebräischen Vorlage ausgewertet haben.

Ein Vergleich der Stellen ergibt das Folgende: Was erstens die aramäische Wurzel זכי/זכא betrifft, so wird zwischen determiniertem und indeterminiertem Gebrauch scharf unterschieden. Determiniert (זכותא) wird Gerechtigkeit nur von Gott bzw. dem Messias ausgesagt, und zwar vorwiegend in eschatologischem Kontext[628]. In der זכוא-Gerechtigkeit schafft Gott die zukünftige Erlösung (פרקנא)[629]. Doch ist diese eschatologische Offenbarung der זכותא verbunden mit zuvor ergangener Wortoffenbarung[630]. Dagegen bezeichnet indeterminiertes זכוא, nur von Menschen ausgesagt, die irdische Gerechtigkeit, die Gott fordert, die auch von einigen Gerechten wie Noah (65,8) oder den Erzvätern (64,4) erfüllt wird, die aber bei der Masse der Menschen fehlt, weil diese von Sünden (חובין) verunreinigt sind[631].

Was dagegen die aramäische Wurzel צדק angeht, so steht das determinierte Adjektiv צדיקיא bei weitem im Vordergrund. Von diesen »Gerechten« ist durchweg als von einer geschlossenen Gruppe die Rede, die gegenwärtig unter der bösen Herrschaft der רשיעיא (»Frevler«) zu leiden haben, aber auf die zukünftige Erlösung hoffen, die ihnen im nahen Eschaton bevorsteht. Es handelt sich aber nicht um eine empirisch aufweisbare Gruppe, obwohl die זכוא-Gerechten zu ihr gehören; aber der Gesichtspunkt ist eschatologisch-›transzendent‹: Die צדיקיא sind das Volk der Gerechten, wie Gott es in seiner Erwählung geschaffen hat und das deswegen, von Gott her gesehen, auch durch keinerlei noch so großen Fehl an זכוא-Gerechtigkeit in seinem Bestand gefährdet ist. Unter diesem ›transzendenten‹ Aspekt kommt der Gruppe »der Gerechten« zentrale Funktion in der Heilsgeschichte gegenüber »den Frevlern« zu; sie sind es, die am Ende das volle Heil erlangen werden[632]. Schließlich gibt es drittens eine קשטא-Gerechtigkeit. Sie eignet nur Gott und dem Messias und ist »Hintergrund und bewegende Kraft der gesamten göttlichen Heilsökonomie«[633], »die personifizierte Absicht Gottes mit seiner Schöpfung, insbesondere mit der Menschheit und vornehmlich mit Israel«[634]. Sie ist die Kraft der Erwählung Israels (41,2.10), die Kraft in allen Verlautbarungen der Memra (48,1). Ihr Gegensatz ist nicht nur die Lüge (שקר 61,8; 26,10 vgl. Röm 1,24!), sondern das Nichtsein schlechthin (59,4 vgl. Röm 1,21!). Als solche wird sie am Ende die Kraft der Regierung des Messias sein (16,5; 42,6f). Diesen wird die Gruppe der צדיקיא umgeben[635]. So steht die göttliche קשט-Gerechtigkeit der durch Gott konstituierten צדק-Gerechtigkeit nahe, unterschieden von der irdisch-menschlichen זכי-Gerechtigkeit.

---

[628] Mehrfach ist von dem eschatologischen »Offenbarwerden« (גלא) der זכותא die Rede, nur 56,1 der hebräischen Vorlage entsprechend, dagegen 45,8; (59,17); 61,11 vgl. 51,5–8 ohne Anhalt im MT. Vgl. Röm 1,17; 3,21!

[629] 46,13; 51,5.6.8; 56,1; 59,17; 61,10 vgl. 45,21; 63,1.

[630] Vgl. besonders 45,23–25 bei Koch, ebd. 254f.

[631] Belege bei Koch ebd. 256, der ebd. 256f feststellt, daß diese Bedeutung von זכה im Targum mit der rabbinischen Bedeutung von זכות = »Verdienst« nichts gemein hat.

[632] Vgl. die Belege bei Koch, ebd. 257–259.

[633] Koch, ebd. 262.

[634] Koch, ebd. 266.

[635] 11,4, wo im MT צדק der Gurt der Hüften des Messias ist, wird so wiedergegeben: »Es werden צדיקיא rings um ihn sein«; Koch ebd. 262.

Der Skopos dieser Konzeption des Targumisten ist offenbar der, das zentrale Problem zu lösen, wie es Heil für Sünder geben und wie sich gleichwohl die heilschaffende Gerechtigkeit Gottes verwirklichen kann, wo die Masse seiner Erwählten abgefallen ist. Er löst es, indem er zwischen zwei Ebenen, der irdisch-menschlichen und der transzendenten, eschatologisch-göttlichen unterscheidet. Nur auf der irdischen Ebene gibt es Mangel und Fehl der Gerechtigkeit, nicht aber auf der göttlichen Ebene. Von dieser aus gesehen, hat sowohl Gottes קשט-Gerechtigkeit als auch die durch sie begründete צדק-Gerechtigkeit der heilsgeschichtlichen Gruppe der Gerechten immer Bestand und *wird* im Eschaton ewigen Bestand haben. Da die relative זכי-Gerechtigkeit von Gottes »Wahrheit« her in der absoluten צדק-Gerechtigkeit immer schon aufgehoben ist und im Eschaton aufgehoben sein wird, ist ihr Mangel und Fehl keine letztliche Gefährdung der Gerechtigkeit.

Die sehr verschiedenen theologischen Konzeptionen einerseits in den Qumran-Texten und andererseits im Jesaja-Targum zeigen Übereinstimmung sowohl in der Problemstellung als auch darin, daß zwischen menschlicher und göttlicher Gerechtigkeit unterschieden wird. Die Stärke der Qumran-Theologie liegt darin, daß das Gewicht der Sünde hier radikaler beurteilt wird als im Targum und so die Gerechtigkeit Gottes auf die iustificatio impii konzentriert wird, während der Targumist ihre Kraft traditioneller in der Erlösung von der Bedrückung durch die Gottlosen sieht. Die Stärke der targumischen Konzeption liegt andererseits darin, daß die Überlegenheit der Gerechtigkeit – sowohl der Gottes als auch von ihr aus der der Gerechten – über die Negationskraft der Ungerechtigkeit herausgestellt und so die ursprüngliche Universalität ihrer Wirkung gegenüber dem Partikularismus Qumrans gewahrt wird. Es ist zugleich deutlich, daß in der paulinischen Rechtfertigungslehre die Stärken beider jüdischen Konzeptionen zum Zuge kommen, indem ihre Schwächen aufgehoben sind: Gottes Gerechtigkeit ist als iustificatio impiorum in eschatologischer Wahrheit zur Wirkung gekommen und schenkt *allen* Sündern als Glaubenden das volle Heil der Endzeit.

Im übrigen jüdischen Schrifttum zeigt sich die Problematik unreflektierter, wodurch die Unausgeglichenheit zwischen der Gerechtigkeit Gottes als Heilsmacht für die Gerechten und Unheilsmacht für die Ungerechten einerseits und der problematischen Heilsteilhabe von Sündern andererseits um so deutlicher zutage tritt. In den *Zwölfertestamenten* steht die eindringliche Mahnung an die Gerechten, die Gerechtigkeit zu bewahren und nicht zur Ungerechtigkeit abzufallen, im Zentrum des paränetischen Interesses. Zwischen Gerechtigkeit und Ungerechtigkeit besteht ein schroffer Dualismus; darum lautet Test D 6,10 die abschließende Mahnung des Stammvaters an seine Kinder: Ἀπόστητε οὖν ἀπὸ πάσης ἀδικίας καὶ κολλήθητε τῇ δικαιοσύνῃ τοῦ θεοῦ[636], καὶ ἔσται γένος ἡμῶν[637] εἰς σωτηρίαν ἕως τοῦ αἰῶνος. Mit »Gerechtigkeit« ist hier die der Gerechten gemeint, wie die Opposition zu »Ungerechtigkeit« im antithetischen Parallelismus zeigt, vgl. auch V 8. Der Genitiv τοῦ θεοῦ kann dann nur, wie in Jak 1,20, die Bestimmtheit der Gerechtigkeit durch Gott, nämlich durch sein Gesetz, aussagen, der

---

[636] Der β-Text fügt aus V 9 ein τοῦ νόμου τοῦ θεοῦ (bzw. κυρίου, so b). Dies hält de Jonge in seiner Edition (51) für ursprünglich; vgl. jedoch Becker, Jüdische Schriften III,1,98 Anm. a zu Test D 6,10; dagegen wiederum M. de Jonge, Testament Issaschar als ›typisches‹ Testament. Einige Bemerkungen zu zwei neuen Übersetzungen der Testamente der Zwölf Patriarchen, in: ders. (Hrsg.), Studies on the Testaments of the Twelve Patriarchs. Text and Interpretation, 1975 (SVTP 3), 291–316, der darauf hinweist, daß τοῦ νόμου nur in 3 Handschriften aus dem 13.–16. Jht. (c h i) fehlt. τοῦ νόμου liest auch Berger, Neues Material Anm. 1.

[637] Die v. l. ὑμῶν und μου sind wahrscheinlich sekundär; so Becker ebd. Anm. 6 zu Test D 6,10.

die Bestimmtheit der Ungerechtigkeit durch den Satan negativ entspricht (vgl. ebd. 5,5f). So sehr sich darin wie durchweg in den Zwölfertestamenten – ähnlich wie in 1QS 3f – eine übermenschliche Tiefe des Dualismus als letzter Horizont menschlichen Tuns zeigt, so wenig darf der Stelle entnommen werden, daß hier von der Gerechtigkeit Gottes (genitivus subjectivus) als von »Gottes bestimmendem Recht« die Rede sei[638]. Von *Gottes* Gerechtigkeit in diesem Sinn ist aber Test Seb 9,8 die Rede, und zwar im Zusammenhang der Sündenvergebung an die zu ihm Umkehrenden (ebd. 9,5–7): καὶ μετὰ ταῦτα ἀνατέλλει ὑμῖν αὐτὸς ὁ Κύριος, φῶς δικαιοσύνης[639]. Hier dürfte die den Bekehrten neu eröffnete Geltung des Gesetzes gemeint sein, dessen Bewahrung im Endgericht das ewige Heil, und dessen Verachtung ewiges Unheil nach sich ziehen wird (vgl. ebd. 10,2f).

In den *Jubiläen* ist zwar davon die Rede, daß Gott Erbarmen und Gerechtigkeit nicht aufhören läßt (31,25), seinen Bund erneuert und für Israel »Gott in Wahrheit und Gerechtigkeit in allen Tagen der Erde« ist (22,15), daß er Sünden vergibt denen, die sich am Versöhnungsfest zu ihm bekehren (5,17). Doch gilt das alles nur für die Gesetzesgerechten, während Gott »ein gerechter Gott ist und Gericht haltend an allen, die sein Gebot übertreten, und an denen, die seinen Bund verachten« (21,4), und am Ende nur denen »viel Heil in Gerechtigkeit eröffnen« wird, die ihn »mit ihrem ganzen Herzen und mit ihrer ganzen Seele gesucht haben« (1,15). Unausgeglichen damit steht 1,6 der im Sinn des Jesaja-Targums ausgeführte Gedanke der Exhomologese: »Wenn dieses alles über sie kommt, dann werden sie erkennen, daß ich gerechter bin als sie mit all ihrem Recht und all ihren Taten; und sie werden erkennen, daß ich dauernd mit ihnen gewesen bin.«

Ähnliches sagt *aethHen 81,5*[640]: Henoch werden im Himmel »alle Geheimnisse der Barmherzigkeit und Gerechtigkeit« gezeigt (71,3 vgl. 91,17), die zusammen mit den Ursprungsorten der Gestirne (71,4) die endzeitlich-ewige Heilsordnung konstituieren; diese ist letztlich begründet in der »Gerechtigkeit des betagten Hauptes« (= Gottes), an deren ewig verläßlichen Schutz teilzuhaben Henoch bei seiner Einsetzung zum Menschensohn zugesprochen wird (71,14). Da wird er zum eschatologischen Sammlungs- und Friedensort für alle Auserwählten, die auf seinen Wegen wandeln, d. h. die wie er selbst gerecht sind (71,16f vgl. 99,10–12). In den Paränesen wird dieser Grundsatz der eschatologischen Rechtfertigung der Gerechten ausgeführt; Gottes Gerechtigkeit wirkt sich zugleich als Zornesmacht gegen Frevler aus (108,13)[641].

Der Verfasser der *Esra-Apokalypse* treibt das Problem auf die Spitze. Einerseits nimmt

---

[638] Gegen Stuhlmacher, Gerechtigkeit Gottes 171 vgl. Zeller, Juden und Heiden 173f, der ebd. 174 Anm. 163.164 auf Parallelen zu κολλᾶσθαι hinweist.

[639] Vgl. Mal 3,20; Test Jud 24,1; Weish 5,6; 1Qs 11,3–5. In einem Teil der Handschriften findet sich als Fortsetzung: καὶ ἴασις καὶ εὐσπλαγχνία ἐπὶ τὰς πτέρυξιν αὐτοῦ. Αὐτὸς λυτρώσηται πᾶσαν αἰχμαλωσίαν υἱῶν ἀνθρώπων ἐκ τοῦ Βελιάρ, καὶ πᾶν πνεῦμα πλάνης πατηθήσεται usw. Die beiden weiteren von Stuhlmacher ebd. für die Vorstellung der heilschaffenden Gottesgerechtigkeit in Test XII angeführten Belege: TestJud 22,2 und Test N 4,5, sind textkritisch umstritten.

[640] »... zeige allen deinen Kindern, daß kein

Fleisch vor dem Herrn gerecht ist; denn er ist ihr Schöpfer.« Der Rekurs auf die Schöpferkraft Gottes ist hier nicht im Sinne der Gnade gegenüber dem Ohnmächtigen (gegen P. Stuhlmacher, Gerechtigkeit Gottes 168), sondern seiner Gerichtsmacht gemeint, wie die Parallele Apk Abr 31 (am Schicksal der bestraften Sünder werden »schauen die Gerechtigkeit des Schöpfers die, die meinen Willen erwählt haben«) zeigt; vgl. auch die Papyrus-Belege bei Berger, Neues Material, Anm. 23.

[641] Vgl. ferner besonders aethHen 101,3 sowie Test Abr (Rez. A) XIII; ferner die hellenistische Prägung slavHen 46,3 (LR Bonwetsch); Sib III 704.

er seine eigene Funktion als des gerechtfertigten Gerechten (4Esr 12,7)[642] in der eindringlichen Fürbitte für die Sünder aus seinem Volk wahr (ebd. 13,48 vgl. 8,15–18) und appelliert im Stil der Exhomologese an Gottes Gerechtigkeit als sein Erbarmen für die, »die keinen Schatz an guten Werken haben« (besonders ebd. 8,20–36)[643]. Andererseits jedoch läßt er den angelus interpres ständig den unaufhebbaren Grundsatz des Endgerichts: der Rechtfertigung allein der Gerechten, ausnahmslos-hart vertreten (vgl. die Antwort ebd. 8,37–40!) und kann darum selbst am Ende dem Volk auch nur dies verkündigen (ebd. 14,34f). Dasselbe lehrt die syrische *Baruch-Apokalypse*, jedoch ohne den Schmerz des für das sündige Volk eintretenden Propheten erkennen zu lassen[644]. So treten vor allem im *pharisäischen Schrifttum* Gerechtigkeit und Barmherzigkeit Gottes in Gegensatz auseinander. Seine Gerechtigkeit wirkt sich in seinem Gericht über allen Frevel aus, nicht nur über den der Heiden, sondern auch über den Israels: ἵνα δικαιωθῇς, ὁ θεός, ἐν τῇ δικαιοσύνῃ σου ἐν ταῖς ἀνομίας ἡμῶν, ὅτι σὺ κριτὴς δίκαιος ἐπὶ πάντας τοὺς λαοὺς τῆς γῆς (PsSal 9,2 vgl. 8,23–25 u. ö.). Doch Gott behandelt sein auserwähltes Volk anders als die Heiden: Auch wenn Israeliten gesündigt haben, dürfen sie auf seine Barmherzigkeit vertrauen, wenn sie ihre Sünden in der Exhomologese bekennen (z. B. ebd. 9,6f); denn sie sind sein Eigentumsvolk (ebd. 9,8–11 vgl. 8,25–34). Barmherzigkeit wird so zu dem zentralen soteriologischen Begriff[645]. In die gleiche Richtung entwickelt sich die rabbinische Lehrtradition[646]. Der Begriff צדקה findet sich hier freilich nur noch anthropologisch, und zwar zumeist als terminus technicus für das Almosengeben. Von einer Gerechtigkeit Gottes ist nicht mehr die Rede. Im theologischen Kontext werden דין und טוב zu zentralen Begriffen, der erste zur Bezeichnung des richterlichen Handelns Gottes, der allen Frevel und alle Sünden nach dem Maß der Tora ahndet, der zweite zur Bezeichnung der aufhelfenden Zuwendung Gottes zum Frommen. Beides steht unausgeglichen nebeneinander[647].

Im *hellenistischen Judentum* fällt die Differenz im Sprachgebrauch zwischen LXX und dem späteren griechischsprachigen Schrifttum auf: LXX gibt die Wurzel צדק mit großer Regelmäßigkeit durch Wörter vom Stamm δικ- wieder. Besonders in den Aussagen über Gottes Gerechtigkeit und Gerecht-Sein bewahrt sie den soteriologischen Sinn des MT, aufs ganze gesehen, erstaunlich getreu[648]. Im späteren griechischsprachigen Schrifttum jedoch tritt auch dort, wo der Kontext stark an LXX orientiert ist, der sote-

[642] »Dominatur Domine, si inveni gratiam ante oculos tuos, et si iustificatus sum apud te prae multos«.

[643] Die dahinter stehende Tradition belegt Berger, Neues Material Anm. 25.

[644] Vgl. die Belege bei Stuhlmacher, Gerechtigkeit Gottes 173f.

[645] Vgl. dazu Braun, Vom Erbarmen Gottes, sowie Stuhlmacher, ebd. 178–180. – Berger, Neues Material, Anm. 25, zitiert das Koptische Jeremia-Apokryphon, ed. K. H. Kuhn, Le Museon 83 (1970) 95–350,130: »Only show mercy and rigtheousness (δικαιοσύνη) to them, because it is my people.«

[646] Vgl. Stuhlmacher, ebd. 180–184.

[647] Dies hat Sjöberg, E., Gott und die Sünder im Palästinischen Judentum, 1938 (BWANT 79) – entgegen einseitiger Herausstellung des richterlichen Handelns Gottes – herausgestellt. Vgl. Gen Rabba 12,15 (hrsg. Freedman und

Simon, London ²1951, I 99) bei Stuhlmacher ebd. 183.

[648] Das Adjektiv δίκαιος, auf Gott bezogen, gibt durchweg צדיק wieder (nur Jes 41,10 צדק und Jer 49,5 אמת); das Substantiv δικαιοσύνη in der großen Mehrheit צדק bzw. צדקה. Überdies zeigt die Widergabe von חסד (Gen 19,19; Ex 15,13; Jes 63,7), רחמים (Dan 9,9) und wohl auch אמת (Jes 38,19; Dan 9,13) durch δικαιοσύνη, wie bestimmend die besondere soteriologische Wortbedeutung des MT für die Bedeutung von δικαιοσύνη in der griechisch-jüdischen Sprache geworden ist; vgl. ebenso die vereinzelte Übersetzung von צדקתי Jes 56,1 durch τὸ σωτήριόν μου. Nur selten wirkt hellenistischer Sprachgebrauch ein, z. B. Ri 5,11, wo LXX – wie Dtn 33,21 – die Rede von den צדקות יהוה nicht verstanden hat und nach Analogie des Ausdrucks δίκην διδόναι übersetzt: δώσουσιν δικαιοσύνας (B) bzw. δικαιο-

riologische Sinn im Verständnis der Gerechtigkeit Gottes völlig zurück; diese wird vielmehr als seine richterliche iustitia distributiva gedacht[649]. Entsprechend wird der Inhalt seiner Gebote als »seine iusticiae« bezeichnet, sofern nämlich die Gebote des Gesetzes die Norm der richterlichen Gerechtigkeit Gottes sind[650]. Wo der Kontext dagegen nicht unmittelbar durch LXX-Text bzw. traditionelle Formeln bestimmt ist, schlägt das hellenistische Verständnis voll durch. *Philo* und *Josephus* denken Gerechtigkeit wie selbstverständlich im Horizont griechischer Tugendlehre, und zwar gerade auch dort, wo von Gottes Gerechtigkeit die Rede ist[651]. Die »Mutter der Gerechtigkeit« ist die ἰσό-της[652].

4. *Zusammenfassend* läßt sich das Folgende feststellen: Zur Zeit des Paulus befindet sich die Rede von der Gerechtigkeit Gottes offenbar in einem Übergang. Im apokalyptischen Schrifttum ist das alttestamentliche Verständnis z.T. noch stark wirksam, nach welchem Gottes Gerechtigkeit seine Gemeinschaftstreue zu seinem Eigentumsvolk ist, die sich in seinen Heilstaten im Zusammenhang des heiligen Krieges auswirkt und deren die gesamte Schöpfung begründende und bestimmende Macht im Kult erfahren wurde. Doch wird in der Apokalyptik ihre Wirklichkeit in eschatologischem Horizont gedacht; unter den noch verborgenen, in der Zukunft der Endzeit offenbar werdenden »Geheimnissen« dessen, was ewig Kraft und Bestand hat, hat Gottes Gerechtigkeit zentralen Rang: Durch ihre Kraft wird einerseits die jetzt bedrückende Macht der Ungerechtigkeit vernichtet und werden die Gerechten von ihr befreit werden; andererseits wird durch sie den Gerechten das ihrer Gerechtigkeit entsprechende Heil in eschatologisch-vollkommener Wirklichkeit auf ewig gegeben werden. Eben darin wird Gottes heilschaffende Gerechtigkeit in ihrer allem Frevel überlegenen Macht offenbar werden. In der Gegenwart tut sich der fordernde Wille der Gerechtigkeit Gottes im Gesetz bzw. in den Geboten kund, so daß für den Aspekt der Frommen Gottesgerechtigkeit und Gesetz nahezu in eins fallen. Zugleich setzt sich aber – besonders unter pharisäischem Einfluß – ein Verständnis der Gerechtigkeit Gottes durch, in dem diese einseitig auf sein Gerichtshandeln an den Ungerechten konzentriert wird. Der Aspekt richtet sich dabei auf die genau entsprechende Vergeltung alles bösen Tuns, so daß Gottes ›Gerechtigkeit‹ unter hellenistischem Denkhorizont leicht als iustitia distributiva gedacht werden kann. Da der Maßstab des göttlichen Gerichts das Gesetz ist, das zwischen Gerechtigkeit und Ungerechtigkeit der Menschen scheidet, wird das Gesetz selbst zum Dokument der eschatolo-

σύνην (A) κυρίῳ. Vgl. Stuhlmacher, Gerechtigkeit Gottes 108–112.

[649] Vgl. z.B. repräsentativ Test Ijob 4,8–11: Hiob soll erkennen, ὅτι ἀπροσωπόληπτός ἐστιν, ἀποδιδοὺς ἑκάστῳ τῷ ὑπακούοντι ἀγαθά (8) . . . τότε γνώσει ὅτι δίκαιος καὶ ἀληθινὸς καὶ ἰσχυρὸς ὁ κύριος, ἐνισχύων τοὺς ἐκλεκτοὺς αὐτοῦ. 43,13 δίκαιος ἔστιν Κύριος, ἀληθινὰ αὐτοῦ τὰ κρίματα; παρ᾽ ᾧ οὐκ ἔστιν προσωποληψία· κρινεῖ ἡμᾶς ὁμοθυμαδόν . . . 37,6 κατατολμᾷ τις προσάπτειν τῷ Κυρίῳ ἀδίκημα. Vgl. auch z.B. epAr 209, wo Gott φιλοδίκαιος ist als Urbild der Gerechtigkeitsliebe des irdischen Königs. Ferner Test Abr (Rez. A) XIII; ApkAbr 31; PsCl Rec III 41,2: »etenim cum certum sit deum iustum esse, necessarium et consequens

est aliud esse saeculum, in quo unusquisque pro meritis recipiens iustitiam dei probet«; ebd. 38,5; 40,3; ferner das altkirchlich-apokalyptische Material bei Berger, Neues Material, Anm. 15, sowie die Grabinschrift von Akmonia (III. Jht.), ed. W. Ramsay REG 1889,23 bei Berger ebd.

[650] Ps-Philo, liber antiquitatum biblicarum 9,8; 11,1.15; 12,2.10; 14,9; 30,2; 48,5; (54,1.5). Beachte in 14,9 die hellenistische Variante der Exhomologese. Ferner Weish 14,2; Bar 4,12f; auch aethHen 99,10; 94,4f.

[651] Vgl. besonders Philo, Deus imm 79 ἐπιστήμη θεοῦ καὶ σοφία καὶ φρόνησις καὶ δικαιοσύνη καὶ τῶν ἄλλων ἑκάστη ἀρετῶν.

[652] Philo Spec Leg IV 231.238. Zum Ganzen vgl. Stuhlmacher, Gerechtigkeit Gottes 106f.

gisch-›forensischen‹ Gerechtigkeit Gottes. Infolgedessen treten für das Heilshandeln Gottes zunehmend andere Begriffe in den Vordergrund: Mit seinen Frommen handelt Gott in Barmherzigkeit und Güte. So kommt es zur Opposition zwischen Gottes Gerechtigkeit und seiner Barmherzigkeit und Güte; diese richtet sich auf den Gerechten, jene auf den Ungerechten. Schließlich verschwindet in der späteren rabbinischen Tradition der Begriff צדקה in theologischen Aussagen völlig; er steht nur noch in anthropologischem Kontext und bezeichnet verengt das Almosengeben, während von Gottes (Straf-)Gerechtigkeit nur noch als von seinem Gerichtshandeln (דין) die Rede ist.

Es ist deutlich, daß die paulinischen Aussagen ihren traditionsgeschichtlichen Ort im apokalyptischen Bereich haben und dem pharisäisch-rabbinischen Denken relativ fern stehen. Die Nähe zum AT – besonders zu Deuterojesaja – ist nicht als eigenständiger Rückgriff des Paulus auf die Schrift zu beurteilen, obwohl Paulus intensiv mit alttestamentlichen Texten arbeitet und denkt; vielmehr ist sein Verständnis der alttestamentlichen Gerechtigkeitsaussagen stark durch apokalyptische Tradition geprägt: Die δικαιοσύνη θεοῦ ist die eschatologische Heilsmacht der Bundestreue Gottes; das gilt auch dort, wo Paulus von der δικαιοκρισία Gottes spricht (Röm 2,5) und diese durch das Motiv der Aprosopolepsie näherbestimmt (2,6.10). Strafgerechtigkeit aber ist die δικαιοσύνη ihrer Intention nach nirgendwo; und die hellenistische Vorstellung der iustitia distributiva ist Paulus – trotz seiner Beheimatung im hellenistischen Judentum – durchaus fremd; denn in seinem Denken ist die – apokalyptisch vermittelte – alte Grundvorstellung vom Tun-Ergehen-Zusammenhang durchweg bestimmend.

Nun läßt sich das traditionsgeschichtliche Verhältnis des Paulus zur Apokalyptik noch näher eingrenzen. War durch die Gerichtsverkündigung der Propheten das kollektive Zutrauen zu Gottes Gerechtigkeit erschüttert worden und hatte sich von daher – vor allem unter deuteronomistischem Einfluß – das Geschichtsbild stark unter dem herrschenden Aspekt des Motivzusammenhangs der Exhomologese verändert, so ist das Problem der Sünde Israels in bestimmten apokalyptischen Gruppen zum Kardinalproblem des Verständnisses der eschatologischen Gottesgerechtigkeit geworden. Nach der Esra-Apokalypse sind es einzelne wenige Gerechte, denen am Ende das Heil gegeben werden kann, die große Mehrheit des Volkes wird an den Folgen seiner Sünde zugrunde gehen, sofern sich nicht noch einige zur Gerechtigkeit bekehren. Die Qumran-Gemeinde denkt noch radikaler: Ganz Israel ist abgefallen und zur massa perditionis geworden; Gott aber hat seinen Bund für einige Auserwählte, zu radikaler Umkehr Bereite erneuert, die er durch seine Gerechtigkeit aus der massa perditionis heraus errettet und durch iustificatio impii sola gratia zu Gerechten gemacht hat. Daß die paulinische Rechtfertigungslehre dieser essenischen sehr nahesteht, ist unverkennbar. Sowohl in der Prämisse universaler, ausnahmsloser Ungerechtigkeit als auch im Verständnis der heilschaffenden Bundesgerechtigkeit Gottes als Sühne-schaffender Errettung verlorener Sünder und menschlicher Gerechtigkeit als durch iustificatio impii geschenkter Gerechtigkeit stimmt Paulus mit Qumran überein.

Doch heben sich nun auch die Unterschiede zu Qumran um so deutlicher heraus. Während dort die iustificatio impii entscheidend auf eine Erneuerung radikaler Gesetzeserfüllung zielt, zielt sie bei Paulus auf den Glauben, in dem allein die Gerechtigkeit des Gerechtfertigten begründet ist. Darin zeigt sich, daß Paulus die iustificatio impii sola gratia radikaler denkt als die Essener: Sie geschieht χωρὶς ἔργων νόμου. Weder diese schroffe und grundsätzliche Negation im Begründungszusammenhang der Gerechtigkeit noch vor allem die allein konstitutive Bedeutung des Glaubens findet sich in Qumran oder irgend sonst im Judentum. Dieser Unterschied rührt daher, daß in Qumran die iustificatio impii als Sühnegeschehen eschatologisch-kultisch begründet gedacht wird, während Paulus sie als Wirkung des *neuen* Sühnehandelns der Gerechtigkeit Gottes im Tod Christi verkündigt. Damit hängt wiederum zusammen, daß Paulus diese Wirkung der Sühne im Kreuz Christi als universal denkt, Heiden wie Juden gemeinsam betreffend, während die Qumrangemeinde sich strukturell-wesenhaft im Horizont des jüdischen ›Rest‹-Gedankens versteht, so daß hier die Sühne exklusiv auf die eigene Gemeinde beschränkt ist und jeder Missionswille fehlt. Paulus kann so an der universalen Kraft der Gottesgerechtigkeit festhalten und wird darin – im Gegensatz zu Qumran – wiederum dem Anliegen der Übersetzer des Jesaja-Targums gerecht, ohne deren letzte Relativierung des Problems der Sünde zu teilen.

Denkt man so die paulinische Rechtfertigungslehre im Horizont ihrer traditionsgeschichtlichen Voraussetzung im Judentum, so tritt allererst ihre Bedeutung hervor: Im Blick auf das Christusgeschehen ist die tiefe Aporie, in die das Judentum angesichts des Problems der Sünde Israels im Blick auf die Geltung und Kraft der Gottesgerechtigkeit geraten war, vom Grunde her gelöst. Weder die heilsgeschichtlich begründete Lösung, nach der Israeliten als Erwählte Gottes durch ihre Sünden nicht aus dem Geltungsbereich des Heils wirklich herausfallen, noch die theologisch begründete Relativierung der Negationskraft der Sünde gegenüber der Heilskraft der Gerechtigkeit Gottes wird dem Problem der Sünde in seiner Radikalität gerecht. Weder die Reduktion des Kreises der eschatologischen Heilsempfänger auf die kleine Zahl der Gerechten noch die Behauptung der Möglichkeit zureichender Gesetzeserfüllung für jeden Israeliten und der Sündenvergebung durch die aufhelfende Güte Gottes zu seinen Erwählten wird der universal-überlegenen Kraft der Gottesgerechtigkeit gerecht. Beides in seiner durchaus aporetischen Spannung zueinander: die Vernichtung aller Sünder als die irreversible Folge der Sünde durch Gottes Zorn und die universale Verwirklichung der Gerechtigkeit Gottes in der Teilhabe all seiner Erwählten am Endheil, ist im Christusevangelium vollauf bewahrt. Die Spannung aber wird ganz aufgehoben, indem die Gerechtigkeit Gottes als die unendlich überlegene Kraft seiner Liebe verkündigt wird, durch die er die universale Negationskraft der Sünde im Sühnetod Christi universal aufgehoben und in der Auferweckung des für alle Gekreuzigten die Heilsteilhabe aller eröffnet hat[653].

---

[653] K. Berger, der mir freundlicherweise das Manuskript seines Aufsatzes: Neues Material zur ›Gerechtigkeit Gottes‹, der 1977 in ZNW erscheinen wird, zur Verfügung gestellt hat, kommt *darin* zum gleichen Ergebnis, daß Paulus – im Gegensatz zu aller jüdischen Überlieferung – »Gottesgerechtigkeit und Gesetz voneinander trennt« und die Gottesgerechtigkeit mit der Glaubensgerechtigkeit verbindet, *weil* der Sühnetod Christi »diesen Glauben als heilsstiftenden möglich macht«. Deswegen steht »der Glaube an Jesus Christus für Paulus ganz genau an der Stelle . . ., die für das Judentum das Gesetz einnahm«. Doch reflektiert Berger m. E. zu wenig die tiefreichende Veränderung, die der Gottesgerechtigkeit selbst dadurch widerfährt, daß sie im Sühnetod Christi als Gottes Liebe, nämlich als seine die Wirk- lichkeit der Sünde aufhebende Macht zur Wirkung gekommen ist. Daraus folgt, daß der Glaube nicht die neue »Forderung« der Gottesgerechtigkeit ist, die an die Stelle ihrer Forderung von Gesetzeswerken tritt, sondern daß ihre Heilstat im Sühnetod Christi den Glauben an Gott von der Fixierung an das Gesetz löst und ganz auf das Christusgeschehen konzentriert, durch dessen Sühnewirkung der (durch das Gesetz als Sünder ›festgesprochene‹) Ungerechte gerecht geworden ist. Insofern behält die Gottesgerechtigkeit bei Paulus nicht den traditionell-jüdischen »Doppelcharakter von Forderung und Gericht«, weil der Glaube nicht eigentlich Forderung, sondern die neu eröffnete, »geschenkte« Gestalt der Heilsteilhabe, und das Gericht durch den Sühnetod Christi *aufgehoben* ist.

5. Die Gerechtigkeit Gottes in der Paulusexegese

Da der Römerbrief seit Origenes immer im Zentrum des exegetischen Interesses gestanden hat, ist die Zahl der Abhandlungen zur Bedeutung von δικαιοσύνη θεοῦ/iustitia Dei in der Exegese der Alten Kirche[654], des Mittelalters[655], der Reformations- und
Gegenreformationszeit[656] und der Neuzeit[657] so groß, daß es unmöglich ist, hier auch
nur auswahlweise eine Geschichte der Exegese vorzustellen. Statt dessen soll es um den
Versuch gehen, die theologische Bedeutung der wirkungsgeschichtlich wichtigsten Interpretations-Modelle zu erwägen.
Der erste, großartige Versuch, die paulinischen Aussagen im Horizont griechischer
Denktradition zu verstehen, ist im Röm.-Kommentar des *Origenes* gelungen. Für ihn
ist der selbstverständliche hermeneutische Horizont der Rede von Gerechtigkeit die Tugendlehre der philosophischen Tradition, nach welcher δικαιοσύνη als die Fähigkeit der
ἰσότης[658] neben σωφροσύνη, φρόνησις und ἀνδεία die Grundtugenden sind. Doch
während wir zu den *menschlichen* Tugenden »natürliche Antriebe haben« durch das
Naturgesetz[659], »transzendiert« *Gottes* Gerechtigkeit die Ebene des Menschlichen[660],
so daß es keinerlei menschlich-mögliche Antriebe zu ihrer Erkenntnis gibt; sie wird
vielmehr χωρὶς τοῦ τῆς φύσεως νόμου[661] von Christus, dem Sohn Gottes, gelehrt[662]
und durch das geistliche Gesetz bezeugt[663]. Ihr Inhalt ist kein anderer als Christus
selbst[664]; deswegen wird die Gerechtigkeit Gottes allein im Glauben, »daß Jesus der
Christus Gottes ist«, erkannt[665]. Origenes denkt den Unterschied zwischen der menschlichen und der göttlichen Gerechtigkeit mit dem hermeneutischen Mittel der Unterscheidung von Buchstabe und Geist, d. h., er sieht zwei Ebenen des Seins, Natur und
Geist, denen zwei Ebenen der Erkenntnis entsprechen, Vernunft und Glaube. Der höheren Ebene – sowohl ontisch wie noetisch – entspricht die niedere, aber so, daß wegen der
Transzendenz des Höheren dessen Erkenntnis im Menschen nur durch Offenbarung
(φανεροῦν 3,21) eröffnet wird und also nur im Glauben erreichbar ist. Die Vernunft
erkennt sozusagen nur die Struktur der Gerechtigkeit: ihren Charakter als Tugend der
ἰσότης, nicht ihr eigentliches Sein, daß nämlich die eigentliche Gerechtigkeit diejenige
Gottes ist[666]. Wenn diese nun aber ἰσότης ist, dann folgt daraus, daß Gott als Gerechter
nicht Ungerechte rechtfertigen kann. »Deshalb wollte er, daß ein Versöhner dazwi-

---

[654] Vgl. dazu Staab, Pauluskommentare,
pass.; Schelkle, Paulus 40–44.108–113; ferner
Aleith, E., Das Paulusverständnis in der Alten
Kirche, 1937 (BZNW 18); Souter, A., The Earliest Latin Commentaries on the Epistles of St.
Paul, Oxford 1927.
[655] Dazu vgl. das reichhaltige Material bei
Denifle, H. S., Die abendländischen Schriftausleger bis Luther über Justitia Dei (R 1,17)
und Justificatio, Mainz ²1905; Holl, K., Die iustitia dei in der vorlutherischen Bibelauslegung
des Abendlandes, in: Gesammelte Aufsätze III.
Der Westen, Tübingen 1928, 171–188; Bornkamm, H., Justitia Dei in der Scholastik und
bei Luther, ARG 39 (1942) 1–46.
[656] Dazu vgl. die gute Zusammenfassung bei
Stuhlmacher, Gerechtigkeit Gottes 19–23.
[657] Dazu vgl. den (freilich einseitigen) Forschungsbericht von Stuhlmacher ebd. 25–73.
[658] Von daher sieht Origenes den Skopos von

Röm 1,17 darin, »daß keiner vom Heil ausgeschlossen wird, weder der Jude noch der Grieche noch der Barbar« (Rufin 861).
[659] Röm (ed. Scherer) 152,14f.
[660] Ebd. 150,7f.
[661] Ebd. 150,8.
[662] Ebd. 150,4f.
[663] Ebd. 152,12.
[664] Ebd. 152,18, vgl. 156,1f (Zitat 1Kor
1,24).
[665] Ebd. 152,16.
[666] Vgl. ebd. 146,15f die Charakterisierung
Christi, des μονογεὴς τοῦ θεοῦ, als αὐτολό
γος καὶ αὐτοσοφία καὶ αὐτοαλήθεια, οὕτως
καὶ αὐτονόμος: Der Glaubende wird *darum*
nicht gerecht aus Werken des (Natur-)Gesetzes, sondern aus dem Glauben als Teilhabe an
Christus als der Gerechtigkeit Gottes, so daß er
– wie Gott – αὐτόθεν δίκαιος ist (ebd. 148,6f).

schentrete, damit durch den Glauben an ihn gerechtfertigt würden, die durch eigene Werke nicht gerechtfertigt werden konnten.«[667] Allein durch die Versöhnung als Sühne also kann die unendliche Kluft zwischen menschlicher Ungerechtigkeit und göttlicher Gerechtigkeit überbrückt werden; Christus ist Gottes Gerechtigkeit im Sinne von 1Kor 1,30 als der, »qui factus est nobis iustitia a Deo«[668]. Das heißt: Origenes zielt darauf, den christologisch-soteriologischen Sinn der δικαιοσύνη θεοῦ als die letzte Wahrheit der griechisch als ἰσότης verstandenen Gerechtigkeit Gottes zu denken. Doch der so angesetzte Gedanke zerbricht ihm sogleich wieder in der Exegese von 3,26: »In der Zeit des gegenwärtigen Äon wirkt sich die Gerechtigkeit Gottes aus im Aufschub, im künftigen aber in der Vergeltung.«[669] Indem Origenes so dem Gedanken des künftigen Gerichts nach den Werken über den Christen im Kontext der Rechtfertigung gerecht zu werden sucht, wird unter eschatologischem Aspekt aus der in der Versöhnung wirksamen, in dem Gekreuzigten wirksamen δικαιοσύνη θεοῦ letztlich doch die iustitia distributiva. Die eschatologische Kraft der Versöhnung ist verkannt, weil einerseits der Gedanke der ins Transzendente überhöhten Gerechtigkeit als ewig-absolute Tugend der ἰσότης Gottes den paulinischen Gedanken der zur Liebe gesteigerten Bundestreue Gottes nicht konsequent zu fassen vermag und andererseits der Gedanke der Willensfreiheit und sittlichen Verantwortung des Christen als des durch die Rechtfertigung sozusagen veredelten Menschen dem paulinischen Verständnis der Versöhnung als iustificatio impii verschlossen bleibt. Rechtfertigung wird im Schema des griechischen Gedankens der Teilhabe des Menschen an Gott, der ὁμοίωσις θεῷ, gedacht. Gratia perficit naturam, ist von daher der Leitgedanke altkirchlicher Soteriologie. Der Denkhorizont griechischer Ontologie, unter welchem eine verstehende Rezeption der paulinischen Soteriologie faktisch allein möglich war, versperrt so den Zugang zum Wesen biblischen Gottesverständnisses und der Denkhorizont griechischer Anthropologie den Zugang zum radikalen Verständnis der Sünde, und beides den Zugang zum Herzen der Rechtfertigungslehre des Paulus.

Origenes hat die Weichen gestellt; in den von ihm gelegten Geleisen bewegt sich die gesamte griechische Paulusrezeption. Symptomatisch dafür ist die Unausgeglichenheit in der Exegese der paulinischen δικαιοσύνη θεοῦ als soteriologische und zugleich forensische, als mit Christus solidarische Zuwendung Gottes zu der ihm fernen, entfremdeten Menschheit und zugleich als richterliche Distanzierung.

Einen entscheidenden Schritt zum biblischen Sinn der Gottesgerechtigkeit hat im Westen der *Ambrosiaster* getan, indem er diese als Treue Gottes zu seiner Heilsverheißung auffaßt und so mit dem griechischen Gedanken der ἰσότης verbinden kann: Den Sündern gegenüber kommt Gottes Barmherzigkeit als verzeihende Barmherzigkeit zur Wirkung[670], die als solche seiner aequitas entspricht: »cum suscipit confugientes ad se, iustitia dicitur, quia non suscipere iniquitas est«[671]. So wird die Unausgeglichenheit in der Exegese überwunden und ein einheitliches Verständnis der iustitia dei erreicht[672].

---

[667] Rufin 946.
[668] Ebd. 1160f.
[669] Ebd. 951.
[670] »Quando quos reos lex tenebat, iustitia dei ignovit illis . . . idcirco autem dei iustitia dicitur, quae videtur esse misericordia, quia de promissione originem habet, et cum promissum dei redditur, iustitia dei dicitur« (Ad Romanos 3,21, CSEL 81, 117).
[671] Ebd. – Zu Unrecht sieht Holl, iustitia dei,

a.a.O. (Anm. 655) 173 in diesem Gedanken eine sachliche Umdeutung des Verständnisses der Gerechtigkeit Gottes als Barmherzigkeit in das als aequitas.
[672] Das entscheidet sich in der Exegese von Röm 3,25f: »Ad ostensionem iustitiae suae: hoc est, ut promissum suum palam faceret, quo nos a peccatis liberaret, sicut ante promiserat. Quod cum implevit, iustm se ostendit« (ebd. 121). – Gegen Stuhlmacher, Gerechtigkeit

Wie der Verfasser zu dieser erstaunlichen Nähe zum paulinischen Gedanken gelangt ist, bleibt ein historisches Rätsel – es sei denn, daß die Vermutung richtig ist, hier habe ein zum Christentum bekehrter Jude Paulus entdeckt[673]. Darin läge dann auch der Grund dafür, daß sich zwar das *Motiv* der Gerechtigkeit Gottes als Erfüllung seiner Verheißung bis in die mittelalterliche Auslegungstradition hinein durchhält, aber unvermittelt mit anderen Motiven. Die *Konzeption* des Ambrosiasters hat keine Wirkung gehabt.

Die entscheidende Wirkung auf die gesamte westliche Theologie ist von *Augustins* Paulusdeutung ausgegangen: Er bestreitet ein Verständnis der iustitia dei als richterlicher iustitia distributiva und deutet sie vielmehr als gerechtmachende, dem Sünder Gerechtigkeit schenkende Gnade: »iustitia dei, non qua iustus est, sed qua induit hominem, cum iustificat impium«[674]. Damit hat Augustin der paulinischen Rechtfertigungslehre ihren Ort in der Gnadenlehre zugewiesen, den sie – vor allem exegetisch durch den großen Einfluß der Magna Glossatura des *Petrus Lombardus* und systematisch durch den Aufriß der Summa theologiae des *Thomas von Aquin* – bis in die katholische Dogmatik der Gegenwart behalten hat. Zwar haben die verschiedenen anderen exegetischen Auslegungsmodelle der altkirchlichen Tradition in der mittelalterlichen Exegese mit Aufnahme gefunden, doch dogmatisch dominant ist nur die augustinische Deutung geworden. Was bedeutet sie? Zweifellos ein gegenüber der griechischen Tradition neues Gottesverständnis: Gottes Verhältnis zu sich selbst wird nun als identisch gedacht mit seiner Zuwendung zum Menschen, mit der überlegenen Kraft seines Willens zur Heilung des Sünders von der Sünde als der ›Krankheit zum Tode‹. Die Gerechtigkeit Gottes als sündentilgende, gute Werke allererst ermöglichende Gnade wird so zum sakramentalen Fundament der Kirche; diese unterscheidet sich in ihrem Wesen von der Welt als dem Reich Satans. Allererst durch Augustin ist so der Römerbrief – zusammen mit den Psalmen – *der* zentrale Text kirchlicher Lehre geworden.

Freilich, die Frage, wieso die mit der Gnade identische iustitia dei *Gerechtigkeit* ist, blieb unbeantwortet[675]. Zwar war mit der Bestreitung der iustitia als »iustitia qua deus iustus est« die forensische iustitia distributiva aus dem Rechtfertigungsvorgang eliminiert, aber daß Gott auch darin *gerecht* ist und bleibt, an sich nicht bestritten. Darin liegt das Einfallstor für die spätere Unterscheidung zwischen der Rechtfertigung des Anfangs und dem Endgericht Gottes, das allererst endgültig über das Heil des Gerechten aufgrund seiner Werke entscheidet[676]. Dieses Unterscheidungsmodell ist im Tridentinum,

---

Gottes 15, der zu Unrecht die Auslegung von Röm 1,17: »Iustitiam dei dicit, quia gratis iustificat impium per fidem« mit der von 3,21 kontrastiert. Die Rechtfertigung denkt Ambrosiaster jedoch als Effekt der Gerechtigkeit Gottes, nämlich als Erfüllung seiner Heilszusage in vergebender Barmherzigkeit! Wie hier, trägt Stuhlmacher die Antithese von Heilsmacht und Heilsgabe auch in andere Quellen ein.

[673] Die Vermutung kann sich vor allem darauf stützen, daß der Ambrosiaster immer wieder die antinomistischen Spitzen des Paulustextes mit deutlich aktueller Leidenschaft herausstreicht, wie dies so weder vor noch nach ihm in der Paulus-Auslegung zu finden ist.

[674] De spiritu et littera 9,15; vgl. ebd. 11,18;

18,31; Enarrationes in Psalmos 30,2,6; In Joann. ev. tract. 26,1. – An der zitierten Stelle taucht übrigens auch das Motiv der Annahme des Flüchtings aus dem Ambrosiaster auf: »per legem ostendit homini infirmitatem suam, ut ad eius misericordiam per fidem confugiens sanaretur.«

[675] Das hat Holl, iustitia dei, a.a.O. (Am 655) 174f erkannt und die wirkungsgeschichtlichen Konsequenzen dieser Aporie in der mittelalterlichen Exegese mit Recht herausgestellt.

[676] Vgl. z.B. Pseudo-Gilbert de la Porré bei Holl ebd. 178 sowie überhaupt den Nachweis ebd. 182–187, wie an dieser Stelle die Verdienstlehre in ihren kontroversen Fassungen relevant wird.

wenn auch im bestimmenden Rahmen der augustinisch-thomanischen Gnadenlehre, dogmatisiert worden[677].

Um eine Klärung der offenen Frage, wieso die Barmherzigkeit Gottes mit seiner Gerechtigkeit übereinstimmt, hat *Anselm von Canterbury* sich gemüht[678]. Er bestimmt Gottes Gerechtigkeit als seine Übereinstimmung mit sich selbst als dem summe bonus[679], der er nicht wäre, stünde es ihm allein zu Gebote, die Sünder zu strafen, und nicht auch, sie zu verschonen. So geht seine Barmherzigkeit aus seiner Gerechtigkeit hervor[680], weil er darin seine Güte erweist und *so* seiner dignitas entspricht. Seine Evidenz hatte dieses Argument aus der germanischen Vorstellung vom Herrscher, zu dessen Ehre die Fürsorge für seine Gefolgsleute gehört[681]. Von da aus baut Anselm seine Satisfaktionslehre auf, deren eigentlicher Skopos darin besteht, daß, indem der Deus-homo für die verletzte Ehre Gottes Genugtuung leistet, Gottes Gerechtigkeit als Grund der Weltordnung ihre überlegene Kraft erwiesen hat. Thomas hat den Gedanken Anselms noch vertieft, indem er Gottes misericordia sogar als »aliquid supra iustitiam«, als »quaedam iustitiae plenitudo« begreift[682]. Thomas wie Anselm wollen aber damit nicht bestreiten, daß es Gottes Gerechtigkeit nicht auch angemessen wäre, die Bösen zu strafen[683]. So wird häufig von Röm 1,18 (γάρ) her der Zorn Gottes als ein Teil seiner Gerechtigkeit verstanden[684]. Darin zeigt sich, daß auch dort, wo man die Übereinstimmung zwischen misericordia und iustitia dei zu begründen vermochte, das Verhältnis zwischen Zorn und Gnade als Wirkungen ein und derselben Gerechtigkeit Gottes keineswegs geklärt war: Der Gedanke des Paulus, daß im Sühnetod Christi Gottes Gerechtigkeit Gottes Zorn in sich aufgehoben hat, ist eben dort nicht erfaßbar, wo iustitia Dei strukturell griechisch als ἰσότης verstanden wird.

Paulus in diesem entscheidenden Punkt erstmals verstanden zu haben ist das theologisch entscheidend Neue in *Luthers* Theologie. Nach seinem späten Selbstzeugnis von 1545[685] hat er diese Erkenntnis als junger Mönch durch die existenziell erfahrene Anfechtung hindurch gewonnen, daß, wenn die iustitia Dei nach Röm 1,17–18 Gottes Strafgericht ist, der Mensch als Sünder nicht an ihr vorbei zu Gottes Barmherzigkeit gelangen könne. Wie immer einseitig Luthers Auskunft ist, er habe diese Auslegung von 1,17 nach 1,18 »usu et consuetudine omnium doctorum« gelernt[686], so trifft dies der Sa-

---

[677] Sessio VI cap. 16, Denzinger 809f mit Canones 24.26.31f.

[678] Vgl. Proslogion, MPG 158, 232B: »nam etsi difficile sit intelligere quomodo misericordia tua non absit a tua iustitia, necessarium tamen est credere, quia nequaquam adversatur iustitiae«.

[679] Vgl. ebd. 233B: »iustus es secundum te«. Dasselbe wird in Cur Deus Homo I 23 im Blick auf die durch Gottes Ehre konstituierte Weltordnung ausgeführt: »Si deo nihil maius aut melius, nihil iustius quam honorem servat in rerum dispositione summa iustitia, quae non est aliud quam ipse Deus . . .«

[680] Proslogion 232B; Cur Deus Homo II 20: »Misericordiam vero dei . . . tam magnam tamque concordem iustitiae invenimus, ut nec maior nec iustior cogitari possit.« Vgl. auch Abälard 863 A. D.

[681] Dazu vgl. vor allem Greshake, Erlösung als Freiheit a.a.O. (Anm. 551) 330–333.

[682] Summa theol. I 21,3 ad. 2. In seinem

Röm.-Kommentar nimmt Thomas auch das Motiv der iustitia dei als Gottes Verheißungstreue auf und interpretiert die iustitia dei ex fide Röm 1,17 – entgegen seinem sonstigen eigenen Sprachgebrauch – als »scilicet dei promittentis« (ebd. 102). Dies Verständnis hat er aus Röm 3,3 gewonnen (ebd. 253).

[683] Anselm, Proslogion 232C; Zu Thomas vgl. die von Holl, iustitia dei, a.a.O. (Anm. 655) 184 Anm. 6 zitierte Stelle aus dem Röm.-Kommentar.

[684] Vgl. Thomas, Röm 110: »Recte dico quod in eo iustitia Dei relevatur, relevatur enim in eo ira Dei, id est vindicta ipsius . . .« In diesem Sinn wird der Übergang von Röm 1,17 zu 1,18 häufig interpretiert, vgl. z. B. Dionysius Rickel bei Holl, iustitia dei 186 Anm. 4.

[685] WA 54,185f; Text z. B. bei Stuhlmacher, Gerechtigkeit Gottes 22.

[686] Dagegen hatte Denifle, a.a.O. (Anm. 655) in kontrovers-theologischer Polemik das Heer von auslegungsgeschichtlichen Zeugnis-

che nicht nur auf die dogmatische Tradition seiner Zeit zu[687], sondern auch auf die exegetische insofern, als durchweg – gerade in der Auslegung von 1,17f – die Strafgerechtigkeit Gottes *neben* seiner Gnadengerechtigkeit als ein wesentlicher Aspekt der iustitia dei behauptet wurde. Die Tradition bot so in der Tat kein durchschlagendes Argument gegen die *Möglichkeit*, daß Gottes Gerechtigkeit durchaus einigen Sündern nur als strafende begegne[688]. Nach dem genannten Selbstzeugnis war es zunächst eine radikalisierte Aufnahme der Auslegung Augustins, durch die Luther zu diesem neuen, erlösenden Verständnis der iustitia dei, »qua nos Deus misericors iustificat per fidem«, hindurchgestoßen ist. So wird von daher in der gesamten reformatorischen Theologie der Ausdruck iustitia dei im Sinne des Geschenks der iustificatio impii, als iustitia passiva und in diesem Sinn als »Gerechtigkeit vor Gott« unter Ausschluß aller Werke sola fide aufgefaßt und darin der entscheidende Gegensatz zur katholischen Rechtfertigungslehre gesehen[689]. Doch darf man dabei nicht übersehen, daß Luther in der Bestreitung der iustitia dei activa nicht die *Heils*aktivität der Gerechtigkeit *Gottes* ausgeblendet hat: »pro ›misericordia‹ Hebraeus ›iustitiam‹ habet, quod benedictio Dei et iustitia Dei sunt idem« – dies ist ja die Voraussetzung der menschlichen Gerechtigkeit als iustitia passiva. In der weiteren Ausführung an dieser Stelle der frühen Psalmvorlesung[690] stößt Luther auch bereits zu dem entscheidenden Gedanken vor, in dem dies Verständnis der iustitia Dei salutifera als *Gerechtigkeit* eigentlich begründet ist: »ut eadem iustitia Deus et nos iusti simus, et *suum esse nostrum sit*.« D. h., Gottes Gerechtigkeit ist, »hebräisch« gedacht, *überhaupt nicht* iustitia distributiva, sondern Gottes »Sein« besteht darin, daß Gott Gott ist *als* der, der sich den Menschen ganz zuwendet; seine Gerechtigkeit ist also die *seinige*, indem er sie zu der *unsrigen* macht und unsere Ungerechtigkeit dadurch aufhebt. Dies ist im Kreuz Christi geschehen, in dem Gottes Gerechtigkeit darin gehandelt hat, daß Christus unsere Sünde auf sich nahm und uns seine Gerechtigkeit dafür schenkte: In diesem »seligen Tausch« ist Gottes Gerechtigkeit als seine Barmherzigkeit radikal zur Wirkung gekommen, und zwar gerade so in ihrer über Sünde, Tod und Teufel überlegenen Macht: »Es war ein wunderlich Krieg, da Tod und Leben rungen. Das Leben behält den Sieg, es hat den Tod verschlungen. Die Schrift hat verkündet das, *wie ein Tod den andern fraß*, ein Spott aus dem Tod ihr worden. Halleluja.«[691]

In die reformatorische Dogmatik ist dieser Gedanke Luthers nicht in seiner ungeheuren Tiefe der Dialektik eingegangen, sondern, vermittelt durch *Melanchthon*, nur in der Bestimmung des Rechtfertigungsglaubens »propter Christum«. Diese hat jedoch ihre Funktion in der reinen Imputationslehre, die wiederum unter Aufnahme der Anselmschen Satisfaktionslehre so ausgeführt wird, daß Gottes Aktivität allein in seinem gnädigen Willen besteht, das Opfer Christi anzunehmen und so den Sündern als Sündern Gerechtigkeit zuzusprechen[692].

sen aufgeboten und damit die neuere Lutherforschung erheblich provoziert.

[687] Dies ist das entscheidende Gegenargument von Holl, iustitia dei, a.a.O. (Anm. 655) 171f.

[688] Vgl. dazu das früheste Zeugnis in den Operationes in Psalmos, WA 2,65, bei Stuhlmacher, Gerechtigkeit Gottes 20.

[689] Vgl. die Belege bei Stuhlmacher 20f.

[690] Vgl. Anm. 688.

[691] EKG 76,4 = WA 35,444.

[692] Vgl. z. B. Melanchthon, Röm.-Kommentar von 1536 zu 3,21: »Justitia in hac disputatione Pauli non intelligatur de nostra qualitate . . ., sed tamen propter aliud extra nos, sc. per misericordiam propter Christum sumus iusti, h. e. accepti. ›Justitia‹ Dei significat acceptationem, quae Deus nos acceptat« (Schäfer 99). Wenn er in der Auflage von 1556 zu 3,26 schreibt: »Declarat ergo Deus sese esse iustum et damnantem peccata, deinde et hoc declarat, quod ipse iustificat« (CR 15,876), so zeigt sich in diesem Rückfall in die mittelalterliche Auslegungstradition sozusagen die offene Flanke der reinen anselmisch begründeten Imputationslehre. – Zu *Calvin* vgl. Stuhlmacher, Ge-

Im *18. Jahrhundert* trat im Zeichen der Traditionskritik das theologische Interesse an dem historischen Jesus als dem Lehrer einer vernünftigen, rein moralischen Religion ebenso stark in den Vordergrund, wie das Interesse an der paulinischen Theologie zurücktrat. An dieser war es vor allem die Versöhnunglehre der dogmatischen Tradition, die Kritik hervorrief; vor allem die Vorstellung, Gottes Gerechtigkeit könne im Ernst den stellvertretenden Tod Christi als Sühne bzw. Satisfaktion fordern, erschien als geradezu unmoralisch. Soteriologisch war nur die Lehre Jesu von Gott als dem gütigen Vater aller Menschen als seiner Kinder akzeptabel; und von Gottes Gerechtigkeit als seiner untrüglichen aequitas konnte nur im Kontext christlicher Morallehre die Rede sein, und zwar nicht im Sinne einer göttlichen Strafgerechtigkeit, sondern vielmehr in der »viel umfassendere(n) generische(n) Bedeutung von Rechtschaffenheit überhaupt . . ., wie sie in Gott ist und von Gott als das wahre Gute im Menschengeist, als die einzige gründliche Aussöhnung (καταλλαγή) zur Harmonie mit der Gottheit, gefordert wird«[693].

Diesem Konzept der Interpretation der δικαιοσύνη θεοῦ hat *F. C. Baur* im Zusammenhang seiner philosophisch reflektierten, historisch-kritischen Paulusexegese zunächst klassische Gestalt gegeben: Er versteht δικαιοσύνη als den »allgemeinste(n) Begriff, mit welchem der Apostel die Aufgabe und Bestimmung der Religion bezeichnet«, nämlich als den »Grundbegriff des Verhältnisses . . ., in welchem der Mensch zu Gott stehen soll«[694]. Hatte Baur jedoch zuerst[695] den Genitiv θεοῦ als genitivus objectivus aufgefaßt, als »die im Wesen Gottes objektiv begründete δικαιοσύνη«, so hat er ihn später als genitivus subjectivus begriffen. Weil Paulus nämlich die Sünde aller so radikal denkt, daß es Gerechtigkeit in diesem Sinne auf seiten der Menschen überhaupt nicht gibt, »so fällt auf dem nach Röm 1,17 von Gott geoffenbarten Wege alles Positive so sehr nur der absoluten Kausalität Gottes zu, daß dieser Hauptbegriff am natürlichsten auch durch δικαιοσύνη θεοῦ ausgedrückt ist . . . Gerechtigkeit Gottes aber ist in diesem Zusammenhang die von Gott als der Ursache ausgehende oder durch Gott bewirkte Gerechtigkeit, d. h. die Art und Weise, wie Gott den Menschen in das adäquate Verhältnis zu sich setzt . . .«[696]

Indem Baur also ausgeht von dem Verständnis der Gerechtigkeit als Fundamentalbegriff moralischer Religion, hat er doch den damit verbundenen Grundgedanken der Aufklärung: die moralische Erreichbarkeit der Gerechtigkeit Gottes durch den Menschen, in Auseinandersetzung mit Paulus aufgehoben und ersetzt durch eine Interpretation der paulinischen Rechtfertigungslehre, nach der Gerechtigkeit nur dadurch erlangt werden kann, daß ihr göttlicher Ursprung sich von sich aus, aus Liebe (Röm 5,8), dem unge-

---

rechtigkeit Gottes 24f. – Dies ist dann erst recht bei *Schleiermacher* der Fall, in dessen Glaubenslehre die Gerechtigkeit Gottes völlig als die strafende begriffen wird – nämlich als »diejenige göttliche Ursächlichkeit, kraft deren in dem Zustand der gemeinsamen Sündhaftigkeit ein Zusammenhang des Übels mit der wirklichen Sünde geordnet ist« (Der christliche Glaube § 84 Lehrsatz) – weshalb die Erlösung darin besteht, »daß Christus durch seine freie Hingebung in Leiden und Tod der göttlichen Gerechtigkeit, als welche den Zusammenhang zwischen Sünde und Übel geordnet hat, genug getan, und uns dadurch von der Strafe der Sünde befreit hat«.

[693] So repräsentativ für die Paulusinterpretation der Aufklärung Paulus, H. E. G., Des Apostels Paulus Lehrbriefe an die Galater- und Römerchristen, Heidelberg 1831, XXIII.
[694] Baur, F. C., Vorlesungen über Neutestamentliche Theologie, hrsg. von F. F. Baur, Neue Ausgabe mit einer Einleitung von Pfleiderer, I, Gotha 1892, 168.
[695] Paulus, Der Apostel Jesu Christi. Sein Leben und Wirken, seine Briefe und seine Lehre. Ein Beitrag zu einer kritischen Geschichte des Urchristentums II, hrsg. Zeller, Leipzig ²1866, 145–148.
[696] Vorlesungen a.a.O. (Anm. 694) 170f.

rechten Menschen selbst erschließt. Darum sieht Baur in dem aktuellen antijudaisti-
schen Kampf des Paulus einen generellen Gegensatz zweier »Prinzipien«, dem der
Werkgerechtigkeit und dem der Glaubensgerechtigkeit; und dieser Gegensatz vollzieht
sich so, daß diese jene in sich aufhebt, und zwar auf drei einander korrespondierenden
Ebenen: Auf der faktischen Ebene moralischer Erfahrung tritt die Sünde in Gegensatz
zur Gottesgerechtigkeit, weil kein Mensch Gerechtigkeit getan hat; dieser Gegensatz
wird durch den Glauben aufgehoben. Sodann tritt auf der »religionsgeschichtlichen«
Ebene der Universalität der Sünde die Universalität der Gnade entgegen, indem Christus stellvertretend für alle Ungerechten gestorben und darin der Gottesgerechtigkeit
gehorsam geworden ist. Auf der »anthropologischen« Ebene schließlich tritt das Fleisch
in Gegensatz zum Geist; und dieser Gegensatz wird dadurch aufgehoben, daß der
fleischliche Mensch im πνεῦμα die göttliche Kraft erhält, die das Fleisch in ihm über-
windet[697].

Baurs Konzeption bedeutet zweifellos einen der beiden Höhepunkte der Interpretation
der Gottesgerechtigkeit im 19. Jahrhundert. Den anderen hat A. Ritschl geschaffen, indem er den paulinischen Gedanken der Gottesgerechtigkeit dem Hauptbegriff der Verkündigung Jesu ein- und unterordnet, dem des Reiches Gottes. Die δικαιοσύνη θεοῦ
versteht er strukturell alttestamentlich (im Sinne des Ambrosiaster) als »die Congruenz
seines Handelns mit seiner inneren Normalität und mit dem, was die Israeliten von der
Leitung ihrer Geschichte durch Gott zu erwarten haben«[698]. Im Neuen Testament wird
diese Gerechtigkeit Gottes als seine Treue zu sich selbst und seinen Verheißungen identisch mit Gottes Gnade, durch deren Wirkungen »die Gemeinde Christi zustande gebracht und ihrer Vollendung entgegengeführt wird«[699]. Denn das Ziel der Gerechtigkeit
bzw. Gnade Gottes ist die Realisierung seines Reiches als des »höchsten Gutes« (Kant),
nämlich der vollkommenen, universalen sittlichen Gemeinschaft aller Menschen[700]:
Sie erreicht diesen »Endzweck« durch die Versöhnung als Wirkung des Todes Christi[701]. Diese dient aber dazu, die Menschen zum christlichen Leben zu befähigen[702],
d.h. aber »zur Erfüllung der Aufgabe des Reiches Gottes«[703]. In der Rechtfertigung
werden »Sünder . . . berechtigt, in die Gemeinschaft mit ihm und in die Mittätigkeit an
seinem eigenen Endzweck, dem Reiche Gottes einzutreten, ohne daß ihre Schuld und
ihr Schuldgefühl ein Hindernis dafür bilden«[704]; das heißt: Die Rechtfertigung wird
verstanden als persönliche Zueignung der im Tode Christi generell von Gott erwirkten
Gerechtigkeit als Befähigung zur cooparatio mit Gott am Aufbau seines Reiches. Baurs
Konzept wird so vom Kopf auf die Füße gestellt; Gerechtigkeit wird zur Gott und Menschen vereinigenden praktisch-sittlichen Kraft, die in der Kirche wirksam werden soll.

---

[697] Ich fasse so den Gedanken zusammen, der
der Disposition der ganzen Interpretation der
paulinischen Theologie vom Ansatz bei der δικαιοσύνη θεοῦ aus zugrunde liegt, vgl. Vorlesungen a.a.O. (Anm. 694) 171–251. Zu Lüde-
mann, in dessen bedeutender »Anthropologie des Apostels Paulus« (1872) dann das Baur-
sche System in zwei inhomogene Konzeptionen auseinandergebrochen ist, vgl. Stuhlmacher, Gerechtigkeit Gottes 35f.
[698] Rechtfertigung und Versöhnung II 104.
[699] Unterricht in der christlichen Religion §
16, Bonn ⁶1903, 12.
[700] Ebd. § 5–25.
[701] Ebd. § 26–45. Zum Verhältnis zwischen

Versöhnung und Reich Gottes vgl. ebd. § 37c
(S. 29): »Da das christliche Leben nur vollständig ist in den beiden Beziehungen der Gewißheit der Versöhnung (oder Gotteskindschaft)
und dem Streben nach dem Reiche Gottes und
seiner Gerechtigkeit, so dienen diese beiden
Reihen sich gegenseitig zur Probe ihrer Rich-
tigkeit und Echtheit oder bedingen sich gegenseitig.«
[702] Ebd. § 46–77. Es folgt dann als letzter Abschnitt »Die Lehre von der gemeinschaftlichen
Gottesverehrung« in der Kirche, ebd. § 78–90.
[703] Ebd. § 46 (S. 37).
[704] Ebd. § 36 (S. 28).

Auf Ritschl geht aller sozial-ethische Elan in der Rezeption der paulinischen Rechtfertigungslehre im Neuprotestantismus zurück[705].

In der katholischen Theologie des 19. Jahrhunderts dagegen hat die paulinische Konzeption der Gerechtigkeit Gottes, soweit ich sehen kann[706], keine vergleichbare gesamttheologische Bedeutung gewonnen. Das liegt zunächst daran, daß in der scholastischen Theologie, die hier weithin den Rahmen des Denkens vorgab, von der iustitia dei im Kontext der Lehre von den Eigenschaften Gottes die Rede ist. Vor allem aber wurden alle neuen sozialethischen Konzeptionen von der Anthropologie her entwickelt, so daß von daher eine sozialethische Relevanz der Heilslehre selbst nicht thematisch wurde. Dies trifft im allgemeinen noch für den gegenwärtigen Stand der katholischen Theologie zu. Ein neuer, interessanter, wenngleich noch nicht hinreichend durchreflektierter, von der Soteriologie her entwickelter Ansatz zu einer katholischen Soziallehre ist jüngst in Lateinamerika wirksam geworden. Hier wird eine zentrale politische Bedeutung in der Erlösung als Befreiung von der Sünde gesehen und in einer »Theologie der Befreiung« im Zusammenhang der dortigen Auseinandersetzung um die Ziele einer durchgreifenden Veränderung der Gesellschaft direkt-politisch zur Geltung gebracht[707]. Dabei spielt die Verbindung von Erlösung und Schöpfung bei Deuterojesaja und unter diesem Aspekt auch der neutestamentliche Gedanke der neuen Schöpfung[708] eine zentrale Rolle, nicht aber – auffallenderweise – der der Gerechtigkeit Gottes[709]. Das hat seinen Grund darin, daß die Erlösung einseitig als pneumatische Auswirkung der Auferstehung Christi[710] begriffen wird, nicht aber des Kreuzes.

In der evangelischen Theologie des 20. Jahrhunderts ist unter den systematischen Theologen, in deren Position ein neues, eigenes Begreifen der biblischen Rede von Gottes Gerechtigkeit entscheidend ist, vor allem *Karl Barth* zu nennen. In seiner Meditation des Römerbriefes[711], die eine neue Epoche protestantischer Theologie einläutete, stellt er als das eine Thema des Römerbriefes die unwandelbare, allem Widerspruch überlegene Treue Gottes heraus, in der Gott »gerecht« ist, d. h. mit sich selbst übereinstimmt, *indem* er die Sünder rettet, und an die Stelle der Ungerechtigkeit der Welt seine eigene, ursprüngliche Gerechtigkeit in Geltung setzt[712]. Darauf, daß es sich ganz und gar um Gottes eigene Sache handelt, radikal unterschieden von aller Menschensache[713], liegt bei Barth nun alles Gewicht. In der »Kirchlichen Dogmatik«[714] hat Barth diesen Ansatz ausgeführt und in Anknüpfung an Luther die *Einheit* der Gerechtigkeit Gottes mit seiner Barmherzigkeit (und umgekehrt!) gelehrt. Auf der einen Seite bestreitet er die in der reformatorischen Schultradition verbreitete bloße Parallelisierung dieser beiden »Eigenschaften« Gottes[715], auf der anderen Seite jedoch auch ein Aufgehen der Gerech-

---

[705] Im Unterschied dazu wird in der Enzyklika »Rerum novarum« Leos XIII. (1891, Denzinger Nr. 1938) die katholische Soziallehre nicht von der Basis der Rechtfertigungslehre, sondern naturrechtlich begründet.

[706] Dies bestätigt mir Prof. Dr. H. Fries, München.

[707] Vgl. besonders G. Gutiérrez, Theologie der Befreiung, mit einem Vorwort von J. B. Metz, 1973 (GT.S 11).

[708] Ebd. 146f.

[709] In dem Register der englischen Ausgabe des Buches von Gutiérrez findet sich (außer in einem beiläufigen Zitat) keine der paulinischen δικαιοσύνη – θεοῦ Stellen!

[710] Vgl. besonders ebd. 170: »Radikale Befreiung ist das Geschenk, das Christus bringt. Durch seinen Tod und seine Auferstehung erlöst er den Menschen von der Sünde und all ihren Folgen . . . Deshalb ist christliches Leben Ostern, d. h. ein Hinübergehen von der Sünde zur Gnade, vom Tod zum Leben, von der Ungerechtigkeit zur Gerechtigkeit, vom Untermenschlichen zum Menschlichen.«

[711] Barth, K., Der Römerbrief (Bern 1919).

[712] Ebd. 9, vgl. 59f.

[713] Vgl. ebd. 299f.

[714] II/1, 413–457.

[715] Ebd. 424–428.

tigkeit Gottes in seiner Barmherzigkeit. Vielmehr nimmt er Anselms Gedanken insofern auf, als es Gott *in* seiner Barmherzigkeit durchaus um die »rechtliche Wiederherstellung der durch die Sünde gestörten Ordnung seines Reiches«[716] geht. Von hier aus
kommt Barth übrigens zu ähnlichen sozialethischen Konsequenzen wie Ritschl, sofern
»aus dem Glauben an die Gerechtigkeit Gottes schnurgerade eine sehr bestimmte politische Problematik und Aufgabe« folgt: nämlich das Eintreten für die »Armen, Elenden
und Hilflosen« entgegen den »Reichen, Fetten und Sicheren«, in Entsprechung zu
ebendieser Zielrichtung der Gerechtigkeit Gottes[717]. Der bis in die jüngste Gegenwart
hinein entbrannte Streit um diese politische Konsequenz der Barthschen Rechtfertigungslehre zeigt jedenfalls deren Gewichtigkeit.

Dort, wo die paulinische »Gottesgerechtigkeit« traditionell-lutherisch im Horizont des
»pro me«, das der einzelne Glaubende für sich ergreift, anthropologisch ausgelegt wird
(*R. Bultmann*), pflegt eine politische Dimension ihrer bestritten zu werden, die ihrerseits im Horizont der Zwei-Reiche-Lehre, von der Rechtfertigung unterschieden, dem
Gesetz zugeordnet wird. Damit aber wird der Juden wie Heiden vereinigende Welt-Horizont der paulinischen Gottesgerechtigkeit ausgeblendet, so daß ihre universale Wirklichkeitskraft, an der Barth in Übereinstimmung mit Paulus alles liegt, nur höchst abstrakt – und in concreto uneindeutig – zur Geltung gebracht werden kann.

Die Schwierigkeit der Barthschen Position besteht jedoch andererseits darin, daß eine
politisch eindeutige Praxis als Zur-Geltung-Bringen der Gottesgerechtigkeit und also
als revolutionäre Realisierung der Rechtfertigung im Bereich menschlich-politischen
Handelns die Unterschiedenheit zwischen göttlichem und menschlichem Handeln faktisch aufhebt, die in der lutherischen Zwei-Reiche-Lehre gewahrt bleibt[718]. Diese theologische crux ist auch dort nicht beseitigt, wo jener Unterschied als der zwischen Gegenwart und eschatologischer Zukunft akzentuiert und diese mit dem Christusgeschehen zusammengedacht wird, so daß dieses als proleptische Realisierung der endzeitlichen Gottesgerechtigkeit erscheint[719]. Denn wo auch so der Anspruch der Eindeutigkeit
direkt-politischen Handelns der Christen als (proleptischer) Parteinahme für die Gottesgerechtigkeit selbst erhoben wird, wird das eschatologische Recht Gottes ja faktisch
ununterscheidbar von dem Handeln seiner menschlichen Agenten. Nach Paulus kann es
eine solche konkrete Inanspruchnahme des eschatologischen Rechtes Gottes nur in seiner Verkündigung als διακονία τῆς δικαιοσύνης geben.

In dieser Situation des systematisch-theologischen Streits um die Rezeption der paulinischen Verkündigung der Gottesgerechtigkeit gewinnt die gegenwärtig geführte *exegetische* Auseinandersetzung um das historisch richtige Verständnis der paulinischen Aussagen eine wichtige Bedeutung. Die von *E. Käsemann* initiierte und besonders von *P.
Stuhlmacher* ausgeführte und traditionsgeschichtlich begründete Deutung der δικαιοσύνη θεοῦ als eschatologische Heilsmacht Gottes, durch die Gott sein Recht in der Welt
als seiner Schöpfung durchsetzt und dem Gottlosen als »neuer Kreatur« daran teilgibt,
hat der Barthschen Position starke Stützen gegeben, wie immer auch deren politische
Konsequenz umstritten bleibt – (die paulinischen Texte selbst in ihrer historischen Si-

---

[716] Ebd. 427; vgl. die Ausführung in IV/1,
589–634.
[717] Ebd. II/1, 434f; vgl. die Ausführung in:
Rechtfertigung Recht, ³1948 (ThSt[B] 1).
[718] Vgl. die Diskussion dieser Problematik in
dem Sammelband: Diskussion zur ›politischen
Theologie‹, hrsg. H. Peukert, Mainz-Mün-
chen 1969.

[719] So hat Moltmann, J., Theologie der
Hoffnung, München ⁹1973, die Position
Barths modifiziert; vgl. ders., Diskussion über
die »Theologie der Hoffnung«, München
1967.

tuation zeigen dazu keinerlei Ansätze)[720]: Nun ist der Widerspruch R. *Bultmanns* und anderer insofern durchaus berechtigt, als es darum geht, den Charakter der Gottesgerechtigkeit als »Gabe« (besonders 2Kor 5,21) nicht auszublenden. Als »Macht« ist sie ja radikale Zuwendung zu den Gottlosen, deren ohnmächtige Rebellion sie nicht um ihrer eigenen Durchsetzung willen zerschlägt, sondern im Sühnetod Christi zu ihrem Heil aufhebt. Eine Alternative zwischen dem »Macht«- und »Gabe«-Charakter der Gottesgerechtigkeit darf also keineswegs aufgestellt werden. Gegenüber dieser unglücklichen Zuspitzung der Diskussion bedeutet das Buch von K. *Kertelge* mit seiner abgewogenen Zuordnung von »Heilshandeln« und »Heilsgabe« Gottes[721] einen wichtigen Beitrag zur Klärung der Problematik von katholischer Seite. So läßt sich auch der Sachzusammenhang zwischen δικαιοσύνη θεοῦ und δικαιοσύνη ἐκ πίστεως und der Gehorsams-Charakter des Glaubens angemessen zur Geltung bringen[722].

Der entscheidende Punkt aber ist die Frage nach dem angemessenen hermeneutischen Horizont der Aussagen des Paulus: Ist dieser anthropologisch angelegt, wie dies – auf evangelischer und katholischer Seite – traditionell geschieht; oder ist er theologisch und christologisch bestimmt, wie es sich aus dem Verständnis des »Macht«-Charakters der Gottesgerechtigkeit ergibt? Nun darf man auch hier keine falschen Alternativen setzen. Unter dem letzteren Aspekt geht es natürlich auch um anthropologische Bestimmungen, wie unter dem ersteren der anthropologische Horizont entscheidend theologisch bestimmt ist.

Aber es verbleibt gleichwohl eine Differenz von m. E. großer theologischer Tragweite, wenn es um die Funktion der Gottes-Aussagen geht[723]. Wird der Horizont anthropologisch gesetzt, so ist von Gott strukturell nur als dem Woher meiner Glaubensgerechtigkeit die Rede. Nach *Bultmann* z. B. bezeichnet Paulus mit δικαιοσύνη θεοῦ die Erfahrung von Gnade im Selbstverständnis des Glaubenden, aufgrund deren er seinen Willen, aus sich selbst zu leben, preisgibt, um aus der Gnade zu leben. Die Rede von ihr – und damit von Gottes Handeln – bleibt so als Grenzbestimmung menschlicher Existenz notwendig abstrakt. Das zentrale, entscheidende Heilsereignis ist dann die Entstehung von Glauben durch das ihn hervorrufende Kerygma. Aber der Glaube ist bei Paulus durch das Handeln Gottes in Kreuz und Auferstehung Christi bestimmt: als das Heilsvertrauen zu Gott, der im Sühnetod Christi die Sünde aller aufgehoben hat. Nicht weil der Mensch glaubt, sondern weil *Gottes* Gerechtigkeit die das Geschick aller Sünder bestimmende Wirklichkeitsmacht der Sünde aufgehoben hat, ist der Mensch, der auf dieses Heilshandeln Gottes sein letztes Vertrauen setzt, gerecht. Und die Rechtfertigung besteht nicht darin, daß *der Mensch* im Glauben vor Gott darauf verzichtet, sich durch Gesetzeswerke selbst zu verwirklichen, sondern darin, daß *Gott* seinen Zorn durch die Liebestat seiner Gerechtigkeit aufgehoben hat.

Damit verbindet sich ein *zweiter*, wichtiger Gesichtspunkt. Wie in der alttestamentlich-jüdischen Tradition grundsätzlich das Gottesvolk der Adressat der Gottesgerechtigkeit ist, so auch nach Paulus die Kirche: εἰς πάντας πιστεύοντας (Röm 3,22) zielt ihre Offenbarung, auf die universale Glaubensgemeinschaft aus Juden und Heiden[724]. Zwar ist es der einzelne, der aus Glauben gerecht wird (Röm 3,26). Aber nicht darin kommt die Gottesgerechtigkeit je und je zu ihrem Ziel, sondern darin, daß sie, indem sie

---

[720] So mit Recht Stuhlmacher, Gerechtigkeit Gottes 58.
[721] Rechtfertigung 75. Dagegen zu Unrecht D. Zeller, Juden und Heiden 178.
[722] Vgl. Kertelge, ebd. 182–219.

[723] Dazu vgl. Wilckens, U., Christologie und Anthropologie, a.a.O. (Anm. 135).
[724] Dies ist der beherrschende Aspekt, unter dem mit Recht Zeller, Juden und Heiden, die paulinische Rechtfertigungslehre interpretiert.

im Sühnetod Christi die Gesamtheit der Menschheitssünde aufgehoben hat, *allen* als Glaubenden Gerechtigkeit eröffnet (Röm 5). So ist der ›Sitz im Leben‹ des Rechtfertigungsthemas die Taufe als Eingliederung in die Kirche (Röm 6)[725]. Von daher ist auch zu begreifen, daß das Ziel der ganzen Rechtfertigungserörterung des Römerbriefes erst in dem heilsgeschichtlichen Entwurf von Röm 9–11 erreicht wird, dessen Aspekt über die Gegenwart hinaus die weitere Geschichte der Gottesgerechtigkeit bis zur schließlichen Bekehrung ganz Israels umfaßt. Der Glaube des einzelnen richtet sich auf diesen universalen Heilswillen der Gerechtigkeit Gottes, dem er vertraut und gehorcht; er hat einen wesenhaft kirchlichen, ›katholisch‹-ökumenischen Horizont.

Die Kirche aber ist nicht – wie Israel – eine in sich geschlossene, gegenüber einer Welt von ›Heiden‹ abgegrenzte Gemeinschaft; sie ist vielmehr die durch das Evangelium die ganze Heidenwelt durchdringende, für alle Völker offene, sich ständig ausweitende Voraus-Gemeinschaft des künftigen, alle Menschen vereinigenden Gottesvolkes der Endzeit. Insofern hat die Gottesgerechtigkeit sehr wohl einen ›politischen‹ Horizont. Ihre politische Relevanz ist jedoch nicht direkt, sondern indirekt. Direkt hat die Kirche gegenüber der Welt nur eine Aufgabe: die Verkündigung des Evangeliums; nicht aber besteht ihre Aufgabe darin, die sozialen Strukturen der Welt im Sinne der Gerechtigkeit zu verändern. In ihrem eigenen sozialen Leben jedoch soll die Gerechtigkeit herrschen; und darin besteht ihre indirekt-politische Aufgabe: An der lebendigen sozialen Wirklichkeit der Kirche, in der Gottes Gerechtigkeit herrscht, soll der Welt das Ziel sichtbar werden, das Gott ihr gesetzt hat, indem Christus für alle gestorben ist. Im Blick auf die Kirche soll die Welt gewahren können, wie die soziale Wirklichkeit der Gerechtigkeit aussieht, von der Gott die Welt in aller faktischen Ungerechtigkeit ihrer bestehenden Gesellschaft nicht ausschließen, sondern in die er bis zum Ende alle Völker aufnehmen will.

Exkurs: Zum Verständnis der Sühne-Vorstellung

Literatur: Daniel, S., Recherches sur la Vocabulaire du Culte dans la Septante, in: EeC 61 (1966) 301ff; *Goppelt, L.*, Versöhnung durch Christus, in: Christologie und Ethik 147–164; *Hermann, J.* und *Büchsel, F.*, Art. ἵλεως usw., ThWNT III 300–324 (hier die ältere Literatur); *Käsemann, E.*, Zum Verständnis von Röm 3,24–26 (s. Literatur zu 3,21–26); *ders.*, Erwägungen zum Stichwort ›Versöhnungslehre im NT‹, in: Zeit und Geschichte (FS R. Bultmann), Tübingen 1964, 47–59; *Kertelge, K.*, Rechtfertigung 48–62; *Koch, K.*, Die israelitische Sühneanschauung und ihre historischen Wandlungen, HabilS Erlangen 1956; *ders.*, Der Spruch ›Sein Blut bleibe auf seinem Haupt‹ und die israelitische Auffassung vom vergossenen Blut, VT XII (19–62) 396–416; *ders.*, Sühne und Sündenvergebung um die Wende von der exilischen zur nachexilischen Zeit, EvTh (1966) 217–239; *Lohse, E.*, Märtyrer und Gottesknecht; *Lyonnet, S.* und *Sabourin, L.*, Sin, Redemption and Sacrifice. A Biblical and Patristical Study, 1970 (AnBib 48); *Moraldi, L.*, Espiazione sacrificale e riti espiatori nell' ambiente biblico et nell' Antico Testamento, Rom 1956; *Rendtorff, R.*, Studien zur Geschichte des Opfers im AT, 1967 (WMANT 24); *Stuhlmacher, P.*, Zur neueren Exegese von Röm 3,24–26 (s. Literatur zu 3,21–26); *Taylor, V.*, Forgiveness and Reconciliation, London 1956; *Thyen*,

---

[725] Vgl. dazu Kertelge, Rechtfertigung 228–249.

H., Studien zur Sündenvergebung im NT und seinen atl. und jüdischen Voraussetzun-
gen, 1970 (FRLANT 96); *Weise, M.*, Kultzeichen und kultischer Bundesschluß in der
Ordensregel von Qumran, 1961 (StPB 3) 75–82; *Zeller, D.*, Sühne und Langmut. Zur
Traditionsgeschichte von Röm 3,24–26, ThPh 43 (1968) 51–75.

Es hängt mit der Ablösung des alttestamentlichen Kults im Neuen Testament zusammen, daß die als abrogiert geltenden sog. Zeremonialgesetze – außer in allegorischer Interpretation[726] – kein eigenes positives theologisches Interesse gefunden haben. Und es
war zumal die Folge der reformatorischen Polemik gegen die Messe als Opfer, daß in der
protestantischen Exegese der Neuzeit die priesterschriftliche Kultgesetzgebung durchweg schroff negativ bewertet und die in ihr entscheidende Sühnevorstellung als ›magi-
scher‹ bzw. ›mythologischer‹ Rest von Heidentum an den Pranger gestellt zu werden
pflegt: als »ein zäher, knifflicher, entsagungsvoller, verzweifelter Versuch des Menschen, sich das Heil – nicht zu erzwingen, dazu ist die Furcht vor Gott, das Verständnis
seiner Heiligkeit zu groß, aber – zu verdienen«[727]; »Werk, nicht Gnade, ein Akt der
Selbsthilfe, nicht ein Stück Gottesheiles«[728]. In diesem repräsentativen Zitat zeigen die
Formulierungen in wünschenswerter Deutlichkeit an, wie selbstverständlich das Kriterium solchen Urteils über den alttestamentlichen Kult die paulinische Rechtfertigungslehre in ihrer reformatorischen Auslegungstradition ist. Diese wird denn auch in jahr-
hundertealter Tradition in juristischem, nicht kultischem Vorstellungszusammenhang
verstanden – einschließlich der der Rechtfertigung zugeordneten Aussagen über den
Tod Christi, für deren Interpretation Anselm von Canterbury die bis heute wirksam ge-
bliebenen Kategorien lieferte[729].

Der mit diesen Kategorien ausgearbeiteten Satisfaktionslehre, dem soteriologischen
Modell reformatorischer Schultheorie, galt dann aber – neben den Wundern und der
Auferstehung Jesu – der Hauptangriff der kritischen Theologie der Neuzeit. Vorbereitet
vor allem durch die Sozinianer[730] und aufgenommen vom englischen Deismus[731], wird

---

[726] Ein großartiges Beispiel dafür, wie der
hermeneutische Horizont allegorischer Interpretation zum Beobachtungsvermögen im
Blick auf den ›Literalsinn‹ der Texte frei macht,
der sich als solcher überzeugendem Verstehen
verschließt und von daher, weil bedeutungslos
geworden, aus dem Umkreis des theologischen
Interesses der christlichen Rezipienten als ab-
rogiertes Judentum einfach ausscheidet, ist
Origenes' ausführliche Exegese von Röm 3,25
auf dem Hintergrund alttestamentlicher Süh-
ne-Texte; vgl. oben Anm. 532.
[727] Köhler, L., Theologie AT, Tübingen
1947, 188.
[728] Köhler, ebd. 170.
[729] Dazu vgl. oben S. 195f mit Anm. 551.
[730] Fausto Sozini hat in seinem Werk: »De
Jesu Christo Salvatore lib. III.IV Praelectiones
theologicae« cap 18ff (im Druck erschienen
1594) eine radikale Kritik der Satisfaktionslehre vorgetragen: Nicht durch seinen
Kreuzestod, sondern durch seine Lehre und
durch sein Vorbild ihrer Erfüllung sei Christus
zum Erlöser geworden; die rechtlichen Kategorien der Satisfaktionslehre seien einerseits der

Liebe Gottes, andererseits zugleich auch dem
ethischen Charakter der Annahme und Verwirklichung der Liebe Gottes unangemessen.
Vgl. dazu Ritschl, Rechtfertigung und Versöhnung III 325–346 und danach Harnack,
Lehrbuch der Dogmengeschichte III 717–719.
Wie evident dieser sozinianische Anstoß an der
paulinischen Sühne-Aussage bis in unser Jahrhundert hinein erscheinen konnte, zeigt beispielhaft ein Satz von Jülicher 248 zu Röm
3,25: »Für unser Empfinden sind das wunderli-
che Konstruktionen, beinahe abschreckend,
wenn man daneben die Einfalt des Evangeliums
hält: Bittet, so wird euch gegeben, auch vergeben; des Evangeliums Jesu, in dem der Vater
dem verlorenen Sohn sein Haus mit Freuden
öffnet, fast noch ehe er um Vergebung gebeten
hat.« Jülicher weiß darauf nur dies zu antworten: »Auch bei Paulus sind die Theorien, von
dem ein blutiges Versöhnungsopfer fordernden Gott und von der Erlösung als einer Los-
kaufung von dem verdienten Tod und aus der
Allgewalt der Sünde durch fremdes Leiden
nicht die Ausgangspunkte des religiösen Denkens, sondern seine letzten Ausläufer; es sind

diese Kritik in gleicher Stoßrichtung beharrlich vorgetragen: Von den Neologen[732], Jakob Böhme[733], der Aufklärung[734], Fichte[735], bis zu Paul de Lagarde[736] stößt man sich an der – als geradezu blasphemisch verstandenen – Moloch-artigen Grausamkeit, in der Gott, um Sündern zu verzeihen, des blutigen Todes Christi als Genugtuung seines Zornes bedürfen solle, und lehnt eine auf diesen Tod begründete Erlösung in moralischer Entrüstung ab bzw. entleert die neutestamentlichen Aussagen aller direkten entsprechenden Begründungselemente und interpretiert sie konsequent vom Gedanken der personalen göttlichen Liebe aus[737]. Die biblischen Aussagen als solche erklärte man bereits im 18. Jahrhundert als Akkommodation an das jüdisch befangene Verständnis der damaligen Adressaten[738] – also genauso, wie heute z. B. Ernst Käsemann die vorpaulinische Formel Röm 3,25, verglichen mit der wahren Meinung des Paulus, charakterisiert[739]. Die Unterscheidung zwischen vorpaulinischer Tradition und paulinischem Kontext ist für viele Exegeten der Gegenwart ein hermeneutisches Mittel, den Druck des historisch gar nicht zu leugnenden Einflusses der Sühnevorstellung auf die Christologie loszuwerden. Ein anderes, heute vielfach in Anspruch genommenes Entlastungsmittel ist die Zuordnung der verschiedenen soteriologischen Aussagen zu verschiedenen, in sich geschlossenen Vorstellungskreisen, woraus bereits eo ipso erhelle, daß sie allesamt nur zeitgenössische Ausdrucksmittel einer Soteriologie seien, der der ›Sache‹ nach keines der im Neuen Testament verwendeten Bilder entspreche, am wenigsten die Sühnevorstellung[740]. Man kann geradezu die Regel aufstellen, daß bis zum heutigen Tag ›kritische‹ Theologie sich ebenso an einer – wie immer gearteten – Eliminierung des Sühnegedankens zu erkennen gibt wie ›konservative‹ an betontem Festhalten an ihm – jedoch durchweg im Kontext der Anselmschen Konzeption[741].

Nun verbindet sich mit der Satisfaktionslehre durchweg jenes oben beschriebene doppelte Verständnis der »Gottesgerechtigkeit« als Straf- und Heilsgerechtigkeit, welcher Gegensatz eben im Tode Christi als stellvertretender Genugtuung aufgehoben erscheint. Sofern diese Interpretation exegetisch unrichtig ist, ist die verbreitete neuere Kritik an einer Deutung der paulinischen Soteriologie im Sinne einer Satisfaktion voll-

---

die Maschinen, mit denen er den Stein des Anstoßes, den Kreuzestod des Gottessohnes bewältigt, indem er diesen Tod als notwendig, als eine Erweisung von Gottes Gerechtigkeit und Liebe zugleich begreift.«

[731] Dazu vgl. Thomas Chubb bei Hirsch, Geschichte der neueren evangelischen Theologie, I Gütersloh 1949, 340.

[732] Vgl. den Bericht bei Hirsch, ebd. IV 105–110 über den Streit um die Satisfaktionslehre nach 1768.

[733] Dazu Hirsch, ebd. II 245f.

[734] Besonders prägnant z. B. Voltaire bei Hirsch, ebd. III 73.

[735] Vgl. Hirsch, ebd. IV 388–392.

[736] Vgl. Holsten in RGG IV 200f (Literatur).

[737] Vgl. Schleiermacher, Der Christliche Glaube § 9,3 (Bd. II 176–180). Ritschl, Rechtfertigung und Versöhnung I 31–54 hat in der Gegenüberstellung von Anselm und Abälard ein immer wiederholtes Modell einer Kritik der Satisfaktionslehre geschaffen und ebd. II 157–264 eine Interpretation der atl. Erlösungs-

lehre auf dem Hintergrund der atl. Opfergesetzgebung vorgelegt, nach der deren Unvereinbarkeit mit den Kategorien der Satisfaktionslehre im einzelnen aufgezeigt wird.

[738] Vgl. z. B. Joh. August Eberhard bei Hirsch, ebd. IV 106f.

[739] Käsemann, Verständnis 100: »judenzende Vorlage«!

[740] Vgl. dazu Bultmann, Theologie NT 295–300 und danach z. B. Conzelmann, Grundriß 228f; Lohse, Grundriß 81–83; Kuss 165–171, freilich mit entschiedenem sachlichem Primat auf der Sühne-Aussage, die nach Bultmann ebd. 296 paulinischer Theologie an sich besonders fremd ist und nach Käsemann, Erwägungen 53f lediglich dienende Funktion im Rahmen einer völlig unkultisch gedachten Versöhnungslehre hat.

[741] Eines der letzten exegetischen Beispiele dafür ist Ridderbos, Paulus 123–125.132–142. In der Dogmatik ist besonders Kähler, M., Zur Lehre von der Versöhnung, Leipzig 1898 (Dogmatische Zeitfragen Heft 2) zu nennen.

lauf im Recht. Sofern damit aber zugleich auch der Sühnegedanke im ganzen theologisch eliminiert wird, wird gerade der paulinischen Rechtfertigungslehre ihr Boden entzogen. Darin sind wiederum diejenigen im Recht, die sich solcher Eliminierung wider-
setzen[742]. Doch muß gesehen werden, daß der gesamte juristische Interpretationshori-
zont nicht nur den christologischen Aussagen des Paulus, sondern auch der darin vor-
ausgesetzten alttestamentlichen Sühne-Tradition im ganzen inadäquat ist[743].

1. Entscheidend dafür ist die Erkenntnis, daß die oben[744] beschriebene Anschauung
vom Tat-Ergehen-Zusammenhang die Voraussetzung sowohl der nicht-kultischen wie
auch der kultischen Sühnevorstellung im Alten Testament ist. Jahwe wacht darüber und
bewirkt, daß alles Böse, das durch Frevel angerichtet wird, entsprechend auf den Täter
zurückschlägt. Durch den Tod des Frevlers ist gleichsam der Herd des auf die Umgebung
ausstrahlenden Frevels beseitigt, die Umwelt des Frevlers ›gesühnt‹. Ist nun der Täter
unbekannt, so kann für ihn Ersatz (כפר) beschafft werden, so daß durch stellvertretenden Tod Entsündigung Israels stattfindet (z. B. Dtn 21,8). Mose bietet so seinen eigenen
Tod stellvertretend für das sündige Volk an, das dadurch entsündigt werden soll (Ex
32,30). Und eine umfassende Entsündigung wirkt Gott selbst durch Verachtung,
Krankheit und Tod, die er seinen Knecht stellvertretend für die ›Vielen‹ treffen läßt (Jes
53). ›Sühne‹ (כפר) hat also im Zusammenhang der Tat-Ergehen-Folge durchweg und
grundsätzlich mit Stellvertretung zu tun.
Von daher gewinnen die kultischen Sühnehandlungen ihren Sinn, die in exilischer (Ez
40–48) und nachexilischer Zeit (P; Neh; Chr) zentrale Bedeutung bekommen haben.
Sie haben ihren ursprünglichen Ort im sogenannten ›Sündopfer‹ (חטאת), dessen Ritual
in Lev 4f für verschiedene Personengruppen strukturell gleichartig angeordnet ist.
Überall handelt es sich hier nicht um Vergehen, die wissentlich und willentlich (ביד
רמה), sondern unwissentlich (בשגגה) begangen worden sind bzw. durch verheimlichte
Mitwisserschaft oder so, daß das begangene Vergehen erst nachträglich bewußt geworden ist (Lev 5). Im Blick auf Sünden dieser Art erlangt der Sünder auf folgende Weise
Entlastung von der Geschickverhaftung seines Vergehens (z. B. Lev 4,22–26): Er bringt
eines von seinen Haustieren herzu, stemmt seine Hand auf dessen Kopf und schlachtet
es als חטאת. Darauf nimmt der Priester mit seinem Finger von dem Blut des Tieres und
bestreicht damit die Hörner des Altars. Das übrige Blut gießt er am Sockel des Altars aus
und verbrennt das Fett. Durch diesen Handlungsablauf ›sühnt‹ (כפר) der Priester den
Sünder, so daß ihm ›Vergebung‹ zuteil wird (נסלח לו). Wichtig ist, daß das Opfer, das
der Sünder selbst darbringt, lediglich die Voraussetzung der Sühne ist, nicht diese bewirkt; das geschieht erst durch die Bluthandlung, die allein der Priester vollzieht. Dieser
ist es, der dem Sünder Sühne erwirkt. Darin handelt er aber nicht als Repräsentant des
Sünders vor Gott, sondern als derjenige Gottes gegenüber dem Sünder; denn ›Vergebung‹ als Wirkung der Sühne gewährt Gott. In der deklaratorischen Formel[745] spricht

---

[742] Neuestens Eichholz, Paulus 188–202 sowie besonders Stuhlmacher, Exegese, sowie in
seiner Rezension zu Eichholz, in: FAB 27
(1973) 17f.
[743] Zum Folgenden vgl. besonders die 1956
unabhängig voneinander erschienenen Untersuchungen von Moraldi, Espiazione und Koch,
Sühneanschauung; ders., Sühne. Vorher besonders Herrmann, ThWNT III 303–311.
Zum opfergeschichtlichen Zusammenhang des

Sühnerituals Rendtorff, Studien. Zur jüdischen Sühneanschauung Lohse, Märtyrer und
Gottesknecht, 9–110; Lyonnet, Sin 120–136
(Literatur ebd. 120 Anm. 1).
[744] S. 127–131.
[745] Vgl. dazu v. Rad, G., Die Anrechnung
des Glaubens zur Gerechtigkeit, in: Gesammelte Studien zum AT, ⁴1971 (TB) 130–135
sowie ausführlich Rendtorff, R., Die Gesetze
in der Priesterschrift 74–76.

der Priester ihm Entsündigung als Wirkung Gottes zu. Insofern ist es falsch, von Sühn-*Opfern* zu sprechen, durch die der Sünder oder der Priester auf Gott einwirke; »Gott ist nicht Empfänger, sondern Spender bei diesen Begehungen«[746].

Welche Bedeutung hat aber dann das Opfer, das der Sünder seinerseits darbringt und schlachtet? Darauf weist der Gestus des Hand-Aufstemmens (סמיחה). Seine Bedeutung erhellt besonders aus dem Asasel-Ritus im Ritual des jom-kippur Lev 16,20–22. Hier geschieht nämlich die סמיחה zusammen mit einem Sündenbekenntnis. So werden die im Bekenntnis ausgesprochenen Sünden dem Tier buchstäblich auf den Kopf gelegt (נתן אתם על ראש), so daß es diese, in die Wüste getrieben, als dinglich-reale Last »fortträgt« (נשה). Es findet also eine reale Übertragung der Sünde als der dinglich vorhandenen, Böses ausstrahlenden Tatsphäre von den Tätern auf einen stellvertretenden Träger statt. Nach Lev 16,10 geschieht das als »Sühne«-Vollzug. Die Funktion des Tieres als stellvertretenden Lastträgers der Sünden leitet sich von daher, daß zuvor das dazu bestimmte Tier unter zweien »vor Jahwe« ausgelost worden ist (VV 7f); Jahwe selbst gewährt so die Möglichkeit der Sühne, deren Verwirklichung als Entsündigung (»Vergebung«) darum im Ritual Lev 4 als Jahwes Tat verkündet wird.

Entsprechende Bedeutung hat nun auch der Blutritus. Lev 17,11 heißt es: »Denn das Leben (נפש) des Fleisches ist im Blut, und ich habe es euch gegeben für (על) den Altar, um für euch selbst Sühne zu schaffen: denn das Blut ist es, das durch das Leben Sühne schafft.« Das heißt: Das Blut ist das Lebenselement im Körper; strömt es aus, so verfällt das zuvor Lebendige dem Tod, weil mit dem Blut das Leben aus ihm gewichen ist[747]. Nun gewährt Jahwe die Möglichkeit, daß ein Tier stellvertretend für sündige Menschen geschlachtet werden darf, so daß sein Leben im ausströmenden Blut für das verwirkte Leben der Sünder eintritt. Das Tier trifft der Tod, der eigentlich als Folge der Sünde die Sünder treffen muß. So vollzieht sich zwar der Sünde-Unheil-Zusammenhang, der durch das sündige Tun in Kraft getreten ist; aber er vollzieht sich statt an den Sündern selbst an dem Tier, dessen Leben Jahwe zu diesem Zweck »gegeben« hat. Die Schlachtung des Tieres (als Schächtung) im Sühne-Ritual von Lev 4 hat denselben Sinn. Das spricht der Priester aus, indem er deklaratorisch im Namen Jahwes verkündet: חטאת הוא (V 24). Das getötete Tier, dessen Blut als Träger seines Lebens ausgeflossen ist, tritt kraft dieses Spruches an die Stelle des Sünders und erleidet so die Unheilsfolge seiner Sünde. Die Folge ist: Der Sünder wird entsündigt (כפר), seine Sünde vergeben (נפלח). Daß nun der Priester etwas von dem Blut an den Altar streicht, bedeutet wahrscheinlich eine Übereignung an Jahwe; nach Lev 16,8f nämlich wird der andere zweite Bock, an dem der gleiche Blutritus vollzogen wird, »für Jahwe« ausgelost. Das heißt: Das Blut dieses Tieres gehört Jahwe, der es von sich aus zur Sühne bestimmt. Es wird so zum Instrument seines Vergebungshandelns. Von daher erklärt sich die Doppelung zweier paralleler Sühnehandlungen, des Blutritus einerseits und des Asasel-Ritus andererseits. Beide ursprünglich verschiedenen Riten haben hier den gleichen Sinn und die gleiche Wirkung: Entsündigung der Sünder durch stellvertretenden Tod eines Ersatztieres.

Der heutige Leser, der sich an der ›primitiven‹ Dinglichkeit dieser Riten stößt und spontan geneigt ist, sie als Reste von Heidentum theologisch abzuwerten, sollte begreifen, daß er damit die ungeheure, konkrete Realität eliminiert, in der Israel Sünde verstanden hat. Sünde – eine für uns Modernen ›geistige‹ Größe, die im subjektiven Bewußtsein ihren Ort und im Schuldgefühl ihre Funktion hat – ist für die Alten objektive Wirklichkeit, im getanen Bösen konkret da und wirksam. Darum kann sie beseitigt werden nicht

---

[746] Das betont – entgegen verbreiteter Fehldeutung – mit Recht Koch, Sühne 231.

[747] Dazu vgl. Koch, Spruch; ders., Sühne 230f.

durch einen Läuterungsprozeß im Innern des Menschen, sondern nur dadurch, daß das vorhandene Böse seine Unheilswirkung nicht im Geschick des Täters vollzieht. Das aber ist nur möglich, wenn Jahwe, der konkrete Herr der Lebenswirklichkeit, eine Übertragung auf einen Ersatzträger *gibt,* an dem sie sich stellvertretend auswirkt. Nur durch solche *Gabe* Jahwes gibt es die Möglichkeit, daß Sünder dem sicheren Tod entgehen und am Leben bleiben; ein »Gott-gewirktes Wunder«[748]. Nur durch konkrete Stellvertretung als Austragen der Unheilsfolge im eigenen Geschick anstelle der Sünder, kann Sünde »vergeben« werden. Darin ist das Wunder der Gabe Jahwes innerhalb der irdisch-sozialen Menschenwirklichkeit, dem alleinigen Felde des Gottesverhältnisses, real und konkret wirksam.

Vergebung der Sünden, in vorexilischer Zeit noch kein Thema von gravierender theologischer Bedeutung[749], ist seit der Erfahrung des Exils als elementares Desiderat zum Überleben eines sündigen Volkes geworden, das die Not der Entfremdung vom Heilsbereich des von Jahwe gegebenen Landes, durch die Predigt der Propheten belehrt, als reale Folge seiner Sünde erfuhr. Daß in dieser Zeit die Priester die Sühne-Riten, die zuvor in den verschiedenen kultischen Traditionen ein Moment unter anderen waren, als *die* zentrale Heilsgabe Jahwes in die Mitte allen Kultes stellten und in der Sühne die einzige, dem sündigen Volk gebliebene und von Jahwe jetzt noch gewährte Möglichkeit *des Lebens* sahen, wird aus dieser geschichtlichen Situation vollauf verständlich. Seitdem ist der Tempel – in dieser Bedeutung als Ort der Sühne – *das* Zentrum israelitisch-jüdischen Lebens und der jom-kippur *das* zentrale Heilsereignis des Jahres geworden. Der Verfassungsentwurf Ezechiels, in dem der Sühne diese zentrale Funktion erstmals zukommt, als prophetische Vision für die Zeit nach dem Ende des Exils geschaut, steht nicht ohne Grund am Schluß dieses, von härtester Anklage vollen Buches. Die Priesterschrift und die darauffolgenden späteren kultgesetzlichen Überlieferungskomplexe haben diese Vision realisiert. Das nachexilische Israel ist bis hinein in die Zeit des Urchristentums ein Volk, in dessen theologischem Denken das Problem der Sünde *das* Zentralproblem und in dessen Leben der Sühne-wirkende Kult *der* Ort gegenwärtiger Heilsteilhabe war. Darum wurde der Kult auch in die Eschatologie übernommen (Jubiläen) und spielt z. B. für das Selbstverständnis der Qumran-Gemeinde eine entscheidene Rolle. Der Jerusalemer Tempel galt ihr zwar als definitiv entweiht, die dort vollzogene Sühne seit dem Übergriff des Frevelpriesters am jom kippur (1QpHab 11,4–8) als unwirksam. Hatte doch der Kult auch nach priesterschriftlichem Urteil seine Grenze dort, wo radikaler Frevel kultischer oder sittlicher Art vorliegt. Für radikale Frevler gibt es keine Vergebung, wie schon die Propheten verkündigten; den Frevler trifft der Fluch: »Es wird ausgerottet werden dieses Leben aus seinen Volksgenossen.«[750]. Ebendies aber ist nach dem Urteil der Qumran-Gemeinde im Blick auf ganz Israel der Fall. Eine kultische Rechtfertigung der Gottlosen ist darum nicht möglich[751]. Diese geschieht vielmehr als Wunder der eschatologischen Gottesgerechtigkeit, das sich vorgreifend in der Gründung der Sondergemeinde gerechtfertigter Frevler bereits in der Gegenwart vollzieht. Dieses Selbstverständnis ist aber nur möglich aufgrund der zentralen Erwartung einer eschatologischen Neukonstituierung des *Kults.* Die Gemeinde versteht sich selbst als »Stätte des Allerheiligsten für Aaron mit ewiger Erkenntnis für den Bund der Gerechtigkeit, und um darzubringen einen angenehmen Opfergeruch, ein Haus der Vollkommenheit und Wahrheit in Israel« (1QS 8,8f vgl. 9,5–7). Ihre Mitglieder haben bei ihrer

---

[748] Koch, Sühne 229.
[749] Vgl. Koch, ebd. 219–225.
[750] Gen 17,14; vgl. die weiteren bei Koch

ebd. 231 Anm. 22 genannten Stellen.
[751] Vgl. 1Q 2,8; 3,4; CD 2,6.

Bekehrung wunderbare Sühnung ihrer Sünden erfahren (1QS 3,6–9; 11,14f; 1QH 4,37; 17,12f; 2,13; CD 2,5; 3,18; 4,6.9f), und die Gemeinde als solche soll Sühne schaffen für neue Bekehrungswillige, »die sich willig erweisen zur Heiligkeit in Aaron und dem Hause der Wahrheit in Israel« (1QS 5,6 vgl. CD 2,5) sowie für das Land (1QS 8,5.10; 1QSa 2,3). Das heißt: Die Gemeinde versteht sich als eschatologische Priesterschaft, die ein Ort der Sühne ist inmitten der allgemeinen Sünde, gleichsam als Voraustrupp der zukünftig-ewigen Sühne durch den priesterlichen Messias (CD 14,18 vgl. 20,34), mit dessen Kommen der endzeitliche Versöhnungstag anbrechen wird, der seit dem Frevel des Jerusalemer Hohenpriesters gegen den Lehrer der Gerechtigkeit am Versöhnungstag (1QpHab 11,4–7) sistiert worden ist[752].

2. Die Sühneaussage der Formel Röm 3,25 steht also in einem weitgespannten überlieferungsgeschichtlichen Kontext. Sie unterscheidet sich – auch von der Sühne-Anschauung der Qumran-Gemeinde, der sie nahesteht – allerdings unter anderem in einem wesentlichen Punkt: Das Urchristentum wußte die Sühne des eschatologischen Versöhnungstages im Tode Christi *bereits vollzogen*[753]. Die Rechtfertigung der Sünder, wie sie die Christen im Zusammenhang der Bekehrung genauso erfahren wie die Qumran-Frommen bei ihrer Aufnahme in die Gemeinde, ist nicht eine vorgreifende Wirkung von der endzeitlichen Zukunft her, sondern sie ist begründet im Tode Christi als eschatologischem Heilsgeschehen, das in die Unheilsgeschichte des alten Äon hinein sich ereignet *hat*.

Wir stellen kurz das wichtigste Material aus verschiedenen Überlieferungsbereichen des Urchristentums zusammen. Hier ist zunächst die Abendmahltradition zu nennen, deren Horizont eschatologisch ist, in ihrer paulinisch-lukanischen wie in ihrer markinisch-mattäischen Fassung. Der Sühnecharakter ist mit dem Wort αἷμα angezeigt, verdeutlicht durch ἐκχυννόμενον. In beiden Fassungen geht es um die Neukonstitution des Bundes, bei Mk-Mt als Erneuerung des Sinaibundes, bei Pl-Lk als Erfüllung der Verheißung des Neuen Bundes Jer 38,31. Die Formel ὑπὲρ ὑμῶν bei Pl-Lk, durch ὑπὲρ πολλῶν bei Mk-Mt nach Jes 53,11.12 im Blick auf die universale Wirkung interpretiert, ist hier also als Beschreibung der *Sühne*-Wirkung zu verstehen. Die Formel spricht die Stellvertretung des Gekreuzigten für die Sünder aus, was Mattäus (26,28) durch die in LXX im Sühne-Kontext technisch-fest gebrauchte Präposition περί unterstreicht[754]. In dem sekundär erweiterten Logion Mk 10,45/Mt 20,28 ist λύτρον doch wohl als Wiedergabe von אשם zu verstehen, was in kultischer Überlieferung mit חטאת zusammengehört[755] und Jes 53,10 auf den Tod des Gottesknechtes übertragen ist[756].

[752] Daß die Qumrangemeinde selbst die Liturgie des Versöhnungsfestes entsprechend der in Sir 50 und in der rabbinischen Tradition bezeugten Gestalt gefeiert habe, sucht Lehmann, M. R., ›Yom Kippur‹ in Qumran, RdQ 3 (1961/62) 117–124, zu erweisen, jedoch schwerlich überzeugend. Lyonnet, Sin 133–136 erbringt zur Frage nach dem Sitz im Leben der Sühneaussagen in Qumran nichts.

[753] Die Interpretation von Goppelt, Versöhnung durch Christus, zielt in dieser entscheidenden Hinsicht in die richtige Richtung.

[754] In LXX wird לחטאת durch περὶ τῆς ἁμαρτίας wiedergegeben, vgl. Lev 4,3.14. 28.35; 5,6.7.8.10.11.12; 16,11.15.16.25.27.

Parallel steht περὶ αὐτοῦ καὶ τοῦ οἴκου αὐτοῦ καὶ περὶ πάσης συναγωγῆς υἱῶν Ἰσραήλ Lev 16,17 vgl. 20.24, was περὶ πολλῶν Mt 26,28 entspricht. Dieselbe Sühne-Bedeutung hat περὶ ἁμαρτίας Röm 8,3.

[755] Vgl. dazu Rendtorff, Studien 207–212. 227f; Koch, Sühne 235 Anm. 30.

[756] Vgl. dazu Jeremias, J., Das Lösegeld für Viele (Mk 10,45), in: Abba 216–229, hier 227, der jedoch אשם nach der LXX-Deutung juristisch als Lösegeld, nicht kultisch als Sühne-Terminus auffaßt; das Richtige bei Hahn, Hoheitstitel 58 und Koch, Sühne 235, dagegen Thyen, Studien 157–160. Zur messianischen Deutung im Targum vgl. Koch, K., Messias

Auch in den traditionellen Formeln 1Kor 15,3; Gal 1,4 wird mit ὑπὲρ τῶν ἡμαρτιῶν ἡμῶν der Tod Christi als Sühnetod gedeutet. Von daher ist die Sühnebedeutung durchweg dort anzunehmen, wo verkürzt vom Tode Christi ὑπερ ἡμῶν die Rede ist – entsprechend περὶ αὐτῶν Lev 4,20 vgl. 4,26.35; 5,6.13; 16,6.11.17.20.24 –, was jedenfalls 1Kor 5,7; 2Kor 5,21; Gal 3,13; Röm 8,32; Eph 5,2.25; Tit 2,14; 1Petr 2,21f; 3,18 durch den Kontext sichergestellt ist. Eindeutig interpretiert der Hebräerbrief Christi Tod als himmlischen Sühnevollzug des eschatologischen jom-kippur, vgl. besonders 9,11–28; 10,10–14. Vom Blut Christi als Sühnemittel spricht eine breite Tradition, vgl. Röm 5,9; Kol 1,20; Eph 1,7; 2,12; Hebr 9,12.14.18ff; 10,19.29; 12,24; 13,11ff.20; 1Petr 1,2 (ῥαντισμὸν αἵματος!) 19; Apg 20,28; 1Joh 1,7; 5,6.8; Offb 1,5; 5,9; 7,14; 12,11. Von daher wird deutlich, daß die kultische Sühne-Vorstellung *durchweg* der Horizont ist, unter dem der Tod Christi in seiner Heilsbedeutung im Urchristentum gedacht wird. Die mancherlei Bilder aus andersartigen Vorstellungsbereichen, wie vor allem Loskauf und Lösegeld, dienen zur Erläuterung des Sühnegeschehens, wie einerseits besonders Gal 3,13, andererseits z. B. 1Petr 1,18f aus dem Kontext deutlich erhellt. Das gilt, wie zu Röm 5,10 auszuführen sein wird, auch für die Versöhnungsaussage. Vor allem 2Kor 5,21 zeigt den Sühne-Kontext der καταλλαγή von V 18f. Hier ist der kultische Vorstellungszusammenhang besonders deutlich: Daß Gott den gekreuzigten Christus »für uns zur Sünde gemacht hat«, ist in der Formulierung für griechische Ohren hart und erklärt sich nur vom Sühne-Ritual Lev 4 her, wo das zusammenfassende deklaratorische Urteil חטאת הקהל הוא V 21 in LXX wörtlich wiedergegeben wird: ἁμαρτία συναγωγῆς ἐστιν[757]. Die Sündenvergebung 2Kor 5,19 mit dem ebenfalls deklaratorischen λογί-ζεσθαι (חאב) als Wirkung der »Versöhnung« ist im Sühneritual topisch die Wirkung der vollzogenen Sühne: vgl. Lev 4,20.26.31.35; 5,6.10.13; vgl. καθαρίσαι 16,30 (vgl. 1Joh 1,7.9; Hebr 1,3; 9,14.22ff; 10,2; Tit 2,14).

Mit der in Christi Tod *vollzogenen* eschatologischen Sühne hängt zusammen, daß im Urchristentum von Anfang an die kultische Sühne im Tempel bedeutungslos geworden ist. Mit der Abrogation des Kultes ist ein tiefer, ja, *der* entscheidende Bruch urchristlicher Religion mit der zeitgenössisch-jüdischen geschehen. So schroff die Qumrangemeinde den Tempel ablehnte und die Rechtmäßigkeit seines Kults bestritt, so unterscheidet sich ihre Soteriologie doch eben darin gravierend von der urchristlichen, daß sie die eschatologische Erneuerung des Kultes antizipierte, das Urchristentum jedoch den Tempelkult grundsätzlich außer Kraft gesetzt wußte, weil umfassende, eschatologisch-gültige Sühne allein im Tode Christi Ereignis geworden ist. Sie unterscheidet sich aber auch von der späteren, nach 70 n.Chr. in den Vordergrund getretenen rabbinischen Sühne-Anschauung, nach der zwar durch das Übergewicht an Gerechtigkeitstaten Sühne für diejenigen Israeliten gewährt wird, deren Gerechtigkeitsmaß hinter dem ihrer Sünden zurückbleibt[758], aber grundsätzlich der jom-kippur, auch wenn er nunmehr

---

und Sündenvergebung im Jesaja 53-Targum. Ein Beitrag zu der Praxis der aramäischen Bibelübersetzung, JSJ 3 (1972), wo jedoch Jes 53,10 so interpretiert wird, daß Gott Israels Sünden durch stellvertretenden Tod der Heiden sühnt (ebd. 139f); vgl. Hegermann, J., Jesaia 53 in Hexapla, Targum und Peschitta, 1954 (BFChTh.M 56), 86.

[757] So richtig Thyen, Studien 188–190; Stuhlmacher, Exegese 323 Anm. 40.

[758] Vgl. dazu besonders R. Jochanan b. Zak-

kais Antwort auf den Weheruf angesichts des zerstörten Tempels: »Mein Sohn, es tue dir nicht leid. Wir haben eine Versöhnung (כפרה), welche ist wie dies. Und welche ist es? Das ist die Wohltätigkeit, weil gesagt ist: Ich will Güte und nicht Opfer«, Ab R Nat (I) 5,4 (Schechter 11a). Vgl. ders. in BB 10b: »Wie das Sündopfer den Israeliten Sühne verschafft, so verschafft das Almosen den Völkern Sühne«; Midr Tehill 15B: »Die Wohltätigkeit macht sogar den Sünder würdig, die Schechina zu sehen.« Diese

kultlos begangen werden mußte, die Sünden Israels sühnt[759]. Gerade die diffizile Bewahrung alles rituellen Details in der rabbinischen Überlieferung über Jahrhunderte hinweg – in einer Zeit, da die Kultausübung längst hinfällig geworden war – zeigt die elementare Bedeutung des jom-kippur für das Judentum. Und erst wenn man das ermißt, tritt die ganze Tiefe des Bruches hervor, der durch den Glauben an Christus zwischen Christentum und Judentum eingetreten ist. Dieser Bruch wird aber erst als solcher verstehbar, wenn man die volle und konkrete *kultische* Sühne-Bedeutung des Todes Christi erkennt und theologisch ernst nimmt.

Historisch ist dieser Bruch, soweit die Quellen erkennen lassen, zuerst in der Gruppe der sogenannten ›Hellenisten‹ erkannt und der Synagoge gegenüber vertreten worden. Der Vorwurf gegen Stephanus Apg 6,13, er rede »pausenlos Worte gegen diesen heiligen Ort und gegen das Gesetz«, trifft sicher zu. Was das Gesetz betrifft, so sind hier zweifellos eben seine kultischen Partien gemeint. Die grundsätzliche Konsequenz, daß die Offenbarung der Gottesgerechtigkeit im Tod Christi das Gesetz *als ganzes* ausschalte (Röm 3,21), ist erst später von Paulus im Zusammenhang seines Kampfes mit den Judaisten in Galatien herausgestellt worden. In der Anfangsphase der Geschichte des Urchristentums ging es gravierend um die Abrogation der Kultgesetzgebung. Zeugnis dafür ist das Tempelwort Jesu Mk 14,58 par, das in der schroffen Polemik Apg 7,44ff eine Parallele hat[760]. Vor allem aber ist die von Paulus unabhängige Konzeption des Hebräerbriefes ein großartiges Zeugnis theologischer Reflexion dieses Bruches. Das Traditionsstück Röm 3,25 gehört zu diesem hellenistisch-christlichen Überlieferungszusammenhang. Paulus selbst hat die Thematik der christlichen Antithese gegen den Kult nicht eigens entfaltet; wohl aber gründet seine Rechtfertigungslehre mitsamt ihrer Polemik gegen jüdische Rechtfertigung ἐξ ἔργων νόμου im Tode Jesu als eschatologischem Sühnegeschehen.

3. Die Abrogation des jüdischen Tempelkults im Urchristentum ist – vor allem in der neuzeitlichen protestantischen Theologie – vollauf rezipiert und nachdrücklich vertreten worden – jedoch so, daß damit jeglicher Kult überhaupt durch das Evangelium abrogiert sei und es darum zum Wesen christlich-›evangelischer‹ Frömmigkeit gehöre, kultlos zu sein[761]; denn der eigentliche Ort der Erfahrung des Evangeliums sei das ›Herz‹, die konkrete Subjektivität, die ›Existenz‹ des einzelnen Christen. Darin wirkt, wie gesagt, ein verbreitetes kontroverstheologisches Urteil der neuprotestantischen Theologie des 19. Jahrhunderts gegen den Katholizismus nach, dieser habe durch das Verständnis des Abendmahls als Opferhandlung einer strukturell-›heidnischen‹ kultischen Auffassung christlicher Heilserfahrung die Tür geöffnet, der die zentrale Bedeutung der Messe in der katholischen Frömmigkeit entspreche, während für evangelische Frömmigkeit

---

Lehre hat ihren traditionsgeschichtlichen Ursprung bereits in der frühen Weisheit (Spr 10,2; 15,27 LXX; Tob 12,9) und ist auch in urchristlicher Paränese verbreitet (1Petr 4,8; Jak 5,20; Did 4,6; 1Cl 49,5; Pol 10,2; griech. und syr. Didask 2,3; Cl Al IV 18,111; Quis Div Salv 38). Vgl. dazu zuletzt Berger, Almosen für Israel 180–204.183–192.

759 Vgl. z. B. Joma VIII 8: »Umkehr sühnt geringere Übertretungen, Gebots- und Verbots(übertretungen), und bei schwereren bewirkt sie Aufschub, bis der Versöhnungstag

kommt und (sie) sühnt«; vgl. jedoch ebd. 9: »Sünden des Menschen gegen Gott sühnt der Versöhnungstag, Sünden des Menschen gegen seinen Volksgenossen sühnt der Versöhnungstag nicht, bis man Verzeihung von seinen Volksgenossen erlangt hat.«

760 Vgl. dazu meine Analyse in: Die Missionsreden der Apg, ³1974 (WMANT 5), 203–224, besonders 212–214.

761 Als repräsentatives Beispiel für diese Interpretation vgl. Dibelius, M., Kultus und Evangelium, Tübingen 1942.

das reine Wort das entscheidende Medium der Heilserfahrung sei. Hier ist jedoch erstens zu bedenken, daß der urchristliche Grund-Satz vom Sühnetod Christi sehr wahrscheinlich im Herrenmahl seinen zentralen ›Sitz im Leben‹ der Frömmigkeit hatte. Mit guten Gründen wird heute vielfach auch für die vorpaulinische Formel Röm 3,25 das Abendmahl als ursprünglicher Überlieferungsort vermutet[762]. So klar es ist, daß – vor allem bei Paulus – das Kreuz Christi der zentrale Inhalt der Verkündigung ist (1Kor 2,2), so klar ist es andererseits auch, daß im urchristlichen Leben der Heilsgrund im Sühnetod Christi im Herrenmahl erfahren wurde; und es wird zu wenig erwogen, ob nicht die theologische Explikation der Kreuzespredigt in der Rechtfertigungslehre ihre existenziellen Antriebe in dieser ständigen Erfahrung der Eucharistie hatte.

Zweitens ist zu beachten, daß im Urchristentum nur in den Kreisen der syrischen ›Hellenisten‹, beeinflußt durch bestimmte Motive hellenistisch-jüdischer ›Spiritualisierung‹, Kult und Tempel generell für unangemessen erklärt werden (vgl. besonders Apg 7,44–50); der entscheidende Grund des christlichen Exodus aus dem Tempel als der zentralen Kultstätte Israels ist aber auch hier die eschatologische Sühnewirkung des Todes Christi. Nicht der Kult als dem ›geistigen‹ Wesen des Christentums unangemessene ›Verdinglichung‹ der Frömmigkeit, sondern die Sühnekraft des Jerusalemer Tempelkults – und von daher alles irdischen Kults – wird bestritten; denn allein im Tode Christi ist eine eschatologisch wirksame Sühne für die Sünden aller Menschen geschaffen worden. An die Stelle unwirksamer Sühne tritt also die allein wirksame und darum an die Stelle des bisherigen zentralen jüdischen Kultortes der Tod Christi als der neue Ort endgültiger Sündentilgung. Es hat darum mit ›Spiritualisierung‹ im wesentlichen nichts zu tun, daß in der Sprache urchristlicher Soteriologie wichtige jüdische Kultbegriffe auf das Kreuzesgeschehen übertragen werden; und es ist theologisch sehr zu fragen, ob nicht – statt einer generellen Eliminierung des Kultes – in der Sühnebedeutung des Kreuzes der jüdische Sühnekult vielmehr vergeschichtlicht und so die kultische Sühne *radikalisiert* worden ist. Von da aus wäre dem Abendmahl als dem neuen Ort je konkreter Erfahrung der Teilhabe an diesem Sühnegeschehen ein durchaus kultischer Charakter sehr wohl zuzusprechen, unbeschadet der Differenz sowohl vom jüdischen Sühnekult als auch zu allen heidnischen Opferhandlungen.

Wie aber läßt sich diese kultische Sühnebedeutung des Todes Christi heute theologisch rezipieren? Die Schwierigkeiten liegen offen zutage im Blick auf die Tatsache, daß der Sühnegedanke in der neuzeitlichen protestantischen Theologie – bis weit hinein auch in die katholische – sehr stark zurücktritt. Das liegt nicht nur an der Nachwirkung aufklärerischer Kultkritik, auch nicht nur an dem theologischen Betroffensein von der Kritik des Sühnegedankens in der gegenwärtigen Strafrechtsdiskussion, sondern vor allem daran, daß seit der Aufklärung der Gedanke, daß Befreiung von Sünde und Schuld durch den stellvertretenden Tod Christi geschehen ist, im religiösen Bewußtsein selbst einem zutiefst moralischen Zweifel unterliegt. Grob formuliert: Hat Christus hier nicht eine ›Sündenbock‹-Funktion, die sowohl Gott als auch dem modernen Gedanken sittlicher Selbstverantwortlichkeit des Menschen schlicht unangemessen ist? Ist darum nicht eine Soteriologie unter dem Horizont personaler Kommunikation ungleich überzeugender: Wie ein Mensch durch Verzeihung den anderen zu entlasten und dadurch zerbrochene Gemeinschaft wieder zu knüpfen vermag, so verzeiht Gott den Sündern in seiner Liebe und stellt so die Gemeinschaft zwischen Gott und Menschen wieder her, in

---

[762] So nach Bultmann, Theologie NT 295 besonders Käsemann, Zum Verständnis 99f, aufgenommen z. B. von Kertelge, Rechtfertigung 62; Zeller, Sühne 75.

der diese nicht mehr auf ihren Fehl festgelegt, sondern zu neuem Handeln befreit werden? Und ist nicht entsprechend auch eine Christologie annehmbarer, nach der die Funktion Christi in der Verkündigung solcher verzeihenden Liebe Gottes und im vorbildlichen Handeln aus ihr besteht? Dem ist aber doch wohl auch aus gegenwärtiger Erfahrung der Einwand Anselms entgegenzuhalten: »nondum considerasti, quanti ponderis sit peccatum«. Das ›Gewicht‹ der Sünde besteht doch nicht nur in der moralischen Scham im religiös-sittlichen Bewußtsein des Sünders, sondern in dem, was durch Sünde konkret angerichtet ist. Und wenn Vergebung lediglich in Verzeihung besteht, bleibt das, was ich durch mein Tun angerichtet habe, von der Wirkung der Vergebung unberührt. Daß aber das angerichtete Böse von einem einzelnen oder gar einer Gemeinschaft selbst durch »Wiedergutmachung« nicht aus der Welt geschafft werden kann, sollte aus der kollektiven Erinnerung der Deutschen an die Erfahrungen der Jahre vor und nach 1945 auch heute evident bleiben. Die Vergebung der Sünde aber, wie sie Paulus als Wirkung des Todes Christi verkündigt, betrifft nicht nur das Schuldbewußtsein, sondern gerade die Wirklichkeit der Schuld selbst.

Vergegenwärtigt man sich nun das Ausmaß der Schuld, das z. B. die weißen Kolonialmächte – ohne Schuldbewußtsein – durch mehr als ein Jahrhundert hindurch an der schwarzen Bevölkerung Afrikas faktisch verübt haben, so beginnt unsere gegenwärtige Geschichte uns augenscheinlich zu lehren, was sie seit Menschengedenken gelehrt hat: daß nämlich in aller Regel dort, wo Menschen handeln, die faktischen Folgen von Schuld dadurch aufgehoben werden, daß sich Bedrückte, wo sie es können, gegen ihre Bedrücker erheben und deren gegenwärtiger Generation all das heimzahlen, was vorausgehende Generationen angerichtet haben: Schuld wird durch neue Schuld ›gesühnt‹. Der stellvertretende Tod Christi als Sühne hat etwas mit dieser uralten Erfahrung zu tun: Aber statt daß die Wirklichkeitsfolgen der Schuld auf die Schuldigen zurückschlagen und ihre Schuld so durch ihren Tod gesühnt wird, nimmt Christus die Schuld aller auf sich und befreit so die Schuldigen von ihr. Diese Stellvertretung ist einerseits darin begründet, daß Christus als der Repräsentant *Gottes* stirbt, mit dessen Tat Gott sich identifiziert. Nur deswegen, weil Gott als der Schöpfer und Herr aller Menschen in Christi Tod selbst handelt, kommt diesem stellvertretende Kraft für alle Sünder zu. Andererseits vollendet sich eben darin Gottes Gerechtigkeit als *Liebe*. Wie Gottes Zuwendung zu seinem Volk nie als bloße ›Gesinnung‹, sondern immer als sein konkretes Handeln erfahren worden ist, so besteht auch seine Liebe, wie Paulus sie verkündigt, nicht nur in seiner gütigen Verzeihung, sondern in seiner Tat: darin, daß Christus als sein Repräsentant den Tod als die Wirklichkeit der Sünde aller an sich selbst zum Austrag kommen ließ und Gott die ganze Kraft seiner Heilsmacht in diesem Tod des Einen für alle zur Wirkung brachte, indem er den für uns Gestorbenen vom Tod auferweckte. Die Stellvertretungswirkung des Todes Christi ist die Wirkung der *Liebe Gottes*. Schuld wird so nicht durch neue Schuld, sondern durch sich selbst für die Schuldigen hingebende Liebe gesühnt. Die Sühne-Aussagen des NT sind als Aussagen einer letzten *Wirklichkeitskraft* der Liebe Gottes zu verstehen; nur so entfallen jene Motive religiös begründeter kritischer Reserve gegen den Sühnegedanken; so aber sind sie auch wirklich entkräftet und neuer, vertiefter Rezeption offen.

β)   3,27–31 Die Universalität der Glaubensgerechtigkeit für Juden wie Heiden

Literatur: Friedrich, G., Das Gesetz des Glaubens (Röm 3,27), ThZ 10 (1954) 401–417; *Luz, U.,* Das Geschichtsverständnis des Paulus, 1968 (BEvTh 49), 168–173.

27 Wo bleibt nun das Rühmen? Ausgesperrt wurde es! Durch welches Gesetz: (das) der Werke? Nein, sondern durch das Gesetz des Glaubens! 28 Denn wir behaupten: Gerechtfertigt wird ein Mensch durch Glauben ohne Gesetzeswerke. 29 Oder (ist) Gott allein der Juden Gott? Nicht auch der Heiden? Jawohl, auch der Heiden, – 30 wenn denn (gilt): Ein einziger (ist) Gott, der rechtfertigen wird die Beschnittenen aufgrund von Glauben und die Unbeschnittenen durch Glauben. 31 Setzen wir also das Gesetz außer Kraft durch den Glauben? Niemals! Sondern: wir setzen das Gesetz in Kraft!

Analyse   Nach der Aufstellung seiner These nimmt Paulus den Disput mit dem jüdischen Partner von 3,1–8 sogleich wieder auf. Der Stil wechselt von lehrhaft-konzentrierter Darlegung zu lebhaftem Dialog, der mit dem Hin und Her der kurzen Fragen und Antworten rhetorisch noch bewegter wird. Der Abschnitt unterscheidet sich aber von der Diskussion in 3,1–8 dadurch, daß hier Paulus sowohl die Fragen stellt als auch selbst die Antworten gibt. Der Partner kommt seinerseits gar nicht zu Wort. Doch zielt die Argumentation durchweg auf dessen Einwände: VV 27–30 auf seine heilsgeschichtliche Prämisse 2,17ff. 26ff.3,1ff; V 31 auf seinen Vorwurf V 8. Das Stichwort καύχησις V 27 und die Gleichstellung von Juden und Heiden V 29 beziehen sich auf 2,17ff, die von περιτομή und ἀκροβυστία auf 2,25ff zurück. Paulus knüpft zugleich an das Resultat seiner Anklage an; vgl. V 28 mit V 20, VV 29f mit V 9. Mit χωρίς V 28 wird schließlich V 21 aufgenommen.

Erklärung   Paulus hat in VV 24f das Kreuz Christi als Ort der Rechtfertigung des Sünders
27   herausgestellt und vom Gesetz als dem Ort der wirksamen Feststellung der Sünde geschieden, indem er die Gottesgerechtigkeit vielmehr dem Glauben zugesprochen hat. Nun schaut er auf 2,17ff zurück: Wo ist hier das »Rühmen« des Juden am Platz? Und er antwortet sogleich: Es ist hier des Platzes verwiesen, wo Gottes Gerechtigkeit sich darin erwiesen hat, daß er den Sünder aufgrund des Glaubens an Jesus rechtfertigt (V 26). In dem Passiv ἐξεκλείσθη[763] ist Gott das logische Subjekt. Gott selbst ist es, der »in Christus Jesus« (V 24) den Rekurs des Juden auf die göttlichen signa seiner Erwähltheit, deren er sich gegenüber dem Heidentum »rühmt« und von denen her er über ihn richtet (2,1.3), abschneidet. Wo das »Rühmen« des Juden voraussetzt, daß die »Sünder aus den Heiden« (Gal 2,15) aus der Heilssphäre der Erwählung in der Gabe

[763]   Zu ἐξεκλείσθη vgl. Gal 4,17; Mt 23,13
und im Gegensatz dazu Gal 3,23.

von Gesetz und Beschneidung ausgeschlossen seien, ist in schroffem Gegensatz dazu ebendieser heilsgeschichtliche Selbstruhm ausgeschlossen, wo der eine Gott Juden und Heiden, Beschnittene wie Unbeschnittene allein aufgrund des Glaubens rechtfertigt (VV 29f), »ohne Gesetzeswerke« (V 28).

Ist dieser Skopos klar, so stellt V 27b vor ein schwieriges Problem. Was mit νόμος ἔργων gemeint ist, ist von 2,13 einerseits und 3,20.28 andererseits her deutlich: die Tora, sofern sie Werke der Gerechtigkeit fordert und allein an ihnen die Rechtfertigung bemißt. νόμος πίστεως dagegen ist eine crux. Ist νόμος hier in allgemeiner Bedeutung als Ordnung, Regel, bestimmende Norm zu verstehen[764]?

8,2 findet sich in einer ähnlichen Antithese νόμος als Oberbegriff christlichen Heilsstandes. Doch zeigt der Kontext (8,3f) dort, daß νόμος stringent gebraucht ist. 7,21–23 hat Paulus zwischen der Tora als »Gesetz Gottes« und der Tora als »Gesetz der Sünde« unterschieden; dieser Widerspruch im Gesetz selbst ist durch die Sünde hervorgerufen, der daraufhin das Gesetz, entgegen seiner göttlichen Bestimmung »zum Leben« (7,10 vgl. VV 12.14), verhaftet ist und dem Sünder den Tod als die Folge seiner Sünde zusprechen muß (7,10 vgl. 13); so streitet im Innern des Sünders das Gesetz in seiner ursprünglichen Funktion (als νόμος τοῦ νοός μου) gegen das Gesetz in seiner durch die Sünde depravierten Funktion (als νόμος ἁμαρτίας ὁ ὢν ἐν τοῖς μέλεσίν μου). In Christus aber ist der Sünder vom »Gesetz der Sünde und des Todes« befreit, und zwar durch das »Gesetz des Geistes«, das jetzt seiner ursprünglichen Bestimmung εἰς ζωήν entsprechen kann als νόμος τῆς ζωῆς ἐν Χριστῷ Ἰησοῦ (8,2). 8,3f wird das begründet: Als »Gesetz der Sünde« war die Tora »schwach« und »unfähig«, Leben zu schaffen; Gott aber sandte seinen Sohn zur Sühne, so daß sich an ihm die Tora als »das Gesetz der Sünde und des Todes« (8,2) ausgewirkt hat, als »Gesetz Gottes« dagegen in den befreiten Christen erfüllt wird, sofern sie nicht »nach dem Fleisch« wandeln (7,14ff), sondern »nach dem Geist«, d. h. »dem Gesetz des Geistes des Lebens in Christus Jesus« gehorchen (vgl. 8,7). Entsprechend ist auch Gal 6,2 die Erfüllung des νόμος τοῦ Χριστοῦ zu verstehen (vgl. 5,14.23b).

So darf auch Röm 3,27 νόμος πίστεως nicht im allgemeinen Sinn als »Ordnung, Norm«, sondern muß stringent als »Gesetz«, Tora, aufgefaßt werden: Entgegen dem Gesetz, das die Rechtfertigung des Menschen an seine Werke bindet, bindet Gott das Gesetz als νόμος πίστεως allein an den Glauben[765]. Die media in den beiden konträren Bestimmungen ist nicht die Forderung des Gesetzes – hie Werke, dort Glaube[766] –, sondern das Wesen der Tora als Gesetz *Gottes*. Wo Gott seine Gerechtigkeit in Christus und darum διὰ πίστεως offenbart (V 22), da ist die Tora als Werke forderndes und die Sünder verurteilendes Gesetz ausgeschieden (χωρὶς νόμου V 21, χωρὶς ἔργων νόμου V 28) und tritt jetzt als dem Glauben zugeordnetes Gesetz hervor. Nur so fällt V 31

---

[764] So nach dem Vorgang vieler Älterer z. B. Lietzmann 52 und ausführlich Kuss 175f; v. Dülmen, Theologie 87; zuletzt Käsemann 95; Schlier 116.

[765] So besonders Jüngel, Paulus 57.170f; Ge-

setz 158 Anm. 45; auch Cranfield 220.

[766] So falsch Zahn 200f; Lietzmann 52; auch Cranfield 220. Damit würde der Glaube funktional zum Werk!

nicht aus dem Duktus des paulinischen Gedankens heraus: Als νόμος πίστεως wird die Tora als Gesetz Gottes nicht abgeschafft, sondern im Gegenteil »aufgerichtet«!

Nach einer anderen Interpretation[767] ist mit νόμος πίστεως die Zeugen-Funktion von V 21b gemeint: Nicht durch die Tora, sofern sie Werke fordert, sondern durch die Tora als »Schrift«, sofern sie den Glauben bezeugt, ist das Rühmen ausgeschlossen. Dafür spricht der enge Anschluß von 4,1ff, wo Paulus in der Tat auf Gen 15,6 als *das* Zeugnis der Schrift für die Glaubensgerechtigkeit hinauswill. Stützen ließe sich diese Deutung auch mit V 31, wenn dort νόμον ἱστάνομεν im Sinne von V 21b zu verstehen wäre. Gegen sie spricht hier freilich entscheidend, daß im Kontext der Antithese Glaube-Werke νόμος πίστεως einen direkten Gegensatz gegen die Funktion des Werke fordernden Gesetzes ausdrücken muß.

Schwierigkeiten bereitet aber nicht nur der Ausdruck νόμος πίστεως, sondern der Satz V 27b als ganzer. Es legt sich nämlich zunächst nahe, das in den Fragen fehlende Verbum durch ἐξεκλείσθη von V 27a zu ergänzen. Wieso ist dann aber alles »Rühmen« nicht durch das Werke fordernde, sondern durch das den Glauben zugeordnete Gesetz *ausgeschlossen?* Hat Paulus doch in V 19 umgekehrt die Wirkung gerade des Werke fordernden Gesetzes darin herausgestellt, »daß jeder Mund gestopft wird« – womit er zweifellos eben auf das »Rühmen« des Juden 2,17ff zielte! Die Exegeten sehen diese Schwierigkeit ohne Ausnahme deswegen nicht, weil sie der καύχησις in 3,27 wie selbstverständlich einen anderen Sinn geben, nämlich als Selbstruhm dessen, der in *Erfüllung* von Gesetzeswerken vor Gott gerecht zu sein wähnt und mit solchem »Rühmen« vor Gott seine Rechtfertigung als seinen gebührenden Lohn einfordert. Dafür kann man auf das maßgebliche Vorbild der Rechtfertigung Abrahams 4,2 hinweisen, dessen menschlich berechtigtes καύχημα ἐξ ἔργων gleichwohl kein solches πρὸς θεόν begründet. Doch zeigt die weitere Auswertung von Gen 15,6 dort, daß gerade Abraham keine andere als die iustificatio *impii* widerfahren ist und *dies* der Grund dafür ist, daß seine »Werke« keinen Ruhm vor Gott begründen können. 3,27b kann danach nicht heißen, daß der νόμος ἔργων *deswegen* das »Rühmen« nicht ausschließe, weil er dieses ja im Gegenteil gerade provoziere; sondern der Sinn kann nur der sein, daß das *heilsgeschichtlich* begründete »Rühmen«, da es nach 2,21ff die Werke gegen sich hat, *dort* »ausgesperrt« worden ist, wo der Jude im Glauben an den, der den *Gottlosen* rechtfertigt, Gottes Gericht vollauf recht gibt, lobpreisend recht geben darf. Der Gegensatz zwischen νόμος ἔργων und νόμος πίστεως würde dann darin bestehen, daß, solange der Jude seine Gesetzesübertretungen in seiner Erwähltheit allemal aufgehoben wähnt, dieses sein »Rühmen« seiner Rechtfertigung entgegensteht und erst im Glauben ausgeschlossen ist – mitsamt den sündigen Werken, gegen die durch kein »Rühmen« aufkommen zu können allererst das dem Glauben zugeordnete Gesetz lehrt.

---

[767] Friedrich, Gesetz.

Vielleicht aber läßt sich die Interpretation dadurch erheblich erleichtern, daß man in V 27b nicht von V 27a her ἐξεκλείσθη ergänzt, sondern von V 28 her δικαιοῦται ἄνθρωπος. V 27a beginnt dann die wiederaufgenommene Diskussion mit dem Juden damit, daß ihm das Rühmen von 2,17ff abgeschnitten und damit die Grundlage seiner ganzen Argumentation entzogen wird. Das provoziert seine Gegenfrage: Wie wird denn dann ein Mensch überhaupt gerecht, welches Gesetz könnte es geben, das an die Stelle der Tora treten könnte? Und Paulus antwortet: Nicht durch die Werke fordernde Tora, sondern durch die im Glauben zu ihrer ursprünglichen Bestimmung gekommene Tora wird der Mensch gerecht.

V 28 führt dann V 27b in Gestalt eines Lehrsatzes aus. λογίζεσθαι heißt in ähnlichen Sätzen »im Disput ein Urteil fällen«[768], ἄνθρωπος allgemein »jemand«[769]. V 28 ist zwar Gegenthese zu 2,13, aber nicht so, daß vom jetzt gewonnenen christlichen Standpunkt aus die jüdische These 2,13 in ihrer Geltung als solche bestritten wird[770]; sondern so, daß die Rechtfertigung des Gerechten ἐξ ἔργων νόμου angesichts der Sünde aller (3,10) faktisch nicht zum Zuge gekommen ist und die Rechtfertigung aller πίστει diese Situation der Verurteilung aller als Sünder durch das Gesetz (2,12) aufhebt. *Darum* geschieht die Rechtfertigung – Deo gratias! – χωρὶς ἔργων νόμου (vgl. 3,20; Gal 2,16). 28

Daß πίστει exklusiven Sinn hat, worauf die Reformatoren so nachdrücklich bestanden[771], ist auch in der neueren katholischen Exegese anerkannt[772]. Zum Verständnis ist nochmals zu betonen, daß mit πίστει bzw. ἐκ πίστεως und διὰ πίστεως V 30 nicht eine bestimmte Haltung vertrauensvoll-gehorsamer Passivität gegenüber Gott im Gegensatz zu der aktiven des auf seine Leistungs-Gerechtigkeit erpichten Juden meint, sondern durchweg die πίστις Ἰησοῦ von V 26; das heißt: Nicht dadurch wird der Mensch gerecht, daß er den Willen aufgibt, durch eigene Leistung die Anerkennung als eines Gerechten von seiten Gottes zu erwerben, und sich stattdessen dazu entschließt, sich Gerechtigkeit von Gott schenken zu lassen, sondern dadurch, daß er als der vom Gesetz aufgrund seiner Werke festgestellte Sünder seine Erlösung von der Sünde als

---

[768] Vgl. 2,3; 6,11; 8,18 und dazu Heidland, ThWNT IV 290. – Die v.l. οὖν (B C Koine) ist gegenüber der LA γάρ sekundär (vgl. οὖν V 27).

[769] Vgl. 1Kor 4,1; 7,1 und dazu Michel 111f; Käsemann 96 gegen Klein, Römer 4 149, der meint, mit ἄνθρωπος hebe Paulus polemisch den heilsgeschichtlichen Unterschied zwischen Juden und Heiden auf, indem er jeden Menschen radikal als Einzelnen vor Gott stelle.

[770] Für dieses verbreitete Urteil repräsentativ vgl. Käsemann 96: »Hat 20a summarisch gesagt, der Mensch könne aus Gesetzeswerken nicht gerecht werden, so stellt 28 mit seinem Stichwort heraus, er solle es auf diese Weise auch nicht werden.«

[771] Vgl. Schmalkaldische Artikel II 1,4: »Hoc quum credere necesse sit, et nullo opere, lege aut merito acquiri et apprehendi possit, certum est et manifestum solam hanc fidem nos iustificare.« Conf. Aug 20,9.15; Apol. IV 73; FC sol. decl. III 10–12. Aber bereits bei Origenes (Rufin 952f), Ambrosiaster (»Iustificati sunt gratis, quia nihil operantes neque visem reddentes, sola fide iustificati sunt dono Dei«) und Thomas von Aquin, Röm 330 findet sich diese Auslegung. – Die LA πίστει ist gegenüber der Variante ἄνθρωπον διὰ πίστεως (G lat) ursprünglich.

[772] Vgl. repräsentativ Kuss 134.177; Lyonnet, Quaestiones I 142–150; Kertelge, Rechtfertigung 225.

durch Gottes Sühne-Tat im Tode Christi für ihn geschehen erkennt und annimmt und dieser Heilstat der Gerechtigkeit Gottes sein Heil und Leben vollauf zutraut, statt sich auf dem Wege der Gesetzeserfüllung selbst von der Sünde zu befreien und sich so den Status des Gerechten zurückzuerwerben zu suchen. Nicht weil die Gesetzeswerke per se »gegenüber der Übertretung des Gesetzes potenzierte Gottlosigkeit und deshalb mit dem Glauben unvereinbar« (sic!) wären[773], sondern weil sie *dem Sünder* zur Gerechtigkeit nichts nutzen, erfolgt die Rechtfertigung aus Glauben ohne Gesetzeswerke.

29   Daß Paulus in VV 27f gegen den heilsgeschichtlich begründeten Gerechtigkeitsanspruch des Juden argumentiert, wird durch die Fortsetzung in VV 29f deutlich. »Oder ist Gott etwa allein[774] der Juden Gott und nicht auch der der Heiden?« Die Frage ist ähnlich gestellt, wie der jüdische Partner Paulus 3,1–3 Fragen vorlegte, deren Antwort in der erwarteten Richtung für ihn zwingend sind. Natürlich bejaht der Jude, daß Gott als der Schöpfer und Herrscher aller Menschen auch der Heiden Gott ist. Doch ihm geht es darin um den Unterschied gegenüber den Heiden: »Gott bin ich über alle, die in die Welt kommen, aber meinen Namen habe ich nur mit euch vereint; ich heiße nicht der Gott der Völker der Welt, sondern der Gott Israels.«[775] Ebendiese Unterscheidungs-

30   möglichkeit aber will Paulus zerbrechen. Er legt das Grundbekenntnis zu dem einen Gott Dtn 6,4, das jeder Jude täglich betet, gezielt-provokativ so aus: Gott hat seine Einzigkeit *darin* erwiesen, daß er als der Eine *alle* rechtfertigt, die περιτομή[776] ebenso ἐκ πίστεως[777] wie die ἀκροβυστία διὰ πίστεως. Ein Unterschied zwischen beiden Präpositionen, wie ihn viele Väter herausstellen[778], besteht der Sache nach nicht[779]. Zu erwägen ist höchstens, ob Paulus mit ἐκ an den Juden denkt, der aus seiner heilsgeschichtlichen Situation heraus zur Glaubensgerechtigkeit gerufen wird, und mit διά an den Heiden, der im Glauben die bislang unerreichbare Möglichkeit der Rechtfertigung als Verbindung mit dem einen Gott Israels erlangt[780].

31   Das läßt sich für den, der aus dem Aspekt jüdischer Überlieferung denkt, nur als blasphemische abrogatio legis verstehen. Zwar ist es innerhalb ihrer Grenzen, wie wir sahen[781], durchaus möglich, von einer iustificatio impii zu sprechen, nicht aber »ohne Gesetzeswerke«. Im Gegenteil, für die Qumrangemeinde bedeutet die Rechtfertigungserfahrung sola gratia selbstverständlich eine erneute, unbedingte Verpflichtung zu radikaler Gesetzeserfüllung; das sola fide geht hier zusammen mit den Gesetzeswerken. Und zwar ist im Kontext der jüdischen Eschatologie vielfach von einer Mitteilhabe der Heiden am

---

[773]   So Käsemann 96; jetzt auch Schlier 117.

[774]   Die Varianten μόνος (D) und μόνων (B al Clem) sind sekundär.

[775]   R. Schimeon b. Jochai, Ex R 29 (88d).

[776]   Pars pro toto wie 2,26f.

[777]   Ob δικαιώσει logisches oder eschatologisches Futur ist, ist nicht eindeutig zu entscheiden. Der lehrhafte Kontext (V 28) spricht eher für das Erste, doch die Entsprechung zu 2,26f

und 2,13 mit mehr Gewicht für das Zweite.

[778]   Vgl. Schelkle, Paulus 119; so auch Zahn 205f und Schlatter 155f.

[779]   Vgl. die Zusammenstellung ähnlicher, rein rhetorischer verschiedener Präpositionen bei Lietzmann 52.

[780]   So Käsemann 97.

[781]   1QM 11,4 und die oben S. 214f besprochenen Stellen.

endzeitlichen Heil die Rede, aber als an dem Heil *Israels*. Daß der eine Gott als der Schöpfer aller Menschen seine *Bundes*gerechtigkeit Juden wie Heiden ohne Unterschied zuwende, ist für einen Juden unmöglich zu denken. Gesetz und Beschneidung markieren eine Grenze, die wohl zu überschreiten, aber nicht aufzuheben ist, ohne die göttliche Wahrheit der Erwählung anzutasten. Nach jüdischem Urteil tut Paulus eben dies: Er hebt die heilsgeschichtliche Wahrheit und die absolut verpflichtende Geltung der Tora auf, indem er die Gesetzesgerechtigkeit für Israel durch Glaubensgerechtigkeit für Juden und Heiden ersetzt.

Paulus antwortet ebenso entrüstet wie auf die entsprechenden Fragen 3,1–8: μὴ γένοιτο. Seine Gegenthese überrascht nur den, der seine These V 28 im Sinne einer Bestreitung der Gesetzesgerechtigkeit überhaupt und VV 29f im Sinne einer abrogatio der Erwählungsgeschichte als solcher mißversteht[782]. Auch für Paulus wäre eine Außerkraftsetzung der Tora nichts anderes als Frevel[783]. Was jedoch durch den Glauben außer Kraft gesetzt ist, ist die Rechtfertigung des *Sünders* aufgrund von Werken des Gesetzes – und zwar deswegen, weil Rechtfertigung des Sünders allein durch *Gottes* Sühnetat im Kreuz Christi geschaffen werden *kann* und durch die Kraft seiner Gnade geschaffen worden *ist*. Sofern nun aber durch Gottes Gerechtigkeit Sünder gerecht werden, allein »aus Glauben an Jesus« (V 26), ist dem Gesetz seine ursprüngliche Bestimmung: Gerechte dem Leben zuzusprechen, zurückgegeben. So wird »durch den Glauben« – dadurch, daß der Glaube »kam« (Gal 3,25), daß Gottes Gerechtigkeit die Glaubensgerechtigkeit schuf (Röm 3,22) – die Tora als Gesetz Gottes allererst »aufgerichtet«[784]. 8,3f führt Paulus das aus[785]. So problemgeladen diese· einfache, aber gewichtige Feststellung im Kontext der paulinischen Rechtfertigungslehre auch ist – Paulus geht im 6. und 8. Kapitel ausführlich darauf ein –, so wenig wird ihr dialektischer Sinn hier explizit: daß nämlich das Gesetz *aufgrund dessen* aufgerichtet wird, daß durch es selbst mittelbar die *Befreiung* von ihm geschieht (Gal 2,19), sofern es »die Übertretungen mehrt« (Röm 5,20), deren ganze Wirklichkeit Christus in seinem Tod auf sich genom-

---

[782] Das erste ist allerdings die Konsequenz einer unterschiedlichen Interpretation von νόμος ἔργων und νόμος πίστεως, weil dann die Einheit des Gesetzes zerbricht und eine christliche Verpflichtung auf das Gesetz (8,4; 13,8–10; Gal 5,14.23; 1Kor 7,19; 9,21) nicht mehr überzeugend begründet werden kann. Das zweite ist eine erst in der Gegenwart vertretene Konsequenz aus einer Interpretation der paulinischen Rechtfertigungslehre im obigen Sinne. Vgl. dazu, wenn auch überspitzt, so doch repräsentativ Klein, Römer 4, 424–429, der bezeichnenderweise im Gedankengang von 3,27–31 einen »charakteristische(n) Knick« (427) zwischen V 27f und V 29f und dann wiederum in V 31 sieht, weil er die heilsgeschichtliche Bedeutung der Rechtfertigung des Gott-

losen nur als radikale Abrogation der Erwählungsgeschichte verstehen will. Vgl. dagegen Wilckens, Römer 3,21–4,25, 587–589.

[783] Vgl. 4Makk 5,25 (πιστεύοντες γὰρ θεοῦ καθεστάναι τὸν νόμον) mit 5,33 (καταλῦσαι τὸν νόμον); ferner Mt 5,17 und das jüdische Mißverständnis dieses Spruches Jesu b Schabb 116a; dazu Kuhn, K. G., Giljonim und sifre minim, in: Judentum, Christentum und Kirche, FS J. Jeremias, 1960 (BZNW 26), 53–58.

[784] Michel 112 verweist mit Recht im Anschluß an Schlatter 156 auf die rabbinischen Äquivalente יטל (aram. בטל) und קים Ab 4,9; vgl. auch Targ. Jes 37,22; weitere Belege bei Bill. I 241.

[785] So Althaus 32; Klein, Römer 4, 428f; zuletzt Schlier 119.

men hat (Gal 3,13)[786]. Paulus legt gegenüber dem Einwand V 31a alles Gewicht darauf, daß das Gesetz als solches keineswegs abrogiert, sondern allererst jetzt zu seiner positiven Wirkung gebracht wird – freilich nicht durch es selbst, sondern διὰ πίστεως.

Da im Kontext der Gedanke der Glaubensgerechtigkeit in VV 27f durch den Gedanken ihrer die Grenze Israels sprengenden Universalität VV 29f ausgeführt ist, liegt es nahe, V 31 auch in diesem heilsgeschichtlichen Zusammenhang zu bedenken. Immerhin wurde 3,21b dem Gesetz zusammen mit den Propheten die Funktion des Zeugen der Gottesgerechtigkeit zugesprochen; und Paulus führt diesen Gedanken unmittelbar nach V 31 in 4,1ff breit aus. So dürfte mit ἱστάνομεν zugleich auch gemeint sein, daß durch das neue Ereignis der πίστις sich das Geschehen erfüllt hat, das im Gesetz im voraus bezeugt ist[787]. Der Einwand, νόμος könne im Kontext nicht eine andere Bedeutung als in VV 27f haben, trifft nur dann zu, wenn man die Zeugen-Funktion des Gesetzes unvermittelt mit dem Rechtfertigungsgedanken VV 27f zur Geltung bringt. Sieht man jedoch den engen Sachzusammenhang zwischen VV 27f einerseits und VV 29f; 4,1ff andererseits, so besteht das Zeugnis des Gesetzes ja eben darin, daß es die Rechtfertigung ἐκ πίστεως χωρὶς ἔργων νόμου bereits vom Anfang der Heilsgeschichte her bezeugt. *Deswegen* kann Paulus das Gesetz – gerade auch unter heilsgeschichtlichem Aspekt – keinesfalls der Abrogation preisgeben.

Zusammen-fassung   Was Paulus hier gegenüber dem jüdischen Partner herausstellt, ist zweierlei. *Erstens:* Indem durch die Offenbarung der Gottesgerechtigkeit als Glabensgerechtigkeit das »Rühmen« des Juden ausgeschlossen ist, hat ihr Wirk- und Geltungsbereich die heilsgeschichtliche Begrenzung auf Israel gesprengt und ist unmittelbar universal geworden. Zwar gilt Gottes Selbsterschließung in der Schöpfung bereits von Anfang an allen Menschen (1,19–20). Aber durch die Sünde als rebellische Negation der Gotteserkenntnis ist die Universalität der Schöpfungsoffenbarung nur negativ wirksam geworden: als Fixierung aller Menschen auf die zerstörerische Wirklichkeit ihres eigenen Tuns (1,24ff), die das endzeitliche Zorngericht Gottes als ἀπώλεια realisieren wird (1,18; 2,6ff.12). Da *alle* Menschen Sünder sind – auch die Juden –, ist also jede Möglichkeit einer auf den Keis der Erwählten eingeschränkten (und durch sie dann schließlich auch den ›Heiden‹ vermittelten) heilvollen Gegenwart des Schöpfers verwirkt. Durch die Gottesgerechtigkeit als iustificatio impiorum jedoch ist die ursprünglich-heilvolle Universalität der Gotteserkenntnis durch Aufhebung ihrer universalen Negation wiederhergestellt. Der Glaube an Christus hat darum wesenhaft ökumenischen Charakter; er eint nicht nur alle *Christen*

---

[786] So z.B. Nygren 126; Grundmann, ThWNT VII 648 sowie besonders Joest, Gesetz 178. Zum Sinn von Röm 5,20 s. u. S. 328f.
[787] So Wilckens, Glaube 41–44; ders., Römer 3,21–4,25, 53–56; Jeremias, Gedanken-führung in Röm 4, 51f. Käsemann 97f; Cranfield 223f. Dagegen Klein, Römer 4, 150f; Berger, Abraham 65 Anm. 26; Luz, Geschichtsverständnis 171f; Schlier 119.

(darauf wird Paulus erst in Kapitel 12 zu sprechen kommen), sondern vor allem grundsätzlich alle *Menschen* als iustificati impii: *Juden wie Heiden.* Diese Gleichordnung Israels mit den gojim hat dort polemischen Sinn, wo sie im Namen des heilsgeschichtlichen Privilegs Israels von den Juden bestritten wird. Es geht in dieser Polemik um das Verständnis der Einheit Gottes, die der Jude im sch^ema'-jisrael zwar bejaht, aber als die Macht des einen Gottes, der sich gegen die Sünder als seine Bestreiter durchsetzt. Das Evangelium dagegen verkündigt den einen Gott als den, der seine allen überlegene Macht zur Rettung aller einsetzt. An ihn zu glauben, heißt darum nicht, sich als Gerechten mit dem gerechten Gott zu identifizieren gegen die ungerechten ›Heiden‹, sondern sich als Ungerechten durch Gottes Heilstat retten zu lassen zusammen mit allen ungerechten Heiden als fratres iustificati. Für die Kirche bedeutet das zugleich grundsätzlich, daß sie sich nicht als an die Stelle Israels den ›Heiden‹ gegenübergestellt und also als Gemeinde den Erwählten gegenüber der nichtchristlichen ›Welt‹ verstehen darf, sondern als den Ort in der Welt, an dem aus allen Völkern eine Gemeinschaft von *Menschen* sich sammelt, die als gerechtfertigte Sünder gleichberechtigt und solidarisch sind, ohne sich darin in (pseudo-)christlichem »Rühmen« von ›denen draußen‹ abgrenzen zu dürfen; der Glaube an Gott, der den Gottlosen rechtfertigt, ist jedermann möglich, weil er nicht in irgend etwas Menschlichem, sondern in Gottes Tat begründet ist[788]. Kirche ist darum die Voraus-Erscheinung der eschatologischen Gemeinde freier, befreiter Menschen aus allen Völkern, die das Kreuzesgeschehen als Tat der *Liebe* des einen Gottes konstituiert hat und universal realisieren wird. Der polemische Rekurs des Paulus auf die christlich-veränderte Wahrheit des sch^ema'-jisrael (VV 29f) richtet sich der Sache nach darum jederzeit auch gegen alle Tendenzen in der Kirche, diese als gegenüber der nichtchristlichen ›Welt‹ abgegrenzte, ihr gegenüber religiös privilegierte Gruppe zu verstehen. Röm 3,29f gewinnt von daher heute aktuelle Bedeutung im Blick auf den interreligiösen Dialog.

Zweitens: Die Begründung dafür wird in der These V 28 ausgesprochen. Da nach den Schmalkaldischen Artikeln[789] die in diesem Satz zusammengefaßte Rechtfertigung sola fide als articulus stantis et cadentis ecclesiae den entscheidenden Gegensatz zur spätscholastischen Theologie und vom Protestantismus aus die Grenze zwischen der evangelischen und katholischen Kirche bezeich-

---

[788] Unter diesem Gesichtspunkt stellt T. Rendtorff, Menschenrechte a.a.O. (Anm. 573) die moderne Konzeption der Menschenrechte, die in jedem Staat der Erde jedem Menschen zustehen, als in der iustificatio impii allein zureichend begründbar heraus: »Den tiefen Sinn dieser spezifisch lutherischen These . . . kann man darin sehen, daß der Mensch nur aus der Freiheit leben kann, wenn diese Freiheit nicht von ihm selbst erzeugt ist, nicht seine eigenen Aktivitäten zur Voraussetzung hat. Aus der Freiheit leben, heißt, sie Gott verdanken und niemand sonst«, weshalb sie eben auch vom

Menschen verfehlt, aber »durch solche Verfehlung, obwohl durch den Menschen riskiert, nicht außer Kraft gesetzt« werden kann (170).
[789] »Von diesem Artickel kann man nicht weichen oder nachgeben, es Falle Himel und Erden oder was nicht bleiben wil . . . Und auf diesem Artickel stehet alles, was wir wider den Bapst, Teufel und Welt leren und leben. Darümb mussen wir des gar gewis sein und nicht zweiüln. Sonst ist's alles verlorn, und behellt Bapst und Teufel und alles, wider uns, den sieg und recht« (WA 50,199,22 = BSLK 415,21–416,6).

net, ist hier der Ort, an dem auf den heutigen Stand dieser Kontroverse (in aller gebotenen Kürze) einzugehen ist.

Auf dem Konzil von Trient, Sessio VI, hat sich die römisch-katholische Kirche auf die durch die Reformation in die Mitte gerückte Problematik eingelassen und die Rechtfertigungslehre zum ersten Mal dogmatisch fixiert. Da ein einmal promulgiertes Dogma als infallibel gilt, bildet dieses decretum de iustificatione auch noch heute die normative Grundlage katholischer Lehre. Für das ökumenische Gespräch ist es darum entscheidend, ob einerseits 1. die in Trient intendierte Anathematisierung der Protestanten die reformatorische Rechtfertigungslehre der Sache nach trifft und ob 2. andererseits die Abgrenzung protestantischer Lehre gegen die tridentische in kirchentrennendem Sinn auch heute noch notwendig ist. Entscheidend ist dafür 3. in beiderlei Richtung die Frage nach der sachlichen Übereinstimmung mit Paulus.

Was das erste betrifft, so werden im Dekret gegen die protestantische Lehre von der Rechtfertigung durch den Glauben im wesentlichen drei Abgrenzungen formuliert: 1. gegen das ›sola fide‹ (Canon 9, Denz. 819 vgl. Canon 14, Denz. 824); 2. gegen die Strukturbestimmung des Glaubens als fiducia (Canon 12, Denz. 822), und 3. gegen den Ausschluß von »Gnade und Liebe« aus dem allgemein rechtfertigenden Glauben (Canon 11, Denz. 821). Es besteht heute jedoch weitgehende Übereinstimmung unter evangelischen wie katholischen Sachkennern darin, daß in keinem dieser drei Punkte die originale reformatorische Lehre getroffen ist. Dem Prinzip ›sola fide‹ liegt keineswegs jenes enge Verständnis des Glaubens als Zustimmung zu den verkündigten Heilswahrheiten zugrunde, in dem das Konzil Cap. 6 und 8 von der fides spricht, sondern Glaube ist als die Gesamtbewegung des Menschen verstanden, in der dieser, vom Wort Gottes gerufen, auf die erfahrene Gnade antwortet[790]. Sodann hat der Fiduzialglaube, wie er Cap. 9 (Denz. 802) den »Häretikern« angelastet wird, mit dem reformatorischen Verständnis des Glaubens als fiducia eindeutig nichts gemein; denn es geht darin weder um ein »iactari« oder »quiescere« des Menschen gegenüber Gott noch um ein abstrakt-theoretisches Urteil, sondern um das ›existenzielle‹ Zutrauen zu der Verheißung als ›mir‹ zugesprochenem Wort Gottes[791]. Schließlich ist ebenso falsch, die fides der reformatorischen

---

[790] Vgl. Joest, Die tridentinische Rechtfertigungslehre, a.a.O. (Anm. 354) 61–64 und dazu zustimmend Schmaus, Der Glaube der Kirche II, München 1970, 561f: »Diese so verstandene Formel vom Glauben steht mit der Lehre des Konzils nicht in Widerspruch . . . Auf jeden Fall zeigt sich, daß die Formel von der sola fides, im Sinne ihrer Urheber verstanden, keine kirchentrennende Explosivkraft hat.« Noch affirmativer Küng, Rechtfertigung. Die Lehre Karl Barths und eine katholische Besinnung, Einsiedeln 1957, 252.
[791] Brunner, P., Die Rechtfertigungslehre des Konzils von Trient, in: Pro veritate, FS L. Jäger und W. Stählin, Münster-Kassel 1963,

59–96, hier 76–83, weist zwar darauf hin, daß die scharfe *Formulierung* der Canones 12–14 (Denz. 822–824) die reformatorische Auslegung der paulinischen Rechtfertigungslehre sehr wohl in ihrem Herzen trifft. Doch zeigt das zugehörige Cap. 9 (Denz. 802) eindeutig, daß die reformatorische Lehre vom Fiduzial-Charakter der fides hier wirklich mißverstanden ist; vgl. dazu Joest, Die tridentinische Rechtfertigungslehre 65f sowie von katholischer Seite z.B. Stakemeier, E., Glaube und Rechtfertigung, Freiburg/Brg. 1937, 173–175, worauf Küng Rechtfertigung a.a.O. (Anm. 790) 249 betont hinweist.

Theologie »exclusa gratia et caritate« aufzufassen. Zum Glauben gehören selbstverständlich sowohl Liebe als auch Hoffnung hinzu (Cap. 9, Denz. 800), und ohne Gnade ist der Glaube nichts. Doch zeigt sich hier in der Tat eine hermeneutische Differenz, sofern hinter den Formulierungen des Dekrets die scholastische Lehre von der gratia als qualitas und entsprechend vom Glauben als fides formata steht, die in der protestantischen Kontroverstheologie im Sinne einer Inbesitznahme der Gnade und also als eine subtile Form christlicher Werkgerechtigkeit kritisiert zu werden pflegt, während diese protestantische Bestreitung wiederum den katholischen Verdacht eines Wirklichkeitsverlustes der Rechtfertigung provoziert. Doch ist in der evangelischen These, daß die Gnade immer Gottes Tat bleibt und nie dem Menschen selbst zu eigen werden kann, ein Anliegen wirksam, das gegenwärtig auch auf katholischer Seite – z. T. emphatisch – vertreten wird[792]. In der katholischen Lehre von der gratia infusa geht es um die reale Wirkung der Rechtfertigung auf die konkrete Existenz des Menschen, an der natürlich auch dem evangelischen Theologen entscheidend gelegen ist. Und in der evangelischen Ablehnung der fides formata ist das Interesse daran bestimmend, daß die Rechtfertigung nicht nur am Anfang, sondern durchweg im christlichen Leben χωρὶς ἔργων νόμου geschieht, die Werke des Christen also niemals sein Gerecht-sein konstituieren, sondern ›Frucht‹ der Rechtfertigung sind: Das aber wird auf katholischer Seite auch dort nicht bestritten, wo von einem meritum de congruo die Rede ist. Das Anliegen der fides-formata-Lehre ist dagegen, »daß Gottes Initiative nur dann zum Ziele kommt und zum Ziele kommen *will*, wenn sich der Mensch von ihr ergreifen läßt«[793], was wiederum von keinem evangelischen Theologen bestritten wird. Zwar zeigen sich hier überall gewichtige Differenzen, die aber keinerlei notwendig kirchentrennende Kraft haben und sich in der gegenwärtigen Situation in sehr nötige und fruchtbare gegenseitige Fragen verwandeln[794].

Was das Zweite angeht, so bedarf es wiederum heute keines Beweises dafür mehr, daß das Tridentinum mit seinem Insistieren auf dem notwendigen Zusammenhang von Rechtfertigung und Werken keineswegs eine ›Werkgerechtigkeit‹ lehrt[795]. Eine besonnene Interpretation des Dekrets im Horizont eines Gesprächs zwischen Thomas und Luther[796] vermag sehr wohl mehr sachliche Übereinstimmungen bzw. nicht ausschließende Differenzen zu erkennen, als dies früherer kontroverstheologischer Auslegung vor Augen stand[797]. Auch

[792] Vgl. Küng, Rechtfertigung 303, der von »eine(r) mir fremde(n) Gnade« spricht unter Verweis auf cap. 16 des Dekrets »neque propria nostra justitia tamquam ex nobis propria statuitur« (Denz. 809).

[793] Schmaus, Der Glaube der Kirche II a.a.O. (Anm. 790) 551.

[794] Vgl. dazu Joest, Die tridentinische Rechtfertigungslehre, a.a.O. (Anm. 354) 69; ferner die beiden einander korrespondierenden Referate von Brunner, Rechtfertigungslehre, a.a.O. (Anm. 791) und Volk, Die Lehre von der Rechtfertigung, nach den Bekenntnis-

schriften der evangelisch-lutherischen Kirche, in: Pro veritate, a.a.O. (Anm. 790) 59–96 und 97–131.

[795] Vgl. z. B. Schmaus, M., Katholische Dogmatik III 2, 322.

[796] Dazu vgl. vor allem den luziden Beitrag von Pesch, O. H., Theologie der Rechtfertigung bei Martin Luther und Thomas von Aquin. Versuch eines systematisch-theologischen Dialogs, Mainz 1967.

[797] Vgl. Joest, Die tridentinische Rechtfertigungslehre, a.a.O. (Anm. 354) 41–69.

die heute verbleibenden kritischen Fragen sind nicht geeignet, kirchentrennende Gegensätze in Sachen Rechtfertigungslehre zu begründen[798].
Der dritte Aspekt des gegenwärtigen ökumenischen Gesprächs ist von besonderer Wichtigkeit und Fruchtbarkeit. Auch die katholische Paulusexegese läßt heute keinen Zweifel daran, daß es *allein* der Glaube an Christus ist, aufgrund dessen der Mensch gerechtfertigt wird[799], das χωρὶς ἔργων νόμου also ohne jede Einschränkung gilt. Die Werke haben weder vor noch nach der Bekehrung die Funktion, zur Rechtfertigung beizutragen[800]. Der intellektuelle Horizont des scholastischen Glaubensverständnisses[801] ist durch intensives Nachverstehen der πίστις-Aussagen des Paulus zu überwinden. Nach *O. Kuss* ist das Wissen zwar ein Element des Glaubens[802], dieser als ganzer aber ist eine »Bewegung des Menschen, die vom Apostel niemals ein Werk oder eine Leistung genannt wird«, sondern sich »ganz in dem Raum (vollzieht), der von Gottes erwählendem Willen bestimmt ist«[803]. Glaube ist wesenhaft Vertrauen, Wagnis, Gehorsam und geht immer zugleich in Hoffnung über[804]. Sind all diese Bestimmungen des Glaubens auch durch die traditionelle Begründung der fides in der gratia Dei[805] durchaus gedeckt, so bedeutet doch die Herausstellung des ›sola fide‹ zugleich mit dem ›sola gratia‹ einen überaus bedeutsamen Schritt der Annäherung katholischer Exegese an die evangelische an entscheidender Stelle, an der in der kontroverstheologischen Tradition beider Konfessionen bislang der eigentliche Kern des Dissenses gesehen wurde.
Doch gibt es in der protestantischen Exegese der paulinischen Rechtfertigungslehre einen Punkt, an dem die katholische Seite kritische Bedenken anmeldet. Dieser betrifft das Verhältnis von Rechtfertigung und Ethik. O. Kuss betont

---

[798] Vgl. z.B. die gemeinsam formulierten Aussagen der sogenannten Malta-Konferenz, abgedruckt in: Meyer, H. (Hrsg.), Luthertum und Katholizismus im Gespräch, 1973 (Ökumenische Perspektiven 3) 152–154, beginnend mit der Feststellung (Nr. 26): »Ausgehend von der Frage nach der Mitte des Evangeliums stellt sich die Frage nach dem beiderseitigen Verständnis der Rechtfertigung. An diesem Punkt waren die traditionellen kontrovers-theologischen Auseinandersetzungen besonders scharf ausgeprägt. Heute zeichnet sich in der Interpretation der Rechtfertigung ein weiterreichender Konsens ab.«

[799] Vgl. Kuss 177 zu Röm 3,28: »das ›durch den Glauben‹ (πίστει) trägt ganz deutlich den Ton, und die Hervorhebung durch die deutsche Übersetzung ›allein durch den Glauben‹ ist ganz exakt im Sinne des Paulus.« Vgl. die Exkurse ebd. 121–331 und 131–154 (besonders 134). Ferner repräsentativ Lyonnet, Quaestiones I 142–150 (Excursus de justificatione solum per fidem); Kertelge, Rechtfertigung bei Paulus 161–227, besonders 225: »Das ›sola fide‹, das in der Reformationszeit programmatische Bedeutung erhielt, hat also im Rahmen der paulinischen Rechtfertigungsbotschaft

seine volle und eigentliche Bedeutung.«

[800] Vgl. z.B. Kertelge, Rechtfertigung bei Paulus 225: »Der Glaubende ist der μὴ ἐργαζόμενος (Röm 4,5), d.h. derjenige, der seine ›Werke‹ nicht zum tragenden Grund seiner Rechtfertigung werden läßt.«

[801] Vgl. die Definition der fides als »media inter scientiam et opinionem« bei Thomas von Aquin, Röm 105; vgl. Summa theol II–II 1–17. Dazu vgl. jedoch den Hinweis von Pesch, Theologie der Rechtfertigung, a.a.O. (Anm. 796) 720–735 auf summa theologiae I–II 113,4 als Ansatz des thomanischen Verständnisses der fides als »motus mentis in Deum«, wonach die »Ichmitte« des Menschen von Gott zur Gott hin bewegt wird. Vgl. auch den Anklang daran in Tridentinum VI, Denz. 798: »libere moventur ad Deum, credentes«.

[802] Kuss 145f.

[803] Kuss 140.

[804] Kuss 139–141.

[805] Die Wirksamkeit der Gnade als bedingende Voraussetzung des Glaubens ist im tridentinischen Modell der Struktur des Vollzugs der Rechtfertigung als ordo salutis von Anfang an durchweg stark hervorgehoben.

nach der eindeutigen Interpretation von πίστει 3,28 als ›sola fides‹, dies gelte freilich unter der Voraussetzung, »daß man die paulinische Kontraposition ›allein auf Grund von Werken des mosaischen Gesetzes‹ nicht aus dem Auge verliert und daß man nicht heimlich ausklammert, was etwa Röm 6–8.12–15 noch gesagt werden wird[806]. Nun ist zwar der alte Streit, ob die Rechtfertigung ›imputativ‹ oder ›effektiv‹ zu verstehen sei, längst überwunden, sowohl in der systematischen als auch in der exegetischen Theologie beider Konfessionen. Die Alternative hat sich als falsch herausgestellt. Das δικαιοῦν ist ein ›forensischer‹ Akt Gottes, durch dessen schöpferische Macht aus dem Ungerechten ein Gerechter *wird*[807]. Aber es bleibt die Frage, wie die Wirklichkeit der Rechtfertigung in der Existenz des Gerechtfertigten zu verstehen ist – dies war das Anliegen der scholastischen Lehre von der fides formata und von der qualitas der Gnade, das sich auch in der heutigen katholischen Paulus-Exegese noch deutlich zu erkennen gibt. Die Frage richtet sich auf die Auswirkung der Lutherschen Lehre vom iustus et peccator auf die protestantische Paulusexegese. Ist die iustificatio per fidem so zu verstehen, daß das Gerechtsein des Gerechtfertigten allein Inhalt des Glaubens ist und sich in keinerlei Weise in seiner konkreten Existenz erkennbar und erfahrbar auswirkt? Ist darum das χωρὶς ἔργων entsprechend so aufzufassen, daß alles, was Christen *tun*, zwar aus dem Glauben als ›Frucht‹ hervorgeht, aber als solche radikal unsichtbar ist, sofern es jedoch sichtbar-vorfindlich ist, nicht als Werk der Gerechtigkeit gelten darf? Nun wird dies ohne Zweifel so von keinem protestantischen Exegeten vertreten. Aber es läßt sich nicht bestreiten, daß in der deutschen evangelischen Paulus-Literatur dort, wo von der konkreten Bedeutung der Rechtfertigung in der Existenz des Christen gesprochen wird, negative Aussagen dominieren: Rechtfertigung bedeutet Ruhmverzicht[808], Ende des Selbstseinwollens[809], Verzicht auf Leistung[810], auf ›eigene Gerechtigkeit‹[811]; sie bedeutet, »daß der Gläubige nie aufhört, ein ἀσεβής zu sein und immer nur als ἀσεβής gerechtfertigt ist«[812], weil »die Identität des Gerechtfertigten mit dem empirischen Menschen . . . geglaubt« werden muß[813]. So sehr sich darin die reformatorische Lehre vom iustus peccator auswirkt und so sehr sich dafür auch manche Züge bei Paulus anführen lassen, so sehr muß doch auch der historische Unterschied zur paulinischen Rechtfertigungslehre beachtet werden, auf den nicht nur von katholischer Seite *O. Kuss*[814], sondern auch von evangelischer Seite *P. Althaus* und *W. Joest* hingewiesen haben[815]: Für Paulus bedeutet die Rechtfertigung

---

806 Kuss, Röm 177; vgl. den Hinweis auf die »Einseitigkeit« in der »Anwendung der paulinischen Texte auf eine ganz andersartige und zudem rein innerchristliche Situation« bei Luther (ebd. 134).

807 Vgl. auf evangelischer Seite z. B. Jüngel, Paulus und Jesus 46; Stuhlmacher, Gerechtigkeit Gottes 220 Anm. 1; auf katholischer Seite z. B. Kertelge, Rechtfertigung 113–120.

808 Vgl. z. B. Bultmann, Christus des Gesetzes Ende, in: Glauben und Verstehen II 38.40.

809 Vgl. z. B. ders., Theologie NT 332.

810 Bultmann, ebd. 316f.

811 Bultmann, ebd. 268.

812 Bultmann, Das Problem der Ethik, in: Exegetica 52.

813 Bultmann, ebd. 50.

814 S. o. Anm. 806.

815 Althaus, P., Paulus und Luther über den Menschen, Gütersloh ³1958; Joest, W., Paulus und das lutherische simul justus et peccator, KuD 1 (1955) 269–320.

die Wende von ποτέ zu νῦν, die sich im konkreten Geschehen der Bekehrung vollzieht und sich in der Taufe sakramental realisiert. Diese Wende bedeutet nicht nur in religiöser Hinsicht: Abkehr von den Götzen und Hinkehr im Glauben zu Gott (1Thess 1,9), sondern damit zugleich auch in moralischer Hinsicht: Abkehr von der Sünde und ihren Lastern und totaler »Dienstantritt« unter dem neuen Herrn, der Gerechtigkeit zum Tun ihres ›Werkes‹ (Röm 6,14ff). Nun zeigt zwar die urchristliche Paränese, in der ständig vor einem Rückfall zur Sünde gewarnt und zum Bleiben und zur Bewährung in der empfangenen Gerechtigkeit ermutigt wird, daß jene entscheidende Wende im christlichen Alltag faktisch nicht einfach vergangen und *nur* das Neue bestimmend ist; und Paulus hat dies vor allem dadurch vertieft, daß er im »Fleisch« sozusagen den Träger der Sünde erkannte, so daß der Gerechtfertigte, weil er »Fleisch« ist, in diesem ehemaligen Träger der Sünde bleibend einen ›Brückenkopf‹ der Sünde in sich selbst hat, der nur dadurch in seiner potentiellen Wirksamkeit ausgeschaltet werden kann, daß der Christ dem Geist Gottes gehorcht, der seit der Taufe in ihm wirkt. Wir werden zu Kapitel 6 und 8 darauf einzugehen haben. Hier aber muß bereits die Frage gestellt werden: Bedeutet es nicht eine erhebliche sachliche Veränderung, wenn dieses ständige Bedrohtsein von der in der Bekehrung abgetanen Sünde und ihre anthropologische Ortsanweisung im »Fleisch« als ständige Gegenwart jener Wende aufgefaßt wird, so daß sich diese in jedem Augenblick christlichen Lebens neu vollzieht und der Christ in der Wirklichkeit seines Lebens und Handelns nie über diese Wende hinauskommt? Das aber fordert den Preis, daß die Wirklichkeit der dem Christen geschenkten Gerechtigkeit in eine abstrakte Transzendenz hinein ihm immer entzogen, nie konkret in seinem Leben wirksam wird – bzw. *nur negativ* wirksam wird: als Verneinung des Sünders, der der Christ als solcher immer bleibt, während die in der Rechtfertigung liegende Bejahung nie anders als im Wort der Verkündigung gegenwärtig wird. Paulus hat so *nicht* gedacht. Er spricht dem Christen nicht nur eine Gerechtigkeit *zu*, sondern er spricht *ihn* als *Gerechten* an; gewiß nicht im Modus des Gesetzes: ›Erweise in deinem Tun Gerechtigkeit, damit Gott dich im Endgericht als gerecht erkennen kann‹, sondern im Modus des Evangeliums: ›Laß die geschenkte, empfangene Gerechtigkeit in deinem Leben und Tun wirksam werden!‹ Deswegen konnte und brauchte Paulus nie auf den Gedanken zu verfallen, in allem Tun habe sich der Christ davor zu hüten, es insgeheim nach dem Modus des Gesetzes zu tun. Da für ihn das Gesetz die Funktion *hatte*, den *Sünder* zu verurteilen und ihm als solchem jeden Weg einer Rechtfertigung »aufgrund von Werken« abzuschneiden, kann es in der Rechtfertigung keinerlei Funktion haben – Gott sei Dank! –; der Sünder darf im Glauben an Christus seine Gerechtigkeit als Wirkung des Sühnetodes Christi ergreifen. Als Gerechtem aber ist ihm das Gesetz nicht mehr das Wort zum Tode und also auch keinerlei Bedrohung seiner Gerechtigkeit von daher, daß es als Stimme des Willens Gottes auch den Christen zum Tun ruft: Nicht das Tun und Tunwollen ist ja durch die iustificatio ex fide aus dem Wesen christlicher Gerechtigkeit eliminiert, und darum ist das Tun und Tunwollen des Christen auch keinerlei Versuchung zum Abfall vom reinen Glauben. Der

Glaube an Christus drängt aus sich selbst zum Tun der geschenkten Gerechtigkeit. Das οὐκ ἐξ ἔϱγων νόμου ist nicht die Grenze, die die Glaubensgerechtigkeit immerfort gegenüber dem Tun des Gesetzes abgrenzt, sondern markiert die Grenze des Christseins gegenüber der katastrophalen Aporie des Sünders, der zur Aufhebung seiner Sünde keine andere als die unmögliche Möglichkeit von Gesetzeswerken sah, eine Grenze, die darum für Paulus gegenwärtige Relevanz nur gegenüber dem Evangelium-feindlichen Judentum hatte. Das Dekret der 6. Sitzung des Trienter Konzils, wie immer seine Formulierungen von Paulus her Rechtens zu kritisieren sind, stellt mit seinem zugrunde liegenden Anliegen die von Paulus her durchaus berechtigte und ernst zu nehmende Frage an die gegenwärtige evangelische Paulusexegese, ob nicht in der verallgemeinernden Übertragung dieser paulinischen Grenzbestimmung gegenüber dem Judentum auf die christliche Existenz die Gefahr lauert, daß die mir geschenkte Gerechtigkeit nie wirklich werden kann, weil sie nie ›meine‹ Gerechtigkeit werden darf? Entspringt nicht die Sorge vor christlicher ›Gesetzlichkeit‹ statt berechtigter seelsorgerlicher Einsicht in die immer bestehende Gefahr, daß Menschen vor der Realität ausweichen in Selbstüberforderung und diese fälschlich mit dem Evangelium legitimieren – vielmehr einer tiefliegenden Angst, die Kraft der Gnade Gottes könnte mich sozusagen verbrennen, wenn ich in der konkreten Wirklichkeit meiner Existenz ihr zu nahe komme? Und verbirgt sich diese Angst nicht zugleich in dem theologischen Urteil, der Gnade selbst geschehe Unrecht, wenn sie als qualitas gedacht werde, und die Glaubensgerechtigkeit werde ›gesetzlich‹ verfälscht, wenn sie mit dem Tun des Gesetzes verbunden werde, sie verliere ihren Charakter als Gottesgerechtigkeit, wenn sie zur ἰδία δικαιοσύνη gemacht werde? Luther, so scheint es, ist durch diese Frage nicht getroffen; um so mehr aber vielleicht die dialektisch-theologische Paulus-Exegese.

b)   4,1–25 Begründung der Glaubensgerechtigkeit aus der Schrift

Literatur: Berger, K., Abraham in den paulinischen Hauptbriefen, MThZ 17 (1966) 47–89, besonders 63–77; *Bultmann, R.*, Weissagung und Erfüllung, in: Glauben und Verstehen II 162–186; *ders.*, Ursprung und Sinn der Typologie als hermeneutischer Methode, in: Exegetica 369–380; *Dietzfelbinger, Ch.*, Paulus und das AT, 1961 (TEH 95); *ders.*, Heilsgeschichte bei Paulus?, 1965 (TEH 126); *Goppelt, L.*, Typos. Die theologische Deutung des AT im NT, Darmstadt ²1966; *ders.*, Paulus und die Heilsgeschichte. Schlußfolgerungen aus Röm 4 und 1Kor 10,1–13, in: Christologie und Ethik 220–233; *ders.*, Apokalyptik und Typologie bei Paulus, ebd. 234–267; *Hahn, F.*, Gen 15,6 im NT, in: Probleme biblischer Theologie, FS G. v. Rad zum 70. Geburtstag, hrsg. H. W. Wolff, München 1971, 90–107; *Heidland, H. W.*, Die Anrechnung des Glaubens zur Gerechtigkeit, 1936 (BWANT IV, 18), *Jacob, E.*, Abraham et sa signification pour la foi chrétienne, RHphR 42 (1962) 148–156; *Jeremias, J.*, Zur Gedankenführung in den paulinischen Briefen, in: Abba 269–272, besonders 271f; *Käsemann, E.*, Der Glaube Abrahams in Röm 4, in: Paulinische Perspektiven 140–177; *Kertelge, K.*,

>Rechtfertigung‹ 185–195; *Klein, G.*, Römer 4 und die Idee der Heilsgeschichte, in: Rekonstruktion und Interpretation 145–169; *ders.*, Exegetische Probleme in Röm 3,21–4,25, ebd. 170–179; *Lührmann, D.*, Glaube im frühesten Christentum, Gütersloh 1976, 46–48; *Luz, U.*, Das Geschichtsverständnis des Paulus 113–116.173–186; *Mayer, G.*, Aspekte des Abrahambildes in der hellenistisch-jüdischen Literatur, EvTh 32 (1972) 118–127; *v. d. Minde, H. J.*, Schrift und Tradition bei Paulus, 1976 (Paderborner Theologische Studien 3), 68–106; *Popkes, W.*, Christus traditus. Eine Untersuchung zum Begriff der Dahingabe im NT 1967 (AThANT 49), 193–195; *v. Rad, G.*, Die Anrechnung des Glaubens zur Gerechtigkeit, in: Gesammelte Studien zum AT, ⁴1971 (TB 8), 130–135; *Schmitz, O.*, Abraham im Spätjudentum und im Urchristentum, in: Schrift und Geschichte. Theologische Abhandlungen für A. Schlatter, Stuttgart 1922, 99–123; *Vielhauer, Ph.*, Paulus und das AT, in: Studien zur Geschichte und Theologie der Reformation, FS E. Bizer, Neukirchen-Vluyn 1969, 33–62; *Wengst, K.*, Christologische Formeln und Lieder 101–104; *Wilckens, U.*, Die Rechtfertigung Abrahams nach Röm 4, in: Rechtfertigung als Freiheit 33–49; *ders.*, Zu Röm 3,21–4,25. Antwort an G. Klein, ebd. 50–76; *Zeller, D.*, Juden und Heiden 88–108.

Der Diatriben-Stil setzt sich in Kapitel 4 fort; schon das zeigt den engen Anschluß an 3,27–31. Dieser ist aber vor allem in der Gliederung zu erkennen: 4,1–8 führen 3,27f am Vorbild Abrahams aus. Die verbindenden Stichworte sind καύχημα (V 2) und Rechtfertigung des Glaubenden χωρὶς ἔργων (VV 5f). VV 9–12 zielen darauf, daß die Rechtfertigung aufgrund des Glaubens Abraham vor seiner Beschneidung zuteil wurde, so daß er durch sie zum »Vater aller Glaubenden« geworden ist, der Unbeschnittenen wie der Beschnittenen (VV 11f). Damit wird 3,29f aus der Schrift begründet. Die Erörterung VV 13–16 über die Frage nach der Funktion des Gesetzes bei der Rechtfertigung knüpft an 3,31 an. VV 17–22 wird dann ausgeführt, welcher Art der Glaube Abrahams war, in dem er zum »Vater vieler Völker« wurde. Daraus erhellt VV 23–25 schließlich die gleiche Struktur christlichen Glaubens, so daß ein und derselbe Glaube Abraham mit seinem »Samen« verbindet.

Diesem Aufbau des Abschnitts liegt zugleich eine bestimmte hermeneutische Methode theologischer Schriftauslegung zugrunde. Der Gedankengang als ganzer dient der Interpretation von Gen 15,6 (V 3 vgl. V 22). Diese wird so durchgeführt, daß die einzelnen Schritte der Auslegung durch Hinzuziehung anderer Schriftworte gewonnen werden: So dient ψ 31,1f der Interpretation der Rechtfertigung Abrahams als iustificatio impii (V 5); das beide Stellen verbindende Stichwort ist λογίζεσθαι. Die These VV 11b–12 wird aus dem zeitlichen Nacheinander von Gen 15,6 und Gen 17,10f gewonnen (VV 9–11a). Sie selbst wird sodann V 17 mit Gen 17,5 belegt und im Sinne des Beweisganges VV 9–12 durch Gen 15,5 erhärtet. Mit dieser Auslegungsmethode folgt Paulus der zweiten der sieben hermeneutischen Regeln R. Hillels, der sog. **גזרא שבע**, nach der »identische (oder gleichbedeutende) Wörter, die an zwei verschiedenen Schriftstellen vorkommen, sich gegenseitig erläutern«, und so der Sinn der einen durch die andere festgestellt wird[816].

---

[816] Dazu vgl. Jeremias, Gedankenführung
271f (Zitat 270).

Paulus hatte bereits vorher im Galaterbrief seine These der Glaubensgerechtigkeit durch eine entsprechende Auslegung von Gen 15,6 aus der Schrift begründet (Gal 3,6ff). Auch dort spielt der Gedanke der heilsgeschichtlichen Zuordnung der glaubenden Christen zu Abraham als ihrem »Vater« eine beherrschende Rolle (VV 8.16ff vgl. Röm 4,17f sowie σπέρμα VV 13.16). Doch zielt
Paulus dort im Blick auf die galatische Situation darauf, daß die Heidenchristen
die Erben der Samenverheißung seien. Daß dies ebenso auch für die Judenchristen gilt, liegt dort nicht im Blick. Vor allem aber wird in Gal 3 der Gedanke von
Röm 4,13–15 (vgl. Gal 3,18) anders und wesentlich schroffer ausgeführt (VV
10–13 und besonders VV 19ff).

Der Vergleich zeigt also einerseits einen z. T. anderen Skopos. Andererseits fällt durch
die Wiederholung der Exegese der gleichen Abraham-Thematik Licht auf das nahe Verhältnis der beiden Briefe. Da Paulus sonst nirgendwo auf Abraham zu sprechen kommt,
scheint er durch die Intervention der judenchristlichen Gegner dazu provoziert worden
zu sein. Diese dürften sich selbst wie die ›Apostel‹ in Korinth prononciert als σπέρμα
Ἀβραάμ vorgestellt haben. Da Abraham im hellenistischen Judentum als Vater der
Proselyten galt[817], werden sie ihrer Forderung der Beschneidung der Heidenchristen,
die Paulus als bloßen Status als Glaubende, analog dem der ›Gottesfürchtigen‹, belassen
und denen er den vollen Zugang zur Heilsgemeinde Israel vorenthalte, damit Nachdruck verliehen haben, daß sie durch die Beschneidung endlich zum σπέρμα Ἀβραάμ
würden, Abraham, dem Heiden, gleich, der nach Gen 17 durch seine Beschneidung –
nach der Annahme des Glaubens (Gen 15) – des Bundes teilhaftig geworden sei (vgl. Sir
44,20f). Da Abrahams Gerechtigkeit im Judentum durchweg als Gesetzesgerechtigkeit
verstanden worden ist, weswegen die hellenistische Theorie des νόμος ἄγραφος auf
Abraham angewandt wurde[818], verbanden die Gegner mit der Beschneidungsforderung
zugleich die der Gesetzesobservanz. Dagegen mußte Paulus nun Gen 15,6 so auslegen,
daß die Zugehörigkeit seiner galatischen Heidenchristen zu Abraham allein im Glauben
begründet sei, ohne daß das später gegebene Gesetz ihre *unmittelbare* Teilhabe an der
Abraham-Verheißung aufhebe (Gal 3,17ff); das wegen der Übertretungen »zwischenherein gekommene« Gesetz habe vielmehr seine Funktion nur als παιδαγωγὸς εἰς
Χριστόν (3,24). Auf die Beschneidung geht Paulus hier gar nicht ein; er konzentriert
sich ganz darauf, das Kriterium χωρὶς ἔργων gerade von der Rechtfertigung Abrahams
her zu erweisen. Erst in der Wiederholung der Argumentation im Römerbrief tritt das
Beschneidungsthema in der Auslegung von Gen 15,6 hinzu, und zwar nunmehr mit
dem Ziel, Heiden- und Judenchristen als die Kinder Abrahams und Erben seiner Verheißung aus der Schrift zu legitimieren.

Von daher erscheint es zweifelhaft, ob Gal 3 wie Röm 4 Variationen eines schon
vorher ausgearbeiteten christlichen Abraham-Midrasch sind, der in der ständigen Auseinandersetzung mit der Synagoge entstanden ist und als eine Art po-

---

[817] Vgl. Mechilta Ex 22,10 (101a): »Abraham hat sich selbst einen Proselyten genannt«
(nämlich Gn 23,4 גר); Sukka 49b: »Gott Abrahams, weil dieser der Anfang für die Proselyten gewesen ist« ; Bill. III 195 vgl. 203; I 119f;
J. Scharbert, Heilsmittler 300–308. Zur Ab-

wendung Abrahams vom Götzendienst und
seiner unermüdlichen Bekehrungspredigt vgl.
Jub 11f; 20,7.10; 21,3–5.21–29; 22,6; Jos Ant
1,155; Apk Abr 1–8; Gn 38 zu 11,28.
[818] Sir 44,20; sBar 57,2; vgl. oben S. 134.

lemisch-apologetisches Material ständig zur Verfügung stand[819]. Hebr 11,17–19 und Jak 2,20–24 zeigen, daß im Urchristentum weithin die jüdische Interpretation des Glaubens Abrahams von Gen 15,6 als Bewährung seiner Glaubenstreue von Gen 22 her geläufig blieb[820]. Die paulinische Deutung von Gen 15,6 ist also keineswegs gemeinchristlichen Ursprungs und zweifellos sein besonderes, auch im Urchristentum durchaus anstößiges Werk.

α)   4,1–8 Abrahams Gerechtigkeit als Glaubensgerechtigkeit

1 Was sollen wir nun sagen, hat Abraham, unser Urvater nach dem Fleisch, gefunden? 2 Wenn nämlich Abraham aufgrund von Werken gerechtfertigt worden ist, hat er (Grund zum) Ruhm – aber nicht bei Gott! 3 Denn was sagt die Schrift? »Es glaubte aber Abraham Gott, und es wurde ihm angerechnet zur Gerechtigkeit.« 4 Dem aber, der Werke tut, wird der Lohn nicht nach Gnade angerechnet, sondern nach Schuldigkeit. 5 Dem aber, der nicht Werke tut, glaubt aber an den, der den Gottlosen rechtfertigt, wird sein Glaube zur Gerechtigkeit angerechnet. 6 Wie ja David die Seligpreisung über den Menschen ausspricht, dem Gott Gerechtigkeit anrechnet ohne Werke: 7 »Selig, deren Frevel vergeben und deren Sünden bedeckt werden! 8 Selig ein Mann, dem der Herr Sünde nicht anrechnet!«

Analyse   Mit τί οὖν ἐροῦμεν (vgl. 6,1; 7,7; 8,31; 9,14.30 sowie 3,1.3.5) beginnt ein neuer Diskussionsgang, in dem aber auch weiterhin der Partner selbst nicht zu Wort kommt. Das Thema von 3,27 wird auf Abraham angewandt. Paulus zielt auf das Schriftzitat V 3, dessen Auslegung alles Folgende dient. VV 4f formuliert Paulus eine Regel, in der 3,27f entfaltet wird. V 6 führt zum zweiten Zitat VV 7f über, mit dem das erste interpretiert wird.

Erklärung   V 1 ist textkritisch eine crux. εὑρηκέναι fehlt (I) in B und 1739, im Kommentar des Ori-
1   genes, Codex von der Goltz sowie bei Chrysostomus. Es hat seine Stellung (II) vor Ἀβ-
ραάμ in A C bo sa D G vg Latt sowie (III) vor κατὰ σάρκα in Koine, sy^pesch Theodoret, Chrysostomus. Lietzmann hält III für einen Abschreibfehler aus II und I für eine Korrektur von II. Aber textgeschichtlich ist I eine alte, Origenes bekannte und von Chryso-stomus übernommene »Sonderlesart«[821], III dagegen wesentlich jünger und dann ziemlich breit bezeugt. Deswegen sollte I unabhängig von III beurteilt werden. I wird von einigen Exegeten vorgezogen; εὑρηκέναι wäre dann eine spätere Einfügung zur Verdeutlichung, deren sekundärer Charakter sich an der verschiedenen Stellung im Satz in II und III zu erkennen gäbe[822]. So überzeugend aber das letztere auch an sich ist,

[819] So vermutet Michel 114. Van der Minde, Schrift und Tradition 78–86 will ein vorpauli-nisches Traditionsstück (VV 3.11–13.16.17a. 18c) von dessen paulinisch-redaktioneller Überarbeitung unterscheiden.
[820] Zur jüdischen Interpretation von Gen 15,6 vgl. die zahlreichen Belege bei Bill. III 199–201; Schmitz, Abraham; Dibelius-Gree-

ven, Der Brief des Jakobus, ¹¹1964 (KEK XV) 206–214; Heidland, ThWNT IV 292.
[821] So Lietzmann 53 selbst unter Hinweis auf analoge Fälle in 5,8 und 15,19.
[822] Jülicher 251f; Kühl 133; Schlatter 161; Sanday-Headlam 98; Dodd 65; zuletzt Schlier 122.

so klar ist doch der Satz ohne εὑρηκέναι ein Torso, auch wenn man ᾿Αβραάμ usw. an τί οὖν ἐροῦμεν anschließen läßt. Denn »Was werden wir sagen über Abraham« usw. müßte lauten: περὶ ᾿Αβραάμ. R. Bultmann[823] beurteilt den Text darum für »heillos« verderbt.

Unter Zugrundelegung der ägyptisch-westlichen Lesart II läßt sich der Satz jedoch gut erklären. Entweder ist V 1 als *ein* Satz aufzufassen; dann ist κατὰ σάρκα auf προπάτορα ἡμῶν zu beziehen: »Was sollen wir sagen, hat Abraham, unser Vorvater nach dem Fleisch, gefunden?« κατὰ σάρκα entspricht so τὸ κατὰ σάρκα 9,5 und wird V 2 insofern aufgenommen, als ἀλλ᾿ οὐ πρὸς τὸν θεόν den unausgesprochenen Gegensatz πρὸς ἄνθρωπον = κατὰ σάρκα voraussetzt[824]. Als Antwort ist zu ergänzen: χάριν (vgl. V 5), wobei die biblische Wendung εὑρίσκειν χάριν im Ohr ist[825]. Doch er kann diese Antwort so einfach nicht hinzusetzen, weil in V 2 zu unterscheiden ist zwischen dem »Ruhm«, den Abraham κατὰ σάρκα aufgrund seiner Werke hat, und dem Ruhm vor Gott, den er nicht hat.

Doch hat diese Auffassung gegen sich, daß τί οὖν ἐροῦμεν sonst bei Paulus als Frage, die eine neue Diskussionsphase einleitet, allein steht. Da ihr 6,1 (vgl. 14); 7,7 (vgl. 13), 9,14 eine gegnerische These folgt, die Paulus dann im folgenden bestreitet, könnte εὑρηκέναι in diesem Sinne aufgefaßt werden, wobei κατὰ σάρκα dann zum Verbum zu ziehen ist: »Was sollen wir nun sagen: daß Abraham, unser Vorvater, es (nämlich seine Rechtfertigung, vgl. V 2 und 3,27–30) nach dem Fleisch gefunden hat?« In V 2a würde diese These des Gegners verdeutlicht und in V 2b von Paulus bestritten[826]. Doch die Rechtfertigung kann schwerlich »gefunden« werden, und 9,5 spricht aufs stärkste dafür, V 2a als paulinisches Argument aufzufassen: Paulus bezieht sich als Jude, der er ist (2Kor 11,22!), sehr wohl auf Abraham, »unseren (scil. der Juden) Vorvater nach dem Fleisch« (vgl. Jos Ant 5,380). κατὰ σάρκα hat hier ebensowenig negativen Klang wie 9,5[827]. Und daß Abraham Werke hatte, deren er sich durchaus rühmen könnte (Sir 44,19–21; Jub 24,11), gesteht er dem Partner zunächst zu. Seine *Rechtfertigung* allerdings geschah nach dem Zeugnis der Schrift *nicht* »aus Werken«, sondern »aus Glauben«, wie Gen 15,6 beweist; darum kann sein Rühmen nur im sarkischen Bereich, vor Menschen, Geltung haben,

---

[823] ThWNT III 649.

[824] Unmöglich ist eine Auffassung von ἀλλ᾿ οὐ πρὸς τὸν θεόν als verstärkte Verneinung (Bultmann, ThWNT III 649 Anm. 36) entsprechend hellenistischen Schwurformeln πρὸς τοῦ Διός und πρὸς τῶν θεῶν (so Klein, Römer 4 430 Anm. 26); denn solche Formeln finden sich im NT sonst nicht (vgl. nur κατά Mt 26,63); und πρός c. acc. der Person wird bei Paulus durchweg als Bezeichnung der Beziehung gebraucht (vgl. besonders πρὸς τὸν θεόν 15,17; auch 2Kor 3,4; ferner 1Kor 16,10; 2Kor 1,12; 7,12).

[825] So häufig in LXX, allein in Gen 9mal,

z. B. Gen 18,3; ferner besonders 4Esr 12,7: »Domine dominator, si inveni gratiam ante oculos tuos et si iustificatus sum apud te prae multis . . .« Im NT Lk 1,30; Apg 7,46; Hebr 4,16. In diesem Sinn interpretieren z. B. Michel 115; Kuss 180; Käsemann 99; Jeremias, Gedankenführung 270 Anm. 4; ders., Gedankenführung in Römer 4 52f; Berger, Abraham 65. Dagegen Zeller, Juden und Heiden 99, der δικαιοσύνην ἐξ ἔργων ergänzt.

[826] So Luz, Geschichtsverständnis 174 mit Anm. 148.

[827] So mit Recht zuletzt Käsemann 99.

aber nicht vor Gott. V 2a ist also nicht schlechthin irreal, wie auch V 2b nur bedingt eine Antithese zu V 2a ist[828].

3   Gen 15,6[829] ist im Judentum durchweg und ganz selbstverständlich so verstanden worden, daß Abraham auf die Annahme des Glaubens an den einen Gott hin und wegen der Bewährung dieses Glaubens in aller Anfechtung (Gen 22), also durchaus ἐξ ἔργων gerechtfertigt worden sei[830], indem Gott ihm seine Werke als Verdienst, das seine Gerechtigkeit begründe, »zugerechnet« habe. λογίζεσθαι, das in LXX חשב wiedergibt[831], stammt aus der Kaufmannssprache, so daß wohl bereits in LXX die Rechtfertigung Abrahams – wie seit 1Makk 2,52 geläufig – als Anrechnung als Verdienst aufgefaßt worden ist: Ἀβραὰμ οὐχὶ ἐν πειρασμῷ εὑρέθη πιστός, καὶ ἐλογίσθη αὐτῷ εἰς δικαιοσύνην. Das stimmt überein mit dem rabbinischen Verständnis der Anrechnung als Gerechtigkeit im Vorstellungszusammenhang himmlischer Buchführung über die Taten der Menschen[832].

4   Wie Paulus Gen 15,6 verstanden hat, zeigt die folgende Argumentation in VV 4f, die sich scheinbar vom Beispiel Abrahams löst und das λογίζεσθαι allgemein erörtert: nämlich im Blick auf die Lohnzahlung an Lohnarbeiter. Wer arbeitet, dem wird sein der Leistung entsprechender Lohn κατὰ ὀφείλημα, nach Schuldigkeit, zugerechnet (vgl. Lk 10,7par), nicht aber κατὰ χάριν (=
5   δωρεάν 3,24). V 5 aber führt Paulus den so angesetzten Vergleich nicht entsprechend durch. Es müßte ja nun heißen: »Wer nicht arbeitet, erhält auch keinen Lohn (vgl. 2Thess 3,10) – es sei denn κατὰ χάριν.« Wie so oft bei Paulus zerbricht ihm der Vergleich mitten während der Argumentation, und zwar aus sachlichen Gründen: Auf der Vorstellungsebene rabbinischer Rechtfertigung nach Leistung und Lohn läßt sich Rechtfertigung »aus Glauben« nicht adäquat denken. Denn diese ist keineswegs einfach die Umkehrung der Regel von Lohn und Leistung oder Nichtleistung nach Pflichtigkeit oder Nichtpflichtigkeit. Zwar beginnt Paulus V 5 entsprechend wie V 4: τῷ δὲ μὴ ἐργαζομένῳ. Doch zeigt das Folgende, daß nicht analog zur »Arbeit« die Nicht-Arbeit, nicht also die passive Enthaltung vom Tun, als die der Gnade Gottes entsprechende Haltung gemeint ist. Vielmehr geht es bei der Gnade darum, daß der *Gottlose*

---

[828]   Vgl. Melanchthon, Röm 124f: »Est et hoc observandum, quod Paulus diserte addit particulam ›coram Deo‹. Non enim improbat iustitiam legis; necesse est enim bona opera facere, necesse est virtutes habere, timorem Dei, dilectionem, patientiam, temperantiam et similes. Sed Paulus de iudicio Dei disputat. Negat has virtutes opponi irae et iudicio Dei, negat homines liberari a morte et ira Dei harum virtutum dignitate. Ideo addit particulam ›coram Deo‹.«
[829]   Mit Ausnahme von δέ ist Gen 15,6 nach LXX zitiert; δέ findet sich ebenso in Jak 2,23.
[830].   Vgl. oben Anm. 820; dazu Heidland, Anrechnung 93–95; Bill. III 186f. Vgl. z. B. Jub 23,10: »Abraham war vollendet (vollkommen) in all seinem Tun gegenüber Gott und wohlgefällig in Gerechtigkeit alle Tage seines Lebens.«

[831]   Zum ursprünglichen Verständnis von Gen 15,6 als revolutionärer Deutung einer priesterlichen Deklarationsformel vgl. v. Rad, Anrechnung.
[832]   So schon Jes 65,6f; Dan 7,10 und seitdem vielfach in der Apokalyptik, z. B. sBar 24,1, jedoch zumeist im Blick auf Sünden, die in den himmlischen Büchern festgehalten werden; vgl. dazu ausführlich Rau, Kosmologie, a.a.O. (Anm. 148) 312–345. In der rabbinischen Überlieferung wird häufiger כאלו (bzw. עליו) לא חעלה gebraucht, Bill. III 121–123; Heidland, ThWNT IV 292f. Aus dem griechischsprachigen Judentum vgl. z. B. außer 1Makk 2,52 Jub 14,6; Philo Abr 262; Leg All III 228; Migr Abr 44; Rev Div Her 90.94.

gerechtfertigt wird. ὁ μὴ ἐργαζόμενος kann dann nur heißen: Der, der die Werke des Gesetzes (3,28 vgl. 4,6) schuldhaft nicht getan hat, der Sünder, der als solcher durch keine Gesetzeserfüllung sich selbst die Gerechtigkeit zurückgewinnen kann. *Ihm* rechnet Gott Gerechtigkeit zu, und zwar nicht ἐξ ἔργων (V 6), sondern ἐκ πίστεως. Die πίστις Abrahams, die Gott ihm zur Gerechtigkeit angerechnet hat, ist also der Glaube an Gott als den, der den Frevler rechtfertigt[833]. Zwar sieht auch die jüdische Überlieferung dort, wo sie in Abraham das Urbild des Proselyten erkennt, seine Rechtfertigung als die des ersten bekehrten Heiden. Niemals aber zeichnet sie ihn vor seiner Bekehrung als heidnischen Sünder, sondern als einen Heiden, der sich dadurch aus seiner gesamten götzendienerischen Umwelt heraushebt, daß er den einen, wahren Gott suchte und entgegen der heimischen polytheistischen Verirrung nach ihm fragte (Jub 11f). Ebenso wird im Test Ijob 2 der Heide Ijob beschrieben (vgl. Apk Abr 7ff). Paulus dagegen versteht die Rechtfertigung Abrahams als iustificatio impii; Abraham war zuvor faktisch Sünder. In VV 4f geschieht also nichts anderes als das Zerbrechen des jüdisch-geläufigen Verständnisses der Rechtfertigung Abrahams und eine völlig neue, spezifisch christliche Deutung tritt an ihre Stelle. Der Glaube wird dem hermeneutischen Horizont des Gesetzes entrissen und dem der iustificatio impii zugeordnet. Das heißt aber zugleich: Der Gottesbezug des Glaubens wird verändert. Er richtet sich auf Gott als auf den, der ihm im λογίζεσθαι nicht als Werk entspricht, sondern als Zuflucht, nicht als Lohner, sondern als Retter, der in der Rechtfertigung des Gottlosen schöpferisch das Nichtseiende ins Sein ruft (V 17). *So ist der Gegensatz* ἐργαζόμενος und μὴ ἐργαζόμενος zu verstehen: Die rechtfertigende Gnade negiert die Negation des Werkes der Sünde. In diesem Sinne ist der Glaube allererst radikal auf Gott gerichtet: Da er *nichts* mehr von seinem Tun erhoffen kann, hofft er, wo nichts zu hoffen ist, auf Gottes Tat und *nur* auf sie.

Das hermeneutische Mittel dieser christlichen Interpretation von Gen 15,6 ist die Kombination mit ψ 31,1f in VV 6–8. In V 6 wird sie vollzogen, indem der Makarismus Davids auf die Rechtfertigung Abrahams bezogen wird. David, der Sünder, der Vergebung erfahren hat, und Abraham, der aus Glauben Gerechtfertigte, treten Seite an Seite (καθάπερ καὶ Δαυίδ). Im übrigen wird mit χωρὶς ἔργων 3,28 wiederholt und so τῷ μὴ ἐργαζομένῳ V 5 präzisiert. Der Glaube ist nicht erwähnt – er hat im μακαρισμός Davids seine Stimme. Das Zitat entspricht wieder dem LXX-Text. In rabbinischer Lehrüberlieferung ist der Psalm am Versöhnungstag lokalisiert[834].

6

7f

---

[833] Richtig Berger, Abraham 66: »Der Glaube ist daher nicht nur ein anderer Weg als der der Werke, sondern auch der wahre Ausweg aus der dort erreichten Aussichtslosigkeit.« Vgl. Thomas, Röm 331: »non quidem ita quod per idem iustitiam mereatur, sed quia ipsum credere est primus actus iustitiae quam Deus in eo operatur«. – πιστεύειν ἐπί findet sich bei Paulus nur Röm 4,5.24 und auch sonst selten; vgl. Apg 9,42; 11,17; 16,31; Mt 27,42; ferner Hebr 6,1. Wahrscheinlich »umschreibt die Wendung den Glaubensentschluß, die Bekehrung« (Jeremias, Gedankenführung 53).

[834] Vgl. Bill. III 202f. In Pesiqta R 45 wird die These »Am Versöhnungstag reinigt Gott Israel und sühnt seine Schuld« (185[b]) mit Lev 16,30 sowie Mich 7,18; Ps 32,1 begründet (186[a]); vgl. Cranfield 234 (f) Anm. 4.

β)   *4,9–12 Abraham als glaubender Vater aller Glaubenden, der Unbeschnittenen wie der Beschnittenen*

**9 Betrifft nun diese Seligpreisung die Beschneidung oder auch die Un-
beschnittenheit? Denn wir sagten ja: »Angerechnet wurde Abraham
der Glaube zur Gerechtigkeit.« 10 Wie wurde er ihm nun angerechnet:
als er in der Beschneidung war oder in der Unbeschnittenheit? Nicht in
der Beschneidung, sondern in der Unbeschnittenheit! 11 Und das
»Zeichen der Beschneidung« empfing er als Siegel der Glaubensgerechtigkeit in der Unbeschnittenheit, damit er zum Vater all derer werde,
die in der Unbeschnittenheit glauben, so daß ihnen die Gerechtigkeit
angerechnet wird, 12 und (gleichfalls) zum Vater der Beschneidung für
die, die nicht nur aus der Beschneidung (sind), sondern die auch in die
Fußtapfen des Glaubenden unseres Vaters Abraham in (seiner) Unbeschnittenheit treten.**

Analyse   Hat Paulus in VV 6–8 Gen 15,6 durch ψ 31,1f ausgelegt, so wertet er nun umgekehrt ψ 31,1f durch Gen 15,6 aus (V 9b γάϱ)[835]. Der Gedanke verläuft so,
daß aus der zeitlichen Vorordnung der Rechtfertigung Abrahams in Gen 15 vor
seiner Beschneidung (VV 10–11a) gefolgert wird, daß er also aufgrund jener
zum Vater aller Glaubenden geworden ist, sowohl der unbeschnittenen als
auch der beschnittenen (VV 11b–12).

Erklärung Die Seligpreisung dessen, der Vergebung der Sünden – und d. h. Rechtferti-
9   gung aus Glauben – erfahren hat, soll nun daraufhin untersucht werden, auf
wen (ἐπί c. acc.) sie zutrifft: auf den Beschnittenen[836] oder auch auf den Unbeschnittenen. περιτομή und ἀκροβυστία sind wie 2,25ff pars pro toto gebraucht; doch steht hier immer zugleich der Zustand der Beschneidung bzw.
der Unbeschnittenheit im Blick, was für das Verständnis von V 12 wichtig
wird[837]. Die Wiederholung des Zitats Gen 15,6 macht ausdrücklich, daß die Seligpreisung *Davids* sachlich mit der Rechtfertigung *Abrahams* zusammenge-
10   hört. V 10 verdeutlicht, daß sich die V 9 gestellte Frage daran entscheidet,
»wie« – nämlich in welchem Zustand hinsichtlich περιτομή und ἀκροβυστία –
die »Anrechnung« erfolgt ist. Paulus hat dabei im Auge, daß in der Chronologie der Schrift die Beschneidung Abrahams in Gen 17 erst nach seiner Rechtfertigung in Gen 15 erfolgt. Darin folgt Paulus rabbinischer Lehrtradition[838]. Die
11   zeitliche Distanz bedeutet für ihn aber eben eine sachliche Vorordnung des
Glaubens vor der Beschneidung[839]. Das ergibt sich für Paulus auch aus dem
Wortlaut von Gen 17,11: καὶ περιτμηθήσεσθε τὴν σάϱκα τῆς ἀκροβυστίας

---

[835] Vgl. dazu Jeremias, Gedankenführung
272.
[836] D und die Clementina ergänzen richtig
μόνον zur Verdeutlichung des jüdischen
Standpunktes.
[837] Auf den Rückbezug auf 2,25ff hat Berger,

Abraham 63f.67 aufmerksam gemacht.
[838] Vgl. Bill. III 203: Zwischen beiden Ereig-
nissen sollen 29 Jahre liegen.
[839] Vgl. das entsprechende Argument Gal
3,17.

ὑμῶν, καὶ ἔσται ἐν σημείῳ διαθήκης ἀνὰ μέσον ἐμοῦ καὶ ὑμῶν. Statt ἐν σημείῳ διαθήκης schreibt er σημεῖον διαθήκης und deutet so die Beschneidung als ein »Zeichen«, das auf etwas anderes hinweist. Da σημεῖον auch »Siegelabdruck, Stempel« bedeuten kann[840], lag es für Paulus nahe, es durch σφραγίς aufzunehmen[841] und so die Zeichenhaftigkeit der Beschneidung als Siegelabdruck der Glaubensgerechtigkeit aus der Zeit der Unbeschnittenheit zu interpretieren. Die Glaubensgerechtigkeit hat sich in der Beschneidung nachträglich ein sichtbares Erkennungszeichen gegeben. Sie nimmt die Stelle ein, die in Gen 17,11 der Bund hat, der dort erst mit der Beschneidung geschlossen wird. So ist der Charakter der Beschneidung als Bundeszeichen, durch das Israel vor allen Völkern ausgezeichnet ist, eliminiert; ihre Bedeutung aber als Markierung derer, die als Gerechte zu Gott und seinem Heil gehören, bleibt erhalten und wird auf die ihr vorausliegende Rechtfertigung aus Glauben bezogen. Die Folge ist, daß die Beschneidung als Zeichen ihre ausschließende Kraft verliert, weil sie eine Gerechtigkeit besiegelt, die nicht durch den Besitz der Beschneidung erworben, sondern zuvor in der Unbeschnittenheit geschenkt worden ist, und so vom Ursprung her auch alle Unbeschnittenen umfaßt. Auf die Universalität der Glaubensgerechtigkeit will Paulus hinaus, darum macht er die Beschneidung zu deren Zeugen. Ihre Gabe diente dem Zweck[842], Abraham als Vater aller Glaubenden im Bereich der Unbeschnittenheit[843] herauszustellen, d. h. als Vater aller Heidenchristen[844], denen wie Abraham die Gerechtigkeit zugerechnet wird[845]. Doch ist Abraham nicht allein der Vater der Heidenchristen unter Ausschluß der Juden – auch darin ist die paulinische Position keine einfache Umkehrung der jüdischen. Vielmehr ist Abraham zugleich auch der »Vater der Beschneidung«, also der Juden; doch gilt dies nur unter der Voraussetzung, daß sie Abraham auch wirklich entsprechen. Diese Voraussetzung wird mit den beiden Dativbestimmungen angegeben: Diejenigen Juden sind Abrahams Kinder, die dies nicht aufgrund der Beschneidung allein, sondern auch darin sind, daß sie den Weg des Glaubens gehen[846], den Abraham in der Zeit seiner Unbeschnittenheit eingeschlagen hat. Eben damit aber sind sie ja mit den Heidenchristen eins: Allein der Glaube konstituiert die Zugehörigkeit zu Abraham, »unserem Vater«. So muß der Sinn des Satzes sein – die Formu-

12

---

[840] Pr-Bauer 1482.

[841] So zuletzt Käsemann 107.

[842] εἰς τὸ εἶναι ist final aufzufassen. Dazu vgl. Zeller, Juden und Heiden 101.

[843] δι᾽ ἀκροβυστίας ist modal, nicht instrumental aufzufassen; gegen Luz, Geschichtsverständnis 175.

[844] So richtig Klein, Römer 4 434. Dagegen will Berger, Abraham 68f mit Anm. 38 V 11b von *allen* Christen, Juden wie Heiden, verstehen, während V 12 in Sonderheit die Vaterschaft Abrahams für die Judenchristen herausstelle. Daß aber δι᾽ ἀκροβυστίας V 11 »nicht die faktische Unbeschnittenheit der Glaubenden, sondern die Eigenart dieses Glaubens in

der Verwandtschaft zu dem Abrahams« (ebd. 69) bezeichnen soll, scheitert daran, daß dies für Beschnittene ja gerade nicht gilt: Ihre Teilhabe an Abraham wird darum erst V 12 behandelt.

[845] εἰς τὸ λογισθῆναι ist, abhängig vom voraufgehenden Infinitivsatz, am besten konsekutiv aufzufassen. Die v. l. λογισθῆναι καὶ αὐτοῖς (C Koine D G pm) betont, daß »auch« den Heiden Gerechtigkeit zugerechnet wird. Die v. l. τὴν δικαιοσύνην (B C Koine G pm) stellt die Parallelität zu σφραγῖδα τῆς δικαιοσύνης V 11a her.

[846] στοιχᾶν τοῖς ἴχνεσιν ist als Metapher rabbinisch belegt, vgl. Bill. III 204.

lierung ist schwierig, da das καί vor τοῖς στοιχοῦσιν genaugenommen eine neue, zweite Gruppe einleitet, was aber keinen Sinn gibt, ja den durch οὐ μόνον, ἀλλὰ καί angezeigten Zusammenhang zerstören würde. Also kann καί nur als »Nachlässigkeit des Apostels oder seines Schreibers«[847] oder als Schreibfehler[848] erklärt werden.

Die Einheit von Juden und Heiden im Glauben, den universalen Horizont der durch Abraham initiierten Glaubensgerechtigkeit will Paulus aufweisen. Daß er die Heiden vor den Juden nennt, bedeutet keine Destruktion der jüdischen Heilsgeschichte[849]. So sehr Paulus auf die gegenwärtige Kirche aus Juden- und Heidenchristen abzielt, so wenig ist seine Meinung, daß es Glaubensgerechtigkeit erst »post Christum crucifixum« *gibt*[850]. Doch wäre die Rechtfertigung Abrahams nur ein isoliertes Vorspiel derselben, während ansonsten die gesamte jüdische Geschichte radikaler ›Profanisierung‹ und ›Paganisierung‹ anheimfiele, so wäre der Sinn solches Vorspiels nicht einzusehen[851]. Sie gewinnt ihren Sinn jedoch von *Gottes* Handeln her, und das ist der Grund, warum Paulus so sehr daran interessiert ist, nicht nur die Eröffnung der Glaubensgerechtigkeit für die Heiden, sondern auch ihre legitime Geltung für die Juden zu erweisen[852]. Daß Abraham »unser«, der Christen, Vater ist, schließt nicht aus, sondern ein, daß er »unser«, der Juden, »Vorvater nach dem Fleisch« ist. Zwar hat der Aspekt κατὰ σάρκα keine Heilsbedeutung, aber er verfällt auch nicht der Bedeutungslosigkeit: Es geht um die geschichtliche Realität der kontingenten Erwählungsgeschichte *Gottes*, die in der Rechtfertigung dieses Abraham ihren Anfang nahm, auf den darum alle später Glaubenden wesenhaft bezogen bleiben. Abraham ist für Paulus nicht nur als Beispiel für das, was Glauben heißt, interessant[853]. Die Argumentation mit der biblischen Geschichte in VV 9–12 zeigt vielmehr, daß es ihm um die Geschichte göttlichen Handelns geht, die mit Abraham begonnen hat und von diesem Anfang auch Israel permanent angeht, auch wenn es sich ihr verschließt. Daß es keine faktisch-geschichtliche Kontinuität in der Geschichte Israels von Abraham an gibt, liegt nicht an Gott, sondern liegt an der Sünde, von der man frei wird, wenn man wie Abraham glaubt und sich an ihn als den Vater über alle faktischen Distanzen hinweg anschließt, seinen »Spuren« folgt.

Zu V 11 stellt sich die besondere Frage, ob Paulus mit dem Wort σφραγίς die Taufe im

---

[847] So Kuss 186. Michel, 220 Anm. 2 vermutet eine falsche Auflösung der Abkürzung κ. αὐτοῖς (= καὶ αὐτοῖς) in καὶ τοῖς. Dagegen lenkt Käsemann 108 wieder zu der älteren Auslegung zurück, nach der mit τοῖς οὐκ ἐκ περιτομῆς μόνον die Juden und mit τοῖς στοιχοῦσιν usw. die Judenchristen gemeint seien, die sich von den auf die Beschneidung gründenden Juden dadurch unterscheiden, daß sie sich – wie die Heidenchristen – allein auf den Glauben gründen. Aber Abraham als Vater der περιτομή ist doch der regierende Obersatz über beide Dativ-Bestimmungen. Die Antithese hat

dieselben Juden im Blick und gibt die negative und positive Bedingung ihrer Teilhabe an Abraham an; καί stört so auch bei dieser Exegese.
[848] So Zahn 226; dagegen Lietzmann 54.
[849] Gegen Klein, Römer 4 434.
[850] Darin hat Klein ebd. 433 recht.
[851] So mit Recht Käsemann 109 gegen Klein mit dem Hinweis darauf, daß Marcion aus ebenden gleichen Prämissen Röm 4 als ganzes gestrichen hat.
[852] So mit Recht Berger, Abraham 68f.
[853] Wie Klein Röm 4 435 interpretiert auch Luz, Geschichtsverständnis 179–182.

Blick hat und von daher die Beschneidung Abrahams als proleptischen »Siegelabdruck der Glaubensgerechtigkeit« deutet. σφραγίς als festes Bild für die christliche Taufe ist freilich erst seit der Mitte des 2. Jahrhunderts bezeugt[854]. Paulus kann 1Kor 9,2 von der von ihm gegründeten Gemeinde als σφραγίς μου τῆς ἀποστολῆς sprechen; das Wort ist für ihn also keineswegs als Taufbezeichnung festgelegt[855]. Doch zeigt 2Kor 1,22, wo der Empfang des Geistes bei der Taufe als göttlicher Akt der »Versiegelung« der Glaubenden bezeichnet wird, daß das Bild geläufig und daher den Adressaten kommentarlos verständlich gewesen sein muß; vgl. Eph 1,13; 4,30. Auch die Bezeichnung der Christen als eschatologisch für Gott Versiegelte Offb 7,2f; 9,4 könnte den gleichen Sinn haben; hier ist das Vorbild Ez 9,4[856]. Das Siegel dürfte dort als der Buchstabe X, d. h. als Abkürzung von Χριστός gemeint sein, wobei im Hintergrund die jüdische Sitte der Bezeichnung der Gerechten mit dem hebräischen Buchstaben ת steht, das wie ein liegendes Kreuz geschrieben wurde[857].

Daß Paulus Röm 4,11 an die Taufe denkt, ist also durchaus möglich[858]. Auch der Kontext spricht nicht dagegen. Die Universalität des Heiles für Juden wie Heiden, auf die Paulus abzielt, ist ein wichtiges Motiv der Taufe Gal 3,27; 1Kor 12,13. Und auch das Thema der Rechtfertigung ist traditionell mit der Taufe verbunden 1Kor 6,11; 1,30. Schließlich findet sich die Deutung der Taufe als περιτομὴ ἀχειροποίητος, nämlich Χριστοῦ, auch Kol 2,11–15 in einem von Röm 4,11 unabhängigen Kontext so kommentarlos-selbstverständlich, daß es schwerfällt, nicht anzunehmen, daß an beiden Stellen ein traditionell-festes Motiv zugrunde liegt. Zu erinnern ist auch an die Ausführung über die wahre Beschneidung Röm 2,28f. Ungewiß muß freilich bleiben, ob bereits im zeitgenössischen Judentum die Beschneidung als »Versiegelung« bezeichnet worden ist. Die rabbinischen Belege[859] sind spät. Doch ist Test Ijob 5,2 von einem σφραγίζεσθαι im Zusammenhang der Heiden-Bekehrung die Rede; und Barn 9,6 wird offenbar als jüdische These vorausgesetzt: περιτέτμηται ὁ λαὸς εἰς σφραγίδα[860], worauf der Verfasser entgegnet, die Beschneidung als solche hätten ja auch andere Völker, Abraham aber habe die Seinen προβλέψας εἰς τὸν Ἰησοῦν beschnitten (ebd. 7). Das deutet darauf hin, daß es eine jüdische Deutung von Gen 17 gegeben hat, nach der die Beschneidung am Abraham-Bund teilgibt und auch der Proselyt sie wie ein Siegel dieses Bundes empfängt. Ist das richtig, so ist die Argumentation des Paulus in Röm 4,11f als gezielte Polemik gegen dieses Verständnis der Beschneidung zu verstehen.

---

[854] Zuerst Herm s 8,2.3f; 6,3; 9,16,3–5; 16,3–7; 17,4; 2Cl 7,6; 8,6; vgl. ferner die Belege aus den Apostelakten, Od Sal sowie der mandäischen Literatur bei Fitzer, ThWNT III 953f. Zu σφραγίς als Taufbezeichnung vgl. Dölger, F., Σφραγίς; ferner besonders Dinkler, E., Jesu Wort vom Kreuztragen, in: Ntl. Studien f. R. Bultmann, Göttingen ²1957, 110–129, hier 89.

[855] Vgl. auch 2Tim 2,19, wo von einer Formel, die wohl aus der Tauftradition stammt, als der »Aufschrift« auf dem »Fundament Gottes« die Rede ist.

[856] Vgl. dazu Kraft, H., Offenbarung Johannes, 1974 (HNT 16a), 126.

[857] Vgl. dazu Dinkler, Zur Geschichte des Kreuzsymbols, in: Signum Crucis 26ff.

[858] So zuletzt Käsemann 107f. Dagegen Fitzer, ThWNT VII 949f; Lampe, G. W., The Seal of the Spirit, 1951, pass.

[859] Vgl. Bill. IV 32f.

[860] Vgl. Jub 15,26: Der Beschnittene gehört »zu den Kindern des Bundes, den Gott mit Abraham geschlossen hat«; an ihm ist »das Zeichen, daß er Gott gehört«.

γ)   *4,13–16 Die Bindung der Abraham gegebenen Verheißung an die Glau-*
bens-, nicht an die Gesetzesgerechtigkeit

**13 Denn nicht durch (das) Gesetz ist die Verheißung Abraham bezie-
hungsweise seinem Samen (zuteil geworden), daß er Erbe der Welt sein
sollte – vielmehr durch (die) Glaubensgerechtigkeit. 14 Wenn nämlich die aus dem Gesetz Erben (sind), ist zunichte gemacht der Glaube
und außer Kraft gesetzt die Verheißung. 15 Denn das Gesetz bewirkt
Zorn. Wo aber kein Gesetz (ist), (ist) auch keine Übertretung. 16 Deswegen: aus Glauben, damit: nach Gnade, so daß feststeht die Verheißung für jeden Samen, nicht allein für den aus dem Gesetz, sondern
auch für den aus (dem) Glauben Abrahams, der unser aller Vater ist.**

Analyse   Wie in 2,17ff.25ff Gesetz und Beschneidung Grundlage der καύχησις des Juden gegenüber den Heiden waren, so tritt nun in der heilsgeschichtlichen Gegenargumentation des Paulus zu der Erörterung der Bedeutung der Beschneidung bei der Rechtfertigung Abrahams von 4,9–12 in 4,13–16 die der Bedeutung des Gesetzes. Dabei greift Paulus nochmals auf 3,27f zurück. Auf die Entfaltung der Antithese Werke-Glaube folgt nun die entsprechende Gesetz-
Glaube. Das Ziel bleibt dasselbe wie in VV 9–12: Abraham ist durch die Glaubensgerechtigkeit zum Vater von Juden wie Heiden geworden. Doch wird dies
jetzt im Blick auf die Geltung der Abraham zugesprochenen Verheißung herausgestellt. So wird ἐπαγγελία das beherrschende Thema, und zwar sowohl
für diesen wie für den folgenden Abschnitt VV 17–22. Insofern gehören diese
beiden Abschnitte thematisch zusammen; καθώς V 17 schließt denn auch unmittelbar an V 16 an. Von daher nehmen einige Exegeten nicht ohne Grund
V 17 zu VV 13ff hinzu[861], während andere VV 13–25 als in sich geschlossenen
Argumentationsgang auffassen[862]. So deutlich jedoch V 17a den Skopos mit
dem Zitat von Gen 17,5 markiert, so deutlich gilt doch das Folgende der Auslegung dieser Stelle (vgl. V 18). So deutlich also VV 17–22 zusammengehören
und den Skopos von VV 13–16 ausführen, so deutlich ist das Thema in VV
13–16 von dem in VV 17–22 verschieden: Während es in VV 13–16 um die
Ausschaltung des Gesetzes aus dem Geltungsradius der Verheißung geht, geht
es in VV 17–22 um die Bestimmung des Glaubens Abrahams.
Der auffallend gedrängte Stil zeigt das hohe Maß aktueller Reflexion. Mit dem
Thema des Gesetzes gelangt Paulus an den zentralen Punkt traditionell-jüdischen Verständnisses der Heilsgeschichte, nach dem die Verheißung an Abraham, die den Juden als seinem ›Samen‹ gilt, selbstverständlich an das Gesetz
gebunden ist. Indem Paulus das bestreitet, befindet er sich Schritt um Schritt
sozusagen hautnah im Denkzusammenhang der jüdischen Tradition; seine Argumentation ist nur von daher angemessen zu verstehen[863].

---

[861] So z. B. Michel 124 und Kuss 189.
[862] So mit präziser Begründung Käsemann
110f.

[863] Das hat besonders Michel in seiner Exegese des Abschnitts herausgestellt; vgl. 122
Anm. 3 und 5.

Die Rechtfertigung Abrahams steht in der Genesis in engem Zusammenhang
mit der Verheißung zahlreicher Nachkommen (Gen 15,5), denen das Land gehören soll, das Gott ihm geben will (Gen 15,7). Abrahams Glaube (Gen 15,6)
bezieht sich auf diese Verheißung. Beide Verheißungsinhalte wiederholen sich
in der folgenden Abraham-Geschichte mehrfach, sowohl die des Samens (vgl.
Gen 12,2; 13,16; 18,18) als auch die des Landes (Gen 12,1.7; 13,14.15.17;
15,18–21; 17,8). Die Verheißung hat einen universalen, alle Völker mit umfassenden Horizont (Gen 17,3; 18,18; 22,18). Daran knüpft Paulus an, um
seine These von Abraham, dem Vater aller Glaubenden, der beschnittenen wie
der unbeschnittenen (VV 11f), aus der Schrift zu erweisen.
Die Samenverheißung klingt in dem Zusatz ἢ τῷ σπέρματι αὐτοῦ[864] an; sie
gewinnt in V 16 zentrale Bedeutung und wird in VV 17ff ausgeführt. Die Land-
verheißung erscheint sogleich in universaler Dimension: τὸ κληρονόμον αὐτὸν εἶναι τοῦ κόσμου. Dies entspricht ihrem eschatologischen Verständnis in
zeitgenössischer apokalyptischer Tradition: Da im Endgeschehen das Ziel der
Weltgeschichte heraufgeführt wird, werden die als gerecht befundenen Erwählten zu Herrschern über die Welt eingesetzt, die bis dahin von den Frevlern
usurpiert worden ist; das Gericht über sie wird zugleich den von ihnen bedrängten Gerechten das Schöpfungsrecht der Herrschaft (Gen 1,26.28) verschaffen; vgl. sBar 14,13; 51,3; 4Esr 7,119. Dies wird als Erfüllung der Abraham zugesagten Verheißung Gen 22,17 interpretiert, vgl. Jub 17,3; 19,21;
22,14; 32,19; MEx 14,31; Philo, Vit Mos I 155; so schon Sir 44,21[865]. Der pro-
fane hellenistische Begriff ἐπαγγελία, der selten kultische Bedeutung gewonnen hat[866] und in LXX noch keinerlei theologische Funktion hat, hat erst im
hellenistischen Judentum durch die apokalyptische Interpretation der biblischen Land- und Samenverheißung eine solche erlangt[867]. Entscheidend ist dabei nun, daß hier durchweg die Erlangung der Verheißung an die erwiesene
Gesetzestreue der Gerechten gebunden ist: Sie wird völlig selbstverständlich
als der endzeitliche Lohn der Erfüllung des Gesetzes verstanden: »Die Gerechten erwarten gern das Ende, und furchtlos gehen sie aus diesem Leben. Weil sie
bei dir einen Schatz an Werken haben, der in den Vorratskammern aufbewahrt
wird, darum verlassen sie auch furchtlos diese Welt, und voll freudiger Zuver-
sicht harren sie darauf, daß sie die Welt empfangen, die du ihnen verheißen
hast« (sBar 4,12f vgl. 51,3; 59,2). »Bereitet ihr aber einzig und allein eure Her-

---

[864] ἢ hat in negierten Sätzen kopulative
Funktion, vgl. Bl-Debr § 446b.
[865] Das hellenistische Judentum konnte in
diesem Sinne das stoische Dogma von der
Weltherrschaft des Weisen aufnehmen; vgl.
z. B. Philo Post Cain 138; Somn II 244. Doch
die Stoa begründete dies mit der Erkenntnis des
Logos, in der der Weise an dessen die Welt als
Welt konstituierenden Funktion teilhat, sofern
er sich tugendhaft dem Logos entsprechend
verhält. Philo dagegen, für den die alleinige
Herrschaft Gottes im biblischen Sinn selbst-

verständlich war, konnte nur im Blick auf die
die weltabhängigen Triebe überwindende Tugend von der allein dem ›Weisen‹ gebührenden
Weltherrschaft sprechen, interpretierte aber so
die biblischen Erbverheißungen; vgl. Cerfaux, Chrétien 206–209.
[866] Vgl. die Belege bei Foerster, ThWNT II
574f. Zum paulinischen Wortgebrauch vgl.
Luz, Geschichtsverständnis 66–72.
[867] Berger, Abraham 53; vgl. die Belege ebd.
Anm. 9.

zen darauf vor, daß ihr dem Gesetz gehorcht . . . Denn wenn ihr das tut, so werden die Verheißungen für euch herbeikommen, von denen ich euch vorher gesagt habe . . .« (ebd. 46,5f). Deswegen ist die Sünde das entscheidende Hindernis, die Verheißung zu erlangen; so lautet die verzweifelte Klage Pseudo-Esras: »o quid fecisti Adam . . ., quid enim nobis prodest, si promissum est nobis immortale tempus, nos vero mortalia opera egimus et quoniam praedicta est nobis perennis spes, nos vero pessime vani facti sumus« (4Esr 7,119).

Hier schließt die paulinische Argumentation an. Eben deswegen, weil das Gesetz den Sündern »Zorn bewirkt« (V 15)[868], kann durch das Gesetz unmöglich die Verheißung erfüllt werden, die Abraham und seinem Samen zugesagt ist. Dies ist, da alle gesündigt haben, nur möglich durch die Glaubensgerechtigkeit, d. h. dadurch, daß dem Gottlosen der Glaube ἐπὶ τὸν δικαιοῦντα τὸν ἀσεβῆ (V 5) eröffnet worden ist. Die Antithese διὰ νόμου – διὰ δικαιοσύνης πίστεως zeigt, daß Paulus mit der »Glaubensgerechtigkeit« nicht auf die von der »Werkgerechtigkeit« unterschiedene Haltung des Menschen als Glaubenden abhebt, sondern auf die gegenüber der Gabe des Gesetzes verschiedene Heilssetzung Gottes.

14 Die Unmöglichkeit der Bindung der Verheißung an das Gesetz wird nun durch ein Argument e contrario begründet (γάρ). Wenn οἱ ἐκ νόμου, d. h. faktisch die Juden, aufgrund des Gesetzes als Kriterium der Gerechtigkeit[869] Erben wären, dann wäre der Glaube Abrahams als Kriterium der Gerechtigkeit, von der Gen 15,6 spricht, von vornherein zunichtegemacht[870] und entsprechend auch die Verheißung, die doch Abraham und seinem Samen als Glaubenden gegeben ist, außer Kraft gesetzt[871]. Bei diesem Argument, mit dem Paulus die traditionell-jüdische Bindung der Verheißung und entsprechend des Erbes an das Gesetz bestreitet, beruft er sich auf die Schrift, nach der ebendie Verheißung dem Glauben gegeben ist, den Paulus – anders als die jüdische Tradition – nicht als Gesetzeswerk versteht; darin ist die Argumentation von VV 1–8 vorausgesetzt. Die Passiva κεκένωται und κατήργηται beziehen sich also auf die Geltung der Schrift: Ihr Zeugnis der Abraham-Geschichte würde aufgehoben, wenn statt der von ihr bezeugten Bindung der Erbe-Verheißung an den Glau-

15 ben die Zuteilung des Erbes nach dem Kriterium des Gesetzes erfolgte. Das Gesetz nämlich (γάρ) bewirkt faktisch das Gegenteil: nicht Heil als Wirklichkeit des Erbes, sondern Zorn, Ausschluß vom Erbe, wie Pseudo-Esra dies beklagt.

---

[868] κατεργάζεσθαι hat bei Paulus durchweg die Bedeutung »bewirken«, wobei auf das faktische Bewerkstelligen abgehoben wird; vgl. vom Sünder 1,27; 2,9; 7,15.17f.20; 1Kor 5,3; ferner in eschatologischem Kontext 2Kor 4,17; 5,5. Die Aussage Röm 4,15 meint nicht, daß das Gesetz als solches Zorn bewirkt (dagegen 7,13), etwa dadurch daß es zur Erfüllung des Gesetzes als eigener Leistung provoziert (so zuletzt wieder Käsemann 113 sowie besonders Schlier 130); vielmehr bewirkt es Zorn, sofern es den Sünder, der es nicht erfüllt, verflucht (Gal 3,10), sofern es die Sünde als Sünde aufdeckt (Röm 3,20; 7,13) und sie so »mehrt« (5,20). Röm 4,15 faßt also 1,18–3,20 zusammen.

[869] Michel 122 Anm. 1 versteht mit Recht den Ausdruck οἱ ἐκ νόμου im Sinne der rabbinischen Wendung בני התורה.

[870] Zu κενοῦν vgl. 1Kor 1,17; κενός 1Kor 15,10.14.

[871] καταργεῖν ist in derselben Bedeutung gebraucht wie 3,31; vgl. besonders 3,3; Gal 3,17; 5,4.

V 15b besagt etwas anderes, je nachdem man der vom westlichen und Koine-
Text bezeugten Lesart γάϱ oder der von den ägyptischen Zeugen dargebotenen
Lesart δέ folgt. Im ersten Fall handelt es sich um eine allgemeine Sentenz, die
feststellt, daß der Satz V 15a nur dort gilt, wo ein Gesetz da ist, das Sünde als
Gesetzesübertretung aufdeckt, aber wo dies nicht der Fall ist, auch von παϱάβασις nicht die Rede sein kann[872]. Im zweiten Fall kann der Satz zwar ebenso
aufgefaßt werden, sofern man annimmt, daß δέ »hier nachlässig gebraucht«[873], also = γάϱ ist; sehr viel näher aber liegt eine adversative Auffassung von δέ, so daß V 15b die Antithese zu VV 13–15a ist: Wo aber das Gesetz
nicht existiert, sei es im Fall Abrahams, zu dessen Zeit es noch nicht gegeben
war (vgl. Gal 3,17f, Röm 5,13f; 7,7), sei es im Fall der Christen als seinem
»Samen«, die χωϱὶς νόμου gerecht geworden sind (3,21.28), dort existiert
auch keine Übertretung: denn sie ist vergeben (4,6–8)[874]. Nun ist die zweite
Lesart zweifellos besser bezeugt[875] und damit bereits rein textkritisch vorzuziehen. Sie ist aber vom Kontext her auch einzig sinnvoll. Denn als allgemeine
Sentenz im Sinne von »nulla poena sine lege«[876] wäre der Satz kraftlos und fast
entbehrlich, als Antithese dagegen die Grundlage für die mit διὰ τούτου ein-   16
geleitete Folgerung in V 16. Der Glaube nämlich, aufgrund dessen das verheißene Erbe erlangt wird[877], ist der Glaube Abrahams im Sinne von VV 6–8. Er
nimmt wahr, daß Gott in seiner Gnade die Sünde, derentwegen das Gesetz die
Teilhabe an der Erfüllung der Verheißung absprechen muß, vergeben hat. So
steht die Devise ἐκ πίστεως als notwendige, schroffe Antithese zu ἐκ νόμου.
Ihr entspricht die Devise κατὰ χάϱιν als Antithese zu κατ᾽ ὀφείλημα (vgl.
VV 4f). ἵνα ist streng final: Aus Glauben wurde Abraham gerechtfertigt und
ihm die Verheißung zugesprochen, *damit* – über die Zeit der Sünde und des
Gesetzes hinweg – die Erfüllung der Verheißung als Geschenk der göttlichen
Gnade zuteil werde: der Gnade, die schon im Fall Abrahams den Gottlosen
rechtfertigte. Die Konsequenz ist[878], daß die Verheißung ihre Kraft behält –
βεβαίαν[879] ist Gegenbegriff zu κατήϱγηται V 14 – und *nicht* durch das Gesetz
außer Kraft gesetzt worden ist (Gal 3,17f). Und zwar – darauf zielt der Gedanke
seit V 13 – παντὶ τῷ σπέϱματι, nämlich für alle, die nicht aufgrund des Gesetzes *allein* die Verheißung zu erlangen trachten müssen (V 14), sondern *auch*
aufgrund des Glaubens Abrahams. Die Formulierung entspricht der in V 12;

---

[872] So interpretiert z. B. Zahn 228f, indem er
νόμος hier wie schon V 13 als allgemeinen Gat-
tungsbegriff auffaßt.
[873] So Lietzmann 55; ähnlich Michel 122f;
Käsemann 113.
[874] So besonders Kuss 188f; Berger, Abraham 70.
[875] So mit Recht Lietzmann 55 gegen Zahn
228 Anm. 64.
[876] Zur neuzeitlichen Herkunft dieses Satzes
vgl. Brandenburger, Adam 195 Anm. 2.
[877] Ob nun von V 14 her κληϱονόμοι oder
von V 13 her ἐπαγγελία zu ergänzen ist (Kuss
189), so ist jedenfalls nicht allgemein von Got-

tes Plan die Rede (so Sanday-Headlam 112),
sondern konkret von der Geltung der Erbe-
Verheißung. Von einem allgemeinen »Gnaden*prinzip*« (so Schlier 131) sollte man aber
keinesfalls sprechen.
[878] Der Infinitivsatz εἰς τὸ εἶναι usw. ist
konsekutiv aufzufassen, entsprechend εἰς τὸ
λογισθῆναι V 11; so richtig Käsemann 113.
[879] Zu βέβαιος im Sinne festen Bestandes bis
zur Endzeit vgl. 2Kor 1,7; Hebr 3,6.14; 6,19;
2Petr 1,10.19; das Verbum entsprechend Röm
15.8; 1Kor 1,6.8; 2Kor 1,21; Kol 2,7; Hebr
2,2; 13,9.

der Satz bezieht sich also speziell auf die Juden, sofern sie wie Abraham glauben, und d.h. gegenwärtig auf die Judenchristen, an die der ganze Abschnitt adressiert ist, schließt aber natürlich die Heidenchristen (V 11) nicht aus, sondern ein, wie V 16 betont; denn daß Abraham »unser aller Vater« ist, kann nur – in gezielter Ausweitung von V 1 – die πάντες πιστεύοντες von VV 11f, die Christen in ihrer Gesamtheit als Juden und Heiden, meinen[880]: Wie die Beschneidung Abrahams nicht seine Vaterschaft auf die Juden allein beschränkt, sondern seine Rechtfertigung im Zustand der Unbeschnittenheit Unbeschnittenen wie Beschnittenen die gleiche Rechtfertigung eröffnet, so gilt auch die ihm gegebene Verheißung »ohne Gesetz« allen Glaubenden. Wie freilich im Falle der Judenchristen die Beschneidung nicht als Hindernis der Kindschaft zu Abraham, dem unbeschnittenen Gerechtfertigten, gilt, so auch nicht das Gesetz. Beschneidung wie Gesetz sind durchaus integrierbar, wenn sie mit dem Glauben verbunden und unter seine Direktion gestellt werden. Die Beschneidung ist in der Taufe aufgehoben (V 11) und das Gesetz nicht außer Kraft gesetzt, sondern vielmehr aufgerichtet (3,31)[881].

δ)   *4,17–25 Abrahams Glaube als Vertrauen auf die Erfüllung der Verheißung*

17 Wie geschrieben steht: »Zum Vater vieler Völker habe ich dich gesetzt.« Angesichts Gottes, an den er glaubte als an den, der den Toten Leben schafft und das Nichtseiende ins Sein ruft. 18 Gegen Hoffnung glaubte er auf Hoffnung hin, so daß er zum »Vater vieler Völker« geworden ist nach dem Schriftwort: »So (zahlreich) wird dein Name sein.« 19 Und nicht schwach werdend im Glauben, richtete er sein Augenmerk auf seinen erstorbenen Leib, an die hundert Jahre alt, und auf den erstorbenen Mutterschoß Saras. 20 Im Blick auf die Verheißung Gottes aber geriet er nicht in Zweifel im Unglauben, sondern wurde stark im Glauben, indem er Gott die Ehre gab 21 und vollauf davon überzeugt war: Was er verheißen hat, hat er die Macht auch zu tun. 22 Deswegen auch »wurde es ihm angerechnet zur Gerechtigkeit«. 23 Nicht aber ist das nur um seinetwillen geschrieben: »es wurde ihm angerechnet«, 24 sondern auch um unsretwillen, denen es

---

[880]. So richtig zuletzt Käsemann 113 gegen die verbreitete Deutung von τῷ ἐκ νόμου auf die Juden (z.B. Lietzmann 55; Michel 123); vgl. vorher besonders Berger, Abraham 70 mit Anm. 44 gegen Klein, Römer 4 432f. Ch. Müller, Gottes Gerechtigkeit 52f und Luz, Geschichtsverständnis 176, nehmen ein verschiedenes Verständnis von νόμος einerseits in VV 13–15 und andererseits in V 16 (»als Kennzeichen für die volksmäßige Existenz des Juden«) an, um mit οὐ μόνον, ἀλλὰ καί auf Juden- und Heidenchristen deuten zu können; dagegen mit Recht Zeller, Juden und Heiden 103 Anm. 92.

[881]   Von Dülmen, Theologie des Gesetzes 94 bestreitet zu Unrecht, daß in V 16 »eine tatsächliche Gültigkeit der Verheißung für die, die im Gesetz leben«, gemeint sei; »vielmehr geht Paulus damit nur nochmals auf den vermeintlichen Vorzug der Juden ein«. Ebenso Zeller, Juden und Heiden 103f.

angerechnet werden soll: als solchen, die glauben an Den, der Jesus, unseren Herrn, auferweckt hat von den Toten; 25 welcher ausgeliefert wurde wegen unserer Übertretungen und auferweckt wurde wegen unserer Rechtfertigung.

Der Relativsatz V 16c schlägt die Brücke zum nächsten Gedankenschritt. Nach der *Begründung* der universalen Geltung der Vaterschaft Abrahams für Juden wie Heiden im Zerbrechen ihrer jüdischen Begründung für die Juden allein zeigt Paulus nun auf, *worin* Abrahams Vaterschaft für die Gesamtheit seiner Kinder besteht, worin diese mit ihm verbunden sind: im Glauben als unbedingtem, unbeirrbarem Zutrauen zur Schöpferkraft Gottes (V 17). Für Abraham selbst hieß das, auf die Kraft der ihm zugesprochenen Verheißung zu vertrauen angesichts des totalen Widerspruchs seiner faktischen Lage (VV 18–21). Dieser Glaube ist es, der ihm nach Gen 15,6 zur Gerechtigkeit angerechnet wurde (V 22). Aber indem sich die Verheißung auf seine zukünftige Nachkommenschaft richtet, gilt eben diese Anrechnung nicht ihm allein, sondern auch den Christen der Gegenwart als seinem »Samen«. Im Unterschied zu ihrem Vater glauben sie an Gottes Schöpferkraft, die sich an *Jesus* erwiesen *hat* (VV 23f), und zwar so, daß in Tod und Auferstehung Jesu die iustificatio impiorum, wie sie Abraham erfahren hat (VV 5–8), Wirklichkeit geworden ist (V 25). | **Analyse**

In VV 17f argumentiert Paulus wieder mit der rabbinischen Auslegungsmethode, indem er drei Schriftstellen, an denen von der Universalität der Samenverheißung die Rede ist: Gen 17,5; 15,5 und 17,17, in eins zusammenzieht. Darin wiederum ist das Grundzitat Gen 15,6 (V 3) ausgelegt: V 22. In VV 24f kombiniert er auf gleiche Weise zwei verschiedene urchristliche Glaubensformeln: diejenige, auf die sich das Taufbekenntnis zu Jesus als dem »Herrn« bezieht, das Auferweckungskerygma (V 24), und eine katechistische Formel, in der Tod und Auferweckung in ihrer Heilsbedeutung als Rechtfertigung der Sünder herausgestellt werden (V 25).

Das Zitat Gen 17,5 (LXX-Text) begründet V 16a παντὶ τῷ σπέρματι; vgl. vorher V 11. Mit ἐθνῶν stehen für Paulus nun die Heidenchristen im Blick, die gemeinsam mit den Judenchristen (V 16b) Abraham zum πατὴρ πάντων ἡμῶν (V 16c) haben. Nach der universalen Landverheißung (V 13) wird die universale Samenverheißung zum Thema. Daß Abraham zum »Vater vieler Völker« werden soll, tritt jetzt als Gegenstand des Glaubens Abrahams hervor, während zuvor seine Rechtfertigung, aufgrund deren er zum »Vater aller Glaubenden« wurde (V 11), um seines Glaubens willen erfolgte[882]. Die Erörterung | **Erklärung 17**

---

882 Nicht jedoch darf man mit Berger, Abraham 73, einen Unterschied zwischen V 13 einerseits und V 17f andererseits sehen, dergestalt daß die Verheißung dort aufgrund des Glaubens gegeben sei, hier jedoch als Gegenstand der Hoffnung dem Glauben folge. Auch

V 13 ist τὸ κληρονόμον αὐτὸν εἶναι τοῦ κόσμου etwas, was dem glaubenden Abraham als zukünftig eröffnet wird, sofern sich diese Verheißung an seinen Nachkommen erfüllt (ἢ τῷ σπέρματι). Richtig ist jedoch, daß Paulus in VV 13ff an der Begründung der Verheißung in

wendet sich also nun dem Verhältnis zwischen Glauben und Verheißung, dem Glauben als Trauen und Setzen auf die zugesagte Verheißung, zu. κατέναντι οὗ ἐπίστευσεν θεοῦ ist Attraktion, also so aufzulösen: κατέναντι τοῦ θεοῦ, ᾧ ἐπίστευσεν[883]. Nicht eindeutig ist die syntaktische Beziehung. Manche Ausleger beziehen die Wendung auf V 16c: Abraham ist unser aller Vater vor Gott. Das Zitat V 17a wäre dann Paranthese[884]. Doch das widerspricht der autoritativen Funktion des Schriftzeugnisses, das paulinische Aussagen mit καθώς begründet. Dann aber ist es auch nicht angängig, V 17b über das Zitat hinweg an V 16c anzuschließen. Daß V 17b vielmehr an V 17a anschließt, ist vom Kontext des Zitats zu erklären (Gen 17,1 ἐναντίον ἐμοῦ): »Vor Gott« ist die Situation, in der Abraham die Verheißung (Gen 17,5) zugesprochen wurde[885]. Paulus aber interpretiert dies von Gen 15,5f her, wo Abraham der Verheißung *glaubte,* und führt jetzt aus, welcher Art dieser Glaube war. Er kombiniert zwei Aussagen aus jüdischer Tradition: θεὸς ὁ ζωοποιῶν τοὺς νεκρούς entspricht wörtlich der 2. Benediktion des 18-Bitten-Gebets (»Gepriesen seist du, Jahwe«, מחיה המתים[886]. Und von der Schöpfung als machtvollem Ruf des Schöpfers ins Dasein ist (nach Jes 48,2) mehrfach im Gebetskontext die Rede; vgl. sBar 21,4: »der du von Anbeginn der Welt hervorgerufen hast, was bis dahin noch nicht war«; 48,8: »Durch ein Wort rufst du ins Leben, was nicht da ist.«[887] Von Anfang an finden sich in israelitischer Überlieferung Schöpfungsaussagen in heilsgeschichtlichem Kontext, besonders bei Dtjes[888]. So kann es nicht verwundern, wenn die endzeitliche Totenauferweckung hier mit der Schöpfung parallelisiert wird. Auch dafür gibt es jüdische Belege; vgl. vor allem JosAs 8,9: Κύριε ὁ θεὸς τοῦ πατρός μου Ἰσραήλ, ὁ ὕψιστος καὶ δυνατὸς θεός, ὁ ζωοποιήσας τὰ πάντα καὶ καλέσας ἀπὸ τοῦ σκότους εἰς τὸ φῶς, καὶ ἀπὸ τῆς πλάνης εἰς τῆς ἀλήθειαν, καὶ ἀπὸ τοῦ θανάτου εἰς τῆς ζωήν[889], wozu Eph 5,14; 2,10 (κτισθέντες!); 2Kor 5,17 zu vergleichen sind. Der Kontext ist hier überall die Bekehrung. Von daher wird auch Röm 4,17 zu verstehen sein: Abrahams Glaube wird mit geläufigen Motiven der Bekehrung charakterisiert, also seine Funktion als Vater der Proselyten vorausgesetzt[890]: Das Interesse der Aussage liegt wie durchweg in den

---

der Eröffnung der Glaubensgerechtigkeit interessiert ist, in VV 17ff jedoch am Glauben als Hoffnung auf die Realisierung der Verheißung.

[883] So Kuss 190; umständlich Zahn 234: κατέναντι τοῦ θεοῦ, κατέναντι οὗ ἐπίστευσεν.

[884] So Lietzmann 55; vgl. Schlatter 169; Althaus 39; Kuss 190; Michel 124; Cranfield 243.

[885] Vgl. im übrigen 2Kor 2,17; 12,19.

[886] Käsemann 114 weist darauf hin, daß sich von daher die Wahl von ζωοποιεῖν statt des urchristlich geläufigen ἐγείρειν erklärt.

[887] Vgl. ferner Philo Spec Leg IV 187: τὰ γὰρ μὴ ὄντα ἐκάλεσεν εἰς τὸ εἶναι; Op Mund 81; Migr Abr 183; Leg All III 10; Mut Nom 46; Quis Rer Div. Her 36; b Sanh 91a; Mekilta Ex

18,3 (65[b]), 21,37 (95[a]); 22,22 (101[b]). Ebenso in altchristlicher Tradition: 2Cl 1,8; Herm v I 1,6; Ap Const VIII 12,7.

[888] Vgl. dazu Rendtorff, R., Die theologische Stellung des Schöpfungsglaubens bei Deuterojesaja in: Gesammelte Studien zum AT, München 1975, 209–219.

[889] Vgl. ebd. 20,7 sowie zum Motiv der Neuschöpfung im Kontext der Bekehrung in den Hymnen von Qumran Sjöberg, E., Neuschöpfung in den Toten-Meer-Rollen, StTh 9 (1955) 131–136.

[890] So mit Recht Lietzmann 55 unter Hinweis auf die Auslegung von Gen 17,5 bei R. Jehuda p Bikk 64a.

angegebenen jüdischen Belegen nicht auf dem Geschehen der Weltschöpfung als solcher, sondern auf der stets präsenten Schöpferkraft Gottes, die sich ebenso darin erweist, daß er das Nichtseiende ruft, daß es sei[891], wie darin, daß er Toten neues Leben schafft. An Gott zu glauben, heißt darum, auf diese seine Schöpferkraft vertrauen[892].

Paulus exemplifiziert das im Blick auf Abraham. Für ihn hieß, der ihm zuge- **18** sagten Verheißung zu vertrauen, παρ᾽ ἐλπίδα ἐπ᾽ ἐλπίδα zu glauben, wie Paulus V 18 mit beeindruckender Sprachkraft formuliert: »Gegen alle Hoffnung«, sofern die göttliche Verheißung an den Möglichkeiten seiner eigenen faktischen Wirklichkeit gemessen wird. Denn die Zusage in Gen 17,5, die durch Gen 15,5 (οὕτως) pointiert wird, steht in völligem Widerspruch zu dem **19** »erstorbenen Leib«, d. h. der erloschenen Zeugungskraft des Hundertjährigen (Gen 17,17), und zu dem »erstorbenen Mutterschoß« Saras, die eine Empfängnis und Geburt, menschlich beurteilt, absolut ausschließt. In dieser hoffnungslosen Lage bedeutete, der Verheißung dennoch zu vertrauen: zu hoffen, wo nichts zu hoffen ist; das aber heißt eben, im Sinne von V 17 auf Gottes Schöpferkraft zu setzen. Von der Verheißung ist nichts sichtbar – der Glaube muß ganz zur Hoffnung werden (vgl. 8,24). Die Realisierung des Verheißenen, Same aus »vielen Völkern«, »*so*« zahlreich wie die Sterne des Himmels und der Sand des Meeres, wie G und wenige andere Textzeugen nach Gen 22,17 sachlich richtig ergänzen[893], gleicht tatsächlich der »Unmöglichkeit« der Schöpfung aus dem Nichts und der Auferweckung der Toten, ist also παρ᾽ ἐλπίδα. Die Hoffnung darauf bedarf einer Kraft des Glaubens, die nach mensch-

---

[891] ὡς hat konsekutiven, nicht komparativen Sinn (»als ob«); so zuletzt Käsemann 116 unter Hinweis auf Philo Jos 126. Diese Auslegung von Gen 1,1–3 im Horizont griechisch-philosophischer Diskussion als creatio ex nihilo, findet sich seit 2Makk 7,28 in jüdischer, hellenistischer (Philo) wie rabbinischer Lehrtradition; vgl. dazu Ehrhardt, A., Creatio ex nihilo, in: The Framework of the NT Stories, London 1964, 200–233; Weiß, H. F., Zur Kosmologie des hellenistischen Judentums, 1966 (TU 97), 18–74; Foerster, ThWNT III 1016; Käsemann 114f.

[892] Berger, Abraham 72 Anm. 50 bestreitet, daß in Röm 4,17 mit dem Motiv der creatio ex nihilo die Rechtfertigung des Gottlosen charakterisiert werde; soweit dies die Fortsetzung V 18ff betrifft, sicherlich mit Recht. Doch zeigt schon der Bekehrungs-Kontext der oben angegebenen jüdischen Belege – besonders Jos As 8,9 –, daß hinter V 17 zweifellos die Vorstellung der Bekehrung Abrahams steht. Diese ist in VV 1–8 ja auch – im christlichen Sinn als iustificatio impii – zuvor beschrieben; und der Gedanke läuft in V 25 dahin zurück. Daß in Röm 4 »von der iustificatio impii . . . bei Abraham noch nicht die Rede sei« (ebd.), trifft im

Blick auf VV 1–8 nicht zu. Käsemann 115 hat recht, wenn er urteilt, daß der paulinische Gedanke der Rechtfertigung des Gottlosen durch den Schöpfungsgedanken seine ihm eigene Radikalität gewinnt (vgl. 1Kor 1,28!). Vgl. dazu besonders auch die grundsätzlich-systematische Auswertung bei Jüngel, E., Die Welt als Möglichkeit und Wirklichkeit. Zum ontologischen Ansatz der Rechtfertigungslehre, in: Unterwegs zur Sache 206–233. Daß V 17 von V 16 her zugleich die Berufung der ἔθνη, weil als iustificatio impiorum, im Horizont der Schöpfungsaussage steht, hebt zu Recht Stuhlmacher, Gerechtigkeit Gottes 226f hervor. So schon 2Cl 1,8 sowie besonders Ambrosius, in Ps 36,78 und In Luc ev 7,2,19. Auch Thomas, Röm 364: »Qui, scilicet Deus, vivificat mortuos, id est, Iudaeos, qui erant mortui in peccatis, contra legem agentes, vivificat per fidem et gratiam, ut promissionem Abrahae consequantur . . . Et vocat eos qui non sunt, id est, Gentiles vocat, scilicet ad gratiam, tamquam ea, quae sunt, id est, tanquam Iudaeos . . . Significat autem Gentiles per ea, quae non sunt, quia erant omnino alienati a Deo.«

[893] Vgl. Hebr 11,12.

lichem Ermessen sogleich schwinden müßte. Abraham aber wurde nicht
schwach im Glauben[894], obwohl er auf seinen erstorbenen Leib und die νέϰρωσις des Mutterschoßes seiner Frau sehr wohl »sein Augenmerk richtete«[895]. Er

20 zweifelte nicht im Unglauben[896], sondern wurde stark im Glauben – seine
Stärke wurde ihm von Gott gegeben (im Passiv ἐνεδυναμώθη ist Gott logi-

21 sches Subjekt)[897]. So gab er in solchem Glauben Gott die Ehre, nämlich eben
indem er auf Gottes Schöpferkraft vertraute[898], und[899] war voller Überzeugung[900], daß er die Kraft habe zu tun, was er zugesagt hatte[901] (vgl. Ps 33,9).
Wie im AT dem Wort Jahwes Wahrheit innewohnt im Blick auf seine künftige
Erfüllung, so daß das künftige *Tun* Gottes die Wahrheit seines *Wortes* ist und
sein Wort Wahrheit beansprucht von seiner bevorstehenden Erfüllung im Tun
her (vgl. Jer 28; Jes 55,8–11), so konzentriert sich dieser Grundsatz alttestamentlicher Wort-Theologie in der paulinischen Auslegung des Glaubens Abrahams. So sehr dem Wort der göttlichen Verheißung zu trauen, heißt: wider
allen Augenschein und entgegen aller irdisch erkennbaren Sinnhaftigkeit sich
auf die Wahrheit des Zugesagten zu verlassen, so wenig bleibt die Wahrheit des
Wortes Gottes im Medium bloßer Zusage; vielmehr gilt für Gottes Wort
ebenso wie für das jedes Menschen: Seine Wahrheit wird gemessen an der
Übereinstimmung zwischen Wort und Tat. *Gottes* Wort aber gilt unverbrüch-
lich, und Gottes Tat erweist sich in endzeitlicher Wirklichkeit, da sie als schöpferische über alle Möglichkeiten menschlichen Tuns hinausgeht.

22 Dieser Glaube war es, den Gott Abraham nach Gen 15,6 zur Gerechtigkeit an-
23f gerechnet hat. So kehrt die Argumentation zu ihrem Ausgangspunkt (V 3) zurück. Doch ist sie damit noch nicht an ihrem Ziel angelangt. Von Anfang an ist
Abraham ja nicht für sich allein in den Blick genommen worden, als ein Beispiel
oder Vorbild des Glaubens. Röm 4 unterscheidet sich darin wesentlich von
Hebr 11,8–12 (im Kontext des ganzen 11. Kapitels). Wie das Judentum Abraham und Jakob unter heilsgeschichtlichem Aspekt sah: als die Urväter Israels,

---

[894] τῇ πίστει ist als Dativ der Beziehung
(Bl-Debr § 197 – vgl. jedoch § 196), nicht instrumental (gegen Sanday-Headlam 115) aufzufassen. D* G Orig lesen ἐν τῇ πίστει, was
Zahn 236 Anm. 79 als ursprünglich erwägt.
[895] So übersetzt treffend ϰατενόησεν Käsemann 110. Verbreitet ist die (von Zahn ebd.
ebenfalls für ursprünglich gehaltene) Lesart οὐ
ϰατενόησεν (Koine und starke Teile des westlichen Textes). Doch verdirbt sie den Sinn der
bewußt hart widersprüchlichen Aussage V 19,
die παρ᾽ ἐλπίδα ἐπ᾽ ἐλπίδι V 18 so interpretiert, daß Abraham der Verheißung *angesichts*
ihrer Unmöglichkeit wegen der νέϰρωσις vertraute. Die v.l. macht daraus eine Hoffnung,
die von der entgegenstehenden Wirklichkeit
absieht und sich über sie hinausschwingt.
[896] μὴ διαϰρινόμενος τῇ ἀπιστίᾳ entspricht
μὴ ἀσθενήσας τῇ πίστει; vgl. Bultmann,
ThWNT VI 207.

[897] So Michel 126; Käsemann 117; Cranfield
248f.
[898] Vgl. Luther, Römerbrief 310: »sicut cre-
dens Deo glorificat, ita per contrarium incredu-
lus Deum inhonorat«. Käsemann 116: »Glaube
erweist sich als solcher nicht schon darin, daß
er mit dem Unmöglichen rechnet. Indem er jedoch Gott traut, wird das irdisch Unmögliche,
obwohl man es als solches erkennt, nicht zur
Grenze der Hoffnung.« Käsemann 117 verweist auf 1,21. – Zu δυνατός ἐστιν ποιεῖν als
Gottesprädikat des hellenistischen Judentums
vgl. die ebd. zusammengestellten Philo-Bele-
ge.
[899] ϰαί fehlt in G und den meisten lateinischen Zeugen.
[900] Zu πληροφορεῖσθαι vgl. Pr-Bauer
1329f; Delling, ThWNT VI 307f.
[901] Im Passiv ἐπήγγελται ist wiederum Gott
logisches Subjekt.

mit deren Erwählung die Erwählungsgeschichte Gottes mit seinem Volk begonnen hat und in denen darum jede Generation das Urbild ihrer selbst sah, so
ist auch Paulus der Überzeugung, daß die Schrift die Rechtfertigung Abrahams
nicht nur »um seinetwillen« festhält, etwa gar zu seinem Ruhm, sondern vielmehr »um unsretwillen«. Diese ἡμεῖς aber sind nicht einfach die Juden als
Nachkommen Abrahams κατὰ σάρκα (V 1), sondern *alle* Glaubenden aus Juden und Heiden (VV 11.16). Und während dies auch das zeitgenössische Judentum im Blick auf die Proselyten sagen konnte, so hat Paulus dagegen bereits im
ersten Schritt der Auslegung von Gen 15,6 (VV 1–8) herausgestellt, daß der
Glaube Abrahams nicht einfach die Annahme des schᵉma-jisrael im Rahmen
der Gesetzeserfüllung ist, sondern Glaube an Gott als den, der den Gottlosen
rechtfertigt (V 5), derselbe Glaube also, der in der Gegenwart in der Offenbarung der Gottesgerechtigkeit im Tode Christi eröffnet worden ist. Von da aus
hat Paulus erwiesen, daß die Geltung der Rechtfertigung Abrahams als des Vaters aller Glaubenden bereits von diesem Anfang her prinzipiell universal ist,
für Unbeschnittene ebenso wie für Beschnittene (VV 9–12), für »die aus dem
Gesetz« ebenso wie für die »ohne Gesetz« (VV 13–16). Im dritten Schritt der
Auslegung von Gen 15,6 schließlich hat er gezeigt, daß sich dieser Glaube Abrahams auf nichts weniger als auf die Wunder schaffende Schöpferkraft Gottes
richtet, die prinzipiell den Bereich und die Möglichkeiten κατὰ σάρκα überschreitet, ein Glaube darum, der sich auf nichts Vorfindliches gründen kann als
allein auf das Wort der göttlichen Verheißung, die eschatologische Wirklichkeit ansagt (VV 17–22). Weil unter dem Aspekt göttlichen Wunders diese
Verheißung zahllosen »Samens« aus »vielen Völkern« von Anfang an mit der
Rechtfertigung aus Glauben verbunden ist, darum hat das *ganze* Abraham-
zeugnis, vom Anfang aus gesehen, zukünftig-eschatologische Ausrichtung; es
umfaßt alle wie Abraham Glaubenden, wie sie jetzt in den Juden- und Heidenchristen da sind, vom Ursprung her grundsätzlich mit, so daß eben auch der
Charakter der iustificatio impii (V 5) auf die Christen als die einzig legitimen
Kinder Abrahams zutrifft[902]. Auch ihr Glaube nämlich richtet sich wie der Abrahams (V 17) auf die wunderschaffende Schöpferkraft Gottes – nur daß sich
diese, auf die Abraham als schlechthin zukünftige Erfüllung der Verheißung
vorausschaute, jetzt in der Auferweckung Jesu erfüllt *hat*, so daß sich der
Glaube der Christen auf dieses geschehene Ereignis richtet. Aber da es eben

---

[902] μέλλει V 24 muß vom Kontext her als
vom Aspekt Abrahams aus verstanden werden;
so richtig z. B. Kuss 193; Luz, Geschichtsverständnis 113 Anm. 367, der mit Recht auf Gal
3,23 und auf den Aorist δικαιωθέντες 5,1 als
Entsprechung zum Aorist der christologischen
Aussagen in 4,24f verweist. Weder ist die Meinung Zahns 239 Anm. 88 mit dem Kontext zu
vereinen, Paulus denke missionarisch an die
noch zu gewinnenden Glaubenden – dagegen
spricht ἡμᾶς –, noch hat μέλλει eschatologisch-forensischen Sinn, wie z. B. Michel 127

Anm. 2 im Anschluß an Schlatter 172, der hier
fälschlich 3,31 δικαιώσει beizieht, sowie zuletzt Käsemann 120 und Schlier 135 erweisen
wollen. Zwar wäre bei unserer Auslegung
sprachlich korrekt ἔμελλεν zu erwarten. Aber
die Argumentation des Paulus hat im gesamten
4. Kapitel die christliche Gegenwart vom
Aspekt Abrahams aus im Blick; und überdies
zeigt Röm 5,14 einen entsprechenden Gebrauch des Präsens, vgl. auch 1Petr 5,1; Hebr
1,14; 10,1; Kol 2,17.

dieselbe Schöpferkraft der Gerechtigkeit Gottes ist, auf die sich der Glaube Abrahams wie der der Christen richtet, und da es die Erfüllung der Verheißung in Christus war, auf die Abrahams Glaube παρ' ἐλπίδα ἐπ' ἐλπίδι vorausschaute, sind die Christen mit Abraham als ihrem Vater verbunden. Die Zeit-Differenz der Zielrichtung ihres Glaubens, dessen Inhalt im Aorist auszusprechen ist (ἐγείραντα), von der des Glaubens Abrahams als reine ἐλπίς (V 18), gehört *wesenhaft* zur *Selbigkeit* des Glaubens. Denn die Verheißung an Abraham ist in Christus erfüllt (15,8; 2Kor 1,20; Gal 3,14.22.29; 4,28); sie ist als solche im Evangelium aufgehoben. Paulus sieht die Christen nicht wie der Verfasser des Hebräerbriefes als eingereiht in den Zug des wandernden Gottesvolkes, das mit allen Zeugen der alttestamentlichen Glaubenden auf die zukünftige Erfüllung der Verheißung zugeht (Hebr 11,13–16.39f; 12,1; vgl. 4,1; 10,36); ἐπαγγελία kennt er nur als *erfüllte* Verheißung, und die eschatologische Hoffnung der Christen unterscheidet sich für ihn in dieser Hinsicht grundlegend von der Hoffnung Abrahams 4,18.

In V 24b gebraucht Paulus traditionell-geprägten Wortlaut. Röm 10,9f zeigt, daß die Auferweckung Jesu der zentrale Inhalt des Glaubens ist, auf dessen Rezitation der Täufling mit dem akklamatorischen Bekenntnis κύριος Ἰησοῦς antwortet[903]. Paulus zieht an unserer Stelle beides ineins zusammen. Er inter-

25 pretiert aber die Glaubensformel, die von der Auferweckung Jesu als Machtakt Gottes spricht, in V 25 im Blick auf die Heilsbedeutung der Auferweckung Jesu, die er – als christologische Begründung der iustificatio impii (V 5) – in engem Zusammenhang mit der Heilsbedeutung des Todes Christi formuliert: Der Tod Christi geschah »wegen unserer Übertretungen«, also als Sühne im Sinne von 3,25; seine Auferstehung entsprechend »wegen unserer Rechtfertigung«. Rhetorisch kommt der soteriologische Zusammenhang von Tod und Auferstehung durch die Parallelität der beiden präpositionalen Wendungen mit διά prägnant zum Ausdruck[904]. Logisch liegt ein Unterschied vor: Paulus verteilt die beiden zusammengehörigen Aspekte des Sühnegeschehens, die stellvertretende Übernahme der Sünden und die daraus resultierende Rechtfertigung der Sünder, auf einerseits den Tod und andererseits die Auferstehung Christi. διά hat darum logisch je verschiedene Bedeutung: Das eine Mal sind »unsere Übertretungen« die Voraussetzung und das Motiv des Sühnetodes Christi (διά kausal), das andere Mal »unsere Rechtfertigung« der Effekt seiner Auferweckung (διά final). Es hieße freilich, die sachliche Einheit von Tod und Auferstehung falsch auszulösen, wenn man aus der logischen Differenz eine sachliche machte und so im Tod Jesu lediglich die Voraussetzung der erst durch die Auferstehung erfolgten Rechtfertigung sähe und diese als zukünftig-eschatologisches, forensisches Geschehen verstünde; oder wenn man V 25 im

---

[903] Vgl. Conzelmann, H., Was glaubte die frühe Christenheit?, in: Theologie als Schriftauslegung 106–119, hier 112–114; Kramer, Christos 16–22.61–67.68; Wengst, Christologische Formeln 21–23.123f; Rese, M., Formeln und Lieder im NT. Einige notwendige

Anmerkungen, VF 15 (1970) 87–93.
[904] Vgl. als formale Parallele 10,10, wo εἰς δικαιοσύνην und εἰς σωτηρίαν auf die Glaubensformel und die Kyrios-Akklamation V 9 verteilt wird.

Sinne einer Unterscheidung zwischen objektiver und subjektiver Rechtfertigung interpretierte, so daß es zur Vergebung der Sünden von Gott her nur des Sühnetodes bedürfte, aber für den Glauben zusätzlich dazu der Auferstehung[905]. Paulus zielt vielmehr darauf, im Blick auf die im Sühnetod Christi begründete iustificatio impiorum Tod und Auferstehung zusammenzusehen und die Heilsbedeutung der Auferstehung Christi von der seines Todes her zu begründen[906].

Diese Deutung der Auferstehung Christi unterscheidet sich von der sonst üblichen. In der ältesten kerygmatischen Tradition wird diese zunächst nur wie V 24 als schöpferischer, eschatologischer Machtakt Gottes an dem toten Jesus verkündigt, in dem die apokalyptische Erwartung endzeitlicher Totenauferweckung sich an diesem Einen erfüllt hat (vgl. Röm 1,4 sowie prägnant Apg 26,23 πρῶτος ἐξ ἀναστάσεως νεκρῶν): so etwa 1Thess 1,10; 1Kor 15,4; 6,14; 2Kor 1,9; 4,14; Gal 1,1; Röm 8,11.34; Kol 2,12; Eph 1,20; 2Tim 2,8; Apg 2,24; 3,15; 4,10; 5,30; 10,40; 13,30. Die Heilsbedeutung wird hier offenbar zunächst ganz darin gesehen, daß in der Auferweckung Christi die Heilszeit des neuen Äon angebrochen ist und die Glaubenden durch die Zugehörigkeit zu Christus an ihr teilhaben. Von da aus folgert Paulus in 1Thess 4,14 die Hoffnung auf die baldige eschatologische Auferweckung der Christen als der zu Christus Gehörigen; vgl. 1Kor 15,12–28; 2Kor 5,1–5; Phil 3,10f; 1Petr 1,3–5.21; Apg 2,24–32; Kol 3,1–4. Dies blieb die für die Lehrbildung der Kirche – besonders im Osten – bestimmende Interpretation. Paulus hat jedoch erstmals 1Kor 15,17 einen Bezug zur Sündenvergebung gesehen (vgl. auch VV 54–57!). Von daher schließt er 2Kor 5,14 die Auferstehung in das ὑπὲρ ἡμῶν der traditionellen Todesaussage (vgl. 1Kor 15,3) ein. Auf dieser Linie liegt auch die Aussage Röm 4,25.

Der Satz wird neuerdings vielfach als vorpaulinische Formel beurteilt, vorwiegend wegen des Relativstils und des Parallelismus membrorum[907]. Dafür könnte zunächst außerdem sprechen, daß sich das Passiv παραδοθῆναι bei Paulus sonst (außer 2Kor 4,11) nicht findet, aber der Aussage 8,32 entspricht, die ihrerseits in deutlich traditionell geprägtem Kontext steht. Dort ist es Gott, der Christus »für uns alle auslieferte«; und ebenso ist auch 4,25 gemeint: das Passiv ist Umschreibung göttlichen Handelns an Jesus[908]. Dahinter steht zweifellos die Abendmahlstradition 1Kor 11,23 (παρεδίδοτο), interpretiert durch Jes 53,12 LXX: παρεδόθη εἰς θάνατον ἡ ψυχὴ αὐτοῦ . . . διὰ τὰς ἁμαρτίας αὐτῶν παρεδόθη. Traditionsgeschichtlich stammt das Stichwort der »Auslieferung« Jesu aus der Passionsüberlieferung, wo einerseits in den Passiv-Formulierungen ebenfalls Gott der ist, der Jesus »ausliefert« (Mk 9,31 parr; 14,31 par), anderer-

---

[905] Vgl. die bei Kuss 194 zitierten Auslegungen, die dieser mit Recht ablehnt.
[906] So mit Recht bereits Weiß, J., Beiträge 172. – Origenes Röm 222,14f versteht V 25b nach Phil 3,10.21 (vgl. Röm 8,29): δικαιῶν ἡμας συμμόρφους τῇ ἀναστάσει αὐτοῦ.
[907] So z.B. Bultmann, Theologie NT 49.85 sowie die bei Kramer, Christos 26 Anm. 48

Genannten; ferner Wengst, Urchristliche Formeln 94–97; zuletzt Käsemann 121; Schlier 136 sowie Strecker, Befreiung 24f. Popkes, Christus traditus 194 führt auch unpaulinischen Wortgebrauch als Argument an, sieht jedoch selbst, daß dies »nicht eindeutig« ist.
[908] So richtig Popkes, ebd.

seits das Aktiv von Judas (Mk 3,19 par; 14,10 parr usw.) bzw. von den Juden ausgesagt wird (Mk 10,33 parr; 15,1.10 parr; Apg 3,13) – dort aber noch ohne Anspielung auf Jes 53 und ohne soteriologische Explikation[909]. Die beiden paulinischen Stellen sind also die einzigen, an denen das traditionelle Auslieferungs-Motiv von Jes 53 her soteriologischen Sinn im Kontext der Sühne-Vorstellung gewinnt und damit zum Interpretament der traditionellen Aussage vom Sühnetod Jesu wird. Da dies jedoch möglicherweise auch schon in der Paradosis 1Kor 15,3 der Fall ist[910], ließe sich von daher auch die Vermutung der Traditionalität von Röm 4,25 stützen. Dies um so mehr, als Paulus in Gal 2,20 von der *Selbst*auslieferung Christi für uns spricht (vgl. Gal 1,4; 1Thess 5,10; Eph 5,2.25) und so die theologisch orientierte Auslieferungs-Aussage christologisch abwandelt (vgl. 5,6–8 mit 3,25; 2Kor 5,14 mit 5,18–21; ferner 1Kor 8,11), was sich in der nachpaulinischen Überlieferung durchsetzt (vgl. 1Petr 2,21; 3,18; 1Tim 2,6; Tit 2,14; Joh 17,19)[911]. Ferner findet sich bei Ignatius eine Stelle, die Röm 4,25 entspricht und von der jedenfalls nicht deutlich ist, ob die Formulierung von Paulus übernommen ist oder unabhängig vom paulinischen Römerbrief aus der gleichen Tradition stammt: IgnRöm 6,1 τὸν ὑπὲρ ἡμῶν ἀποθανόντα . . . τὸν δι' ἡμᾶς ἀναστάντα. Ähnlich Polyk 9,2 τὸν ὑπὲρ ἡμῶν ἀποθανόντα καὶ δι' ἡμᾶς ὑπὸ τοῦ θεοῦ ἀναστάντα, was jedoch vielleicht von Ignatius übernommen ist[912]. Schließlich könnte man auch auf Kol 2,12–15 hinweisen, wo – deutlicher als in Röm 6,6–11 – neben die Sühnewirkung durch den Tod Christi die Teilhabe am Leben Christi als Wirkung seiner Auferstehung tritt und das Mit-Auferstandensein der Christen als Wirkung der in Kreuz und Erhöhung geschehenen Entmachtung der Sündenmächte gedacht ist (vgl. auch 1,18–20).

Doch ist das Urteil über Röm 4,25 als vorpaulinische Formel keineswegs gesichert. Die Aussage steht eben traditionsgeschichtlich sehr isoliert, vor allem was die soteriologische Deutung der Auferweckung betrifft[913]. Vom Kontext her läßt sie sich nun aber jedenfalls als ein wichtiges Element der paulinischen Gedankenführung erweisen; Paulus will den von V 17 her gegebenen reinen Auferstehungsbezug in V 24 auf die christologische Grundaussage der Rechtfertigung 3,25 zurückbeziehen. Allererst so wird die ganze Erörterung des 4. Kapitels als Explikation von 3,21–31 abgerundet. Das spricht doch sehr stark dafür, daß Paulus den Satz unter Aufnahme traditioneller Motive (V 25a vgl. 8,32) selbst gebildet hat[914].

Zusammen-
fassung   Das Ziel dieser ausführlichen Auslegung von Gen 15,6 ist zweifellos eine Ausführung der These von 3,21b: Die Gerechtigkeit Gottes, die im Sühnetod Christi offenbar geworden ist, hat ihren »Zeugen« in der Schrift. Von deren beiden Teilen, »Gesetz und Propheten«, wertet Paulus nur das Zeugnis des Gesetzes aus; denn weil die Offenbarung der Gottesgerechtigkeit χωρὶς νόμου ge-

---

[909] Deswegen läßt sich Röm 4,25 nicht so direkt von Mk 9,31 herleiten, wie Popkes ebd. 263–266 will.

[910] So Jeremias, J., Abendmahlsworte 97; ThWNT V 704f.707; danach z.B. Cullmann, Christologie 75f; Klappert, B., Zur Frage des semitischen oder griechischen Urtextes von 1Kor XV 3–5, NTS 13 (1967) 168–173. Dagegen z.B. Hahn, Hoheitstitel 201–203; Wengst, Christologische Formeln 91–93. Die Frage kann hier nicht entschieden werden.

[911] Vgl. dazu Popkes, Christus traditus

[912] Vgl. Wengst, Christologische Formeln 228 Anm. 27.

[913] Vgl. dazu Kramer, Christos 26f, der unter Hinweis auf δικαίωσις 5,18 erwägt, »die zweite Zeile könnte sehr wohl paulinische Analogiebildung zur ersten sein«. Es geht freilich nicht an, mit Kuss 195 jegliche Traditionalität des ganzen Satzes auszuschließen.

[914] So zuletzt auch van der Minde, Schrift und Tradition 95. Gegen Wengst, Christologische Formeln 101–103.

196–200.247–253.

schieht, kommt es besonders darauf an, zu zeigen, daß *die Tora* dem nicht widerstreitet, worauf der jüdische Partner hinauswill, sondern daß gerade sie den Ausschluß der »Gesetzeswerke« bei der Rechtfertigung ausdrücklich selbst bezeugt und begründet.

Die Rechtfertigung Abrahams Gen 15,6 entspricht der der Christen in dreifacher Hinsicht: Sie geschieht erstens ἐκ πίστεως (3,22.28) und widerfährt darum zweitens ohne jede Einschränkung allen Menschen, sofern sie an Christus glauben (3,22.29f), und zwar drittens so, daß ausnahmslos Sünder, Gottlose gerecht werden (3,22b–23). Diese dreifache Bestimmung der Rechtfertigung wird nun gezielt im Blick auf Abrahams Rechtfertigung aus der Schrift erwiesen, weil Abraham im Judentum als Vater der Gesetzesgerechten gilt. Paulus beginnt in VV 1–8 mit der entscheidenden dritten Bestimmung und verschärft die jüdische These von Abraham als dem ersten bekehrten Heiden zu der christlichen These von Abraham als dem ersten aus Glauben κατὰ χάριν gerechtfertigten Gottlosen. Von dieser Basis aus begründet er in zwei Gedankengängen VV 9–12 und VV 13–16 die Universalität der Glaubensgerechtigkeit für Heiden wie Juden und dementsprechend den »Ausschluß« der elitären καύχησις des Juden gegenüber dem Heiden unter Berufung auf die signa der Erwählung Israels, Beschneidung und Gesetz. So wird die jüdische These von Abraham als dem Vater der Proselyten zur christlichen These von Abraham als Vater »aller Glaubenden«, der Heiden wie der Juden (in dieser Reihenfolge!). Schließlich zeigt er in VV 17–22 am Glauben Abrahams das Wesen des Glaubens, aufgrund dessen jetzt allen Glaubenden die »Anrechnung zur Gerechtigkeit« widerfährt: Da der Glaube sich auf nichts eigenes, sondern ganz auf die Gnade Gottes stützt, die ihm die Verheißung zuspricht, hat er die Struktur des Vertrauens auf die schöpferische Auferweckungskraft Gottes, als Hoffnung wider Hoffnung, als Zutrauen zur Verwirklichung des Zugesagten wider allen Augenschein. Daß die Rechtfertigung aus Glauben in dieser dreifachen Bestimmung in Tod und Auferstehung Christi begründet ist, daß der Glaube πίστις Ἰησοῦ (3,26b), und also der hermeneutische Horizont des ganzen Abraham-Zeugnisses der Schrift christologisch ist, der christologische Aspekt sich jedoch auch hier mit dem in VV 1–22 vorherrschenden theologischen Aspekt aufs engste verbindet, tritt zum Abschluß in VV 23–25 als die Voraussetzung der ganzen Erörterung hervor.

Es ist darum einseitig, wenn man Röm 4 nur als Explikation der These von der Glaubensgerechtigkeit 3,28 versteht[915]; ebenso aber auch das Urteil, es gehe Paulus gezielt nur um die Universalität der Glaubensgerechtigkeit[916] bzw. um die Zerstörung des heilsgeschichtlichen »Rühmens« der Juden[917]. Nicht weniger einseitig ist auch die Meinung, das Thema von Röm 4 sei die iustificatio impii[918]. Vielmehr sind in diesem Abraham-Midrasch des Paulus alle diese The-

---

[915] So pointiert Hahn, Genesis 15,6 101; vgl. Jeremias, Gedankenführung in Römer 4 51.58.
[916] So besonders zuletzt Zeller, Juden und Heiden 100f.

[917] So pointiert Klein, Römer 4, 151.158.
[918] So etwa Vielhauer, Paulus und das AT 44, vgl. grundsätzlich zum Gebrauch des AT ebd. 61f; ferner Luz, Geschichtsverständnis 177, vgl. unten Anm. 920.

men zusammengebunden und aufeinander bezogen: Die *Rechtfertigung* des Gottlosen ist der Gegenstand des *Glaubens*, durch den dieser sowohl in seiner *Struktur* geprägt als auch vom *nomistischen* Gerechtigkeitsverständnis abgehoben ist. Wie darum die Glaubensgerechtigkeit einerseits alle Glaubenden aus Israel wie aus den gojim und also die Kirche mit Israel *verbindet*, so *trennt* sie zugleich das gesetzestreue Judentum von der Kirche und schließt es aus dem »kurzgeschlossenen«[919] Zusammenhang zwischen Abraham und den Christen aus.

An dieser Stelle setzt nun eine in der Gegenwart geführte Kontroverse um die Frage an, welchen theologischen Skopos der Rekurs auf Abraham in Röm 4 hat. Zweifellos zielt Paulus auf die christliche Gegenwart (VV 23ff). Aber ebenso zweifellos sieht er Abraham nicht einfach als Paradigma christlicher Glaubensgerechtigkeit, wie Röm 4 in der vorkritischen Exegese nahezu durchweg interpretiert worden ist[920]. Die Erörterung in VV 10ff über den Zeitpunkt von Gen 15,6 vor Gen 17 zeigt vielmehr ein Interesse an der konkreten biblischen Geschichte, und vor allem die Ausführungen über die »Verheißung« in VV 13ff eine zeitliche Differenzierung zwischen Abraham und den Christen. Es geht um die Bedeutung Abrahams, des leiblichen Ahnherrn der Juden (V 1) als Stammvater aller Glaubenden (VV 11f.16) – aber in welchem Sinn? Will Paulus ihn der Kontinuität der Geschichte Israels entreißen, so daß diese »radikal entheiligt und paganisiert«[921] und eine »theologische Indifferenz von Juden und Heiden proklamiert«[922] wird, weil die Gottesgerechtigkeit »einen datierbaren Anfang (hat) . . .: die Zeit ante Christum natum – präziser: ante Christum crucifixum«[923]? Dagegen spricht nicht nur, daß bereits Abraham selbst als Gottloser gerechtfertigt worden ist (VV 4–8)[924], sondern vor allem, daß zum »Samen« Abrahams auch diejenigen Juden gezählt werden, die außer der Beschneidung auch durch ihre Nachfolge im Glauben zu Abraham als ihrem Vater gehören (V 12) und die »nicht nur aus dem Gesetz, sondern auch aus dem Glauben Abrahams leben« (V 16): Daß damit nicht Juden ante Christum, sondern ausschließlich die Judenchristen der Gegenwart gemeint seien, wird weder gesagt noch ist dies aus dem Duktus des Textes zu entnehmen, so sehr dieser auch aktuelle Zielrichtung hat. Richtig ist freilich, daß »die Kategorie einer in christologischer Kontinuität ablaufenden Heilsgeschichte als hermeneutisches Prinzip zur Entfaltung des paulinischen Abrahambildes unangemessen ist«[925]. Es ist gewiß nicht die Absicht des Paulus, »zu zeigen, daß einerseits in Christus die Heilsgeschichte weitergegangen und erfüllt ist, daß aber anderer-

---

[919] So faßt Berger, Abraham 76 die Meinung von Klein zusammen.
[920] Klassische Beispiele für solche dogmatische Exegese von Röm 4 geben Thomas (Röm 57–67) und Melanchthon (Röm 122–155), die ihre Rechtfertigungslehre in schulmäßiger Form anhand dieses Textes darlegen. Vgl. aber auch in der Gegenwart Luz, Geschichtsverständnis 177: »Paulus blickt nicht auf Abraham, sondern mit Hilfe Abrahams blickt er auf

›uns‹, denen der Glaube zur Gerechtigkeit angerechnet wird. Thema von R. 4 ist die Rechtfertigung als einziger Heilsweg, mithin nicht die Vergangenheit, sondern die Gegenwart.«
[921] Klein, Römer 4 158 vgl. 149f.
[922] Klein ebd. 151.
[923] Klein ebd. 148.
[924] Gegen Klein, ebd. 153; Conzelmann, Grundriß 190f.
[925] Klein ebd. 169.

seits die Konstante, die in der alttestamentlichen Heilsgeschichte als auf Christus hinzielend sichtbar ist, der Heilsgeschichte Israels ihren *bleibend* gültigen Wert bewahrt, so daß das Werk Christi ohne sie nicht richtig erfaßt werden kann«[926]. Man kann darum auch nicht sagen, »der Glaube an Gott« habe nach Röm 4 »seinen elementaren Grund in der Geschichte«[927] – wenn nicht präzisiert wird, daß hiermit nicht einfach die faktische Geschichte Israels, sondern Gottes Handeln als ihr Konstituens gemeint ist[928].

In *diesem* Sinn allerdings legt Paulus den größten Wert auf die Faktizität der Rechtfertigung Abrahams am Anfang der Geschichte der Glaubensgerechtigkeit und auf die Gestalt Abrahams selbst, nicht als einem vorbildlichen Beispiel des Glaubens, sondern als dem Stammvater aller Glaubenden, an denen sich die Verheißung verwirklicht, die Gott Abraham zugesagt und mit der er dessen Rechtfertigung sola fide als den eigentlichen Sinn der Geschichte aller Menschen nach Abraham proklamiert hat: als Geschichte *Gottes* mit den Glaubenden, des Schöpfers mit seinen Geschöpfen. Die Kontinuität dieser Geschichte liegt allein in der schöpferischen Kraft der unwandelbaren Treue Gottes, in der er seine Identität mit sich selbst als δικαιῶν τὸν ἀσεβῆ durchhält und seine gegebene Verheißung allem Widerstand menschlichen Augenscheins entgegen verwirklicht[929]. Ohne diese Kontinuität der Gnade würde die Geschichte der Menschen, als Geschichte der Sünde, in universalem Unheil enden; das hat Paulus 1,18–3,20 ausgeführt, und er wird den *geschichtlichen* Sinn der iustificatio impiorum als Aufhebung der faktischen, universalen Sünde in 5,12ff eigens durchdenken. Während er dort die Tat Christi mit der Adams in dialektischem Gegensatz konfrontiert, um herauszustellen, *auf welche Weise* Gott »mächtig ist, was er verheißen hat, auch zu tun« (4,21), geht es ihm hier um die Kraft der Verheißung als solcher, der sich der Glaubende – als ἀσεβής – in das Nichts hinein anvertrauen darf oder soll[930]. Unter diesem Gesichtspunkt stellt Paulus hier Abraham als den ersten Glaubenden den glaubenden Christen gegenüber: als ihren Stammvater. Das hermeneutische Modell ist hier nicht wie dort die Antithetik, sondern die Kontinuität, nicht die negative, sondern die positive Entsprechung. Wie in den Glaubensbekenntnissen Israels wird hier die ›Heilsgeschichte‹ rein als solche herausgestellt – darum der Rekurs auf Abraham –, ohne auf ihre Struktur als Aufhebung der Unheilsgeschichte zu reflektieren (wozu Paulus in Röm 5 auf Adam rekurriert). Das unvermittelte Nebeneinander dieser beiden ›Geschichtsentwürfe‹: Adam – Christus, Abraham – Christen[931] ist im *Gedankengang* des Römerbriefes sehr wohl vermittelt. Röm 4 zielt darauf, den Christen ihren legitimen Ort in der Geschichte der Glaubensgerechtigkeit zu zeigen – nicht umgekehrt darauf, Abraham gleich-

[926] Cullmann, Heil als Geschichte, Tübingen 1965, 240f.

[927] Wilckens, Rechtfertigung Abrahams 49.

[928] Ders., Zu Römer 3,21–4,25, 64–68.71f.

[929] In diesem Sinn möchte ich Bornkamms Ausführungen (Paulus 157f) präzisieren; vgl. auch Conzelmann, Grundriß 124.

[930] Unter *diesem* Gesichtspunkt ist der anthropologische Aspekt von Röm 4 in der Tat unbestreitbar. Entscheidend ist jedoch, was und woraufhin geglaubt wird.

[931] Darauf hat Dietzfelbinger, Heilsgeschichte, hingewiesen.

sam christlich zu nostrifizieren[932]. So gegensätzlich die paulinische Auslegung
der biblischen Abrahamsgeschichte zu aller vorgegebenen jüdischen ist und wie
eigenwillig sie, von jener aus geurteilt, die christliche Erfahrung zum Kriterium der Auslegung macht, so sehr stimmt sie mit jener überein in der Bewertung der Autorität des Alten Testaments als »Schrift«, in der die Vorgegeben-
heit der eigenen gegenwärtigen Erfahrung in der Erfahrungsgeschichte Israels
»bezeugt« wird. Was unter dem Aspekt der gegenwärtigen christlichen Erfahrung jedoch neu ist und den sachlichen Gegensatz zur jüdischen Auslegungstradition begründet, ist die Erkenntnis, daß die mit Abraham einsetzende Geschichte von diesem Anfang her nicht auf Israel beschränkt, ja überhaupt nicht
auf den ausgegrenzten Bereich der faktischen Geschichte Israels festgelegt ist,
sondern darauf zielt, das Schöpfungsverhältnis Gottes zu den Menschen in der
Glaubensgerechtigkeit zu realisieren. »Rechtfertigung beseitigt nicht die
Heilsgeschichte, entschränkt diese jedoch, indem sie den Zaun des Gesetzes
niederreißt und Heil nicht in einem Reservat beläßt.«[933] Aber gerade dafür ist
entscheidend, daß Paulus diese Universalität der Gottesgerechtigkeit hier mit
Bedacht *nicht* erst mit dem Christusgeschehen beginnen läßt[934], sondern mit
der Rechtfertigung Abrahams.

Darin ist der paulinische Gebrauch des AT unterschieden von dem der Alten
Kirche. So wichtig es für deren gerechtes Verständnis ist, sich klarzumachen,
daß die allegorische Methode für die griechisch denkenden Theologen die faktisch einzige Möglichkeit einer sinnvollen Rezeption des AT war, so wichtig ist
im Blick auf das heutige Gespräch mit dem Judentum die Feststellung, daß Paulus das AT nicht Israel entreißen und für die Kirche vereinnahmen wollte, sondern die Legitimität christlicher Verkündigung und christlichen Glaubens aus
dem AT als ›Schrift‹ zu erweisen suchte. Er unterschied sich *darin* weder von
den jüdischen Gesetzeslehrern seiner Zeit, deren hermeneutischer Methoden
er sich durchaus zu bedienen wußte[935], noch auch von dem hellenistischen In-
terpreten Philon. Auch die Weise, wie Paulus zuweilen im AT die Ereignisse
der christlichen Gegenwart vorgreifend präsent sehen kann (z.B. 1Kor
10,1–13; Gal 4,21–31), entspricht formal der eschatologischen Schriftauslegung der Apokalyptik, insbesondere der der Qumrangemeinde[936]. Der Unterschied, von dem aus sich auch die durchaus bestehenden Differenzen im Formalen erklären, besteht darin, daß Paulus durchweg das Christusgeschehen
zum *Sach*kriterium seiner Auslegung des AT macht. Aber indem er dieses als
Heilshandeln *Gottes* erkennt, ist ihm hermeneutisch zugleich evident, daß dieses Heilshandeln Gottes in Christus in Kontinuität zu allem vorausgehenden
Heilshandeln Gottes steht. Denn wäre der Gott, der Christus von den Toten

---

932   Gegen Luz, Geschichtsverständnis 177:
»*geschrieben*‹, nicht *geschehen*, ist Gen 15,6
›um unsretwillen‹ (4,23)«!
933   Käsemann, Glaube Abrahams, in: Paulinische Perspektiven 155.
934   Dies wendet Käsemann ebd. 152 mit
Recht gegen Klein, Römer 4 148 ein.

935   Vgl. dazu Jeremias, J., Paulus als Hillelit,
in: Neotestamentica et Semitica, FS M. Black,
hrsg. E. E. Ellis und M. Milcox, Edinburgh
1969, 88–94.
936   Dazu vgl. z. B. Goppelt, Apokalyptik und
Typologie; Käsemann 117–120.

auferweckt hat (V 24), nicht der Gott Israels, der Gott Abrahams, wie ihn die Schrift bezeugt, so wäre die Wahrheit des Evangeliums nicht als solche erkennbar und verstehbar. Paulus konnte den *Heiden*christen das Evangelium nicht mit den theologischen Kategorien ihrer religiösen Tradition, sondern nur aus der Schrift auslegen – nicht einfach, weil er als Jude und die meisten seiner Heidenchristen als zuvor ›Gottesfürchtige‹ mit diesem Buch faktisch wohl vertraut waren, sondern weil er als Christ in diesem Buch das Handeln Gottes in Christus im Zusammenhang alles vorangehenden Handelns dieses Gottes bezeugt fand und so die ἔθνη als Christen nur als legitime Söhne Abrahams – und eben *nicht* allgemein alle Menschen als Gotteskinder – ansprechen konnte. Es hat elementare *theo-logische* Bedeutung, daß das AT zur ›Schrift‹ der *Kirche* wurde. Das AT als Bibel der Christen aber verbindet diese wesenhaft mit den Juden – über alle hermeneutischen Differenzen hinweg.

Dies bleibt auch dort so, wo sowohl die christliche wie die jüdische Theologie der Gegenwart gelernt haben, das AT *historisch* zu verstehen[937]. So sehr dadurch eine Distanz zum paulinischen Gebrauch des AT entsteht, weil der unmittelbar christliche Horizont des Verstehens sozusagen rückgängig gemacht wird, so wenig verfällt damit das historisch interpretierte AT der Vergangenheit antiker vorderorientalischer Religionsgeschichte – weder für die christliche noch auch für die jüdische Theologie, die natürlich von der historisch-kritischen Distanzierung des AT von der Gegenwart genauso betroffen ist wie die christliche. Die theologische Voraussetzung, daß der Gott des alten Israel derselbe ist wie der, an den wir gegenwärtig glauben, und daß unsere gegenwärtige Erfahrung Gottes nur eine Erfahrung *Gottes* ist unter der Voraussetzung der Identität mit dem Gott des alten Israel, bleibt beiden Theologien wesenhaft gemeinsam. Für beide gilt auch das historisch interpretierte AT als Teil des biblischen Kanons[938]. Denn ein ›Lehrbuch‹ ist das AT nur als Geschichtszeugnis; als Geschichtszeugnis aber ist es durch die historisch-kritische Exegese verstehbar geworden wie nie zuvor. Was Gen 15,6 betrifft, so lassen sich – auch bei völliger Retouche der paulinischen Deutung – die entscheidenden Züge, die Paulus herausgearbeitet hat, auch im ursprünglichen Sinn des Textes erkennen[939]. Gerade eine gemeinsame historische Bemühung um das Verständnis dieser Stelle vermag darum Christen und Juden zu einem beiderseits legitimen, fruchtbaren Gespräch über die Glaubensgerechtigkeit zusammenzuführen.

c) 5,1–11 Das Rühmen der gerechtfertigten Sünder

Literatur: Bornkamm, G., Paulinische Anakoluthe, in: Das Ende des Gesetzes 78–80; *Bultmann, R.,* Adam und Christus nach Römer 5, in: Exegetica 425–431; *Dahl, N. A.,* Two Notes on Roman 5, StTh 5 (1951) 37–48; *Delling, G.,* Der Tod Jesu in der Verkün-

---

[937] Zum Folgenden vgl. Vielhauer, Paulus und das AT 58–62.

[938] Gegen Vielhauer, ebd. 58.

[939] Vgl. dazu die Auswertung der Exegese von Rads bei Hahn, Genesis 15 106f.

digung des Paulus, in: Apophoreta, FS E. Haenchen, Göttingen 1954, 85–96; *Dibelius, M.*, Der Jakobusbrief, hrsg. H. Greeven, KEK XV, [11]1964, 125–129; *Dupont, J.*, La réconciliation dans la théologie de saint Paul, 1953 (ALBO II, 32); *Eichholz, G.*, Die Theologie des Paulus im Umriß, Neukirchen-Vluyn [2]1977, 163–169; *Fuchs, E.*, Die Freiheit des Glaubens. Röm 5–8 ausgelegt, 1949 (BEvTh 14), 9–17; *Goppelt, L.*, Versöhnung durch Christus, in: Christologie und Ethik 147–164; *Käsemann, E.*, Erwägungen zum Stichwort Versöhnung im NT, in: Zeit und Geschichte, FS R. Bultmann zum 70. Geburtstag, Tübingen 1964, 47–59; *Luz, U.*, Zum Aufbau von Röm 1–8, ThZ 25 (1969) 177–179; *Nauck, W.*, Freude am Leiden, ZNW 46 (1955) 68–80; *Schmithals, W.*, Der Römerbrief als historisches Problem 197–202.

1 Gerechtfertigt also aus Glauben, haben wir Frieden (im Verhältnis) zu Gott durch unseren Herrn Jesus Christus, 2 durch den wir auch den Zutritt erhalten haben im Glauben hinein in diese Gnade, in der wir unseren Stand erhalten haben; und wir rühmen uns aufgrund von Hoffnung auf die Herrlichkeit Gottes. 3 Doch nicht allein (das), sondern wir rühmen uns auch der Bedrängnisse, in dem Wissen, daß die Bedrängnis Geduld bewirkt, 4 die Geduld aber Bewährung, die Bewährung aber Hoffnung: 5 Die »Hoffnung« aber »läßt nicht zuschanden werden«, weil die Liebe Gottes ausgeschüttet (da) ist in unseren Herzen durch den heiligen Geist, der uns gegeben worden ist. 6 Christus nämlich, noch als wir schwach waren, ist noch zu (dieser) Zeit für (uns) Gottlose gestorben. 7 Kaum nämlich stirbt jemand für einen Gerechten. Für das Gute (oder: für den Guten) nämlich nimmt es allenfalls jemand auf sich zu sterben. 8 Gott aber hat seine Liebe zu uns darin erwiesen, daß, noch als wir Sünder waren, Christus für uns gestorben ist. 9 Um wieviel mehr also werden wir, gerechtfertigt jetzt durch sein Blut, durch ihn gerettet werden vor dem Zorn. 10 Wenn wir nämlich als Feinde, die wir waren, mit Gott versöhnt worden sind durch den Tod seines Sohnes, um wieviel mehr werden wir, versöhnt, gerettet werden durch sein Leben. 11 Doch nicht allein (das), sondern wir rühmen uns auch Gottes durch unseren Herrn Jesus Christus, durch den wir jetzt die Versöhnung empfangen haben.

Analyse   Wir haben uns oben[940] bereits für die Zugehörigkeit von 5,1–11 zum Voranstehenden entschieden. Dies ist hier nun im einzelnen zu begründen. Erstens: V 1 knüpft mit δικαιωθέντες an 4,25 τὴν δικαίωσιν an. Zugleich jedoch faßt Paulus mit δικαιωθέντες οὖν ἐκ πίστεως alles Voranstehende von 3,21 an zusammen und nimmt so die These 1,17 auf. Zweitens: Wenn auch mit dem »Zutritt« V 2 ein neues Motiv auftaucht, so knüpft doch εἰς τὴν χάριν ταύτην an das Vorhergesagte 4,4.16 und darüber hinaus an 3,24 an, obgleich die Gnade als Fundament, zu der die Gerechtfertigten Zutritt und Stand gewonnen haben, 5,2 in einer sehr viel grundsätzlicheren Funktion erscheint, die dann in VV 12ff expliziert wird. Drittens: Das den Abschnitt einrahmende Stichwort

---

[940] S. o. S. 181f.

καυχᾶσθαι VV 2.3.11 ist eine deutliche Antithese zum »Rühmen« des Juden 2,17; 3,27. Viertens: Ebenso gewichtig ist die Erkenntnis, daß VV 6–8 die grundlegende Aussage von 3,23–26 wiederholt und im Blick auf die Liebe Gottes vertieft wird, wozu V 5 überleitet. Fünftens: VV 9f greifen dann das Stichwort »Rettung« aus der These 1,16f auf, indem die dort ausgesprochene Heilswirkung der Gerechtigkeit Gottes ἐκ πίστεως jetzt zweimal als eschatologische Konsequenz der Rechtfertigung des Gottlosen herausgestellt wird. Sechstens: V 11 erweist sich durch Wiederholung des Stichwortes καυχᾶσθαι, das nun mit Achtergewicht in der geschenkten Versöhnung begründet wird, sowie durch die solenne Formel διὰ τοῦ κυρίου ἡμῶν Ἰησοῦ Χριστοῦ als Abschluß, der in 4,24 f noch nicht erreicht war.

Demgegenüber fallen die Beziehungen zum Folgenden, besonders zu Kapitel 8, so zahlreich sie sind[941], deswegen nicht ins Gewicht, weil sie allesamt in die den Abschnitt beherrschende Rechtfertigungsthematik integriert sind. Dies gilt zunächst für das neue Stichwort ἐλπίς in V 2, das hier noch keine eigenständige thematische Funktion hat, die es erst 8,17ff gewinnt[942]; im übrigen wird die Hoffnung ja der Sache nach VV 9f im Kontext der Rechtfertigungsthematik expliziert. Aber auch das aus dem Gedankengang herausfallende Stück VV 3f ist lediglich eine Art Präludium auf 8,17ff, das erst dort entfaltet wird, während der Gedanke hier gleichsam zurückgebogen wird auf das beherrschende Rechtfertigungsthema. Dasselbe gilt schließlich auch für die Aussage V 5, die wiederum erst in 8,2ff zur Entfaltung kommt; sie wird hier ebenfalls in den Duktus der Rechtfertigungsthematik eingebunden, indem die Gabe des Geistes als Ausgießung der Liebe Gottes interpretiert wird, die in VV 6ff auf das Kreuz bezogen ist[943].

Der Gedankengang ist nicht einlinig. Paulus schlägt in VV 1–5 eine Richtung von der in der Gegenwart erlangten Gerechtigkeit in die Zukunft ein, die er jedoch sogleich abbricht, um in VV 6–11 auf die zentrale christologische Grund-

---

[941] Vgl. dazu besonders Dahl, Notes; danach zuletzt Schlier 137f.

[942] Dazu vgl. z. B. Luz, Aufbau 178f.

[943] Zu den Beziehungen zu 5,12ff vgl. unten S. 307. Neuerdings stellt Schmithals, Römerbrief 197–202, die These zur Diskussion, den ganzen Abschnitt aus dem Kontext als redaktionelle Einlage herauszunehmen und einem anderen Paulusbrief zuzuweisen (zwischen 2Thess 1,1–12 und 3,6–16, welche Abschnitte Schmithals für einen ursprünglich zusammengehörigen Brief hält). Daß 5,1–11 »die Gedankenfolge unterbricht« (197), kann Schmithals nur deswegen behaupten, weil er als deren Thema sehr einseitig lediglich die Einheit von Juden und Heiden durch das Evangelium erkennen will (von der in der Tat hier nichts verlautet), während doch diese Einheit nach 3,21ff als durch Christi Tod als Heilstat der Gerechtigkeit Gottes für die Glaubenden begründet ist, worauf 5,6ff deutlich zurücklenken. Daß 5,12ff wegen V 18 unmittelbar an 4,25 angeschlossen haben müsse (197), ist nur für den akzeptabel, der mit Schmithals 5,1 – völlig grundlos – für eine Glosse eines Redaktors zu beurteilen bereit ist, dessen »Geschick« (!) der Satz eher zu verdanken sein soll als dem Autor selbst (198 Anm. 34). Die Hypothese wird überdies dadurch noch kompliziert, daß Schmithals 5,6–7a als sekundäre Glosse ansieht, von der er schließlich eine weitere Glosse in V 7b unterschieden wissen will (199 Anm. 35). Im übrigen ist es übertrieben, in 5,1–11 geradezu eine »Dublette« zum 8. Kapitel zu sehen (200). Mit dieser Hypothese meint sich Schmithals aller vieldiskutierten Probleme im Blick auf die Stellung des Abschnitts im Kontext des Römerbriefes im Handstreich entschlagen zu können (202) – schwerlich überzeugend.

aussage 3,21ff zurückzulenken, in deren Kontext er den Blick in die endzeitliche Zukunft einbezieht (VV 9f). Vom Verständnis dieses ›Knickes‹ zwischen V 5 und V 6 hängt das Verständnis des ganzen Abschnitts wesentlich ab. Ansonsten ist der Aufbau klar: VV 1–2a sprechen eine These aus, aus der V 2b eine weitere These gefolgert wird, die Paulus durch den ›Kettenschluß‹ VV 3f entfaltet und V 5 begründet. In VV 6–8 interpretiert er das in V 5 zentrale Stichwort der Liebe Gottes, von wo aus er V 9 in einem Schluß de minore ad maius den Gedanken der eschatologischen Rettung folgert. Sind so VV 6–9 als zusammengehörig aufzufassen, so wiederholt V 10 den gleichen Schluß nochmals. V 11 schließt ab.

Erklärung 1 Die Auslegung von Gen 15,6 in Kapitel 4 hat gezeigt, was es heißt: »Gerechtfertigt aus Glauben«. Jetzt richtet Paulus den Blick darauf, was dies für die Glaubenden, denen dies widerfahren ist, in ihrem gegenwärtigen Leben bedeutet. Der jüdische Partner tritt als Gegenüber zurück[944]; Paulus spricht in der homologisch-kirchlichen Wir-Form der betroffenen Glaubenden. »Wir« haben Frieden im Verhältnis zu (πρός) Gott, die heile Offenheit zu Gott, die durch Gerechtigkeit begründet ist, samt ihrer Folge für die Gerechten, dem »Frieden« als dem Heil (שלום). Wie jedoch die Gerechtigkeit nicht diejenige ist, die Menschen sich als Gerechte aufgrund von eigenen Werken erworben haben, sondern die ihnen als Ungerechten aufgrund des Glaubens an Christus geschenkt worden ist, so ist der Friede, den sie als Gerechtfertigte haben, als die Wirklichkeit positiven Gottesverhältnisses gemeint, die nicht aus dem Tun der Gerechtigkeit resultiert, sondern aus der Aufhebung ihres negativen Gottesverhältnisses durch Gottes Tun: die Wirklichkeit der Versöhnung (V 10)[945]. Darauf will Paulus hinaus (VV 11f).

Die LA ἔχομεν ist textgeschichtlich gegenüber der im ägyptischen, syrischen und westlichen Text sowie überwiegend in der Koine bezeugten LA ἔχωμεν zweifellos sekundär. Sie ist aber – angesichts des parallelen Indikativs ἐσχήκαμεν V 2 und des entsprechenden Skopos der Begründung V 6ff – gleichwohl textkritisch vorzuziehen[946]. Nichts im Kontext weist auf eine Aufforderung, alles dagegen ist ausgerichtet auf die durch die Versöhnung von Gott her gegebene Situation. Mag ἔχωμεν bereits im Archetypus gestanden haben und so von nahezu allen Vätern auch als sinnvoll übernommen worden

[944] Das spricht gegen die These von Scroggs, Paul as Rhetorician 293–296, in Kapitel 5 sei der Anfang einer in sich geschlossenen diatribischen Homilie (Röm 5–8) zu vermuten, die Paulus im Römerbrief eingearbeitet habe. Stilkritisch hebt sich aber das ganz undiatribische Kapitel 5 deutlich von Kapitel 6f ab, wo der diatribische Stil von 3,27–31 wiederaufgenommen wird. Im übrigen überzeugen die Argumente, die Scroggs für seine These vorträgt (Stichwort Tod-Leben als cantus firmus verschiedener kleiner Einheiten, ähnlich wie λογισμός in 4Makk), in keiner Weise.

[945] Die Auslegung als »Herzensfrieden« im Gläubigen, dem die Versöhnung mit Gott »innerlich zum Bewußtsein kommt« (Kühl 160), spiegelt, durch die Theologie Schleiermachers beeinflußt, die von Paulus gemeinte objektive Wirklichkeit der Versöhnung in die Subjektivität. Die altkirchliche Exegese hat die objektive Bedeutung durchweg erkannt und εἰρήνη als oppositum zu der »Feindschaft« V 10 gedeutet, vgl. Schelkle, Paulus 150f.
[946] Die kohortative LA ἔχωμεν wird in neuerer Zeit vor allem von Kuss 201f verteidigt; weitere Literatur bei Käsemann 123.

sein[947], so kann es sich doch nur um einen Hörfehler beim Diktat handeln[948]. Origenes hat übrigens den ihm überlieferten Text vom Kontext her so interpretiert, daß er als Begründung für die Aufforderung, Frieden zu halten mit Gott, das ἔχειν des Friedens von Gott her hinzusetzte[949].

»Durch unseren Herrn Jesus Christus« ist eine – ursprünglich wohl liturgische – Formel, mit der hier christologisch begründet wird, daß wir Frieden haben mit Gott. Gemeint ist, wie in VV 6ff ausgeführt wird, der Gekreuzigte (VV 9.10), der als solcher auferstanden ist und als Erhöhter die, für die er gestorben ist, bei Gott interzessorisch vertritt (vgl. 8,34). Dieser Weg des Gekreuzigten in den Himmel zu Gottes Thron, dem Ort des Endgerichts, ist es denn auch (καί explicativum), durch den uns »Zutritt« geschaffen worden ist – ein kultisches Bild, mit dem in einer bestimmten urchristlichen Tradition die Zugehörigkeit der Christen zum endzeitlichen Heil durch den Aufstieg des gekreuzigten Christus begründet wird: Wie und weil Christus als Hoherpriester in das himmlische Heiligtum eingetreten ist (Hebr 9,11–14), darum ist der gleiche »Zutritt« nun auch den Seinen geöffnet (Hebr 4,14–16; 10,19–22; 1Petr 3,18)[950]. Paulus aber sieht gleichsam als den Herrn dieses Heiligtums die *Gnade*: Sie ist das Sanctissimum Gottes, nämlich sein Handeln, wie Paulus es im 4. Kapitel im Blick auf die Rechtfertigung Abrahams beschrieben hat, als Zurechnung der Gerechtigkeit κατὰ χάριν für den Gottlosen (4,4f), allein ἐκ πίστεως. *Diese* Gnade (ταύτην im Sinne solchen Rückbezugs) ist das Fundament christlicher Gerechtigkeit und christlichen Lebens, in dem wir als Gerechtfertigte unseren Stand gewonnen haben und also jetzt unseren Stand haben; das Perfekt ἐστήκαμεν drückt die gegenwärtige Situation aus, wie sie durch das Rechtfertigungshandeln Gottes, durch die Versöhnung im Tod Christi uns als das Fundament christlichen Lebens gegeben ist (vgl. V 11). Das »Stehen« eines Menschen ist in hellenistisch-jüdischer Theologie ein häufig gebrauchtes Bild für den Halt und die Kraft, die der Weise dadurch gewonnen hat, daß er sich in seinem Denken in der jenseitig-himmlischen Wirklichkeit Gottes, des allein »Stehenden«[951], festgemacht hat, statt der Bewegung und Veränderung der Schöpfung zu verfallen[952]. Bei Paulus bemißt sich das »Stehen« und »Fallen«

[947] Vgl. die Beispiele bei Schelkle, Paulus 150f.

[948] W. Foerster, ThWNT II 414.

[949] Origenes, Röm.-Kommentar (hrsg. J. Scherer) 224,9–20: οὐ γὰρ δυνατόν ἐστιν εἰρήνην ἔχειν πρὸς τὸν θεὸν τὰ ἐναντία ἔργα τῇ ἀρετῇ πράττοντα ἅπερ ἐχθοποιεῖ θεῷ τὸν κατεργαζόμενον. Dafür wird Mt 5,45 zitiert, woraus erhellt, daß Gott τὰ τῆς πρὸς ἡμῆς εἰρήνης ἐπιτελεῖ, weswegen wir diesem göttlichen Handeln an uns nicht im Sündigen, sondern nur im Rechttun entsprechen, ὅτε καὶ εἰρήνην ἔχομεν πρὸς τὸν θεόν (vgl. Rufin 988–990 bei Schelkle, ebd. 150).

[950] Berger, K., Almosen für Israel 182 Anm.

13, weist auf Justin, Dial. 11,5 hin: »Kinder Abrahams, die wir durch den Gekreuzigten zu Gott geführt sind« (προσαχθέντες!).

[951] Vgl. z. B. Philo, Somn I 250; Post Cain 30; ferner das Gottesprädikat ὁ ἑστώς, στάς, στησόμενος in der simonianischen Μεγάλη Ἀπόφασις bei Hipp Ref VI, 12,3.

[952] Dazu vgl. besonders Philo, Post Cain 23: »Es ergibt sich nämlich die Folgerung, daß das, was sich dem Feststehenden (= Gott) nähert, nach Ruhe strebt aus Sehnsucht, ihm ähnlich zu werden. Was nun unerschütterlich feststeht, ist Gott, das Bewegte aber die Schöpfung, so daß, wer auf Gott zuschreitet (προσιὼν θεῷ) nach Stillstand (στάσεως) strebt«

am Urteil des Endgerichts (14,1; 1Kor 10,12 vgl. Eph 6,11). Beidemal geht das Interesse auf die Erlangung letzter Identität des Menschen angesichts ihrer tödlichen Gefährdungen in der irdisch-vorfindlichen Situation. Für Paulus aber bedeutet Rechtfertigung des Gottlosen, daß des Menschen Identität gewahrt ist allein durch Gottes Gnade, das heißt, daß sie nicht in irgendeiner Weise erreicht werden kann, sondern schlechthin Widerfahrnis ist: Gott, der in seiner himmlischen Höhe von Sündern nicht erreichbar ist, hat sich ihnen selbst zugänglich gemacht, indem er durch die schöpferische Kraft seiner Zuwendung die faktische unendliche Gottesferne, die die Sünde angerichtet hat, aufhob. Das Verhältnis zu Gott (V 1) besteht in diesem durch Christus eröffneten *Zutritt* zu seiner *Gnade* (V 2). Die Identität des Sünders ist so ganz und gar das bleibende Geschenk der Gnade, als »Friede zu Gott« (V 1); und erlangt werden kann sie darum nur »im Glauben«[953].

Ist in dem Perfekt ἑστήκαμεν Vergangenheit und Gegenwart zusammengeschlossen, so tritt sogleich die Zukunft hinzu. Weil nämlich die Gnade eschatologische Kraft hat, da sie von der Auferstehung des gekreuzigten Christus ausgeht, wird der Glaube zugleich zur »Hoffnung auf die Herrlichkeit Gottes«, die der Sünder verlor (3,23), die aber als die letzte Bestimmung des Menschen durch Christus wiedergewonnen ist (vgl. 8,18 als Auslegung von συνδοξασθῶμεν 8,17). Und da der Glaube in Christus als dem διὰ τῆς δόξας τοῦ θεοῦ Auferstandenen (6,4) die endzeitliche Verherrlichung verwirklicht weiß, gewinnt die Hoffnung auf sie gegenwärtige Kraft: Sie ist es, deren Christen sich bereits jetzt rühmen dürfen. Der Gegensatz zum Rühmen des Juden (2,17ff; 3,27) bleibt hier unausgesprochen, ist aber dem Leser präsent[954]: Hat jener sich aufgrund seiner heilsgeschichtlichen Privilegien, ungeachtet des Widerspruchs seines eigenen Tuns zu Gottes Erwählung, Gottes gerühmt, so rühmt sich der Christ Gottes aufgrund seiner Gnade, die jenen Widerspruch aufgehoben hat; und rühmte sich dort der Jude im Unterschied zum Heiden, so ist hier im Rühmen der gerechtfertigte Sünder jener Unterschied vergangen; Juden und Heiden sind in der Heilsfreude, die ihnen als ihre gemeinsame Zukunft erschlossen ist, eines.

3 So sehr dieses christliche »Rühmen« die Gegenwart mit der endzeitlichen Zukunft zusammenschließt, so wenig wird darin die Realität der Gegenwart, die der der zukünftigen Herrlichkeit widerstreitet, übersprungen. So sehr nämlich der Gerechtfertigte von der Sünde befreit ist, so sehr bleibt er bis zum Ende in der durch die Wirklichkeit der Sünde bestimmten Welt; und gerade weil er im Kraftfeld der Gnade als zu Gott gehörig seinen Stand gewonnen hat, trifft nun

---

. . .; vgl. ebd. 27: ὄντως γὰρ ἀτρέπτῳ ψυχῇ πρὸς τὸν ἄτρεπτον θεὸν μόνη πρόσοδός ἐστι, καὶ ἡ τοῦτον διακειμένη τὸν τρόπον ἐγγὺς ὡς ἀληθῶς ἵσταται δυνάμεως θείας. Vgl. dazu Waitz, H., Simon Magus in der altchristlichen Literatur, ZNW 3 (1904) 121–143.
[953] Das Fehlen von τῇ πίστει in B D G it Or (lat) beruht wohl auf früher versehentlicher

Auslassung. Falls die LA ursprünglich sein sollte, ist τῇ πίστει eine sekundäre Verdeutlichung des von Paulus Gemeinten.
[954] Er wird ausdrücklich in Phil 3,3. – Die These von Michel 131, mit καυχᾶσθαι sei der gottesdienstliche Jubel = ἀγαλλίασις gemeint, ist durch keinen Beleg zu begründen.

auch die Rebellion gegen Gott, an der er als Sünder selbst teilhatte, auch ihn: nämlich in den ϑλίψεις, die sowohl von seiten der Umwelt und in den ihr wirksamen widergöttlichen Mächten als Anfeindung und Verfolgung als auch in seinem Geschick in Gestalt von Krankheit, Ängsten, Mühen und Leiden seiner Identität in Gottes Frieden massiv und empfindlich widerstreiten[955].

Daß der Gerechte leiden und den gesammelten Widerstreit der Ungerechtigkeit der durch Rebellion gegen Gott bestimmten Welt standhaft zu ertragen habe, bis das Endgericht diesen Widerspruch aufheben werde, ist ein aus der Weisheit ererbtes, zentrales Thema der jüdischen Apokalyptik[956]. Diese Erfahrung zeigte dem Frommen, daß sich diese Anfechtungen bis zum Ende immer weiter steigern werden; in der letzten Zeit, die dem Ende unmittelbar voraufgeht, gelangen sie zum Höhepunkt der »Wehen«, sofern sie dann das Gericht über die Frevler in Vor›zeichen‹ geschichtlicher und kosmischer Katastrophen bereits ankündigen und die Frommen mittreffen wird, bis der Anbruch des Endes ihnen Errettung, den Frevlern dagegen den Untergang bringt. Das Urchristentum hat dies übernommen[957], aber im Unterschied zum Judentum auf den Glauben an Christus bezogen: Wegen ihres Glaubens werden Christen gegenwärtig vielfach bedrängt, und Christus wird sie erretten, wenn sie standhaft bleiben bis zum Ende. Weil sie zu ihm gehören, darum vermögen sie allen Anfechtungen zu widerstehen; diese sind nichts als Prüfungen auf die Echtheit ihres Glaubens, und Gott läßt nicht zu, daß diese Prüfungen das Maß des Erträglichen überschreiten (1Kor 10,12f). So ist auch im Urchristentum das Leiden der Christen ein zentrales Thema; die Paränese mahnt sie unaufhörlich zur »Geduld« (Hebr 10,36; 12,1; 1Petr 2,20; Offb 13,10; 14,12), durch die ihr Glaube seine »Bewährung« finden soll, wie das Gold im Feuer des Schmelztiegels geläutert wird (1Petr 1,7). Sie tröstet zugleich die Leidenden inmitten der Glut der Anfechtung (Röm 15,4) im Blick auf die gewisse Zukunft ihrer endzeitlichen Errettung (1Thess 1,3; 2Kor 4,16f; Röm 8,25). Ja, in gezielter Paradoxie fordert sie sie auf, das Leiden für Freude zu halten (Jak 1,2–4) und inmitten des Leidens den eschatologischen Jubel der Erlösten schon jetzt anzustimmen (1Petr 1,6–9; 4,12f)[958].

Diesen Traditionszusammenhang setzt Paulus voraus. Mit der Ellipse οὐ μόνον δέ[959] ἀλλὰ καί wird nicht nur die Paradoxie gegenwärtiger eschatologischer καύχησις als solche, sondern darin dies unterstrichen, daß sie die Gegenwart der ϑλίψεις keineswegs nivelliert, sondern gerade angesichts ihrer laut wird: Dem καυχᾶσϑαι ἐπ' ἐλπίδι τῆς δόξης τοῦ ϑεοῦ entspricht das καυχᾶσϑαι ἐν ταῖς ϑλίψεσιν[960]. Wie Abraham sein Vertrauen auf die Ver-

---

[955] Vgl. z. B. 1Thess 3,3f.7; 2Thess 1,4–7; 1Kor 4,9–13; 2Kor 1,3–11; 4,7–18; 6,4–10; 11,23–33; Röm 8,35f.

[956] Vgl. dazu Rössler, Gesetz und Geschichte 88–95.

[957] Vgl. z. B. Mk 13; 2Thess 1,3–12.

[958] Vgl. dazu Dibelius-Greeven, Der Brief des Jakobus (KEK XV) 103–105; Nauck, Freude im Leiden; Schrage, W., Leid, Kreuz und Eschaton. Die Peristasenkataloge als Merkmale paulinischer theologia crucis und Eschatologie, EvTh 34 (1974) 141–175.

[959] Zu ergänzen ist: καυχώμεϑα ἐπ' ἐλπίδι τῆς δόξης τοῦ ϑεοῦ.

[960] Zwar könnte in der verschiedenen Formulierung mit ἐπί und ἐν angezeigt sein, daß die Hoffnung der Grund und die Bedrängnisse der Ort des Rühmens ist, wie Michel 131 Anm. 2 erwägt. Doch da in LXX καυχᾶσϑαι zumeist mit ἐν, jedoch zuweilen auch ebenso mit ἐπί konstruiert wird (ψ 5,11; 25,14; 30,2) und Paulus solcherart unterschiedliche Formulierungen desselben Sachverhalts liebt, können ἐπί und ἐν durchaus auch gleichbedeutend sein

heißung setzte ἐπ' ἐλπίδα παρ' ἐλπίδα (4,18), so verschärft sich dieser Widerspruch zwischen Ohnmacht und Macht (vgl. 4,21), Nichtsein und Sein (4,17), Tod und Leben (vgl. 2Kor 1,8–10; 4,10; 6,9f) für den Aspekt christlichen Glaubens insofern, als hier der Grund des Vertrauens auf Gott nicht das gegebene Wort der Verheißung, sondern Tod und Auferstehung Christi als Erfüllung der Verheißung ist und das Vertrauen darum den Charakter der Heilsgewißheit (καυχᾶσθαι) hat (vgl. dagegen 4,2!). Aber in der Hoffnung auf die widerspruchsfreie Zukunft der Herrlichkeit Gottes überspringt die christliche Heilsgewißheit nicht den Widerspruch der gegenwärtigen Anfechtung (vgl. Hebr 6,19f), sondern sie spricht diesen Widerspruch selbst im »Rühmen« an, weil sie sich – das heißt: der Gnade Gottes – zutraut, sich an den Leiden selbst gleichsam abzuarbeiten, wie das Gold allererst im Schmelzprozeß reines Gold wird (vgl. 1Petr 1,7). Denn der Glaube an den auferstandenen Gekreuzigten als den Ort der Rechtfertigung *weiß*, daß jedwede θλῖψις[961] jetzt nur mehr Geduld, Durchstehvermögen bewirken kann, das heißt: Es gibt keinerlei Macht des Widerspruchs, die das, was die Gnade in Christus bewirkt *hat*, für den Glaubenden ernsthaft und mit dem Erfolg seines »Fallens« in Frage stellen

4 kann; vgl. 8,38f; 1Kor 10,12f. Also wird in diesem Kampf des Glaubens gegen die ihm widerstreitende Wirklichkeit der gegenwärtigen Welt die Heilsgewißheit des Christen nur mehr und mehr gestärkt: Die Geduld bewirkt »Bewährung« – sowohl des Glaubens (2Kor 8,2) wie darum auch des Glaubenden im Blick auf das Endgericht (vgl. 1Kor 4,5; 11,19; 1Petr 1,7; Jak 1,3; Offb 13,10; 10,12). Solche Bewährung aber bewirkt wiederum Hoffnung, das heißt: Durch den Kampf mit den Anfechtungen im Durchstehen der Leiden wird die darin vorausgesetzte Hoffnung nur immer gewisser, stärker und bestimmender.

5 Die rhetorische Figur des sogenannten Kettenschlusses[962] bringt die Logik dieses ›Prozesses‹ zum Ausdruck, nicht indem auf den Fortschritt, sondern auf die im Prozeß wirksame Kraft der ›Ausgangsbestimmungen‹ abgehoben wird. So kehrt die Reihe über V 2b hinaus zur Grundaussage VV 1–2a zurück. Zu ihrer vertiefenden Interpretation setzt Paulus in V 5 an: Die Hoffnung ist nach ψ 21,6; 24,20; 118,116; Jes 28,16 unerschütterlich, sie »beschämt« den Hoffenden nicht (angesichts der Wahrheit des Endgerichts, in dem alles Verhalten der Menschen seinen ihm entsprechenden ›Lohn‹ finden wird); sie läßt ihn in dem, worauf er seine Hoffnung gesetzt hatte, nicht »zuschanden werden« (indem sich im Endgericht etwa ihre Nichtigkeit erwiese: »Die Hoffnung ist kein leerer Wahn«). Das ist für Paulus allein deshalb nicht der Fall, weil es eben Gottes Gnade ist, auf die der Christ hofft. Die Gnade aber ist nichts anderes als die Kraft der Liebe Gottes. Darin unterscheidet sich das paulinische Verständnis

---

(so z. B. Kuss 200; Käsemann 122). Freilich fehlt bei Paulus sonst καυχᾶσθαι ἐπί; und da ἐπί c. dat. kausal gebraucht wird – gerade im Blick auf die Hoffnung, vgl. 4,18; 8,20; 1Kor 9,10 –, ist 5,2 vielleicht doch das Rühmen aufgrund von Hoffnung gemeint, 5,3 aber jedenfalls sein Gegenstand (lokale Bedeutung ent-

fällt angesichts des durchgehenden Sprachgebrauchs von καυχᾶσθαι ἐν).
[961] Vgl. TestJos 10,1: ὁρᾶτε οὖν, τέκνα μου, πόσα κατεργάζεται ἡ ὑπομονὴ καὶ ἡ προσευχὴ μετὰ νηστείας.
[962] Vgl. dazu Dibelius, Jakobus a.a.O. (Anm. 958) 125–129; Rabbinisches bei Bill. III 222.

der χάρις wesenhaft vom Gnadenverständnis der Tradition römischen Rechts-
denkens wie auch vom juridisch-rabbinischen Verständnis[963]: Gottes Gnade
tritt nicht zu seiner Strafgerechtigkeit hinzu, um den dieser Verfallenen ihrem
strafenden Arm zu entziehen, sondern Gottes Gerechtigkeit besteht in seiner
Gnade, weil sie mit seiner Liebe identisch geworden ist.

Gottes Liebe aber hat ihre Rettungstat vollbracht im Tode Christi, wie Paulus
sogleich V 6ff ausführen wird. Gottes »Herrlichkeit« als seine kraft- und licht-
volle Identität mit sich selbst hat den für uns Gekreuzigten auferweckt (6,4)
und darin erwiesen, daß Gott in seiner Liebe zu uns mit sich identisch ist. Diese
Wirklichkeit seiner Liebe ist in Gottes Geist als »Angeld« bzw. »Vorschuß«
(8,23; 2Kor 1,22) aus ihrer in dem erhöhten Christus bereits erfüllten Vollendung uns in das Herz gegeben. Paulus denkt hier zweifellos an die Taufe, in der
die Rechtfertigung des Gottlosen sich am einzelnen vollzogen hat (1Kor 6,11).
Daß nämlich der Christ in der Taufe das πνεῦμα empfangen hat, ist gemein-
christliche Erfahrung[964]. Diese wird Apg 2,17f.33; Tit 3,6 als Erfüllung von
Joel 3,1f gedeutet, woher das Stichwort ἐκκέχυται stammt. Daß der Geist in
den Herzen »wohnt«, ist eine geläufige Aussage der Tradition, die sich auch bei
Paulus häufig findet[965]. Sie dürfte im Blick auf Jer 31,33 formuliert sein (vgl.
2,29; 2Kor 3,2f). Neu dagegen ist die Aussage, daß der Inhalt der Gabe des Geistes die Liebe Gottes ist. Indem Paulus von der »Ausgießung« spricht, bezieht
er zwar die Aussage vom Geist Joel 3,1f auf die Liebe Gottes. Doch zeigt διὰ
πνεύματος ἁγίου, daß ἀγάπη und πνεῦμα nicht als identisch gedacht sind.
Paulus meint vielmehr, daß der uns gegebene Geist in unseren Herzen die
Liebe Gottes bezeugt (8,16) und wirksam werden läßt (Gal 5,22)[966]. Durch sie
sind wir Gottes Kinder und Erben geworden (8,15f; Gal 4,6f); und von ihr
vermag keine Macht der Welt uns zu trennen (8,35–37).

Daß ἡ ἀγάπη τοῦ θεοῦ als genitivus subjectivus aufzufassen ist, ergibt sich
zwingend aus V 8 sowie auch aus dem sonstigen Sprachgebrauch des Paulus
(vgl. 8,39; 2Kor 13,13 mit 13,11), der dem der übrigen ntl. Schriften entspricht
(vgl. Eph 2,4; Kol 1,13; Jud 21 sowie vielfach 1Joh). Lediglich Lk 11,42 ist die
Liebe zu Gott gemeint; ebenso wohl auch 2Thess 3,5 (wegen der Parallelität zu
ὑπομονὴν τοῦ Χριστοῦ). Sonst wird die Liebe zu Gott durch die Präpositionen
πρός (Phlm 5) bzw. εἰς (Hebr 6,10) ausgedrückt. Im griechischsprachigen Judentum kommt der Ausdruck selten vor; PsSal 18,3 ist eindeutig die Liebe Gottes gemeint (par. τὰ κρίματά σου), TestG 5,2 dagegen wahrscheinlich die

---

963 Vgl. dazu oben S. 219f.
964 Vgl. 8,9–11.15.23; 1Kor 2,12; 3,16;
6,11.19; 2Kor 1,22; 5,5; 11,4; Gal 3,2.14; 4,6;
5,5; 1Thess 4,8; 2Thess 2,13; Eph 1,13f; 4,30;
Hebr 6,4; 1Petr 1,2.12; 4,14; Tit 3,5; Apg
1,5.8; 2,38; 5,32; 8,15–19; 9,17; 10,44–48;
15,8; 19,6; Joh 3,5; 7,39; 1Joh 3,24; 4,13.
965 Vgl. 2Kor 1,22; Gal 4,6; ferner Röm
8,26f; 10,8–10; 2Kor 3,2f; 4,6; Eph 3,17;
Hebr 10,22; 13,9.
966 Zum »Ausgegossensein in unsere Her-

zen« vgl. Schlier 150: Die Liebe Gottes »ergreift den Menschen von der innersten Mitte
seiner Person her, die nur Gott und dem Geist
durchschaubar ist, in der aber die eigentlichen
Gedanken und Entscheidungen der menschlichen Geschichte oft gegen ihre Vorstellungen
fallen . . . In dieses Zentrum der menschlichen
Existenz ist die Liebe Gottes durch den Heiligen Geist eingefallen, so daß sie es nun bestimmt.«

Liebe zu Gott (weil τῇ ἀγάπῃ τοῦ κυρίου V 2 in V 3 durch ἡ δικαιοσύνη aufgenommen wird); ebenso vielleicht auch ep Ar 229. Die vor allem durch Augustin begründete Interpretation von Röm 5,5 im Sinne der durch den heiligen Geist eingegossenen Liebe zu Gott wird in der gegenwärtigen Exegese nur vereinzelt vertreten[967]. Sie ist zweifellos verfehlt[968].

6–8 VV 6–10 gehören als Argumentationsgang zusammen. Paulus begründet jetzt seine Auslegung der Gnade als Liebe in V 5. Doch es gelingt ihm nicht sogleich, den Gedanken, auf den er zielt (V 8), zu formulieren. Das hat sachliche Gründe[969]. Wie er nämlich in VV 3f das Rühmen auf die diesem widerstreitende Wirklichkeit der θλίψεις bezogen hat, so sieht er sich nun, wo er die Liebe Gottes als den Grund für das Rühmen zu durchdenken anhebt, vor einer entsprechenden, noch ungleich tieferen Schwierigkeit: So eindeutig sie von Gott her ist, so widersprüchlich ist sie in ihrer Wirkung. Zwei Widersprüche sind es, die sich ihr von der Weltwirklichkeit her entgegenstellen und die in ihr aufgehoben sind. Gott liebt erstens Sünder als seine Feinde. Darum ist seine Liebe zweitens nicht vergleichbar mit menschlicher Liebe. Durch den Versuch, beides als sachlich zusammengehörig auch sprachlich zusammenzubringen, wird die Argumentation in ihrer Stringenz aufs äußerste strapaziert. V 6 thematisiert Paulus den ersten Widerspruch. V 7a schiebt sich der zweite dazwischen; diese Aussage muß aber V 7b korrigiert und scheinbar relativiert werden, bevor sich dann V 8 der in V 6 gemeinte Gedanke in seiner Paradoxalität erheben kann.

6 Der Text von V 6 ist uneinheitlich überliefert: (I) B sa lesen εἴ γε; (II) Min 201, einige Vulgatahandschriften und bo εἰ γάρ; (III) die Peschitta εἰ δέ. Dem steht (IV) die breit bezeugte und auf frühe Zeit zurückgehende LA ἔτι γάρ und schließlich (V) die teilweise im westlichen Text zu findende LA εἰς τί γάρ (G lat Ir) gegenüber. Da I bis III entweder V 6 eng an V 5 anschließen lassen oder ein Anakoluth ergeben, könnte man die Einführung des Satzes mit εἰ als lectio difficilior für ursprünglich halten; IV und V könnten als verschiedene Korrekturen zur Beseitigung des Anakoluths erklärt werden[970]. IV enthält jedoch eine Doppelung von ἔτι γάρ, die in V deutlich (und originell) beseitigt ist und auch in I bis III nicht auftaucht, was jedoch schwerlich ebenso als erleichternde Korrektur erklärt werden kann[971]. Viel wahrscheinlicher ist, I bis III als Abschreibfehler aus IV (ΕΙΓΕ bzw. ΕΙΔΕ aus ΕΤΙΓΑΡ) zu erklären, so daß dann IV die ursprüngliche Lesart ist[972], die lediglich in V korrigiert wurde. Übrigens dient demselben Zweck die Streichung des zweiten ἔτι in der Koine und der Peschitta.

[967] Vgl. besonders Dodd 74; Dibelius, Vier Worte, 4. Weitere Literatur bei Kuss 205–207.
[968] Vgl. dazu z. B. Kuss 205–207.
[969] Vgl. dazu den Ansatz zu einer sachlich-theologischen Interpretation bei Bornkamm, Paulinische Anakoluthe 78–80. Fuchs, Freiheit, 17f Anm. 1 hält V 6f für eine Randglosse zu V 8, die »eine Gedankenlücke zwischen V 8 und V 9« auffüllen wolle. Doch diese (wenn man so will) besteht zwischen V 6 und V 8. V 8 schließt aber mit δέ nicht an V 5, sondern an V 7 an; so mit Recht gegen Fuchs Bornkamm, Anakoluthe 79 Anm. 12. Frühere Interpola-

tionsthesen notiert Schmithals, Römerbrief 199 Anm. 35; zu dessen eigener komplizierter These vgl. oben Anm. 943 sowie unten Anm. 974.
[970] So Sanday-Headlam 126f.
[971] Gegen Lietzmann 59; Michel 134 Anm. 2; Bornkamm, Anakoluthe 78 mit Anm. 8; Käsemann 127. Allerdings ist in I–III faktisch die Spannung geglättet, die in IV durch die Prolepse von Χριστός in dem genitivus absolutus entsteht.
[972] In diesem Urteil stimmen die meisten Ausleger überein. Dagegen Thrall, M., Greek

In den genitivus absolutus ἔτι γὰρ ὄντων ἡμῶν ἀσθενῶν ist das Subjekt des Hauptsatzes: Χριστός, vorgreifend eingeschoben. So ergibt sich bereits innerhalb des genitivus absolutus die Spannung, die der ganze Satz ausdrückt: »Noch als wir schwach waren, ist Christus für (uns) gestorben.« Die ἡμεῖς werden, das Wort ἀσθενεῖς sogleich überbietend, als »Gottlose« charakterisiert. Das wiederholte ἔτι, verstärkt durch das auf die Zeitbestimmung des genitivus absolutus zurückbezogene κατὰ καιρόν[973], arbeitet den Widerspruch noch krasser heraus, sprachlich sperrig, aber geradeso auf den Skopos aufmerksam machend. So entsteht ein Satzungetüm mit schockierenden Spannungen: »Christus nämlich, noch als wir schwach waren, ist – noch zu der Zeit (nämlich: als wir schwach waren) – für (uns) Gottlose gestorben.« Unsere Situation war ganz und gar durch »Schwachheit« bestimmt, nämlich durch die Ohnmacht der Gottlosigkeit. Natürlich ist dies nicht vom Aspekt des Gottlosen aus gesagt, der sich selbst in seiner Rebellion gegen Gott (ἐχθροί) keineswegs als schwach empfindet – vielmehr vom Aspekt des Gerechtfertigten, der auf seine Situation als Sünder zurückschaut (ἔτι!). Nur wer in der iustificatio impii die schöpferische Macht Gottes als Übermacht über die Macht der Sünde und des Todes erfahren hat (vgl. 1Kor 1,25.27; 15,42f), weiß von der Ohnmacht des Sünders gegenüber der Macht der Sünde (8,3), deren Sklave er war (6,15–23)[974]. Die völlige Aussichtslosigkeit dieser Situation kontrastiert nun mit der Tat Christi: Er, der Gerechte, stirbt für Gottlose (vgl. 2Kor 5,21) und setzt so die Macht Gottes ein – die Macht seiner Liebe (V 5) als Gnade (V 2) – zugunsten der Ohnmächtigen: Welcher Widerspruch!

Doch weil hier alles darauf ankommt, daß die Formulierung keinerlei Anschein erwecken darf, als handele es sich schlicht um den einfachen Gegensatz zwischen himmlischer Macht und irdischer Ohnmacht, sieht Paulus sich genötigt, V 6 zu präzisieren, indem er die Aussage scheinbar relativiert. Gibt es das nicht auch unter Menschen, daß einer für den anderen stirbt? Gewiß – jedoch »kaum«[975] so, daß ein Gerechter für einen Ungerechten stirbt, sondern allenfalls, wenn überhaupt, für einen Gerechten. Daß sich ein Gerechter für seine

---

Particles in the NT. Linguistic and Exegetical Studies, Leiden 1962, 83–91, die I für ursprünglich hält.

[973] κατὰ καιρόν meint nicht den Zeitpunkt des Todes Christi als den »von Gott festgesetzten Zeitpunkt« (Kuss 208 im Blick auf Gal 4,4; 2Kor 6,2; Eph 1,10), also »zur rechten Zeit« (Michel 134), sondern, zu dem wiederholten ἔτι gehörend, die Zeit, von der der gen. abs. sprach (vgl. 3,26); so Pr-Bauer 780 und danach Käsemann 127; Schlier 152.

[974] ἀσθενής ist Röm 5,6 in diesem spezifisch paulinischen Kontext zu verstehen. Daß »der Gebrauch von ἀσθενής in V 6 ganz unpaulinisch« sei (Schmithals, Römerbrief 199 Anm. 35), ist Unsinn. Das gleiche gilt für die Auslegung Schlatters 180, der den genitivus absolutus mit dem ersten ἔτι auf die gegenwärtige Si-

tuation der ἡμεῖς als Christen bezieht, die in sich selbst »immer noch« schwach seien. Zwar läßt sich dafür 2Kor 11,29f; 12,5.9f durchaus anführen (vgl. auch 1Kor 2,1–5); vor allem entspricht 2Kor 11,30; 12,5.9f mit dem beherrschenden Stichwort καυχᾶσθαι ἐν ταῖς ἀσθενείαις μου in der Tat Röm 5,3 καυχώμεθα ἐν ταῖς θλίψεσιν. Doch ist weder hier noch dort der Skopos, daß den Christen »immer noch« (ἔτι in diesem Sinne) die Schwachheiten der σάρξ anhingen, die erst in der Zukunft der Endzeit beseitigt sein werden; vielmehr besteht die Kraft der καύχησις gerade darin, von der in Christus realisierten Zukunft her die θλίψεις durchzustehen und darin den Glauben zu bewähren, der sich gerade der erfahrenen Schwachheiten rühmt.

[975] 1739 Orig lesen statt μόλις in gleicher

sündigen Volksgenossen einsetzt, gehört durchaus zum interzessorischen Amt des Propheten (vgl. z. B. 4Esr 12,40–50); und daß Gerechte als Märtyrer zur Sühnung ihrer Sünden sogar den Tod auf sich nehmen, weiß jeder Jude aus dem leuchtenden Vorbild der Makkabäer. Aber der Tod eines Gerechten für *Gottlose* ist für einen Juden nicht nur undenkbar, sondern auch theologisch unmöglich; das hieße nämlich, den Unterschied zwischen Gerechtigkeit und Ungerechtigkeit antasten zu wollen und damit im Effekt die Gerechtigkeit zu korrumpieren. Dies war der entscheidende Grund des Widerspruchs von Pharisäern und Schriftgelehrten gegen Jesu Reich-Gottes-Verkündigung. Ebendies aber verkündigt der λόγος τοῦ σταυροῦ im Sinne von 4,25: Christus ist ὑπὲρ ἀσεβῶν gestorben – welch ein Widerspruch!

Doch Paulus korrigiert sich in V 7b: Daß jemand »für das Gute« zu sterben auf sich nimmt[976], mag »vielleicht« vorkommen. Ob Paulus ὑπὲρ τοῦ ἀγαθοῦ maskulinisch oder neutrisch versteht, ist nicht eindeutig zu entscheiden. Für das erste spricht, daß von V 7a her ein Korrelat zu dem jedenfalls maskulinischen δίκαιον zu erwarten ist und beides so mit V 6 kontrastiert; dagegen jedoch, daß ἀγαθός sonst bei Paulus nicht vorkommt[977], zumal nicht determiniert, τὸ ἀγαθόν dagegen mehrfach[978]. Deswegen ist dies wohl doch vorzuziehen[979]. Wenn man maskulinisch auffassen will, dann sollte man nach Hilgenfelds Konjektur ὑπὲρ τοῦ ἀγαθοῦ lesen und nicht in der Bedeutung »gütig«, sondern »wertvoll« (als hellenistisches Äquivalent für δίκαιος) verstehen[980]: Jedenfalls sind es Beispiele heroischer Selbstaufopferung, die Paulus in den Blick faßt. Damit aber hat Christi Tod wiederum deswegen nichts gemein, weil er nicht ein Beispiel vorbildlichen Einsatzes für das Gute oder für »gute« Freunde ist, sondern sein Sterben Tat zur Rettung von Gottlosen, Einsatz für »Feinde« (V 10). Also ist sein Tod schlechthin unvergleichbar mit dem, was Menschen für Menschen tun können und vielleicht auch tun. V 7 führt ὄντων ἡμῶν ἀσθενῶν aus: »Wir« als Gottlose hatten »damals« unter Menschen wirklich niemanden, der die Macht und den Willen haben könnte, sich für uns einzusetzen. Christi Tod für uns steht also im Gegensatz (δέ V 8) zu allen menschlichen Rettungsmöglichkeiten, die es für uns jedenfalls schlechthin nicht gab – einem Gegensatz, der eben dadurch *bestimmt* ist, daß Christi Tod die konkrete Aporie unserer Situation vor Gott konkret aufgehoben *hat*.

8   V 8 wiederholt V 6, jedoch so, daß nun der Tod Christi, abgehoben gegen jeden möglichen Tod von Menschen für Menschen, als Tat der Liebe *Gottes* hervortritt, von der V 5 die Rede war[981]. Gottes Liebe gilt uns als Sündern – das

---

Bedeutung (»kaum, nur mit Mühe«) μόγις. Daß Ir (lat) V 7 übergeht, muß nicht bedeuten, daß der Vers in seinem Text fehlte.

[976] τολμᾷ drückt das jedenfalls Außergewöhnliche einer solchen Tat aus.

[977] Vgl. aber immerhin Mt 5,45; 22,10; ferner 12,35; 25,21.23 par; Lk 23,50; 1Petr 2,18; Tit 2,5.

[978] 2,10; 7,13; 12.2.9.21; 13,3f; 14,16; 15,2; 16,19; Gal 6,10; 1Thess 5,15; Phlm

6.14; sonst nur Eph 4,28; 1Petr 3,13; Mt 19,16f.

[979] So z. B. auch Bornkamm, Anakoluthe 80.

[980] So Käsemann 128 gegen Michel 134, der im übrigen ebd. Anm. 1 Belege aus dem Kontext hellenistischer Freundschaftsethik bietet; dazu vgl. auch Joh 15,13. Cranfield 264 will ἀγαθοῦ in der Bedeutung ›Wohltäter‹ verstehen.

[981] ὁ θεός fehlt in B Ephr arm. Das ist nicht

nochmals wiederholte ἔτι unterstreicht den Ausschluß jedes Moments, als ob
an uns etwas gewesen wäre, das Gottes Tat hätte rechtfertigen können; und die
Macht seiner Liebe *erweist*[982] sich uns darin, daß sie ihre Intention »für uns«
im Sühnetod Christi *verwirklicht hat:* Sünder sind gerecht geworden durch   9
Christi Blut, womit der Sühne-Charakter von 3,25 hervortritt[983].
Die Rechtfertigung aber hat ihre eschatologische Folge. Für den peccator iustificatus gilt, was nach apokalyptischer Tradition für den Gerechten gilt: Er gehört nun zu denen, die am Ende vor dem Zorngericht gerettet werden[984]. Aber
das Entscheidende ist einerseits, daß er – im Unterschied zu dem Gerechten der
jüdischen Tadition – als Sünder der Wirklichkeit des Zornes Gottes unaus-
weichlich zugehörte (1,18), so daß von daher die ὀργή, »von der weg« (ἀπό =
מ) er gerettet werden wird, die Wirklichkeit der eschatologischen Folge seines
eigenen Tuns ist, der er selbst verfallen war – nicht die Unheilsfolge der Sünden
anderer Frevler, die sich ungerechterweise an ihm als dem Gerechten auswirkt
und aus der er nach apokalyptischer Enderwartung durch die δικαιοκρισία
τοῦ θεοῦ befreit werden wird. Und damit verbindet sich das zweite: Der endzeitliche Retter ist Christus, der auferstandene Gekreuzigte, dessen Sühnetod
den Sünder von der Unheilsmacht seiner Sünde befreit hat – nicht der Richter,
der den Gerechten dem Heil als der Geschickfolge seiner Gerechtigkeit zuspricht. An die Stelle, die nach apokalyptischer Enderwartung der durch das
Gesetz ausgewiesenen Gerechtigkeit des Gerechten als Kriterium des Endgerichts zukommt, tritt nach christlicher Enderwartung die eschatologische Ret-
tungswirkung des Sühnetodes Christi: Es ist die darin *vollzogene* iustificatio
impiorum, die durch die Heilswirkung des Kreuzes Christi (δι' αὐτοῦ) die Entscheidung des Endgerichts zum Heil vorherbestimmt, weil *Gott* (der Richter)
den eschatologischen Zorn »über alle Gottlosigkeit und Ungerechtigkeit der
Menschen« (1,18) im Sühnetod Christi statt an den Sündern an Christus vollstreckt hat, weil darin Gottes heilschaffende *Gerechtigkeit* als seine *Liebe* zu

angesichts der verschiedenen Reihenfolge von
εἰς ἡμᾶς und ὁ θεός in der handschriftlichen
Überlieferung die ursprüngliche Lesart, sondern sekundäre Korrektur zu einer einheitlich
christologischen Aussage. Im übrigen ist die
Stellung nach εἰς ἡμᾶς (א A C bo K P min sy^p
Orig) wahrscheinlich ursprünglich gegenüber
der vor εἰς ἡμᾶς (D G L lat sy^h vulg min Marcion, Chrys, Basilius).

[982] συνίστησιν entspricht εἰς ἔνδειξιν 3,25f.

[983] Berger, Almosen für Israel 185 mit Anm.
29 macht darauf aufmerksam, daß hier – ähnlich wie im Diognetbrief 9,3 – der weisheitliche
Topos: ›Sühne durch Almosen‹ (Spr 10,12;
15,27 (LXX) vgl. 1Petr 4,8; Jak 5,20; Did 4,6;
1Cl 49,5 sowie die übrigen Belege ebd. 185
Anm. 30) auf Gottes Liebe zu den Sündern
übertragen worden ist: vgl. so schon Sir 5,6:
»Sein Erbarmen ist groß; die Menge meiner
Sünden wird er sühnen.« Das Präsens ist von

daher zu verstehen, daß die Tat der Liebe Gottes im Sühnetod Christi durch den Geist (V 5)
im ›Herzen‹ der Christen gegenwärtig wirkt;
vgl. Schlier 154.

[984] Vgl. aus einer Fülle von Belegen z.B.
aethHen 1,8 sowie 5,6–9: (6) πάντες οἱ ἀνα-
μάρτητοι χαρήσονται, καὶ ἔσται αὐτοῖς λύ-
σις ἁμαρτιῶν καὶ πᾶν ἔλεος καὶ ἐπιείκεια,
ἔσται αὐτοῖς σωτηρία . . . (7) φῶς καὶ χάρις
καὶ εἰρήνη, καὶ αὐτοὶ κληρονομήσουσιν τὴν
γῆν . . . (9) οὐ μὴ ἀποθάνωσιν ἐν ὀργῇ θυ-
μοῦ . . . καὶ ἡ ζωὴ αὐτῶν αὐξηθήσεται ἐν
εἰρήνῃ, καὶ τὰ ἔτη τῆς χαρᾶς αὐτῶν
πληθυνθήσεται ἐν ἀγαλλιάσει καὶ εἰρήνῃ
αἰώνιος ἐν πασαῖς ἡμέραις τῆς ζωῆς αὐτῶν.
– Falsch Schlier 155: Paulus meine, daß von
den gerechtfertigten Christen durch Christus
»der Zorn Gottes abgewendet werden kann«
(!)«.

seinen Feinden zur Wirkung gekommen ist. An der Einheit des für uns gekreuzigten Christus mit Gott, Gottes mit dem Gekreuzigten, hängt unser Heil; und nur weil die Sünde im Tode Christi *Gottes Tat* ist, wohnt dem Glauben an Christus jene absolute, eschatologische Heilsgewißheit inne, wie sie im »Wissen« dessen zum Ausdruck kommt, der sich, indem er sich *Gottes* rühmt, zugleich damit der »Bedrängnisse« rühmt (VV 2.3).

Paulus bedient sich in V 9 und V 10 des rabbinischen Schlusses qal-wachomer (de minore ad maius)[985], dessen Voraussetzung die vollkommene Entsprechung zwischen dem Zusammenhang und der Ordnung aller Toragebote zu der Ordnung der Schöpfung ist. Nur darum kann im Tun der Menschen von einem Geringeren auf ein Größeres geschlossen werden, weil alle Gebote, denen alles Tun zu entsprechen hat, untereinander einen Sinnzusammenhang aussprechen, der wiederum dem der Schöpfung entspricht. Wenn nun Paulus in dieser Argumentationsfigur von der Rechtfertigung durch den Tod Christi auf die endzeitliche Rettung der gerechtfertigten Sünder schließt, so ist dieser Schluß hermeneutisch nur sinnvoll und zwingend, weil darin, was in jüdischer Tradition von den Geboten der Tora gilt, auf Tod und Auferstehung Christi übertragen wird; seine Logik entspricht der Ordnung der eschatologischen Wirklichkeit der καινὴ κτίσις, in der sich die Ordnung der Schöpfung vollendet. Dies aber ist darum der Fall, weil in Tod und Auferstehung Christi Gottes *Gerechtigkeit* als seine Liebe selbst gehandelt und darin die Ordnung des Tat-Ergehen-Zusammenhangs aufgehoben hat in den neuen Zusammenhang der Geschickfolge von iustificatio impiorum und Endheil.

10   In der Wiederholung des gleichen Schlusses V 10 steht an der Stelle der Rechtfertigung durch das Blut Christi (V 9) die Versöhnung der Feinde[986] Gottes mit Gott durch den Tod seines Sohnes. Daraus geht hervor, daß Paulus die Versöhnung von der Rechtfertigung her denkt, wie auch die (außer 11,15) einzige andere Stelle zeigt, an der sich das Wort καταλλάσσειν/καταλλαγή in soteriologischer Bedeutung bei Paulus findet, 2Kor 5,18f. Denn dort wird in V 21 ausgeführt, worin die Versöhnung begründet ist: im Sühnetod Christi mit seiner Rechtfertigungswirkung. Zugleich geht aus derselben Stelle hervor, daß die Passivform καταλλάγημεν nicht – wie in paganer Literatur durchweg (vgl. so auch 1Kor 7,11) – mediale, sondern passivische Bedeutung hat; denn dort ist von Gottes Handeln (καταλλάσσειν Aktiv) die Rede. Daß hier von unserer Versöhnung *mit* Gott (τῷ θεῷ) die Rede ist, bedeutet also nicht, daß diese von uns ausgeht, sondern vielmehr von Christus als Gottes Sohn: Durch seinen Tod hat Gott selbst uns mit sich versöhnt. Die logische Unstimmigkeit hat theologischen Sinn: Der Gekreuzigte ist *Gottes* Sohn, in dessen Sterben für uns Gottes Liebe sich erweist (V 8). Entsprechend ist in der Formulierung 2Kor 5,21 Gott der selbst Handelnde: τὸν μὴ γνόντα ἁμαρτίαν ὑπὲρ ἡμῶν ἁμαρ-

985   Belege dafür bei Bill. III 223–226; Bacher, W., Die exegetische Terminologie der jüdischen Traditionsliteratur I, Darmstadt 1965, 172–174; II 189f. Zur Hermeneutik dieses Schlusses vgl. Müller, H., Der rabbinische Qal-Wachomer-Schluß in paulinischer Typologie ZNW 58 (1967) 73–92; sowie Brandenburger, E., Adam 221f.

986   ἐχθροί verschärft ἁμαρτωλῶν V 8 und ist wohl aktivisch (vgl. 8,7), nicht passivisch aufzufassen.

τίαν ἐποίησεν; ebenso 2Kor 5,19: θεὸς ἦν ἐν Χριστῷ (scil. τῷ ὑπὲρ αὐτῶν ἀποθανόντι καὶ ἐγερθέντι, V 15) κόσμον καταλλάσσων ἑαυτῷ. In Röm 5,10a hat τῷ θεῷ den gleichen Sinn: κατηλλάγημεν ist passivum divinum. Darum ist es nach V 11 *Gott*, von dem wir die Versöhnung empfangen haben. Wieder – und noch stärker – ist hier die Einheit Gottes mit dem Gekreuzigten ausgesagt[987]. V 10b steht parallel zu V 9b; darum die Wiederholung καταλλαγέντες von V 10a, entsprechend δικαιωθέντες in V 9a[988]. ἐν τῇ ζωῇ αὐτοῦ steht parallel zu δι᾿ αὐτοῦ V 9, ist also als kausal aufzufassen (ἐν = ב). Inhaltlich unterscheiden sich beide Aussagen: Ist in V 9 der für uns Gekreuzigte gemeint, so in V 10 der für uns Auferstandene, in dessen Leben unser zukünftiges Heil als Teilhabe am endzeitlichen Leben begründet ist (vgl. 1Kor 15,17f; vorher 1Thess 4,14; 5,9f; ähnlich dann Röm 8,17b)[989]. Darum kann Paulus paradox formulieren: τῇ ἐλπίδι ἐσώθημεν (8,24a). Im Verhältnis von V 9 zu V 10 wird also die doppelgliedrige Aussage 4,25 aufgenommen, jedoch so, daß die Auferstehung Christi dort die geschehene Rechtfertigung, hier das endzeitliche Heil begründet. Während das Erste ein spezifisch paulinischer Gedanke ist[990], entspricht der Zweite einem elementaren Motiv des Kerygmas; vgl. 1Thess 4,14; 1Kor 15,12–20; Röm 8,11; 6,5; ferner Kol 3,1–4; Eph 2,5f; 1Petr 1,3–5.21. Zugrunde liegt das Taufbekenntnis, vgl. 10,9f; 1Thess 5,9; 4,10–12; Hebr 2,10; 5,9. Zum Verständnis ist nochmals ein Vergleich mit der jüdischen Auferstehungserwartung hilfreich: Dort wird die Auferstehung zum heilvollen Leben der Endzeit den Gerechten als Folge ihrer Gerechtigkeit zuteil[991]; eine Begründung in der Auferstehung eines Heilsmittlers fehlt deswegen. Im Urchristentum dagegen ist, wie die Teilhabe am Endheil, so auch die Auferstehung der Christen gebunden an die Auferstehung Christi. Das hängt damit zusammen, daß es christliche Gerechtigkeit nur durch Christus gibt, weil die Menschen Sünder waren und durch den Sühnetod Christi gerecht geworden sind. Diesen bereits vorpaulinischen Grundgedanken hat Paulus in seiner Rechtfertigungslehre radikal ausgearbeitet: Unsere Teilhabe am Endheil ist deswegen allein ἐν τῇ ζωῇ αὐτοῦ begründet, weil wir nur durch Christi *Tod* gerecht sind, die Voraussetzung alles heilvollen Geschicks also die iustificatio impiorum ist. Unser endzeitliches Leben ist darum Geschenk der Gnade Gottes, weil unsere Gerechtigkeit ihr Geschenk ist. Weil aber christliche Gerech-

---

987 Käsemann, Erwägungen zum Stichwort »Versöhnungslehre« 49f vermutet im Blick auf 2Kor 5,18–21 als Ursprung der paulinischen Versöhnungsaussagen liturgische Tradition. Das ist zwar nicht beweisbar, würde aber das seltene Vorkommen und die gewisse Selbstverständlichkeit des Gebrauchs gut erklären. Käsemann stellt aber die Dinge auf den Kopf, wenn er dagegen polemisiert, daß »man die Sühne-Aussagen aus der dienenden Funktion für die Versöhnungsbotschaft reißt und zur Hauptsache macht« und ihren kultischen Sinn bestreitet (ebd. 53). Sowohl Röm 5,10 par 5,9

als auch 2Kor 5,18f 21 zeigen klar, daß die Versöhnungsaussage umgekehrt Interpretament der Sühne-Aussage ist, wie denn in 5,6ff 3,25f ausgelegt wird.

988 Beachte die genaue Parallele in der Formulierung von Mk 9,31.

989 Vgl. 2Kor 4,10f, wo von dem gegenwärtigen Erscheinen und Wirksamwerden des Lebens Jesu »in unserem sterblichen Fleisch« die Rede ist.

990 Vgl. oben S. 279f.

991 Vgl. dazu Wilckens, U., Auferstehung, Stuttgart ²1975, 114–131.

tigkeit an der Sühnekraft des Todes Christi hängt, so hängt die Heilsfolge dieser Gerechtigkeit, das Leben, an der Wirklichkeit der Auferstehung des für uns Gekreuzigten.

11   Indem Paulus so in VV 5–10 die Heilszuversicht christlichen »Rühmens« begründet hat, kehrt er in V 11 zu diesem Stichwort von V 2b zurück. Alles Rühmen im Blick auf die Zukunft und angesichts der Bedrängnisse der Gegenwart (V 3) gründet in jener Einheit Gottes mit Christus in Tod und Auferstehung Christi und rühmt darum wesenhaft Gott »durch unsern Herrn Jesus Christus[992], durch den wir jetzt[993] die Versöhnung empfangen haben«.

Zusammen-   Unser Abschnitt ist ein kleines Kompendium christlichen Lebens. Er zeigt, wie
fassung   sich die Rechtfertigung durch Christi Tod und Auferstehung in der Praxis christlicher Existenz auswirkt; was es konkret bedeutet, daß die Kraft der Gottesgerechtigkeit als Gottes Gnade, in der Gott selbst im Tod Christi die reale Aporie der Sünde aufgehoben und Sünder zur Teilhabe am Endheil befreit hat, nun für die Glaubenden zum tragenden Grund ihres Lebens wird. In dem Wissen des Glaubens, daß ihnen die Zukunft der Endvollendung gehört, daß sie ihre Identität in Gottes Identität mit sich selbst, in Gottes »Herrlichkeit« haben werden, vermögen sie alle »Bedrängnisse« ihres gegenwärtigen irdischen Daseins durchzustehen: Die ganze Last des vielgestaltigen Widerspruchs von ›Entfremdung‹, den irdische Geschichte gegen die Verwirklichung wahrer Menschlichkeit des Menschen aufzubieten weiß und aufzubieten pflegt, wird weder heroisch geleugnet noch theologisch ›weggedacht‹ oder religiös kompensiert, wozu die hellenistische Antike nicht weniger großartige Theorien und faszinierende Praktiken vor Augen stellte wie unsere Gegenwart; sondern diesem Widerstreit kann und soll im Glauben sozusagen mitten ins Gesicht geschaut werden. Erfahrung von Leid wird als Erfahrung von Leid ertragbar. Nirgend anderswo hat sich die Realitätskraft christlichen Glaubens durch die ganze, unendlich Leid-gefüllte Geschichte des Christentums hindurch eindrucksvoller erwiesen als in den vielen verschiedenen Zeugnissen von ertragenem Leid, in denen nicht Resignation spricht, sondern die staunende Freude konkreten Ertragenkönnens. Der Glaube bekommt darin eine Sprache, die kompetent ist, der ganzen Wirklichkeit gegenwärtigen Leidens die überlegene Wirklichkeit des künftigen Heils entgegenzusingen. Denn der Glaubende weiß diese in der geschehenen Auferstehung Christi von den Toten als bereits realisiert; und er erfährt deren Kraft im Wirken des Geistes, der sein Leben von innen her trägt und bestimmt. Der Geist nämlich ist nichts anderes als die überzeugende Stimme der Liebe Gottes, die in Tod und Auferstehung Christi ihr ewiges Werk als iustificatio impii getan hat.
An dieser Stelle nun bricht seit dem 16. Jahrhundert ein kontroverstheologisches Problem von großem Gewicht auf: Auf Röm 5,5 basiert die augustinisch-scholastische Lehre von der *gratia infusa* und der *fides caritate formata*.

---

[992] Die Formel entspricht der in V 1 und zeigt hier besonders deutlich ihre liturgische Her-   kunft; vgl. Käsemann 129f.

[993] νῦν nimmt das νυνί von 3,21 auf.

Während die Mehrzahl der griechischen Väter ἡ ἀγάπη τοῦ θεοῦ in der Nachfolge des Origenes[994] als die Liebe Gottes zu uns auffaßten, die Gott uns im Tod
Christi für unsere Sünden erwiesen hat[995], hat sich im Westen seit *Augustinus*
die Interpretation als genitivus objectivus durchgesetzt: »Schließlich ist dies
der Glaube: Durch Liebe wirkt er, nicht durch Furcht; nicht dadurch, daß man
Strafe fürchtet, sondern dadurch, daß man Gerechtigkeit liebt. Von woher anders entspringt dieses Lieben (dilectio), das die caritas ist, durch die der Glaube
wirkt, wenn nicht von daher, woher der Glaube selbst sie erlangt hat? Denn sie
wäre nicht in uns, sofern sie in uns ist, wenn sie nicht in unsere Herzen ausgegossen würde durch den heiligen Geist, der uns gegeben ist. Ist es doch die Gottesliebe, von der es heißt, sie sei ausgegossen in unsere Herzen, (und zwar)
nicht die Liebe, mit der er selbst uns liebt, sondern mit der er uns zu solchen
macht, die ihn lieben (non qua nos ipse diligit, sed qua nos facit dilectores suos),
so wie die Gottesgerechtigkeit die ist, durch die wir durch sein Amt gerecht gemacht werden, und das Heil des Herrn, durch das er uns heil macht, und die fides Jesu Christi, durch die er uns gläubig macht. Das ist die Gottesgerechtigkeit, die er nicht nur durch das Gebot des Gesetzes lehrt, sondern die er auch
gibt durch das Geschenk des Geistes.«[996] Daraus geht zwar hervor, daß Augustinus die eingegossene Gnade ganz und gar als Geschenk Gottes versteht, die
im Gerechtfertigten selbst tatsächlich bewirkt, was das Wort ihm zuspricht.
Aber ebenso deutlich ist auch, daß diese Differenz in der durch die Gnade erworbenen Fähigkeit des glaubenden Christen zur Liebe gegen Gott besteht,
durch deren Kraft der freie Wille des Menschen zum Tun des Willens Gottes
fähig wird[997].
In diesem Sinn wird Röm 5,5 in der *Scholastik* durchweg so ausgelegt, daß in
der Taufe der Geist als wirksame Gnadenkraft ausgegossen wird[998], durch die
sowohl wirkliche Liebe zu Gott als auch wirkliche Erfüllung des Gesetzes mög-

---

[994] Rufin Röm 997 bei Schelkle, Paulus 156.
Im griechischen Original (Scherer 232) bricht
der Text leider zu Beginn der Exegese von Röm
5,5 ab. Vgl. besonders noch Apollinaris: ἀσ-
φαλῆ δὲ τὴν ἐλπίδα δείκνυσιν οὖσαν· ἐπὶ
τὸν ἠγαπηκότα ἡμᾶς θεὸν γινομένην τῆς δὲ
ἀγάπης τεκμήριον τὴν τοῦ πνεύματος
δωρεάν. ἐξέχεε γὰρ ἐφ᾽ ἡμᾶς τὴν ἀγάπην ὁ
τὸ πνεῦμα ἐκχέας (Staab 63); Chrysostomus
514 bei Schelkle ebd.
[995] So z. B. Pelagius Röm 43 bei Schelkle ebd.
156f.
[996] De spiritu et littera 32,56 (CSEL 60,215).
Vgl. die vollständige Auflistung der Belege bei
de Bonnardière, A. M., Le verset paulinien
Röm 5,6 dans l'oeuvre de Saint Augustin, in:
Augustinus Magister II (Paris 1954) 657–665.
[997] Vgl. die Fortsetzung ebd. 57 (CSEL 60
215f): »Si autem dixerimus etiam huius modi
voluntatem non esse nisi donum dei, rursus
metuendum est, ne infideles atque impii non
immerito se veluti iuste excusare videantur

ideo non credidisse, quod dare illis deus istam
noluit voluntatem. nam illud, quod dictum est:
deus est enim qui operatur in nobis et velle et
operari pro bona voluntate, iam gratiae est,
quam fides impetrat, ut possint esse hominis
opera bona, quae operatur fides per dilectionem, quae diffunditur in corde per spiritum
sanctum qui datus est nobis. sed credimus, ut
impetremus hanc gratiam, et utique voluntate
credimus; de hac quaeritur unde sit nobis. si
natura, quare non omnibus, cum sit idem deus
omnium creator? Si dono dei, etiam hoc quare
non omibus, cum omnes homines velit salvos
fieri et in agnitionem veritatis venire?«
[998] Das Verhältnis von gratia und caritas bei
der ›Eingießung‹ des Geistes ist in der Hochscholastik umstritten. Petrus Lombardus hatte
die Gottesliebe des Menschen mit dem heiligen
Geist ineins gesehen, der sich als »ungeschaf-
fene Liebe« mit der Seele des Menschen verei-
nige. In Auseinandersetzung mit dieser Son-
derlehre des Lombarden suchte man dann das

lich wird. So zerlegt sich der Rechtfertigungsvorgang – wie im Ansatz schon bei Augustinus – in verschiedene Stufen, die zwar unter dem Aspekt der Allwirksamkeit der Gnade und des Zum-Ziele-Kommens Gottes beim Menschen wesenhaft zusammengehören, aber unter dem Aspekt der Verwirklichung der Rechtfertigung im Menschen voneinander zu unterscheiden sind. Denn diese bedingt die Aktivierung des freien Willens, den die Gnade nicht übergehen oder gar ausschalten kann und will, wenn es der Mensch in seiner schöpfungsmäßigen Anlage als animal rationale ist, der in der Rechtfertigung ›heil‹ werden und zu sich selbst kommen soll.

In diesem Sinn wird zwischen der voraussetzungslos geschenkten Gnade des Anfangs (gratia gratis data) und der im Leben des Christen wirksamen und ihn selbst gerecht machenden Gnade (gratia gratum faciens) als zwischen dem Handeln Gottes am Menschen (gratia operans) und dem Handeln Gottes zur Unterstützung des menschlichen Handelns (gratia cooperans) unterschieden[999]. Die augustinische gratia infusa wird als donum habituale gedacht, d. h. als Kraft im Christen, durch die dieser selbst zur Praktizierung der »theologischen Tugenden« fähig wird. Kurz gesagt: Die Rechtfertigungslehre wird im Kontext einer umfassenden Gnadenlehre und diese wiederum im Kontext christlicher Anthropologie entfaltet[1000].

Im Skotismus und im Nominalismus wird dieses Stufenschema der Gnadenlehre in dem Maß stärker ausgeprägt, in dem dem liberum arbitrium sozusagen mehr Kompetenz und der Mitwirkung des Menschen zu seiner eschatologischen Gerechtsprechung ausschlaggebendes Gewicht gegeben wird. Die infusio gratiae nach Röm 5,5 wird deswegen durchgreifender auf den Anfang der Rechtfertigung konzentriert und das soteriologische Interesse auf ihre Realisierung im christlichen Leben verlagert, wodurch die Heilsgewißheit des einzelnen Christen aufgrund seiner Taufe im Blick auf seine Selbstverantwortung für sein Heil erheblich relativiert wird.

Gegen diese spätscholastische Auswertung von Röm 5,5 richtet sich der Widerspruch der reformatorischen Theologie. Zwar hat *Luther* in seinem Kommentar von 1515/16 ἡ ἀγάπη τοῦ θεοῦ zunächst traditionell-augustinisch als »purissima affectio in Deum« verstanden, welche jedoch in der »caritas Dei« gründet, »weil wir durch sie Gott allein lieben, wo nichts Sichtbares, nichts Erfahrbares ist, weder innerlich noch äußerlich, auf das man sein Vertrauen setzen

Verhältnis von caritas qua Tugend und gratia qua »geschaffenem Geschenk« zu klären. Die Franziskaner tendierten dabei auf eine Identifikation von gratia und caritas, die Dominikaner unter dem Einfluß des Aquinaten zu ihrer Unterscheidung. Vgl. dazu Auer, J., Die Entwicklung der Gnadenlehre in der Hochscholastik I, 1942, 85–123.336–344.

[999] Zu Thomas vgl. Pesch, O. H., Theologie der Rechtfertigung bei Martin Luther und Thomas von Aquin, 1967 (WSAMA.T 4), 647f, der jedoch betont, daß nach der original-

thomanischen Gnadenlehre grundlegend die Gnade als Wirkstoff der schöpferischen Liebe Gottes im Menschen zu verstehen ist; vgl. ebd. 826–833.

[1000] Dazu vgl. Pesch ebd. 596–669. Zur Scholastik im ganzen: Auer, J., Die Entwicklung der Gnadenlehre in der Hochscholastik, a.a.O. (Anm. 998). – Zur protestantischen Kritik vgl. Wolf, E., Die Rechtfertigungslehre als Mitte und Grenze reformatorischer Theologie, in: Peregrinatio II, München 1965, 11–21.

oder das man lieben oder fürchten könnte, sondern hoch hinaus über alles wird sie gerissen hinein in den unsichtbaren, unerfahrbaren, unfaßbaren Gott, das heißt, mitten hinein in die inneren Finsternisse . . . ›Ausgegossen‹ besagt: keineswegs in uns geboren oder entstanden. Und ›durch den heiligen Geist‹: nicht erworben durch Tugend und Gewohnheit wie die moralischen Tugenden . . . Solcher Art nämlich ist die Liebe der Heuchler, die sich selbst einbilden und vormachen, sie hätten die Liebe.«[1001] In der reinen Liebe zu Gott kann es nur darum gehen, Gott zu gebrauchen, und nicht, ihn zu genießen[1002]: »Denn es genügt nicht, die Gabe zu haben, wenn nicht auch der Geber gegenwärtig ist.«[1003] Der Skopos richtet sich hier deutlich gegen die scholastische Lehre von der eingegossenen Liebe als Tugend, als donum habituale, und stellt demgegenüber die Gegenwart der Liebe Gottes selbst heraus, die vom Menschen nur im Widerspruch zu allem Eigenen, also nur in tiefgreifenden Anfechtungen als deren wunderbar-paradoxe Aufhebung zu *erfahren* ist. In dieser Zielrichtung wird in der späteren reformatorischen Auslegung die ἀγάπη τοῦ θεοῦ Röm 5,5 als die Liebe Gottes zu uns gedeutet und die Interpretation als genitivus subjectivus ausdrücklich abgelehnt[1004]. Entsprechend wird in den lutherischen Bekenntnisschriften die scholastische Lehre von der fides caritate formata schroff bestritten[1005]. Bis in die jüngste Gegenwart hinein hat sich dieser Widerspruch in der Auslegung von Röm 5,5 verfestigt[1006]. Demgegenüber besteht das Dekret der 6. Sitzung des Trienter Konzils darauf, daß die in die Herzen eingegossene Liebe »illis inhaereat« (can. 11, Denzinger 821); »fides, nisi ad eam spes accedat et caritas, neque unit perfecte cum Christo, neque corporis eius vivum membrum efficit« (Cap. 7, Denzinger 800).

So sehr nun dieser Gegensatz durch die Jahrhunderte hindurch zu einem der Kernpunkte des Konfessionsstreits geworden ist, so deutlich ist doch, daß sich darin in der gegenwärtigen Theologie beider Konfessionen zumindest eine wesentliche Annäherung vollzieht, nicht nur was die Exegese von Röm 5,5 betrifft, sondern auch in der Sache selbst. Auf katholischer Seite schafft die stark wirksame Orientierung an der paulinischen Rechtfertigungslehre als bestimmendem hermeneutischem Horizont die Möglichkeit, die Aussagen des Tridentinums in einem Sinn zu interpretieren, in dem diese der reformatorischen

---

[1001] Luther, Röm I 332.

[1002] Luther ebd. 334 nach Augustinus, vgl. z. B. De doctrina christiana 5,3–5.

[1003] Luther ebd. 336.

[1004] Vgl. z. B. Melanchthon, Röm 166f; Calvin Röm (Opera quae supersunt omnia, hrsg. G. Baum, E. Cunitz, E. Reuss, Bd. XLIX, Brunsvigae 1892) 91f; vgl. Institutio III 11,20; 18,8.

[1005] Apologia Confessionis, Art. IV (II) 56: »nam fides non ideo iustificat aut salvat, quia ipse sit opus per sese dignum, sed tantum, quia accipit misericordiam promissam«; ebd. 77: »Sola fide in Christum, non per dilectionem aut opera consequimur remissionem peccatorum, etsi dilectio sequitur fidem«; dagegen ebd. 109: »(Adversarii) dicunt de fide formata accipi debere, hoc est, non tribuunt fidei iustificationem nisi propter dilectionem« (vgl. ebd. 114). Die Kontroverse wird ebd. Art IV (III): »de Dilectione et impletione legis«, sowie Formula Concordiae III 23 ausführlich im Blick auf das Verhältnis zwischen Rechtfertigung und Ethik dargelegt.

[1006] Vgl. Käsemann 126, nach dem man die fides-formata-Lehre »wenigstens in ihrem konfessionstrennenden Gewicht erkennen sollte«.

Lehre der Sache nach nicht widersprechen[1007]. Als das Anliegen der fides-for-mata-Lehre wird der den ganzen Menschen »existenziell« bestimmende Charakter des Glaubens herausgestellt, als dankbare und gehorsame Hinwendung zu Gott in Christus, die als solche von aller Bewährung im Handeln zu unterscheiden ist[1008].

Gegen ein solches Verständnis ist von protestantischer Seite nichts einzuwenden – außer dort, wo man sich überhaupt weigert, sich auf eine Aufnahme des *Anliegens* der fides-formata-Lehre theologisch einzulassen. Die hauptsächlichen Einwände, die bis in die Gegenwart erhoben werden, sind die: Erstens müsse die Gerechtigkeit immer ganz diejenige Gottes bleiben und dürfe niemals – weder aktuell noch auch strukturell – zur ›eigenen‹ Gerechtigkeit des Menschen werden. Dies aber bedeute zweitens in jedem Fall nichts anderes als eine Überführung der Gnade Gottes in eigene Regie und führe unweigerlich, wie subtil auch immer, zu verstecktem Semi-Pelagianismus[1009]. Der erste Einwand aber ist dort – freilich: nur dort! – entkräftet, wo katholische Autoren herausstellen, daß die »eingegossene« Liebe immer Geschenk der Gnade, die fides formata immer Glaube an Gott – und nicht (auch) an die erworbene Fähigkeit – bleibt. Der zweite Einwand entfällt schon dort, wo bereits im Mittelalter alles Handeln allein aufgrund der Kraft der geschenkten Gnade als meritum de congruo gilt, entscheidend aber heute, wo nur noch auf die konkrete Wirksamkeit der Gnade und auf die Verantwortlichkeit des Christen abgehoben, jede Art von Pelagianismus oder Semi-Pelagianismus aber strikt abgelehnt wird[1010].

Gegen die protestantische Bestreitung der fides formata aber pflegt von katholischer Seite eingewandt zu werden, daß damit erstens der Gnade ihre tatsächlich-reale Wirksamkeit abgeschnitten werde und die Rede von ihr gefährlich abstrakt bleibe[1011], zweitens aber ein organischer Zusammenhang zwischen Rechtfertigung und Heiligung so nicht gedacht werden könne und diese, bloß

[1007] Vgl. z. B. Küng, H., Rechtfertigung, a.a.O. (Anm. 790) 274–276, und dazu Rahner, K., Fragen der Kontroverstheologie über die Rechtfertigung, in: Schriften zur Theologie IV, Einsiedeln 1960, 237–271, hier 237–247; Pesch, O. H., Gottes Gnadenhandeln als Rechtfertigung und Heiligung des Menschen, in: Mysterium Salutis, hrsg. Feiner und Löhner, IV 2, Einsiedeln 1973, 831–920; Schillebeeckx, H. E., Das tridentinische Rechtfertigungsdekret in neuer Sicht, Conc (D) 1 (1965), 425–454.

[1008] Zu Thomas vgl. Pesch, Theologie der Rechtfertigung, a.a.O. (Anm. 999) 735–771. Zur gegenwärtigen katholischen Lehre vgl. Rahner, Fragen a.a.O. (Anm. 1007) 248–256; dem entspricht nahezu völlig das Urteil von Joest, W., Die tridentinische Rechtfertigungslehre, KuD 9 (1963) 41–69.

[1009] So besonders Wolf, E., Sola gratia a.a.O.

(Anm. 1000); ferner die Literatur bei Pesch, Theologie der Rechtfertigung 715 Anm. 20. Das gleiche Anliegen steht hinter dem häufig geäußerten Urteil, nach katholischer Lehre folge die Gerechtsprechung der Gerechtmachung, nach evangelischer Lehre umgekehrt (Pesch ebd. 761 Anm. 17).

[1010] Dazu vgl. nochmals die Anm. 1007 genannte Literatur.

[1011] Repräsentativ z. B. Pesch, O. H., Gottes Gnadenhandeln a.a.O. (Anm. 1007) 865: »Es ist zum Beispiel eine theologisch nicht unbedingt zu beanstandende, aber auch nicht sehr hilfreiche These, wenn etwa Ernst Wolf, stellvertretend für eine ganze ›Schule‹ gegenwärtiger evangelischer Lutherforscher, formuliert, der Glaube sei nichts als ›die applikative Seite des Wortes‹. Ebensowenig ist eine Formulierung von Nutzen, wonach der Glaube das ›reine Empfangsorgan‹ für das Heil ist, sofern

als ›Frucht‹ des Geistes Gottes verstanden, ebenso abstrakt bleibe wie jene[1012]. Dagegen ist es zwar eine legitime Aufgabe evangelischer Theologie, die katholischen Brüder auf die – gerade in der Frömmigkeits*erfahrung* konkret relevanten – Motive paradox-unverfügbarer Wunderbarkeit im Erfahrungshorizont tiefer Anfechtungen hinzuweisen, die bei Luther den Glauben von jeglicher menschlich zugänglicher Erfahrung radikal unterscheiden und die in der dialektischen Theologie der Gegenwart nicht nur zu einer eigentümlichen Abstraktheit geführt, sondern eben auch in unserer modernen Situation dem Staunen über die Präsenz des *Wunders* der Gegenwart des Gebers in seiner Gabe, der Liebe Gottes inmitten unserer irdischen Bedrängtheiten Ausdruck geben. Vor allem jedoch ist mit Nachdruck zu betonen, daß es nie in der Absicht evangelischer Theologie gelegen hat, sei es die reale Wirklichkeit der Gnade in unserer Existenz, sei es den wesentlichen Zusammenhang von Rechtfertigung und Heiligung zu bestreiten.

In der Tat also: Der alte Streit um die Auslegung und Auswertung von Röm 5,5 hat seine frontale Unüberwindbarkeit verloren. Exegetisch wie dogmatisch wird auf beiden Seiten die Gabe des Geistes als Gegenwart der Liebe Gottes in Christus verstanden, die dem Glauben an Gott eine letzte – in allen Widersprüchen sich durchsetzende, sie konkret aufhebende – Gewißheit des Angenommenseins und allem christlichen Handeln eine – wiederum alle Widerständigkeiten durchstehende, weil über sie hinausweisende – Gewißheit der Sinnhaftigkeit sowie eine entsprechende in Freiheit begründete, unendliche Dringlichkeit verleiht.

d) 5,12–21 Die Herrschaft der Gnade über die Herrschaft der Sünde

Literatur: Barth, K., Christus und Adam nach Röm 5, 1952 (ThSt[B] 35); *Bornkamm, G.,* Paulinische Anakoluthe, in: Das Ende des Gesetzes 80–90; *Brandenburger, E.,* Adam und Christus. Exegetisch-religionsgeschichtliche Untersuchung zu Röm 5,12–21 (1Kor 15), 1962 (WMANT 7); *Cambier, J.,* Péchés des hommes et péché d'Adam en Rom V.12, NTS 11 (1965) 217–255; *Cranfield, C. E. B.,* On some of the problems in the Interpretation of Rom V, 12, SJTh 22 (1969), 324–341; *Feuillet, A.,* Le règne de la mort et le règne de la vie (Rom V, 12–21), RB 77 (1970) 481–521; *Freundorfer, J.,* Erbsünde und Erbtod beim Apostel Paulus, 1927 (NTA 13); *Friedrich, G.,* Ἁμαρτία οὐκ ἐλλογεῖται Röm 5,13, ThLZ 77 (1952) 523–528; *Fuchs, E.,* Die Freiheit des Glaubens 18–26; *Grundmann, W.,* Die Übermacht der Gnade, NT 2 (1958) 50–52; *Johnson, A. R.,* The One and the Many in the Israelite Conception of God, London ²1961; *Jüngel, E.,* Das Gesetz zwischen Adam und Christus, in: Unterwegs zur Sache 145–172; *Luz, U.,* Das Geschichtsverständnis des Paulus 211–222; *Lyonnet, S.,* Le Péché originel en Rom 5,12, Bib. 41 (1960) 325–355; *ders.,* L'universalité du péché et son explication par le péché d'Adam, in: ders., Les étapes du mystère du salut selon l'épître

nicht hinzugesagt wird, wo im menschlichen Leben dieses ›Empfangsorgan‹ seinen Ort hat.«
[1012] Vgl. Pesch ebd.: »Aber alle Beschwörungen der ›Unverfügbarkeit‹ des Wortes und der reinen Passivität des Glaubens können doch nicht wegdisputieren, daß eine Fülle von Dingen geschehen müssen, wenn Wort und Glaube sich ereignen sollen . . .«

aux Romains, Paris 1969, 78–111; *Montagnini, F.*, Rom 5,12–14 alla luce del dialogo rabbinico, 1971 (Riv Bib 4); *Müller, H.*, Der rabbinische Qal-Wachomer-Schluß in paulinischer Typologie, ZNW 58 (1967) 73–92; *Scroggs, R.*, The Last Adam, Oxford 1966; *Schottroff, L.*, Der Glaubende und die feindliche Welt. Beobachtungen zum gnostischen Dualismus und seiner Bedeutung für Paulus und das Johannesevangelium, 1970 (WMANT 37), 115–169; *Vögtle, A.*, Der Menschensohn und die paulinische Christologie, SPCIC 1 (1961) 199–218; *Wedderburn, A. J. M.*, The Body of Christ and Related Concepts in I Corinthians, SJTh 24 (1971) 74–96; *ders.*, The Theological Structure of Romans 5,12, NTS 19 (1972/73) 339–354; *Wilckens, U.*, Christus, der ›letzte Adam‹, und der Menschensohn. Theologische Überlegungen zum überlieferungsgeschichtlichen Problem der paulinischen Adam-Christus-Antithese, in: Jesus und der Menschensohn, FS A. Vögtle, hrsg. R. Pesch und R. Schnackenburg in Zusammenarbeit mit O. Kaiser, Freiburg 1975, 387–403.

12 Deswegen: Wie durch Einen Menschen die Sünde in die Welt hineingekommen ist und durch die Sünde der Tod und so zu allen Menschen der Tod hindurchgekommen ist, weil alle gesündigt haben, – 13 bis zum Gesetz nämlich war (bereits) Sünde in der Welt; Sünde aber wird nicht verbucht, wo kein Gesetz da ist. 14 Dennoch herrschte der Tod (in der Zeit) von Adam bis Mose auch über die, die nicht gesündigt haben in gleicher Gestalt als (Gebots-)Übertretung wie Adam, der das Gegenbild des zukünftigen (Adam) ist.

15 Doch nicht (gilt): Wie die Übertretung, so auch die Gnadengabe. Wenn nämlich aufgrund des Fehltritts des Einen die Vielen gestorben sind, um wieviel mehr hat dann die Gnade Gottes und das Gnadengeschenk des Einen Menschen Jesus Christus eine (über die Wirkung des Fehltritts) hinausgehende Wirkung entfaltet. 16 Und nicht wie (das, was) durch Einen Sünder (angerichtet worden ist), ist (die Wirkung des) Geschenks: Das Gerichtsurteil nämlich führte von (der Übertretung) eines Einzigen aus zur Verurteilung, die Gnadengabe aber von vielen Fehltritten aus zur Rechtfertigung. 17 Wenn nämlich aufgrund des Fehltritts des Einen der Tod die Herrschaft gewann durch den Einen, um wieviel mehr werden dann die, die die (darüber) hinausgehende Wirkung der Gnade und des Gerechtigkeitsgeschenks empfangen, im Leben zur Herrschaft gelangen durch den Einen Jesus Christus.

18 Also denn: Wie (es) durch Einen Fehltritt für alle Menschen zur Verurteilung kam, so auch durch Eine Rechtfertigungstat für alle Menschen zur Rechtfertigung (zum) Leben. 19 Wie nämlich durch den Ungehorsam des einen Menschen die Vielen zu Sündern geworden sind, so werden auch durch den Gehorsam des Einen die Vielen zu Gerechten werden.

20 (Das) Gesetz aber ist zwischenhereingekommen, damit der Fehltritt sich ausbreitete. Wo aber die Sünde sich ausgebreitet hatte, hat die Gnade eine weit darüber hinausgehende Wirkung erzielt, 21 damit, wie die Sünde zur Herrschaft gelangt war im Tod, so auch die Gnade zur

Herrschaft gelangte durch Gerechtigkeit zum ewigen Leben – durch Jesus Christus, unseren Herrn.

1. Der Abschnitt ist in seiner *Stellung im Aufbau* des Briefes umstritten[1013]. In der Tat gibt es sowohl Motive, die ihn mit dem Voranstehenden, wie auch solche, die ihn mit dem Nachfolgenden verbinden. Was das Letzte betrifft, so spricht Paulus hier von »der Sünde« und von »der Gnade« als von Mächten, die den Menschen beherrschen; dies war vorher so nicht der Fall, ist es aber in Kapitel 6–8 durchweg. Auch vom Zusammenhang zwischen Sünde und Tod, Gerechtigkeit und Leben ist erst von 5,12ff an thematisch die Rede. Beziehungen zeigen sich vor allem mit Kapitel 8; vgl. besonders 5,18 mit 8,1f[1014]. Andererseits verknüpft schon διὰ τοῦτο 5,12 den Abschnitt mit dem voraufgehenden[1015]. Ebenso entspricht der Abschluß mit der Formel διὰ Ἰησοῦ τοῦ κυρίου ἡμῶν in V 21 dem in V 11. Vor allem aber besteht eine inhaltlich-thematische Verbindung: Der in VV 15–17.20f dominierende Begriff »Gnade« nimmt χάρις V 2 auf. Die Gegenüberstellung von Sünde und Rechttat, Verurteilung und Rechtfertigung entspricht dem Verhältnis zwischen 1,18–3,20 und 3,21–5,11; die Hervorhebung der »Vielen« der der πάντες 3,23f. δώρημα V 16 und δωρεά V 17 nehmen δωρεάν 3,24 auf. Von daher läßt sich der Abschnitt zwar mit guten Gründen als media zwischen den beiden Teilen 1,18–5,11 und 6–8 verstehen[1016]; im Aufbau des Gedankengangs aber ist seine Stellung eindeutig dem ersten Teil zuzuweisen: Indem Paulus hier die Struktur der Gnade als καταλλαγή durchdenkt, schließt er unmittelbar an 5,11 an und setzt die in V 6 begonnene Interpretation der Gnade (V 2) als Liebe (V 5) fort. Das geschieht freilich so, daß der *ganze* bisher zurückgelegte Weg von 1,18 an in seiner Dialektik von Sünde und Rechtfertigung in die Struktur des Versöhnungsgeschehens hineingedacht wird, so daß der Abschnitt die Funktion der Zusammenfassung alles Voranstehenden bekommt[1017]. Die Zugehörigkeit zum Voranstehenden läßt sich schließlich auch am Stil erkennen: 6,1 nämlich nimmt Paulus den Dialog mit dem jüdischen Partner wieder auf; der Stil entspricht dem in 3,27–31 und unterscheidet sich sowohl von dem bekenntnishaften Wir-Stil in 5,1ff als auch von dem lehrhaften Stil in der 3. Person in 5,12ff.

2. Die *Gliederung* ist klar: Der Vergleich, zu dem Paulus V 12 mit ὥσπερ an-

---

[1013] Vgl. oben S. 181f mit Anm. 483–487.
[1014] Dazu vgl. zuletzt Paulsen, H., Überlieferung und Auslegung in Römer 8, 1975 (WMANT 43), 33.
[1015] Der paulinische Sprachgebrauch schließt eine Beziehung auf das V 12 Folgende (so z. B. Pallis z. St.) aus; vgl. Luz, Geschichtsverständnis 209f mit Anm. 283.
[1016] So z. B. Brandenburger, Adam 261; Paulsen, Überlieferung a.a.O. (Anm. 1014) 18 (zusammen mit 5,1–11).
[1017] Vgl. so die oben Anm. 487 Genannten.

Zu bemerken ist freilich, daß eine Zuordnung zu 3,21–5,11 nicht ausreicht, weil 5,12ff die Christus-Tat der Adam-Tat entgegensetzt, also die Thematik von 3,21ff in ihrer Rückbeziehung auf 1,18ff als ganze in den Blick gefaßt wird; so mit Recht zuletzt Nygren 155–157; Leenhardt 81. Man könnte nur sagen, daß 5,12ff ausführt, was 3,23f thetisch gesagt ist. Dagegen vor allem Brandenburger, Adam 262, der 5,12ff dezidiert als »Anfang der bis cap. 8 reichenden Erörterung« beurteilt; vgl. zur Kritik Luz, Geschichtsverständnis 209 Anm. 277.

setzt, bricht unvollständig ab. Er wird erst in dem Neuansatz V 18 (ἄρα οὖν) in drei parallelen Sätzen VV 18.19.21 durchgeführt. Dazwischen schiebt sich zunächst VV 13f eine ›geschichtliche‹ Reflexion über das Verhältnis von Sünde, Tod und Gesetz in der Zeit von Adam bis Mose. Sodann stellt Paulus in zwei parallelen Gedanken VV 15.16f in qal-wachomer-Argumentation die Unvergleichlichkeit zwischen der Wirkung Adams und der Christi heraus, bevor er in VV 18f den Vergleich zwischen ihnen, zu dem er V 12 angesetzt hat, durchführen kann. In V 20 markiert Paulus dann, an VV 13f anschließend, die Funktion des Gesetzes innerhalb der Dialektik zwischen Sünde und Gnade, um in V 21 den Vergleich abschließend zu formulieren.

3.   Der Gedankengang in VV 12–21 unterscheidet sich von allem Voranstehenden und Nachfolgenden durch die *Gegenüberstellung von Adam und Christus* als des jeweils »einen Menschen«. Da sich in 1Kor 15,21.45–49 Ähnliches findet, kann mit Sicherheit gesagt werden, daß Paulus in Röm 5,12ff diesen in seinem früheren Brief ausgebreiteten Gedanken aufgreift und neu durchdenkt. Von daher erklärt sich der unvermittelte Einsatz in V 12. Paulus meditiert hier einen für ihn selbst bereits ausgearbeiteten Gedanken, ungeachtet dessen, daß dieser der römischen Gemeinde keineswegs wie ihm selbst bekannt war. Wir heute dürften durch die Kenntnis des 1Kor weitaus besser zugerüstet sein, ihn zu verstehen, als es die Adressaten des Römerbriefes waren.

Nun zeigt 1Kor 15, daß der Gedanke einer antithetischen Entsprechung zwischen Adam und Christus als solcher Paulus vorgegeben war. Er unterscheidet dort zwischen Adam als dem ἄνθρωπος ἐκ γῆς χοϊκός, dem nach Gen 2,7 eine »lebendige Seele« eingegeben worden ist, so daß er von daher ψυχικός genannt wird, und dem »Menschen«, von dessen Schöpfung zuvor Gen 1,26 spricht als dem ἄνθρωπος ἐξ οὐρανοῦ, der seinem Wesen nach pneumatisch ist. Wenn Paulus nun V 46 betont, der Adam nach Gen 2,7 sei der *erste*, während der von Gen 1,26 der *letzte* sei, so liegt darin deutlich eine schroffe Polemik gegen eine Lehre, nach der entsprechend der Reihenfolge der beiden biblischen Schöpfungsberichte der himmlische Adam ὁ πρῶτος ἄνθρωπος und der irdische ὁ δεύτερος (V 47) sei. Eine solche Lehre findet sich bei Philon von Alexandrien[1018], der Op mund 134f und Leg all I 31f Gen 1,26 und 2,7 in diesem Sinn interpretiert. Der κατὰ τὴν εἰκόνα τοῦ θεοῦ γεγονώς (ἄνθρωπος) sei ein himmlisches Wesen; denn das »Bild Gottes«, nach dem er »entstanden« (nicht »geschaffen«) sei, sei der Λόγος bzw. die Weisheit Gottes (Conf ling 146), so daß der ihm entsprechende Mensch als ἄνθρωπος θεοῦ unkörperlich, unsichtbar und unsterblich und im Verhältnis zu allen irdischen Menschen »der älteste Sohn« Gottes sei, sein πρωτόγονος (ebd. 41.62). Im Unterschied zu ihm sei der Adam, von dem Gen 2,7 spricht, als »wahrnehmbar« geschaffen, teilhabend an irdischer ποιότης und darum seinem Wesen nach irdisch und sterblich (Op mund 134; Leg all I 31). Nach dem Prinzip von 1Kor 15,48 entsprechen die Menschen nun, sei es dem ersten, sei es dem zweiten Adam. »Es

---

[1018] Dazu vgl. Brandenburger, Adam 117–131, sowie auch ders., Fleisch und Geist. Paulus und die dualistische Weisheit, 1968 (WMANT 29), 114–221.

gibt zwei verschiedene Menschenarten. Der eine nämlich ist ein himmlischer Mensch (οὐράνιος ἄνθρωπος), der andere ein irdischer (γήϊνος). Der himmlische nun, weil ›nach dem Bilde Gottes‹ (κατ᾽ εἰκόνα θεοῦ) entstanden, hat an vergänglicher und überhaupt irdischer Seinsweise nicht teil (ἀμέτοχος). Der irdische dagegen ist aus auseinanderfallendem Stoff (ἐκ σποράδος ὕλης), den (die Schrift) ›Staub‹ nennt, gebildet. Darum heißt es von dem himmlischen nicht, daß er ›gebildet‹, sondern ›nach dem Bilde Gottes geprägt‹ (τετυπῶσθαι), daß dagegen der irdische ein Gebilde (πλάσμα) – nicht eine Schöpfung (γέννημα) – des Schöpfers sei« (Leg all I 31). Philon selbst will dies nun freilich so aufgefaßt wissen, daß dieser »allumfassende Unterschied« nicht zwei konstitutionell verschiedene Menschenklassen voneinander scheide, sondern jeder Mensch einerseits mit seiner Vernunft, dem himmlischen Menschen entsprechend, dem göttlichen Logos zugehöre, andererseits in seiner Körperlichkeit dem irdischen Adam (Op mund 146); so daß er entweder die Möglichkeit habe, seine Vernunftanlage in einem tugendhaften Leben zur Wirkung zu bringen und so an himmlischer Unsterblichkeit teilzuhaben, oder aber sich in seinem Verhalten durch irdische Leidenschaften in die Sterblichkeit zu verstricken. Doch das ist deutlich Philons Interpretation, in der er eine ihm vorgegebene Urmensch-Adam-Spekulation als Begründung seiner religiös-philosophischen Tugendlehre in Anspruch nimmt. Jene aber war an einer mythologisch-dualistischen Anthropologie interessiert, derzufolge es zwei wesenhaft verschieden veranlagte Menschenklassen gebe: die eine dem himmlischen Urmenschen entsprechend, die andere dagegen ohne Teilhabe an himmlischer Wesenheit, dem irdischen Adam entsprechend, wesenhaft der körperlichen φθορά verfallen[1019]. Diese Lehre läßt sich in mannigfacher Ausprägung mehrfach in jüdisch-hellenistischem und z. T. gnostischem Milieu nachweisen[1020].

Es spricht alle Wahrscheinlichkeit dafür, daß die Lehre vom »ersten« und »zweiten Menschen«, gegen die Paulus 1Kor 15,45ff polemisiert, diesem Traditionszusammenhang zugehört. Ob er sie aus dem hellenistischen Judentum seiner Zeit kannte oder ob sie im hellenistischen Urchristentum christologisch rezipiert war[1021], so daß es eine in Korinth vertretene Lehre ist, gegen die Pau-

---

[1019] Sehr viel unverhüllter kommt diese vor-philonische Lehre zum Vorschein in quaest. in Gen I 8, siehe bei Brandenburger, Adam 127.

[1020] Vgl. dazu Brandenburger, Adam 77–117, der auf das von Peterson, E., Die Befreiung Adams aus der Ἀνάγκη, in: Frühkirche, Judentum und Gnosis, Freiburg 1959, 107–128 analysierte jüdische Gebet in Preis Zaub I 12f = I 195–222 und 112–115 = IV 1167–1227 eingeht, sowie ferner auf Zosimos (bei R. Reitzenstein, Poimandres, Leipzig 1904, 102–106), auf die sog. Naassenerpredigt bei Hipp Ref V 6–11 (Analyse bei R. Reitzenstein – H. H. Schaeder, Studien zum antiken Synkretismus aus Iran und Griechenland, 1926 [SBW VII],

161ff); auf das Baruchbuch des Gnostikers Justin bei Hipp Ref V 26; das Apokryphon des Johannes; das I. und XIII. Buch des Corpus Hermeticum; die gnostischen Schriften »Das Wesen der Archonten« 135,12–136,15 und »Vom Ursprung der Welt« 155,25–156,25 sowie auf verschiedene Stellen aus dem mandäischen Schrifttum. Vgl. ferner die kurze Zusammenstellung des Materials bei Conzelmann, 1Kor (KEK V), Göttingen ¹¹1969, 338–342, der ebd. 338 Anm. 38 die wichtigste Literatur verzeichnet, wozu noch Schlier, Art. Corpus Christi, RAC III 444–447; ders. 179–189, sowie L. Schottroff, Der Glaubende (zu 1Kor 15 besonders 115–169) zu ergänzen ist.

[1021] Dagegen Käsemann 134.

lus polemisiert, ist nicht sicher auszumachen. Jedenfalls setzt er sie als in Korinth bekannt voraus; und es ist immerhin sehr wahrscheinlich, daß man sie dort in dem Sinne aufgegriffen hat, der erhöhte Christus sei mit dem himmlischen Urmenschen identisch. Dies ließ sich ja leicht mit der urchristlichen Liturgie vereinbaren, die den Erhöhten besang als den in seine Position als Präexistenter Zurückgekehrten (vgl. besonders Kol 1,15–20), so daß die Verbindung der Christen mit ihm Heilsbedeutung hat, als Teilhabe am himmlisch-göttlichen Ursprung.

Auch Paulus spricht andernorts von Christus als der εἰκὼν θεοῦ (2Kor 4,4) und von unserer Teilhabe an ihm als »Verwandlung« (2Kor 3,18; Röm 8,29 vgl. 1Kor 8,6). Daß in 1Kor 15,45ff das εἰκών-Prädikat wie überhaupt jeder explizite Bezug aus Gen 1,26 fehlt, hängt mit dem polemischen Duktus der Stelle zusammen: Nicht als den »ersten Menschen« will Paulus hier Christus sehen, sondern als den »letzten«; und unsere Teilhabe an ihm als Verwandlung ist ein *zukünftiges* Geschehen (V 49–54). Paulus scheidet also alle protologischen Momente aus dem Bild des Erhöhten aus und stellt allein seine eschatologische Funktion heraus[1022]. Denn sein Thema heißt: ἀνάστασις νεκρῶν (V 21); und er versteht den Tod nicht einfach als φθορά aufgrund der körperlich-irdischen Konstitution des Menschen, die durch die Verbindung mit dem Erhöhten als der εἰκὼν θεοῦ des Ursprung abgetan wird, sondern als die Wirklichkeit unserer Bestimmtheit durch Adam, den ersten *Sünder*. Auferstehung der Toten ist dementsprechend Erlösung von der Sünde (vgl. V 18) als Aufhebung des Todes in diesem Sinn. Sie ist begründet in dem eschatologischen Geschehen der Auferstehung Christi als des »für unsere Sünden Gestorbenen« (V 3) und widerfährt uns entsprechend im Eschaton. Nur so sind die Aussagen von unserer Verwandlung aus dieser irdischen Sterblichkeit in himmlische Unsterblichkeit christlich übernehmbar (VV 55–57).

Wird so von 1Kor 15 aus der Hintergrund der Argumentation in Röm 5,12ff sichtbar, so unterscheidet sich diese von dem früheren Gedankengang dadurch, daß die polemische Zielrichtung gegen die Urmensch-Spekulation fehlt. Es ist seine eigene, in 1Kor 15 polemisch gewonnene Gegenüberstellung vom ersten und *letzten* Menschen, die Paulus jetzt neu durchdenkt. Dabei setzt er als nunmehr selbstverständlich voraus, daß Adam Christus vorausgeht. Das Interesse richtet sich hier von vornherein auf die *Tat* beider in ihrer Wirkung auf »die Vielen«. Damit wird der in 1Kor 15 nur angedeutete Ansatz jetzt als solcher ausgeführt.

Auch dieser Re-Interpretation aber liegt nun ihrerseits eine bestimmte jüdische Adam-Lehre zugrunde, die sich jedoch traditionsgeschichtlich von jener Urmensch-Spekulation unterscheidet. In ihr ist nämlich Adam nicht im Blick auf Gen 1,26 und Gen 2,7, sondern im Blick auf Gen 3 das beherrschende Thema; nicht die Teilhabe der Adamiten an Adams schöpfungsmäßiger Konstitution,

---

[1022] Daß er darin faktisch den Urmenschen der korinthischen Spekulation als den eschatologischen Menschensohn uminterpretiert, habe ich in meinem Aufsatz: Christus, der ›letzte Adam‹ 393–400 zu zeigen versucht.

sondern an seiner Sünde und ihren Folgen[1023]. Sir 25,24[1024] und Weish 2,24[1025] sind die frühesten Zeugnisse. Thematisch ausgeführt wird diese Bedeutung von Gen 3 jedoch erst in der mit Paulus etwa gleichzeitigen Apokalyptik. Hier ist die Verbreitung der Sünde angesichts des eschatologischen Tat-Ergehen-Zusammenhangs zum zentralen soteriologischen Problem geworden[1026]. Der Verfasser von 4Esr sieht in Adams Sünde den Ursprung alles durch Sünde verursachten Todesleidens (3,26); und er läßt Esra immer wieder im Gebet darüber klagen: »Ach Adam, was hast du getan! Als du sündigtest, kam dein Fall nicht nur auf dich, sondern auch auf uns, deine Nachkommen« (7,118). Und die Klage wird zur kaum verhüllten Anklage gegen den Schöpfer: »Besser wäre es, die Erde hätte Adam nie hervorgebracht oder sie hätte ihn wenigstens von der Sünde ferngehalten« (ebd. 116).

Das Problem liegt darin, daß nunmehr allen Sündern vergeblich die Teilhabe am Endheil versprochen ist (ebd. 119–121). Doch der darin gestreifte Gedanke eines Verhängnisses wird vom Verfasser leidenschaftlich bestritten. Ständig läßt er darum den Engel im Namen Gottes Esras Fragen widersprechen und sie korrigieren: »Nicht der Höchste hat gewollt, daß Menschen verlorengehen, vielmehr die Geschöpfe selber haben den Namen dessen, der sie geschaffen hat, verunehrt und Undankbarkeit bewiesen gegen den, der ihnen das Leben bereitet hat« (ebd. 8,60 vgl. Röm 1,21). Gott hat ihnen nämlich von Anfang an sein Gesetz gegeben und ihnen in Geboten und Verboten dasjenige Tun gezeigt, durch das sie das Leben gewinnen und dem Verderben entrinnen können (ebd. 7,21). Dagegen läßt sich auch nicht die Lehre vom »bösen Trieb« (יצר הרע)[1027] anführen; dieser ist zwar den Menschen von Adam her ins Herz gesät (ebd. 4,28.30), jedoch mit dem Gesetz zusammen (ebd. 3,22; 9,31), so daß sie keineswegs sündigen müssen, vielmehr sich gegen den bösen Trieb behaupten können (ebd. 7,92.127–131; 14,34f); ja, dazu hat Gott ihn dem Menschen eingeschaffen, daß er gegen ihn kämpfe und siege. So groß darum die Zahl der Sünder faktisch auch ist, so unwiderruflich bleibt es dabei, daß nur Gerechte das Endheil erlangen, alle Sünder dagegen dem Gericht überantwortet werden[1028], das von Anfang an feststeht (ebd. 7,70)[1029].

[1023] Vgl. dazu das Material bei Brandenburger, Adam 13–67; ferner jetzt Schlier 183–186.

[1024] ἀπὸ γυναικὸς ἀρχὴ ἁμαρτίας καὶ δι᾽ αὐτὴν ἀποθνῄσκομεν πάντες. Danach wird später häufig der Sünde-Tod-Zusammenhang auf die Sünde Evas zurückgeführt, die vom Teufel überlistet worden sei; vgl. besonders aethHen 69,6; ApokMos 14 sowie das weitere Material bei Brandenburger, Adam 49f. Dem liegt wahrscheinlich eine Interpretation von Gen 6 zugrunde. Adam erscheint so als der Leidtragende.

[1025] φθόνῳ δὲ διαβόλου θάνατος εἰσῆλθεν εἰς τὸν κόσμον, πειράζουσιν δὲ αὐτὸν οἱ τῆς ἐκείνου μερίδος ὄντες. Zu beachten ist der voranstehende V 23, wonach der Fall Adams nicht in der Schöpfung begründet ist: Gott hat Adam vielmehr nach Gen 1,26 geschaffen ἐπ᾽ ἀφθαρσίᾳ καὶ εἰκόνα τῆς ἰδίας αἰδιότητος gemacht. (Dagegen vgl. 7,1!) Vgl. ferner Apk Mos 32; Dtn R 9 (206a).

[1026] Vgl. besonders 4Esr 3,35; 4,38; 7,68; 8,17.35.

[1027] Vgl. dazu Brandenburger, Adam 34 mit Anm. 3.

[1028] Ebd. 8,38f – entgegen dem unmittelbar voranstehenden Appell Esras an Gottes vergebende Barmherzigkeit nach Ex 34,6 ebd. 8,31–36! In diesem Sinne hat Brandenburger, Adam 29–36 den Skopos des Verfassers der Esra-Apokalypse richtig herausgearbeitet: Er

Der Wirkung der Sünde Adams steht hier also keinerlei entsprechende messianische Gegenwirkung gegenüber; denn mit dem Gesetz liegt ja jedem Menschen der Weg zum Heil offen, darüber hinaus gibt es für den Sünder keine Heilsmöglichkeit. Das ist auch dort nicht der Fall, wo vereinzelt Noah als δευτέρας γενέσεως ἀνθρώπων ἀρχή als Gegenbild Adam gegenübergestellt wird[1030]; denn dort gilt die Rettung, die ihm zuteil wurde, natürlich ihm als Gerechten[1031]. Der paulinische Gedanke setzt also nur hinsichtlich der Adam-Seite jüdische Tradition voraus, nicht dagegen auf der Christus-Seite. Daß diese nicht einfach zu jener hinzuzufügen ist, zeigt ja schon die mehrfach gebrochene Gedankenführung von V 12 zu VV 18ff.

Doch auch die paulinischen Aussagen über Adam unterscheiden sich von denen jener jüdischen Tradition: vor allem durch die Radikalität, in der Paulus die uneingeschränkt universale Wirkung der Tat Adams εἰς πάντας ἀνθρώπους (V 18) herausstellt. Zwar kann auch Esra sagen: »Niemand ist der Weibgeborenen, der nicht gesündigt, niemand der Lebenden, der nicht gefehlt hat« (4Esr 8,35)[1032]; aber dies im Exhomologesen-Stil Gesagte gilt keineswegs numerisch: So wenig Gerechte benennbar sind, die zum Heil gelangen (ebd. 7,47), so gibt es sie faktisch doch, so wahr es das Gesetz gibt (ebd. 7,20; 8,39); und Gott

richtet sich *gegen* jedes Verständnis des Sünde-Tod-Zusammenhangs im Sinne eines Verhängnisses, dem dann erst die Vita Adae und die Mose-Apokalypse mit ihrer Anschauung von der Sünde Evas durch satanische Verführung, deren Folgen Adam und seine Nachkommen als Geschick zu tragen haben, und vollends slawHen 30,15f nahekommen, wonach »die Unwissenheit die Wurzel des Sündigens« ist; vgl. ebd. 40,12–41,2. Völlig dualistisch wird dagegen Gen 3 in der mandäischen Literatur interpretiert; vgl. Brandenburger, ebd. 64–67. – Zu 4Esr vgl. noch besonders Harnisch, W., Verhängnis und Verheißung der Geschichte. Untersuchungen zum Zeit- und Geschichtsverständnis im 4. Buch Esra und in der syrischen Baruchapokalypse, 1969, FRLANT 97.

[1029] Grundsätzlich die gleiche Zielrichtung wie die Esra-Apokalypse hat die Baruch-Apokalypse, jedoch unproblematischer im Blick auf die Nachwirkung der Sünde Adams, einfältigrigoroser in der Gesetzesthematik; vgl. besonders 54,14f.19: »Mit Recht gehen die zugrunde, die dein Gesetz nicht geliebt; und des Gerichtes Pein erwartet die, die deiner Hoheit nicht geglaubt haben. Denn wenn auch Adam zuerst gesündigt und über alle den vorzeitigen Tod gebracht hat, so hat doch (auch) von denen, die von ihm abstammen, jeder einzelne sich selbst die zukünftige Pein zugezogen, und wiederum hat sich jeder einzelne von ihnen die künftige Herrlichkeit erwählt ... Adam ist also einzig und allein für sich selbst die Ursa-

che, wir aber sind ein jeder für sich selbst zu Adam geworden ...« (vgl. anders ebd. 48,42f). Entsprechend ebd. 18f die Zwei-Wege-Lehre. Die Baruch-Apokalypse steht damit der späteren rabbinischen Überlieferung nahe, die insgesamt die Selbstverantwortlichkeit jedes einzelnen lehrte und darum Gen 3 überwiegend paradigmatisch interpretierte und auch dort, wo einzelne Rabbinen den Text im Sinne eines Todesverhängnisses von Adam her verstanden, keinen Ausschluß der Selbstverantwortlichkeit zuließ; vgl. E. Brandenburger, Adam 61–64. – Mit 4Esra und sBar traditionsgeschichtlich verwandt ist die Sedrach-Apokalypse, in deren christlichem Schlußteil (12–16) die Aporie durch eine Theorie von Reue und Buße abgemildert wird.

[1030] Philo, Vit Mos 2,60 vgl. Praem et Poen 23; Quaest. in Ex 56; und dazu Black, M., The Pauline Doctrine of the Second Adam, SJTh 7 (1954) 170–179, hier 172. Vgl. ähnliche Anschauungen im samaritanischen Memar Marqa bei Lebram, J., Nachbiblische Weisheitstradition, VT 15 (1965) 167–237, hier 192–201.

[1031] So ausdrücklich Philo, Praem et Poen 23. Deswegen ist das Urteil von Luz, Geschichtsverständnis 196 Anm. 224 verfehlt, die oben Anm. 1030 verzeichneten Stellen stünden Röm 5,12ff am nächsten.

[1032] Vgl. 7,68 sowie das Bild von dem lawinenartigen Anwachsen der Sünde aus einem einzigen Samenkörnchen des bösen Samens ebd. 4,30; ferner Stellen wie 9,15f (die Flut ist mehr als der Tropfen).

hat eben Gefallen an dem Wenigen, das um so kostbarer ist (ebd. 7,49–61; 8,1–3). Es hieße, die Heilskraft des Gesetzes zu leugnen, wenn man im Ernst sagen könnte, es gäbe unter Adams Nachkommen überhaupt nur Sünder. Eben darauf aber laufen die Adam-Aussagen des Paulus hinaus: δι' ἑνὸς παραπτώ-ματος εἰς πάντας ἀνθώππους εἰς κατάκριμα (V 18). Das Gesetz hat hier nur die Funktion, die Sünde zu vermehren (V 20). Entsprechend fehlt jede Ausfüh-rung des Prinzips der Selbstverantwortlichkeit jedes Einzelnen; bis auf V 12d (ἐφ' ᾧ πάντες ἥμαρτον) ist durchweg nur von der Sünde Adams die Rede, die sich in ihrer Wirkung auf die Vielen ausgebreitet hat. Der Text liest sich wie das Bild eines umfassenden Verhängnisses. Doch unterscheidet er sich wiederum von entsprechenden jüdisch-gnostischen Texten[1033] darin, daß Paulus nicht (wie noch 1Kor 15) auf die φθορά, sondern auf die κατάκρισις abhebt, wenn er vom Tod der Sünder als Effekt der Sünde Adams spricht.

Dieser Radikalität der Sünde Adams entspricht auf der Gegenseite die Radikali-tät der Gnade Christi. Was Paulus von ihr sagt, hat nicht nur keinerlei Analo-gien in jüdischer Adam-Tradition, sondern widerspricht auch deren Axiom, der Tora als Kriterium sowohl von Sünde wie von Gerechtigkeit. Die Gnade schafft Heil, indem sie der Wirkung des Gesetzes entgegenwirkt (V 21). Von daher wird sichtbar, daß der paulinische Gedanke, so sehr er apokalyptische Adam-Tradition voraussetzt, dieser im Kern widerstreitet. Röm 5,12ff ist in diesem Sinn ein antijüdisches Gegenstück zu dem antihellenistischen Text 1Kor 15.

Zugleich aber wird auch verständlich, warum Paulus in VV 13f und V 20 Aus-sagen über das Gesetz einbezieht, die formal aus der Logik des Gedankens her-auszufallen scheinen. In der Sache sind sie dessen Angelpunkt: Wo es um Adams Sünde geht, da geht es entscheidend um die Geltung des Gesetzes, darin stimmen der apokalyptische und der christliche Theologe überein. Zugleich aber bricht hier auch der Gegensatz zwischen ihnen auf, weil Paulus das Gesetz zwar – wie 4Esr – als ›Buchungs‹-Instanz der Sünde zuordnet (VV 13f), es aber auch dort, wo es um das Heil geht, der Sünde zugeordnet *bleiben* und an seine Stelle die Gnade als *Gegenmacht* treten läßt (VV 21f). Wie aber kommt Paulus zu den soteriologischen Aussagen auf der Christus-Seite? Daß darin keinerlei gnostische Erlöser-Lehre einwirkt, ergibt sich schon aus der oben vorgetrage-nen Analyse von 1Kor 15. Was Paulus dort bekämpft hat, kann er hier nicht zugrunde gelegt haben; und polemische Umdeutungen gnostischer Motive fehlen in Röm 5 ganz und gar. Nun wirkt aber in den Aussagen von Christus als dem »letzten Adam« 1Kor 15,45–49 wahrscheinlich die urchristliche Men-schensohn-Tradition ein. Paulus verbindet diese dort mit den Themen Sünde und Gesetz (1Kor 15,56), jedoch nur ansatzweise, ohne daß die Funktion Chri-sti als des »letzten Adam« selbst im Sinne der Aufhebung der Sünde gedacht wird; dies wird von Gott ausgesagt, »der uns den Sieg gegeben hat durch unse-ren Herrn Jesus Christus« (V 57).

[1033] Vgl. oben Anm. 1020.

Diesen Ansatz hat Paulus Röm 5 aufgegriffen und ausgeführt. Die Tat Christi
wird jetzt ganz darauf konzentriert, Sünde und Tod als die universale Wirkung
der Tat Adams universal aufzuheben. Paulus hat hier die Menschensohn-Tra-
dition von 1Kor 15 durch die Christustradition von 1Kor 15,3–5 interpretiert,
wie dies in synoptischer Überlieferung in Mk 10,45 vorliegt. Er tut dies allerdings erstens so, daß er die zuvor ausgearbeitete Interpretation der traditionellen Sühne-Aussage im Kontext der Rechtfertigungslehre zum Horizont der
Gegenüberstellung von Adam und Christus macht; Christus wird so zum Or-
gan der Gnade Gottes (VV 15–17.20f). Anders als bisher stellt er jedoch zweitens das Werk Christi als Tat seines Gehorsams heraus, durch das die Wirkung
des Ungehorsams Adams aufgehoben worden ist (Röm 5,19). Dieses Motiv
stammt zweifellos aus liturgischer Tradition (vgl. Phil 2,8). Doch während dort
der Gehorsam Christi als die Voraussetzung seiner eigenen Erhöhung besungen wird (vgl. auch Hebr 5,7–10), denkt Paulus ihn als Ursache der Rettung aller Sünder vor dem Tod als Folge der Sünde Adams. Der Gedanke in Röm
5,12–21 ist also entscheidend das Werk original-paulinischer Reflexion.

Erklärung Διὰ τοῦτο ist nicht »Übergangspartikel«[1034], sondern führt den neuen Gedan-
12 kengang als Folgerung aus dem Voranstehenden ein. Dabei steht zunächst
VV 1–11 im Blick; es geht um eine – nach VV 6–11 – zweite Explikation von
χάρις V 2. Für diese holt Paulus aber weiter aus und bezieht alles von 1,18 an
Gesagte ein, so daß der Abschnitt zusammenfassende Funktion gewinnt. Dem
ὥσπερ entspricht kein οὕτως[1035]; der Leser kann vorerst von V 10 her nur ah-
nen, daß auf der Gegenseite von der Versöhnung als Aufhebung von Sünde
und Tod, also von Gerechtigkeit und Leben die Rede sein wird (vgl. V 21). Daß
Gen 3 im Blick steht, ist jedem Bibelkundigen klar. Auffallend aber ist die Formulierung εἷς ἄνθρωπος; sie ist weder aus jüdischer Auslegungstradition
noch aus der Urmensch-Adam-Lehre von 1Kor 15,45ff zu erklären, denn in jener ist selbstverständlich, daß Adam ein irdischer Mensch war, während der
Urmensch nach Gen 1 die Funktion des *ersten* Menschen hat, der nicht alle
Menschen in sich zusammenfaßt, sondern nur die Pneumatiker. Hier dagegen
repräsentiert *der Eine* die πάντες, von denen sogleich V 12c.d die Rede ist.
Auffallend ist ferner die Formulierung ἡ ἁμαρτία εἰς τὸν κόσμον εἰσῆλθεν.
Statt von Adams Sünde, ist von »der Sünde« die Rede, die durch ihn in die Welt
»eingetreten« ist. ἡ ἁμαρτία erscheint wie eine von Adam verschiedene Person, die durch ihn »Eintritt« in die Welt gewonnen hat, als Welt-Herrscherin,
wie aus V 21 hervorgeht. Gleichwohl ist die Aussage nicht mythischer Art,

---

[1034] So nach Lietzmann 61 z. B. Bultmann, Adam 433; Scroggs, The last Adam 77; zuletzt Schlier 159.

[1035] Scroggs, The Last Adam 79 Anm. 13 will das ὥσπερ entsprechende οὕτως in V 12c se-hen; Paulus argumentiere in V 12a.b. und V 12c.d. streng chiastisch: AB–BA. Dies Urteil scheitert schon daran, daß καὶ οὕτως nicht »dieselbe Funktion« haben kann wie οὕτως καί. Vor allem aber ist V 12cd eine Folgerung aus V 12a.b.; das Ganze V 12a–d steht also un-ter der Überschrift ὥσπερ und ist, da in V 13, mit γάρ angeschlossen, eine Explikation zu V12 folgt und V 15 zu einer Reihe von Un-gleichheitsaussagen ansetzt, ein Anakoluth. Vgl. zuletzt Cranfield 272 Anm. 5.

auch läßt sich nicht die Benutzung einer mythischen Vorlage erweisen[1036].
Paulus sieht vielmehr im Blick auf Gen 3 sogleich auf die universale Folge der
Tat Adams, mit dessen Sünde das Sündigen aller (V 12d) begonnen hat. Das ist
wohl der Grund dafür, daß der Name Adam nirgendwo auftaucht. Nicht auf
ihn als einzelnen, sondern von vornherein auf die *Welt* hat die Sünde es abgesehen: Der κόσμος ist der Ort ihrer Wirksamkeit; und δι' ἑνὸς ἀνθρώπου
. . . εἰσῆλθεν legt fast die Vorstellung nahe, als habe Adam der Sünde gleichsam nur die Gelegenheit gegeben, in die Welt hineinzugelangen, nach der sie
immer schon gesucht hatte[1037]. Insofern hat Adams Tat eine gegenüber allem
späteren Sündigen besondere Bedeutung: indem er in *seiner* Sünde *der* Sünde
Einlaß in die Welt, Zutritt zu allen Menschen verschafft hat. So ist die Rede
von »*der* Sünde« Interpretament des überindividuellen, universalen Charakters alles Sündigens; als »Feindschaft« gegen Gott (V 10) ist sie nie Privatsache
eines einzelnen mit ›seinem‹ Gott; Sünde als Negation des Schöpfers betrifft
immer die Schöpfung als ganze, ist also Angelegenheit der ›Welt‹. Indem aber
einmal die Sünde in der Welt zum Zuge gekommen ist, hat damit zugleich mit
ihr auch der Tod Eintritt erhalten[1038]; denn der Tod ist die Folge der Sünde
(vgl. 6,23). Nach dem alten Grundsatz schicksalswirkender Tat bilden Sünde
und Tod einen festen Zusammenhang, dessen kosmisch-weiten Horizont Paulus hier herausstellen will: Wie »*die* Sünde«, so »*der* Tod«.
Daß nicht zwei mythische Mächte gemeint sind, zeigt das Folgende V 12c–d,
wo Paulus V 12a.b chiastisch wiederholt[1039]. καὶ οὕτως kann sich nicht speziell auf δι' ἑνὸς ἀνθρώπου zurückbeziehen: »auf diese Weise«, nämlich
durch Adams Tat; denn in V 12a.b steht ja δι' ἑνὸς ἀνθρώπου mit διὰ τῆς
ἁμαρτίας parallel; also steht V 12a.b im ganzen im Blick, und καὶ οὕτως hat
folgernden Sinn[1040]: V 12c expliziert V 12b, indem das in V 12b aus V 12a zu
ergänzende εἰσῆλθεν durch διῆλθεν[1041] und entsprechend εἰς τὸν κόσμον
durch εἰς πάντας ἀνθρώπους präzisiert und so die universale Wirkung unterstrichen wird. Entsprechend wiederholt und präzisiert V 12d V 12a: Daß die
Sünde in die Welt hineinkam, bedeutet, daß »*alle* gesündigt haben«; und wie

[1036] Gegen Fuchs, Freiheit 18–26, der freilich ebd. 18f Anm. 1 in V 12 das Wort ἁμαρτία
für paulinischen Ersatz für θάνατος hält.
[1037] So z. B. Michel 122; dagegen hat Brandenburger, Adam 159 Anm. 7 nur insoweit
recht, als das Bild vom ›Eingangstor‹ die ur-
sächliche Bedeutung in διά verdeckt, die
Adams Tat genauso eignet wie auf der Gegenseite der Tat Christi, vgl. V 18f. – Um κόσμος
nach Gen 3,17f auf die gesamte Schöpfung zu
beziehen und im Sinne von 8,19–22 zu interpretieren (so Kuss 227f), liegt im Text von
5,12ff nicht nur keinerlei Anlaß vor, sondern
dies Verständnis ist durch das Interpretament
εἰς πάντας ἀνθρώπους V 12c ausgeschlossen.
[1038] Vgl. die jüdischen Parallelen oben Anm.
1025. Bemerkenswert ist freilich, daß Paulus
die – auch ihm bekannte: vgl. 2Kor 11,3! –

Rolle der Schlange als der Verführerin Evas
meidet; hier (wie 7,11) hat allein die Sünde aktive Funktion.
[1039] In *diesem* Sinn ist die Formalanalyse von
V 12 bei Scroggs, The Last Adam. 79 Anm. 13
überzeugend (vgl. jedoch oben Anm. 1035);
vgl. vorher die bei Brandenburger, Adam 175
Anm. 1 genannte Literatur.
[1040] So Brandenburger, Adam 164, der jedoch mit καὶ οὕτως lediglich V 12c mit V 12b
verbunden sein läßt, vgl. ebd. 175 Anm. 1.
[1041] Zu διῆλθεν vgl. Weish 7,24, wo es von
der Weisheit entsprechend heißt: διήκει καὶ
χωρεῖ διὰ πάντων. Dort ist wie Röm 5,12 nur
die universale Wirkung gemeint; daß sich »die
Todesmacht ihren Weg nacheinander zu allen
Menschen gebahnt« habe (Kuss 228, ähnlich
Cranfield 274), ist eingelesen.

infolge des Eintritts der Sünde der Tod mit Eingang gefunden hat (V 12b), so ist die Ursache seines Hindurchdringens zu allen Menschen, daß alle gesündigt haben. ἐφ' ᾧ ist zweifellos als ἐπὶ τούτῳ, ὅτι = »weil«, aufzulösen. Augustins Interpretation des ihm vorgegebenen altlateinischen Textes »in quo«, wonach alle »in Adam« gesündigt haben (vgl. 1Kor 15,22), ist die Wurzel für das bis in die neuzeitliche Exegese fortwirkende Verständnis von ἥμαρτον als Erbsünde[1042].

Als ein schweres Auslegungsproblem wird durchweg das Verhältnis zwischen V 12a und V 12d gesehen, wo »jäh das 12a–c beherrschende Motiv des Verhängnisses durch das andere der persönlichen Schuld aller Menschen abgelöst wird«[1043]. Nun ist gewiß deutlich, daß in V 12a–b nur von »der Sünde« und erst in V 12d von den Sündern die Rede ist. Aber daß Paulus zwischen beiden Aussagen eine Spannung sähe, ist im Text ebensowenig zu erkennen wie gar, daß er in V 12d das Voranstehende korrigieren wollte. Dagegen spricht auch, daß in VV 13f – wiederum ohne Anzeichen einer gar beabsichtigten Spannung – von ἁμαρτία und ἁμαρτάνειν parallel nebeneinander gesprochen wird und in der zusammenfassenden Schlußthese VV 20f wie in V 12 von »der Sünde« die Rede ist.

Der Eindruck einer Spannung entsteht für den modernen Leser dadurch, daß der Eintritt der Sünde in die Welt als ein durch Adam über alle Menschen hereingebrochenes Verhängnis verstanden wird, was mit dem »Sündigen« aller als »verantwortlichem Tun« nicht in Einklang zu bringen sei[1044]. So deutlich Paulus aber, was V 12a–b betrifft, die apokalyptische Problemstellung seiner Zeit aufgreift, so deutlich ist, daß auch in dieser jüdischen Theologie die Verhängnis-Vorstellung mit der am Gesetz orientierten Lehre von der Sünde als vom Sünder zu verantwortender Tat sehr bewußt zusammengebracht worden ist[1045]. Paulus unterscheidet sich *darin* also nicht von der jüdischen Adam-Lehre seiner Zeit, so sehr sich bei ihm die Problemstellung dadurch verschärft, daß er *alle* Menschen ohne Ausnahme als Sünder sieht. *Dieser* Gedanke nun ist es aber, auf den er mit der Rede von »der Sünde« V 12a–b hinaus will; und ebendieser Skopos wird V 12c–d verschärft, indem er den Tod als die Folge »der Sünde« interpretiert, als Tod *aller* aufgrund der Tatsünden *aller*. Sieht man diese Zielrichtung von V 12a–b zu V 12c–d, so wird deutlich, daß Paulus an einer sachlichen Differenz zwischen V 12a und V 12d gar nicht gelegen ist; die Fragestellung ›Sünde als Verhängnis – Sünde als verantwortliche Tat‹ trifft am paulinischen Skopos vorbei. Wohl steht in der Rede von »der Sünde«, die durch

---

[1042] Vgl. dazu zuletzt ausführlich Brandenburger, Adam 168–175; gegen die Rückbeziehung von ἐφ' ᾧ auf θάνατος vgl. Cranfield 275f.

[1043] So repräsentativ zuletzt Käsemann 138. Dies wird bei Brandenburger, Adam 175–180 zu einem Angelpunkt der Interpretation: Er sieht darin die entscheidende Korrektur, durch die der in V 12 angesetzte Entsprechungsgedanke zerbrochen und die folgenden Digressionen VV 13f und VV 15–17 sachlich notwendig werden (ebd. 176).

[1044] Den Widerspruch stellt schon Luther heraus. Für V 12a gelte: »actuale peccatum per multos, quia per quemlibet suum proprium intrat in mundum«, für V 12d dagegen: »nullum alium est, in quo omnes peccaverunt, proprium peccatum, sed unusquisque in suo peccat«.

[1045] Vgl. pointiert sBar 54,15 (s. o. Anm. 1029).

Adam in die Welt gekommen ist, der überindividuelle Charakter alles Sündigens im Vordergrund, in der Feststellung πάντες ἥμαϱτον dagegen die ausnahmslos numerische Universalität; und *damit* hängt zusammen, daß die
Sünde aller Menschen einerseits auf Adams Tat zurückgeführt und andererseits als das Tun aller einzelnen Menschen begriffen wird. Aber weder ist ἡ
ἁμαϱτία ein Verhängnis im Unterschied zum einzelnen konkreten Sündigen,
noch ist in ἥμαϱτον vom überindividuellen Zusammenhang alles Sündigens
abgesehen. Wo der Text so interpretiert wird, ist bewußt oder unbewußt der
Grundgedanke der Erbsündenlehre der hermeneutische Schlüssel, der aber den
Text nicht aufschließt, weil er nicht paßt. ἡ ἁμαϱτία begreift alles Sündigen
von Anfang an als einen umfassenden Tat-Zusammenhang, als Welt- bzw.
Menschheitssünde, ἥμαϱτον das je einzelne Sündigen, das, weil ausnahmslos
allen Menschen gemeinsam, in jedem Einzelfall »die Sünde« erscheinen läßt.
Wo »alle gesündigt haben«, herrscht »die Sünde« in der Welt.

Statt der Fortführung mit οὕτως folgt in VV 13f eine knappe Erörterung ›ge-   13f
schichtlicher‹ Art. Es geht um die Zuordnung des Gesetzes zu Sünde und Tod in
der Zeit zwischen Adam und Mose[1046]. Die Frage muß deswegen entstehen,
weil es Sünde als Gebotsübertretung (παϱάβασις V 14) erst seit der Sinai-Of-
fenbarung gibt – mit einer Ausnahme: der Sünde Adams, mit der er das Para-
diesgebot – und damit so etwas wie eine Vorausgestalt des Mosegesetzes –
übertreten hat[1047]. Daß aber auch in der Zeit zwischen Adam und Mose vielfach gesündigt worden ist, weiß jeder Bibelleser aus der Genesis[1048]. Was für
einen Charakter jedoch hatte diese Sünde, wenn sie μὴ ὄντος νόμου nicht
παϱάβασις war?

Von der Alten Kirche[1049] bis in die Gegenwart interpretiert man den Gedanken
in Röm 5,13f so, daß Paulus diese Sünde, weil nicht παϱάβασις, d. h. nicht
selbstverantwortete Tat und also durch das Gesetz festgestellte Schuld (V 13a),
als Sündenverhängnis von Adams Sünde her, also als ›Erbsünde‹ verstehe[1050].
Das wird durch die folgenden Argumente begründet:

Erstens wird mit ἁμαϱτία V 13 ἡ ἁμαϱτία V 12a–b aufgenommen. Sofern
nicht auch ἥμαϱτον V 12d als unbewußtes Sündigen in der Nachfolge Adams,
also als Erbsünde verstanden wird[1051], wird angenommen, Paulus lasse den
»Nebengedanken« V 12d beiseite und kehre zum »Hauptgedanken« V 12a–b
zurück[1052]. Doch so richtig es ist, V 12d nicht in Widerspruch zu V 12a–c auf-

---

[1046] ἄχϱι νόμου ist in diesem »chronologi-
schen Sinn« aufzufassen. Die altkirchlichen
Väter verstanden überwiegend: »solange das
Gesetz galt, das heißt, bis Christus kam« (Ori-
genes bei Rufin 1007); vgl. K. H. Schelkle,
Paulus 182–185.

[1047] Zu Adams Sünde als παϱάβασις vgl.
4Esr 3,6f: »Du führtest ihn ins Paradies . . .
und legtest ihm ein einziges Gebot von dir auf;
er aber übertrat es. Allsobald verordnetest du
über ihn den Tod wie über seine Nachkommen.« Vgl. sBar 56,5f; Sifra Lev 5,17 (120a)
bei Brandenburger, Adam 59f.

[1048] So richtig Brandenburger 188 gegen
Bornkamm, Anakoluthe 84, der wie viele Exegeten des 19. Jhts. in V 14 die Tatsache begründet sieht, daß »die Sünde in der Welt
war«.

[1049] Dazu vgl. das Material bei K. H. Schelkle, Paulus 162–196.

[1050] So z. B. R. Bultmann, Theologie NT
251.

[1051] So ausdrücklich Lagrange 105f.

[1052] So nach Lietzmann 62 besonders Kuss
231f.

zufassen, so falsch ist es auch, die Sünde zwischen Adam und Mose V 13 als noch nicht bewußtes Sündigen zu verstehen. Daß die Menschen in dieser Zeit nicht in der gleichen Weise wie Adam[1053], nämlich nicht in Übertretung von Torageboten, gesündigt haben (V 14), besagt keineswegs, daß ihre Sünde nicht wirkliches Sündigen war[1054].

Das führt *zweitens* zur Auslegung von V 13a. Sie bereitet besondere Schwierigkeiten. Einerseits kann mit ἐλλογεῖται nicht die göttliche Bestrafung der Sünde gemeint sein, weil ja V 14 dagegen die Herrschaft des Todes zweifellos in ebendiesem Sinne betont zur Geltung bringt; der Tod ist ja die ›Strafe‹ für die Sünde, ihr ›Sold‹ (vgl. 6,23). Andererseits haben die Reformatoren unrecht, wenn sie deswegen ἐλλογεῖται nach dem Vorbild Augustins nicht als Gottes »Anrechnung«, sondern »de iudicio nostrae conscientiae« auslegten[1055]; das Passiv ist zweifelsohne ein passivum divinum. Ist dann gemeint, ohne göttliche »Anrechnung« sei das Sündigen der vormosaischen Menschheit eben doch nicht als Aktualsünde, sondern als Teilhabe an Adams Sünde, also als ›Erbsünde‹ gemeint[1056]? Vielfach hat man dafür auf 7,8b verwiesen: χωρὶς νόμου ἁμαρτία νεκρά, und die Situation der vormosaischen Sünder derjenigen des ἐγώ von 7,9a gleichgestellt: ἐγὼ δὲ ἔζων χωρὶς νόμου ποτέ; »d. h. Adams παράβασις (V 14) bzw. παρακοή (V 19) ist die Übertretung der göttlichen ἐντολή, die die in ihm schlummernde Sünde weckte«[1057]. Richtig daran ist, daß in 7,7ff die Situation von Gen 3 der hermeneutische Horizont ist[1058]; und an beiden Stellen ist der Skopos der gleiche: Die Sünde wird »angerechnet«, sie »lebt auf« erst durch das »Kommen« des Gesetzes. Indem dieses »Zorn bewirkt« (4,15), spricht es den Sünder definitiv der Folge seiner Sünde, dem Tod zu[1059]. Ante legem hatte die Sünde also nicht die Kraft, am Sünder ihre wahre Folge, die eschatologisch endgültige κατάκρισις zu vollstrecken; diese Funktion kommt erst dem Gesetz zu, und so entbehrte auch die Herrschaft des Todes

---

[1053] ὁμοίωμα ist wie 1,23 nach dem LXX-Gebrauch zu verstehen: nicht als abstrakte Gleichheit, sondern als konkrete Gleichgestalt; vgl. oben S. 107f. Hier liegt der springende Punkt darin, daß die Menschen zwar wie Adam sündigten, doch nicht gegen ein Gebot Gottes, nicht also als παράβασις.

[1054] Mit μή wird nicht das Sündigen, sondern die Gleichgestaltigkeit mit Adams Sünde verneint. Zum altlateinischen Text, in dem μή fehlt, vgl. Lietzmann 62f. K. H. Schelkle, Paulus 185f zeigt an Beispielen aus altkirchlicher Exegese des Textes mit μή das Motiv für die Auslassung: Das Sündigen erscheint so als Nachfolge der Sünde Adams, also als Erbsünde.

[1055] So Melanchthon, Röm 180: »Intelligi debet de iudicio nostrae conscientiae: Ubi non est lex, ibi conscientia non agnoscit, non accusat peccatum. Lata est igitur lex, ut conscientia agnoscat peccatum, accusetur et perterrefiat et damnetur, sicut supra dixit: ›Per legem agnitio

peccati‹.« Ebenso Luther und Calvin bei Friedrich, Ἁμαρτία 523.

[1056] Dies Verständnis liegt auch der v. l. ἐνελογεῖτο (ℵ A vg) zugrunde, womit der als allgemeine Regel formulierte Satz in die Situation von Adam bis Mose eingepaßt wird. Daß aber viele Ausleger auch den richtigen Text im Sinne der v. l. interpretieren, stellt Friedrich, Ἁμαρτία 526 mit Recht fest; vgl. auch Brandenburger, Adam 190.

[1057] R. Bultmann, Theologie NT 251; anders Adam 432.

[1058] Brandenburger, Adam 205–219, bestreitet dies zu Unrecht (vgl. besonders ebd. 216). Vgl. zu 7,7ff Teilband 2.

[1059] 4,15b οὗ δὲ οὐκ ἔστιν νόμος, οὐδὲ παράβασις darf dagegen nicht zur Erklärung von 5,13; 7,8b hinzugezogen werden, da dieser Satz im Kontext nicht auf die Situation ante legem, sondern auf die der des Gerechtfertigten χωρὶς ἔργων νόμου, ὑπὸ χάριν bezogen ist, vgl. oben S. 271 sowie die Exegese von 6,15.

über die Sünder *ante legem* (V 14) noch dieser eschatologischen Kraft[1060].
Gleichwohl (ἀλλά) *hatte* der Tod im Gefolge der Sünde die Herrschaft über *alle*
Sünder bereits angetreten, weil sie in ihrem Sündigen (V 12d.14) »der Sünde«,
die durch Adams Sünde in die Welt gekommen ist (V 12a), verfallen waren. Die
Interpretation der ἁμαρτία V 13 als ›Erbsünde‹ verfehlt insofern den Skopos
des Textes, als es gerade hier nicht um ein noch uneigentlich-potentielles, sondern um wirklich-aktuales Sündigen geht. Nicht auf eine Unterscheidung zwischen Adams Sünde und der der Menschheit *ante legem* zielt Paulus, sondern
auf eine Unterscheidung der Situation aller Sünder von Adam bis Mose *coram
Deo* von der Situation aller Sünder *post legem*.

Damit kommen wir *drittens* zum entscheidenden Punkt. Warum kommt Paulus nach V 12 auf das Thema der Situation ἀχρὶ νόμου zu sprechen? Die Antwort kann nur lauten: Weil für die universale katastrophale Folge der Sünde
Adams *das Gesetz* von ausschlaggebender Bedeutung ist. Wenn sowohl die
Sünde *wirkliche* Sünde und der Tod die *endzeitliche* κατάκρισις als die wirkli-
cher Sünde allein entsprechende Folge ist, dann ist diese *Wirklichkeit* der Sünde, wie sie seit Adam in der Welt herrscht, noch nicht *in Kraft*: Dazu bedarf sie
des Gesetzes. Der νόμος nämlich hat die Funktion des ἐλλογεῖν (V 13b). Das
Wort hat die Bedeutung: »jemandem auf die Rechnung setzen« (vgl. Phlm 18).
Dahinter steht wahrscheinlich die verbreitete apokalyptische Vorstellung, daß
auf himmlischen Tafeln bzw. Büchern alle irdischen Taten der Menschen aufgeschrieben werden, damit diese Register in der Funktion der entscheidenden
Zeugen im Endgericht »geöffnet« und alle darin verzeichneten Taten ihrer entsprechenden endzeitlichen Geschickfolge überantwortet werden[1061]. Dieses
eschatologische Festschreiben der Sünden ist im Blick auf die Sünden vor Mose
noch nicht geschehen. Es gehört aber zu ihrer Wirklichkeit entscheidend hinzu; denn es gibt kein Sündigen ohne nachfolgende ὀργή, wie Paulus 1,18ff
ausgeführt hat; die der Sünde zukommende ὀργή aber spricht erst das Gesetz
mit eschatologisch-forensischer Kraft zu. Der Tod *kann* also nicht wirklich
herrschen (V 14) ohne das Gesetz (vgl. V 21!). Adams Tat *kann* ihre radikale,
nämlich eschatologische Wirkung als κατάκριμα (V 16.18) über die Gesamtheit der sündigen Menschen nicht ausüben, wenn das Gesetz nicht im Sinne
von 4,15 (vgl. 8,1f) »hinzutritt« (V 20). Dabei kommt es Paulus allerdings auf
die zeitliche Priorität von Sünde und Tod vor dem Gesetz an. Doch dadurch soll
dieses nicht etwa in seiner Bedeutung für die Herrschaft von Sünde und Tod
abgewertet[1062], sondern gerade herausgestellt werden. Denn das Gesetz hat ja
die Aufgabe, *geschehene* Sünde als solche richterlich festzustellen (7,13 vgl.

[1060] Das hat vor allem Jüngel, Gesetz 55f,
richtig herausgearbeitet.
[1061] Darauf hat zur Interpretation von 5,13b
zuerst Friedrich ῾Αμαρτία 525f hingewiesen.
Ältester Beleg: Dan 7,10. Vgl. die wichtigsten
Fundstellen bei Brandenburger, Adam 197
Anm. 7 sowie das rabbinische Material bei Bill.
II 170–173. Wichtig zur Traditionsgeschichte:

E. Rau, Kosmologie, a.a.O. (Anm. 148)
312–377.
[1062] Dies ist vor allem die These Brandenburgers, Adam 201–203. Er meint, daß durch die
Priorität von Sünde und Tod vor dem Gesetz
»dessen universale, entscheidende Stellung
. . . bestritten wird«, »daß der Wille Gottes
sich nicht nur in Form der Mosetora (bzw. des

3,20; Gal 3,11) und die Sünder ihrer schon wirksamen Folge, dem Tod, mit eschatologischer Kraft zuzusprechen (κατάκριμα)[1063]. Diese Funktion des Gesetzes setzt das vorherige Vorhandensein von Sünde und Tod voraus. Das ist immer und grundsätzlich der Fall, wie Paulus 1,18–3,20 ausgeführt hat und 7,7ff durch die Supposition Adams durch ἐγώ thematisch pointiert, 5,13f dagegen ›geschichtlich‹ anschaubar macht. Dabei tritt hier die Universalität der Herrschaft von Sünde und Tod hervor, sofern sich diese »auch« (καί) auf die Menschen zwischen Adam und Mose erstreckt, also wirklich ausnahmslos *alle* Menschen betrifft. Dem Nachweis dessen dient ja überhaupt der Rekurs auf Adam als den »Einen«. Der Skopos in 5,12ff stimmt also mit dem in 2,12f überein: Wie sich die Universalität der Sünde unter heilsgeschichtlich-›diachronem‹ Aspekt als schon von Adam an wirksam zeigt, so unter heilsgeschichtlich-›synchronem‹ Aspekt als Juden wie Heiden gemein.

Dagegen besteht die große Schwäche jeder Interpretation von V 13b vom Ansatz einer Unterscheidung von ›Erbsünde‹ (V 12a–c) und ›Tatsünde‹ (V 12d) darin, daß dann das Gesetz, sofern es seine Funktion nur bezogen auf die letzteren hat, an der *Universalität* der Herrschaft von Sünde und Tod nicht voll teilhat, so daß von VV 13f her V 12d vollends als Digression erscheint, die als solche einer Ungeschicklichkeit des Paulus zugeschrieben wird[1064] oder gar als »Verwirrung« erscheint, die sich vernünftigem Denken entziehe[1065].

Paradiesgebotes) kundgibt« (ebd. 203); und dies sei der Grund, warum Paulus einzelne zeitgenössische jüdische Anschauungen hier bewußt nicht aufgenommen habe, »die auch für die Zeit vor Mose die Kenntnis des Nomos . . . voraussetzen« (ebd. 205 vgl. so auch A. Marmorstein, Paulus und die Rabbinen [zu Röm 5,13–21 und 1Cor 15,29], ZNW 30 [1931] 271–285, hier 276f); vgl. z.B. sBar 57,1–2: »Zu jener Zeit war das Gesetz ungeschrieben bei ihnen allen bekannt, und die Werke der Gebote wurden damals vollbracht, und der Glaube an das zukünftige Gericht wurde damals geboren . . .« (vgl. auch ebd. 48,40) – eine Vorstellung, die Paulus 2,14f im Blick auf Heiden aufgreift, um – wie hier – *alle* Menschen, Juden wie Heiden, als ὑφ' ἁμαρτίαν zu erweisen (3,9). Doch wird dort nicht auf die Zeit vor der Sinaioffenbarung reflektiert, während hier der Gesichtspunkt der Universalität der Sünde nicht der der Gesamtheit von Juden und Heiden ist. Ob Paulus die (nur vereinzelt überlieferte) Anschauung von der Präsenz der Tora vor Mose wirklich gekannt hat, ist nicht zu erweisen; in Röm 5 wird davon nichts sichtbar. Aber Brandenburger hat darin recht, daß Paulus 5,13f eine Priorität von Sünde und Tod vor dem Gesetz herausstellen will; dazu würde jene Vorstellung, selbst wenn er sie gekannt hätte, in der Tat nicht passen. Doch falsch ist Brandenburgers Begründung,

Paulus wolle »bereits hier« alles vermeiden, »was diesen Nomos zu mehr als einer zwischenzeitlichen Größe stempeln könnte« (ebd.).

[1063] So richtig Jüngel, Gesetz 55: »Das Gesetz bringt . . . seinem Wesen nach eschatologisch zur Geltung, was es beim Menschen bereits vorfindet, und das ist seit Adam die Sünde.« Richtig sieht auch Käsemann 140f die eschatologische Funktion des Gesetzes, interpretiert aber die Herrschaft des Todes ante legem V 14 im Sinne von 1,24ff als Dahingabe der Sünder an das Todesschicksal, die als solche schon Reaktion des Schöpfers auf die Sünde sei, zu der dann das κατάκριμα von seiten des Gesetzes hinzutrete.

[1064] So z.B. Lietzmann 62 (V 12d sei »doch ein wenig störender als fördernder Nebengedanke«) und besonders Kuss 232f, nach dem in VV 13f »der Apostel das durch V 12d ins Wanken geratene Gleichgewicht wiederherstellen wollte«. Er kommt dann freilich im Blick auf die Funktion des Gesetzes, »dessen Übertretung ausdrücklich mit dem Tode bedroht wird«, im Blick auf die Gerichtserzählungen der Genesis in Schwierigkeiten: »aber darum kümmert sich Paulus jetzt nicht« (!).

[1065] So Bultmann, Adam 433, der die »Verwirrung« durch die unzutreffende Annahme erklärt, daß »der Gedanke von zwei Menschheiten (bzw. zwei Menschheitsepochen) und

Daraus ergibt sich schließlich *viertens* der Sinn von V 14b. Zu τοῦ μέλλοντος ist im Vorblick auf VV 15ff natürlich Ἀδάμ zu ergänzen[1066]. τύπος enthält wie 1Kor 10,6(11) einen Bezug zur christlichen Gegenwart und meint darum nicht einfach »Vorbild« (wie 1Thess 1,7; Phil 3,17), sondern »Vorausbild«, jedoch nicht im Sinne des hellenistischen Urbild-Abbild-Gedankens (so z. B. Hebr 8,5; Apg 7,43f), sondern im Sinne antithetischer Entsprechung des Typos zu seinem nachfolgenden Anti-Typos[1067]. Der Gedanke wird dann in VV 15ff durch ὥσπερ-οὕτως ausgeführt; er ist 1Kor 15,47f im Horizont des Zwei-Äonen-Schemas (ὁ πρῶτος – ὁ ἔσχατος) vorgebildet und ist auch in Röm 5 in diesem Sinn aufzufassen. Insoweit besteht Übereinkunft, nicht jedoch im Verständnis des Satzes. Will Paulus Adam als Ursprung des ›Erbtodes‹ Christus als dem des Lebens gegenüberstellen[1068]? In der Tat tritt Adam als »der Eine« hervor, durch den Sünde wie Tod in die Welt gekommen sind und seitdem ihre Herrschaft über alle Menschen ausüben. Da jedoch weder zwischen ›Erbsünde‹ und ›Tatsünde‹ noch entsprechend zwischen ›Erbtod‹ und ›Strafe‹ für ›Tatsünde‹ unterschieden wird, besteht die τύπος-Funktion Adams darin, daß er als Repräsentant *aller* Sünder erscheint, durch den die *Universalität* der Sünde (als ›kollektives‹ Phänomen) in jedem Sündigen der einzelnen hervortritt[1069].

So erweist sich die Interpretation von VV 12–14 im hermeneutischen Horizont der Erbsündenlehre insgesamt als Verfehlung des Textes. Nicht um das ›Verhängnis‹, das Adams Tat über seine ›Kinder‹ ohne deren Zutun gebracht habe, geht es, sondern darum, daß eine universale ›Solidarität‹ alles Sündigens besteht, durch die faktisch vom Anfang der Geschichte an alle Menschen immer schon betroffen sind, so daß Sünde und Tod über sie *herrschen*.

Adam als Ursprung dieser Geschichte der Sünde wird so zu ihrem personalen Symbol. Das drückt sich hermeneutisch darin aus, daß Paulus im Unterschied

---

deren Bestimmtheiten je durch ihren Anfänger ein gnostischer Gedanke ist, der kosmologisch, nicht heilsgeschichtlich gedacht ist« (ebd. 434). Dagegen mit Recht Käsemann 140f. Wie Bultmann meint Brandenburger, Adam 176–178, Paulus habe einerseits jenem gnostischen Verhängnisgedanken gegenüber in V 12d eine entscheidende »Korrektur« angebracht, die der Angelpunkt der paulinischen Argumentation sei; er brauche aber andererseits den Verhängnisgedanken VV 13f zum Zwecke antijüdischer Polemik, um die Funktion des Gesetzes auf eine bloße Zwischenrolle zu beschränken. Dagegen mit Recht Jüngel, Gesetz 52–56.

[1066] Weder ist ὁ μέλλων im Sinne von ὁ ἐρχόμενος (Mt 11,3; Hebr 10,37) als altertümliches christologisches Prädikat aufzufassen (so Michel 140), noch »Mose« zu ergänzen, wie Scroggs, Last Adam 80f nach Robinson, J. A. T., The Body, A Study in Pauline Theology, Chicago 1951, 35 von V 13b her vorschlägt.

[1067] Dazu vgl. Goppelt, ThWNT VIII 252f; Müller, Qal-Wachomär 89–91.

[1068] So besonders Kuss 233.

[1069] Wenn man zur Erklärung auf die semitische Vorstellung der sog. ›Corporate Personality‹ (so viele seit Robinson, H. W., The Hebrew Conception of Corporale Personality, 1936 ²BZNW 66] 49–62; zuletzt Johnston, The One) oder auf die jüdische Vorstellung des Stammvaters, in dem über das Geschick seiner ›Kinder‹ vorentschieden ist (so z.B. Kuss 280; Material bei Scroggs, Last Adam 41–46), verweist, so steht damit vielleicht der allgemeine Vorstellunghorizont von Röm 5,12ff vor Augen, nicht aber das punctum saliens des paulinischen Gedankens: Nicht in der genealogischen Deszendenz, sondern im kosmischen Zusammenhang alles *Sündigens* ist die Zugehörigkeit aller Menschen zu Adam begründet.

zu 1Kor 15,45ff den Namen Adam vermeidet und von »dem Einen« spricht, in
dem alle Menschen als Sünder repräsentiert sind. Diese Konzentration auf den
»Einen«, in der Paulus die Sünde aller 1,18–3,20 radikal interpretiert, ist freilich nur möglich, weil er von 5,6–11 her den Tod Christi als Versöhnung vor
Augen hat. Von dem »Einen« her, durch dessen Tat der universale Zusammenhang alles Sündigens universal aufgehoben ist, erschließt sich dieser hermeneutisch allererst als in sich geschlossen, so daß ex eventu Adam in der
Funktion des εἷς sichtbar werden kann. Ohne diesen bestimmenden christologischen Aspekt könnte die Geschichte der Menschheit niemals als jene Einheit
erscheinen, die in Adam ein für allemal abschließend ihr eines ›Gesicht‹ hat.

15–17 Das zeigt sich sogleich in dem folgenden Abschnitt des Gedankengangs VV
15–17, in dem Paulus nun die Antithetik in der Entsprechung zwischen Adam,
dem »Einen«, und Christus, dem »Einen« herausarbeitet. Er tut das in zwei
Schritten.

Zuerst wird die Wirkung der Tat Adams mit der Christi verglichen. Dabei tritt
die Verschiedenheit schon in den Begriffen hervor: Die Tat Abrahams ist παράπτωμα[1070], womit der Bezug auf das Gesetz von V 13 her wirksam wird und
durchweg im folgenden wirksam bleibt[1071]. Die Tat Christi dagegen wird als
χάρισμα genannt, welches Wort sonst durchweg die durch Gottes Gnade gegebene Gabe bezeichnet und so auch hier aufzufassen ist; der Kongruenz in der
Wortbildung παράπτωμα – χάρισμα entspricht nicht eine solche der *Wortbedeutung*[1072]. Aber diese Nicht-Entsprechung in der formalen Entsprechung
scheint beabsichtigt zu sein, wie aus dem gleichen Gegenüber in V 17 hervorgeht: »Verfehlung« ist Tat, χάρισμα dagegen Widerfahrnis[1073]. Durch den
Fehltritt »des Einen«[1074] ist es zum Tod »der Vielen« gekommen (das heißt:
der πάντες V 12d als der Vielheit gegenüber dem Einen)[1075]. In der Tat des anderen »Einen«[1076] dagegen handelt die Gnade *Gottes*, die als Gegenmacht gegen die Macht der Sünde, die in dem παράπτωμα zur Wirkung kommt, auf
den Plan tritt. Darum ist ihr Effekt nicht die Folge menschlichen Tuns, sondern
»Geschenk der Gnade«[1077]. Dieser andere εἷς, von dem hier zum ersten Mal die

---

[1070] Das Wort παράπτωμα steht hier und in
allem Folgenden für παράβασις; eine Bedeu-
tungsdifferenz ist im Text nicht zu erkennen,
gegen E. Käsemann 143; Cranfield 284. Wahrscheinlich ist das Wort einfach um des Gleichklangs mit χάρισμα willen gewählt.

[1071] Das betont mit Recht Jüngel, Gesetz 64.

[1072] So z. B. Bultmann, Adam 435, der darauf hinweist, daß der Gegenbegriff zu παράπτωμα eigentlich ὑπακοή oder zu χάρισμα
κρίμα bzw. κατάκριμα sein müßte. Als Gnaden*tat* verstehen darum Bornkamm, Anakoluthe 85 sowie zuletzt Käsemann 144, jedoch
ohne lexikographischen Anhalt.

[1073] So Jüngel, Gesetz 62.

[1074] δι᾽ ἑνός ist hier und durchweg maskulinisch, Käsemann 144 (Literatur).

[1075] Dahinter steht die inklusive Bedeutung
von הרבים, vgl. Jeremias, ThWNT VI
536–545, der deswegen – wie in V 19 – Jes 53
als Hintergrund der Formulierung annimmt.

[1076] Nicht »der eine – der andere« stehen sich
gegenüber, sondern εἷς und εἷς, womit die ex-
klusive Universalbedeutung *jedes* der beiden
»Menschen« zum Ausdruck kommt: Sie können nicht nebeneinander die gleiche εἷς-Funk-
tion haben!

[1077] δωρεά nimmt 3,24 δωρεάν auf. ἐν χάριτι (semitisierend) ist attributive Bestimmung zu δωρεά, also = δωρεὰ τῆς χάριτος;
vgl. Brandenburger, Adam 220 Anm. 3 unter
Verweis auf Pr-Bauer 472. Vielleicht aber erklärt sich das Fehlen des für griechisches
Sprachempfinden notwendigen Artikels τῆς ἐν

Rede ist, wird »der eine Mensch Jesus Christus« genannt und tritt als solcher »dem einen Menschen« V 12a gegenüber. Das ist nur so möglich, daß Christus Adam in seiner Bedeutung als εἷς ἄνθρωπος ersetzt. Denn Adam hatte diese seine Bedeutung ja ausnahmslos-exklusiv für *alle* Menschen. Wenn Christus nun ebendieselbe Bedeutung erlangt, so heißt das, daß er darin für alle Menschen an die Stelle Adams getreten ist, indem nun nicht mehr Adam, sondern Christus das Geschick aller Menschen bestimmt. Das Argument hat also nicht anthropologischen, sondern soteriologischen Sinn[1078]. Deswegen ist ein Vergleich nur durch einen πολλῷ μᾶλλον-Schluß möglich, der hier seine besondere Schärfe dadurch bekommt, daß das μᾶλλον nicht einfach in einer Steigerung besteht – eine solche ist angesichts der universalen Auswirkung der Tat Adams ja nicht möglich! –, sondern darin, daß die Tat Christi die Tat Adams *aufhebt.* Weil es dieselben »Vielen« sind, die statt von dieser nun von jener bestimmt sind, darum ist das μᾶλλον ein περίσσευειν, welches Wort das Bild einer über ein Vollmaß hinausgehenden Fülle assoziiert[1079]. So hat die Gnade Gottes die Todes-Wirkung der Sünde aufgehoben – dies ist das Werk der Gottesgerechtigkeit *als* χάρις[1080]. Es ist nicht nur als Tat Gottes wesenhaft von allem Tun der Menschen unterschieden, sondern in produktiver Negation auf dieses bezogen, indem die Gnade die Sünde aufhebt und deren Herrschaft durch ihre Herrschaft ersetzt (V 21). Darum wird die Wirkung der Gnade als »Geschenk« erfahren – wiederum nicht nur so, daß die Beschenkten darin als solche passiv sind (vgl. 4,4f), sondern in dieser wesenhaften Passivität ihre *Rettung* erfahren.

Übereinstimmung und Differenz zu entsprechender jüdischer Argumentation im Qal-Wachomar-Schluß[1081] zeigt der Vergleich mit dem Wort des R. Jose (um 150), SLev 5,17 (120a): »Wenn du den Lohn der Gerechten in der Zukunft lernen willst, so geh und lerne ihn vom ersten Menschen: Ihm war nur ein Gebot befohlen als Verbot, und er übertrat es. Sieh, wie viele Todesfälle sind als Strafe über ihn und seine Geschlechter verhängt worden! Und wie? Welches Maß ist größer? Ist das Maß der (göttlichen) Güte größer als das Maß der Strafen? Sage: das Maß der Güte. Wenn nun beim Maß der Strafen, das geringer ist, wer weiß wie viele Todesfälle über ihn und seine Geschlechter usw. als Strafe verhängt worden sind – um wieviel mehr gilt dann von dem, der sich zurückhält von Piggul (Opfergenuß über die erlaubte Zeit hinweg) und (dem verbotenen Genuß) von Opfer-Überresten und der am Versöhnungstag fastet, daß er für sich und seine Geschlechter usw. Verdienst erwirbt.« Ebenso 4Esr 4,30f: »Ein Körnchen bösen Samens war im Anfang in Adams Herz gesät, doch welche Frucht der Sünde hat das getragen und wird weiter tragen, bis die Ernte kommt! Ermiß also selbst: Wenn

---

χάριτι dadurch, daß Paulus ihn wegen des nachfolgenden τῇ τοῦ ἑνὸς ἀνθρώπου weggelassen hat, so Kuss 235. Cranfield 285: »the gift (which had come) by the grace of the one Man Jesus Christ«.
[1078] Gegen Scroggs, Last Adam 101, der sich darin zu Unrecht auf Barth, Christus 20 (und passim) beruft.

[1079] Vgl. 1Kor 15,10; 2Kor 10,8; 1Thess 4,1.10; auch Röm 3,1. Als Sachparallelen vgl. 2Kor 4,15 (χάρις); 3,9 (διακονία τῆς δικαιοσύνης); 1,5 (παράκλησις).
[1080] Vgl. 3,24; 5,2.(8); 6,14; 11,5f; Gal 2,21; 2Kor 4,15; 8,9; 12,9; 1Kor 15,57.
[1081] Vgl. dazu A. Marmorstein, Paulus und Rabbinen a.a.O. (Anm. 1062) 277.

schon ein Körnchen bösen Samens solche Frucht der Sünde getragen hat – wenn einst Ähren des Guten gesät werden ohne Zahl, welch große Ernte werden die geben!« An beiden Stellen wird wie bei Paulus das höhere Maß an Kraft der Güte Gottes gegenüber seiner Strafe zugeschrieben. Aber in radikalem Unterschied zu Röm 5 richten sich hier Zorn und Güte Gottes auf die beiden gegensätzlichen Menschengruppen, der Zorn auf die Sünder, die Güte auf die Gerechten, während Paulus Gottes Güte *als* seine Liebe zu den *Gottlosen* (5,8) denkt, als χάρις, die den Tod der Sünder als die ihrer Tat entsprechende ›Strafe‹ durch ihre größere Kraft aufhebt[1082].

16   Diese Wirkung der Gnade als Versöhnung (VV 8–11) ist es, die nun in einem zweiten Qal-wachomer-Schluß VV 16f durchdacht wird. Wie in V 15a wird in V 16a wiederum die Nichtentsprechung markiert[1083]: οὐχ ὡς δι᾽ ἑνὸς ἁμαρτήσαντος (zu ergänzen ist aus V 16b: τὸ κρίμα) τὸ δώρημα. Was durch den Einen, indem er sündigte, angerichtet ist, läßt sich in seiner Wirkung nicht mit der des Geschenks der Gnade von V 15 vergleichen. Die Begründung wird doppelt ausgeführt: V 16b im Blick auf die Herrschaft der Sünde, V 17 auf die des Todes. Formal entspricht nur V 17 V 15b (εἰ- πόσῳ μᾶλλον). Doch V 16b bringt die Voraussetzung für V 17: Der Tod der Vielen als Folge ihrer Sünde ist ja die Wirklichkeit des κατάκριμα, das das Gesetz dem Sünder als Sünder zuspricht[1084]. Wieder zeigt sich die Bedeutung von V 13b: Denn das Gesetz, durch das Sünde auf das endzeitliche Konto gesetzt wird, ist es, das »das Urteil« (κρίμα) »zur (eschatologischen) Verurteilung« (κατάκριμα) ausspricht. Dies geschah ἐξ ἑνός, ausgehend von dem Einen auf die Vielen[1085]. Das δώρημα als Geschenk der Gnade (χάρισμα) dagegen setzte diese Breitenwirkung auf die Vielen als seinen Ausgangspunkt voraus; indem es so zur Rechtfertigung (δικαίωμα)[1086] führte, hat es das κατάκριμα über die Vielen aufgehoben – darin besteht das πολλῷ μᾶλλον. So wird in V 16b das περισσεύειν der Gnade von V 15b *als Rechtfertigung* zur Geltung gebracht; damit wird hier erkennbar, daß Paulus mit der ganzen Erörterung in 5,12ff das 5,8–10 Gesagte vertiefen will: Die Gnade hat eine der universalen Wirkung der Sünde *entsprechende* Wirkung; sie hat aber darin, daß sie diese *aufhebt*, eine unendlich viel *größere Kraft*: Sie *negiert die Negation* des κατάκριμα! Verglichen mit der Wirkung

---

[1082] Vgl. so auch Brandenburger, Adam 222f.

[1083] Beidemal fehlt das Verb (ἐστίν), wodurch die beiden Sachverhalte durch οὐχ ὡς – οὕτως hart nebeneinanderrücken. In V 16a fehlt sogar οὕτως.

[1084] Kuss 237, Käsemann 145 und Schlier 171 sehen in V 17 eine neue, dritte Argumentation. Jüngel, Gesetz 64 Anm. 70 will etwas künstlich einen Rückbezug von V 15 auf V 12, von V 16 auf V 13b und von V 17 auf V 14 erkennen. Richtig daran ist, daß in V 16b die Funktion des Gesetzes von V 13b wieder zur Geltung kommt (vgl. 4,15!), was von Käsemann 144 zu Unrecht bestritten wird. Die richtige Aufgliederung in zwei parallele Argumentationen z. B.

bei Bornkamm, Anakoluthe 82 und Brandenburger, Adam 227–229; Cranfield 286.

[1085] So richtig E. Käsemann 144 gegen E. Brandenburger, Adam 224f, der ἐκ kausal versteht.

[1086] Die antithetische Entsprechung zu εἰς κατάκριμα erzwingt für εἰς δικαίωμα die Bedeutung »zum Rechtfertigungsurteil« im Unterschied zu V 18, wo zwischen δικαίωμα als »Rechttat« (oppositum παράπτωμα) und δικαίωσις »Rechtfertigung« (oppositum κατάκριμα) unterschieden wird, und im Unterschied zu 1,32; 2,26; 8,4, wo δικαίωμα die »Rechtsforderung des Gesetzes« bezeichnet. In letzterer Bedeutung will Kühl 184f das Wort in 5,16 als »Rechtfertigungsordnung« verstehen.

Adams, läßt sie die Überlegenheit dieser Kraft dadurch erkennen, daß es nur eines einzigen Fehltritts bedurfte, um die Herrschaft der Sünde auf *alle* Menschen auszudehnen, diese Vielzahl von Übertretungen aber durch die Tat wiederum nur eines Einzigen aufgehoben wurde.

Das gleiche gilt entsprechend auch für den Tod. Denn wie die Sünde, hat ja 17 auch der Tod, ausgehend von dem Einen, seine Herrschaft auf die Vielen erstreckt; durch das παράπτωμα des Einen[1087] hat er sie angetreten. Statt nun jedoch wiederum die überlegene Kraft der Gnade darin zu erweisen, daß sie die universale Herrschaft des Todes universal aufgehoben hat, führt Paulus den Gedanken im Blick auf die von der Gnade Beschenkten zum Schluß: Sie, die die überlegene Kraft (περισσεία) der Gnade und die überlegene Wirkung ihres Geschenks[1088], nämlich der Geechtigkeit (genitivus epexegeticus), empfangen, werden ihrerseits im Leben herrschen[1089] durch den Einen Jesus Christus. Damit wird V 10 aufgenommen: die λαμβάνοντες sind also die Christen, »wir«. Mit dieser personalen Formulierung soll die Universalität der Aussagen in VV 15f nicht eingeschränkt werden, als ob unter den πάντες nur die gemeint seien, die das Geschenk der Gnade »ergreifen«, die anderen nicht[1090]: Das ergibt sich zwingend aus V 18, wo πάντες und οἱ πολλοί betont wiederkehren. Die Christen als »Empfangende« repräsentieren hier vielmehr die Gesamtheit der durch Christus von Sünde und Tod befreiten Menschen, denen »durch Jesus Christus« die Zukunft des endzeitlichen Lebens offensteht, ja, die anstelle des jetzt erledigten Herrschers Tod selbst die Herrschaft im Leben antreten werden. Der Kontext legt es nahe, daß es der Tod ist, über den die endzeitlich Auferweckten herrschen werden – in Umkehrung ihrer nunmehr vergangenen Situation, wo der Tod über sie herrschte (V 14)[1091]. Das eschatologische Futur steht mit dem Aorist ἐπερίσσευσεν V 15 (vgl. V 20) nicht in Widerspruch: Der Herrschaftsantritt *der Gnade* ist erfolgt; sie hat die Herrschaft von Sünde und Tod über die, die ihr Geschenk der Rechtfertigung empfangen haben, definitiv zur Vergangenheit gemacht. Aber *die Christen* sehen ihrer eigenen vollendeten Teilhabe an dieser Herrschaft als ihrer Zukunft entgegen (vgl. V 2 und vor allem 8,18ff). Sofern sie auf *Christus* sehen, zu dem sie als Empfänger der Gnade als dem einen Ursprung des Lebens gehören, neben dem es jetzt nicht mehr den sie bestimmenden einen Ursprung des Todes gibt, ist ihnen das Leben gewiß. Sofern sie freilich gegenwärtig selbst faktisch noch in der durch Adam gezeichneten Todeswelt leben, ist für sie das Leben in der Gnade, in der sie stehen (V 2), noch verborgen, zukünftig (vgl. 2Kor 4,16–18; Phil 3,12–14); doch

---

[1087] Die variae lectiones ἐν ἑνὶ παραπτώματι (A G) bzw. ἐν τῷ ἑνὶ παραπτώματι (D) nivellieren den Unterschied zwischen εἷς und παράπτωμα; die LA ἐν ἑνὸς παραπτώματι (1739 und die meisten vulg.-Handschriften) korrigiert daraus das Richtige.

[1088] τῆς δωρεᾶς fehlt in B Ir (lat) Or (partim) Aug.: eine stilistische Glättung auf Kosten des Gehalts, die ebenso gewaltsam durch Streichung von τῆς δικαιοσύνης (C) sowie ge-

schickter durch Einfügung von καί nach δωρεᾶς (einige Minuskeln, pesch Chr Th vulg) erreicht werden soll.

[1089] βασιλεύσουσιν ist nicht logisches, sondern eschatologisches Futur, vgl. V 10! Zum Vorstellungshintergrund vgl. NT 1Kor 4,8; 6,2f; 2Tim 2,12; Offb 20,4.

[1090] Gegen Kuss 237.

[1091] So Jüngel, Gesetz 65.

die Anfechtungen, die ihnen aus diesem Widerspruch ihrer Faktizität zu der Zukunft ihres Lebens erwachsen (VV 3f), vermögen sie durchzustehen – in gewisser Hoffnung[1092].

18 Jetzt erst, nachdem sowohl die Funktion des Gesetzes gegenüber Sünde und Tod festgestellt (VV 13f) und von daher zunächst die Antithetik in der Entsprechung zwischen Adam und Christus herausgestellt ist (VV 15–17), kann Paulus, mit ἄρα οὖν neu ansetzend, die in V 12 angezielte Entsprechung als solche durchführen. Das geschieht in drei parallelen ὡς-οὕτως-Sätzen. Der erste ergibt sich aus VV 16f: »Wie es durch Eines (Menschen)[1093] Fehltritt für alle Menschen zur Verurteilung (gekommen ist)[1094], so auch durch Eines (Menschen) Gerechtigkeit schaffende Tat (δικαιώματος) für alle Menschen zur Rechtfertigung, (die zum) Leben führt.«[1095] Der Ton liegt jetzt deutlich auf der Entsprechung, die sich durch die wörtlich gleichen Wendungen δι᾽ ἑνός und εἰς πάντας ἀνθρώπους zu erkennen gibt. Die gegensätzlichen Bestimmungen παραπτώματος – δικαιώματος und εἰς κατάκριμα – εἰς δικαίωσιν ζωῆς benennen in dieser gleichen Satzstruktur präzis die Wirkung der Tat Christi als Aufhebung der Tat Adams.

19 V 19 gibt für beides die Begründung, wobei die gleiche Satzstruktur von V 18 erhalten bleibt. Adams Tat war (nach Gen 3) Ungehorsam (vgl. ἐχθροί V 10; 8,7; grundsätzlich 1,21), Christi Tat dagegen Gehorsam. Paulus nimmt damit ein Motiv aus hymnischer Tradition auf (vgl. Phil 2,8; Hebr 5,8f), nach der der Gehorsam Christi sich am Kreuz erwiesen hat. Paulus selbst versteht die ὑπακοή zweifellos genauso, interpretiert sie aber soteriologisch als Rechtfertigung: vgl. δικαίωμα V 18. Zur Rechtfertigung der Sünder führte Christi Tat, weil er für sie gestorben ist und darin der Liebe Gottes (V 8), seiner Gnade (VV 15.17) so gehorsam wurde, daß der Gekreuzigte mit Gott eines und Gottes Gnade (V 15) als solche zugleich die Gnade »des Einen Menschen Jesus Christus« geworden ist (V 15). Während die Tradition den Gehorsam Christi viel stärker im menschlichen Gegenüber zu Gott auffaßte – als Leidender »lernt« er Gehorsam (Hebr 5,8); Gott belohnt den Gehorsam des Erniedrigten im Tod durch seine Erhöhung (Phil 2,8f) –, denkt Paulus durchweg das Kreuz als Handeln Gottes in Christus (2Kor 5,19 vgl. Röm 3,25), so daß Christus und Gott im Kreuz eines sind: Es handelt Gottes Liebe (5,8) und zugleich auch Christi Liebe (Gal 2,20; 2Kor 5,14). Gott gibt ihn preis (4,25; 8,32), und darin gibt Christus

---

[1092] Das heißt jedoch keineswegs, daß die Zukünftigkeit des Lebens das Offenstehen der »Möglichkeit« bedeute, am Leben teilzugewinnen, die sie zu steter »Entscheidung« herausfordere, »ob sie zu den λαμβάνοντες gehören wollen« (Bultmann, Adam 437f, vgl. Theologie NT 253). Dagegen Käsemann 146.

[1093] ἑνός ist in beiden Satzhälften wie bisher durchweg maskulinisch aufzufassen; vgl. Käsemann 147 gegen Schmidt 102. Wie Käsemann jetzt auch Cranfield 289; Schlier 173.

[1094] Der Verb-lose Feststellungsstil von V 16, durch den Sachverhalte rein als solche nebeneinander gestellt werden, wird hier wiederholt.

[1095] Der Genitiv ζωῆς kann als genitivus epexegeticus aufgefaßt werden; so jetzt wieder E. Käsemann 147. Näher liegt im Blick auf die Zukünftigkeit der ζωή in V 17 und V 21 ein Genitiv der Zielrichtung, vgl. Bl-Debr § 166,1; so Bornkamm, Anakoluthe 88; Brandenburger, Adam 233; von der Osten-Sacken, P., Römer 8 als Beispiel paulinischer Soteriologie, 1975 (FRLANT 112), 172 Anm. 42.

sich zugleich selbst preis (Gal 2,20 vgl. 1,4). Paulus kann in gleichen Zusammenhängen von Gottes Gnade und von Christi Gnade sprechen (vgl. 2Kor 8,1 mit 8,9; Röm 1,5 mit Gal 1,15; 1Kor 1,4 mit Gal 1,6; Röm 1,7 mit 16,20). Durchweg ist dasselbe Geschehen gemeint, in dem Gott und Christus so völlig zusammenwirken, daß die Wirkung sowohl als die Gottes wie ebenso auch als die Christi ausgesagt werden kann. In diesem Sinn hat Paulus das Motiv vom Gehorsam Christi aufgenommen und verstanden: In der ὑπακοὴ τοῦ ἑνός wird die *Einheit* Christi mit Gott konkret, die zugleich die Einheit Gottes mit Christus ist. Das ist wichtig zu erkennen, damit das Gegenüber von Gehorsam Christi und Ungehorsam Adams V 19 richtig verstanden wird.

Es könnte ja zunächst so scheinen, als ob der Gegensatz auf der gleichen Ebene besteht: dem Verhältnis der Menschheit zu Gott. Adam und Christus wären dann einfach Repräsentanten der beiden allein möglichen Verhaltensweisen zu Gott, Gehorsam und Ungehorsam. Aber dieser Aspekt ist erstens dadurch gebrochen, daß Paulus nicht wie die thematisch verwandten jüdischen Texte Gehorsam und Ungehorsam auf zwei verschiedene Menschengruppen verteilt und Adam und Christus nicht als jeweils die entsprechenden Repräsentanten dieser Gruppen darstellt[1096]. Vielmehr ist Adam der Eine, von dem her *alle* gesündigt haben, und Christus an *seiner Stelle* der Eine, von dem her alle das *Geschenk der Gerechtigkeit empfangen*. Zweitens aber ist für das Verständnis entscheidend, daß darum die Gerechtigkeit der Gerechten nicht deren eigene, sondern durch Christus *geschenkte* Gerechtigkeit ist. Christus als Ursprung der Gerechtigkeit *aller* Menschen ist also gerade *nicht Repräsentant der Menschen vor Gott*, wie es Adam ist – in dem Sinne, daß er repräsentiert, was sie tun und sind –, sondern *Repräsentant Gottes vor den Menschen*. Die Gerechten repräsentiert er als die Gerechtfertigten also nur so, daß er *die Gnade* repräsentiert, durch die sie, die Sünder, zu Gerechten geworden sind (κατασταθήσονται). Dies ist der letzte und eigentliche Unterschied zwischen Adam und Christus: Zwar stehen beide der Gesamtheit der Menschen gegenüber als jeweils der Eine, »von dem her« (ἐξ οὗ) das Geschick der »Vielen« umfassend bestimmt, vorbestimmt ist. Doch ist Adam als ἁμαρτήσας (V 16) in seiner παρακοή (V 19) mit den πάντες als ἁμαρτήσαντες (V 12d) verbunden; was er den Menschen, jedem einzelnen von ihnen, gegenüber repräsentiert, ist etwas wesenhaft Menschliches: die Sünde als menschliches Tun. Dagegen wird von Christus kein entsprechendes menschliches Tun ausgesagt; nicht als Vor- und Urbild von Gerechtigkeit erscheint er (obwohl Paulus dies als Aussage der Tradition in 2Kor 5,21 hat übernehmen können), und sein δικαίωμα V 18 und seine ὑπακοή V 19 besteht darum nicht in vor- bzw. urbildlicher Gesetzeserfüllung[1097], sondern in *seinem* Tun kommt *Gottes* Tun zur Wirkung. Da nämlich von Adam her *alle* Menschen ausnahmslos gesündigt haben und in ihrem

---

[1096] Die Rolle Christi in Röm 5 unterscheidet sich darin charakteristisch z. B. von der Henochs, der nach aethHen 71,16 zum himmlischen Repräsentanten aller Gerechten geworden ist.

[1097] Dies ist der großartige, aber entscheidende Fehler in der Auslegung K. Barths; vgl. ebenso jetzt von der Osten-Sacken, Römer 8 167.

Geschick nunmehr definitiv durch den Tod bestimmt sind, ist von Adam – und das heißt: vom Menschen her – keinerlei Möglichkeit gegeben, dieses Geschick zu wenden. Dies kann allein durch das schöpferische Wunder der Gnade geschehen. Während Adam *die Sünde* repräsentiert, repräsentiert Christus nicht deren Gegenteil, die Gerechtigkeit, sondern *die Gnade* als die Kraft der *Aufhebung der Sünde*. Die Gerechtigkeit ist darum Widerfahrnis durch die Gnade, ihr Geschenk. In diesem Sinn ist Christi Gehorsam nicht sozusagen das Gegenbeispiel zum Ungehorsam Adams, wenn auch das einzige gegenüber dem Ungehorsam *aller*, sondern Übereinstimmung mit der *Gnade Gottes* und darum Tat *für* die »Vielen«, so daß durch seinen Gehorsam nicht endlich wieder ein Beispiel für Gerechtigkeit und also eine neue Möglichkeit zur Gerechtigkeit für die Vielen gegeben, sondern Rechtfertigung für die Vielen als Sünder geschaffen ist: δίκαιοι κατασταθήσονται οἱ πολλοί. An Christi ὑπακοή – als Gehorsam gegenüber der rechtfertigenden *Gnade Gottes* – hängt allein die Möglichkeit der Gerechtigkeit für die Menschen als Sünder.

Das Futur κατασταθήσονται könnte hier – im Unterschied zu βασιλεύσουσιν V 17 – in logischem Sinn, vom Aspekt Adams her formuliert, gemeint sein, wodurch eine genaue Parallelität zu V 18 und wohl auch zu V 21 gegeben wäre[1098]. Das ist deswegen wohl der ebenso möglichen eschatologischen Auffassung[1099] vorzuziehen. Denn die Rechtfertigung ist im gesamten Kontext als das Geschehen, durch das die Herrschaft der Sünde von Adam her aufgehoben *ist*, von der Teilhabe der Gerechtfertigten am Leben als ihrer eschatologischen Zukunft unterschieden. Wegen der Parallelität zu κατεστάθησαν hat auch κατασταθήσονται die Bedeutung »werden«[1100]; obwohl von V 18 her das erste dem εἰς κατάκριμα und das zweite dem εἰς δικαίωσιν ζωῆς entspricht und so beidemal der Widerfahrnischarakter sprachlich betont ist[1101].

20 Bevor Paulus zur abschließenden Formulierung der Entsprechung (V 21) ansetzt, tritt in V 20 nochmals das Gesetz als Thema explizit hervor. Wie in VV 13f der Zusammenhang von Sünde und Tod nur durch den νόμος als Herrschaft zur Geltung gebracht werden konnte, von dessen Funktion V 13b her allein die Wirkung als κατάκριμα VV 16.18f zu begreifen ist, so muß nun diese Funktion des Gesetzes in ihrer Bedeutung für die Tat Christi als Werk der Gnade bedacht werden, damit von der *Herrschaft* der Gnade gesprochen werden kann. In παρεισῆλθεν liegt hier ebensowenig wie in προσετέθη Gal 3,19 die im hellenistischen Wortvorkommen sonst häufige negative Bedeutung »sich einschleichen, unberechtigt bzw. geradezu verkappt in einen Kreis eindringen« (Gal 2,4)[1102], so daß Paulus hier vom Gesetz in einem »unverkennbar

---

[1098] So z.B. R. Bultmann, Theologie NT 274f; zuletzt Cranfield 291; beide Möglichkeiten offenlassend: ders., Adam 438; so auch Brandenburger, Adam 234.

[1099] So z.B. Lietzmann 64; Bornkamm, Anakoluthe 88; Kuss 239; Käsemann 148; Schlier 175. Beleg dafür ist jedenfalls Gal 5,5, während sonst bei Paulus Rechtfertigung durchweg im praeteritum ausgesagt ist.

[1100] Vgl. Pr-Bauer 771.

[1101] So als Möglichkeit Kuss 239; vorher Zahn 284 und besonders Kühl 189f (»unbedingt zu unterscheiden von einem einfachen ἐγενήθησαν«).

[1102] Hellenistische Belege bei Pr-Bauer 1239.

abwertenden Sinn« sprechen wollte[1103]. Vielmehr ist im Blick auf V 12a (εἰσῆλθεν) gemeint, daß das Gesetz *nach* der Sünde in die Welt hineingekommen und so in den schon konstituierten Zusammenhang von Sünde und Tod nachträglich hinzugetreten ist. Denn es ist ja seine Funktion, die Sünde als Sünde zu entlarven (7,13) und sie mit ihrer Folge, dem eschatologischen κατά-κριμα, zusammenzusprechen und so dem Zusammenhang von Sünde und Tod, den es als solchen vorfindet, eschatologischen Herrschaftscharakter zu geben. Dies ist mit ἐπλεόνασεν gemeint: Das »Mehr« besteht darin, daß erst so die Sünde ihre volle, nämlich endzeitliche Vernichtungskraft erhält[1104]. Zugleich aber wird damit auch ihre Universalität allererst definitiv, so daß ἐπλεό-νασεν auch geradezu räumliche Bedeutung bekommt. Darum formuliert Paulus jetzt statt ὥσπερ: οὗ[1105]. Der *Ort* der Sünde, die *Welt* (V 12), wird durch das Hinzukommen des Gesetzes allererst als solcher festgelegt – freilich um zugleich *ebendiesen* Ort als den Ort für die Herrschaft der Gnade zu markieren, die in ihrer überlegenen Kraft den Ort der Sünde vollständig besetzt hat. Die Tat der Gnade kann darum, weil die Sünde durch das Gesetz bereits die ganze Welt besetzt hält und so ihre ›Mehrung‹ erreicht hat, über dieses ἐπλεόνασεν hinaus nur als ὑπερεπερίσσευσεν formuliert werden[1106]. Das ›Mehr‹ der Gnade besteht darin, daß sie das ›Mehr‹ der Sünde aufhebt. Da es aber das Gesetz ist, durch das die Sünde zu ihrem ›Mehr‹ gekommen ist, hat es dadurch die Voraussetzung für den Herrschaftsantritt der Gnade in Kraft gesetzt. Insofern hat es in seiner radikal negativen Funktion auf der Adam-Seite zugleich eine mittelbar soteriologische Bedeutung. Denn »überwunden werden kann die Geschichte der Sünde und des Todes eben nur *in* dieser Geschichte, die deshalb der *Ort* der neuen Geschichte der Gnade Gottes *bleibt*«[1107]. Erst durch V 20 sind so »der Adam-Zusammenhang und der Christuszusammenhang sachgemäß aufeinander bezogen«[1108].

Dieser kann nun erst abschließend formuliert werden: als die göttliche Absicht   21 (ἵνα!), die in der *antithetischen* Entsprechung zwischen Adam und Christus die *Entsprechung* begründet. Die Sünde *sollte* im Tode[1109] vollständig zur Herrschaft über die Welt gelangen, damit so auch die Gnade ihre *überlegene*

[1103] So Brandenburger, Adam 249 im Anschluß an Bornkamm, Anakoluthe 88f. Ähnlich spricht Käsemann 148 im Anschluß an Althaus 46 und v. Dülmen, Theologie des Gesetzes 170 von einem »Zwischenspiel«. Dagegen vor allem Jüngel, Gesetz 66–69, sowie jetzt Cranfield 291f.

[1104] Von einer Provokation zum Sündigen ist also nicht die Rede (so mit Recht Brandenburger, Adam 251), freilich auch nicht in dem Sinn, daß das Gesetz zum Streben nach »eigener Gerechtigkeit« und also zur καύχησις provoziert, wie Bultmann, Adam 439 einliest und sowohl Brandenburger, Adam 252 als auch Jüngel, Gesetz 68 Anm. 88 (»natürlich«!) wiederholen.

[1105] So mit Recht Jüngel, Gesetz 68f.

[1106] Käsemann 49 verweist auf 4Esr 4,50 ›superabundare‹.

[1107] Jüngel, Gesetz 69.

[1108] Jüngel, ebd.

[1109] ἐν θανάτῳ kann – parallel zu διὰ δι-καιοσύνης – instrumentalen Sinn haben (so Lietzmann 65 und viele andere). Dies ist aber nicht notwendig. Möglich – und hier vorzuziehen – ist die lokale Bedeutung: Die Sünde herrscht in der Welt als dem Bereich des Todes, der durch das Gesetz als solcher eschatologisch qualifiziert ist.

Herrschaft antreten sollte. Sie herrscht διὰ δικαιοσύνης, womit natürlich die durch die Gnade *geschenkte* Gerechtigkeit der iustificatio impii gemeint ist; und ihre Herrschaft zielt auf das ewige Leben, der Bereich ihrer Herrschaft ist also über die auf der Adamseite definitiv gesetzte Todesgrenze hinaus in das Auferstehungsleben hinein offen und so unendlich erweitert worden (vgl. ὑπερεπερίσσευσεν V 20). Dies alles ist geschehen »durch Jesus Christus, unseren Herrn«, womit Paulus die ganze Argumentation von VV 12–21, V 11 entsprechend, abschließt. Christus und die Gnade sind nun als identisch begriffen. Jetzt bekommen im Bekenntnis der ἡμεῖς die λαμβάνοντες V 17 ein Gesicht und einen Mund.

Zusammen-
fassung

In diesem Abschnitt reflektiert Paulus den gesamten Zusammenhang seiner bisherigen Ausführungen zur These 1,16f im Blick auf seine *Einheit*. Erst hier klärt sich das Verhältnis, in dem die beiden einander *entgegenstehenden* Aussagenreihen über die Offenbarung des Zornes und der Gerechtigkeit Gottes, über Sünde und Rechtfertigung, Werke und Glaube, Gesetz und Gnade *aufeinander bezogen* sind. Der Begriff, der die Einheit dieses widersprüchlichen Verhältnisses bezeichnet, ist der der *Versöhnung*. Es ist nicht zufällig, daß er erst 5,10 auftaucht, und ebenso nicht, daß er *nur* an dieser Stelle steht[1110]. Wie nämlich in der Liebe Gottes (5,8) der Charakter seiner Gerechtigkeit (3,21.25f) hervortritt – Gottes Gerechtigkeit ist ganz und gar zur Liebe zu seinen Feinden geworden –, so wird entsprechend in der Versöhnung das *Werk* dieser Liebe Gottes benannt: als Aufhebung sowohl der »Feindschaft« der Menschen (5,10) als auch des ihr entsprechenden Zornes Gottes (5,9). Wie nämlich in der Liebe Gottes der Gegensatz in Gott selbst zwischen seinem Zorn und seiner Gerechtigkeit aufgehoben ist, so in der Versöhnung der Gegensatz im Verhältnis zwischen Gott und den Sündern und entsprechend zwischen Gerechtigkeit und Ungerechtigkeit der Menschen. *Die Aufhebung dieses Gegensatzes als Negation der Negation ist das Wesen der Versöhnung.* Um die Entfaltung dieses Wesens der Versöhnung, um eine Art Struktur-Erhellung des Geschehens der καταλλαγή, geht es in 5,12–21[1111].

Um diesen Abschnitt zu verstehen, bedarf es einerseits eines hohen Maßes an historisch geschulter Reflexionskraft. Denn Paulus hat hier nichts weniger als die Logik des Christusgeschehens als Logik des Handelns Gottes entdeckt: eine

---

[1110] 11,15 – die einzige weitere Stelle im Römerbrief – greift sachlich auf 5,10 zurück und präzisiert die Versöhnung als die Weise, in der Gott die καταλλαγή universal zur Wirkung kommen läßt: als »Versöhnung der Welt«, die den Heiden zuteil wird durch die »Verwerfung« der auserwählten Juden und in die er diese hernach einbezieht durch ihre »Annahme« als ζωὴ ἐκ νεκρῶν. Diese ›Logik‹ der Heilsgeschichte (vgl. zusammenfassend 11, 28–32) entspricht der ›Logik‹ des Christusgeschehens als Auferstehung des für uns gestor-

benen Gottessohnes und seiner Heilswirkung als Rechtfertigung der Gottlosen durch die Liebe Gottes als Versöhnung seiner »Feinde«.
[1111] Während es in 5,12ff um den objektiven Aspekt der Versöhnung geht, wird Paulus in 7,7–8,11 deren subjektiven Aspekt durchdenken, und zwar so, daß der *Geist* Gottes in den Christen die Aufhebung des Gegensatzes bewirkt, der im Sünder selbst zwischen seiner Sünde und seiner in ihr negierten Gottzugehörigkeit als totale Aporie wirksam ist.

Logik, die denk-geschichtlich völlig neu war. Kein Wunder daher, daß er sicht-
lich die größte Mühe hat, in der Sprache zu erfassen, was er im Durchdenken
zu erkennen im Begriff ist.

Denkt man sich nun aber in den Gedankengang des Paulus hinein, so kann man
andererseits nur staunen darüber, wie unmittelbar sich darin nun doch tatsächlich die Dynamik dieser Logik höchst präzis in der von Paulus gefundenen
Sprache abzeichnet – gerade dort, wo sie die Sprachfähigkeit bis zum Ausein-
anderbrechen von Sätzen strapaziert[1112]. Gerade dieser fragile Charakter des
Sprachgeschehens in Röm 5,12ff zeigt auf das Wesen der christologischen Geschehens-Logik – in markantem Unterschied zur ›formalen‹ Seins-Logik griechischer Denktradition. Dort entspricht die Logik dem Charakter des Seienden
in seinem Sein, wie es das am Sehen geschulte Denken, durch die Vielfältigkeit
des Scheins hindurchblickend, gewahrt. Wie die Dinge *sind*, was und wie sie
sind, wenn ihr Sein, abgehoben von ihrem Schein erkannt wird, so bildet die
Logik dieses Sein der Dinge in gleichsam stehenden Verhältnissen ab. Gegensätze werden als bestehende Unterschiede beschrieben, seien es relative Ver-
schiedenheiten des einen vom anderen, seien es absolute. Auch die schärfste
Verneinung, die im Satz vom ausschließenden Widerspruch benannt wird,
spricht ein ›stehendes‹ Verhältnis aus: Indem A ist, ist B ausgeschlossen. Die
Unbeweglichkeit des Seins, die zum Wesen des Seins selbst gehört, bildet sich
in der Unbeweglichkeit der Verhältnisse ab, die die Logik beschreibt[1113].

Die Probleme der Rechtfertigung aber lassen sich so keinesfalls denken. Zwar
ist das Verhältnis von Gerechtigkeit und Ungerechtigkeit selbst griechisch im
Sinne eines ausschließenden Gegensatzes gedacht worden, nicht aber das Ge-
recht- bzw. Ungerecht-Sein der Menschen, weil dort, wo ein Mensch ungerecht gehandelt hat, die Möglichkeit offenbleiben muß, daß er das nächste Mal
gerecht handelt. Selbst in der Stoa, die das Verhältnis zwischen dem Weisen
und dem Toren als absoluten Gegensatz dachte, konzentrierte sich die Ethik auf
den Übergang vom einen zum anderen, den sie im Modell des προκόπτων be-
schrieb und eifrig diskutierte[1114]. Immerhin ließ sich aber im hellenistischen
Judentum der absolute Gegensatz zwischen Gerechten und Ungerechten im
stoischen Modell des Gegensatzes zwischen dem Weisen und dem Toren
sprachlich leicht fassen und die gemeinte Sache durchaus verstehen: Ein Gerechter *ist* gerecht, ein Ungerechter *ist* ungerecht, und der absolute Gegensatz
zwischen ihnen wird im Urteilsspruch des Endgerichts ›offenbar‹. Ungerechte
können als solche unmöglich gerechtgesprochen werden.

Die griechische Sprache verdeckt allerdings die Geschehenslogik, in der im Ju-

---

[1112] Bornkamm, Anakoluthe, gebührt das
Verdienst, zuerst darauf aufmerksam gemacht
zu haben.

[1113] Nach der Interpretation von Jüngel,
Zum Ursprung der Analogie bei Parmenides
und Heraklit, Berlin 1964, 30–54, bildet Heraklit eine – im Blick auf die paulinische Logik
der Versöhnung sehr beachtliche – Ausnahme,

sofern nach ihm die »Einheit alles Seienden als
eine Bewegung des Entgegensetzens gegen alle
bestehenden Gegensätze« sich vollzieht: »Dieses Eine setzt sich in allen Gegensätzen, ihre
gegenständige Gegensätzlichkeit aufhebend,
als Gegen-Satz durch« (39).

[1114] Vgl. dazu Wilckens, Weisheit und Torheit, a.a.O. (Anm. 92) 255–264.

dentum – insbesondere in der Apokalyptik – der Gegensatz zwischen Gerechtigkeit und Ungerechtigkeit im Modell des Tun-Ergehen-Zusammenhangs eigentlich zu denken ist: daß gerechtes *Tun* die Gerechtigkeit der *Person* allererst konstituiert und umgekehrt und die Gerechtigkeit bzw. Ungerechtigkeit der Person sich *auswirkt* in der Teilhabe an dem Heil oder Unheil, das das Tun sozusagen ausgelöst hat. Diese Dynamik im Wesen von Gerechtigkeit und Ungerechtigkeit: daß es sich dabei nicht um ewig-feststehende Normen handelt, an denen alles Tun zu messen ist, sondern daß sie sich im konkreten gesellschaftlichen Lebensbereich als solche *auswirken* und nur in solcher Wirksamkeit *wirklich sind* – dies war griechischem Denken von Haus aus fremd. Darum ist auch die abgrundtiefe *Aporie*, die durch die These des Paulus von der Sünde *aller* und dem ihr folgenden Zorngericht über *alle* für das Denken jüdischen Glaubens entsteht, für griechisches Denken als solche unverständlich. Dies spiegelt sich später klassisch im antipelagianischen Streit, wo die Pelagianer nicht begreifen konnten, wieso die Sünde ein so grundstürzend aporetisches Problem sein solle, wo doch dem Menschen immer die Möglichkeit offenstehe, sich von der Sünde abzuwenden und gerecht zu werden. Adams Tat nach Röm 5,12 konnten sie darum nur als schlechtes Beispiel verstehen und sahen in der Erbsündenlehre Augustins ebenso wie in seiner Gnadenlehre eine böse Verirrung, während Augustinus in der Auslegung des »in quo omnes peccaverunt« auf die vom Menschen nicht auflösbare Aporie der *Wirklichkeit* der Sünde zielte und den paulinischen Gedanken der Versöhnung als Aufhebung dieser Aporie durch *Gottes Tat in Christus* sehr wohl erfaßt hat und in seiner Gnadenlehre auszuführen suchte.

Aber auch im Horizont jüdischen Denkens ist der paulinische Gedanke der Versöhnung undenkbar, obgleich er im Sühnegedanken[1115] der Sache nach zumindest präformiert, jedoch nie eigentlich *gedacht* worden ist; denn Sühne ist ja nichts anderes als ein Geschehen, durch dessen Wirkung Ungerechte gerecht werden. Paulus hat jedoch den Sühne-Gedanken im Blick auf das Christusgeschehen radikal zur Geltung gebracht und in Röm 5,12ff erstmals dessen Logik durchdacht. Die Schwierigkeiten sind ungeheuerlich: Weder in griechischer Logik ist das Geschehen der Versöhnung zu fassen; denn es handelt sich nicht darum, etwas, was *ist*, lediglich abgehoben von dem, was anders oder nicht ist, zur Sprache zu bringen, sondern etwas, was *geworden* und nur *im Werden ist*. Ebensowenig aber ist die Versöhnung durch die Geschehens-Logik jüdischen Denkens zu erfassen; denn es handelt sich ja nicht um die Konsequenz des Tun-Ergehen-Zusammenhangs, sondern um dessen *Aufhebung*: Sünder werden *nicht* der Vernichtung als der Konsequenz ihres Tuns anheimgegeben, sondern dem Heil, das doch an sich nur als Konsequenz der Gerechtigkeit zu erlangen ist. Welcher Art aber ist diese Negation? Ihre Logik kann nicht dem Gedanken des ausschließenden Widerspruchs folgen, das wäre schlicht unsinnig; die Sünde als wirksame Wirklichkeit läßt sich ja nicht als Nicht-Sein ausschlie-

---

[1115] Vgl. oben S. 236–239.

ßen – es sei denn, jüdisch-forensisch gedacht, durch ihre eschatologische Vernichtung, als Vernichtung der Sünder. Diese aber ist ja gerade – als der Sünde Sold – zu *bejahen*. Wie jedoch kann – stante damnatione iudicii aeterni – der Sünder gleichwohl dem *Heil* zugesprochen werden?

Hier rekurriert Paulus auf das Sühnegeschehen in Tod und Auferstehung Christi, dessen Logik er durchdenkt. In Christi Tod vollzog sich, stellvertretend für alle Sünder, die ihnen bevorstehende Vernichtung, so daß diese *nicht* sie, sondern den für sie Gekreuzigten traf. Darin ist die Konsequenz des Tun-Ergehen-Zusammenhangs logisch *bejaht*. Aber ihre Auswirkung auf die Sünder ist *verneint*; ihre Sünden sind vergeben. Wie ist diese Verneinung unter Voraussetzung jener Bejahung logisch zu begreifen? Antwort: als Verneinung der im Tode Christi bejahten Vernichtung der Sünder, also als *Negation der Negation*. Der Stellvertretungsgedanke, in dem diese begründet ist, impliziert nun aber, wie wir immer wieder gesehen haben, den Gedanken der Einheit Gottes mit dem Gekreuzigten. Das besagt: Gott ist nicht außerhalb dieses Geschehens der negierten Negation zu denken, sondern als der *darin* eigentlich Wirkende. Wie Gott selbst es ist, der von der Verneinung der Sünde als ἔχθρα betroffen ist, so ist es Gott selbst, der in seiner wirksamen Liebe diese Verneinung aufhebt. Diese Aufhebung aber ist wiederum nicht von außen her ›eingreifend‹ zu denken; denn es ist ja *Gottes* Zorn, der die »Feindschaft« der Sünde aller verneint, so daß Gott als Zürnender bereits in dem aufzuhebenden Widerspruch ›darin‹ ist. Die Aufhebung dieser Verneinung durch Gottes Liebe verneint so auch Gott selbst, nämlich seinen Zorn: Gott hat die Wirkung seines Zornes dadurch aufgehoben, daß Christus sie stellvertretend an sich zum Austrag kommen ließ und Gott – in seiner Gerechtigkeit – sich selbst mit dem für uns Gekreuzigten identifizierte. Darin eben besteht das Wesen seiner Gerechtigkeit: als Liebe, die sich schenkt, indem sie sich hingibt. In der Kraft der sich hingebenden Liebe hat die Versöhnung ihre konkrete Negationskraft, die der Negationskraft der Sünde *überlegen* ist, so daß sie deren Verneinung wirksam zu verneinen mächtig wird. Diese Überlegenheit wirkt sich in der Auferstehung Christi aus, durch die sein Tod als Realisation seiner sich hingebenden Liebe aufgehoben wurde. Diese Aufhebung der Negation des Todes geschieht durch die schöpferische Kraft der Liebe Gottes selbst, die im Tode Christi wirksam geworden ist. Die Auferstehung Christi als Tat Gottes verneint den im Tode Christi – ohne sie – erfolgten Tod Gottes; sie erweist, daß Gott nicht an seiner Liebe gestorben ist, sondern daß die Liebe, die sich in den Tod hingibt, der Negationskraft des Todes *überlegen* ist.

Die Logik dieses Geschehens ist also diese: Der *Gegensatz* zwischen Gott und Sünde wird *aufgehoben* durch den *Gegensatz* zwischen Gottes Zorn und Gottes Liebe. Das heißt strukturell: Ein als wirklich bejahter Gegensatz wird *durch einen Gegensatz zu diesem Gegensatz aufgehoben*.

Darin wird der strukturelle Unterschied zu aller griechischen Logik der Negation deutlich: Die Negation deckt nicht auf, was ist und nicht ist, sondern sie *bewirkt* als Negation der Negation die Aufhebung des Gegensatzes. Die Negation der Negation ist als produktive Kraft der Veränderung des Bestehenden gedacht.

Diese Logik der paulinischen Soteriologie in Röm 5,12ff ist wirkungsgeschichtlich, wenn ich recht sehe, nur sehr selten *als solche* erkannt und bedacht worden[1116], weil die von Augustin ererbte Antithese zwischen Erbsünde und Gnade das ganze Interesse an diesem Abschnitt bestimmte und weithin den Aspekt von V 12 her festlegte[1117]. Als Logik der Versöhnung als Negation der Negation ist sie jedoch philosophisch erst in der Neuzeit – vor allem bei *Hegel* – zur Wirkung gekommen. Wenn auch der Text Röm 5,12 von Hegel, soweit ich sehe, nicht eigens behandelt wird[1118], so ist doch dessen Struktur durchweg bestimmend. Ja, Hegel hat die Methode seiner ganzen Philosophie durch den ursprünglich paulinischen Gedanken der Versöhnung als Aufhebung der Negation grundgelegt[1119] und damit die traditionelle formale Logik durch eine neue dialektische ersetzt, nach welcher die Negation als produktive Kraft begriffen wird. Sie hat ihre Voraussetzung in der geglaubten Versöhnung als der »Negation dieser Trennung, dieser Scheidung« zwischen Gott und der ihm entfrem-

---

[1116] Eine Ausnahme ist Luther, der die Negation der Negation nicht nur anthropologisch auf der Erfahrungsebene als Heilsgewißheit inmitten abgrundtiefer Anfechtung zur Wirkung gebracht hat, sondern auch theologisch; vgl. die großartige dialektische Aussage in seinem Osterlied (EKG 76,4): »Es war ein wunderlich Krieg, da Tod und Leben rungen: Das Leben behielt den Sieg, es hat den Tod verschlungen. Die Schrift hat verkündet das, *wie ein Tod den andern fraß* – ein Spott aus dem Tod ist worden.« Dem liegt die lateinische Ostersequenz zugrunde: »Mors et vita duello / conflixere mirando; / dux vitae mortuus regnat vivus.«

[1117] Zur Exegese der Alten Kirche vgl. die Zusammenstellung bei Schelkle, Paulus, 162–196 sowie vorher vor allem Freundorfer, Erbsünde 105–129. Die entscheidenden Themen sind Erbsünde und Gnade. Das ist in der reformatorischen Auslegung nicht anders, es tritt hier nur noch als drittes Thema das Gesetz hinzu, vgl. klassisch Melanchthon, Röm 169–197. In der Neuzeit wird zwar die Erbsündenlehre weithin mit guten Gründen bestritten, doch bleibt diese auch in deren Bestreitung der hermeneutisch vorherrschende Aspekt; das zeigt sich z. B. an dem Interesse von Brandenburger, Adam 173–176 daran, daß der (gnostische) Verhängnisgedanke auf der Adamseite durch den Gedanken der Selbstverantwortlichkeit des Menschen für seine Sünde durchbrochen sei – womit das Interesse Bultmanns, Adam 437 u. pass korrespondiert, die Zugehörigkeit zu Christus als dem Einen meine (wiederum in Durchbrechung des Skopos der gnostischen »Vorlage«) die Möglichkeit der »Ent-

scheidung« des Glaubenden zur Gnade.

[1118] Beachtenswert ist immerhin eine Stelle in Hegels »Vorlesungen über die Philosophie der Religion« (Theorie-Werk-Ausgabe Bd. 17, Frankfurt 1969) 294f: »Opfer heißt, die Natürlichkeit, das *Anderssein aufheben*. Es heißt ferner: Christus ist für *alle* gestorben; das ist nicht etwas Einzelnes, sondern die göttliche, ewige Geschichte. Es heißt ebenso: in ihm sind alle gestorben. In der Natur Gottes ist dies selbst ein Moment; es ist in Gott selbst vorgegangen. Gott kann nicht durch etwas anderes, sondern nur *durch sich selbst* befriedigt werden. Dieser Tod ist die Liebe selbst, als Moment Gottes gesetzt, und dieser Tod ist das Versöhnende. Es wird darin die absolute Liebe angeschaut. Es ist die Identität des Göttlichen und Menschlichen, daß Gott im endlichen bei sich selbst ist, und dies Endliche im Tod selbst Bestimmung Gottes ist. Gott hat durch den Tod die Welt versöhnt und versöhnt sie ewig mit sich selbst. Dies Zurückkommen aus der Entfremdung ist seine Rückkehr zu sich selbst, und dadurch ist er Geist, und dies Dritte ist daher, daß Christus auferstanden ist. Die Negation ist damit überwunden, und die Negation der Negation ist so Moment der göttlichen Natur.«

[1119] Vgl. dazu von theologischer Seite Koch, T., Differenz und Versöhnung. Eine Interpretation der Theologie G. W. F. Hegels nach seiner ›Wissenschaft der Logik‹ 1967 (SRGG 5); Küng, Menschwerdung Gottes. Eine Einführung in Hegels theologisches Denken als Prolegomena zu einer künftigen Christologie, Freiburg/Br. 1970; Cornehl, P., Die Zukunft der Versöhnung. Eschatologie und Emanzipation

deten Welt, die Hegel freilich nicht in der Rechtfertigung des Sünders, sondern im Grundgedanken des altkirchlichen Dogmas erfüllt sieht: »Einheit der göttlichen und menschlichen Natur: Gott ist Mensch geworden.«[1120] Diese geglaubte Voraussetzung soll und kann nur im Denken selbst nachvollzogen und so in der Subjektivität gleichsam eingeholt werden: »Diese Versöhnung, die geglaubt wird, auch im Denken hervorzubringen, ist das allgemeine Interesse der Wissenschaft.«[1121] Bedenkt man die wirkungsgeschichtliche Folge im Marxismus, in dem Hegel »vom Kopf auf die Füße gestellt« wird, so wird die Tragweite dieser durch Hegel rezipierten paulinischen Logik in unserer Gegenwart voll bewußt: Aus der Kraft der Versöhnung als Negation der Negation ist die Triebkraft der Revolution geworden; und als solche tritt sie der Versöhnungsverkündigung der Kirche gegenüber, die nicht von der menschlichen Kraft der Negation der Negation (im Klassenkampf), sondern von der Gottes zu reden hat.

Unter diesem Aspekt gewinnt die Kontroverse zwischen *Karl Barth* und *Rudolf Bultmann* über die Auslegung von Röm 5,12ff außerordentliche Aktualität. Nach *Barth* ist das Thema: »Jesus Christus ist das Geheimnis und die Wahrheit auch des sündigen und sterbenden Menschen und also das Geheimnis und die Wahrheit der *menschlichen Natur* als solcher.«[1122] Er gelangt zu dieser These durch eine Interpretation der Gegenüberstellung von Adam und Christus im Sinne der Menschwerdung Gottes, in welcher Christus an die Stelle Adams als des Einen Menschen tritt, in dem alle Menschen ihre Einheit haben, so daß wir in Christus die – Adam »vorausgehende« – »wahre menschliche Natur in ihrem von Gott gewollten und geschaffenen Bestand und Wesen zu erkennen« haben[1123]. Die Nähe zu Hegel ist hier greifbar nahe. Christus als der Eine ist darum, theologisch geurteilt, *vor* Adam einzuordnen und »Adam von Christus« her zu verstehen »und nicht umgekehrt«[1124]. Dies ist nach Barth die Wahrheit der *Entsprechung* zwischen Adam und Christus, die in aller *Nicht-Entsprechung* (VV 15–17) gewahrt und theologisch dieser gegenüber dominant ist, weil der Gekreuzigte gerade in dieser Nicht-Entsprechung mit Adam und allen Seinen solidarisch geworden ist[1125]. So radikal Barth den Gegensatz zwischen Adam und Christus denkt, so besteht dieser nur von Adam, nicht von Christus her[1126]. Die Negation gehört also auf die Seite der Sünde und hat *nur dort* ihren Ort; sie wird nicht in Christus negiert, weil eben Christus bereits *vor* der Negation der Sünde die Funktion des Einen für alle hatte und so der Negation immer

in der Aufklärung, bei Hegel und in der Hegelschen Schule, Göttingen 1971, besonders 126–145.

[1120]. Vorlesungen über die Philosophie der Religion, a.a.O. (Anm. 1118) 203f.

[1121] Vorlesungen über die Geschichte der Philosophie III. Teil: Neuere Philosophie, Einleitung, ebd. Bd. 20, 69.

[1122] Barth, Christus und Adam 50.

[1123] Barth, ebd. 55. Vgl. ebd. 52: »Das *Christliche* ist abgesehen von aller Religiosität

heimlich, aber in radikaler Wahrheit *das allgemeine Menschliche.*«

[1124] Barth, ebd. 50.

[1125] Barth, ebd. 29 u. ö.

[1126] Barth, ebd. 49: »So sind die beiden Bereiche geschieden und gerade da, wo sie geschieden sind, auch nicht geschieden. Adam schließt Christus aus. Aber Christus schließt Adam ein. Adam wird nicht Christus. Aber Christus wird, ohne aufzuhören Christus zu sein und gerade indem er es ist, auch Adam.«

schon zuvor ist. Barth bestreitet der Sünde die eigentliche Negationskraft gegen Gott, so daß – von Gott her – die Versöhnung es gar nicht nötig hatte, als Negation der Negation zur Wirkung zu kommen. Dieser Gedanke trennt Barth von Hegel – aber auch von Paulus, nach welchem das »Mehr« der Gnade nicht in ihrer Unbetreffbarkeit, sondern in ihrer Kraft der *Aufhebung* der universalen Sünde besteht, die sie *riskiert* hat.

Bultmann[1127] hat darin zweifellos gegen Barth recht, daß er die Vorordnung Christi vor Adam als Verkehrung des paulinischen Gedankens bestreitet. Es ist jedoch nicht die Auflösung der Negationskraft der Gnade bei Barth, die er bestreitet, sondern vielmehr die mangelnde Unterscheidung zwischen der von Paulus benutzten gnostischen mythologischen Urmensch-Lehre und ihrer paulinischen Umdeutung: Dieser zufolge seien in Adam und Christus vielmehr »zwei Weisen des menschlichen Seins gegenüber(gestellt)«[1128], Sünde als καύχησις und Glaube als Selbstpreisgabe an die Gnade. Die »Übermacht der Gnade als Gnade über die Sünde«[1129] besteht lediglich darin, daß Christus für alle Menschen die *Möglichkeit* gebracht hat, sich für die Gnade und gegen die Sünde zu entscheiden[1130]: Die Negation betrifft also das Entweder–Oder dieser *Entscheidung.* ›Objektiv‹ besteht sie nur in der »Paradoxie der christlichen Situation«, sofern in der vorfindlichen Wirklichkeit ›Adams‹ die Gabe der Gnade, das Leben, nur in radikal verborgener Weise gegenwärtig ist[1131].

Es ist deutlich, daß beide Theologen die Versöhnung als alleinige Wirkung der Gnade Gottes so denken wollen, daß die Wirklichkeit der Gnade Gottes nur in Gott selbst besteht und also nur im Glauben erkannt, nicht im eigenen Denken oder Handeln nachvollzogen werden kann. Der Gegensatz zwischen ihnen besteht darin, wie sie – von dieser Prämisse aus – die Universalität der Versöhnung denken, d.h. exegetisch, wie sie die Entsprechung zwischen Adam und Christus (ὥσπερ – οὕτως) interpretieren. Während Bultmann sie auf die Existenz-Struktur bezieht, die das Entweder–Oder der je aktuellen Entscheidung ontisch ermöglicht, so daß in dieser die Entsprechung zur *Nicht-Entsprechung* wird, kommt es umgekehrt Barth darauf an, daß die *Entsprechung,* aller Nicht-Entsprechung zuvor, dominant wird. Bultmann nämlich sieht die Universalität der Gnade in der allen Menschen offenstehenden Möglichkeit ihrer ›jemeinigen‹ Annahme, Barth dagegen als die jeglicher individuellen Annahme vorausliegenden Wirklichkeit in Gott[1132]. Die Schwäche der Lösung Barths (einmal abgesehen von ihrer exegetischen Unhaltbarkeit) besteht darin, daß die Wirklichkeit dieser Allgemeinheit der Gnade ganz abstrakt ist, zur bloßen Idee wird[1133]; die Schwäche der Konzeption Bultmanns (wiederum abgesehen von

[1127] Bultmann, Adam und Christus.
[1128] Bultmann, ebd. 442.
[1129] Bultmann, ebd. 444.
[1130]. Bultmann, ebd. 437.
[1131] Bultmann, ebd. 440f.
[1132] Dazu vgl. E. Jüngel, Gottes Sein ist im Werden, Tübingen 1965, 71f.
[1133] Dies ist der nicht ganz unberechtigte

Vorwurf, den Bultmann, Adam 444 gegen Barth erhebt: »daß im Grunde Adam zur Idee des Menschen« und Christus »zur Idee des ›wahren‹ Menschen« werde. Jüngel, Gesetz sucht das Anliegen Barths von der Funktion des Gesetzes im Kontext her zur Geltung zu bringen und *so* dem Vorwurf zu entgehen.

auch ihrer exegetischen Unhaltbarkeit) darin, daß die Universalität der Wirklichkeit der Gnade selbst verlorengeht[1134]. Beides aber, die Wirklichkeit der Universalität der Gnade und die Universalität ihrer Wirklichkeit kommt im paulinischen Gedanken von Röm 5 aufs stärkste zum Zuge und müßte heute von theologischer Seite im allgemeinen Gespräch mit Gewicht vertreten werden, wenn die *theologische* Wahrheit des Gedankens der Negation der Negation gegenüber ihrer nachhegelianischen säkularisierten Gestalt (und Praktizierung!) zur Geltung gebracht werden soll.

Für die Frömmigkeit aber bedeutet der Charakter der Versöhnung als Negation der Negation, recht verstanden, eine Provokation wie eine Ermutigung: eine Provokation, weil dadurch dem Menschen zugemutet wird, auf den immer nächstliegenden Wunsch nach dem Heil als Ausweg aus dem erfahrenen Unheil zu verzichten. Das Heil der Versöhnung besteht eben nicht in einem einfachen Gegensatz zum Unheil, als müsse da immer eine rettende Hand sein, die uns herausführte. Es ist nicht die *Alternative* zum Unheil. Wer sich aber im Glauben auf solchen Verzicht einläßt, erfährt das Heil der Versöhnung als *wirkliches* Heil: nämlich *inmitten* des eigenen Unheils als dessen *Aufhebung,* inmitten der Sünde in ihrem universalen, geschichtlich-gesellschaftlichen Zusammenhang als ihre Vergebung, inmitten des Todes in seinen vielfältigen Gestalten media in vita als Auferweckung. Die Versöhnung in Christus als Aufhebung der adamitischen Entfremdung ist der ›Prozeß‹ ihrer ›Aufarbeitung an Ort und Stelle‹ als ihre konkrete Negation: οὖ δὲ ἐπλεόνασεν ἡ ἁμαρτία, ὑπερεπερίσσευσεν ἡ χάρις. Im christlichen Leben wird sich die Versöhnung konkret in der Fähigkeit auswirken, Fehl und Leiden, Angst und Krankheit als solchen standzuhalten und sie zu verarbeiten, statt sie zu fliehen: ἡ θλῖψις ὑπομονὴν κατεργάζεται.

[1134] Darauf zielt die Kritik Käsemanns 139 u. pass.